戦国三代と天下人

芦田（依田）氏の軌跡から

市村 到

京都
安土
伏見
大坂
岐阜
那古屋
浜松
甲府
駿府
小田原
江戸

信守（のぶもり）

川中島の戦いで妻女山攻撃隊十頭の一翼を担う

写真：武田の海津城（現松代城）から望む妻女山

信蕃（のぶしげ）

武田氏滅亡まで駿河田中城主として奮戦

写真：同心円形の縄張りの田中城（堀に沿って道が円弧を描く）

康眞（やすざね）

藤岡藩改易。後に越前福井藩の城代家老となる

写真：福井城の大手入口を見る。（城内に福井県庁）

はじめに

天正十年六月二日未明、本能寺の変起こる。明智光秀の謀反により織田信長は倒れた。

この時、徳川家康は堺にいたが、その知らせを受けて、世にいう決死の伊賀越えを敢行し、九死に一生を得る。この時、脚力（影の者）をして芦田（依田）信蕃に書状を送り、「早く甲信の間に旗を揚げ、両国をして平均せしむべし」とあった。これにより依田信蕃は、信長による武田狩りの追及から逃れて潜んでいた遠州二俣の山奥小川の里を発し、甲斐國に入ろうとした。また、家康は本多弥八郎正信をして、信蕃に「すみやかに甲信に入り、旧交の士を集め、その勢を合わせて、両国をして全く麾下に属すべし」との仰せを告げた。且つその證として金の采配を信蕃に送った。ここにおいて、信蕃は甲州柏坂峠に鐘の旗を立て、近郷の士を招いた。「峠のあの旗は芦田殿の旗よ」と、来たり集まる武田旧臣は三千余人に及んだ。芦田（依田）信蕃は、この兵を具して信濃國の居城春日村に帰り……。

3

本書は、戦国時代末期の抜き差しならぬ戦いの日々を、芦田（依田）信蕃を中心に、その父信守、子の康國・康眞に関わる、芦田氏（依田氏）にとっての、その時点での天下人〜**武田信玄・徳川家康・織田信長・豊臣秀吉・徳川将軍家**との関係を、芦田氏（依田氏）三代に視点をおきながら描いたものである。

既刊の『戦国三代の記〜真田昌幸と伍した芦田（依田）信蕃とその一族』は、『芦田記』（依田記）の内容に従い、その註解の形式を主としたため、重複する記述があったり、時の流れの前後があったりして判読しにくい面があった。そこで、本書は時間の流れにしたがって編年体の記述とした。

前回と同じ『芦田記』（依田記）を主にしながらも、その内容以前の芦田（依田）氏に関わる時代については、『妙法寺記』『高白斎記』を参考とした。なお、その内容に疑義があるといわれる場合がある『甲陽軍鑑』も参考としたが、細部はさておき、その記述する事項の存在は軽々に否定されるべきではないという立場で、筆者の現地取材などから取り入れられると判断したところは採用した。また、貴重な同時代資料として『家忠日記』などにもふれた。『寛政重修諸家譜』の内容をも参考にしたが、終盤に関わる部分については、これらの書物では時代をカバーできないことから、芦田宗家に伝来した『芦田系譜』がもっとも重要な資料となった。

最後に、芦田（依田）三代を振り返って、信守〜信蕃〜康國・康眞の人間としての生き方が浮き彫りになるように、整理する意味で「終章」としてまとめてみた。

なお、内容が多岐に及び過ぎたり、蛇足と感じられる箇所については、飛ばし読みして前へ進んでいただきたい。また、目次を開き、興味を持った項目のページに目を通すなど、辞書的（事典的）に調べ読みしていただいても幸いとするところである。

目次

戦国芦田三代

芦田（依田）氏

滋野流芦田氏とは別系統であると考えられる。芦田氏は東信地方に多い依田氏の一族で、小県郡依田庄→佐久郡芦田郷→春日郷→佐久盆地中央へと進出した。木曽義仲に依田城下の館を提供し、東信での旗挙げを支えた依田為実の子孫にあたる。

芦田下野守信守

武田信玄に臣従し、一五〇騎を率いる信濃先方衆の侍大将、各地に転戦し戦功を重ねる。かの川中島の戦いでは妻女山攻撃の十頭の中にも名を連ねている。

やがて佐久を離れ、武田信玄の他国侵攻の一翼を担う。上州・武州国境の御嶽城主として北条氏に備える。信玄にしたがって駿河侵攻に戦功を挙げ、その後、蒲原城を守備する。美濃国上村合戦では知略・武略を発揮し、織田方の敵将を討ち取る。遠江国にも転戦し、二俣城攻め、三方ケ原の戦いでも活躍する。二俣城主を任され、長篠の戦いで敗れた勝頼からの援軍のない中、徳川家康の猛攻に堪え抜き、城主として武勇と統率力を発揮するが、惜しいかな城中で病死する。

依田（芦田）右衛門佐信蕃（のぶしげ）

武田方の城主として遠江国二俣城、駿河国田中城の籠城戦で孤軍奮闘する。統率力、知略を駆使した辛抱強い戦いで徳川の猛攻に屈しず、戦国の中央舞台でその存在が光を放つ。家康をして、敵ながら見込みのある武将として強い印象を与える。

天正十年（一五八二）三月、武田氏滅亡後、織田信長から命を狙われるが、家康の機転で救われ、家康の臣下となり、一時、遠州二俣の奥に潜む。本能寺の変で信長が滅亡後、いよいよ時節到来。家康の命で甲州柏坂峠で武田旧臣を募り徳川方へつかせ、信州佐久へ帰還。佐久の諸将がみな北条へなびく中、ただ一人徳川への忠節を曲げず、小諸城〜三澤小屋へと籠もり、そこから出てゲリラ的戦法で北条軍と戦う。真田昌幸を説得して徳川方へつける。上信国境の峠や佐久往還の要所を押さえ、甲斐国若神子で家康と対陣する北条氏直の大軍の糧道を断つ。圧倒的な兵力を持っていた北条ではあるが、徳川家康と講和を結ばざるを得なくなり、やがて関東へ去る。第一の功労者は信蕃であると家康は大いに賞賛した。北条が去った後、信蕃による佐久平定の戦いは一気に進む。佐久の諸将は討ち取られたり、降参したり、小田原へ逃亡したりする。信蕃は田口城を本拠とし、南麓に新館を建てる。現在の蕃松院のある所である。新しく臣従してきた佐久の諸将を加え、追鳥狩りをする。信蕃絶頂の時である。天正十一年、新年の祝賀を催すが、褒美や景品

6

を与えるにも籤引きによる等、新旧の家臣の分け隔てなく遇した。

佐久で信蕃にしたがっていないのは、北条氏の城代大道寺政繁の小諸城と大井行吉の守る岩尾城だけとなっていた。徳川からの軍監柴田康忠と大井行吉に登り、岩尾城を眺望し、「明日は我が芦田軍だけで落城させる」と言う。大願成就目前での急転直下の運命が待っていた。天正十一年二月二十三日、じっくり攻めれば難なく落とせる岩尾城で信蕃・信幸兄弟は攻めを焦って、至近距離から鉄砲で撃たれ落命する。「兵に先んじて大将自らが勇んで塀を乗り越えようとしたところを狙い撃たれた」と説く文書もあるが、「城方からの銃声がなくなり、掘り際まで攻め寄せて、兵を指揮していたところを狙い撃たれた」と『岩尾家記』にはある。敵方が述べているのであるから、それがより真実に近いであろう。

やがて天下を取る家康のお気に入りの家臣として前途揚々たるものがあったはずである。もし、信蕃が秀吉による天下統一、関ケ原の戦い、家康による江戸時代まで存命であったならば……と果てしない想像が広がる。

松平修理大夫康國

信蕃の嫡男松平康國は徳川の支援を得て小諸城主となり七年間佐久を統治する。血気盛んな青年武将で、徳川臣下の大名として小田原合戦の際に、豊臣軍とともに西上州の北条方を攻めて、父信蕃似

松平右衛門大夫康眞（加藤宗月）

　次男の康眞は家康の関東移封に伴い上州藤岡藩主となる。その誠実で忠烈な武将としての器量を徳川家康や豊臣秀吉にも大いに認められ、前途洋々たるものがあった。秀吉没後の徳川家康と石田三成の緊迫した情勢の中での、家康への忠烈な行動は康眞の生きざまを如実に表わしている。しかし、囲碁の勝負の際の口論から、旗本小栗三助を一刀のもとに斬殺し高野山で謹慎。藤岡藩は改易・領地没収となる。

　時あたかも関ヶ原の戦いが勃発し、家康の次男である結城（のちの松平）秀康預けとなる。「松平」をはばかり加藤宗月と名乗る。信蕃譲りの性格で、律儀・豪胆・忠烈・文武両道を兼ね備え、人心掌握にも優れていた康眞（宗月）は、福井においても、その人となりが伝わる多くの逸話が残っている。最後は越前福井藩の城代家老となる。まさに、戦国の生き証人として齢八十歳の天寿を全うする。福井二代目以降は姓を「芦田」に復し、高知格として家老を何人か輩出して幕末を迎えた。明治になり信州へ帰還したが、幕末の当主芦田信貫は、福井藩の名君松平春嶽を旧主として仰ぎ、旧交を続け誠を尽くしていた。

　の武勇を発揮し戦功があるも、降将を信頼しきってしまい不意をつかれて落命する。

8

序章　芦田依田氏の系譜

《依田氏発祥の地》

依田氏発祥の地は、現在の上田市南部で、依田窪・依田川等の地名が残る旧丸子町を中心とする地方で、古代律令制により開発された信濃の国小県郡依田ノ庄である。具体的には旧丸子町の御嶽堂を本拠とし、飯沼・中山・内村・腰越・さなだ（現腰越の内）辺りである。

依田氏の系譜はいく通りかあり錯綜としている。清和源氏（満快流）依田氏、清和源氏（頼親流）依田氏、清和源氏（宇野氏族）依田氏、多田源氏依田氏、滋野流依田氏、清和源氏井上流米持氏説等々で宇田依田氏、金刺流依田氏、三輪氏族である。また、その系譜の名称も重複している部分もある感もあり、判然としない。

現在、依田氏は信濃国（長野県）の小県郡・佐久郡、甲斐国（山梨県）、上野国（群馬県）、駿河国（静岡県）、伊豆国（静岡県）に多く散在している。長野県外の依田氏の人々は、**その発祥の地を信濃国小県郡依田庄と認識している**。特に山梨県では現在「山梨依田会」を発足して久しく、依田氏ルーツの様々な検証や研修会を行なっている。

長野県内では依田姓「依田氏」のほかに異なった姓を名乗っていたり、多くの支族に分かれたりしているが、それぞれ依田のルーツを自認している。長野県内で判明しているだけで

も、芦田氏・相木氏・平尾氏・平原氏・丸子氏・浦野氏・飯沼氏・笠原氏・内山氏等々であり、それぞれ小領主化していった。そのほかに海野氏・望月氏・根々井氏など、一般には滋野氏系と見なされることが多い氏族をも「依田氏」とする説もある。

「依田氏」の宗家の呼称が「芦田氏」になった経緯については、後続ページにて考証することにする。

《木曽義仲と依田氏》

歴史に明確に残る**依田氏の軌跡**をたどってみる。最初に依田ノ庄に入部した源六郎為實が**依田為實**（為真）で依田氏の始祖となった。彼の名が歴然と記されているのは、**木曽義仲**との関係においてである。幼名駒王丸、のちの義仲は、久寿元年（一一五四）に今の埼玉県嵐山町の大蔵館で生まれた。翌年父の源義賢は兄義朝の嫡男義平によって館を急襲され、防戦の末討ち死にする。数え二歳の駒王丸は、母である小枝御前に抱かれて信濃国に逃れ、乳母の夫である木曽の中原兼遠のもとで成長した。やがて、治承四年（一一八〇）、平家追討の以仁王の令旨に応えて諸国の源氏が一斉に兵を挙げた。二十七歳の青年武将になっていた義仲は木曽郡日義村の旗挙八幡に挙兵した。まず、平家方の小笠原頼直を討って、

東信濃へ入り依田ノ庄の依田城へ拠って、兵を募り準備を整えた。父義賢が地盤としていた武蔵国や上野国に近く、また東信濃は駿馬を多く産する土地であったことによるものと思われる。さらに依田城の城主が**依田為實**であったからである。為實の妻は義仲の父義賢の妹であった。つまり、義仲の叔母にあたる。為實は義仲にとっては叔母の夫（義理の叔父）という関係になる。為實の嫡子**依田次郎實信**(さねのぶ)は義仲の従兄弟ということになる。

為實は義仲に**依田城の館**を提供し、全面的に協力し、東信濃の諸豪を義仲のもとに結集させた。**依田城**で力を貯えた義仲は、いよいよ治承五年六月、依田城でまず旗揚げし、さらに一里ほど北にある千曲河畔の白鳥河原に東信を中心とする信濃の武将、上野国の武将が勢揃いした。中でも依田為實とその子實信、義仲の四天王と称される樋口兼光・今井兼平・根井行親・楯親忠などは義仲にとっては心強い存在であった。義仲軍は千曲川にそって北上し、**横田河原**に陣を構える越後平氏の城長茂の大軍を撃破した。さらに義仲軍は越後から北陸を経て、怒濤の勢いで京へ

図：木曽義仲と依田為實は姻戚関係（義仲は叔母の嫁ぎ先の依田為實のもとで力をたくわえた）

（本書で扱う芦田三代）

源義家—為義

依田為實（依田城主）

信守—信蕃

義仲（駒王丸）

写真：依田城の館（御嶽堂館）と後方の依田城

攻め上り、平氏を京から西へ敗走させ、「旭将軍」となった
のは、衆知のごとくである。

しかし、運悪く大飢饉に苦しむ京の治安の悪化が待ち構え
ていた。また、権謀術数きわまりない後白河法皇や、源氏の
棟梁を自認しながらも、義仲に先を越されて、義仲を排除し
ようとする源頼朝の策略に惑わされ、頼朝が向けた義経軍に
よって、義仲は寿永三年（一一八四）一月二〇日、近江粟津
ケ原で戦死した。義仲の四天王も帰らぬ人となっ
た。木曽義仲の滅亡とともに、依田氏ゆかりの人々は、鎌倉
の**頼朝からの追捕の対象**となり、依田ノ庄に帰還することが
できなかったと推定される。

《**雌伏から再興、そして佐久進出へ**》

依田ノ庄は鎌倉幕府によって没収された。為實・實信の子
孫は衰退し、かつての所領の一部であった飯沼に帰住したが、
鎌倉をはばかり、二・三代にわたってしばらく**飯沼姓**を称し
ていた。雌伏数十年、やがて依田氏は、再び姓をかつての「**依
田**」に復した。源氏将軍が三代で跡絶えた後の鎌倉幕府で、
正安年間（一三〇〇年頃）執権北条得宗家の御内人となった。

しかし、海野・祢津・望月・大井・伴野などは御家人として
の格であったが、北条氏も形の上では御家人であることから、

依田氏は御家人の家来という弱い立場で冷遇されていたよう
である。

時が流れ、足利尊氏が北条氏に反旗を翻した時、依田氏は
いち早く足利氏のもとに参じたことから、足利幕府内部では
徐々に重く用いられるようになっていった。その一例として、
信濃国での大塔合戦（応永七年〈一四〇〇〉。大文字一揆と
も称される）の二年後に依田氏が重要な役割を果たした。大
塔合戦とは、守護小笠原長秀と信濃国の国人との間で土地領
有権について見解の相違があったことに加えて、長秀が尊大
な態度で国人勢力を軽視したことが大きな原因で起こった合
戦である。大塔の古要害に逃げ込んだ守護方の軍勢は壊滅し、
小笠原長秀は京へ逃げ帰った。その後、新しい守護が任命さ
れたが、信濃国の国人層は反発し、守護の思い通りにはいか
なかった。そこで足利幕府は大塔合戦から二年後の応永九年
（一四〇二）に、信濃国を幕府直轄の料国（将軍に直属する
国で、守護をおかない）としたが、この時、**依田氏**と飯尾氏
が信濃国支配を任された。足利義持御教書が『**信濃史料**』（七
一四一七『市河文書』）に載っている。読み下し文にしてみ
ると、

信濃国のこと、御料国となされるにつき、御代官をまず

両使――依田左衛門大夫季□、飯尾左近将監為□――と
なし、六月中に来たるべく令し、下向也。且つこれを存
知らるべく由、仰せ下さるるところ也。よって執り達す
るくだんの如し。

應永九年五月十四日　沙弥（畠山基国、花押）

市河刑部大輔入道殿

つまり、幕府は信濃国を料国としたが、最初に任された二
人の代官うちの一人が**依田氏**である。（期間は長くはなく、
間もなく細川慈忠が着任する）。この時の依田氏とは、年代
からして依田左衛門大夫□□とは、左記の年代順①〜⑩の奉
行人の中の⑦「依田左衛門大夫**季**□」のことと推定される。『日
本史総覧』（コンパクト版、pp.212-217）の「右筆方奉行人」
の項によると、室町時代の一三四三年から一四八五年頃まで
の一四〇年以上にわたって、幕府の右筆方奉行人として、『室
町幕府諸職表』に左記の依田氏の十名の名がある。依田氏は
足利幕府内で信任を得ていて、責任ある大役を任されるほど
になっていたのである。

① 依田□□（中務大夫入道）……康永二年〜康永三年
　（一三四三〜四四）↑朝行か？

② 依田貞行（左衛門尉）………康永三年〜貞和二年
　（一三四四〜四六）↑引付衆の一人

③ 依田□□（右衛門尉）………観応二年〜応安五年
　（一三五一〜七二）

④ 依田**時朝**（左近大夫、**元信**）…延文三年〜康暦元年（一三五八
　〜七九）↑評定衆の一人

⑤ 依田季貞（新右衛門尉）………応安八年（一三七五）〜

⑥ 依田□□（八郎左衛門尉）……康暦二年（一三八〇）〜

⑦ 依田秀□（左衛門大夫）………応永七年〜応永九年
　（一四〇〇〜〇二）

⑧ 依田**貞朝**（新右衛門尉・信濃入道、亨信）…永享四年〜康
　正二年没（一四三二〜五六）

⑨ 依田秀朝（中務丞）…………宝徳元年（一四四九〜）

⑩ 依田光朝（中務丞・左近大夫）……文明一七年（一四八五）
　〜

また、『立科町誌』（歴史編〈上〉）によると、特に永和
（一三七五）から康暦年間（一三七九）には、依田**時朝**（依
田左近大夫時朝、法名元信）は**幕府の評定衆**（室町幕府の最
高幹部で六名ほど）になっている。信濃の武士で足利幕府
の評定衆にまでなったのは**依田氏**だけである。また、『永享

13

以来御番帳」では、依田九郎行朝が文安年中（一四四四
〜四八）に、足利幕府直属の一番衆と記されている。依田氏は
幕府内における力や地位をもつようになったのである。単な
る在国の小国人層（在地領主）とは異なり、足利幕府に直接
結びつくことができた実力と有利な立場をもっていた証左で
ある。こうした一族の後ろだてが、次第に芦田方面にまで勢
力を伸ばすことになった基盤であろう。

市川武治氏によれば、依田氏のうち京で活躍した依田氏を
「在府依田氏」、依田ノ庄近隣に所領を再び拡大していき、室
町初期から中期にかけ、佐久郡芦田方面へ大きく進出するよ
うになった「在国依田氏」とが、同じ親族で役目が分かれて
いたようである。両者の相乗効果によって依田氏は着々と勢
力を伸ばしていったのである。

《蘆田下野征伐》

ただし、「蘆田」も「芦田」も表記上の違いだけであるこ
とを念頭に入れておきたい。

依田氏・芦田氏の系図はいく通りもあり、特に南北朝時代
〜室町時代が多岐にわたっており判然としない。「芦田氏」
に関しては、東信濃で「蘆田下野征伐」という合戦があった。
征伐されたはずの芦田氏が、なぜその後発展していったので

あろうか。そこで、蘆田下野守が征伐されたという一件を考
察してみたい。

「あした氏」「蘆田氏」「芦田氏」として、その名が歴史上
大きく取りあげられているのは、まず、蘆田下野守である。
それも、「蘆田下野征伐」に関わることである。その背景を
考えると、京都の将軍家（足利義教）と副将軍ともいえる鎌
倉の関東公方（足利持氏）の間の対立が根底にあった。幕府
にとっては、碓氷峠を通って鎌倉に進むとき、東信濃の情勢
が不穏な場合は大きな障害となる可能性があるが、それが芦
田下野守と大井持光の争いであった。芦田郷と岩村田大井氏
の所領が接していたことからの争いごとであることは容易
に想像がつく。これは当事者の大井氏と芦田氏ばかりでな
く、足利幕府にとっても解決しておかねばならないことであ
った。また、守護に復帰していた小笠原

氏にとっても解決しておかねばならないことであった。将軍
足利義教は、幕府の大事なことに参画して黒衣の宰相といわ
れた京都醍醐寺の座主である満済と信濃守護小笠原正透（政
康）を呼び、東信濃の不穏な情勢の解決策を相談した。この
ことについて『満済准后日記』の永享七年（一四三五）正月
二十九日に記されている。その要旨は『大井持光も蘆田下野
も佐久に要害を構えて戦っているが、佐久は上野を経て関東
（鎌倉）へ行く道筋であるから、大井方に合力して芦田を退

治するように。そして「関東のこともうまくいくであろう」という意味の内容である。

芦田下野守は信濃守護小笠原氏の国人層への支配に最後まで抵抗した、信濃国の国人の一人であったこともあって、足利義教は小笠原正透と大井持光に退治させようとしたのである。

そして、永享七年（一四三五）と八年（一四三七）に、将軍足利義教から信濃守護小笠原治部大輔入道（政康、道号「正透」）へ宛てた御教書や感状が『望月町誌』に載っているが、そのうちの重要な記述の箇所を抜き出してみると、次のようになる。

①永享七年（一四三五）二月十七日……大井越前守と芦田下野不快の事（御教書）

②　〃　　九月二十二日……芦田治罰の事（御教書）

③　〃　　十月七日……芦田御退治のこと（御教書）

④永享八年（一四三六）三月六日……知隈河を越え祢津に差し寄せ、芝生田・別府両城を追い落とす。（感状）

⑤　〃　　五月十八日……祢津・海野に対し合戦の時（感状）

⑥　〃　　八月三日……芦田下野守の事　降参せしむるの由、注進到来す。（感状）

これによって、東信濃で守護代大井持光（越前守）と蘆田下野守の衝突があり、将軍足利義教が信濃守護小笠原氏に大井氏を応援させて、芦田氏を征伐した（「蘆田下野征伐」）という戦いがあったことが分かる。また、④⑤によって、祢津氏・海野氏が芦田氏に加勢していたことが判明する。芦田下野守は後ろだてとなっていた祢津氏・海野氏の芝生田城・別府城が小笠原正透（政康）・大井持光によって落城されたことによって、近隣領主の支えを失い「降参した（征伐された）」のである。⑤と⑥の間に三カ月ほどの時間の隔たりがあるが、この間は蘆田郷は攻められ、芦田城に籠もって戦ったことが推測されるが、その詳細は分からない。本拠の芦田郷は攻められ、芦田下野守は単独で抗戦したのであろう。おそらく、

一説には、関東公方の北条持氏が幕府との決戦に備えて、東国武将に下知状をもって出兵を促したので、芦田を本拠していた蘆田下野守もこれに呼応し、関東出兵のため、小県郡芝生田まで兵を進めた。これに対して信濃守護小笠原正透（政康）と大井持氏の連合軍は、芝生田城を攻め落とした。

図：蘆田下野守と大井持光の衝突──足利将軍と守護小笠原氏も関わる

祢津氏・芝生田氏は蘆田下野守に助勢

別府城
芝生田城
依田城
岩村田城（大井持光）
芦田城（蘆田下野守）
道は現代の道路
N
神川
千曲川
依田川
湯川

さらに芦田下野守に加勢した祢津氏の**別府城**をも攻略した。芝生田氏は滅亡し、祢津氏は逃亡し、蘆田下野守も逃亡し、その後、三カ月ほど抗戦したが、永享八年（一四三六）七月末に降参していることが、八月三日の足利義教から小笠原正透へ与えた感状の存在によって判明する。

以上が「芦田下野征伐のこと」の概要である。多くの郷土史書では、「降参した」蘆田下野守は、その後大井持光にしたがうことになり、重臣としての役割を果たし、その結果、芦田氏が戦国時代に飛躍したと説明している。

しかし、加藤宗月（康眞、信蕃次男、福井藩城代家老）が後年著わした『芦田記』（依田記）にも、また、芦田氏のいかなる伝承にも、永享七・八年頃（一四三五、一四三六）に蘆田下野守と戦ったと称する人物は存在していない。大井氏、守護小笠原氏と戦ったほどの蘆田下野守が先祖にいたのなら、それに関わる記述がなんらかの文書に載っていたり、伝承くらいはあってもよさそうなものであるが……。

《芦田氏の系譜再考──別系統の芦田氏の存在》

蘆田下野守は「蘆田下野征伐」で降参（永享八年、一四三六）した後、大井氏に臣従し、さらに芦田郷を中心に勢力を伸ばしていったと解釈できないでもないが、筆者は次

のA～Hのような考察から、戦国時代の依田系芦田氏とは別系統の芦田氏であったのではないかと推定する。

A　雄族「蘆田下野守」の痕跡が依田系芦田氏の系譜に皆無で活躍

足利将軍義教や信濃守護小笠原正透から征伐すべしと、中央の権力者から問題視されるほどの雄族であった蘆田下野守の痕跡が、後世の芦田氏の系譜に残っていない。これは全く別系統の芦田氏である可能性が高い。およそ一〇〇年後に生まれ、武田信玄の信濃先方衆で、川中島の戦いなど歴戦で活躍した同姓同名の「芦田下野守」（大永八年〈一五二八〉頃～天正三年〈一五七五〉）が、全くの別人であることは明白である。もっとも、かつて芦田郷を本拠としていた「芦田下野守」という勇者の名の残照が語られており、後世の依田系芦田氏が同じ下野守を名乗った可能性はある。

B　蘆田下野征伐の戦いの時期に、京都では依田氏が幕府で活躍

「蘆田下野征伐」の戦いが行なわれていた時（永享七年～八年、一四三五～三六）、京都では**依田貞朝**（新右衛門尉・信濃入道）が足利幕府の右筆方奉行人として活躍していた。

もし、依田一族と幕府の征伐の対象であった芦田下野守が同族であるならば、在京の依田貞朝を通して在国信州の芦田下野守に何らかの働きかけをするはずであるのに、そうした形跡は皆無である。また、同族が征伐されたということである。ならば、その後も依田貞朝、依田秀朝、依田光朝が引き続き幕府奉行の役目を果たすことはなかったはずである。さらに、依田九郎**行朝**が文安年中（一四四四～四八）に幕府直属の一**番衆**であったことからも、征伐された芦田下野守とは同族ではなかったことの証左である。

C　依田系芦田氏は「依田」を名乗る場合が多い

依田系芦田氏は、宗家は「**芦田氏**」を称したが、出自である「依田氏」を名乗る場合がある。また、嫡男以外は近親者でも「依田氏」を名乗っていることが多いので、足利幕府内で活躍した場合も、「依田氏」として通っていたと思われる。まして、永享七～八年頃は芦田を名乗っていない。

D　大井氏と依田氏が対立していた形跡はない

『大井文書』の永享三年（一四三一）と七年（一四三五）の五月に、山城聖護院が、佐久郡大井法華堂宮内律師に対し、大井氏・**依田氏**らの熊野・二所参詣の先達職を安堵したとある。大井氏と依田が対立し、抗争していることを示唆するも

のはないことから、蘆田下野守は依田氏の一族ではない可能性が大きい。

E 蘆田下野守に加勢したのは滋野氏系

蘆田下野守は鎌倉公方足利持氏側の勢力となり、祢津氏・海野氏（両氏ともに滋野氏系）が、反幕府勢力として蘆田下野守に加勢していたことから、この蘆田氏は滋野系である可能性がある。

F 滋野系芦田氏を示唆する系譜

佐久郡芦田郷には鎌倉時代より蘆田氏が芦田城に拠り、麓に館を構えていたといわれている。『日本姓氏家系辞典』によると、芦田氏の系譜には次のようなものがある。

```
滋野滋氏王……蔵人敦重――又三郎為重
――法師僧光――
盛弘――芦田七郎盛忠――備前守朝盛――
下野守氏久
```

下野守氏久で断絶している。

氏久が「蘆田下野征伐」の時の芦田下野守である可能性があるが、この系譜は滋野氏系であることを示唆している。（もっとも、この人物を「長澄」と記している史書もあるが……）。

G 滋野系芦田氏の足跡――津金寺大石造宝塔と五輪塔群

現在、立科町津金寺に滋野氏の大石造宝塔が三基ある。『望月町誌（第三巻）』によると、右端の一基と真ん中の一基の宝塔は承久二年（一二二〇）に滋野氏が造立した。また、その造立者が元仁二年（一二二五）に没している。そして左端の一基の銘から、二基（右・中）の造立者の子の滋野盛□が嘉禄三年（一二三七）に父母の冥福を祈って宝塔を造立したと判読されるとしている。この「盛□」は、歴史家によって「盛重」または「盛道」と解釈されている。

境内に無数の五輪塔群が整然と立ち並び、さらに裏山斜面に数限りなく林立している光景は圧巻である。これらの石造塔群を前にすると、その歴史的重みに圧倒される。数百の五輪塔群があるということは、それ以前に何百年間にわたって、有力な土豪の存在を意味する。それらこそ平安末期～鎌倉～南北朝～室町時代と数百年間にわたってこの地方を支配していたと思われる滋野氏系の土豪の墓石であろう。

この一点を鑑みても、永享八年（一四三六）に将軍足利義教まで関わり、信濃守護小笠原正透や大井持光に対抗して戦った、蘆田下野守の系統の芦田氏（滋野系）の足跡の大きなことが判明する。これは永享の蘆田下野守が滋野氏（滋野系）の足跡に対抗して大きなことが判明する。永享末期と推定され、下野守氏久が「蘆田下野征伐」の時の芦田下野守である可能性が大きいことが判明する。後の世

支族の望月氏も関係している）であった証左である。後の世

【写真：津金寺五輪塔群】

【写真：津金寺大石造宝塔】

の武田信玄や徳川家康に臣従し勢力を伸ばすことになる依田系芦田氏が、芦田郷へ進出する以前（～一四三六）の芦田郷で芦田城に拠った豪族は、滋野系の一族（滋野系芦田氏）であることが濃厚である。芦田郷を**依田系**芦田氏が本拠としたのは、せいぜい一四五〇年頃から一五五〇年頃までの百年間である。（一五四九年には本拠を同じ佐久郡の春日城に移し、芦田城はその支城の役割を果たし、一族の依田氏が拠ることになった）。もっとも、津金寺は戦国時代を通して依田系芦田氏の祈願寺としての役割は変わらなかった。

H　津金寺の大石造宝塔銘と歴代滋野系芦田氏の名前に共通点

先に、津金寺の大石造宝塔の銘に「滋野盛□……嘉禄三年」の文字が読み取れることを述べたが、その造立者の「**盛重**」ないしは「盛道」の名とFの項の芦田氏の系図にある名には共通点がある。

盛重と前ページ上段の系譜の「**敦重・為重**」、**盛重**と「**盛弘・盛忠・朝盛**」は一字ずつ同じである。また、**盛道**とした場合も「**盛弘・盛忠・朝盛**」と一字ずつ共通である。大石造宝塔銘の「**盛重**」は**滋野系望月氏**である。Fの滋野滋氏王から始まる系図の中の複数の人物名が「盛重」と重なっているということは、Fの芦田氏の系図は**滋野系芦田氏**を物語っていることになる。繰り返すが、佐久郡芦田郷は古代以来、望月氏（滋野氏の一族）の勢力下にあり、望月氏は現立科町の津金寺を菩提寺として、宝塔や五輪塔を建立している。したがって、**依田系芦田氏**が進出する以前の芦田郷の豪族蘆田氏（芦田氏）は滋野系一族と考えることが妥当である。

以上、A～Hの考察から、

歴史上永享七年～八年（一四三五～三六）に名を残す蘆田下野守は、**滋野系芦田氏**であり、本書の次章から記述する対象の芦田氏（**依田系芦田氏**）とは別の系譜をもつ氏族であることが判明する。

蘆田下野守の系譜図

```
滋野滋氏王
 ↑
蔵人敦重(重)
 ↑
法師僧光
 ↑
又三郎為重(重)
 ↑
盛弘(盛)
 ↑
芦田七郎盛忠(盛)
 ↑
備前守朝盛(盛)
 ↑
下野守氏久
```

盛　　　　重
　盛道　または　盛重

・芦田郷に館を備えていた蘆田氏（芦田氏）の系譜には、津金寺の大石造宝塔の望月氏滋野盛重あるいは盛道と同じ「盛」や「重」を有する名前の人物が複数いる。
・最後の「下野守氏久」の「氏」は、鎌倉公方「足利持氏」の「氏」の諱を授けられていた可能性がある。
・征伐された蘆田下野守は、系譜が突然途絶える下野守氏久に比定できる。

図：蘆田下野守は滋野系で別系統

《米持系芦田氏の存在》

信濃国守小笠原正透と大井持光の連合軍の攻撃が続き、**蘆田下野守**（滋野系芦田氏）は降参したが、その後、大井氏に従い、その重臣となって芦田氏は勢力を伸ばし、大井家中の第一座となり執事（後世の家老）となって勢力を発展させていったと、多くの史家が認識しているところである。しかし、それに疑問を呈したのは、市川武治氏『もう一人の真田』と『立科町誌』である。筆者も前ページまでに、「滋野系芦田氏に依田系芦田氏がとって代わった」と、ほぼ同じ立場を提示した。

ところで、ある時期に、もう一系統の芦田氏があったといわれている。米持氏伝承によると、信濃国守小笠原正透と大井持光が蘆田下野守を破った時、**依田右衛門尉経光**と高井郡井上一族**米持次郎光遠**をもって一気に滋野系芦田氏を滅亡させたというものである。そして、芦田に依田氏、茂田井に米持氏が入部し、それぞれに**依田系芦田氏**、**米持系芦田氏**（井上系芦田氏とも）となった。前者は以前からあった**芦田城**を改修し、後者は**倉見城**を築いて、ともに佐久郡大井氏に臣従した。しかし、後世延徳元年（一四八九）に甲斐武田氏勢が佐久郡に侵入したとき、米持芦田氏は滅亡したといわれている。米持主殿助や米持芦田庄司などの名前が残っている。な

お、米持系芦田氏は地名から「雍瓦（もたい）」とも称される。ちなみに現在、立科町茂田井の無量寺には米持氏の子孫が建立した供養塔に由来が刻まれている。

《依田系芦田氏の系譜》

本書で叙述することになる本来の芦田氏（**依田系芦田氏**）に論を戻したい。小県郡**依田ノ庄**を本拠としていた依田氏は、応永年間から永享年間（一四〇〇年頃）、次第に佐久郡に勢力を進出させている。しかし、依田系芦田氏が大きな合戦をして佐久郡へ進出していったという形跡はない。戦わずして進出できた背景には、依田氏一族が幕府の要職にあって、信濃守護小笠原正透に通じていて、**滋野系の芦田下野守を敗退**に追い込んだ依田氏への優遇処置があったとも考えられる。

かくて、**依田嫡流は芦田郷へ進出**し、本拠であった依田ノ庄は芦田の有力親族の支配下になっていったと推定される。佐久郡へ進出した依田氏には、芦田氏（依田系芦田氏）のほかに相木氏（阿江木氏）・平原氏・平尾氏などがある。また、大井氏の膝元の岩村田にも依田氏が地侍として存在するようになった。

このように、依田氏は、依田ノ庄から佐久郡芦田郷へ本拠を移した**依田氏**は、「**芦田氏**」を名乗って、岩村田大井氏の重臣となり、勢力を伸ばしていったのである。では、**依田系芦田氏**の誰が芦田郷へ入部した人物であろうか。

平成二十三年度長野県立歴史館春季展『武士の家宝』には、芦田家系図が掲載されている。そこで述べられているように、その家系図は、『寛政重修諸家譜』『諸士先祖之記』『松平文庫』『芦田家譜』『土屋家文書』などを検討して作成されたものである。詳細をみると戦国時代までは『寛政重修諸家譜』を主に参考にしているようである。

それによると、芦田郷に最初に入ったのは**依田経光**である。彼の項には「右衛門佐、信濃国佐久郡蘆田邑にうつり住せしより、蘆田を稱号とし、子孫これを稱するものあり」と記されている。次の代の**時朝**の項には、「右衛門尉、芦田を称す」とあり、さらに経光から十五代後裔（もっとも、十四代も間に入っているとは考えられない。仮に一世代を三十年とすると、三〇年×一四代＝四二〇年にもなってしまう）には、ほぼ実在が確認できる**満春（光玄）**がいて、そこには「右衛門佐、法名海雲良儀、依田あるいは芦田を称す」とある。その系譜には、通常は芦田氏の始祖とされている**光徳**についての記述がない。そして、通常は光徳の事蹟とされている事項は、時代の差があるが**経光・時朝・満春（光玄）**の項に分散して述べられており、系図の中の誰が「**光徳**」にあたるかは、よ

く分からない。どうも依田系芦田氏の系譜は、この辺りまで曖昧である。

《『寛政重修諸家譜』に惑わされていた──『芦田系譜』を分析する》

ところが『芦田系譜』には付箋があり、この問題が氷解されるヒントがあった。まず、**實俊**の条を見ると「應仁二子年十月十日没、光徳寺殿海雲良儀大居士、城下芦田町開基光徳寺、寺領五十貫余田並一山ヲ寄附ス、爰ニ葬ル」とある。しかも「應仁二子年十月十日没」ということは、一四六八年没ということになる。まさにこれは通常認識されている芦田光徳の事蹟である。満春（光玄）の先代（父）の**實俊**こそが「**光徳**」ということに落ち着きそうである。光徳は法名であり、実名・名乗りは又四郎・實俊である。

では、**経光**はどうか。『寛政重修諸家譜』では経光は光徳の十四代前の先祖となっている。「経光～（間に十二代）～弥七～實俊～満春」となっていて、かなり前の人物として扱われている。しかし、『芦田系譜』の**経光**の条では「右衛門佐、芦田右衛門尉、移居千佐久郡芦田邑、是ヨリ子孫為芦田氏、一城ヲ築城シ居城ス」とあり、系図上の順番は、もっと時代が下がって「充徳（弥七、左衛門佐）～**経光**～**實俊**～満春」

となっている。つまり、**實俊**の先代（父）は**経光**となっている。ということで、実俊の先代は「佐久郡芦田に住み、芦田を称す」ということで、実俊の先代の位置におさまるのが妥当である。「依田氏で芦田郷に入った始祖は右衛門**経光**であった」と解釈できる。ところで、「芦田」を名乗るのは宗家だけであり、その兄弟・親族の場合は、歴史上では依田氏である。一方、宗家も芦田氏を称したり、依田氏と称したりして両方が使われている。

（例）下野守信守……芦田
　　　右衛門佐信蕃……芦田、依田
　　　修理大夫康國……松平、依田、（「依田勢」という表現で）
　　　右衛門大夫康眞……松平、芦田

筆者が理解している範囲の芦田氏の系図をここに挙げてみると次ページのようになる。

系図のうち、主だった人物を挙げると、

依田**為真**（**為實**）…依田ノ庄を本拠とし、依田氏を初めて名乗った。

飯沼行俊………義仲没後の依田氏宗家を継いだが、「飯沼氏」を名乗った。

依田唯心………名乗りを「依田氏」に戻した。

依田中務丞朝行………左近大夫入道元信、足利幕府に仕え、幕府奉行職（評定衆）を務める。以後も何人かが奉行職（右筆）を務めている。

清和天皇……経基王──（多田満仲）……依田**為眞（為実）**……飯沼行俊……依田**唯心**……依田中務丞**朝行**……

依田弥七充徳──芦田経光……芦田備前守**実俊（光徳）**──**光玄（満春）**

芦田備前守実俊

依田金龍斎
依田妙清寺光慶
義玄（良春）
孝玄（隆春）

某（父と不和にして信濃国を去り、他国へゆく）
芦田下野守**信守**
依田左近助守俊
依田勘介信光
天外（大雲和尚）
依田十郎左衛門守慶
依田主馬（ゆえありて他邦に遁る）

芦田右衛門佐**信蕃**

依田善九郎信春
依田源八郎信幸

松平修理大夫**康國**
松平右衛門大夫**康眞**……（越前福井藩芦田氏）………現在に至る

依田肥前守信守………現在に至る

依田源太郎信政……（徳川旗本の依田氏）として続く……現在に至る

─── 直接の継続の代　　…… 間に何代かある

図：蘆田（芦田）依田氏の系図

依田（芦田）　経光……十五世紀前半に本拠を佐久郡芦田郷に移し、芦田氏を名乗る。

芦田實俊……備前守光徳、法名「光徳寺殿海雲良儀大居士」応仁二年（一四六八）没、光徳寺開基

芦田光玄（満春）……父の菩提のために芦田郷に光徳寺を建立（一四五一年説があるが、光徳の没年から鑑みると、早くとも一四六八年以降であろう）。

芦田孝玄（隆春）……文武に優れた人物であったが、継母の策略で謀殺される。後に芦田氏の守護神「芦田明神（木ノ宮）」として祀られる。

芦田義玄（良春）……孝玄の異母弟、孝玄の後継となるが、芦田氏のもっとも衰えていた頃の当主、下野守信守の父

芦田下野守信守……武田信玄に臣従し信濃先方衆一五〇騎の侍大将、各地に転戦し戦功を重ねる。

芦田（依田）信蕃……武勇・智略に優れた忠勇の武将、武田の臣として遠江・駿河で城主歴任、武田滅亡後は家康の麾下となり家康の甲信制覇に大貢献、佐久平定へ

松平康國……家康から「松平」の姓と「康」の名を授かる、佐久平定完成、小諸城主となる。

松平康眞……家康の関東移封に伴い上州藤岡城主、

改易・領地没収。後に越前福井藩城代家老となる。

《大井氏の執事（重臣筆頭）芦田氏》

芦田郷に本拠を移した依田系芦田氏は、大井氏の家臣になっている。それを裏付ける事項をいくつか挙げてみる。

(1) 結城合戦時に永寿丸を送る大役

永享十二年（一四四〇）、結城合戦の時に大井持光は、結城氏朝と関東公方持氏の遺児を支援するために、自ら匿っていた六歳の**永寿丸**を、家臣の**芦田**と清野をつけて結城の城に送り込んだ。芦田下野守が征伐された年のわずか四年後のことである。（征伐された滋野系芦田氏にとって替わって、芦田郷に本拠を移した依田系芦田氏が、岩村田大井氏の重臣となっていることになる）滋野系芦田氏に依田系芦田氏がとって替わったのは、一四三六〜四〇の間と推定される。

(2) 御射山神事で大井氏の代官

「左頭」、岩村田、代官**依田新左衛門忠長**、頭役は五拾貫文・馬一疋」とある。（『御符礼之古書』文正元年、一四六六。御射山頭の項）……依田忠長が大井氏の代官（つまり家臣）になっていることが分かる。

霧ケ峰には御射山祭（御射山講式の競技）が鎌倉時代～戦国時代初期まで行なわれた遺構がある。旧御射山神社とその

一帯には、信濃武士や関東武士が参集し、尾花で葺いた穂屋（ほや）の敷地跡の数段の土壇が周囲に連続して残っている。

(3)大井氏の執事

「大井は千騎を以って大将たり。今一九歳……（中略）……大井の執事足田殿・相木殿……」（『蔗軒日録』文明一六年、一四八四）……執事とは大井氏当主を補佐し、家臣と領内を納める要の役である。相木氏も依田氏の同族である。

(4)大井氏家中で着座一番の地位

「大井氏城中における座敷での御家中の着座は、一番が芦田氏、二番が相木氏、三番志賀氏、…（中略）…其他近習依田歴々なり」（『佐久大井氏由緒』、文明期〜永正期）。芦田氏が御家中でもっとも高い位置を占め、近習として依田氏関係のものが何人も仕えていたことが分かる。

《かすかに史実が残る「光徳〜光玄〜孝玄〜義玄の代》

依田氏は光徳の時に芦田郷へ入り、文安二年（一四四五）に芦田城を築いたという築城伝承がある。その時期は、蘆田下野守が守護小笠原正透に降伏した年（永享八年、一四三六）のわずか十年の差である。依田氏の親族は足利幕府の枢要の地位にあり、東信濃の動乱の終結を機に、佐久郡芦田と上州上後閑に進出し、所領を増やしていったことは史

実として明らかである。

ちなみに、上野国に進出した依田氏の一族は上後閑に拠り後閑城を居城とし、長源寺を建立している。現安中市の板鼻城へ移った。後に信濃国佐久郡に帰還して平原氏に拠り、平原氏を名乗っている。佐久郡南部の相木を本拠とした依田氏は相木氏を名乗り、佐久郡各地に所領を有した歴史がある。

佐久郡芦田郷で、**依田系芦田氏**の基礎を築いたのは、**光徳**（實俊）〜**光玄**（満春）〜**孝玄**（隆春）の三代であるといわれている。

芦田氏の菩提寺龍田山（南嶽山）**光徳寺**は芦田光玄が、宝徳三年（一四五一）に、父である備前守光徳追福のために創建したと伝えられている。しかし、光徳・法名「光徳寺殿海雲良儀大居士」の没年月日は応仁二年（一四六八）十月十日とされている。光徳の没年の十七年も前の存命中に、その菩提を弔うために光徳寺を創建したということは不自然である。可能性としては応仁三年（一四六九）以降のことであろう。まさに、世に「応仁の乱」と認識されている時代に突入した時期のことである。多くの史書が、**光徳**を依田系芦田氏の始祖として扱っているが、ほぼ妥当なものであろう。

また、光徳・光玄以降の芦田氏は『芦田系譜』『芦田由来記』『芦田記』（依田記）などによっても、**依田流である**ことは間

違いない。

次の**孝玄**から**義玄**に継承される時に、芦田氏にとっての一大事件（お家騒動）があった。『寛政重修諸家譜』の隆春（孝玄）の条によると、

隆春勇力甲たり。其母はやく死して継母あり。常に快からず。隆春をうしなひ、二弟のうちをして嗣たらしめん、とおもひ布施・小平の二士とはかり、また隆春が乳母に金をあたへて黨せしむ。一日継母のもとにまねき、宴を設けてこれを饗す。隆春沈酔してふす。乳母密に其両刀をかため、これをしてあへてぬけざらしめ、相圖をなしてこ士を呼、二士兵を率ねて亭を圍無む。隆春驚き覺て刀をぬかむとすれどもあたはず。よりてみづから門の貫カンヌ抜を提、衆にあたりて奮ひたゝかふといへども、創をかうぶりてつゐに戦死す。法名良春。のち其靈の忿怒を恐れ、一社を建立して神靈をまつり、新明神と號し、當家鎮護の神と崇む。

以上が義母による隆春（孝玄）抹殺の顛末であるが、現立科町芦田在住で芦田氏の子孫の一人でもある土屋武司氏によ

写真：木ノ宮社

ると、孝玄は義母一派により毒を盛られて命を落としたのだということである。つまり、「隆春は誉れ高い優れた人物であったが、継母の策略により殺された。後に、新明神として神霊をまつり、芦田氏の守り神とした」というのである。（現在でも芦田城本郭に「木ノ宮社」とし祀られている）。彼の跡は異母弟の義玄（良春）が家督を嗣いだ。しかし、このお家騒動の影響もあってか、義玄は芦田家当主としての器量に欠けていたのか、その代は芦田氏は衰微していた。義玄は天文六年（一五三七）に没した。

やがて、諏訪頼重や武田信玄が佐久郡に侵入して来た時には、芦田城の当主はまだ幼い信守であった。（次章は、まさに、その幼主信守の代から述べることとなる）。

第一章 信守

<ruby>信<rt>の</rt></ruby><ruby>守<rt>ぶ</rt></ruby><ruby><rt>も</rt></ruby><ruby><rt>り</rt></ruby>

『甲越信戦録写』の絵図にある川中島の戦いでの信守の旗を参考。

① 芦田城の幼主

芦田氏の先祖は信濃国小県郡依田ノ庄を本貫とする依田氏である。その宗家が十五世紀前半に佐久郡芦田郷に進出して、芦田城を築き（改築し）芦田氏を称した。

諏訪大社の『神使御頭之日記』の天文十年（一五四一）の項に、

> 十七日ニ御歸陣候
>
> 方の家風になられ候間其かたへ彼郷をいたさせられ同
>
> **郷にはぬしもなき體に候間頼重知行候て葦田殿の子息此**
>
> 破候…（中略）…葦田郷をちらし候て其儘歸陣候葦田の
>
> 三大将同心にて尾山せめをとされ候次日海野平同襧津悉
>
> 此年五月十三日**頼重**武田信虎為合力海野へ出張同村上殿

と記されている。

武田信虎は、諏訪頼重・村上義清と相謀って、海野平に祢津氏・海野氏等を攻め、これを破った。この合戦で海野棟綱・真田幸隆は上州平井城の関東菅領を頼って逃亡した。この時、海野幸義（棟綱の嫡男）は、村上軍との神川合戦で討ち死に

図：海野平の合戦　　武田・村上・諏訪の３将、海野氏・祢津氏を蹂躙

写真：芦田城

写真：上原城

した。現在国道十八号線に接するように北側の段丘下に、彼の五輪塔が草叢の中にひっそりと存在する。同じ小県勢の禰津元直・矢沢綱重らは降伏し、旧領を安堵され、武田氏に臣従することとなった。

諏訪頼重は諏訪への帰途、雨境峠（役ノ行者越）を通過したが、途中の芦田城を攻略した。この時、城内からは全く抵抗がなかった。「葦田の郷にはぬしもなき體に候間」（城主もいないような状況であり、そのまま芦田郷を頼重は自分の領地としてしまった。）そして、「葦田の子息此方の家風になられ候間」、つまり、**芦田城の幼主**は人質として諏訪頼重の上原城下へ連れ去られたが、諏訪氏の家風になじんだ（諏訪氏に対して従順な様子がうかがえた）ので、**諏訪氏に従属を誓わされて芦田城へ帰還**がなったということであろう。この時、「諏訪氏が芦田氏に芦田郷を与える」という形をとったものと推定される。

「主なき体」の芦田城の天文十年（一五四一）の時点では、「葦田の子息」とは後の**芦田下野守信守**のことである。信守は十三歳か十四歳ぐらいであったと推定される。父の**義玄**はすでに天文六年（一五三七）に他界していたので、信守は十歳にもならぬ幼年で芦田城主となっていたことになる。迫り来る諏訪頼重の大軍に対して、芦田城は、防戦して滅びるよりも家名存続のために無抵抗で対応する道を選んだ。この時、十三歳か十四歳ほどの幼主信守に助言できる近親者は、今は亡き義玄の弟（つまり信守の叔父）の依田妙清寺光慶か、やはり叔父の依田金龍齋あたりであろうか。一説には諏訪勢が襲来した時、城内には幼い信守が独り泰然と座していたといわれている。後に武田信玄の信濃先方衆の百五十騎の侍大将で、武田の歴戦に活躍する智略武勇を備えた**芦田下野守**は、

29

図：芦田城（搦手と記した方面が大手の可能性もある）
北佐久郡立科町茂田井字木ノ宮　（調査）平成22年3月22、23、26日・市村

この時、若年ながら肝のすわったところがあったのである。

ところで、この『神使御頭之日記』の字面からそのまま読み取ると、「葦田殿の子息此方の家風ニなられ候間、其かたへ彼郷をいたさせられ」「同十七日ニ御帰陣候」とあるが主語は頼重と素直に解釈すると、頼重は、小県遠征から諏訪へ五月十七日に帰還したが、その際、いったん人質として信守を連れ去ったが、諏訪氏の家風になじんだ（諏訪氏に対して従順な様子がうかがえた）ので、頼重の諏訪への帰途（五月十七日以前に）途中釈放して、芦田へ戻したといという意味に解釈できる。このとおりであったとすると、「信守の諏訪上原城下人質説」は成り立たないことになる。

30

②武田信玄に臣従

芦田郷が諏訪頼重（よりしげ）の支配下になった天文十年（一五四一）五月の直後の六月十四日に、海野制圧に合力した三将のうちの武田信虎が嫡男の晴信（のちの信玄）によって駿河へ追われるというクーデターが起こった。信虎は駿河の今川義元に嫁いでいる娘（後の法名「定恵院」）に会うという名目で駿河を訪問していたが、晴信がその信虎の甲斐への帰路を絶って、今川義元の許に追放して隠居させ、武田氏の家督を継ぐという事件であった。『妙法寺記』の天文十年（一五四一）の項には次のように記されている。

> 此年ノ六月十四日ニ武田大夫殿様親ノ信虎ヲ駿河國ヘ押越御申候、余リニ悪行ヲ被成候間、加様ニ食候、去ル程ニ地下侍出家男女共ニ喜ヒ、致満足候事無限、信虎出家被召候テ駿河ニ御座候

晴信による信虎追放のこの一件を、信虎の悪政に苦しんでいた家来や領民は、喜んだというのである。

写真：武田信玄

《芦田信守──関東管領上杉憲政と諏訪頼重の間で》

一方、七月四日には、関東管領上杉憲政が、予て影響力を及ぼしていた小県郡の滋野氏・真田氏領が、三将（武田信虎・諏訪頼重・村上義清）に蹂躙されたことに対する報復のために、芦田まで出陣した。しかし、武田と村上は出陣せず、上杉憲政と諏訪氏とが対峙したが、和談となった。そして、諏訪氏は芦田氏に諏訪氏に芦田郷を与えることを再度確認した。関東管領上杉憲政が芦田まで出陣したということは、当然、芦田郷及び芦田城は、その駐屯拠点となったが、芦田勢がいかなる対応をしたのかは不明である。しかし、ともかく諏訪頼重と和睦となって上杉憲政は上州へ帰ったことになる。時間が前後するが、『神使御頭之日記』の文の記述では「葦田殿の子息此方の家風になられ候間」とあるように、武田・諏訪・村上の三将への報復のために上杉憲政が芦田城まで出陣し、諏訪頼重と対峙した時に、芦田信守が上杉氏に従順な姿勢を示しながらも、諏訪氏のために、上杉憲政が上州へそのまま帰還するような何らかの対応をしたことにもよると思われる。若年ながらも芦田信守は、上杉

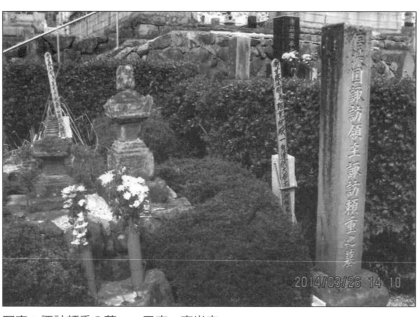

写真：諏訪頼重の墓——甲府、東光寺

氏と諏訪氏の間で、双方の立場を立てつつも、それぞれ矛(ほこ)を収めさせるべく知謀を働かせたのであろう。もちろん、芦田氏存亡の危機を何とかして免れるべく奔走した結果であろう。

《諏訪頼重の滅亡》

信守は諏訪氏へ臣従したのであるが、その後しばらくして、翌天文十一年（一五四二）七月には、**諏訪頼重**は武田晴信によって滅ぼされている。武田晴信は諏訪頼重に対しての同族（高遠頼継・諏訪上社の矢島満清・下社の大祝金刺氏ら禰宜一党）の反乱に便乗し、結託して、諏訪頼重を**上原城**に攻めた。頼重は**桑原城**へ敗走し、捕えられて甲府で幽閉されたが、東光寺で自刃させられた。この間の状況を『高白斎記』天文十一年の項では、次のように記述されている。

向上諏訪御出馬、朝曇リ細雨、大井ノ森御陣所、温井人衆モ高白ニ同心仕候、廿九日ミサ山原御陣所、鶉取候テ御調美、七月巳酉長峰御陣所、諏訪ノ方雲黒赤、三日桑原ヘ押詰、風雨、四日桑原城攻、頼重ヲ生捕、西刻各陣所ヘ帰ル、五日頼重甲府ヘ被遣、申刻着府、九日屋形様御帰府、十三日諏訪大祝方ヘ御預、十八日八月節、十九日丁卯頼重□者、廿一己巳寅刻頼重被為切腹、

戦後処理を不服とした諏訪勢は九月にいったん上原城を奪

還したが、晴信は諏訪頼重の遺児の虎王丸（頼重の正室となっ

ていた晴信の妹禰々の子、生後六カ月）を旗印とし、その後

見人という名分で諏訪へ出兵し、諏訪全域を制圧した。さら

に伊那郡へ侵入し、高遠城・福与城を攻略し、甲府へ帰還した。

晴信は前年の小県攻めで臣従してきた祢津元直の娘を年末に

は側室として祝言を挙げた。天文十二年（一五四三）、晴信

は諏訪郡代に**板垣信方**を据えた。

《大井貞隆の滅亡と芦田信蕃の臣従先》

　佐久地方は東の隣国上野国の関東管領上杉憲政の援護で反

武田勢力が盛り返しつつあった。そんな中で、大井支族であっ

たが実質上の宗家を名乗る小県郡長窪城主大井貞隆は、村上

義清・上杉憲政の支援で武田へ反旗を翻した。晴信は九月に

大井貞隆を生け捕り、甲府へ護送し、処刑した。また、大井

貞隆とともに反旗を翻した望月氏も処刑された。これは東信

濃及び関東上杉方への威嚇の意味もあったと思われる。同じ

く従わなかった岩尾城の大井行頼を攻め逃亡させた。

　かつて、依田系芦田氏は歴代大井氏の重臣であったが、天

文十年（一五四一）の諏訪頼重の芦田郷侵入以来、信守旧主

岩村田大井氏との距離を置かざるを得なかったのであろう。

しかし、いったん臣従を誓った諏訪氏が武田信玄によって滅

ぼされ（天文十一年七月）、旧主岩村田大井氏も滅ぼされた。

写真：長窪城（長久保城）
大井貞隆は武田晴信に滅ぼされる。天文11年（1542）7月。

（天文十二年九月）。

芦田信守は、この天文十二年（一五四三）前後に、武田信玄に臣従したと推定される。

同じく大井貞隆の臣であった相木依田氏は、これより少し前、すでに武田氏に臣従していた可能性が高い。それは相木氏の本拠（現南佐久郡相木地方）が、甲斐武田氏の信濃侵入の最前線であったことによる。芦田氏よりも相木氏の方が、武田氏との関係が、より緊急性を要していたのであるから当然ではある。芦田信守は諏訪氏滅亡後も在所にあって、大井氏や望月氏らとともに武田氏に抵抗していたが、大井氏・望月氏の滅亡後、武田氏への臣従をせざるを得なかったのであろう。周辺の大勢力の情勢の急変によって、芦田信守の境遇もその都度変転せざるを得なかったのである。ある意味で、芦田信守の視野に入ってくる世界は、大井氏圏～諏訪氏圏～武田氏圏へと変遷していった。大勢力に翻弄されつつも、生きるべき世界がひろがっていったともいえよう。この時の芦田信守の推定年齢は十五歳ほどである。（嫡子信蕃の誕生が天文十七年〈一五四八〉なので、仮に信守の生年を一五二八年とした場合ではあるが……）。

芦田下野守信守及び芦田依田氏にとっては、「大井氏～諏訪氏～武田氏」と徐々に臣従先が変わる中で、それぞれが直接の「小天下」であったともいえよう。

《武田氏への臣従の年～異説》

『甲陽軍鑑末書下巻上』の「信虎公御武勇八ケ条之事」によると、

第一　御一家衆甲斐国中にて、御手につけたまハざるを、みなきりしたがへ、御手につけらるる事、

第二　駿州今川家の侍大将くしま、一万あまりの人数にて、甲州いゝ田がわらまで来りけるを…信玄公、千五百あるなしの人数にてきりかち、くしまを打取りたまふ事、

第三　信州さく、ちいさがた二かうりのぬし、ひらが合戦三度なされ、三度ながら勝利を得、四度めにひらがを打取、あした入道源栄さい、真田弾正両人領、御ひくわんになさるる、

第四　…（後略）

第一条は、天文元年（一五三二）に今井信元を降し、信虎が甲斐を完全に掌握したことをいう。

第二条は、大永元年（一五二一）に今川義元の侍大将福島正成の大軍に勝利したことをいう。まさに、その時、要害山城で後の武田信玄（幼名太郎）が誕生している。

34

第三条には、二つの要素がある。

①信州の佐久郡と小県郡の二郡の主である平賀源心と三度合戦し、三度ながら勝利を得てきたが、四度目に討ち取った。

②あした入道源栄さい、真田弾正の二人を被官にしたこと。（二人を臣従させたこと）。

「あした入道源栄さい」とは、芦田信守の父である芦田義玄(はる)のことである。備前守義玄は道號を玄永齋「げんえいさい」といった。天文六年（一五三七）没で、法名は「大梁院殿森補良玄大居士」である。「真田弾正」とは真田幸隆のことである。

武田信虎が、後の佐久と小県の両巨頭である芦田氏と真田氏を臣下としたということを表わしている。

信守以前の芦田氏で、芦田氏以外の歴史文書にその存在が述べられている例は希有なことである。いま芦田（源栄さい、玄永齋）義玄の名が記述されているということは、それだけ芦田氏の存在が大きくなっていたということを意味する。しかし、彼の生前（〜天文六年、一五三七）のうちに武田信虎に芦田氏や真田氏が臣従したという可能性は極めて低いと言わざるを得ない。

信虎と信州との関係をみると、信州善光寺に参詣（大永三年、一五二三）、信濃に出兵し善光寺参詣（大永七年、

一五二七）、信州佐久郡に攻め入り諸城を攻略（天文九年、一五四〇、五月）、佐久郡海ノ口に伝馬の制を定める(同八月)、諏訪頼重・村上義清を誘い海野棟綱ら滋野一党を小県郡に攻める（天文十年五月）──ところが、甲斐へ帰還後、短日のうちに嫡子晴信（信玄）によって娘の嫁ぎ先の今川氏のもとへ追いやられている。この経過をみても、芦田義玄の生前の天文六年（一五三七）までに、芦田氏を臣従させたということには無理がある。信虎追放のつい先日、真田氏は三将の攻撃に破れて上州へ逃亡したばかりである。これらを考察すると、『甲陽軍鑑』は年月日や史実に齟齬がある場合があることは、指摘されているとおりである。（いわんや『甲陽軍鑑』の末書下巻上においてをやである）。しかし、その中から歴史的真実を汲み取ることは、大いに必要である。それは、武田氏の信濃攻略やその後の展開にとって、信濃先方衆の両巨頭である芦田氏と真田氏の存在が大きかったという事実である。

③ 緒戦──小田井城の戦い

『信陽雑志』（佐久郡吉沢好謙(たかあき)著、一七四四年）に、左記のように記述がある。

天文十三十一月、武田率八千人佐久郡合戦、陥城九箇所、

小室城

　　按、大井伊賀守之後、大井小兵衛満安、

　　　　大井河内守

岩尾城　　按、大井弾正行頼

前山城　　按、伴野左衛門佐信豊

芦田城　　按、芦田下野守信守

内山城　　按、大井小二郎隆景

望月城　　按、滋野遠江守信雅

耳取城　　按、大井民部大輔

尾台城　　按、大井又六郎、弟二郎左衛門

平原入道　小田井又六郎、弟二郎左衛門

平尾右近守芳

依良氏　　按、高野山蔵書・森山豊後守満繁・森

森山氏　　　山兵部助成繁

田口左近将監長能

大井右京亮信子

大井源三郎昌業

以上八ヶ所為降参、尾台独不応、使板垣信形抜城

天正十三年（一五四四）に、武田晴信は佐久郡へ侵入し、城九箇所を陥れた。（右の記述から実数は十三〜十四城となる）。ここでは、すでに臣従しているはずの芦田城（芦田下野守信守）が、陥落させられた城の中に挙げられているが誤りである。右から分かることは、佐久の諸城が武田晴信に屈したにもかかわらず、尾台氏（小田井氏）だけが降伏しなかったということである。

『尾台独不応、使板垣信形抜城』（小田井氏だけが応じなかった。板垣信形を使わして城を陥落させた）。「尾台独不応、使板垣信形抜城」とあるが、武田晴信の小田井城攻撃を『甲越軍記』の「小田井誅伐之事」（筆者試訳）で紹介する。

（試訳）

《武田の使者芦田信守と信玄の小田井城攻撃》

信州には村上佐衛門尉義清、小笠原大膳大夫長時、諏

訪信濃守頼茂、木曾左馬頭義昌、四家の人々数年以来、度々甲州へ乱入し、別して近頃は戦ふごとに利を失ひ、同年（天文十三年、一五四四）霜月に至り、信州の國人蘆田下野守を始めとし、依路（与良）・平原・川上左衛門入道など、信州四家との約に背き、降参を遂る者が多かった。然るに、信州上州の境碓氷峠のこなた軽井澤より、平尾・岩村田への通路の中間に小田井といふ所があった。

小田井城の城主を小田井又六郎といった。その弟に治郎左衛門といふ者があった。両人とも武略勇気が人に勝っているということが聞こえてきたので、武田晴信はどうしてもこの兄弟を降参させようと思ったので、先に武田の臣下となっていた蘆田下野守をして、たびたび降参を勧めてきたけれども、いっこうに承知しないばかりか、蘆田下野守の蘆田城とはわずかに五里ほどであったので、蘆田の領分に押し寄せ、民家を放火し、狼籍をはたらいたことにより、蘆田下野守が討って出て戦ったけれども、かえって小田井兄弟のために度々敗北した。その旨を早馬を以って甲府のつつじケ崎館へ、早く小田井を誅伐せらるべしと注進したので、同月中旬、武田晴信は八千餘騎を引率し信州へ出陣した。元より小田井氏は

たいしたことのない国人ではあったが、村上氏・諏訪氏の両家が後詰することも考えられるので、押さへの兵をさし置くことが肝要であると評定され、板垣駿河守信形を先鋒とし、十二月十四日に追分に出て手分けを定めた。…（中略）…晴信は旗本と板垣の先陣の勢を合せ三千五百餘騎を引率し、追分と小田井との間一里ばかり、小田井の方へ近附き、城を去ること十余町にして陣を取りになった。時あたかも十二月の中旬であった。…（中略）…城中の勢は、わずかに三千二百余騎であった。…（中略）…小田井又六郎は、西の方に火を放って一陣を破って、舎弟次郎左衛門と二手に分かれて群がって攻めて来た。…（中略）…その日の午刻に、小田井の城は全く落ち、晴信は城中へ入り、首実検をなされ、諸将を召し出され、功により恩賞感状を下された。

この内容については明かな齟齬がある。まず、「天文十一年（一五四二）に諏訪頼重は武田信玄によって滅ぼされているので、村上氏はともかく、諏訪氏が小田井城に後詰めする（加勢する）ことはありえない。また、「追分に出て手分けを定めた」と述べられているが、不自然である。武田軍は南方から北上してくる進軍経路であることからして、わざわざ北

図：小田井城の縄張り
（調査）平成8年（1996）1月21・28日、2月1〜4日

東遠い所である追分（軽井沢町）まで行って、攻撃の作戦を立てるのは理屈に合わない。ただし、小田井城を攻めるのは北方からしかないので、地形からしてイメージとしては、北から小田井城を攻撃することは妥当ではある。

《「小田井誅伐之事」から見えてくる芦田信守》

「小田井誅伐之事」は、誤謬や史実との若干の相違が散見するが、こういうことがあったということの概略は伝わってくる。ここからの芦田信守に関する情報も得ることができる。

ア　武田晴信へ臣従して間もない芦田信守は、晴信の命により尾台（小田井）城の小田井又六郎・治郎左衛門兄弟に、武田氏への降伏勧告におもむいたが拒否される。

イ　この時、信守は十五か十六歳であった。

ウ　その後、小田井兄弟は報復措置としてか、芦田領に侵入し、乱暴狼藉を極めた。

エ　信守は、領内を荒らされたので、たびたび敗北していた。

オ　信守が窮状を晴信に訴えたので、晴信は小田井城を攻撃し、小田井又六郎・治郎左衛門兄弟は滅ぼされた。

『甲越軍記』のこの内容では、小田井城の合戦の直接の原因（晴信の小田井氏に対する言いがかりのきっかけ）となったことは、芦田信守と小田井城との関わりである。しかし、小田井城の合戦で信守がどのように参戦し、具体的にはどう戦ったかは、記述されてはいないが、この小田井城攻略戦で、芦田軍は武田の武将の脇備えとし参戦している可能性は当然考えられる。合戦記であるので、そのかわり、架空とも推定される戦士の名があったり、合戦の時点で使用されるはずのない鉄砲で武田軍が攻めていること等が描かれている。（日本へ鉄砲が伝来したのは一五四三年というのが通説である。小田井城攻めは一五四四年であるので、たった一年後に鉄砲が使われているとは考えられない）。

《城域が広大過ぎて小豪族では守りきれない小田井城の構造》

小田井城は、北佐久郡御代田町小田井字城の内にある。平地（台地上）に立地し、北佐久郡浅間山麓に特有の田切地形（比高二〇～三〇ｍ）を利用した平山城（崖上城）で複郭である。

三五〇ｍ×一四〇〇ｍ（解釈によっては四八〇ｍ×一八〇〇ｍ）の規模である。あまりにも広域で、小田井氏のような小土豪の勢力では、とても守備しきれない規模である。おそらく、城内は居住のほかに耕作地として使われていたもので

あろう。同じように規模が広域に及んでいる耳取城や平原城（ともに現小諸市）なども、耕作地を抱えていたと思われる。

ただし、この二城は城内の郭群の配置にしまりがなく、同列の郭が広くいくつも展開し、中枢が明確ではないことから、城主の力が他の城将から抜きんでていたわけではないことが推測される。（同様な城郭に上州総社神社もその一郭に含まれる蒼海城がある）。

それらと比べて小田井城は、広大ではあるが空堀（堀底の形態は箱堀）が意味ありげに走り、やや複雑な形態を示している。

しかし、通常の城郭のイメージとは異なり、三

写真：小田井城の空堀（土橋がある）

図：小田井城西端

ノ郭・二ノ郭・主郭といった機能が不明確である。小田井城は、横矢（横槍）を入れることができ、他方、寄せ手にとっては郭・空堀・二重堀・土塁・堀や土塁の鍵形折れ・土橋があり、攻撃をしかけにくい形態である。四〇ｍほど進むと、土塁は特徴的なものとしては、城からの抜道だという伝承がある「抜切れて、もう一つの土塁（これも長さ四〇ｍ）が堀の縁に沿っ穴（くぐり岩）」、スリバチ畑（ヒラジ畑）［井戸址］がある。て東へ延びている。この二つの土塁の痕跡からして、土塁とまた、特に大手の二重堀は大規模で本格的であり、近隣には土塁の間は「食い違い虎口」であったと推定される。虎口をない珍しい形態である。

入ってしばらくすると、現在は右手に道は折れ、西方へ向か『御代田町誌』によると、城主クラスのいた所は、城内最い、二重堀の土橋から直接南へ延びている現在の道と合流す奥部の郭、通称「奥ノ城」であるとしているが、現地に足をる。道が「虎口を入ってしばらくすると、現在は右手に道はあったとは思えない。土橋を渡ると左手前方に土塁（長さ折れ、西方へ向かい」というように、わざわざ不必要な迂回四〇ｍ、高さ一・五～二ｍ、幅五ｍ）がある。往時の城内へをしているということは、「往時には、そのように城内へ入っりも一段と低く、主郭として適していない。そこは平尾城方ていた」という証拠でもある。（現在ではそのように道が入面を見張ったり、南方を遠望する役目をも有する搦め手郭でる必要は全くないことからも、そのようにいえる）。現状では、あろう。さりとて、本郭はどこなのか縄張りを見ても判然と二重堀の土橋から直線的に南へ延びている現在の道へ合流すしない。城の北の字「坪ノ内」方面から、城域の正面の二重る。堀の土橋を渡りきると、現在の道はそのまま直線的に城内へ入り南へ延びているが、往時にはそのような単純な虎口で二重堀からの現在の直線的に南方へ延びる道（往時は、二あったとは思えない。土橋を渡ると左手前方に土塁（長さ重堀からそこまで南への直線的なその道は存在しなかったと推定される）と合流するが、食い違い虎口から入った道は、その箇所を突っ切って現在でも南西方向へそのまま延びている農道がある。それを辿ると字「城ノ内」の西端の郭へ至る。その郭の東端は南北に空堀が縦断している。その南北の空堀の北の部分は現在は段差だけではあるが、空堀が破壊された

りも一段と低く、主郭として適していない。そこは平尾城方面を見張ったり、南方を遠望する役目をも有する搦め手郭であろう。さりとて、本郭はどこなのか縄張りを見ても判然としない。城の北の字「坪ノ内」方面から、城域の正面の二重堀の土橋を渡りきると、現在の道はそのまま直線的に城内へ入り南へ延びているが、往時にはそのような単純な虎口であったとは思えない。土橋を渡ると左手前方に土塁（長さ四〇ｍ、高さ一・五～二ｍ、幅五ｍ）がある。往時の城内への道は土塁手前を左折して東へ進んだと推定される。土塁上には防護柵ないしは塀が設けられていたであろう。道幅は二・五ｍである。守城側に対して寄せ手は土塁を右手に見る体勢になり、右側から守備兵が見ての、体を開かねばならない体勢になり、右側から守備兵がので、体を開かねばならない体勢になり、右側から守備兵が

形跡がある。南北の空堀の真中の部分の西上方へ農道は通じ、土塁の上を通っている。その土塁の高みは小田井城内では一番の高所となっている。その土塁とその東下の南北に延びる空堀に守られた西端の郭を小田井城の主郭の候補として挙げておきたい。複数の空堀がそこへ集結しているからでもある。また、前述のように特にその郭の東側の空堀は南北に貫通している。南北の空堀の南の部分は鈎状空堀となっている。また、この郭にはほかにも土塁・鈎状空堀跡・鈎状段差・土橋があり、南西の隅には三日月土塁があって、西方の崖の切れ

写真：抜け穴「潜り岩」（城内から見る）
昭和56年に撮影

目から登って来る道（城ノ道）に対して上から攻撃できるようになっている。城域図をみると主郭は西の端に位置しているが、それでも極めて広い区域である。西端には通称「潜り岩」（抜け穴）がある。そこから崖下は久保沢の田切地形で、久保沢を横切って西方へ上ると宝珠院があり、中山道小田井宿がある。後世、宝珠院の南から久保沢へ下り、わずか南から城内へ上り、「城ノ道」と呼ばれた児玉道（児玉集落へ通じていた）が城内へ入って、小田井城を東西に横断していたが、往時は小田井宿方面からの間道はあったかもしれないが、城域は横断してはいなかったであろう。字「城ノ内」は極めて広大で空堀（箱堀に見える。往時は薬研堀か）が城域を区切っている中央で東西に延びる空堀の西端が南北に延びる空堀へT字型に接合しているが、その南北に延びる空堀を北上すると、その空堀が左手（西側）に土塁を伴うようになる。土塁の手前を左（西）へ空堀を上った所は前述で主郭の候補地に挙げておいた郭である。特に土塁（現在その上は農道となっている）の高みは南北の空堀の東側の郭よりも高い。これは、土塁の西方に小田井城の中枢部があるということ示唆している。

それにしてもあまりにも城域が広大過ぎて、小豪族ではとても守りきれない城である。天正十年に北条氏の先方である

大道寺政繁が一時在城したことがあったが、その時は大軍勢であったと推定されるので、その時のように大軍勢が陣を張ったり、駐屯したりする場合には適していそうである。辺り一帯は現在は耕作地、山林、宅地、工場、道路等で、残存状況はやや不良である。また、城域や近隣に「城ノ内、坪ノ内、城児玉（奥の城）、上小田井、飯綱、長倉、上ノ駅、中ノ駅、下ノ駅、除沢、狐坂」などの城郭関連地名がある。築城者は、小田井氏（尾台氏）で、尾台吉六郎副親（小田井又六郎信親）といわれ、年代は大永年間（一五二〇年代）とされている。

《考えさせられる「小田井誅伐之事」》

ところで『甲越軍記』では、「小田井誅伐之事」という表題を付けているが、読者はこの言葉をどう受けとめるのか。筆者としては、勝者による非常に思い上がった表現ではないかと感じられる。そもそも「誅伐」とは一方的に征服者たる小田井氏という絶対的な大きな勢力に対して一土豪無である。武田氏側の意識からであり、小田井氏側の意識は皆武田氏側からの意識からであり、「誅伐」とは一方的に征服者たる小田井氏という絶対的な大きな勢力に対して一土豪無である。武田氏という絶対的な大きな勢力に対して一土豪に過ぎない小田井氏が立ち向かったのである。小田井又六郎信親からすると、近隣の城が次々と落とされていく中で、敢然と誇りを持って侵略者に抵抗する気持ちがあったであろう。いわんや、わが「芦田信守」といえども、たかが芦田の

写真：複雑に配置された空堀

子倅が武田のお先棒となって、投降を迫る使者として訪れたとしても、にべもなく追い返したのは、小田井氏側からの論理からすると当然であったかもしれないのである。

景気よく「首級をいくつ挙げた」とか「滅ぼした」とかいうことは勝者の論理でしかない。「誅伐」という言葉には、近隣の民衆の生活も生命も大きく関わっていたはずである。戦国時代の戦の常套手段として、庶民は財産だけでなく、安全や生命を脅かされたのが常であった。奴隷として連れ去られることも珍しくはなかったといわれる。

「誅伐」という一方的な言葉の裏に、征服される側、蹂躙される側の民衆の気持ちや息遣いがあることを常に意識していたいものである。「誅伐」という術語のおぞましさをあらためて思う時、歴史を語る時には、一瞬立ち止まって考える必要がある。

④ 内山城攻め

内山城は、佐久市東部の内山川の右岸にあり、内山渓谷入り口の北側に位置している。東方へたどれば内山峠を経て、上州の西牧・南牧へ通じ、関東へ出る要路を押さえる位置にある。境目城の性格をもつ城で、上州にいる関東管領上杉氏の勢力に対する城である。

写真：内山城

佐久地方の城は地域性によって三種類に分類できる。比較的平坦の佐久盆地内にある城の多くは、浅間山麓の田切り地形を利用した**崖際城**(がけぎわじょう)である。千曲川西方の八ヶ岳・蓼科山系にある城は山城が多いが、**丘城**に比較的近い形状をしている。一方、千曲川の東方は関

東山地が西へ突き出した尾根上にある山城で険しい**要害城**である場合が多い。内山城は、志賀城・田口城・平尾城などとともに、本格的な山城である。中でも内山城は、断崖絶壁を利用した、複雑で広大な縄張りを有する山城である。しかも、佐久地方麓には城主の居館のある根小屋や、城下の町割りがあり、軍勢の駐屯する「宿城」があった本格的な城である。佐久地方最大の規模を持つ山城であり、城の持つ歴史は、多くの勢力の在城した経歴を持ち、単純には説明できない城郭である。

しかも、詰城・山小屋（戦の時に民衆や腰弱が一時避難する所）・支城・枝城・砦・見張台・狼煙台から、攻撃の時に敵が築いたと思われる向城・陣城まで含めると、内山渓谷の入り口から、東方へ何kmもにわたって、渓谷の

写真：城下の町割りの上方へ延びる小路
見透かされぬように曲がっている

両側の尾根上には、城塞の形状を持つ遺構が無数に存在する。城主に関しては変遷が多く、佐久地方最大の山城であるとともに、城主に関しては間違いなく佐久地方最大の山城であるとともに、謎の多い山城でもある。

この内山城を**芦田信守**は武田信玄の**信濃先方衆**として攻めていることになる。

《文献の語る内山城》

内山城に関する諸文献から、内山城主や内山城の城としての性格、武田氏による内山城攻めについてみてみる。

① 『諏訪御符禮之古書』の文明八年（一四七六）の条には、

文明八年丙申明年花會御頭足

　…（中略）…

一　礒並、**内山**　…

御符禮二貫八百、使三郎、頭役十貫

　須江入道沙弥善孝、依田美濃守光俊、

諏訪大社の「五月会」御頭役は、**地頭**がその任にあたることになっていたので、この文明八年（一四七六）の時点での**内山**の地頭は、須江入道沙弥善孝と依田美濃守光俊であったことが分かる。

②『諏訪御符禮之古書』の文明十八年（一四八六）の条には、

文明十八年五月五日

一　流鏑馬、**内山**　…

　…（中略）…

使二郎三郎・金五郎

　依田美濃守光俊、御符禮二貫三百、

文明十八年（一四八六）の**内山**の地頭が**依田美濃守光俊**であることが分かる。この系譜は『相木市兵衛依田昌朝と武田信玄』（依田武勝著）によると、依田光康（新左衛門）～**光俊（美濃守**遠経）～貞直（左衛門三郎）で、**内山城主**であった。この時点では相木依田氏は、大井氏の重臣であったので、史家の言う「大井系依田氏」という表現も、あながち誤りではない。

③『高白斎記』天文十五年（一五四六）五月の項では、内山城攻略までの状況が端的に表現されている。

五月小三巳未卯刻向内山御門出陣、巳刻御立、海野口迄、六日壬戌前山へ御着城、八日甲子巳刻先衆立、九

内山城攻略後の天文十五年（一五四六）七月九日に、上原伊賀守が甲府を出発し、十八日に内山城へ到着した。甲府から内山まで通常は二、三日に到達できる道のりである。十日間もかかっていることに違和感があるが、その行程に何かあったのであろうか。不明である。武田信玄は、内山城代として上原伊賀守を入れたのである。

> 日乙丑辰刻前山ノワウツ立、十日水ノ手被為取、雷雨、十四日庚午責取、内山本城ハカリ残テ、小笠原ト金吾両人参、廿日丁丑内山ノ城主左衛門尉城ヲ明テ野沢へ下ル、

五月三日に内山城攻めに向けて午前六時に甲府を出陣し、十時に御立、海ノ口まで。五月六日に（佐久での軍事基地としている）前山城に到着。八日午前十時に信濃先方衆が前山城から内山城へ向けて出発した。本隊は九日午前八時に前山を山発。十日に水の手を奪取。雷雨あり。十四日午前十時に前山して二ノ郭まで攻め上り、小笠原氏らの参陣があり、二十日に内山城主大井左衛門尉貞清は城を明け渡して野沢へ下った。

④

『高白斎記』天文十五年（一五四六）七月の項では、

> 天文十五丙午年七月小丙辰上原伊賀守去、九日甲子致門出、今月十八日内山へ着、

絶壁上の「本郭」をも含む郭群がそれに該当する。

「本城ハカリ残テ」とあるが、「本城」とは、山頂部で断崖

⑤

『高白斎記』天文十六年（一五四七）四月の項では、

> 十六日丁酉大井左衛門父子就在府者身命並カツ命ツキ不可有別条之由、御罰文荒田方へ被越候、御使高白秋着仕候、…（中略）…五月大四甲寅大井左衛門父子着府、六日出仕、

天文十六年（一五四七）四月十六日、（信玄が前年に攻略した内山城主だった）大井左衛門貞清父子が、甲府へ来て身命に仕える、命は預けるということであるので、駒井高白斎（『高白斎記』の筆者）が使者として、罰文を伝えた。貞清父子は五月四日に甲府へ到着し、六日に（武田信玄に）出仕した。前年、武田軍に降伏して、内山城を明けて、大井貞清は野沢へ向かったが、（十一カ月後になって）、甲府へやってき

て、信玄に出仕したのである。大井貞清は、その後、武田家臣として務め、長篠の戦いで討ち死にしている。

⑥『高白斎記』天文十七年（一五四八）四月の項では、

【註解】

（天文十七戊申年四月）廿五日敵動内山宿城過半放火、

天文十七年（一五四八）四月二十五日に敵が行動を起こし、**内山の宿城**の過半を放火した。「宿城」とは、軍勢が駐屯できるほどの城域があり、軍事基地的な役目を担う城のことである。佐久では内山城・前山城・桜井山城（勝間ノ砦、稲荷山城）・海尻城などが「宿城」の役目を果たしていたようである。その宿城である**内山城**を襲い放火したのは敵である**村上義清**である。去る二月の上田原の合戦で、武田信玄は村上義清に敗れている。その後、信玄は諏訪の上原城まで兵を退いていたが、四月二十五日に村上義清が、信玄配下になっていた佐久郡内へ攻め入ったのである。

⑦『武田三代軍記』には、内山城と関わる叙述があるので取り上げてみよう。

『武田三代軍記』には、架空ともいわれている合戦（海野平合戦、法福寺合戦など）のことが記述されていたり、年月日に齟齬があったりしている。特に、左記に述べる長尾景虎（上杉謙信）が信濃国善光寺平や東信地方に侵入してくる時期が問題である。村上義清は、天文二十二年（一五五三）に小県郡塩田城を攻略された八月五日以降に信濃から越後へ逃げ、援を長尾景虎に求めたのであるから、年代的にありえないことである。ただし、歴史の資料として汲み取ることができる事項が含まれているので、ここに取り上げてみる。

⑴□年□月下旬（年号不詳）

然る所に、同じき廿三日、景虎、越後へ引返されければ、鼠宿の仁科、上田の海野・浦野を始めとして、尾見・會田・青柳等、悉く甲州に降参し、人質を出しければ、則ち小室・内山の両城へ請取らせ、同じき廿八日、甲府に馬を入れ給ひけり。

「悉く甲州に降参し、人質を出しければ、則ち小室・内山の両城へ請取らせ」とあることから、右の叙述から読み取るべきことは、武田氏に降参した武将の**人質**は、小諸城と**内山**

城に留め置かれたことになる。もちろん、今日の意味の人質ではなく、降参した武将が裏切らないで忠勤を尽くすという証（あかし）としての人質（証人）である。

次、報告・連絡・相談していたということ」である。

(3)天文十七年（一五四八）七月朔日の項に、

内山を打立ち給ひ、直に笛吹峠を越え、松井田に押寄せられ、近辺を放火あって、同じき三日前に引き取り給ひ、同じき六日、甲府に帰陣し給ひけり。

「内山を打立ち給ひ、直に笛吹峠を越え」ということは、内山を軍事基地として碓氷峠を越えて上州へ侵入したということである。

(2)天文十七年（一五四八）五月下旬の項に、

天文十七年五月七日、甲館を發馬あって、諏訪に赴き給ひ、…（中略）…、長尾景虎、小縣へ出張の由、内山に在城せる飯富兵部虎昌が方より、早馬を以て註進しければ、晴信、早々引き入れ給ひ、和田峠を打越し、長窪筋より押し給ひ、内山に着陣あり。此所に本陣居ゑらる。景虎は戸石に陣を取って、六月四日より十三の間対陣あり。

「長尾景虎、小縣へ出張の由」と述べられているが、天文十七年ということはありえない。時期は天文二十二年以降である。また、信玄と景虎がそれぞれ内山城と戸石城に本陣を張って対陣したということは、現実味を欠く。両城は何十kmも離れているのである。ここから汲み取るべきことは「内山城の城代であった飯富兵部虎昌が、信州の情勢を信玄に逐

⑧『高白斎記』天文二十年（一五五一）九月の項では、

（天文二十年辛亥年）九月小廿日乙巳大井左衛門内山ヲ出テ甲府へ来ル、上原伊賀守重テ内山へ移り、替名字号小山田備中守、廿二日屋形様内山ヲ御立、廿三日戊申御帰府、

天文二十年九月廿日、内山城を守備していた大井左衛門貞清が内山から甲府へ戻った。それに替わって上原伊賀守

再び内山城代となり、名を小山田備中守と改めた。そして、九月二十二日に信玄が内山を出発し、甲府へ帰ったことが述べられている。

⑨『妙法寺記』天文二十三年（一五五四）八月の項では、

此年（天文廿三甲寅）八月六日二柵郡要害一夜二九ツ落
申候、…（中略）…思フ程切勝被成候、此年小室モ自ラ
落申候、トテ、内山ノ人数ヲヲシツケニ乗リ候テ、三百
計打取ル、去程二上意様大慶満足被成候事無限候、

天文二十三年八月六日に、武田信玄の猛攻を目の当りにした佐久衆の要害は、一夜に九城も落ちた。この年、小諸城も自落するということで、内山城に駐屯していた軍勢を差し向けて、三百人ほどを討ち取った。信玄は大満足であった。このことから、内山城は軍勢が駐屯する「宿城」の役目をもっていたことが分かる。

《内山城攻めの概要》

天文十五年（一五四六）三月、武田晴信は村上方の戸石城を攻めたが、さしたる衝突はなかった。（第一次戸石城の戦い）。四月十六日、晴信は佐久郡内山城主の大井左衛門尉貞清に出仕を促したが、貞清はそれを無視していた。彼は三年前に小県郡長久保城で滅ぼされた大井貞隆の嫡子であるとも、弟であるともいわれている。大井貞清は佐久郡の反武田の勢力を結集して、佐久郡内山城に拠り、武田方の守城である前山城などを襲撃した。p.45の③に述べられていることではあるが、もう一度、改めて信玄の軍事行動を整理してみる。

大井貞清の反武田の動きを知った信玄は大井貞清討伐の軍を率いて五月三日に甲府を出発した。そして、六日には佐久郡前山の宿城へ着陣した。九日には千曲川を渡河して東へ進み、内山峡の入り口を北から扼する内山城の攻撃を早朝から開始した。内山城は堅固で壮大な山城である。六日間の猛攻を加えて、本城を除いて全城域を制圧した。しかし、四方を断崖絶壁に守られた本城は頑として落ちず、さらに六日間の兵糧攻めの長期戦の末、ついに五月二十日に貞清は降参した。

《内山城攻略の右の内容を簡条書きにしてみると》

天文十五年（一五四六）

①大井左衛門長清は反武田勢力を結集して内山城に拠り、

49

武田の守城である前山城などを襲撃した。

② 四月十六日、内山城主大井貞清父子に出仕を促す。

③ 五月三日、信玄、大井貞清討伐の軍を率いて甲府を出陣

④ 六日、信玄、前山城（宿城があった）へ着陣

⑤ 九日、**内山城攻撃**を開始

⑥ 十四日、六日間攻め本城以外を制圧、断崖上の本郭は容易に落ちず。

⑦ 二十日、さらに六日間の兵糧攻めに及び、ついに大井長清は降参。城を明けて野沢へ下る。

⑧ 七月十八日、上原伊賀守が内山城代として入る。そして、佐久の状勢により、まもなく飯富兵部虎昌が替わる。そして晴信は、貞清の戦いぶりをかって、貞清一党を家臣にとりたて、甲府へ出仕させた。武田の家臣となった貞清は、二十九年後の長篠の戦いで討ち死にしている。

《武田信玄と村上義清の二回の戦いの直後の動向》

武田信玄が**村上義清**との戦いに敗戦（上田原の戦い）をきっするたびに、その直後に村上義清が武田勢力下にあった佐久へ侵入し、佐久の諸将が反武田の旗印の下で結集し、蜂起したりしていることが分かる。そのつど武田

信玄が出馬し、佐久を再び武田の支配下に戻している。

○天文十七年（一五四八）二月十四日、**上田原の合戦**で武田信玄は村上義清に敗れる。

その結果、

・三月五日、諏訪の上原城まで兵を退いた。

・四月十五日、**村上義清**の軍勢が佐久郡内へ攻め入り、武田軍の基地である**内山の宿城**の大半を焼く。

・佐久では**反武田の反乱**が起き、前山城まで奪われた。

・九月六日、信玄は諏訪から佐久郡前山に向かって出発し、九月七日海の口に泊まり、九日に宮ノ上城に一泊、十一日に臼田（宿城あり）を発って、**前山城**攻撃へ向かった。

・前山城を攻め落とし、数百人を討ち取った。これを見た**佐久郡の諸将の十三城**は戦わずして降伏した。

・反乱の中心であった田口氏は、田口城で武田軍と戦い、田口良能は討ち死にし、田口氏は滅亡した。

○天文十九年（一五五〇）八月、**戸石城の戦い**で信玄は再び村上義清に敗れる。（第二回戸石城の戦い・戸石崩れ）その結果、

・十一月八日、義清が**佐久へ侵入し**小諸城へ入る。

・十一月十三日、義清、**野沢城と桜井山城**を攻めて放火する。

○天文二十年（一五五一）四月二十六日、村上義清は**戸石城を真田昌幸**に攻略される。

・九月二十日、内山城の城代として取り立てられていた**大井貞清**は甲府へ行き、**上原伊賀守**が再び内山城に入り、**小山田備中守**と改名して内山城主として武田軍が敗れた時、一時大井貞清が内山城へ入ったものと思われる。武田勝頼の滅亡と本能寺の変後の『天正壬午の乱』の一時期、北条氏からの**城代猪俣氏**が在城したが、北条氏が去った後、北条傘下となっていた小山田藤四郎が内山城主に復帰し、芦田信蕃に反意を示していたが、信蕃の猛威に圧倒されて降参してきた。その後、芦田信蕃は**小山田藤四郎**に内山の地を宛てがっている。

《内山城主の変遷》

① 平賀氏……中世初期、内山は平賀郷に属し、平賀氏の支配下にあった。

② 大井氏……平賀氏滅亡（文安三年頃、一四四六年頃）により、大井庄地頭の大井氏の手に移る。

③ 須江氏、依田氏…『諏訪御荷礼之古書』によると、内山の地頭は、（あるいは、大井氏の代は）、文明八年（一四七六）……須江入道沙弥善孝と依田美濃守光俊

④ 依田美濃守…文明十八年（一四八六）……依田美濃守光俊

⑤ 大井玄岑……永正年間（一五〇四～二一）、**大井美作守玄岑（または、内山美作守玄岑とも称す）**が在城～大井貞清

⑥ 上原昌辰……天文十五年（一五四六）五月、大井貞清の内山城を信玄が攻略し、上原伊賀守昌辰（のちの小山田備中守）城代とした。その後、小山田備中守は一時小諸城代となり、内山城には飯富兵部虎昌が入る。

⑦ 飯富虎昌……天文十七年（一五四八）五月下旬、内山城在城の飯富兵部虎昌から信玄の佐久への出陣要請がある。

⑧ 大井貞清……天文二十年（一五五一）三月二十八日、信玄は旧城主であった大井貞清を内山城主に充てた。

⑨ 小山田昌辰…天文二十年（一五五一）九月二十日、信

玄は大井貞清に替わり小山田備中守昌辰に内山城の守備を命じる。

⑩ 小山田昌行…永禄七年（一五六四）、小山田玄恰（小山田備中昌辰の子の小山田備中守昌行か）が在城。天正十年（一五八二）、小山田備中守昌行は、仁科盛信が高遠城で織田軍に滅ぼされた時、副将として討ち死に。

⑪ 小山田六左衛門…天正十年（一五八二）、小山田備中昌行の子の小山田藤四郎（六左衛門）が内山城に入るが、北条に攻略され、北条氏の支配下に入る。（彼は小山田備中守昌行の子の昌盛か）。

⑫ 猪俣能登守…天正十年（一五八二）、織田信長死後、佐久郡は北条氏に蹂躙される。北条氏は猪俣能登守を内山城主とする。

⑬ 小山田六左衛門…天正十年（一五八二）、北条が関東へ去った後、城主であった小山田藤四郎（六左衛門）は、内山城主に復帰していたが、芦田信蕃の手勢に敗れ、その臣下となった。

⇦《内山城を城主で整理すると》

・平賀氏→大井氏→大井氏重臣か（須江善孝・依田光俊）→大井（内山）美作守→大井貞清→飯富兵部虎昌→大井貞清→小山田備中昌辰→小山田備中守昌行→小山田藤四郎六左衛門→猪俣能登守→小山田備中守昌行→（芦田信蕃）

⇦《さらに、単純化すると》

・平賀氏→大井氏（重臣を含む）→武田氏（小山田氏など）

→北条氏（猪俣氏）→（芦田氏）

⇦

・内山城は当初は平賀氏が関わっていたが、その後武田信玄の臣下の小山田氏等城代が統治し、天正十年には、いったん北条氏が押さえ、北条氏が去ったあと小山田氏が復帰したが、最後は芦田信蕃の勢力下になった。

《内山城代小山田備中守》

内山城の攻略後に武田により内山城の城代となった小山田氏は、小山田備中守昌辰～小山田備中守昌行～小山田藤四郎六左衛門と、約三十年間内山城主であった。昌行は上原昌辰から改名した。守城戦には武田家中でも定評があった。昌行は天正十年三月二日の高遠城の落城の際に、仁科盛信の副将

して討ち死にしている。藤四郎は北条氏にいったんは臣従したが、復帰し、芦田信蕃に降参してその臣下となった。徳川方となった小山田藤四郎は、徳川家康から佐久郡岩村田における戦功を賞する書状をもらっている。また、天正十年十一月十九日付けで、**芦田（依田）信蕃**から、内山等の地を宛てがわれている。（なお、その書状には、現在に残る信蕃による「花押（かおう）」がある）。

御本領之分

貳百拾貫文　　内山之内

拾貫文　　　　平賀之内

拾貫文　　　　馬流之内

　新地之分

七百貫文　　　入澤

参百貫文　　　岩尾之内

右合千貳百参拾貫文、今度被屬御當方へ、

無二可有忠節之由承候条、任御望候、恐々謹言、

　　　　　　　依田右衛門佐

天正壬午

霜月十九日　　　信蕃（花押）

小山田藤四郎殿

芦田信蕃から小山田藤四郎に宛てがわれた知行は、（内山二一〇貫文＋平賀一〇貫文＋馬流一〇貫文＋入沢七〇〇貫文＋岩尾三〇〇貫文＝一二三〇貫文）である。

ちなみに、武田勝頼が天正十年三月十一日に、天目山麓の田野で滅びているが、その時に武田を裏切ったとして濡れ衣を着せられた格好の小山田氏がいた。その小山田氏は、武田軍団最強ともいわれた軍勢を要していた。甲斐郡内地方に本拠を置く小山田越中守**信有**～小山田出羽守**信有**～小山田左兵衛尉**信茂**の系統である。この二つの小山田氏は、全く別の系統の小山田氏である。

《内山城攻めと芦田信守》

芦田信守が内山城攻めに参陣していたかどうか、戦いの前後の状況を考察してみよう。

かつて、依田系芦田氏は歴代大井氏の重臣であった。この天文十二年（一五四三）前後に、大井貞隆の臣であった芦田氏と相木氏は、ともに**武田晴信に臣従する**ことになった。つまり、**芦田信守**は在所**芦田城**にあって、大井氏や望月氏らとともに武田氏に抵抗していた可能性が高い。芦田氏の芦田郷は地理的にも、当時大井宗家を名乗っていた**大井貞隆**の長久

保にも近く、それまでは臣下として同一行動をとっていたと推定される。

特に歴代の芦田氏は、**大井氏の筆頭重臣**であった。『蔗軒日録』（文明十六年、一四八四）には、「大井は千騎を以て大将たり。…（中略）…**大井の執事**芦田殿・相木殿……」とある。

また『佐久大井氏由緒』（文明期〜永正期）には「大井氏城中における座敷での御家中の着座は、**一番が芦田氏**、二番が相木氏、三番が志賀氏…（中略）…其他近習依田歴々なり」とある。大井氏家中でももっとも高い位置を占めていた**芦田氏**である。芦田信守の武田家臣としてのその後の生き方、それを継いだ信蕃の忠烈ぶりからすると、芦田氏が長年の主家である**大井氏**を、武田氏との戦いを前にして、裏切るとは思えない。

しかるに、天文十二年（一五四三）九月十九日、信玄が長窪城に**大井貞隆**を降し、生け捕りにし、甲府に護送し処刑する。大井宗家の滅亡に際して、芦田信守は武田への臣従をせざるを得なかったものと思われる。周辺の大勢力の情勢の急変によって、**芦田信守**の境遇もそのつど変転せざるを得なかったのである。

視点は違うが、『甲越軍記』には次のような一文がある。（現代文にしてみると）「信州には村上佐衛門尉義清、小笠原大

膳大夫長時、諏訪信濃守頼茂、木曾左馬頭義昌、四家の人々数年以來、度々甲州へ亂入し、別して近頃は戦ふごとに利を失ひ、同年（天文十三年、一五四四）霜月に至り、信州の國人**蘆田下野守**を始めとし、依路（与良）・平原・川上左衛門入道など、信州四家との約に背き、**降参を遂る者**が多かった」。

ここで「信濃国人蘆田下野守を始めとして」というように真っ先に名前が挙げられているということは、**芦田下野守信守**の存在感がそれだけ大きかったということを意味していよう。

武田臣従後に、まず芦田下野守の名が出てくるのは、武田氏による小田井城攻めに関してである。内山城攻め（天文十五年、一五四六）以前の**小田井城攻め**（天文十三年、一五四四）の発端は、武田の使者として小田井城主の**小田井又六郎**に武田への出仕を勧告に出向いた**芦田下野守信守**に対して、拒否したのみならず、たびたび芦田領へ侵入し狼籍を働いたことによる。そこで武田氏が板垣信方を主将として、**小田井討伐**に乗り出したのである。当の芦田信守が小田井城攻めに参加していたことは、ことの成りゆきからして、必然であったと思われる。武田へ臣従後、少なくとも二年以上が経っていた**内山城攻め**では、（文書として残されてはいないが）芦田信守が**信濃先方衆**として、一族郎党を従えて参陣していたのは、以上の状況から判断すると確率はかなり高いと

54

いえる。（離合集散する佐久衆の中で、いったん武田に臣従した後は、一貫して武田氏の下で忠勇を示す芦田氏が、内山城攻めに参陣していなかったとは考えにくい）。

また、佐久の諸将のとった軍事行動との違いが明白なのは、次のことからもいえる。武田信玄が村上義清との戦い（上田原の合戦、戸石城攻め）で敗れるたびに、その直後に村上義清が佐久へ侵入し、また、佐久の諸将が反武田で結集して蜂起しているが、芦田氏と相木氏は一貫して武田の臣であることを通している。その証拠に芦田氏も相木氏も信濃先方衆の巨頭として、川中島の合戦では妻女山攻撃別働隊の十頭のうちに入っていることからもいえる。佐久の他の諸将のように武田に従属したり、反旗を翻したりを繰り返していたのでは、一五〇騎の将（芦田氏）・八〇騎の将（相木氏）として、武田氏に重用され、お膝元の甲府で屋敷地を与えられる地位には成れなかったと思われる。したがって、天文十五年（一五四六）の内山城攻めの武田軍の中で、信濃先方衆の中心として大役を果たしたことは状況証拠としても間違いなさそうである。

『高白斎記』には内山城攻めに際して、「六日壬戌前山へ御着城、八日甲子巳刻先衆立」とあるが、その「先衆」（信濃先方衆）の中で兵力が一番多い芦田衆がいなくては、佐久で

は城攻めの大軍勢を編成できない。この内山城攻めは芦田信守にとっては、大井宗家は滅びたとはいえ、支族ではあるが「大井氏」を名乗る大井貞清を攻める先方衆という立場には、複雑な思いが去来していたと思われる。

この後も、同じ依田氏である芦田氏と相木氏は一貫して武田氏の麾下として、信濃先方衆の精鋭として、幾多の戦いに参陣していることは衆知の通りである。

《内山城の縄張り》

内山城は上空から俯瞰したとすると、ヒトデのように延びた五本の尾根がある。特に西尾根・南西尾根・南尾根に抱かれるような形で城下には居館跡がある。それに向かって旧国道二五四号線から上方向へ、四本の小路が延びている。西から順に大名小路（西小路）、じゃんぼん小路、中小路（殿様小路）、文明小路である。現在、それぞれの小路の左右には、階段状をした削平地が宅地となっていて、集落をなしている。地元ではこの町割りのある集落を「町」と称している。城下町の原初的なものが形成されていた。武田氏時代の改修の結果であろう。居館跡と推定される広大な平地の中央から上方へ進むと、内山城の本城からすると南西尾根が下方へ延びきったところにある断崖直下に突き当たるが、そこに絹笠神

図：内山城全体の縄張図（作図完成）平成11年12月3日、市村

社（蚕社）がある。昔は諏訪社であったといわれている。

[南西尾根]

大手道は居館跡の右端（東端）から、ほぼ南西尾根に沿って登る。途中にいくつかの曲輪があり、**石積**を備えたかなり広い曲輪もある。下から攻め上って来る攻め手を上から攻撃する形状をなしている。曲輪群の上方の大手道は険しさを増し、断崖絶壁に阻まれる。左手斜め上方に回り込んで登りつめて、右手に向かうと、その上方が「**本城**」である。「本城」のうちの最頂部の**本郭**を挟むかのように、北に二つの郭（北郭1、北郭2）と南に二つの郭（南郭1、南郭2）がある。

大手道が北郭2の西端に至り、右手へ進路を変え、さらに進むと上方の北郭1の西端から守城側の攻撃を受けることになる。そこを過ぎると本郭である。しかし、本郭に取り付こうとすると、本郭の南側にある南郭1、南郭2から迂回してきた守城側の兵に背後から狙われることになる。特に南郭3が本郭下へ延びているのが、その働きをすることになる。本郭には宗吾神社が祀られているが、明治二十年頃までは秋葉社であったという。多くの山城の山頂部の主郭には、秋葉社や愛宕社がある例が多いが、火除けの神様であると同時に、戦の神様でもある。現在地元の人々によって本郭は整備され説明板も設置されている。

〔南尾根〕

南尾根は、本城の断崖絶壁の直下に小規模な複数の曲輪が

図：内山城の根小屋

居館跡は畑と化しているが、西半分は太陽光発電の施設となる。4本の小路の両側には段々に家があり、見透かされぬように小路は曲がって上る。

あるが、これらは大手道から分岐して、沢伝いに南方の「馬場ノ平」へ延びる道を上から攻撃する位置にある。馬場ノ平の南方下へは、さらに尾根上に段曲輪が下がっていくが、その下部は断崖絶壁となって、登攀を拒んでいる。

〔南東尾根〕

南東尾根は短いが、小さな段曲輪の先は絶壁となっている。この尾根は、東下方の寺沢から上ってくる寄せ手や、南尾根との間の沢を上ってくる寄せ手を上方から攻撃して阻む役割を持っている。

〔西尾根〕

長く西へ延びる西尾根には、**堀切**が三本ある。西尾根の最上部の付け根は、本城への取りかかり口にあたる。西方へ大きな岩場を経て細尾根が下り、狭い曲輪があり、その先に**堀切**がある。そこから先の西尾根には曲輪が少なく、尾根を下ったその先にも堀切がある。以上二本の堀切は北方からの侵入に備えて、**竪堀状**になって北の沢へ落ちている。二本目の堀切から西方は平坦な曲輪状尾根が延び、その西方はいったん少し上がって、瘤状の高みに平場（曲輪状）がある。その南側は断崖となっている。北側から西側にかけてはアルファベットの「G」の文字のような形の複雑な曲輪がある。その西方へは尾根が下がっているが、尾根の弛みの部分へ、円城

寺の西方にある採石場跡からの道が上ってきているが、道が尾根まで上ってきた箇所は**堀切状地形**にも見える。その西側へ「西小路（大名小路）」からの上り道が続いてきている。その西尾根はさらに西方へ延びているが、別の採石場の存在により破壊されていて、往古の地形が不明である。

【東尾根】
東尾根は、本城の北端（三ノ郭）から急傾斜となって落ち

図：内山城本郭周辺
（調査）平成11年11月14日、市村

ており、細い**帯曲輪**が下方へ四つ続くが、四つ目の細曲輪の西端から北方下方へ**竪堀**が落ちている。その先の下方に「**水の手**」（井戸跡）がある。この井戸を守るために、石積みの遺構が存在する。再び上方へ戻って、東尾根を下りてきて、尾根の弛みとなった**一番低い鞍部**には**堀切**があり、それが北方へは竪堀となって落ちている。堀切の南方へは小さな曲輪が複数下っている。堀切を渡ってからは、東尾根は少しずつ東方へ上っているが、尾根なりにたどっていくと**内山古城へ**と続いている。

【内山古城】
前述のように、内山城の本城から東尾根をいったん下って堀切があるが、そこを越えて尾根が東方へ上っている。その先には地元で「**内山古城**」と呼ばれている城塞らしき地形がある。これは、本城からの尾根続きであることと、内山城下からは見えない所にあることからしても、古城というより新城であることと、民衆が「山上がり」も、「**詰め城**」**的な要素**が高い。あるいは、して、小屋掛けした砦ないしは**避難所的な施設**（逃げ込み城）であった形状をしている。特徴的なのは削平地が不明瞭で斜めであることと、その割りには土塁状地形が北へ備えてあることである。また、東南方の「沖ノ入り」の沢を上って、西へ向かってくる尾根は細く、東から進んできても城塞が存在

図：内山城・搦手郭・水の手郭（水の手は、北方中腹にある）（調査）平成11年11月23日、市村

写真：内山城の井戸跡　直径1.1、短径1.0、深さ2.5ｍ。本郭から北東の郭群を下り、さらに北西に下った沢の中腹の水ノ手郭にある。

すると分かり難い地形となっている。（東から尾根伝いに進んできたとすると、不意に古城の東端へ到達とこしているこ）。内山古城は徐々に北西方向へ尾根が下っていることになる。北方の谷を経て、志賀城方面へも通じる。いずれにせよ、内山渓谷を東へ延びる街道筋（富岡街道）からは全く見えないことや、内山城から尾根伝いに奥へ来た位置にあること、そのつもりで見ないと遺構が不明瞭などからすると、常の使用はなかったと推定される。

《内山城周辺の城塞群》

西方の字松井にある**正安寺**には、内山美作守、小山田備中守の墓があり、内山城と関係の深さを思わせる古刹である。内山城の山麓には円城寺と長福寺がある。いずれもかつては、他所にあったが火災があり、現在地へ移転した経歴をもつということである。特に円城寺の境内地は、内山城に抱かれたという所にあり、城に関わって何らかの機能を果たす施設があった可能性がある。ちなみに、その参道の南下は現在は畑であるが、「古屋敷」と呼ばれる地籍である。

内山城の周辺には、支城・枝城・見張り台・砦・狼煙台・詰め城・山上がりの砦の跡、あるいは攻城軍に向い城（陣城・

付城）として使用されたと推定できる**城塞跡**が散在する。それらは単独でみるよりも、内山城との関連で考える必要がある。（例）平賀城、内堀城、大林寺砦、五本松城、日向林や安坂東の山頂の城塞跡的地形、観音堂跡、沖の入りの東尾根先の見張り台的遺構、内山渓谷を挟んだ南方の尾根、さらに東方の「苦水（にがみず）」の西にある見張り台的地形・北にある「御林」（日向林）の城塞跡、さらに東方の大月・根っ子沢の北側山上にある「山上がり」「小屋掛け」の跡らしき遺構等々は、調査が必要である。特に、内山峡入り口南側にある平賀城との関連を考える必要がある。

○内山郷や内山城に関連して、幾多の武将の名が歴史上で取り上げられるが、それらを概観しただけでも、内山地区がいかに重要な役割を果たしていたのかが分かる。信州佐久地方の人々だけではなく、小県地方さらには北信地方との関係、武田信玄に関わる甲州との大きな関わり、内山渓谷の東に通じる上州・関東管領の上杉氏との関係など、先人の営みが現在に通じていることを意識する必要がある。

特に、本節においては、内山城と**芦田信守**に関わる具体的なことは、どの文献にも記述されていない。かろうじて天正壬午の乱の終末時に内山城主小山田藤四郎と**芦田信蕃**が「宛てがい状」を通して、文献上では直接関わっているだけであ

る。しかし、文献だけからの解釈ではなく、できるだけ状況証拠、総合的な見方での考察をするならば、天文十五年（一五四六）五月の武田軍による内山城攻めに、芦田信守が参陣していた可能性は限りなく大きいといえる。

写真：内山城の西方に備える城塞──内山城方面から望む

図：内山城と内山峡の城塞群

内山城と内山峡の城塞群
※印は筆者発見の城塞（未公認）

①内山城（本城）
②平賀城（平賀氏の本城、後に内山峡入り口の押え）
③大林寺砦（内山峡入り口の押え）
④内堀城（平賀城とともに内山峡入り口の押え）
※⑤観音堂砦
※⑥安坂砦（志賀城方面へ通じる安坂峠の押え？）
※⑦日向林砦（隠れ小屋？）
⑧五本松城（志賀城方面との連絡城、狼煙台）
⑨内山古城（内山城の詰城、逃げ込み城）
※⑩沖ノ入東尾根砦（物見台？）
※⑪沖ノ入砦（隠れ小屋？）
⑫吹上砦（隠れ小屋？）
⑬北屋根砦（内山古城の東の守備？）
⑭見張砦（内山峡を唯一さえぎる山上の物見台）
※⑮肥水（いぼみず）（上州へ通じる道筋の押え？）
⑯根津古西尾根小屋砦（隠れ小屋？）
⑰倉沢城
※⑱古正安寺西屋根砦（狼煙台？）
※⑲古正安寺丑寅尾根砦
※⑳御所平南尾根砦（物見台？）
㉑戸谷城
㉒猿田城
㉓曽根城
㉔鍋割城

⑤笛吹峠（碓氷峠）の戦い

笛吹峠（碓氷峠）の戦いは天文十五年（一五四六）に行なわれた合戦とされているが、多くの史家の間では、実際にはなかったものであると認識されている。しかし、『高白斎記』には、次のように記されている。

> 吹峠上杉衆ト合戦勝利、首千二百十九討捕）
> 人々ヲ指添、（十月四日甲府ヲ出陣、同月六日巳刻於笛
> 於、曽・勝沼・南部・日向大和・小宮山・相木・芦田等ノ
> 同年十月四日板垣信形大将ニテ、小山田左兵衛・逸見・

この意味するところは、「板垣信形を大将として武田勢が、碓氷峠で関東管領上杉勢に勝利した」ということである。『高白斎記』は武田晴信（信玄）の側近に侍した駒井高白斎の筆によった当時の日記である。特に信濃への侵略の経過は、当時のもっとも信憑性のある記録とされている。（佐久郡侵入、信府の小笠原氏攻略、北信濃の村上氏の攻略など、他に求めることのできないものであると認知されている）。

諏訪郡の経略、上伊那の攻略、小笠原氏攻略、北信濃

芦田下野守信守が武田麾下として、この合戦に参戦していることが、『武田三代軍記』と『甲陽軍鑑』に記述されているので、ここでは、その二書の述べている内容を現代語訳でその大意を示すことにする。

《笛吹峠の戦い～一ノ合戦》

一の合戦 「（武田晴信が大病に伏せっているとの風聞を耳

にした関東管領上杉憲政幕下の武蔵・上野の軍勢は）、天文十五年九月下旬に、**碓氷峠**を越えて甲州に押し寄せようと、上野国から出陣した。晴信は、**板垣信形**を大将として、栗原左衛門詮冬・日向大和衆・小山田左衛門尉・小宮山丹後守昌友・逸見・勝沼・小曽・南部に、信州先方**蘆田下野守**・相木市兵衛尉を差しそえて、都合七千余の軍勢を、十月四日に甲府を発たせて先を急がせた。六日の巳の刻（午前十時）、小諸通りの追分を過ぎ、軽井沢を越えて、碓氷峠へと馳せ付けた。

上州勢の先陣は、三万三千余人の軍勢が、先手は五千余人、碓氷峠を越えて侵入し、後陣は段々に備えを立てて、峠の彼方に陣取った。敵は早くも峠を越えて三分の一ほど下って攻め込んできた。敵は後陣の軍勢も峠を越えてから合戦を始めようと時を待っているようであった。敵の大勢が峠を越える前に急に攻

図：碓氷峠（笛吹峠）の合戦　複数の砦状遺構と地名

めかかって敵を崩せと、大将の板垣信形が先陣をきって、一陣になって馳せでて、軍配を取って下知をし、敵の先陣上田又二郎の先備えの藤田丹後守の陣へ、いきなり突いてかかった。…（中略）…栗原・日向・相木・蘆田をはじめとして、全軍がどっと突きかかった。…（中略）…追いつめ追いつめ討ち取って、敵の首一二一九級討ち取った。小をもって大に勝った。この日の午の刻（正午頃）に至って、大将の板垣駿河守信形が、勝鬨の法式を執行させた。」

これは、碓氷峠の「**一の合戦**」といわれるもので、大将は板垣信形である。それに引き続いて「二の合戦」が語られている。それには、瘧に病

んでいた晴信が、大事な合戦ということで自ら病をおして出陣し、六日の未の刻（午後二時）に、軽井沢に着陣したというものである。

《笛吹峠の戦い〜二の合戦》

二の合戦

「上杉方はすでにその勢一万六千余人で、二の合戦を待って、碓氷峠を越えてきた。晴信は予め斥候を放って、敵情を把握し、備えを万全にした。前日の合戦で疲れている板垣・栗原・日向・小宮山・相木・蘆田の軍勢を後陣に備えた。今回は飯富虎昌を先陣とした。…（中略）…敵軍は一気に崩れて、まず峠の上の後陣にいた五甘（後閑氏）が敗走し、上州勢は我先にと崩走した。甲州勢は碓氷の坂を上りに追いかけて、未の刻（午後二時）から始まり酉の刻（午後六時）に至って、首帳を作成し、上杉勢の押さえのために板垣信形を軽井沢に差し置き、十月十日に甲府へ帰還した。」

ここでは、笛吹峠（碓氷峠）の戦いが天文十五年（一五四六）十月六日、七日のこととしている。この碓氷峠の戦いなるものは、従来、歴史家の間では認められていない。とくに、ここで「二の合戦」とされている晴信の出陣は、いかにもとってつけたような感があり、あまり信じがたい。しかし、武田軍と関東管領上杉氏との間で「一の合戦」に近いような合戦が碓氷峠、軽井沢付近で行なわれた可能性は否定できない。

《複数の砦遺構と地名が語るもの》

碓氷峠付近には合戦があった可能性を示す地形や地名が散在する。まず、「陣場」といった地名が挙げられる。「陣場」は、現在の「旧軽」の銀座通りの南東方向数百mの所にある。字名は「上陣場・中陣場・下陣場」である。現在は別荘地と化している。また、軽井沢銀座通りのすぐ南東に接するように、大ケ塚山という丘がある。そこには、さる大物政治家の別荘がかつて存在していたが、平成の始め頃調査したところ、砦の跡らしき形状の削平地や段曲輪とも思える地形が残っていた。また、東の群馬県境から延びてきた尾根が「万平ホテル」の南方まで達しているが、その西端の高みは「桜ノ沢丸子山」と呼ばれている。そこにも別荘の跡とは考えられない削平地の旧状を残す形状があった。令和元年現在は別荘が建ち、破壊されている。また、「陣場」の南東には、やはり東方から延び下ってきた支尾根が、「三度山」という名の高みをなしている。ここにも砦があったと推定されるが、

写真：字陣場の別装地の南に三度山砦。破壊され尾根上
まで別荘が建つ──平成31年

図：大ヶ塚山砦
（調査）平成9年1月19日　軽井沢町旧軽井沢大ヶ
塚山　令和元年現在は地形は大きく破壊

平成の始め頃にはすでに破壊されていた。

以上を鑑みるに、「陣場」北方に「大ヶ塚山砦」、北東に「桜

ノ沢丸子山砦」、南方に「三度山砦」に囲まれており、碓氷

峠に対して三方が囲まれて、ほぼ平地になっている所が「陣

場」である。そこは釜ケ沢という沢に立地している。一方、

軽井沢方面から碓氷峠を登りつめた右手には現在、「見晴ら

し台」がある。そこは開発されて削平され、ほぼ破壊しつく

されているが、往古には境目の山城か砦が存在した形跡が、

腰曲輪状地形として残っている。見晴らし台の北斜面には箱

状窪地群があり、西斜面には、いくつかの曲輪状削平地のほ

図：桜ノ沢丸子山砦（調査）平成8年12月15日　軽井沢町軽井沢字桜ノ沢丸子山

長径4m×短径3m×深さ1mの大穴

写真：桜ノ沢丸子山砦
本郭の西端の近くに大穴（点線の円形部分）あり。烽火台の可能性もあり。平成8年

か土塁をともなった箱状地形がある。また、見晴らし台の南方へ県境の尾根に沿ってたどれば、「桜ノ沢城尾根」と称する高みがあって、そこには規模は大きくはないが、明確な山城の跡がある。なによりも、そこの地名が「桜ノ沢城尾根」となっている。そこから西方へ支尾根を下れば、先述の「桜ノ沢丸子山」に至る。

群馬県側に碓氷峠を数百m下った所に「子持山」（一一〇七m）がある。その西側の緩斜面は「陣場ケ原」と呼ばれている。この地名の由来も合戦と関係がありそうである。

以上にあげた地名や地形は、武田晴信や芦田下野守信守の時代とは異なる時代の遺跡である可能性

66

図：城山見晴台砦　軽井沢町峠町字城山　特徴：謎の箱型地形

写真：城山見晴台砦
頂部一帯は削平され、砦の面影
はない。平成９年

もあるが、このように砦状の地形が碓氷峠周辺に散在するこ
とからも、「碓氷峠の戦い」があったことも一概には否定で
きない。いずれにせよ、『高白斎記』『甲陽軍鑑』『武田三代
軍記』に蘆田下野守の名が記されているということは、「碓
氷峠の合戦」（天文十五年、一五四六）のころまでには、芦
田下野守信守が同じ依田氏の出自の相木氏とともに、武田軍
の信濃先方衆の侍大将として、武田の合戦に参加していたこ
とを物語っている。

写真：三度山砦の最高地付近
平成8年12月。別荘地と化し
破壊されていた。

写真：大ヶ塚山砦（現在）
平成31年

写真：万平ホテル南方に桜ノ沢
丸子山砦
平成31年

写真：桜ノ沢城尾根砦
二ノ郭の西側の石積の跡。平成
8年

⑥信濃先方衆の百五十騎の侍大将

武田氏の軍団は、御親類衆・御譜代家老衆・各地先方衆などから成り立っていた。**芦田下野守信守**は信濃先方衆の巨頭で百五十騎の侍大将であったが、軍団でのその位置づけを見てみよう。

```
                    ┌─────┐
                    │ 信玄 │
                    └──┬──┘
     ┌──────┬─────┬────┼─────┬──────┐
    水軍   旗本   国衆  先方衆  譜代・  御親類衆
          諸役人        ↑    家老衆
                     戦闘の
                     最前線を   足軽大将衆
                     担う
```

図：甲州軍団組織図

御親類衆		御譜代家老衆		足軽大将衆	
武田典廏（信繁、信豊）	200騎	馬場美濃守信房	120騎	横田十郎兵衛康景（綱松）	30騎、足軽100人
武田逍遥軒信綱（刑部信廉）	80騎	内藤修理亮昌豊	250騎		
武田四郎勝頼	200騎	山県三郎兵衛尉昌景	300騎		
一条右衛門大夫信龍	200騎	高坂弾正忠虎綱	450騎		
仁科五郎盛信	100騎	小山田兵衛尉信茂	200騎		
		甘利左兵衛門尉昌忠	100騎		
		栗原左兵衛詮冬	100騎		
		今福浄閑斎	70騎		
		跡部美作守勝忠	50騎		
葛山十郎信貞	200騎	土屋右衛門尉昌次	100騎		
板垣左京亮信安（信形）	120騎	秋山伯耆守信友	50騎		
木曽伊予守義昌	200騎	原隼人佑昌胤	120騎		
穴山梅雪信君	200騎	小山田備中守昌行	70騎		
		跡部大炊助勝資	300騎		
		浅利右馬助信種	55騎		
		駒井右京亮昌直	120騎		
		小宮山丹後守昌友	30騎		

大熊備前守長秀　　　　　　　30騎、足軽　75人

原与左衛門（勝重）　　　　　10騎、足軽　50人

長坂長閑（釣閑斎光堅）　　　40騎、足軽　45人

市川梅印（梅印斎等長）　　　10騎、足軽　50人

下曽根覚雲軒　　　　　　　　20騎、足軽　50人

城伊庵（和泉守景茂）　　　　10騎、足軽　10人

曽根内匠助昌世　　　　　　　15騎、足軽　30人

多田治郎右衛門（正治）　　　10騎、足軽　10人

武藤喜兵衛昌幸　　　　　　　15騎、足軽　30人

遠山右馬助直景　　　　　　　10騎、足軽　30人

三枝勘解由左衛門守友　　　　30騎、足軽　70人

小幡弥左衛門光盛　　　　　　12騎、足軽　65人

先方衆（さきかたしゅう、せんぽうしゅう「先鋒衆」）

信玄が形成した「甲斐合衆国」は、甲州ほか八カ国に及び、各国に先方衆という軍団を設けていた。

信濃先方衆（六〇氏）、駿河先方衆（八氏）、遠州・三州先方衆（四氏）、飛騨先方衆（一氏）、越中先方衆（二氏）、武蔵先方衆（二氏）、西上野先方衆（十四氏）等々…（後略）

先方衆は主として地域を主将が受け持つが、命令によって半数まwhen たは三分の一の人数を主将が引き連れて出陣した。

全員を引き連れて出兵してしまえば、本貫地（自らの領地）の守備要員がいなくなってしまったり、武田領への敵対勢力に対する備えとして残しておく必要があるからである。これらの軍団部隊は、いわゆる外様であって、ごく一部を除いて信玄・勝頼の息のかかった者はいなかった。その時々の情勢によって敵方に寝返る者もあった。

先方衆は相備の部隊として、武田の中心武将が決っていた。例えば、西表遠州三州へ向けての主将は山県三郎兵衛昌景（三〇〇騎）であったが、その組衆（相備）として朝比奈駿河守（一五〇騎）、武田逍遥軒の賀松尾（一〇〇騎）、大熊（三〇騎）、山県昌景の智相木（八〇騎）、奥平美作守（一五〇騎）、菅沼新三郎（四〇騎）、その他（一三〇騎）の合計九八〇騎をもって編成されていた。主に織田信長や徳川家康に対する押さえの任務を負っていた。

また、別個に城塞に詰める衆もあった。その最たる例は芦田氏である。芦田氏は武田軍の戦闘でその一翼を担って各地に転戦し軍功を挙げたが、一方で、いずれも徳川軍に囲まれた孤塁であった二俣城・田中城を番手城主として守備した。

芦田下野守信守については、特に『甲陽軍鑑末書』（下巻下、七）に「信州先方侍大将足田下野、浮勢の頭也」とある。左記にその詳細を記すと、

武田の軍構成を記述している箇所で、

> 二万の人数、手分・手賦部府・手与、此備八ヶ条之事。
>
> 一ニ、五千留守居。
>
> 二ニ、三千旗本。
>
> 三ニ、五百ノ備七手、三千五百先衆。
>
> 四ニ、三百ノ備七手、弐千百二の先衆。
>
> 五ニ、五百ノ備二千八、小荷駄奉行、跡先ニ。
>
> 六ニ、五百ノ備六手三千八、旗本脇備、左右三手宛
> 六手。
>
> 七ニ、三百宛の備三手九百八、後備。
>
> 八ニ、三百宛の備五手八、千五百、**遊軍**也。　右を信玄
> 公御家にハ、**うき勢**と申候。付、是ハ敵城も攻取、はき
> て捨に、此遊軍に申付ク。又敵城責取、能城とて抱候へ
> バ、**此遊軍を番手に置**。扠又国々留守居少と申来候ハバ、
> 其へ越にも此遊軍を分けて遣也。此遊軍を信玄公御家に
> ハ、**浮勢**と申候、去程に、**信州先方侍大将足田下野、浮
> 勢の頭也**。以上。

つまり「三百宛の備五手ハ、千五百、**遊軍也**」ということ
で、この遊軍を武田家では「うきぜい」と称した。

その**浮勢の頭が足田（芦田）下野守信守**であったのである。

浮勢の任務の一つに、武田氏が敵城を攻め取った場合、その
城の守りとして、その番手衆として充てたのである。

このことからも芦田下野守**信守**・**信蕃**父子が、遠州**二俣城**
の番手城主となって守備を任されることになったのである。

さらに、風雲極まる対徳川の最前線の駿州**田中城**を信蕃が番
手城主として、家康のたび重なる攻撃に対して智略・武略を
駆使し、守城戦を展開した。戦国史に残る戦いぶりを示し、
武田氏滅亡まで頑強に孤軍奮闘することになるのも、武田軍
内における軍役のこうした使命からであった。もちろん、芦
田信蕃の武将としての器量の大きさゆえであることはいうま
でもない。

信濃先方衆

信濃先方衆は、武田連合軍の中で人数が半数以上を占めて
いた。甲州武士よりもはるかに多数で、甲州軍団での役割も
大きかった。人的にも物的にも信州は甲州軍団の宝庫であっ
たといえよう。信濃先方衆の内訳をみると、左記のごとくで
ある。

このように**芦田下野守信守**は、信濃先方衆の中では、真田

芦田下野守信守

真田源太左衛門信綱	200騎
真田兵部丞昌輝	50騎
芦田下野守信守	**150騎** ←信濃先方衆の中では、芦田信守は真田氏に次いで二番目に大きな軍団をもつ武田麾下の侍大将であった。
保科弾正	120騎
志摩津（島津）安房守入道	120騎
小日向	110騎
松尾（小笠原信嶺）	100騎
ト条伊豆守信氏	100騎
相木市兵衛昌朝	80騎
松岡三河守貞利	80騎
海野	80騎 ←三河守幸貞（信玄次男竜芳のこと）
屋代左衛門	70騎
雨宮十兵衛家次	70騎
須田	70騎
栗田刑部	60騎
芋川	60騎
大室	50騎
…（後略）	

信綱に続いて二番目に多い軍勢を有していたことが分かる。

武田軍団全体の中でみると、数え方によって軍勢の数は多少異なってくるが、何百騎から、少ない者は五・六騎の軍役しかない土豪まで武田麾下に御親類衆、譜代家老衆、足軽大将衆、先方衆が八〇〜一〇〇人の武将がいる。多い軍役の武将は、一番多い高坂弾正忠昌信（川中島海津城主、越後の上杉謙信の押さえのために軍勢が特に多い）の四五〇騎、三〇〇騎二人（山県昌景、跡部大炊助勝資）、二五〇騎一人（内藤昌豊、西上野で上杉や北条の押さえの役割）、二〇〇騎六人（武田勝頼、武田典厩、一条信龍、木曽義昌、穴山梅雪ら御親類衆と真田信綱）と続く。**芦田下野守信守は全軍団の一二番目に多い軍役**の一五〇騎の軍勢を有していた。

さらに、観点を変えて、先方衆のほかに一門衆、御親類衆、御譜代家老衆も列挙し、信濃国に関係ある騎数の多い武将順に並べ直してみると、

①高坂弾正忠昌信	450騎
②伊奈四郎勝頼	200騎
②木曽左馬頭義昌	200騎
②真田源太左衛門信綱	200騎

いかに高かったかということが推測できる。

以上の分析からも、芦田依田氏が武田軍団に占める位置が

先方衆に限ると、**芦田は二番目に多い**ということになる。**信濃**先方衆に限ると、**真田に続いて芦田は二番目に多い**ということになる。

以上、信濃において武田軍団を眺めると、芦田下野守信守は軍勢数において、高坂弾正忠（四五〇騎）、伊那四郎勝頼（武田勝頼、二〇〇騎）、木曽義昌（二〇〇騎）、真田信綱（二〇〇騎）に続いて、第五番目に多い一五〇騎ということになる。

⑤ **芦田下野守（本姓依田）**

⑥ 馬場美濃守信房	一五〇騎
⑥ 保科弾正直	一二〇騎
⑥ 島津安房守入道主	一二〇騎
⑨ 下条伊豆守信氏	一二〇騎
⑨ 仁科五郎盛信	一〇〇騎
⑨ 小笠原掃部大夫信嶺	一〇〇騎
⑫ 相木市兵衛政朝（本姓依田）	八〇騎
⑫ 松岡新左衛門改三河守貞利	八〇騎
⑫ 海野三河守幸貞	八〇騎

《芦田氏の軍事動員能力》

『甲陽軍鑑』によると、「芦田（下野）手前百五十騎とその組衆合わせて二百十」と述べられている。

> 一、芦田（下野）手前百五十騎　此組衆
> 　　まりこ三右衛門（馬場美濃守むこ）　三十騎
> 　　た気し　　　　　　　　　　　　　三十騎
> 　　「右之外在之云云」
> 　　（此外小野山・大井等小身の面々有之と云）
> 　　　　　　　　　　　　　合二百十騎

これは、芦田下野守は自らの一五〇騎をも含めて、組衆との合計は二一〇騎になる。「丸子」は丸子三左衛門、「た気し」は武石氏で、いずれも芦田氏のかつての本拠地依田窪に拠っている。大井氏は、以前は芦田依田氏の主筋ではあるが、戦国時代後半になって、その立場は逆転していたことを物語っている。

「小野山」は尾野山氏で、依田氏をその出自としている。また、「小野山」は芦田氏と同じく、依田氏のかつての出自と**地**（芦田領）を有していたことになる。また、一騎（つまり、

「芦田百五十騎」ということを分析してみる。当時の軍役は、およそ二〇貫の知行につき一騎であったので、自らの一五〇騎ということは、二〇貫×一五〇＝**三〇〇〇貫の知行**（芦田領）を有していたことになる。また、一騎（つまり、

騎馬武者一人）に従卒が五人付くことが通常なので、（一＋五）×一五〇＝九〇〇人の動員力（兵力）のある侍大将であることが分かる。（少なく見積もって、従卒が四人としても七五〇人の軍勢である）。また、さらに組衆を加えて二一〇騎と考えると、最大で二一〇×（一＋五）＝一二六〇人の動員力となる。

この軍事力をもって、芦田下野守信守は武田晴信（以下「信玄」と記す）の数多い合戦に活躍することになる。

《芦田氏の貫高（または石高に換算すると）》

信州佐久には**貫高一貫文を石高（収穫高）一石七斗五升**とする慣例があり（『四隣譚数』）、この頃の信守が三〇〇〇貫文ということは、石高に換算すると、三〇〇〇貫×一・七五石＝五二五〇石となる。後世江戸時代の観点で述べると、武田信玄の信濃先方衆侍大将の頃の芦田氏は、五二五〇石の領地を有していたことになる。

《甲府の芦田屋敷の留守居役の人物は？》

また、芦田氏は下野守信守の時代から、武田氏のお膝元の甲府にも「**芦田屋敷**」を拝領していて、その留守居を取り仕切る人物もいたはずである。甲府での窓口として芦田屋敷を取り仕切っていた人物は、**依田左近助守俊**（芦田下野守信守の三弟、信蕃からすれば叔父）であった可能性を指摘しておきたい。彼の甲斐での存在は武田氏関係の文献に散見する。

ア　『戦國遺文〜武田氏編』三三〇四「武田家朱印状写（鉄砲薬抹奉行定）」尊経閣文庫所蔵『小幡文書』

鉄炮薬抹奉行

一番　　**依田左近助**
　　　　赤岡源左衛門尉

二番　　小山田因獄
　　　　米倉主計助

三番　　跡部十良左衛門尉
　　　　鎌田孫左衛門尉

右二日宛、以輪番、堅可相勤者也、仍如件、

閏三月十四日（竜朱印を欠く）

庚辰

「庚辰」の年は天正八年（一五八〇）である。二人ずつ三組に編成され、二日間ずつ輪番で鉄炮薬抹奉行の役目を果たすように、という指示である。

武田家の鉄砲奉行の「いの一番」に依田左近助の名がある、依田左近助の叔父に**左近助守俊**がいるが、彼であるとすると天正八年の時点での年齢は五十歳ほどの可能性がある。

イ　『甲斐國志』巻之百十三　士庶部第十二　牧ノ原氏の項に次のような文章がある。

（前略）牧ノ原氏…（中略）…牧野原式部丞ナル者見エタレドモ始末ヲ知ラズ宮ノ脇百姓ノ所蔵二天正八年勝頼ノ文書二拠レバ牧ノ原村ハ其頃依田左近助ノ采地ナリ

つまり、依田左近助守俊が甲斐国内に采地（領地）を与えられていたことを意味する。ちなみに「牧ノ原」とは甲斐国北巨摩郡武川村牧原（まきのはら）のことであろう。諏訪へ通じる甲州街道（現国道二〇号線）沿いにあり、西から流れてきた大武川が釜無川となる付近の地名で、釜無川橋がある。また、すぐ近くに古文書が発見されたという「宮脇（みやのわき）」なる地名もある。

ウ　また、武田氏滅亡後は、信蕃の遠州二俣奥小川への隠遁、佐久平定の事跡に関して、行動を共にしていることが文献上何回か出ている。（当然、武田氏滅亡後は、甲府の芦田屋敷の機能は無くなっている）。特筆すべきは、「芦田家旧臣列簿」（市川武治著『もう一人の真田』p.155参照）に年頭上席三名の筆頭に「依田左近」名があることである。信蕃叔父左近助守俊が、いかに芦田家にとって重責を担った人物であるかが判明する。

彼が武田氏のお膝元甲府にある芦田屋敷を任せられていた可能性が大きいことが分かる。

なお、後述の『高野山蓮華定院文書』にその名がないが、天正十七年時点ではすでに他界していた可能性がある。ちなみに、『寛政重修諸家譜』巻三五七にある芦田下野守の弟（つまり信蕃の叔父）、左近（左近助守俊であろう）、勘助信光、後に大雲天外和尚になった人物、主馬という四人の名があるが、彼らが留守居役を果たした可能性もある。市川武治氏は著書『もう一人の眞田』のp.2にある自ら想定した芦田氏系図にある依田内匠頭康貞（下野守信守の次弟に比定）の可能性を示唆している。（しかし、筆者が知る限り、依田内匠頭康貞なる人物は、今のところ不明である。（ちなみに、芦田信蕃の次男の康眞は、康寛・康勝・康貞・康直・康正等、多くの名乗りがある。）

《甲府の芦田屋敷》

武田氏に関する歴史で、資料としての信憑性が高く評価されている『妙法寺記』に「甲州府中ニ一國大人様ヲ集リ居給候」とある。「一國大人様」とは、武田家臣で侍大将級の「大身の武将」のことを指す。後世からみると、どの大名にとっても領国経営の基礎ではあったが、武田氏は有力な國人（土

豪）を「躑躅ヶ崎館」のお膝元に屋敷地を与えて住まわせていたことが分かる。重臣屋敷は「躑躅ヶ崎館」の前面南に展開されているが、その南面外縁には神社仏閣が配置されている。（後期には北面にも屋敷を構えさせている）。

芦田氏も武田家臣になってから甲府に屋敷があった。信蕃の父である芦田下野守信守の頃からで、「芦田下野屋敷」と呼ばれていたようである。芦田信守自身は、信玄の指示で上野国浄法寺に館を構え、神流川の対岸にある御嶽城を守備したり、信玄にしたがって武蔵国・相模国・駿河国・遠江国等への遠征に加わっていて、本拠の信州佐久郡春日城や甲斐府中の芦田屋敷にいることはまれであったであろう。その留守を預かる者が、甲斐府中にいる必要があったが、それは信頼できる芦田氏（依田氏）の身内のうちのいずれかの人物であったと推定される。

Ⓐ・Ⓑの二つの形態の古図について紹介したい。

Ⓐ 古府之図

まず、『甲府略志』所収「古府之図」を参考に、芦田下野屋敷をみてみたい。つつじケ崎館の南西部に政庁のある梅翁曲輪があるが、その南西方向に依田下野守の屋敷がある。このまかく見ていくと、つつじケ崎館の梅翁曲輪の南の水堀と西の堀が合わさった南西すぐ外に接して神社があるが、その神社の南に接して「芦田下野」の屋敷が原加賀守の屋敷とともに位置している。東隣が原加賀守の屋敷で、その東には武田館梅翁曲輪の南正面を守るように、西に内藤修理亮の屋敷、東に板垣駿河守の屋敷等が続いていた。さらに、大手筋には西から東へ穴山伊豆守、高坂弾正忠、真田弾正忠と屋敷が構えられていた。芦田屋敷の西筋向かいには下条民部の屋敷があった。

芦田下野屋敷跡は現在の甲府市屋形三丁目一番地の全域でかなり広大な屋敷地である。（東西約一四五m×南北一四五m）。北東〈艮〉方向の梅翁曲輪へは直線で計ると約一丁（一一〇m）の距離である。すぐ北に接して「神宮古地」があった。さらに北方には八幡宮古地があった。その跡には現在相川小学校の敷地となっているが、体育館の南下には、「峰本公会堂」があり、西の棟続きに「古八幡社」があり説明板が立っている。芦田屋敷の南側に寺（浄光院）があった。その跡地の一部は現在畑となっており、畑の隅に礎石であった可能性がある場所の一部は現在畑となっており、畑の隅に礎石であった可能性がある一抱えもある石があるが、碩学の考証を待ちたい。

図∷Ⓐ 躑躅ヶ崎館と武田重臣屋敷
『甲府略志』所収「古府之図」により作成。

（図中の主な記載）北／相川／高札／武田逍遥軒／横田備中守／つつじヶ崎／小山田信茂／土屋右衛門尉／山本勘助／初鹿野源五郎／跡部大炊介／真田源太左エ門／古八幡宮／躑躅ヶ崎館／梅翁曲輪（政庁）／穴山伊豆守／高坂弾正守／眞田弾正忠／甘利備前守／石見ヤシキ／小幡尾張守／神宮古地／芦田下野／原加賀守／内藤修理亮／板垣駿河守／美濃守／馬場／相木市兵衛／廣瀬左衛門／下条／民部／栗原左衛門／三枝勘解由／多田淡路守／曽根下野守／諸角豊後守／山形三郎兵衛尉／織部正／小幡／一条右エ門家臣ヤシキ／左馬介家臣屋敷／武田左馬介信繁／小山田備中守／櫻井安芸守／一条右衛門大夫／長坂長閑齊／（水が湧く清水田）／秋山伯耆守／飯富兵部少輔／保科弾正／金丸肥前守／朝比奈駿河守／大熊備前守／八幡宮／西不二川／富士川

現在、芦田下野屋敷地（屋形三丁目一番地全域）は住宅地になっている。古地図によると「屋形三丁目」一帯は「峰本」と往時は称したようである。現在でも地元自治会（町内会）名は「峰本」である。昭和五十年の国土地理院航空写真によると、この芦田下野守屋敷跡の敷地の東半分はまだ水田や畑が占めていたが、三十五年を経た平成二十二年時点では所々内部にわずかに残存しているばかりである。これらも住宅地になるのは時間の問題であろう。広大な屋敷跡地の四隅は、現在、北西・南西・南東には住宅があり、唯一北東隅のみが水田である。（平

成二十二年現在）その間には無数に住宅やアパートが建っている。現在の道路は自動車一台がやっと通過できるほどの幅であるが、おそらくは当時のままであろう。古図には描かれてないが、現地を調査したところでは、芦田下野守屋敷の東には二重の「折（おれ）」があった形跡があり、現在も道がそのように九〇度に二回折れている箇所がある。

Ⓑ 貞享御直図

『貞享三年丙寅年御直圖』（一六八六）〈武田神社蔵〉、『古府中村絵図』（貞享の絵図を安政四年に複写したもの）によると武田館は、主曲輪に「古城」、二ノ曲輪は「臺所」、味噌曲輪には「小山城」が書き添えられ、梅翁曲輪には「小松城」と書き添えられている。

芦田下野屋敷は、Ⓐの図とは場所が異なっている。甲府市屋形二丁目一番地の南南西に位置する場所にある。武田館の南西に東京電力屋形寮（平成二十二年現在）の土地を北端とし、西端は広い南北の通り、南端は現在は柚本氏宅・丸田氏宅、東はやや曲線の道が南北に通っている。芦田屋敷の北西隅で、屋敷の西側を南から北上してきた道は、西方向へ折れが入って、さらに北へ延びている。南から攻めてきた侵入者に見透かされないように、わざわざ曲げてあるのであろう。屋敷地

は東西約八〇m、南北一一〇mである。なお、芦田下野屋敷の南端より一九〇m南方は山梨大学関係の敷地になっている。

Ⓐでは梅翁曲輪の南門前には板垣駿河守屋敷と内藤修理亮屋敷があったが、このⒷ図では、板垣駿河守屋敷の場所は無記名（空き地）となっており、その西にあった内藤修理亮屋敷の替わりに、多田淡路守屋敷がある。真田弾正忠（幸隆）

屋敷はⒶと同様に記入されているが、芦田氏と同じ佐久郡出身で、Ⓐに記載されていた同じ依田氏の相木市兵衛屋敷は、ここでは載っていない。芦田屋敷の回りには、武田左馬守屋敷（北）、飯富兵部少輔屋敷（北東）、山形河内守屋敷（東）、望月石見守屋敷（南）があり、西筋向かいには広大な長閑畑（長坂長閑斎の畑）があり、その南には長坂長閑屋敷があった。芦田屋敷の北東には現在の「武田通り」の西に面して神明社があった。Ⓐで芦田下野守屋敷となっていた場所には「早川豊後屋敷」「秋山民部少輔屋敷」が描かれている。

Ⓑの図では、武田左馬介信繁屋敷、左馬介家臣屋敷の記載がなかったり、梅翁曲輪（政庁）の南にあった板垣駿河守屋敷がなくなっていて、その場所に記名なしとなっていることからして、また、逆に「躑躅ヶ崎館」の北方や西方に家臣屋敷

図：⑧・躑躅ヶ崎館と武田重臣屋敷「古府之図」（貞享三丙寅年御直図、武田神社蔵）より作成。

真田源太左衛門　小山田大学　武田逍遥軒　市川宮内正　雨宮十郎右門　○○○○守　日向大和守

三枝勘解由亮　小倉山氏　工藤下総守　鎌田總部正　初鹿野伝右門　朝比奈駿河守　秋山氏　諏訪氏　土屋右衛門　高木氏　横田兵衛　○馬　尾張守　芦沢伊賀守

萩原　小幡山城入道日意　石見　穴山左○門太夫　小原　跡部大炊之助　内藤修理亮　代八幡宮

味噌蔵（小山城）　台所　古城　躑躅ケ崎館

石見　小幡左衛門　尾張守　栗原　峯本道　観音寺

梅翁曲輪（小松城）　穴山梅雪　高坂弾正　隼人佐　原

つつじケ崎

甘利備前守　馬場美濃守　真田弾正忠　幸隆　戸田大隅守　市川織部亮

早川豊後　多田淡路守　武田左馬頭　飯富兵部少輔　曽根下野守　伊豆守　山形三郎氏衛

秋山民部少輔　今井伊勢守　萩原豊後守　加賀守　原　芦田下野守　山形河内守　○○○守　内藤　諸角豊後守　小山田備中守　小幡

望月石見守　秋山伯耆守　駿河守　板垣

長坂長閑齊

一条右衛門大夫

大熊備前守

　の数が増えていることから考察すると、⑧図がより新しい時代のものである可能性が大きい。

　「古府之図」（つつじケ崎館と家臣屋敷図）は数例あるが、大きく分類すると、以上のように二系統である。そのいずれにも記載されている芦田屋敷が甲府に存在したことは事実であったようであるが、その場所については二カ所の比定地があることが分かる。（あるいは時代差があって場所が移動したためか）両方とも芦田屋敷があった可能性が大きい。

　ちなみに、甲府市内にある「武田二十四将の屋敷跡」の標示を見る限り、甲府市教育委員会ないしは甲府市観光協会では、どうやら⑧の古地図を採用しているようである。

⑦志賀城攻め

武田信玄の信州佐久郡志賀城攻めのことが、『高白斎記』と『妙法寺記』に記述されている。

写真：志賀城

『高白斎記』

は、明応七年（一四九八）の信虎の誕生から、信玄の嫡男義信の名乗り開きの天文二十二年（一五五三）までの、武田氏の勢力の拡張していく年代の文献資料であり、信濃への経略の過程に関しては、当時のもっとも信憑性のあ

る同時代資料である。『妙法寺記』と相互に補完しながら翻くと歴史の真実に近づくことができると思われる。

『妙法寺記』

とは、山梨県南都留郡勝山村にある日蓮宗妙法寺に伝わった古記録で、文正元年（一四六六）から永禄四年（一五六一）までの戦乱・天災・豊凶などを記している。そこには武田氏と信濃諸豪族との関係や武田氏の信濃侵攻の様子が語られている。いくつかの歴史事項の同時代資料であることから、その内容は信憑性が高いと評価を得ている。

『高白斎記』には、武田信玄による志賀城攻めが、左記のように記述されている。

同十六丁未年…（中略）…七月大、十四日節、十八日丁卯向志賀御門出ノ御動高福所迄、閏七月小庚辰九日戊子大井三州其外御先衆出陣、十三日御出馬、十四日節、廿日桜井山迄御着、廿四日卯刻ヨリ午刻迄志賀ノ城ヘ被為取詰、廿五日未刻、水ノ手被為取、小笠原、金吾、山家参陣、八月大己酉細雨、敵城ノ雲布ノコトクナリ、六日甲寅卯刻板駿其外動、関東衆数多被討捕、申刻一戦、十日午刻外曲輪焼、子丑刻二ノ曲輪焼、十一日己未午刻、志賀父子・高田父子被討捕、十三日城ヘ御登リ、持鑓進上、廿一日己於諏訪小笠原ト御対面、廿二日御帰府

『妙法寺記』には、同じく志賀城攻めのことが、さらに詳しく次のように記述されている。

此年（天文十六年）信州ノ柵郡シカ殿ヲ甲州ノ人数・信州人数悉ク談合被扣成候テ、取懸被食候、去程ニシカ殿モ随分ノ兵モノ共ヲ御持候、又常州ノモロヲヤニテ御座候高田方シカ殿ヲ見継候而、**城ニ篭リ**被食候、去程ニ又常州ノ随分ノ旁々高田ヲ見継候テ、**浅間嶽ノ廻リニ御陣ヲ御取候**、去程ニソレヲ目懸候テ、板垣駿河守殿・甘利備前守殿・横田備中守殿・多田野三八殿、其外打向軍被成候、去程ニ常州人数切負候テ、名大将十四、五人打取水ニツマリ申候、是ヲ見テ、要害ノ人数モ力ヲ失ヒ申候、去程ニ、城ニハ雑人三千計打取、此首ヲシカノ城ノ廻リニ悉ク御懸候、**常州人数ト合戦ハ八月六日、シカノ要害八八月十一日ニ依田一門**、高田一族シカ殿御内ヲハカロウ平六左衛門尉兄弟八人、去間以上打死三百計リ、**シカ殿ノオカミヲハ小山田羽州給テ、駒橋へ御同心御申候、**去程ニ男女ヲイケトリニ被成候テ、悉甲州へ引越申候、去程ニ二貫三貫五貫十貫ニテモ親類アル人ハ承ケ申候、

この二つの文書から、要点を挙げてみると、

《志賀城の戦いの概要》

- 志賀城の戦いは、天文十六年（一五四七）七月下旬から八月中旬にかけて行なわれた。
- 信玄は七月十三日に甲府を出陣し、二十日に**桜井山城**（佐久市臼田の勝間反ノ砦、通称「稲荷山城」）に到着した。
- 甲州・信州の軍勢を率いて**志賀城攻め**に取りかかった。
- 城内には志賀氏とともに、奥方の親で上州から加勢に来た舅にあたる高田氏が籠もっていた。
- 七月二十四日から攻撃を開始し、二十五日には「水の手」を押さえた。
- 小笠原、金吾、山家も駆けつけ参陣した。
- 八月に入って、細雨が降り志賀城は布のような雲に覆われた。
- 上州より関東衆が**浅間山麓**に陣取った。それに対して八月六日卯刻（朝六時）に板垣駿河守、甘利備前守、横田備中守・多田三八等が迎撃に向かった。
- 申刻（午後四時）に交戦し、関東衆の大将級十四、五人と雑兵三〇〇ほどを討ち取って勝利した。
- 討ち取った関東勢の首を志賀城のまわりに懸けたので、籠

城勢は、ついに力を失せた。

城内には、ついに水がなくなった。

・十日午刻（正午頃）、外曲輪を焼き、子丑刻（翌日午前一時頃）二ノ曲輪を焼く。

・十一日午刻（正午）、志賀父子・高田父子・依田一門を討ち取った。

・志賀城主の身内の討ち死には、家老志賀平六左衛門尉およびその兄弟八人であった。討ち死に者は計三〇〇人ほどであった。

・志賀城主の奥方は小山田出羽守（信有）が給わって、甲州岩殿山城下の駒林へ連れて行き側室とした。

・男女を生け捕りにし、甲州へ連れ去った。甲州に親類がいる場合は、二～十貫で引き取った。

・十三日に信玄は志賀城へ登った。

・二十一日、諏訪にて、加勢した小笠原と対面した。

・二十二日、信玄は甲府へ帰還した。

〈考察〉

・守城勢・高田父子被討捕について、『高白斎記』では「志賀父子・高田父子被討捕」とあるが、『妙法寺記』では「依田一門、高田一族、シカ殿御内ヲハカロウ平六左衛門尉兄弟

八人」と述べている。「依田一門」という言葉を最初に挙げているということは、城主である志賀新三郎清繁は依田氏の支族であったことを示唆している。また、「高田一族」とは、上州菅原城主の高田憲頼で、シカ殿ノオカミ（志賀新三郎清繁の奥方）の父である。上州から援軍に来て、志賀城に籠城して一緒に戦っていたのである。（もちろん、関東管領上杉憲政の指令によるものであろう）。「平六左衛門」とは家老志賀平六左衛門のことである。

この攻撃陣の中に、当時二十歳ぐらいの芦田下野守信守もいたと推定される。一方の志賀氏は依田氏の一分族とも考えられる。この志賀城攻防戦では寄せ手と守城側両方に依田氏がいたことになる。籠城陣の中に「依田一門」という言葉もあることからもそれはいえる。

「シカ殿御内ヲハカロウ平六左衛門尉兄弟八人」とあるが、家老志賀平六左衛門の最期について、『赤羽記』（『信濃史料』所収）に次のように記述されている。

信州佐久郡志賀ト云所ニアリ、其地主ニ志賀六左衛門ト云者アリ、信玄ニ背故信玄其ヘ御出馬也、筑前守ヲ召、其方儀ハ案内者也、彼ヲ可打ト云々、畏入ト御請、則志賀ノ町ニ互リ、角屋ノシトミノカゲニマタル、家來北原彦

写真：五本松城（雲興寺から望む）

右衛門ヲ召具セラル、平六左衛門鹿毛之馬ニ乗、人數ヲ下知センタメ町中ヲ乗行、彦右衛門走出、平六左衛門カ馬ノフト腹ヲ長刀ヲ以テツク、ツクルト馬ハネタヲセバ、平六左衛門ヲリ立所ヲ、筑前殿走旅ヨリ首ヲ打テシタマフ、甲ノシコロヲ、切落、首ヲ打ヲトス、大ヒゲ成ケル、其ヒゲヲ不殘切落、信玄御前ヘ平六左衛門カ首ヲ持参被成ル、信玄ハ上ノ山ヨリ此働委ク御覽、御前ヘ御出トヒトシク甚御褒美、…（後略）

志賀城の家老**志賀平六左衛門**は決戦の直前に、城下の見廻り中に命を落としたことになる。「志賀ノ町ニ互リ、角屋ノシトミノカゲ」で窺っていたのは筑前守（保科筑前守）とその家来の北原彦右衛門である。蔀の陰から飛び出して平六左衛門を襲ったのである。「信玄ハ上ノ山ヨリ此働委ク御覽」とある

が、この一部始終を信玄が上の山から見ていたということである。現地へ行けば、その可能性のある「上の山」とは志賀城とは志賀川の谷を挟んで、南にある尾根上の**五本松城**がそれに相当する。

以上、『妙法寺記』と『高白斎記』『赤羽記』の内容から、歴史に残る武田信玄による志賀城攻めの概要は分かるが、他の歴史解説書や城郭に関わる書物にも、しばしば記述されている。筆者が現地調査により把握したことをも含めた知見を整理して、左に記してみたい。

《佐久で最後まで信玄に抵抗した志賀城》

この前年の天文十五年（一五四六）に、信玄は佐久の群雄の中でいまだ臣従せず、抗していた内山城の大井貞清を攻略した。そして残るは、ただ一人、**志賀城の笠原新三郎清繁**だけとなっていた。

志賀城は「志賀越え」の峠を経て東の上州へ通じる志賀の谷の入り口北側の尾根にあった。内山城と同様に関東管領上杉憲政の上州勢力に対する境目城的な要素を持つ山城であった。ところで、西方の佐久盆地方面から志賀城を攻撃するには、志賀の北方、閼伽流山城の麓まで、戦国時代までであった

「志賀湖」と呼ばれる湖沼の存在を考慮しなければならない。（p.97 参照）。志賀城の西方わずかの所（現在、佐久市志賀集落の入り口、旧志賀小学校近辺）までは岸辺であったといわれている。流れ込む川は志賀川と香坂川・霞川ぐらいであるので、想像するように水を満々と湛えていたという感じではなくとも、湖沼・湿地帯があり、徒歩や騎馬での進軍は無理であったであろう。したがって、信玄の志賀城攻めの時には、現在の道筋ではなく、南の内山城方面の安坂経由で侵入して来た可能性が高い。今でも、この経路方面には砦や物見、城塞の痕

写真：笠原城

跡がうかがえる地形が、志賀城に至るまで存在する。

志賀城攻めが行なわれた天文十六年（一五四七）までに、すでに佐久の他の城は信玄によって落とされていたので、他の佐久の諸将は、この志賀城攻めには「信濃先方衆」として、参陣していたと思われる。数年前に信玄に臣従し、忠勇を発揮し始めていた芦田下野守信守も、信濃先方衆の中心となって、志賀城攻めの軍勢の中にいたというのが妥当である。

ちなみに、多くの歴史書で一般化されている志賀城は、志賀本郷の集落の北方に東西に絶壁が連なる山があるが、その山の尾根に縄張りを展開する山城が「志賀城」と広く認知されている。しかし、地元の少なからぬ人々の認識とは必ずしも一致しない。天文十六年（一五四七）八月に、武田信玄は志賀城に立て籠る笠原新三郎清繁を攻め滅ぼしているが、その「志賀城」こそは笠原城であるというのである。笠原城は志賀川をさらに遡った佐久市志賀駒込集落に迫る断崖絶壁のある尾根上の山城である。車道の道端には「笠原新三郎清繁が籠もり、信玄によって落城させられた城」ということで詳しい説明板が立てられている。（笠原城については後述）。

ところで、芦田信蕃の誕生が天文十七年（一五四八）であるので、志賀城攻めはその前年にあたる。佐久の諸城を落とと

84

した武田信玄は、最後に残る志賀城を慎重に攻めた。

武田信玄による天文十六年八月の志賀城攻めについて、『高白斎記』と『妙法寺記』に記述されている範囲で前述したが、ここでは、関係した歴史書や解説書と筆者の踏査をもとに、もう少し詳しく述べておきたい。志賀城には城主である笠原新三郎清繁と縁続きの高田憲頼が加勢して立て籠っていた。

彼は上州甘楽郡菅原城主であった。

なお、『武田三代記』では、志賀城攻めの理由の一つに、城主笠原新三郎が、かねて、信玄が関東管領上杉氏と笛吹峠（碓氷峠）で戦ったときに、上杉に内通したのか、武田軍を阻もうとしたことを挙げている。

信玄は七月二十四日から志賀城を包囲し、城攻めにかかった。翌日には早くも、城の北方下にある水の手を押さえた。その間、金井秀景を主将とする関東管領上杉憲政の派遣した後詰めの軍勢が碓氷峠を越えて信州入りし、救援に駆けつけたという報が入った。信玄は攻城軍の中から板垣信方、甘利虎泰、横田備中守高松らの分遣隊をもって碓氷峠から進軍してくる上杉勢を迎撃させた。

《小田井原の合戦》

これを志賀城攻めの時の別働隊を向けた「小田井原の合戦」という。浅間山麓の現北佐久郡御代田町小田井（一部は佐久市）の周辺は、田切り地形（浅間山の火山灰の積もったローム層が長い年月の間に、川の流れによってほぼ垂直に削られ、その底部に水田があることが多いので田切地形と呼ぶ）が大小複雑に入り組んでおり、軍勢を潜ませておいて敵を急襲し易く、また、混乱した軍勢が逃げ場を失ってとまどう地形が縦横に走っているのが小田井原の特徴である。戦闘のあった場所は、御代田町小田井にある小田井城がまず候補として上げられるが、あるいは、現佐久市小田井にある金井砦（金井城）であった可能性もある。どちらの場合も、砦に入ったのは関東勢か武田勢かは議論が分かれるところではある。わざわざ小田井「原」の合戦と称するからには、一方が城内に入っていたというよりも、原野での会戦の可能性がある。しかも、『高白斎記』には、八月六日の卯刻（朝六時）に板垣信形を主将とする迎撃軍が出発し、申刻（午後四時）に合戦し、勝利したとあるので、わずかな時間で勝敗が決したということからして、これは野戦というしかない。そうなると、武田軍が浅間山麓の地形をよく知っていて、その地形を利用して戦ったということが考えられる。田切地形の窪地に隠れていて、進

軍してくる上杉管領軍を前後左右から攻撃すれば、一気に崩れるであろう。または、逃げ場の行く先が田切地形に落ち込むしかない台地へ追い込んで、せん滅することもできる。このように推定すると、武田軍には土地に詳しい地元の者が案内役として属していたと思われる。そのため、一気に数刻の戦闘で関東管領軍（上杉軍）の主だった武将が討ち取られ、全体が敗走したのであろう。さらに、上杉軍が破れたのは、軍勢としての統率力に関わることがある。**金井秀景**が一応は大将となっていたが、**関東管領上杉憲政**は、上州の諸将を集めた上で、どうやら籤引きによって主将を決定したと解説している歴史書もあるほどである。いかにも斜陽の関東管領上杉氏の一端がうかがえる戦いであった。一方、武田の分遣隊

図：小田井原の戦い　その1

図：小田井原の戦い　その2
複雑に巡る田切地形

は板垣信方・甘利虎泰・横田備中守高松などの歴戦の猛者であった。小田井原の戦いでは、数刻のうちに関東勢（上杉勢）は、もろくも敗走した。関東管領上杉氏の面目は丸潰れであった。

この時に**信玄の感状**で依田右京進、赤見源七郎、水上菅七宛のものが残っている。（『信濃史料』）

今六日、申刻、於信州佐久郡**小田井原合戦**、頸壱被討捕候条神妙之至候、弥可抽忠信者也、仍如件、

天文十六丁未

　八月六日　　晴信（朱印）

依田右京進殿

《訓読》今六日、申刻、於信州佐久郡小田井原合戦に於て、頸一つ、討ち取り候条、いよいよ忠信を抽んづべきものなり。仍って件の如し。

《**志賀城の落城**》

信玄は小田井原の合戦で討ち取った何百という首級を槍の先に突き刺して、志賀城の守備軍から見える場所に曝したという。特に加勢で入城していた上州**高田憲頼**勢にとっては、

その首が顔見知りの武将のものであるので恐怖と落胆に襲われたことであろう。後詰めの救援軍が来ないことを悟り、水も尽き、城から討って出た**笠原新三郎清繁**はじめ、城将は全滅した。信玄（当時二十七歳）は七月二十四日から志賀城を攻め、翌日には水の手を押さえていたが、ようやく落城したのは八月十一日といわれている。史家によっては「炎天下の攻防戦」と称しているが、日付は旧暦表示であるので、現在の新暦に修正すると、志賀城の戦いは九月七日頃に開始され、

九月二十三日に落城となったのである。

志賀城周辺は秋の風が吹き始める季節であった。現在、

笠原新三郎清繁の首塚と里伝されている**五輪ノ塔**が、志賀集落の東の村外れの水

写真：佐久市志賀雲興寺にある笠原新三郎清繁の墓

写真：城主笠原新三郎の首塚（供養塔）志賀城下東南方の水田の中に

田の中に立っている。なお、平成七年に、笠原新三郎清繁が開基で笠原氏の菩提寺でもある**雲興寺**で、新しく墓地を造成する際に、裏山から笠原新三郎清繁の戒名のある墓石が発見され、**覆屋（霊廟）**の中に納められている。落城の時、城内に残っていた老人と婦女子は、生け捕りにされ、甲州へ連れ去られ、甲州に縁者があれば金で引き取られ、さもなくば奴隷とされた。信玄に逆らえばこのようになるという見せしめのための残虐的行為と解説される。そういう意味合いはあったかもしれないが、こういう行為はとりわけ信玄に限ったことではない。戦場の奴隷狩り「人取り」には、それに伴う人身売買があった。戦場で捕まえた人々を我がものにする戦争奴隷の習俗が、大陸でも、キリスト教世界でも、イスラム教世界でも、日本の中世でも、普通にまかり通っていた。（『雑兵たちの戦場』藤木久志著参照）。この志賀城攻めにおける武田信玄のみが特別ではなく、戦国時代にはしばしばあったことであることを述べておきたい。「乱暴狼藉」を禁じる「**制札**」がよく戦国大名から出されていて、それが歴史資料館などで展示されているが、兵による乱暴（暴力行為、強姦、人狩り）や狼籍（財産剥奪、食糧没収、窃盗など）が戦国時代の戦さに際しては、つきものであったことを示している。戦場の村落や寺社ではそれを免れるために、金や食糧を勝者と

なると思われる侵略者に提供し、乱暴狼籍などを禁じる制札を出してもらって保障を得たのである。（ちなみに、「義」の心の権化のようにいわれている上杉謙信は、領民が食料難で困窮している時などは、三国峠や清水峠を越えてしばしば関東へ越山している。その目的の一つに兵による他国での略奪があったといわれている）。志賀城の落城により、美貌と才媛の誉れの高かった城主**笠原新三郎の奥方**は、信玄の重臣小**山田出羽守信有**に二十貫で買われて、その側室とされた。甲州岩殿山城の麓の駒林には、その「囲い屋敷」跡といわれる所（現在の大月市立図書館付近）がある。また、そこから一kmほど隔たった大月市七保町葛野大島地区には岩殿山城の鬼門を守る宝林寺があり、その本堂の東に高さ一・三mほどの**五輪ノ塔**があるが、それが志賀夫人の墓といわれている。

写真：山梨県大月市宝林寺にある志賀夫人の墓

《信玄の志賀城攻めと芦田下野守信守》

信玄による志賀城攻撃の軍勢の中に、信蕃の父である芦田下野守信守もいたと推定されるが、文献上では確認できていない。しかし、当時の周囲の状況からして、信守が参陣していた可能性は高い。しかし、志賀城の攻防戦では、守城側には笠原氏とともに、依田一門がいた。例えば、『平尾守芳とその一統』によれば、平尾依田氏四代目修理亮為信の弟である依田右馬介為守は籠城側に加勢して戦っている。一方の攻城側にも依田一族がいたのも、事実である。依田右京進が信玄から感状をもらっていることからもそれは判明する。先祖を同じくする依田氏が敵味方に分かれて生死をやりとりしていたのが、この志賀城の戦いであった。天文十六年（一五四七）の時点では、芦田依田氏も相木依田氏も信玄に臣従していて、その前年の笛吹峠（碓氷峠）の合戦に参陣していることからしても、志賀城攻めの

写真：天外大雲大和尚
（雲興寺蔵）
「大田山実録」より

寄せ手勢の中に、芦田下野守信守がいた可能性は限りなく大きい。

ちなみに、この戦いは信蕃の誕生する一年前のことである。また、余談ではあるが志賀城と芦田依田氏との関係については次のことがある。下野守信守の弟で岩村田龍雲寺の第五世になった天外大雲大和尚（信蕃の叔父）が、甥信蕃の嫡子である松平康國の菩提を弔うために春日郷に康國寺を開山したことは知られているが、志賀城主笠原新三郎信繁の菩提寺である雲興寺の開山祖として、後年、元禄六年（一六九三）に勧請されたことも付け加えておきたい。現在、雲興寺には天外大雲大和尚の頂相（像）が安置されている。

《武田信玄による荻原禰右衛門への感状二通》

武田信玄（晴信）による荻原弥禰右衛門宛の次のような感状がある。

信州佐久郡志賀の城に押寄せ、十一日の未の刻に、城を乗取り給ふ。城主笠原新三郎をば、荻原禰右衛門尉討取りければ、晴信、甚だ之を感じ給ひて、萩原に感状を下されける。其文に曰く、

今十一日未刻、於信州佐久郡志賀城頸一つ、笠原

新三郎、討捕之段、襧可抽忠信者也。

仍如件。

　　天文十六年丁未八月十一日　晴信（花押）

　　　　　　荻原襧右衛門どのへ

『甲陽軍鑑』にも一部文言は異なるが同様の記述がある）。

志賀城の攻撃で城主笠原新三郎を討ち取ったのは、荻原襧

右衛門である。この感状によっても、志賀城の落城は天文

十六年（一五四七）八月十一日であり、史実であることが判

明する。

　志賀城攻撃で戦功を挙げた荻原襧右衛門は、六年後の天文

二十二年（一五五三）に東筑摩郡苅屋原城の攻撃の時にも、

城主太田弥助資忠を討ち取って、信玄から次のような感状を

受けていることが、『甲陽軍鑑』に記載されている。

　今廿三日申刻於信州苅屋原之城、頸十一　大田襧助討捕

之「御」神妙候。其方一身之走廻　以被遂「御」本意候。

襧可抽忠信者也。仍如此。

　　天文廿一年壬子二

　　　　八月十三日　　　　晴信（御判）

　　　　　　荻原襧右衛門とのへ

しかし、ここでは年月日が史家の間で認知されている『高

白斎記』にある天文二十二年四月二日とは異なり、天文

二十一年八月十三日となっている。この年の八月十二日に安

曇郡の小岩嶽城を攻め落とした（『高白斎記』）直後なので、『甲

陽軍鑑』の右記の感状の年月日は正しくはないことを、念頭

においておきたい。しかし、荻原襧右衛門が二度にわたって

合戦で二人の城主（笠原新三郎清繁・太田襧助資忠）を討ち

取ったその人であるという事実は述べられていることにはか

わりはない。

《志賀城周辺の城塞群》

信玄の本陣（向かい城・陣城）または、城内の様子を把握

する場所は、立地条件からして、志賀城の真南にある五本松

城（志賀城よりも標高が高く、東西の尾根に長く展開する志

賀城の縄張りを一望のもとに見下ろせる）の可能性がある。

そこから志賀城方面へ「城日影」と呼ばれる北斜面が落ちて

いるが、その一支脈の尾根の瘤のように少し高くなっている

場所に、金比羅社の石祠があるが、そこには堀切や郭と推定

される地形がある。そこを「城日影金比羅砦」と仮に命名

しておこう。武田軍の志賀城攻めの時に利用された可能性が

90

高い。また、志賀城の北側の谷を隔てて、もう一つ尾根が東方より張り出しているが、その西端には堀切がある郭状の地形がある場所がある。これを仮称「**弁天山砦**」としよう。これも志賀城の裏（北方）の谷の入り口を窺う陣場の役目を果たしていたと推定される。さらに、その尾根を東方へ辿っていた山小屋（地元の農民などが山上がりして隠れていた山小屋、避難所）ともとれる城塞らしき謎の地形もある。各種城郭研究書にも言及がない。これは「**上小倉城**」と命名しておきたい。上小倉城もやはり断崖に守られているが、一部急斜面が開けた場所から上ることができる。頂部にはかなり広い削平地がある。しかも、周囲を幅五mほどの土塁で囲まれた楕円形状（長径四五m×短径二五m）の窪地になっている。（これと同じような地形をしているのが後年依田信蕃の家族や近臣の縁者などが籠もったと推定される佐久市望月春日郷の奥の尾根上にある「小屋城」である。やはり頂部に窪地があり、その周囲を土塁状地形がめぐっている。くしくも「オグラ」（小倉）という地名まで同じである）。上小倉城に立つと付近には段郭や見張り（物見台）とも思われる場所もあり、**山小屋**の「小屋掛け」するのには適した地形をしている。「山上がり」としての機能もあるが、北方（志賀城の裏側）から攻める**陣城・対の城**としての機能をした可能性も大きい。天文十六年の攻防戦の時にどのような役割を果たしたかは不明である。ここでは、課題を提起するにとどめたい。

《志賀城の縄張り──尾根上に種々の防備が施されている》

また、悲惨な落城の舞台になった**志賀城**ではあるが、その縄張りは、佐久地方においては比較的本格的な戦国時代の山城の様相を呈している。土塁・石塁・竪堀・竪土塁・切岸・空堀・堀切・郭群等々、どれを見ても壮大堅固な縄張りである。武田信玄を向こうに回して籠城戦に挑んだ笠原新三郎清繁の心意気が伝わってくる。

志賀城へは、笠原氏の菩提寺である**雲興寺**の東からつづらおりに大手道を登る。やがて、断崖に行く手を阻まれるが、やや左へ辿れば道は上方へ延び、二ノ郭の南及び西の腰郭群の下を進む。大手道を攻め上って来た寄せ手の軍勢は、体の右半分を守城側にさらして前進せざるを得ない大手道の構造（右下から斜め左上方向へ上る）になっている。守城勢から「右勝手の順（すぐ）さの横矢の位置関係」となる。やがて、**西**ノ郭との境目の堀切へ出る。そこから右折して腰郭を上ると西ノ郭（一六m×五〇m）に出る。その南北にも腰郭が付属している。二ノ郭の東端と本郭方面との間には、大規模な空

図：志賀城
佐久市志賀本郷　（調査）平成 9 年 11 月 23 日・11 月 30 日・12 月 7 日

写真：本郭の北西隅下の平石積みの石垣

堀がある。長さ二〇m、実効堀幅九m、薬研堀である。その両端は竪堀となって落ちている。それを越えるとかなりの急斜面に段郭がいくつか続き、所々に石積みがある。やがて、ある高所で、ここまでが本郭の領域であろう。東奥斜面（搦め手）には二つの小郭が下がり、さらに幅一七mの堀切がある。その堀底にも幅三mの土橋がある。東奥斜面（搦め手）には二つの小郭が下がり、さらに幅一七mの堀切がある。本郭は東西に長く二一m×四〇mで最高所（標高八七七m）にある。東西の域の東端である。

本郭の急斜面が迫る。佐久地方の山城に特有の安山岩の平石積みが部分的に施されている。本郭は東西に長く二一m×

堀底には土橋（本郭よりも三m低い）がある。その南側は竪堀となって落ちている。空堀の東は大石のある高所で、ここまでが本郭の領域であろう。東奥斜面（搦め手）には二つの小郭が下がり、さらに幅一七mの堀切がある。その堀底にも幅三mの土橋がある。高棚城方面への尾根を断ち切っている。登攀は不可能な地形である。

研堀）があるが、堀底には土橋（本郭よりも三m低い）がある。その南側は竪堀となって落ちている。空堀の東は大石のある高所で、ここまでが本郭の領域であろう。東奥斜面（搦め手）には二つの小郭が下がり、さらに幅一七mの堀切がある。その堀底にも幅三mの土橋がある。

東外側尾根上には細長い**搦め手郭**とでも称すべき削平地があり、東端は岩壁の堀切状自然断崖があり、高棚城方面への尾根を断ち切っている。登攀は不可能な地形である。ここが城域の東端である。

一方、大手道を登って尾根へ出てから、本郭方面へとは逆に左折して西方へ向かうと、**水ノ手郭群**がある。いくつかの歴史書では、水の手は「地山方面から水を引いてきていた」というように解説されているが、現地へ足を踏み入れた人なら一目瞭然であるとしても、それはありえない。尾根の郭から北方下へ竪土塁（竪石塁と称した方が適当か）と竪堀状地形が下っているが、その行き着くところに、沢水が流れている所があり、志賀城の尾根の裏手にあたり、目に付きにくい箇所ではある。尾根上から北斜面を下り、そこから水を得ていたと推定される。武田軍がまず水の手を押さえたとしている場所はここであろう。この水の手へ下る付近の郭群を「水の手郭群」

土塁の痕跡（長さ一〇m、基底幅三m、高さ〇・五m）が残る。本郭を東へ進むと土塁（長さ八m、幅三m）が残る。東西の中ほど南端には

の中ほど南端には土塁の痕跡（長さ一〇m、基底幅三m、高さ〇・五m）が残る。本郭を東へ進むと土塁（長さ八m、幅三m）があり、それを越えると空堀（長さ一四m、実効堀幅一〇m、深さ四〜五m、薬

と命名しておくことにする。尾根上をさらに西へ向かうと、連続する**西備え郭群**、さらに西端の**物見郭**へ至る。平石積みが要所要所に見られるのが特徴である。また、竪土塁（竪石塁）や無数の帯郭も特徴的である。尾根上を占める志賀城は、幅はそれほどでもないが、東西は一km以上の城域からなる。少ない軍勢でこの城全体を守備することは極めて困難であると言わざるを得ない。また、現在志賀城の南麓の大手道入り口の雲興寺を西から守るような形で天満宮の鎮座する高台があり、また志賀本郷には八幡社や熊野社があるが、いずれも高みにあり、**麓の砦**の役目をもっていたものと思われる地形である。

志賀城は、「高棚城・志賀城・笠原城」の三つの城の中では、もっとも人工が加えられ、種々の防備が施されており、比較的新しい形態の城である。やはり、ここが天文十六年（一五四七）に武田信玄によって攻略された城である可能性が高い。

《志賀の三城の特徴》

佐久市志賀には、ごく近くに志賀城、笠原城、高棚城という山城が併立している。志賀城、笠原城、高棚城の関係を検討する必要がある。何らかの関係があったと推定されるが、

図：志賀の三城と付近の城砦

不明のままである。　歴史上名前が挙げられているのは志賀城と高棚城ではあるが、地元では笠原城こそが「志賀城」であるという伝承もある。　武田信玄に滅ぼされた志賀城主が笠原新三郎清繁であることから、笠原城＝志賀城とした可能性もある。　また、戦国末期の天正十年に芦田信蕃に志賀与惣左衛門が攻略された時に拠っていたのは高棚城であった。　史家の間で、この三つの山城について、その理解と評価は定まっていない。　ここでは、**志賀の三城の特徴**を示しておきたい。

〇志賀城──土塁・石塁・平石積・空堀・堀切・竪堀・竪土塁・竪石塁・土橋・切岸・帯郭・郭配置など、佐久地方においては、比較的本格的な戦国時代の縄張りの様相をしめす。　志賀越の交通の要衝を押さえる位置にあり、明らかに一番新しい構造である。　志賀越の交通の要衝を押さえる位置にある。　城域が東西の尾根上に一三〇〇ｍほどに延びているが南北の幅は狭い。　小数の守城勢力では、とても守りきれない規模である。

〇笠原城──志賀越の交通の要衝を押さえる位置にある。　東西に長い城域で、馬の背状の尾根で細い。　空堀や堀切はない。　また、削平地も少なく縄張りが不明瞭である。　さらに郭の配置の連携性が薄く、実践的ではない。　三つの城のうちでは一番古式の様相を呈している。　た

写真：高棚城

だし一カ所ある三日月状馬蹄形土塁とセットになった半円形状の郭がある箇所だけは特異で、注目に価する構造である。　里伝では、志賀城から笠原城の北方へ通じていた抜道があったという。　詰城的機能をもっていたということであろうか。

〇高棚城──谷の奥まった所にあり、「逃げ込む、隠れる」という意味合いが強い場所に位置し、詰城的である。　主郭付近を除いて、大部分の郭の削平が不明瞭（または自然地形のまま）であり、人工があまり加わっていないやや古式な形状である。　堀切や竪堀は少ないが見受けられる。　全体的に中世戦国時代末期の形状は薄い。　ただ、本郭北西下方斜面の細長い階段状帯郭群の存在意味が考えさせられる。

三つの山城に共通する点は、少数の兵では守りきることが困難とも思える、東西に延びすぎる感のある細い尾根上に立地すること、一方、断崖絶壁上に構築されていて、攻めるには困難を極めることが予想されることなどであ

る。　佐久市志賀地域にある三

つの城塞の特徴に重複する所も多いが、詳細については、拙著『戦国三代の記～真田昌幸と伍した芦田（依田）信蕃とその一族』（悠光堂）のpp.288-306を参照されたい。

載っている。そこには、**志賀湖**が描かれている。志賀湖は志賀川・瀬早谷川・香坂川・霞川の水を集めた湖沼であった。現在の佐久市の香坂・新子田・志賀・五十貫に及んでいた可能性がある、あるいは、そのようにもいわれてきた湖であった。

志賀湖の水は天正十四年（一五八六）までは、銚子口のような状態で瀬戸村へ水が少しずつ落ちていたのを、瀬戸村側に流れ出るように「**潜り岩**」の開鑿をした結果、志賀湖は消滅した。志賀湖の干拓事業は、芦田依田松平氏（**康眞**）が上州藤岡へ移封になったあと、小諸城主として入ってきた**仙石秀久の時代**で、天正末年から慶長初年にかけて（文禄年間、一五九二〜九六）と推定されている。

ここで志賀湖を取り上げたのは**武田信玄の志賀城攻め**があった頃には、志賀城の西方には志賀湖が存在したという事実があるからである。現代の地理的状況からすると、信玄が志賀谷へ西方から侵入してきたと思うのが自然である。しかし、そこには志賀湖があって、西方の経路からの侵入を拒んでいたはずである。水が満々と湛えられていなかったとしても、「湖沼」という意味で、湿地帯が広がっていた可能性も

《**今まで考慮されなかった志賀湖の存在と武田軍の侵入路**》

志賀城攻めを語るとき、今まで考慮されていなかったことに**志賀湖**の存在がある。志賀城のある志賀や香坂地区は佐久市に合併するまでは東村といっていた。その『東村誌』p.330に戦国時代の佐久郡絵図の一部が

写真：潜り岩を開削し、水は手前（南方）へ流れ、志賀湖は消滅

ある。どの範囲まで志賀湖が広がっていたかということは、『東村誌』p.330の絵図が参考になるが確定できてはいない。

図：（推定）志賀湖と武田軍の志賀侵入路

ここから取り入れるべき情報は、

① 「舟着岩」は志賀集落の西方にあるが、文字通り舟が必要な自然状況であったかどうかという命題である。

② 志賀湖干拓以前における志賀谷への交通はどのようであったか。つまり、武田軍の志賀城攻めの際の侵入路は、どこであったかという命題である。

まず、地名から探ってみると、志賀湖の範囲に含まれていたと推定できる範囲に、水と関係のある地名がある。

・海老在家……海老漁師の在家（海老漁師の家のあったとこ

ちなみに、志賀湖開拓以前における交通については、数々のいい伝えが残っているとはいえ、今となってはその実態を知るよしもない。志賀湖が満々と水を湛えていたであろう当時における湖上交通は、専ら舟運を用いていたであろうが、当時における交通の様子を偲ばせるものとして、現在残っているものといえば、わずかに志賀離山東南端にある舟着岩があるのみである。

一応の目安として、旧志賀小学校の西方に通称「舟着岩」があるが、その辺りまでは水があったと推定される。『東村誌』p.1368には次のように記されている。

ろ）

・白見…………古代、魚群を監視した所、香坂川が志賀湖に流入する近くで、付近から土錘が出土

・金刀比羅宮…海上交通の守り神（海運の守護神）

・志賀…………肥前国志賀島から漁民移住説あり、かつて存在した志賀湖と結びついている。

・舟着岩………文字通り舟を乗り降りした場所か。

次に、**交通について**考えてみる。志賀集落の入り口から北方に香坂地区の閼伽流山城が見えるが、その閼伽流山からの香坂〜志賀〜五十貫方面の秋の眺めは、水田が黄金色になった頃は、あたかも琵琶湖を南方から鳥瞰したような形に見える。仮にかつての志賀湖が現在の水田地帯の大部分まで及んでいたとすると壮観である。少なくとも、現在の**五十貫**集落の辺りは、**志賀湖の底**であったことが推定される。戦国時代末期は「**舟着岩**」あたりよりも湖の水があったとすると、現在の道路と同じように新子田方面から入って来ることは困難である。そこで考えられるのが、南方の内山城下から「**安坂**」の峠を越えて、志賀谷の西の入り口に至る経路と、西方の安原から東へ進んで香坂へ入り、湖の東岸を巡って志賀谷の西の入り口（舟着場の東方）へ至る経路である。志賀城攻めの前年の天文十五年

写真：舟着岩（西方より望む）

写真：五十貫方面の遠望──旧志賀湖（東方より望む）

（一五四六）に信玄は宿城のある**内山城**を手に入れているので、志賀城攻めには、経路としては前者をとる方が自然である。

内山方面から安坂の鞍部を越えた直後に、志賀城全体の光景が手に取るように見える。坂を北へ向かって下ると、現在は途中に果樹園があり、坂を下りきり平坦部に至ると、左手（西方）は一面の水田地帯である。右手（東）から半島状の尾根が水田地帯に果てる所に、「**志賀湖干拓完成記念碑**」と刻された立派な石碑がある。平成二十二年に志賀本郷の依田健一氏が中心になって建立したものであるが、碑面の文字は

98

依田氏宅に伝来の古文書の文字を拡大して筆跡も実物通りに石に刻んだものである。二つの古文書は、下図の如くである。（ただし、本書では紙面の関係で改行してある）。

右面左面半分ずつの文書は、下図の如くである。

「**志賀湖干拓完成記念碑**」の内容から分かることは、

ア　志賀湖干拓に貢献した**依田新六郎**は、志賀城主笠原新三郎清繁の一族であった依田源十郎の孫である。

イ　天文十六年八月に志賀城の戦いで討ち死にした**笠原新三郎清繁**（法名「城源院隆基雲興大禅定門」）の位牌を守っている。

ウ　依田新六郎は志賀郷で永三十貫文の土地を得て帰農していた。

エ　依田新六郎は、**志賀湖を干拓**し「五十貫」地籍の開発に奔走した結果、小諸藩主仙石秀久から二十三石の年貢免除地を拝領し、「郷管農役」（郷勧農役）に任命された。

オ　仙石秀久から帯刀と用心の槍を所持することを許された。

カ　遅くとも慶長六年（一六〇一）までに、「**潜り岩**」の開鑿工事が完了し、志賀湖の干拓が行なわれ、耕地化

一　今度　御地頭様より先祖之由緒可申上旨御達　控　有之左ニ事申上候

御先祖三代者志賀笠原城主笠原新三郎　□□一族依田源十郎と申候　天文十六年八月落城仕討死

法名城源院隆基雲興大禅定門之牌子有之候

□□より志賀郷之班田永三十貫文を耕農還農仕先御領主より郷管農役□御拝領□□ニ□至候

御領内
志賀郷
依田新六郎

文禄癸巳三年十一月

小諸御城主　仙石越前守様
　　　　　　　　　　　御代官様

一　右の者儀、御当家において志賀郷湖沼干水田成り普請の砌り、督能苦心の勤節これあり奇特の至り、これにより五十貫開田の高弐拾三石のところ、御免許くだし置かれ、并びに郷管農役仰せ付けられ候もの也、附り、一本差刀并びに用心槍の儀、御宥許仰せ付けられ候、他人に貸し候事あるまじきもの也、

慶長辛丑六年三月

仙石越前守家中

普請奉行　川田平四郎（印）
目　付　須藤　兵馬（印）

御領内志賀郷　依田新六郎

が成っていた。

また、「志賀湖干拓完成記念碑」の右脇には石柱が立っていて、その正面には「金刀毘羅宮山登口」と刻まれており、右側面には「平成二十三年十一月吉日建立」とある。地元の志賀地区の人々によって設置されたものである。「金刀毘羅宮」は総本宮が四国讃岐国（香川県）に鎮座する神社である。「こんぴらさん」と呼ばれて広く親しまれている。全国に「金刀毘羅神社」として末社が存在する。「金刀毘羅宮」とは「海運の守護神（海上交通の守り神）」としての由緒を持つ。佐久市志賀の西端で、五十貫地区を西方に望む岬状の山塊の上に金刀毘羅宮があり、しかもその登り口に「志賀湖干拓完成記念碑」が、先年建立されたという事実からしても、志賀湖の存在が歴史的にも地元の人々によって認識されていることになる。志賀のこの「金刀毘羅山」を平成十年頃調査したことがある。そこには狭いが段郭状の削平地がいくつかあり、砦ないしは見張り台状の地形をなしている。

志賀湖の東南端に位置するここを通過して北へ進み、現在志賀川に架かった「安坂橋」付近から志賀谷に東進し、武田軍は志賀城を攻めた可能性が高い。志賀城攻めの際にいままで考慮されていなかった志賀湖の存在を改めて認識する必要がある。ちなみに志賀湖干拓の結果できた「五十貫」地区の

写真：志賀湖干拓完成記念碑

名称は、「志賀湖干拓で五十貫を要した」とか、「干拓により五十貫の収穫が上がった」からともいわれている。

以上は、「志賀湖の干拓」の証拠である。天正の末期〜文禄〜慶長初年にかけて志賀湖は消滅したことになる。（一五九〇〜一六〇〇年頃）である。「志賀湖干拓完成記念碑」は佐久市志賀の金刀毘羅宮のある尾根（丘）の麓に建立され、西方に現在の「五十貫」地区を望む所にある。地域の伝承ばかりでなく、歴史を語る地名・古文書・自然地形からも、佐久市瀬戸の北にある「潜り岩」を南西の極限とし、その北東の五十貫地区から北方や東方に広がる田園地帯や一部集落になっている地域にまで、志賀湖が及んでいた可能性がある。

⑧上田原の合戦

《上田原の戦いの概要》

佐久郡をほとんど勢力下においた武田信玄は、天文十七年（一五四八）に、埴科・更級・小県・高井・水内に勢力範囲を伸ばしていた葛尾城主村上義清と、当然勢力範囲を接するようになり、小県郡の上田原において合戦した。二月一日に甲府から出陣し、諏訪から北上し、大門峠越えで小県郡へ入り、依田ノ庄から西方の砂原峠を経て上田原に陣を張った。

一方、義清も川をはさんで（＝川を小楯に取り候て）対峙した。十四日、千曲川の支流産川と浦野川の辺で激戦を展開した。その結果、諏訪郡代で上原城主であり、信玄の第一の宿老であった板垣信方をはじめ、甘利虎泰・才間河内守・初鹿野伝右衛門などが戦死した。村上方でも屋代源吾・雨宮刑部・小島権兵衛などの武将が命を落とした激戦であった。しかし、討ち死や負傷者は武田方の方が多く被害が大きかった。その上、大将の信玄自身も疵を負ってしまった。

信玄は疵の手当をしながら、二十日あまり上田原に在陣していた。三月五日にやっと陣を引き払って諏訪上原城へ帰り、三月二十六日に甲府へ戻った。信玄は生まれて初めて敗北の苦渋を味わった戦いであった。

《合戦の真相》

上田原の戦いについて述べている『妙法寺記』の箇所を読み下し文にすると、

此年（天文十七）二月十四日に、信州村上殿の近所塩田原と申すところにて、甲州の晴信様と村上殿が合戦なされ候、去るほどに互いに見合って、川を小楯に（川をはさんで）候て、軍勢を入れつ乱れつしながら戦った。さるほどに甲州勢が打ち負け候。板垣駿河守殿・甘利備前守殿・才間河内守殿・初鹿根伝左衛門殿などの方々が討ち死になされ候。お味方は力を落としとしめされ候。しかし、御大将は本陣にいて芝を踏まいめされ候。（本陣をお動きなされなかった）。小山田出羽守殿は比類なき働きをめされ候。御上意様（御大将信玄公）もかすて（手疵）を負いめされて候。さる間、一国の嘆き無限。されども軍止まず。

「芝を踏まいめされ候」とあるが、戦国時代、「芝を踏む」という言葉があったが、「戦の後に現地にしばらくとどまる」

という意味であった。つまり、信玄は二十日間あまり上田原に在陣し続けていたのである。

ということは、負け戦を認めた行為と見なされていたからである。信玄は、へたに撤退すれば敵につけこまれることから、無闇に動けず、慎重に相手の出方を窺っていたという見方もできる。

一方、武田氏について語っているもう一つの同時代資料である『高白斎記』は、信玄の側近の駒井高白斎が記したもので、武田氏の信濃経略の経過のもっとも信憑性のある文書である。それは、判読の際に課題もあるといわれている。現在は原本はなく、存在しているのは写本であるが、武田家臣であった栗原氏が自家の武功を誇るため、故意に加筆し作意した箇所も散見するからである。『高白斎記』は、改竄し（かいざん）た箇所か否か判断する基準は「本文中に日付に干支を付し時刻を記していないもの」「時刻を記してあるにもかかわらず、日付に干支を付してないもの」、つまり、「日付に干支が付してなければ」、栗原氏によって改竄加筆された文である。ということであると、後世の史家によって明らかにされている。

『高白斎記』の上田原の合戦の部分を原文のままカットせずに次に紹介する。

『高白斎記』の上田原の戦いの記述では、「廿四日信州於上田原……」ということで、「廿四日」の直後に干支が記されていないことから、栗原氏によって加筆改竄された文章が続くことが分かる。（高白斎の原文では、例えば「廿四日庚申」というように干支が記入されているはずである）。さらに、上田原の戦いの記述では、「於栗原左衛門手首百三十二討捕」というように、不自然にも栗原氏の存在だけが取り上げられている。

また、『高白斎記』のいう「晴信公御着、合戦御勝利」（板垣軍が、負けていたが、信玄が戦場に到着したので勝利した）ではなく、『妙法寺記』のいうように「甲州勢が打ち負け候」（甲州勢が負けた）の方が、真実を語っているようである。また、合戦に負けた武田方は、この合戦をあまり語っていないので、

その合戦の詳細は不明である。もっとも、『妙法寺記』では「小山田出羽守殿は比類なき働きをめされ候」と述べているが、同じ都留郡の武将である小山田出羽守（信有）の軍功を特筆しているむきもあるのではなかろうか。

さらに、上田原の戦いを記述するいくつかの解説書の類には、「雪深い上田原」「寒さ厳しい上田原」「二月の信州は一番寒いときであり」というようなニュアンスで語られることがあるが、旧暦の二月十四日は現在の西暦にすると三月下旬にさしかかる時期である。この時期の上田市は千曲川流域ではもっとも雪が少ない地域である。また、上田市は寒さゆえに厳しくはない。武田軍が寒さゆえに破れたというような分析があるのには、少なからず疑問が残る。むしろ、上田原の地形を知り尽くしていた村上軍が、それを戦術に利用することができたゆえと解釈した方がよいと思われる。

妙法寺記は甲斐国都留郡勝山村にあったので、現地の地理を詳細に熟知している地元の『上田市誌、歴史編(5)』(pp.105-106)によると「上田原合戦の戦場は上田原の台地という概念が浮かんでくるが、国道一四三号線沿いの上田原の台地から、一段下の中之条から下之条にかけての一帯である。武田・村上両軍が激突し勝敗を決した主戦場は、下之条集落や、その北側の千曲川寄りの畑地にある若宮八幡宮付近から、合流した浦野川西の小字「塩田川原」とよばれる辺りと考えられる。」と述べている。現地に足を運んでみると、その証左として、板垣信形・屋代源吾・雨宮刑部・小島権兵衛など両軍の戦死者の五輪塔が存在する。現在、その辺りには田畑や県営野球場などがある。敵を崩して深追いし過ぎた**板垣信形**は、村上勢に取り囲まれて討ち死にしたともいわれている。

在してことを考えると、そのように考えても無理はないとは思えるが、少し違った解釈もできる可能性がある。

《合戦の舞台》

ところで、『妙法寺記』では、合戦場を「上田原」ではなく「**塩田原**」と記されている。多くの史家や解説者の間では、「上田原が誤って塩田原と表記されている」と解説しているようである。実際に「塩田」地籍は「上田原」地籍のすぐ南に存在している「塩田」地籍は「上田原」地籍のすぐ南に存在している。「上田」田原が誤って塩田原と表記されているようである。実際に「塩田」地籍は「上田原」地籍のすぐ南に存在

最大の激戦地「塩田川原」近辺は村上軍の拠った**天白山**（須々貴山）の目前である。このような地理的状況を考慮すると、『妙法寺記』で「**塩田原**と申すところにて、甲州の晴信様と村上殿が合戦なされ候」と表現したとしても不思議ではないと解釈できるが、いかがなものであろうか。

図：上田原合戦場

写真：路傍に無名戦士の墓

《合戦場再吟味～戦死武将の五輪塔の分布位置から考察》

戦闘開始以前に両軍が陣取った所は、合戦場から見ると村上義清は西方の**天白山**（須々貴山）に、武田信玄は南東方向かなり遠方にある**倉升山**に陣を張った。『上田市誌』によると、倉升山周辺には物見山・合図山・兵糧山・御陣ケ入・御陣ケ原・鉦ケ窪・味方原等、武田軍の布陣を示す地名がある。また、村上軍の足下にも物見塚・産川崖上には三兵・村上の旗を立てたといわれる旗塚の跡等があり、いずれも現在も小字名として残っている。

上田原古戦場といわれている辺りから西方を望むと、堤防状山塊が左から張り出し、奇勝「岩鼻」で突然開けた右側が千曲川の流れる低地である。千曲川の右（北）には、北方からこれまた断層崖の尾根が急に落ち込むが、落ち込む寸前の高みに和合城（埴科郡方面も、小県郡方面も一望できる位置にある）がある。上田盆地の西方極限で「岩鼻」と和合城に挟まれた箇所だけが開かれ、その狭い箇所を千曲川が北西方向へ流れ下っている。その先は村上義清の本拠地坂木（坂城）である。上田原の合戦は、義清にとっては、つい庭先まで侵入せんとする信玄をすんでのところでくい止める必死の合戦であったことが分かる。

上田市古戦場公園に県営上田野球場があるが、そこからわ

写真：板垣神社（板垣信方の墓）上田原古戦場

ずか北方で野球場の西の一四三号線を北へ進むと、上田坂城バイパスがあるが、そこへ至る前の信号「下之条」の脇に県営圃場整備事業竣工記念碑がある。当時の吉村午良長野県知事書による「古戦場の郷」と大書された文字が刻まれている。その北方右手（東）すぐに工場があるが、その南隣の水田の畔に**小島権兵衛**の五輪塔がある。さらに一〇〇ｍ東の大木の根元に**屋代政国**の長子であった屋代政国の長子であった屋代政国の五輪塔群がある。そこから二〇〇ｍほど南方に**板垣信方**の五輪塔が連続して存在する。

丘の下には**雨宮刑部**の五輪塔群がある。このように、いくつかの五輪塔群の現在ある場所から判断すると、そこが**戦闘の最激戦地**であった可能性がある。

また、わずか南方の段丘の下には**雨宮刑部**の五輪塔群がある。このように、いくつかの五輪塔群の現在ある場所から判断すると、そこが**戦闘の最激戦地**であった可能性がある。

板垣信方の五輪塔は簡易的ではあるが、覆屋の中に納められ、「**板垣神社**」として第一の鳥居から細い参道が北に三〇ｍ

ほど延び、第二の鳥居の奥に鎮座している。村上方の重臣雨宮刑部・屋代源吾・小島権兵衛の五輪塔は板垣信方ほど丁重に扱われているわけではないが、地元の人々の伝承としてはっきり語り継がれてきた。地元の人々にとっては心情的には村上方に近いものがあると思われる。ところで、無名戦士の五輪塔群が複数箇所にある。これらは全て現在の石久摩神社や川辺小学校のある河岸段丘上よりも下の北西方向に存在している。これらの中に甘利虎泰・才間河内守・初鹿野伝右衛門などの五輪塔も紛れているのだろうか。

現在「石久摩神社」の境内の一遇に、「上田原古戦場碑」の大石碑が地元上田原区によって昭和四十九年に建立されている。麾毫は大僧正半田孝海である。神社は上田市立川辺小学校の北に隣接している。石久摩陣神社の段丘上の西端からは、村上義清が渡河して室賀峠へ向かったといわれる「石久摩渕」の段崖方面が望め、産川の流れが南西にある。また、武田信玄が退陣の時に通過したといわれる通称「信玄道」が石久摩神社の西下を南方へ向かっている。

写真：上田原古戦場碑

須々貴城　岩鼻の断崖　和合城

写真：主戦場（下之条）から北西を望む

〈最激戦の戦闘の場所〉

「上田原の戦い」は、広義には最初に両軍の陣地が置かれた天白山と倉升山の間の、この地方では比較的大平原ともいえる「上田原」全体で行なわれたということで間違ってはいない。しかし、実際に戦闘が行なわれた所であり、最激戦地は、産川が浦野川に合流した

地点のすぐ東側で、千曲川のすぐ南側の場所であると推定される。河畔ともいうべき河岸段丘の最下段「下之条」での激闘であったことになる。

《上田原の合戦と芦田信守》

ところで、この上田原の合戦に芦田下野守信守が参陣していたということは、どの文書にも伝承にも残っていない。しかし、信玄の他国での戦いは、実際は甲州武士よりも信濃先方衆が動員され、武田の重臣の軍勢の脇備えとして、文字通り戦いの最前線（先方・先鋒）で戦っていた場合がほとんどである。この時点では、信州佐久は武田信玄の勢力下にあったので、佐久の信濃先方衆の最大勢力を要していた芦田下野守信守が、戦いの一翼を担っていた可能性が高い。ちなみに、芦田下野守信守の嫡男・源十郎こと、のちの芦田右衛門佐信蕃が芦田氏の本拠佐久郡芦田城で誕生したのは、上田原の合戦のあったこの年、天文十七年（一五四八）のことである。父信守が本格的に武田麾下として、信州各地を転戦し、武田家中で認められ出したころである。

《合戦後の状勢～村上義清の暗躍と諸将の蜂起》

一方、目を信濃全体に目を向けると、上田原の合戦におけ

和合城（左）と岩鼻（右）の向こうに上田原合戦場

写真：葛尾城から上田原方面を望む

る武田軍の敗戦は、信玄の侵略に抵抗していた信濃の諸将を大いに力づけることになった。信玄の支配下に入っていた佐久・諏訪・筑摩郡・安曇郡でも、この直後から、諸将が武田に対して蜂起する動きが勃発している。もちろん、その陰には埴科郡坂木の村上義清による策動があったことにもよる。

また、村上義清自身も積極的に、小笠原長時、安曇郡の仁科一族、再び離反した伊那の藤沢頼親らと図り、それまで武田の支配下にあった諏訪へ侵攻し、諏訪下社を一時占拠し、諏訪上原城の武田を牽制した。佐久地方では、武田怖るるに及ばずという風潮となり、佐久郡十三の土豪が武田方の前山城の伴野氏を追い立て、前山城に共同して立て籠った。さらに、村上義清の軍は、武田方の前進基地となっていた内山城の宿城に放火したりしている。いずれも知らせを受けた武田信玄が軍を起こし、武田支配下に回復しているが、依然、村上義清との抗争が続いていた。

⑨ 塩尻峠の戦い（勝弦峠の奇襲戦）

天文十七年（一五四八）七月十九日に行なわれた、武田信玄と松本の林城に拠る小笠原長時との間の戦いである。

『妙法寺記』では、

殺シ被食候

成候ヲ、甲州人数朝懸ニ被成候テ、悉小笠原殿人数ヲ打

此年七月十五日信州**塩尻嶺ニ小笠原殿**五千計ニテ御陣被

『高白斎記』では、

数多被為討捕候

十九日大…（中略）…**塩尻峠**ニタテコモリ、**小笠原長時**責破り、

七月大…（中略）…十八日辛卯従大井ノ森被進御馬、翌

十九日卯刻被**塩尻峠**ニタテコモリ、**小笠原長時**責破り、

両者ともごく短く塩尻峠の戦いを記述しているのみである。しかも月日の相違がある。右の二書から得られる確かな情報は「甲州軍が（天文）十七年七月に塩尻峠で小笠原軍に勝利した」ということである。この年の去る二月の上田原の

《塩尻峠の戦いの概要》

広く歴史書で知られている**塩尻峠の戦い**（勝弦峠の奇襲戦）の概要を記述してみよう。信濃の反乱軍を制圧する機会をねらっていた信玄は、小笠原軍が塩尻方面から諏訪へ通じる**勝弦峠**に陣を張り、諏訪から甲斐への侵攻を目指しているとの情報を受けた。信玄は、ただちにつつじケ崎の館から出陣した。甲斐国西端に位置する**大井ケ森**に軍勢を集結させたが、全軍を急いで動かそうとはしなかった。緩やかな行軍で進み、数日を過ごし、ようやく七月十八日夕暮れを待って、国境を越えて信州諏訪へ進軍した。諏訪での武田の根拠地**上原城**で小休止した後、今度は早足で諏訪湖畔を進軍し、十九日午前二時頃、一気に峠を駆け登って**小笠原軍を襲った**。武田軍はまだ国境辺りであろうと安心して、寝入っているところを急襲された小笠原軍は、かねて信玄に内応していた三村氏や西牧氏などの逃走もあり、わずか一時（二時間）ほどの戦いで

合戦に武田信玄が破れるの報に、林城の**小笠原長時**は、村上義清・安曇郡の仁科氏・再び離反した伊那郡の藤沢頼親らと図り、早くも四月には諏訪へ侵入を始めている。諏訪の民家を焼き討ちし、諏訪下社を占拠し、武田氏の上原城を牽制した。諏訪郡西方衆の矢島氏や花岡氏も信玄に反旗を翻した。

総崩れとなり、討ち死にや負傷者は数知れず、全軍が松本方面へ敗走した。峠には小笠原方の死骸が散乱したという。小笠原長時が陣を張ったのは、広範囲では塩尻峠といってよいが、主力は**勝弦峠**であった。世に勝弦峠の奇襲戦とも称されている。諏訪を再び安定させた信玄は二十五日に上原城へ引き上げた。一説には、信玄が国境付近での進軍をゆっくりとしていたのは、敵をあざむいて隙を生じさせるねらいがあったともいう。

図：塩尻峠の戦い――勝弦峠の奇襲戦

《武田勢の中に芦田下野守信守の軍勢もいた》

『武田三代軍記』に信州塩尻合戦について次の記述がある。

大膳大夫晴信、信州に發馬あるべしとて、同じき五月十三日、辰の刻に甲館を進發あって、十五日には小室に着かせ給ひ、當所の城代小山田備中守・岩尾の城代眞田弾正忠・内山の城代飯富兵部少輔を召し、佐久郡の様子委細に聞召し、次に相木市兵衛・**蘆田下野守**・望月甚八・前山主殿・依路・平原等を召され、太刀・脇差・馬具なんど、夫々に給はり、其外、在々所々の仕置等、仰付けらるる所に、同じき十九日、午の刻に及んで、諏訪高島の城代板垣信形、飛脚を以て、木曾・**小笠原**の両勢働き出でで、桔梗ケ原を押通り、諏訪通を押出して、木曾・小笠原の両敵に打向ひ給ふ。此方へ働き申候。伊奈勢も、同じく打ち出で申し候と言上す。晴信、之を聞きも敢へ給はず。則小室を打立ち給ひ諏訪を指して發向あり。伊奈勢には、板垣馳向ふべしとて、自身は諏訪へ打向ひ給えて、木曾・小笠原の両敵に打向ふ。…（中略）…當手の戦、今日午の刻に始まり、未の刻に至って終りけるに、木曾・小笠原打負けて、散々に敗北せしかども、守に備へし伊奈勢は、静まり返って見えしに、…（中略）…六月六十四日、甲府に凱陣し給ひけり。此度の合戦に、武田方、勝利を得られしかば、是に鹽尻・小曾・和田・福澤等の者共も、今年皆、武田家に降参をぞしたりける。

塩尻峠の合戦は「五月十三日に甲府を立ち、小諸城経由で塩尻峠の合戦をし、六月十四日に甲府凱陣」と『武田三代軍記』本文には述べられている。しかし、史実として認められている「塩尻峠・勝弦峠の戦い」は、**天文七年（一五四八）七月十九日**である。この『武田三代軍記』の内容は、あまり信用がおけそうにない点が散見する。まず、塩尻峠の合戦の期日がおかしい。しかも、板垣信形は去る二月の上田原の戦いで討ち死にしているので、その後の塩尻峠の合戦の時に存命している記述があるのは誤りである。『相木市兵衞・蘆田下野守・望月甚八・前山主殿・依路・平原等を召され、太刀・脇差・馬具なんど、夫々に給はり、其外、在々所々の仕置等、仰付けらるる所に」とあることから、信州へ入り小室城（小諸城）で、小山田備中守（小諸城代）・眞田弾正忠幸隆（岩尾城代）・飯富兵部虎昌（内山城代）を呼んで、上田原の合戦以来不穏になっている佐久の情勢を報告させ、次に相木氏・**蘆田下野守信守**・望月氏・伴野氏・与良氏・平原氏等々を集め、太刀・脇差・馬具などを授けるとともに、「在所の仕置」（それぞれの領地の統治）等を申しつけた。しかし、「小諸を打ち立ち給ひ諏訪を指して発向あり」ということには疑義がある。甲斐国大井ケ森に軍を集結して、信州入りしたというのが通説

である。
『武田三代軍記』の語っている合戦等の年月日は、史実と異なる場合が多いし、また、小笠原軍の寝込みを襲ったはずの合戦時刻も「午の刻（正午頃）に始まり、未の刻（午後二時頃）に至って終わりけるに」とあるように、内容には齟齬がある。また、板垣信形のようにすでに没している人物が話の中に登場したり、細部を見ればありえないことも書かれている。しかし、記述内容からその真実を見抜くことも必要である。当時の状勢を考えると、**芦田下野守信守**が塩尻峠の戦いに参加していたという可能性は、文脈から読み取ることが可能である。

この年の二月に上田原の合戦で村上義清に破れてから、信濃国では四月から村上義清や小笠原長時などの策動が始まっていた。佐久では四月から四月二十五日には、武田軍の佐久における拠点である内山城に村上義清が放火したりして、攪乱が続いていた。**塩尻峠（勝弦峠）の戦い**で小笠原長時を打ち破って以後、これを契機にいよいよ武田軍による本格的な信濃制圧が進んでいくことになる。

⑩信玄、佐久奪還

天文十七年二月の上田原の合戦で、武田信玄が村上義清に敗退すると、佐久地方でも村上方が相次いだ。武田の佐久における前進基地たる内山城が村上方に襲われ宿城が放火された（四月二十五日）。そこで、塩尻峠で勝利をあげ（七月十九日）、諏訪地方を制圧した信玄は、まず、小山田信有をして田口城を攻めさせたが（八月十八日）、この時は城主田口良能に加勢した佐久衆に逆に包囲されて失敗した。佐久の旗色は村上方に変わっていたのである。そこで、村上方によって奪われていた佐久の諸城を奪回すべく、信玄は九月に入って、諏訪を発って自ら佐久に出陣した。

『高白斎記』によると、

（天文十七戊申年）九月大一日癸酉六日戊寅巳刻従諏訪向佐久郡前山被出御馬、矢戸御陣所、晴天、七日海野口御陣所、八日於て海野口穴山ト箕輪ト御判形申請進シ候、九日宮ノ上御陣所、十一日癸未辰刻打立、臼田大雨、前山責落ス、敵数百人被為討捕、城十三ヶ所自落、十三日細雨、廿一日癸巳前山ノ城普請始ル、廿三日桜井山ノ

御判形伴野へ渡ス、廿六戊戌ノ夜、望月源三郎方へ被管衆布引山へ忍損シ、両人討ル、廿七日己亥卯刻打立、彼ノ新地へ被寄る御馬、望月御陣所へ参ル、廿八日上原へ被納御馬、

天文十七年（一五四八）の九月の武田軍の動静や出来事を、右の文から箇条書きにすると、

六日　諏訪（上原城）を立ち、**前山城へ向けて出陣し**、矢戸に陣を張る。

七日　海ノ口を陣所とする。

九日　宮ノ上を陣所とする。

十一日　午前八時に臼田（桜井山城）を立って、大雨の中を**前山城を攻め落とし**、敵勢数百人を討ち取る。

この武田軍の勢いに恐れをなした**佐久の十三城は自落**した。

二十一日　**前山城の普請**を開始する。

二十六日　反武田が奪取し、望月源三郎が立て籠っていた布引山城に、武田の兵二人が忍び入ったが討たれる。

二十七日　（この年の五月に築城した）布引山城へ入り（改修を指揮し）、その後、望月氏の陣所を訪れる。

二十八日　諏訪の上原城へ戻る。

このように、佐久郡の土豪が前山城の伴野氏を追い、立て籠っていたので、信玄がこれを攻めたのである。佐久の中心的存在である前山城を攻略し奪還したことによって、佐久郡は「城十三ケ所自落」という状況を呈した。佐久の諸将の多くは討ち取られたり、降伏したり、逃亡したりした。（例えば、芦田依田氏と出自を同じくするといわれている平尾依田氏では、平尾為信が降伏し、その弟の為守は小県郡上田に逃れて、そこに土着した）。この時の佐久攻めでの武田軍の勢いのほどが分かる。塩尻峠の戦いで勝利し、諏訪の憂いを払拭した信玄は、村上義清になびいていた佐久の多くを一気に再び制

写真：内山城の宿城が村上方に放火される

写真：前山城を攻め落とすと、佐久の十三城は自落

圧にかかったのである。しかし、まだ佐久の土豪の抵抗が完全に収まったわけではなく、翌天文十八年にも、信玄は諏訪を経て佐久制覇へ向けて出張することになる。一方、信玄は塩尻峠で敗走させた小笠原長時に対する次なる一手を投じている。長時の居城である松本の林城の押さえに村井城を十月に築城開始している。なお、この年の十二月、越後では、後に信玄の宿敵となる長尾景虎（謙信）が家督を嗣いでいる。

《信玄の佐久平定に芦田下野守信守も転戦か》

信玄による佐久平定のこの時期に、芦田下野守信守はどうしていたのであろうか。間違っても、この時に前山城で反旗を翻した佐久の諸将と行動をともにしていたとは考えにくい。すでに信玄に臣従し、信濃先方衆となって各地に転戦していたと推定される。少なくとも信玄による前山城攻略戦に参加していた可能性が大きい。また、同じ依田氏である相木市兵衛も、本拠地が甲斐に一番近く、佐久の武将ではいち早く武田に臣従していることから、武田の軍勢の中にいたと思われる。この時期からの実績があったからこそ、芦田氏も相木氏も武田麾下の佐久の武将（信濃先方衆）として信頼され、後年の川中島合戦の時にも、妻女山攻撃の別働隊十頭の中に位置づけられたのである。

⑪芦田氏、春日城を本拠とする

写真：春日城（北方より望む）

小県郡**依田ノ庄**に発した芦田依田氏は、徐々に佐久郡へ進出し、一四四〇年代に芦田郷の**芦田城**を本拠とし、**岩村田大井氏**の筆頭重臣として次第に重んじられた。芦田氏内部の「御家の事情」で、一時衰微していた期間（継母による孝玄抹殺の事件とその後の義玄の時代）もあったが、**下野守信守**の代になって、武田氏の佐久侵入後は、武田軍の**信濃先方衆百五十騎の侍大将**として、武田信玄の戦いに従軍し、幾多の戦功を重ね、一大勢力をなすようになった。やがて、**下野守**

信守は望月氏の支族である**春日氏**が武田に滅ぼされた後の**春日城**を修築し、本拠を佐久郡春日郷へ移した。おそらく、春日氏を滅亡に追いやった武田勢の先方として、下野守信守が芦田氏が芦田郷から春日郷に移ったことは想像に難くない。芦田氏が芦田郷から春日郷に移るに際しての動きを、文献から確かめると、『高白斎記』の天文十八己酉年の項に次のように記述されている。

（三月大）九日己卯　芦田四郎左衛門春日ノ城再興、四月小三日癸卯　依敵動、春日落城、味方勝利、

つまり、天文十八（一五四九）三月九日に「芦田四郎左衛門が春日の城を再興し」とあるように、**芦田四郎左衛門**が春日氏の拠っていた春日城を改修し再興したことを記している。この時、芦田依田氏は芦田から春日へ本拠を移したものとみられる。しかし、二十数日後の四月三日には、「敵の働きにより、春日の城落城、味方勝利」ということは、「芦田四郎左衛門が三月九日に春日城を再興したが、四月三日に四郎、つまり、反武田勢力によって春日城は落城した」のである。しかし「味方が勝利した（城を奪回した）」とあるから、いったん城を奪われたが、「芦田氏（武田勢）が城を奪回した」という意味であろう。当初、春日城をめぐって、武田勢（芦

田氏）と反武田勢との間で、目まぐるしく状勢が動いたこと
が分かる。こうした中にも武田氏を背景に芦田信守が春日城
を確保し、春日郷を本拠としながら、勢力を伸ばしていった
ものと思われる。

ちなみに、天文十八年（一五四九）といえば、信守の嫡子

源十郎（後の信蕃） は数え年二歳である。誕生したのは芦田
城であるが、まだ幼児の源十郎が春日城へ移った直後に、春
日郷は争乱状態にあったということになる。「敵の働きによ
り春日城落城」となった時、源十郎はどこにいたのであろう
か。あるいは、春日城は改修した直後であったので、麓にあっ
た居館は整っておらず、源十郎をふくめた信守の家族は、ま
だ芦田城にいた可能性もある。春日城が敵に襲われた時に、
もし春日の居館にいたとすると、春日渓谷の山奥に「**山上
がり**」して避難していたことも考えられる。（芦田氏は、こ
の後も、武田氏の滅亡にともなう織田氏の侵攻時や、北条氏
の侵攻時など、何度も春日城の居館から脱出し、「山上がり」
して難を逃れていたと推定される）。

《春日城を改修・再興した芦田四郎左衛門とは？》

芦田四郎左衛門とは、『寛政重修諸家譜』にある「依田備
前守信正──依田左近信吉──**依田四郎左衛門信次**」の可能

性を『望月町誌』では指摘しているが、疑義がある。『寛政
重修諸家譜』の述べている依田四郎左衛門信次の項には、次
のような記述がある。「武田家へつかへ、歩卒をあづかり、
蘆田右衛門佐が一族たるをもってこれに属し……」は、その
可能性を示してはいるが、「……慶長五年、東照宮甲斐國に
御出馬のとき忠節をつくす。慶長五年、めされてつかへたて
まつり、上野國緑埜郡藤岡にをいて采地二百石をたまひ、歩
卒をあづけられる。…（中略）…藤岡にありて諸役をつとむ。
七年七月死す。年五十二、法名義功」と記されている。没年
慶長七年（一六〇二）で五十二歳ということは、一五五一年
生まれとなり、芦田信蕃より三歳年下である。春日城を修築
した天文十八年（一五四九）の時点では、まだ生まれていな
い。**依田四郎左衛門信次が「芦田四郎左衛門」で
ある可能性はゼロである。**

わずかに残る他の可能性としては、芦田宗家に極めて近い
「**依田四郎左衛門**」なる人物が存在していて、『高白斎記』の
著者である武田重臣の駒井高白斎が「芦田四郎左衛門」と記
述したかもしれないことである。しかし、「芦田氏」を名乗
ることができるのは芦田依田氏の嫡流（宗家）に限られてい
ることから、「芦田四郎左衛門」とは**芦田下野守信守**である
と解釈するのが自然である。

114

《春日城は春日氏の山城であった》

現在、佐久市旧望月町春日にある山城「春日城」の尾根が北端で尽きた山麓に東向きに八幡宮があるが、その裏（西側）に数基の**五輪塔群**が草叢に囲まれて立っている。明治十一年の『長野縣町村誌』春日村の項に「天保中城山崩れて美巧なる五輪塔九基を出す。春日氏代々の墓なり」と記されている。芦田下野守信守が春日郷に入って来る以前に、春日城の主で一帯を統治していた春日氏のものが、それが該当する。

写真：春日氏の五輪塔群

春日城の先住の城主であった春日氏の始祖は**春日貞親**で、鎌倉時代初期にはその存在が確認できる（『吾妻鑑』）。歴史上特に有名なのは、**春日刑部貞幸**である。承久の変（一二二一）の時、三代執権北条泰時にしたがった宇治川合戦の渡河作戦で、劣勢に焦る北条泰時をいさめ、討ち死にの危険から命を救った武将として、鎌倉幕府の正史『吾妻鑑』にも**春日貞幸**のことが述べられている。これは春日貞幸の大功として、承久の変を記した諸書にいずれも記されている。鎌倉幕府にも認められていた信濃国佐久郡春日郷の春日氏であったが、一三三〇年ほど経過した一五四八年に、武田氏によって滅亡の時を迎えたことになる。しかし、地元佐久市旧望月町春日地区）でも、春日氏の存在があまり取り上げられることもなく、ただ**五輪塔群**がひっそりと春日城下の目立たない山陰の雑草の中にたたずんでいる光景には、時の移り変わりを痛感させられる。ちなみに、後世、昭和四十年代から昭和の終わり頃、国会議員で、さる政党の党首を務め、論客として世に知られた政治家である**春日一幸**氏がいた記憶があるが、春日城主で『吾妻鑑』にもその名が載っている春日貞幸とは一字違いである。何らかの因縁があるのであろうか。

春日氏は小県の**滋野氏**の一族である**祢津氏**の分流であると いわれている。現在の春日本郷に館を構え、春日城を築いて、一一八〇年頃から一五五〇年頃まで、少なくとも三七〇年間以上にわたって、**祢津氏流春日氏**が領主であったが、武田信玄が佐久へ侵入してきたことによって、滅ぼされたのである。その直後に、信玄の信濃先方衆の侍大将であった**芦田信守**が、かつての春日氏の館跡に居館を構え、**春**

日城に拠ったのである。

《蘆田氏の本拠春日郷は「春日の穴咋邑」か》

ところで、依田氏は信州小県郡依田庄を本拠としていたのであるが、後に佐久郡芦田庄へ入った依田氏宗家は芦田氏を名乗った。芦田（依田）下野守信守は、甲州武田氏の信州先方衆の有力な侍大将となり、甲州の武田館のお膝元に蘆田屋敷を構え、上野国・駿河国・遠江国などの城を武田氏から任されたりして、本拠地に腰を落ち着ける間もなかった。芦田氏が本拠地を佐久郡春日郷に移したのは、信蕃が数え年二歳の天文十八年（一五四九）のことである。芦田依田氏はなぜ本拠地を春日に求めたのか。その理由は、古代東山道が春日郷の近くを通過していたことからも分かるが、春日郷が当時は交通の要衝で

写真：鳴石祭祀跡（古東山道沿いにある）

もあったからであろう。

『望月町誌（第三巻）』を参考に旧望月町を通過する古東山道の道筋をみてみよう。東方の千曲川方面から現在の望月トンネルの上にあたる瓜生坂を西へ越え、鹿曲川を渡って西進し、八丁地川を渡り、さらに左岸を遡り、途中から現立科町と旧望月町との境界をたどるように尾根上を南南西へ辿り、鳴石（祭祀跡）を通過し、雨境峠へ至る道筋が推定される。

もう一つは、やはり八丁地川を渡って西へしばらく進み、河岸段丘沿いに平坦な地形を進んで、早目に尾根筋へ出て、やはり「鳴石」を通って、雨境峠へ至る道筋である。いずれも途中から尾根筋を通り、現在の県道「諏訪白樺湖小諸線」に沿うように鳴石、雨境峠へと辿る道筋である。

また、少々飛躍するが、『日本書紀』の景行紀に「彦狭嶋王を以て、東山道の十五国の都督に拝けたまふ。是豊城命の孫なり。然して春日の穴咋邑に至りて、病に臥して薨りぬ。是の時に、東国の百姓、其の王の至らざることを悲びて、ひそかに王の尸を盗みて、上野国に葬りまつる」という文があるが、彦狭嶋王が亡くなったとされる「春日の穴咋邑」が旧望月町春日附近であると比定する説もある。県道湯沢望月線を春日本郷に向かっていくと、右手に比田井集落の諏訪神社があるが、そこは、大字協和字イ咋田の山麓から張り出した

116

図：春日郷と古東山道

丘状の台地である。そこに墳丘規模が直径二〇m、高さ二・五mの円墳「王塚古墳」があるが、それが彦狭嶋王の墓であるという伝承がある。その古墳の真偽は別としても、「東山道」「春日の穴咋邑」ということからして、春日郷が古東山道の道筋に近いことの証明となろう。

以上みてきたように、春日郷の位置は佐久平から古東山道の雨境峠越え、つまり「役ノ行者越え」の道筋に近いのである。また、大河原峠を越えて諏訪の山浦地方（茅野市周辺）、さらには甲斐国や東海地方を結ぶ交通の要衝であったことが分かる。

《春日館》

『長野県町村誌』の春日村の項に「居館は今金城山康国寺の境内なり。方二町、三方壘二重あり。濠を廻らして、堀端小路の名あり」とある。芦田氏の本拠となった城は天文十八年（一五四九）からは春日城であるが、常日頃は山上の山城ではなくて、その麓の居館である「春日館」が日常生活や政庁の場所となっていた。春日館の跡とされる康國寺の周辺には、金井小路、前田、御新造、新小路、下小路、古屋口（小屋口）、馬場、竹ノ城、勝負田、城久保などの字名を残す。佐久市教育委員会によって平成二十二年に春日館跡の一部発掘調査が実施された。それによると、

ア　五m離れて平行に掘られた幅四m以上と幅三m前後の濠跡のほか、濠掘削以前の竪穴をもつ建物跡が発見されている。

イ　平行する濠は、『長野縣町村誌』に記される二重の濠の可能性が高い。

ウ　背後の山城（春日城）の前面に「コの字」形に濠を

図：「春日居館跡」
佐久市教育委員会発掘調査より

118

図：春日城と春日館

廻らせた一辺一〇〇〜一五〇ｍの方形館が想定できる。

エ　出土遺物の時代は、十六世紀後半から十七世紀初頭、織豊期であり、時期的には芦田下野守信守や依田信蕃、松平康國の活躍した時期と一致する。

オ　出土品は土器皿や瀬戸・美濃系陶器、内耳鍋、石臼

等一般の農村に多く見られる生活用具がほとんどであるが、長野県内二例目の出土である**景徳鎮系五彩椀**がある。

ただ、この付近は芦田依田氏以前、天文十八年（一五四九）までは滋野氏系春日氏が本拠としていたので、それとの関係も更なる調査による詳細の究明が待たれるところである。（前述のように、その春日氏に関係すると推定される五輪塔群が春日館跡の北西の山陰にある。なお、芦田氏の一族は、芦田郷や発祥の地小県郡依田庄にも当時いたわけである。

現在の佐久市旧望月町春日の康國寺のある所に本拠春日館があり、城はその西背後に聳える山塊全域に春日城があったのである。（先人の著わしたいくつかの書籍に、春日城はとるに足らない「小城」であるなどと述べられているが、実地を踏査した者には、武田氏の手が加わった「かなりな規模の山城」で、守るに堅固な城であることが分かる）。

119

《芦田氏、既存の春日氏の春日城に手を加え改修する》

春日城で現在秋葉社が建っている高所が、春日氏時代の主曲輪であろう。北端の麓からここまで、おびただしい曲輪群があるが、その構造は比較的単純である。その南へ続く尾根に、深い壮大な堀切を数条ほどこした高所があるが、そこが芦田氏が手を加え修築した曲輪で、後にはそこが主曲輪としての機能をもったと推定される。春日城は比較的古式で単純構造の北半分と、複雑に防護地形を備えた南半分とでは、築城の主体者の時代的差異が分かりやすい山城といえる。芦田氏が春日城を広大な山城に生まれ変わらせたことになる。

春日城の縄張りや特徴の詳細については、「㉞本拠佐久郡春日郷へ」の項で述べる。

《本貫地である春日城の留守居役の人物は？》

春日城主は、芦田下野守信守とその後継者の芦田右衛門佐信蕃との二代三十三年間ほど続くが、その間、信守も信蕃もほとんど春日城に腰を落ち着けることは叶わなかった。武田氏の信濃先方衆侍大将として、武田の戦略の一翼を担い、東奔西走していることがほとんどであったからである。武田氏の信濃制覇の戦い、上野国浄法寺での北条氏に対する守備と治政、武田氏の関東出兵や駿河国・遠江国への遠征の従軍、

征服した城での守備（蒲原城、二俣城、高天神城、田中城）等々、長期にわたって春日郷の不在が続いている。この間、留守を任されたのは、重臣（当然**依田姓**を名乗る親族であったと推定される）、軍事・民政・経済など多岐に及ぶ方面に力を発揮できる留守居家臣団の存在があったはずである。特に芦田氏の系図上にある**信守**の叔父や兄弟、**信蕃**の伯父・叔父が何らかの重要な役割を果たしていたと思われる。

領地を徐々に広げていった芦田氏は、歴史上では領地が接している伴野氏や望月氏との間で、領地をめぐる争論があったが、そのたびに親族でもある重臣が、訴訟の席を果たしている。また、芦田氏は武田の有力な家臣団の一員として、武田の甲府のつつじケ崎館の近くに屋敷（**芦田屋敷**）を与えられており、それを統べる重臣や家臣も甲府に駐在していたはずである。さらに、**芦田城**は重要な支城として、家臣を置いたはずである。出自の**依田ノ庄**やその周辺には、依田一族の依田氏・丸子氏・武石氏などが存在し、それぞれの地域を統治しながら、信濃先方衆**芦田百五十騎**の軍勢の中で、宗家芦田依田氏を支えていたのである。

⑫信玄の佐久掃討戦

武田信虎が信州へ入って、善光寺参詣を大永三年と七年（一五二三、一五二七）にしているが、甲斐国を完全に掌握するのは天文元年（一五三二）である。信州佐久へ侵入し、佐久攻略を本格的に開始したのは、天文九年（一五四〇）であったとされる。

《甲斐武田氏による佐久侵略～信虎・信玄》

『妙法寺記』には短いが次のように記述されている。

> 此年（天文九庚子）五月ヨリ武田殿信州へ取懸リ被食候、去ル程二弓矢二切勝被食候テ、一日二城ヲ三十六落シ被食候ト聞エ候、去共佐久ノ郡ト申候ヲ御手二入候、

〈現代語訳〉

（天文九年五月より武田氏は信州侵略を始めた。戦いのたびに勝利した。一日に**三十六城を落とした**ということである。そうして佐久郡を支配下にいれた）。

一日に三十六城とは少々大げさではあるが、そのくらいの破竹の勢いで佐久郡を侵略したということである。天文九年（一五四〇）、ちなみに信玄二十歳の時である。その後、**武田信虎**は八月に佐久郡**海ノ口に伝馬制**をしいている。翌天文十年五月、信虎は諏訪頼重・村上義清を誘い、**滋野一党**（滋野氏、海野氏、祢津氏）を小県郡に攻めている。（諏訪頼重が「主なき体」の芦田城へ立ち寄ったのは、この時の帰途である）。

同じく天文十年に、**父信虎を駿河へ追放し**家督を継いだ信玄は、天文十五年（一五四六）には**内山城**を攻略し、翌十六年（一五四七）には**志賀城**を落としている。

《信玄の佐久掃討作戦》

しかし、信玄（当時はまだ晴信）は、天文十七年（一五四八）には**上田原の戦い**で村上義清に敗れた。その直後から、村上義清は佐久侵入を開始し、放火などを繰り返した。いったん信玄に下っていた佐久の諸将は、信玄に反旗を翻し、**前山城**に共同で立て籠ったりした。信玄はこの年（一五四八）のうちに**塩尻峠の戦い**で小笠原長時を破り状勢を取り戻すと、まもなく佐久郡へ入り、佐久掃討作戦を展開した。前山城などを落としている。

天文十八年（一五四八）四月には春日城を落とし、信濃先方衆として力量を示しつつあった芦田下野守信守に春日郷を任せている。続いて五月七日、望月新六が武田氏に降り、布引城を出て二十九日に初めて出仕した。そして、八月末から本格的な佐久掃討作戦を開始した。その詳細は『高白斎記』に左記のように記述されている。

廿三日庚申午刻従高島御出馬、上原御陣所、廿六日申刻子桜井山御着城、細雨、廿八日乙丑辰刻御井立放火、九月大朔日丁卯鷺林二御陣スエラル、四日平原ノ宿城放火、七日平林出仕、八日節、九日富白斎坂木へ参ル、十四日庚辰一宮出羽守坂木へ参ル、鷺林ヨリ内山へ被納御馬、十七日終夜富白斎致談合、一書掛御目候、廿日丙戌内山ヲ御立、海野口迄御帰、廿一日御帰府、

これを時間の流れに沿って箇条書きにしてみると、

八月
① 十三日、高島城を出陣し、
② 〃　　上原城を陣所とする。
③ 二十六日、桜井山城に着陣
④ 二十八日、御井立に放火

図：天文17〜18年　村上義清に扇動された佐久郡を再び傘下に

九月
⑤　一日、鷺林に陣をとる
⑥　四日、平原城に放火
⑦　七日、平林氏が出仕する。（「平原氏」が正しい）
・九日、「富白斎坂木へ参る」
・十四日、「二宮出羽守坂木へ参る」
⑧　十四日、鷺林より内山へ帰陣する。
・十七日、「終夜富白斎致談合、一書掛御目候」
⑨　十九日、内山を出立、帰路を海野口まで
⑩　二十一日、帰府（甲府へ帰着）

信玄は佐久掃討作戦に先立つ七月末に、伊那の箕輪城の鍬(すき)立て（改修）に立ち会い、八月中旬まで諏訪高島城（後世の浮城といわれた高島城ではなく、茶臼山城といわれた古高島城）に滞在して、村上方への対応や佐久経略の策を練った後、八月十三日に高島城を出陣し、その日のうちに上原城に到着し、そこで十日あまり留まった。

そして、いよいよ佐久へ向けて軍を進め、二十六日になって佐久郡の桜井山城（勝間反ノ砦、稲荷山城）に入城した。ここは大軍が駐留できる宿城でもあった。佐久衆の参陣を確認し、北上して村上方の御井立(おいだて)を攻めて放火して攻略した。「御井立」とはどこのことを意味するのか不明であり、筆者

の知見の限りでは、どこの城塞か場所を特定した史家はいないが、これは現佐久市岩村田にあった大井氏の岩村田館（大井館）であったと比定できる。「立」とは「館（たち、たて）」のことであり、「大井館→おおいだて→おいだて→御井立」と称したものであろう。大井館は大井氏宗家の本拠であったが、宗家が滅亡した後、大井貞隆が宗家を名乗り、小県郡長窪城に拠っていたが、貞隆が武田に下ってからは、大井館は大井支族が入ったり、地侍が立て籠ったりしていた。この時点では村上義清の勢力に占拠されていた。大井館の城主は不安定で

写真：御井立（大井館）

あり、諸将の力を統合する一大勢力にはなっていなかったが、岩村田は立地条件からして佐久の中心ともいえる場所にある。信玄の佐久平定のためには、落としておかねばならない城であった。（信玄は後に、越後国から北高全祝禅師を招き、城下に龍雲寺を再興して、この地方における武田の最重要寺院としている）。

大井館を落とし、岩村田を傘下に収めたことは、大きな意味をもっている。

さらに、岩村田から進路を西にとり、現小諸市平原にある**平原城**攻略に向かった。まず、九月一日に**鷺林城**に陣をとった。ここは

写真：鷺林城の空堀（左側に本郭）

城跡付近は奈良～平安時代に集落が存在したといわれている。
昭和56年に「三の郭」の畑で筆者は鉄滓（てっさい、てつかす）を発見

平原城方面

N

湧玉川　田切地形

段差8m

段差10m

三段空堀

本　郭

3m差

二の郭

一の郭

三の郭

南　郭

外　堀

西　郭

（小海線）

西　方　不　詳

佐久市常田　通称「城」東西約400m、南北約200m

図：鷺林城（縄張り図）

現佐久市常田にある城跡で、広い曲輪群と空堀を備えた軍事基地といったイメージのある大軍が駐屯可能な城郭である。どちらかというと、近世の野戦時の砦といった構えをしている。北側に田切地形の垂直の崖をもつ縄張りで、北東に平原城方面を望むことができる。ここを足溜まりとして出撃し、四日に平原城に放火した。平原城は田切地形を巧みに取り入れ、空堀を縦横に張り巡らせた広大な曲輪を擁する、この地方きっての巨大で複雑な縄張りをもった城である。城主は本姓が**依田の平原全真**であった（平原依田氏）。いつの頃からか上野国に進出して、後閑城主や後に板鼻城主であった史実も残っているが、永正〜大永年間（一五〇四〜二八）の頃、全真が本拠を佐久郡平原に移していた。芦田氏と先祖を同じくする依田氏である。この時の戦火で平原全真が開基した正眼院（しょうごいん、しょうげんいん）も焼失したと伝えられている。平原氏は依田支族でもあったが、この時は村上義清の傘下にあったため信玄がどうしても落とさねばならぬ城であった。

平原城を攻略した信玄は、基地としていた鷺林城から十四日には、佐久の宿城である**内山城**へ入った。ここで佐久の情勢の落ち着いたのを確認し、十九日に内山城を出発し、帰路は海野口経由で九月二十一日に甲府へ帰着した。

図：平原城縄張図（「日本城郭大系（長野・山梨編）」より）

用水路
用水路
正眼院
有利小屋城
▲760
国道18号
0　　　　　　200m

直接の相手は**御井立**（大井館）と**平原城**であったが、この佐久掃討作戦に前後して、村上方の佐久の諸将のほとんどが武田信玄の傘下になった。一方で、信玄は佐久掃討の間にも、**村上義清に対する手立ても並行して行なっていた。**「富白斎坂木へ参る」（九日）「一宮出羽守坂木へ参る」（十四日）「終

夜富白斎致談合、一書掛御目候」（十七日）とあるが、それを物語っている。ここで「坂木」とは「坂城」、つまり坂城の葛尾城に拠る村上義清またはその城下を意味している。まず、富白斎が、そして五日後に一宮出羽守が坂城へ出向いているのである。義清と何らかの交渉がその任務なのか、何ら

写真：まず桜井山城（勝間反砦）に着陣し、佐久掃討作戦へ

かの情報を得るためなのか、敵情視察のためなのか、詳細は不明なれど、当面の敵である佐久衆の背後にいて影響を及ぼしている村上義清の存在を大きく意識している武田信玄の深謀遠慮のほどが垣間見られる。

この天文十八年（一五四九）

は、信玄にとっては佐久制覇の上で大きな意味をもつ年であった。佐久の土豪で勢力のあった伴野氏・大井氏・望月氏・平原依田氏がみな臣従してきた年であったからである。（以前から芦田依田氏と相木依田氏は信玄の臣下となっていた。そこへ新たに佐久の諸将が傘下に入ったのである）。なお、

写真：佐久掃討作戦後、内山城へ帰陣

信玄によるこの年の佐久掃討作戦には、文献には定されていたと推定される。芦田氏や相木氏に代表される佐久の地元勢力の存在をぬきにしては、この作戦の遂行は、さらに困難が予想された。

先方衆として芦田下野守信守も相木市兵衛も参陣していたと推定される。芦田氏や相木氏に代表される佐久の地元勢力の存在をぬきにしては、この作戦の遂行は、さらに困難が予想された。

126

⑬戸石城の戦い（戸石崩れ）

天文十九年（一五五〇）七月、武田信玄は筑摩郡の小笠原長時を攻めた。長時は平瀬城に逃れ、さらに村上義清を頼って逃亡した。長時の本拠の林城は自落した。

そして十月、いよいよ信玄は村上義清の**戸石城**を攻めた。

戸石城は現上田市上野伊勢山にある山城で、村上氏の小県方面への拠点であった。その経過を『高白斎記』の記述に沿って、まとめてみると、

《戸石城の戦いの概要》

①**八月**十九日、信玄、甲府を出陣。深夜に小県郡**長窪城**に着陣。

②〃二十四日、**戸石城**の見積り（偵察）の軍勢を派遣

③〃二十五日、戸石城の見積り（偵察）の軍勢を派遣

④〃二十七日、長窪城を出発し、海野口向ノ原へ着陣

⑤〃二十八日、戸石城の近く「**屋降**」に本陣を張る。

⑥〃二十九日、信玄は自ら城際まで物見に出て「矢入れ始める」（戦闘を開始）

⑦**九月**一日、村上義清の属将であった清野氏が信玄に出

⑧〃三日、戸石城の城際へ陣を寄せる。

⑨〃九日、戸石城へ攻めかかったが、霧が深く戦果なし。

⑩〃十九日、（高井郡の）須田新左衛門が信玄への忠誠を誓ってきた。

仕

⑪〃二十三日、清野氏から、「高梨・坂木和談」（高梨政頼と村上義清が和睦）したこと、さらに、武田方の寺尾城が二十二日に攻撃されたという情報の注進（連絡）が入る。

信玄は真田

砥石城（戸石城）

砥石城 ↓　本城 ↓　桝形城 ↓

2019/04/16

写真：戸石城

幸隆を救援にさしむけた。

⑫ 〃 二十八日、（寺尾を攻めていた）雨宮氏と坂城城衆が退却したという連絡があり、真田幸隆は深夜の帰陣する。

⑬ 〃 三十一日、「可被納御馬之御談合」――軍議を開き**戸石城攻撃から撤退することにした**。（攻略は無理と判断）

⑭ 十月一日、卯刻（午前六時）から退却を開始した。「御跡衆終日戦フ」――村上軍が追ってきたため殿軍は終日戦う。（横田備中高松を始め戦死者千余人、負傷者二千人ともいわれている）。「酉刻敵敗北」とあるが、ようやく酉刻（午後六時頃）に至って敵から逃れることができたのである。その夜は望月の古地（望月城）を陣所とした。

⑮ 〃 二日、峠（大門峠）を越えて諏訪へ入り、「湯川」に陣をとった。（茅野市北山湯川にある、枡形城であろう。信玄が大門峠越えで東北信へ遠征する時、軍勢の足溜まりとして築く）。

⑯ 〃 三日、上原城へ入り、戦いの総括をし、感状を発行する。

⑰ 〃 六日、上原城を出発

⑱ 〃 七日、「府中へ被納御馬」――甲府へ帰陣した。

以上が、「戸石崩れ」ともいわれる戸石城の戦いの概要である。戸石城内で戦っているはずの**村上義清**が、いつの間にか城を出て、武田軍背後から攻め立て、城内と城外の兵に腹背から攻撃され、**武田軍は総崩れ**になり、撤退したとも伝えられている。撤退する時は背後から攻められるので、この時、死傷者が増えたとも考えられる。

この合戦について『妙法寺記』はごく短く言及し、最後に「遠クハ国中皆被捨候、歎キ言語道断無限、サレトモ信州ノ取合不止」と記している。この敗戦による甲州への打撃の大きかったことを物語っている。信玄にとっては、**村上義清**に、上田原の戦い、戸石城の戦いと**二度までも敗戦**したことになる。

《戸石城の戦いと芦田下野守信守》

武田氏の戸石城の戦いに関して、『甲陽軍鑑』と『武田三代軍記』にも記述がある。これらは、戦いの同時代資料である『高白斎記』や『妙法寺記』とは異なって、戦いの年月日や数字や筋などに齟齬がみられるが、その記述の中から、起こったことを垣間見ることはできる。（『甲陽軍鑑』と『武田三代軍記』に誤りが多いからといって、その内容を全面的に

否定するという立場はとりたくない）。

この二つには、いずれも**芦田下野守信守**が戸石城の戦いに参加していたことを記述しているので、左記に紹介する。『甲陽軍鑑』品廿五、信州戸石合戦之事には、

天文十五年□月□日、小県のうち**戸石の城**へとりつめ攻なさる時は、晴信公御一代になき殿給ふ儀なり。…（中略）…就中、**戸石要害**せむる衆は、栗原左衛門に各五十騎、三十騎の衆二三人、又は十騎廿騎の小頭衆、さてはあひ木・あしたをはじめ、**信州先方衆**也。敵後詰め申べき為の押に、甘利備前、旗本よりの警護は、足軽大将横田備中、子息彦十郎、御旗本の前は小山田備中守、うしろは諸角豊後なり。…（後略）

『武田三代軍記』には、

去る程に、天文十五年三月上旬、甲陽の太守晴信、信州小縣郡**戸石の城**をせめらるべしとて、出陣の用意あり。…（中略）…かくて敵地に至り、寒川の妻手（右岸）に陣し、三月十四日、栗原左衛門尉詮冬に、手勢五十騎・三十騎持ちたる者、或は十騎・二十騎の足軽大将を相加

へ、**蘆田下野守・相木市兵衛**・川上入道・依路・福澤・平澤等を始めとして、何れも、**信州先方の者共**を以て、**戸石の城**を攻めさせらる。…（後略）

これらは、戸石城の戦いの時の**信濃先方衆**の中に、**芦田依田**氏や**相木依田**氏が参戦していたことを意味している。また、『武田三代軍記』の「戸石合戦」の絵図にも、攻城軍の中に**芦田下野守**の名が記されている。

《戸石城の戦いのその後》

戸石城の戦いで勝利を得た村上義清は、再び佐久郡・安曇郡へ侵入を繰り返している。佐久郡においては十月八日には**小諸へ侵攻**し、九日から十一日にかけて**岩村田に放火**し、さらに南へ侵入して、十三日には**野沢城下、桜井山城下に放火**している。安曇郡においては、小笠原長時を助けて平瀬城や塔ノ原城へ進出し、深志城奪還を図った。しかし、ともに武田信玄の出馬を知ると、兵を引き揚げている。目を北信濃に向けると、村上義清は、真田幸隆に調略されて戸石城の合戦に際して武田方へ寝返っていた**寺尾一族**（長野市松城町）を攻め、女・子どもに至るまで十一月に惨殺している。

ところが、翌天文二十年（一五五一）五月、**真田幸隆**が、

129

図：『武田三代軍記』の戸石合戦の絵図

写真：戸石城（頂上）

武田全軍でも果たせなかった戸石城攻略を単独で果たしてしまった。戸石城内の兵に手を回して内応させた結果である。真田の面目躍如といったところである。戸石城陥落後の村上氏の東信地方支配への勢いは急速に衰えることになった。

130

⑭信州二大勢力（村上氏・小笠原氏）の追討

武田信玄の信濃制覇に立ちはだかった二大勢力は、**村上義清と小笠原長時**である。最大に勢力を及ぼしていた範囲は、村上義清は北信・東信地方であり、小笠原長時は中信地方に勢力を張っていた。さらに、南信地方には小笠原の一族が下伊那にいた。ちなみに、天文十七年（一五四八）以降をみると、まず、信玄による村上義清との相克の過程を左記に概観する。

《信玄と村上義清の相克》一五四八〜五三

① 天文十七年二月　**上田原の戦い**、信玄の敗戦

② 〃　　四月　前山城を落とす。佐久の十三城、武田軍に下る。

③ 天文十八年八月　信玄が村上方の潜入する御井立を放火する。

④ 〃　　九月　平原城に放火し攻略する。佐久の有力土豪が降伏し、武田の支配下に加わる。

⑤ 天文十九年九月　**戸石城の戦い**（戸石崩れ）、信玄の敗戦

⑥ 〃　　十月　村上勢が岩村田へ侵入し放火する。

⑦ 〃　　十一月　村上義清、小諸城へ立ち寄る。

⑧ 〃　　十一月　村上軍、野沢城・桜井山城を襲い放火する。

⑨ 天文二十年五月　信玄の先方衆真田幸隆が策略をもって戸石城を落とす。

⑩ 〃　　七月　佐久の岩尾弾正が信玄に出仕。

⑪ 〃　　八月　村上勢に備え岩尾城と岩村田城の「鍬立（改修）」をする。

⑫ 〃　　九月　村上勢に備え、佐久の宿城内山城主を大井貞清から小山田備中守（上原伊賀守改名）に変更する。

⑬ 天文二十二年四月　村上義清、本城の葛尾城から逃亡する。村上勢、葛尾城を自落。

⑭ 〃　　四月　村上勢、葛尾城を奪還。信玄は苅屋原城まで兵を引き、いったん甲府へ戻る。

⑮ 〃　　八月　信玄、甲府から佐久郡を経て小県郡へ入り、和田城・高鳥屋城を攻略。

⑯ 〃　　八月　村上義清が転じて本拠としていた小県郡の**塩田城**を落とす。義清は越後へ逃れる。

⑰ 〃　　八月　武田方は、一日に十六の城を落としたという。

天文二十二年八月、義清は信濃を放棄し、越後春日山城の

図：村上氏との相克──東信地方

長尾景虎（後の**上杉謙信**）を頼って落ちる。

右にはないが、天文十七年の上田原の戦い以後は、佐久の諸城をめぐる信玄の戦いは、いったん義清方になった城または、乗じて反旗を翻した城を攻めて、再び武田臣下に戻すための戦いの場合が多い。

《**信玄と小笠原長時の相克**》一五四八～五二

小笠原長時との相克の過程は、

① 天文十七年七月　塩尻峠の戦いで小笠原長時軍を破る。以後、上田原の戦いで落ちた武田の志気は再び高まる。

② 　〃　　十月　信玄、村井城を占拠し、林城攻略の前進基地とする。

③ 天文十九年七月　信玄、林城の出城犬甘城を占拠。林城・深志城・岡田城・桐原城・山家城の城兵が逃亡。

④ 　〃　　七月　長時、平瀬城に逃れる。

⑤ 　〃　　七月　長時の本拠の**林城落城**。

⑥ 　〃　　十月　村上義清と小笠原長時が平瀬城に入るが、まもなく義清は城を出る。

⑦ 天文二十年十月　信玄、平瀬城を攻略。

⑧ 　〃　　十月　信玄、小岩嶽城を攻める。

⑨ 天文二十一年八月　小岩嶽城を攻略。

⑩ 　〃　　十二月　小笠原長時は、信玄に追われて、越後春日山城の長尾景虎（後の**上杉謙信**）を頼って落ちる。

⑪ 天文二十二年四月　信玄、苅屋原城を落とす。（城主太田弥助資忠を荻原弥右衛門が討ち取る↑参照志賀城の項）。

⑫ 　〃　　四月　塔ノ原城を落とす。

⑬ 　〃　　四月　会田虚空蔵山城を落とす。

⑭ 天文二十三年七月　信玄、下伊那へ出兵。

⑮ 　〃　　八月　小笠原氏の一族の鈴岡城を落とす。

小岩嶽城の落城により、小笠原長時は長尾景虎を頼って越後へ逃亡した。筑摩郡の苅屋原城・塔ノ原城・会田虚空蔵山城も落ちて、小笠原長時が支配していた安曇・筑摩両郡も、ほとんど武田氏の支配下に入ることとなった。

信玄は佐久や諏訪を経て小県方面から埴科郡の村上義清の葛尾城を目指すとともに、時を移さず、安曇郡・筑摩郡方面に小笠原長時を攻めていたことが分かる。

芦田下野守信守も武田勢の中で、戦闘に参加していたと考えられる。『**武田三代軍記**』には、戸石城の戦いに芦田下野守信守が参陣していた記述がある。他の多くの戦いでも、信玄の信濃先方衆であった芦田下野守は参戦していたことであろう。

図：小笠原氏との相克——中信・南信地方

《武田信玄と上杉謙信の直接対決への動き》

このように武田信玄は信濃国の大半を勢力下に収め、いよいよ残りは、善光寺平を窺う北信（北信濃）へと侵略の触手を伸ばしていった。

さらに、小笠原長時や村上義清が逃亡した先は、越後国長尾景虎（後の上杉謙信）のもとであった。この二大巨頭の国外逃亡により、それ以外の北信の高梨氏・島津氏・須田氏などの豪族達も動揺し、長尾景虎を頼って越後へ落ちていった。そこには、天文二十一年に上野国平井城から逃亡した関東管領上杉憲政もいたのである。長尾景虎は北信の旧勢力が相次いで救援を求めてきたこともあり、信濃国への出陣を決意した。武田に善光寺平を制圧されると、越後の国の防衛にも関わるからである。かくて、武田信玄と上杉謙信の因縁の「川中島の戦い」へと歴史は展開していくのである。

写真：葛尾城

善光寺平、川中島へ

図：善光寺平、川中島へ

⑮川中島の戦い

信濃国「川中島」は千曲川と犀川とが合流するとともに、多くの交通路が交わる交通の要衝でもあった。善光寺平の穀倉地帯であり、古くから多くの人々の精神的支柱でもある善光寺をひかえていた。武田信玄にとっては、信濃国を制覇するには、どうしても支配を及ばせたい地域であった。また、上杉謙信にとっては、善光寺平を押さえられると、武田信玄に北国街道を経由して、信越国境を越えて、一気に春日山城まで侵略される可能性があった。

武田・上杉の川中島での戦闘を述べた書物として有名なのは、武田氏の『甲陽軍鑑』とおびただしい歴史書で解説されているので、詳細は先学のそ

写真：武田信玄　　写真：上杉謙信

上杉氏の『川中島五箇度合戦之次第』があるが、それぞれ思い入れがあり、必ずしも史実と認められない内容も含まれている。しかし、細部はさておき、何度も合戦を繰り返した事実があることは、それらの詳細からエキスを抽出すれば、その概要は捉えられる。天文二十二年（一五五三）から永録七年（一五六四）までの五回の合戦については、定説となっている。

第一回川中島の戦い‥天文二十二年八月（一五五三年）
‥‥更級郡布施（川中島の一部）で戦う。

第二回川中島の戦い‥弘治元年　七月（一五五五年）
‥‥謙信は善光寺は大塚に二百余日の長対陣

第三回川中島の戦い‥弘治三年　八月（一五五七年）
‥‥葛山城・旭山城を巡る攻防戦、上野原で合戦

第四回川中島の戦い‥永録四年　九月　（一五六一年）
‥‥妻女山に謙信、妻女山攻撃隊、激戦八幡原

第五回川中島の戦い‥永録七年　八月（一五六四年）
‥‥塩崎で対陣六〇日、本格的には戦わず小競合い

世にいう「川中島の合戦」とは、狭義には永録四年九月（一五六一）の合戦のことである。この時の合戦は有名であり、詳細は先学のそ

れに委ねるとして、本書では、芦田下野守信守が参戦していたことの裏づけとなる記述を、『武田三代軍記』から紹介する。

《川中島の合戦──開戦前、対陣》

（謙信）既に永禄四年辛酉八月中旬、春日山を雷発し給ふ。…（中略）…信州に打つて出て、西條山に陣城を構え、足下に海津の城をも、攻潰さん為體に見えければ、同月十六に、高坂弾正忠昌信、飛檄を馳せて、此旨甲府に言上す。信玄拠こそと仰あり。即時に蠲れさせられて、同じき十八日、其勢二萬人を從へられ、浦野を押通り、廿四日に猿馬場の北に當あたるつたる茶磨山に打上がり給ひ、筑摩川の流、雨の宮の渡りを足下に見下し、越後の道を取切つて、五日對陣し給ひける。…（中略）…同じき廿九日、海津の北廣瀬の渡を打越えされ、海津の城に軍勢を入れ給ふ。九月朔日より九日迄、互に睨み合ひてぞ居たりける。…（中略）…謙信に重き手を討たれざる先に、此方より戦を始め、西條山の陣城をまくり落せとて、山本入道道鬼を召され、馬場民部少輔に軍議して、備を定むべし、明日急に西條山に懸つて、勝負を決し、然るべしと仰せければ、道鬼畏つて、景政と軍議を相定め、御前に出て、委しく其次第を申上げける。…（中略）…所謂「きつつきの戦法」…信玄、此旨を聞召し、道鬼の申す所、理の至極なり。然らば手合を定めよとて、飯富兵部少輔虎昌・馬場民部少輔景政・高坂弾正忠昌信・甘利左衛門尉晴吉・小山田備中守昌辰・眞田弾正入道一徳齋・葦田下野守・相木市兵衛尉、此十頭を以て、西條山の一番合戦と定めて、明朝卯の刻に、其勢一萬二千人、今夜子の刻に打立つて、合戦を始むべしとぞ定められける。

〈解説〉

永禄四年（一五六一）の第四次川中島の戦いである。上杉謙信は海津城（妻女山）に陣城を構え、信玄は茶摩山（茶臼山）に陣取り、五日間対陣した。その後、信玄は廣瀬の渡りを越えて、海津城へ軍勢を入れた。ここで軍議をし、山本勘助の「きつつきの戦法」を取り入れることにした。

西條山の一番合戦に向かうべく十頭（じゅうがしら）の中に、葦田（蘆田）下野守信守の名がある。──飯富兵部・馬場民部・高坂弾正・甘利左衛門・小山田信茂・小幡信定・小山田備中・真田幸隆・芦田下野守・相木市兵衛──所謂「きつつきの戦法」かは

さておき、この**十頭による別働隊**が、まず西條山（妻女山）に陣取る上杉勢に戦いを仕掛け、信玄の本隊が謙信を待ち受けて戦う作戦があったことは、この川中島の戦いの戦況の推移からして、想像に難くはない。前半の戦いで、上杉軍が優勢であったのは、間違いなく、軍勢の数で優っていたからであり、後半の戦いで武田軍が一気に優勢になるのは、十頭の別働隊の参戦によるものである。

《川中島の合戦──開戦後、戦闘》

斯くて、上杉入道謙信は、其夜八代の渡りを打越えて、川中島に至り、寅の刻に及んで、軍勢の手分けあある。…（中略）…既に卯の上刻に及んで、霧晴れ四方青々となる所に、遙かに南の方を見遣りたれば、上杉謙信、一萬三千餘人を従え、雨宮の渡りうち越えたりと覺えて、姥捨て山の東川中島の廣原に、大根の打懸の纏居を、真先に押立てさせ、忽然として控えたり。武田の軍勢、大いに仰天し、備に疑の色を顕はすと雖も、信玄、些とも驚き給はず。…（中略）（劣勢の武田勢、一騎駆けの武者、西條山別働隊の参戦で戦況一変）…関を作って切立つれば、直江が備立足もなく崩れて、犀川の方へ引退く、甘利左衛門尉・小山田襧三郎・同備中守・小幡尾張守・眞田一徳齋・**葦田下野守**・相木市兵衛、各大波を立て、突く懸くれば、始めに崩れし九備、前後の敵に途を失ひ散々に乱れ、大将に気を蘇して、一度に大返しに返し、急の太鼓を打って突く懸くれば、一度に竟に總敗軍になりけり。謙信、今は是迄なりと、…（中略）…主従三騎、犀川に打入って、越後を指して落ち給ふ。

〈解説〉

霧が明ければ、武田軍本隊八千に対して、上杉軍一万三千がすでに陣容を整えていた。数からして、前半は圧倒的に上杉軍が優勢である。後半になって西條山（妻女山）の攻撃に回っていた別働隊一万二千の参加によって、形勢が逆転するのである。単純に計算しても、武田軍二万に対して上杉軍一万三千となり、数の上でも、後半は圧倒的に武田軍が優勢になることは必定である。戦況からして、武田軍別働隊が編成されていて、前半は合戦に参加できていなかったことは、明らかである。山本勘助の「きつつきの戦法」は、背後の山岳部迂回路からの大軍の進軍は不可能であることから、今日では、それはなかったというのが定説となっている感がある。しかし、現実問題として、開戦時に川中島の合戦場に信玄と

図：第四回川中島の戦い

ともにいたのは、たった八千の軍勢であったことを考えると、**芦田下野守信守**も属していた一万二千の軍勢はどこにいたのか。いずれにしても、この軍勢は講談にいわれるようなルートではないが、なんらかの経路で妻女山に向かっていて、合戦に遅れて参着したのである。おそらく、妻女山に謙信の軍勢がいないことを知り、その後、千曲川を渡って合戦場へ向かおうとしたが、それを予想していた上杉勢に阻まれて、駆けつけるのに時間がかかったというのが真実に近いであろう。「妻女山の背後の山岳部迂回路から妻女山の急襲に向かった」ということを、「別働隊として妻女山の攻撃に向かった」ということになれば、実態とそうは遠くないであろう。『武田三代記』の戦場の図には、西條山（妻女山）に向かった**別働隊十頭**の中に**蘆田下野守**の名が描かれている。

《信玄も謙信も、川中島の合戦の合間にも、侵略を繰り返していた》

前後五回、十二年に及ぶ川中島の戦いであるが、その間にも、信玄と謙信は、隙さえあれば互いに水内郡・高井郡・善光寺平へと侵入した。その合間にもそれぞれ軍勢を他地域へ送ったり、自ら出撃したりして、他国を侵略し続けている。

信玄は木曽谷・下伊那・碓氷峠を越えて西上野へ侵入・飛騨へ侵入、さらに越後へ侵入する構えさえ示した。謙信は、北信濃への侵入、中信地方へ侵入、恒常的な関東出兵を繰り返しながら、越中へも侵入し領国化を図った。

しかし、五度にわたる川中島の合戦は、時間の浪費と双方に大きな被害を出し、とりわけ謙信にとっては、戦いの後は常に川中島一帯を実質的には信玄に押さえられ、わずかに信越国境付近のみを維持するにすぎない状況に追い込まれた。

戦術的には謙信(越後の龍)が勝った場面もあったが、戦略的には信玄(甲斐の虎)が勢力を伸ばす結果となったのが川中島の戦いの十二年間であった。文字通り「竜虎の戦い」を繰り広げたわけであるが、しかし、大局的にみると、信玄にとっても謙信にとっても、北信濃の川中島をめぐる十年間以上の抗争は、時間とエネルギーをかけただけの印象がある。

信玄も謙信も、それぞれの領国・支配地である小世界にあっ

写真：西条山（妻女山）
西側から見る。足元を高速道路と鉄道が走る。別働隊は山の向こう側から攻撃する。

ては、人々の意識では「天下人」であったといえるが、その間に近隣の国では、やがて、押しも押されぬ天下人となる織田信長や徳川家康が着々と勢力を伸ばしてきていたのである。

⑯信玄の西上野侵攻

《武田信玄の西上野侵攻》

北信濃侵攻を目指して、上杉謙信との五度にわたる川中島の戦いを繰り返してきた信玄であったが、その間も関東への侵攻を重ねてきた謙信と同じく、関東侵攻（西上野）にも転じた。版図拡張への意図も当然あったと思われるが、信玄は北条氏康と同盟を結んでいたこともあり、上杉謙信の関東進出を、信玄・氏康の連合で阻止しようと考えたこともあろう。もう一つには、関東管領の名跡を継いだ謙信が、関東経略の拠点として上野国を重要視し始めたことにもよる。また、上野は信玄の支配下になった信濃の隣国であることも関係していると思われる。

信玄が西上野に最初に侵入したのは、弘治三年（一五五七）四月に長野業政を箕輪城に攻めた時であるといわれている。長野業政は関東管領であった上杉憲政の重臣で、箕輪城を本拠に西上野の有力な在地領主であった。何度か箕輪城を攻めたが、そのつど撃退されていた。信玄が本格的に西上野侵攻に踏み切ったのは永禄四年（一五六一）からであった。

《信玄、西上野侵攻にあたり、願文を佐久の二つの神社に奉納》

この年の十一月二日、信玄は佐久郡松原神社に願文を納めている。その中で「上野出兵の戦勝」を祈願している。読み下し文にすると、

　　　　　　　敬い白す願状

今度卜問最吉に任せ、吾が軍を上州に引卒するの日、松原上下大明神宝前に詣ず。その意趣は、殆んど西牧・高田・諏訪（三つとも上野）の三城二十有日を経ずして、或は幕下に降り、或は撃砕散亡せば、ひとえに当社の加護あるべし、ここに

一　三十三人の□蒭衆を集め〔来る三月これを興行すべし〕松原宝殿に於て三十三部法華妙典を読誦すべきの事

一　太刀一腰〔只今これを納め奉る〕神馬三疋社納し奉るべきの事〔この内一疋は壬戌（五年）二月五日社納し奉るところなり。相残る二疋は諏訪落居の日、これを奉るべきものなり〕

右の願満昇平の日、合当つべきは必せり。

　　　　　永禄四年辛酉十一月二日

図：信玄の西上野侵攻　永禄4〜9年（1561〜66）

信濃

上野（こうづけ）

岩櫃城（いわびつ）

箕輪城
松井田城
碓氷峠
惣社城
倉賀野城
金山城
安中城
高田城
新海神社
西牧城
国峰城
余地峠
自成寺
松原神社
松山城
（北条氏との甲相同盟により攻める）

写真：自成寺の陣鐘

信玄は、直接的には西牧（さいもく）・高田・諏訪（いずれも上野（こうづけ））の三城の攻略を祈願しているのである。永禄四年に上野に侵入し、高田城を落とし、倉賀野城を攻めている。

信玄の西上野侵攻にあたって、意外と知られていないのが「余地峠」（よじとうげ）越えの侵入路である。信玄は西上州入りに碓氷峠よりも余地峠を経路としていたという史家もいる。上州へ入ると熊倉〜砥沢〜南牧（なんもく）〜下仁田へと続いている。現在は県道一〇八号線が余地峠方面へ延びているが、峠の直前で車道は消滅し、群馬県側へ入ってから再び車道があるので、余地峠越えは途中から徒歩で行くしかない。現在の南佐久郡佐久穂町余地集落に古刹自成寺（じじょうじ）がある。寺宝の一つに「信玄の陣鐘」がある。明応八年作で、口径二二cm、本体の高さ二八cmほどである。余地峠越えの経路にある自成寺に信玄が残していったものであ

142

写真：箕輪城──大堀切と土橋　上州　箕輪城

る。「陣鐘」（じんしょう）とは、戦いの際に打ち鳴らし、その音で、作戦の遂行や軍勢の進退の合図をした鐘である。信玄は、前述のように永禄四年に上野に侵入し、高田城を落とし、倉賀野城を攻めている。翌永禄五年（一五六二）九月にも箕輪城・惣社城・倉賀野城を攻め、放火し、苅田を行っている。同年十一月には、同盟を組んでいる北条氏康とともに武蔵松山城を攻めている。そして永禄六年（一五六三）には、松山城を落とした。（北条氏の松山城攻めに加勢したのは西上野は信玄の切り取り次第という盟約があったからである）。さらに、倉賀野城などを攻めた後、吾妻郡の岩櫃城を落とし、真田幸隆を在城させた。以後、岩櫃城は西上野攻略の拠点となった。

永禄八年（一五六五）二月、信玄は西上野の最重要拠点の箕輪城攻略をめざし、諏訪明神上社と佐久新海明神に、「箕輪城を十日以内に陥落させる」という願文を捧げた。新海神社への願文は、全文が漢字で書かれているが、ここでは読み下し文にすると、

　　　　願書

今茲（こし）永禄八乙丑春皇二月七日、涓（えら）びて吉日良刻となし、天道運数に任せて吾軍を上州箕輪に引率するの日、先ず願状を**新海大明神**祠前に献ず。その意趣、殆んど**箕輪の城十日を過ぎず撃砕散亡せん**ことは必なり。それ当社は普賢菩薩の垂跡なり。人の願□に乗り苦を救い難を救う。しかのみならず、細軟の衣を鎧となし、□珞冠を甲となし、如意鉄を干戈となし、大白象を駿馬となし、百億の化身□って吾が方に満たば、迂誕なかるべし。ここに太刀一腰【銘あり】孔方五□進納せしむるところなり。神感なお余りありて、惣社・白井・嶽山・食高等の五邑、□蒭衆を請じ、神前に於いて□すく予が掌握に帰さば、

143

三百部の法華経王を読誦し、以って神徳に報謝すべし。

急々如律令

時に永禄八年乙丑二月吉辰　　信玄敬白す（花押）

この直後に武田勢に対抗したのは由良氏であった。武田軍は由良一族を破り金山城を攻めたが、なかなか落ちなかった。いったん信州平原城へ引き揚げ、五月に再び信州から上野国へ侵入し、倉賀野城を奇襲して落とした。永禄九年六月のことであった。九月には再び出陣して、途中、松井田城、安中城を落とした。

《箕輪城の戦い》

箕輪城攻めの障壁であった支城群を次々と陥落させて、箕輪城の孤立化を図っていたのである。そして、上州侵攻の最大の攻略目標としていた箕輪城を目指した。箕輪城主の長野業政はすでに死去し、嫡男の業盛が若いながらも、武田軍に対して万全の備えをしていた。九月十日頃から箕輪城を包囲して数回にわたり城攻めを敢行したが、守りは固かった。逆に城内から討って出て奇襲をかけるなどの戦法に出て、攻城軍を狼狽させた。しかし、多勢に無勢、武田軍の総攻撃により、攻め崩れ、城主長野業盛は城と運命をともにした。永禄九年

（一五六六）九月二十九日であった。（箕輪城の落城は永禄六年二月二十二日説もある）。信玄は念願であった上野の箕輪城を落とし、重臣内藤修理亮昌豊を箕輪城代とし後を任せ、西上野七郡の郡代とした。信玄は、信州の大井民部丞・大井左馬允・依田新九朗・小林与一助などには、寄騎として上州に領地を宛行っている。また、箕輪衆の少なからぬ武将を内藤昌豊の組下として加えている。西上野を支配下に入れた武田信玄は、いよいよその矛先を駿河へと向けることになる。

《箕輪城攻城戦に芦田下野守信守も参陣していた》

江戸時代に幕府が編纂した大名や徳川家の御家人の家譜『寛永諸家系圖伝』には、芦田信蕃の弟信幸の嫡子依田肥前守信守の系統の家系が掲載されている。（編纂時点で、幕府は芦田依田氏の宗家が越前福井藩の家老になっていることを知らず、旗本である肥前守信守の家系が宗家だと思っていた）。依田肥前守信守の項には、次のような記述がある。

永禄五年、上野箕輪の城におゐて北条の兵と戦いを決し、大手をうちやぶり、よろひ武者をうちとり、疵をかうふる。其軍功により、信玄より黒地のおりかけを許さる。

つまり、軍功として「黒地折掛け」（旗指物の旗の乳付＝棹を通す部分）の上部の金具使用が認められたのである。ところで、『寛永諸家系圖伝』の（芦田）依田氏の記述の内容には誤りが多い。右の内容は「芦田下野守信守の次男（依田伊賀守信幸）の嫡男依田肥前守信守（同名：信守）の事跡の中で述べられている。しかし、永禄九年（一五六六）の時点での依田肥前守信守は、誕生していないか乳幼児である。これは「信守」違いで、芦田下野守信守のことである。つまり、祖父である芦田下野守信守の事跡が、孫の依田肥前守信守の事跡として書かれている。しかし、この内容から明白なことは、芦田（依田）下野守信守が、上野国箕輪城に参戦していて、戦功を挙げたということを意味するのである。

また、『岩尾家譜』の永禄六年（一五六三）二月の項には、信玄が上野国に至り、国峰城（小幡圖書助居城）・松井田城（安中越前守居城）・箕輪城（長野信濃守助居城）などの数城を抜いた時、芦田下野守信守が、遊軍の隊長として参陣しており、その下に大井行吉が従軍していた、と述べられている。ちなみに、大井行吉とは佐久郡岩尾城主であった。後年、天正十一年（一五八三）二月の岩尾城の戦いで、芦田信蕃が鉄砲の狙撃で落命したが、その時の城主が、ほかならぬ大井行吉であったことは、運命のいたずらであろうか。

図：下野守以降の芦田（依田）氏の系図

芦田下野守信守
　芦田信蕃
　　松平修理大夫康國
　　松平右衛門大夫康眞 ── 吉賢……（越前福井藩芦田氏）……現在に至る
　　依田肥前守信守 → 信政……（徳川旗本の依田氏）……現在に至る
　依田信幸
　依田源太郎信政……（弟が養子）
　依田信春

⑰上州浄法寺と武州御嶽城

芦田下野守信守の孫にあたる芦田康眞（松平右衛門大夫康眞、加藤四郎兵衛宗月）が、江戸時代の寛永二十年（一六四三）に、**尾張藩主徳川義直**の求めに応じて、芦田依田氏の由来を示す書き付けを提出したものが、『芦田記』（依田記）として後世に伝わっている。そこには、芦田下野守信守に関わる**上州浄法寺と武州御嶽城**のことが、記述されている。それを左記に示すと、

その後、年月覚え申さず候えども、武蔵のうち**上野境御嶽の城**に居申され候。我等が為には祖父**下野守信守**在城致され候節、常陸介も彼の地へ参られ、父子一所に二年が間在城候由、家老の者近年まで、その物語仕り候。上野の我等が知行のち、**浄法寺**と申す所に罷り在り候う時、御嶽尊奉ること家老ども物語仕り候えども、御嶽と浄法寺と同前に御座候。城は**御嶽**、町は**浄法寺**にて御座候えども、城の根に川御座候間、城は武蔵のうち、町は上野のうち浄法寺にて御座候。

図：信守が守備した御嶽城（みたけじょう）と浄法寺館（じょうほうじゃかた）上野国と武蔵国の国境を守る

N

至ル佐久

藤岡 Jct.

上信越道

（藤岡市域）

関越道

大神宮山砦

根岸築城跡

神流川（かんながわ）

国道 254

芦田川屋敷

国境を神流川が流れる（かんながわ）

浄法寺館

金さぬ神社

御嶽城

上野国（こうづけ）（群馬県）

武蔵国（むさし）（埼玉県）

〈要旨〉武蔵国のうち上野境の御嶽城にいた。拙者（康眞）の祖父である下野守信守が在城していた時、常陸介信蕃（芦田下野守信守の嫡男・『芦田記』の筆者芦田康眞の父）も、そこで一緒に、二年間在城した。芦田依田家に家老として仕えてきた者が、江戸時代寛永年代頃までそのことを語っていた。

上野国での知行地のうち、淨法寺という所にいた時、御嶽尊を奉っていたという。芦田氏の領地（信玄から任された守備範囲）は、城は御嶽山に、町（居住地）は淨法寺であった。御嶽城の麓に川（神流川）が流れていたので、城は武蔵国（現埼玉県）のうち、町は上野国（現群馬県）の淨法寺（寺名ではなく地域名）にあった。

《御嶽城と淨法寺——そして藤岡との関係》

下野守信守は、信玄が西上野を勢力下に入れた永禄九年（一五六六）に、嫡子源十郎（信蕃）が証人（人質）として過ごしていた諏訪から返されてまもなく、本拠地である佐久郡春日郷を後にして、信玄の命によって、父子ともに西上野の守備につくことになった。上野国緑野郡鬼石町淨法寺（地域名）に居館を構え、北条氏に備えて武蔵國御嶽城を守備した。これは上州箕輪城の長野氏の滅亡後で、永禄九年から十一年（一五六六～六八）頃の足掛け三年間ほどと推定される。このことは、信守の孫である康眞が、後年記した文書『蘆田記』（依田記）は、尾張徳川家の仰せによって答申したものであるが、他の多くの内容が事実であると証明されることが多いことからしても史実であろう。

御嶽城は埼玉県児玉郡神川町にあり、神流川の右岸（東岸）に位置する。関東地方を見晴らすことのできる山城である。依田氏発祥の地、信州小県郡依田庄には御嶽城があるが、それに因んで命名した可能性もある。対岸の左岸（西岸）は居

写真：御嶽城　手前の淨法寺地域から神流川を隔てて東に望む

写真：後年、松平康眞は父祖の緑野郡鬼石町淨法寺の淨法院に仮住居する

館を構えた**浄法寺**（群馬県多野郡鬼石町浄法寺という地域名）である。

芦田信守・信蕃父子は、まさに上野国と武蔵國の国境の対北条の最前線を守っていたことになる。信守・信蕃父子は、浄法寺のある現在の藤岡に永住するつもりで、「根岸」の「堀の内」に築城計画を立て、縄張りまでして、普請が進められていた。しかし、永禄十一年（一五六八）十二月、今川氏との合戦に信玄の召集によって**駿河國へ信守父子も出陣**したため、工事は中断されたままとなった。

一説には藤岡市光徳寺南方の**大神宮山にある砦跡**も信守・信蕃の手によるものといわれている。

芦田氏の浄法寺での居館は現在の**浄土院**のある区域であると推定されているが、もう一つ候補地がある。それは、保美にある「**芦田川屋敷**」である。往時は保美も浄法寺地域に入っていたと思われる。今は神流川よりに城戸の宿鬼石街道が直線に走っているが、昔は神流川よりに城戸の宿があった。この城戸（「しろと」）、地元の人は「しろど」と称する）は現在の「**藤岡市保美城戸**」地籍にある。東側は断崖で神流川に臨んでいる要害の地である。ここも芦田氏の館址と推定される候補地である。「**芦田川屋敷**」には**芦田川氏**が江戸時代から、つい最近まで子孫の生活の跡がうかがえる。芦田「川屋敷」な

のか「芦田川」屋敷なのか、解釈が分かれるが、芦田川屋敷の大手付近には、ルーツを辿れば信州佐久郡出身の可能性のある苗字（姓）の人々の家がある。（なんと、市村さんも。）

ここで、問題点もある。依田信守・信蕃父子が武田勢の先鋒として浄法寺に在城していた頃、長井政実も浄法寺にいた事実がある。当時、浄法寺には金鑽御嶽城、三ツ山城の両城の城主として長井政実が居住していたという史書もあること

から、両氏は併住していた可能性もある。どのような関係になっていたかは不明である。

後に天正十八年（一五九〇）、**松平康眞**が、家康の関東移転に伴い、**藤岡藩三万石の藩主**として入部した。ある意味では父祖の旧領を復したことになる。つまり、祖父信守の時の領地であったからでもあろう。また、藤岡入部直後、藤岡城の築城中に**浄土院浄法寺に仮居**したのも、祖父下野守信守、父右衛門佐信蕃と、この地との縁故をたどったものである。

《芦田氏第二の故郷上州藤岡》

芦田下野守信守は、上州緑野郡藤岡にじっくり腰を据えようとしたが、武田信玄の駿河侵攻に従軍して、再び上州藤岡（緑野郡鬼石村浄法寺）へ帰って来ることはなかった。信守・信蕃父子の二年数カ月間（永禄九年〜十一年〈一五六六

～六八〉、そして、後に康眞が藤岡藩主となっていた十年間（天正十八年～慶長五年〈一五九〇～一六〇〇〉）の二度にわたって藤岡周辺が芦田氏の領地であった関係もあり、藤岡市に残る芦田氏（依田氏）関連の事蹟は多い。二十一世紀の現在でも藤岡市にその足跡が歴然と残っている。上州藤岡はまさに芦田氏にとっては第二の故郷ともいえそうである。ここでは、芦田下野守信守の時代に関わるものに限って挙げてみる。

富士浅間大権現……芦田氏の総祈願所で、今の富士浅間神社である。芦田下野守信守が奉納した太刀・短刀・甲冑などが奉納されている。

良信寺……「良信」は芦田下野守信守の法名である。「仁徳院殿月桂良信大居士」。開基は下野守信守の次男で、天正十八年（一五九〇）に藤岡藩主となった康眞である。

根岸築城跡……藤岡市小林字堀之内・根岸にそれらしき道筋や土塁の一部とおぼしき地形が存在する。

芦田川屋敷……藤岡市保美字城戸にあるが、芦田下野守信守の屋敷跡の候補地の一つである。

大神宮山砦跡……浄法寺地域から北の藤岡市中心部へ岬状に張り出して延びる丘の突端にある。現地を踏査すると、段曲輪跡や帯曲輪とおぼしき削平地や、空堀の

跡が残っている。

なお、康眞時代（一五九〇～一六〇〇、藤岡藩時代）の関連事蹟については、後述することにする。

写真：芦田川屋敷
一の郭（右）、二の郭（左）の間が堀切。

⑱関東へ出陣

武田信玄の北信濃侵攻作戦の行きついたところが、天文二十二年から永禄七年（一五五三〜六四）の上杉謙信との川中島の戦いであった。これは両軍にとって、膨大な時間とエネルギーの徒労に終わったとの感がある。信玄が謙信との合戦に勢力を傾けることができたのは、北条氏康（相模国）や今川義元（駿河国）との同盟関係「甲相駿」の三国同盟があったからである。ところが、永禄三年の桶狭間の戦いで今川義元が討ち取られたことにより、状況が変わった。義元の後継の氏眞の力量では今川領を維持できず、早晩徳川家康に侵略されることを予測した信玄は、その前に自ら駿河・遠江を支配下におくべく行動を起こした。信玄は甲相駿三国同盟を破棄する決意に至った。信玄の一方的な同盟破棄に対して、今川氏眞は駿河から甲斐・信濃への塩を送るのを禁止（塩留め）した。敵である上杉謙信が越後の塩を信玄の領国へ送ったという逸話が残っているのはこの時のことである。三国同盟の破棄によって、信玄は、この後、今川氏（駿河）や北条氏（相模・武蔵）を腹背の敵に回すことになる。そればかりでなく、武田信玄を牽制した。

信玄による関東出陣や駿河侵攻はこうした背景によって展開されるのである。まず、永禄十一年（一五六八）十二月に信玄は駿河侵攻を開始した。（前後六回におよぶことになる）。その間に今川氏と北条氏との同盟関係は続いているので、信玄は駿河侵攻への憂いをなくすために、いったん中断して、北条氏康が上杉謙信と和睦し相越同盟を結び、武田信玄を牽制した。北条に対する関東出陣を行っている。

図：甲相駿　三国同盟と政略結婚

《関東出陣で北条を牽制》

北条をたたいておかないと、駿河侵攻が円滑に進まないとみた信玄は、甲府を出陣し、信濃国佐久郡を経て上野国に入り、北条氏の領国の武蔵国に侵入し、北条氏康の相模小田原城めざして、支城から順々に攻撃を開始した。永禄十二年（一五六九）九月一日、信玄は甲府を出て、信州佐久郡から碓氷峠を越え、上野国から南下して武蔵国へ侵入した。北条と上杉の和睦で、武田支配の西上野方面が不穏になりつつあったことから、まず九月九日に、上武国境の御嶽城を攻めた。（ここは、前年の十二月までは芦田下野守信守が守っていた武田方の城であったが、駿河侵攻を始めた後は、北条方の城になっていた。芦田信守が駿河侵攻に従軍し、不在であったためと推定される）。武田軍は御嶽城の攻略に時間をかけることは避けて、九月十日、北条氏邦の鉢形城を包囲して攻めた。

（この時点で北条氏康は同盟者の上杉謙信に出兵を要請したが、謙信の応援はままならなかったようである）。武蔵国を進軍した信玄に小山田信茂の別働隊が合流した。次いで、北条氏照の滝山城を攻めた。滝山城の戦いでは、信玄は城下の蓮池門付近を焼き討ちし、城に猛攻を加えた。城方の城主北条氏照が二ノ丸の二階門の上で奮戦したこと、武田勝頼が鎌鑓を手に攻

め立てて、二階門に迫り、三度とも大剛の敵師岡と鑓を合わせて武勇を示したが、信玄はこれは大将のとるべき態度ではないとした。信玄は陥落させるために力攻めをすることはしなかった。この滝山城の戦いは九月末のことである。

武田軍は海岸線をさらに南西へ小田原城へ向けて進軍し、途中、相模川と酒匂川を越え、十月一日、小田原城を攻めを開始した。駿河侵攻の際に今川支援に動く北条氏の本拠を攻めたのである。一色・酒匂の村を放火し、城下の蓮池門付近にあった武家屋敷を焼き払った。当時、支城支援に多くの軍勢が出向いていて城内には千人ほどしかいなかった。信玄がこんなに早く本城を攻めるとは予想をしていなかったのである。しかし、堅固な惣構えの小田原城は包囲したが攻略できなかった。後詰めの軍勢が支城から駆けつける前にと、信玄は四日朝に全軍を撤退した。この関東出陣では、長期の陣は始めから考えておらず、兵糧を十分に用意してなかったことにもよる。武田勢は小田原から平塚に出て、津久井を経て甲斐に戻る経路をたどった。これを知った北条氏邦（鉢形城主）と氏照（滝山城主）兄弟は、武田軍の退路の「三増峠」で待ち構えた。武田軍の後を追って迫る北条氏康・氏政の北条本隊と挟撃して討とうとしていたのである。（十月六日）武田勢が三増峠にさしかかった時、一斉に攻撃した。しかし、信

玄の巧みな戦略によって、北条軍は敗れた。（詳細は「三増峠の戦い」の項に委ねることにする）。合戦の後、武田軍は勝利の凱旋の儀式を執り行ない、途中で野営したあと甲斐国郡内へ入り甲府へ帰陣した。

信玄の関東出兵から小田原城攻めは、北条方を威圧し、駿河侵攻の際に北条氏が今川氏を支援しにくくする牽制作戦

図：信玄の関東出陣、小田原城包囲、三増峠の戦い
永禄12年8月下旬〜10月上旬

だったとみる史家も多い。

《関東出兵に芦田信守が参加していた》

この北条攻めに芦田信守が参加していたことが、記述されている文書としては、『甲陽軍鑑』と『武田三代軍記』がある。例によって、この二書の細部には齟齬がありそうではあるが、芦田信守が参戦していたという裏付けにもなるので紹介する。

『武田三代軍記』には、「相模川の渡河」が次のように記述されている。

　かくて、**相模川**を渉さるべしとて、其陣列を定めらる。

先陣は、内藤修理正昌豊・小山田左兵衛信茂・**蘆田下野守**・小山田備中守・安中左近進・保科弾正忠・諏訪五郎・一條右衛門大夫信龍・海士尾・白倉・**依田**・應戸・小荷駄奉行は…（中略）…其次、段々列を乱さず、後備に至る迄、少しも猶豫はず、ひょうひょうと打ち入れ、一人も流れず渡しけり。かくて…（中略）…既に小田原に打入らんとぞ給ひける。

二の手は…（中略）…後備は、武田孫六入道逍遥軒・同**相木市兵衛**・栗原左兵衛・板垣三郎・伊奈四郎勝頼なり。

図：相模川・酒匂川を渡河し小田原城を攻撃

相模川の渡河は、**滝山城**の攻城を止め、**小田原城**へ向けての進軍の途上である。したがって、時期は永禄十二年（一五六九）九月末のことである。

この渡河作戦の陣列の先陣の中に**蘆田下野守**の名がある。また、相木市兵衛は「相木市兵衛入道常喜（初名は市兵衛昌朝）」である。芦田依田氏との同族の相木依田氏である。また、「依田」氏がいるが、これは**平原依田氏で西上野衆**である。そのころまで上州後閑城主（のちに板鼻城主）

であったと推定される依田下総守であろう。それは、依田の名の直後に、同じ上野国の應戸（大戸）氏の名前が並んでいることからもその可能性が高い。（この依田氏は後に全真が信州佐久郡平原城を本拠とするようになり平原依田氏となった。）

『甲陽軍鑑』には、「相模川の渡河」のことが、ほぼ同じ内容で記述され、それに続いて『**酒匂川の瀬ぶみ**』のくだりが記述されている。

殊に勝坂にて、明日**相模川**うちこす跡の押衆、山県三郎兵衛・小幡尾張守・真田源太左衛門・同兵部介兄弟一手也、此三頭、川こす時の警固也。御先は内藤修理・小山田兵衛尉・**足田下総**・小山田備中・安中左近・保科弾正・諏訪殿・相木市兵衛・栗原左衛門・板垣殿・四郎勝頼公、此十一頭は先衆也。二ノ手は、あさり・原隼人・跡部大炊介、三は御旗本組衆・武田兵庫殿・諸牢人・弐百騎余、井伊弥右衛門・那和無理の亮・五味与左衛門、これ三人牢人頭、兵庫殿につく。長坂長閑四十騎・小山田大学卅五騎・下曽根廿騎・大熊備前三十騎・御旗本、一手にをす。御跡備は、逍遥軒・一城殿・海士尾五十騎・白倉五十騎・

余田八十騎・大ど十騎、是は逍遥軒に付、合テ六頭なり。

> 典厩様を初め・御旗本前備衆・市川宮内介三十騎・駒井右京進・外様近習五十騎の頭、典厩様・馬場美濃守と一組にをす。…（中略）…
>
> 次の日は、小田原へ押詰給ふに、加藤駿河末ノ子、他名になり初鹿伝右衛門、差物に香車と云字を書たるに、信玄公無興なされ候。其時さかわの川出たるに付、伝右衛門に瀬ふみを被仰付。廻る才覚ありて、此人時代には、小山田八右衛門・初鹿伝右衛門とて、信玄公御旗本に若手の者なれば、酒勾川の瀬ぶみ、よく仕り候。それより武田勢惣ごしに酒勾を越、小田原へ乱入。…（後略）

る。「依田六郎、八十騎」は「勝用軒の組衆四人（あひだ十騎・依田六郎八十騎・おふど十騎）」に属しているで、この本文で「勝用軒につく」とあることとは合致する。

「加藤駿河末ノ子、他名になり初鹿伝右衛門、差物に香車と云字を書たる」とあるが、信玄の弓矢の師で軍奉行であった加藤駿河守信邦の末子の弥五郎であったが、初鹿野源五郎忠次が永禄四年九月の川中島の戦いに討ち死にしたため、弥五郎が入って初鹿野氏を継ぎ、伝右衛門と称したのである。

その彼が信玄のたっての指名で「酒勾川の瀬ぶみ」（軍勢が渡河できるか否かを馬に乗って確かめること）を真っ先に行う名誉を得たのである。彼の旗差し物には将棋の「香車（きょうしゃ）」の文字が描かれていて、戦闘では将棋の香車の駒と同じく、後退することなく、常に前進して敵に対した勇敢な武将といわれている。

以上、相模川の渡河と酒勾川の瀬踏みの場面で、芦田下野守信守の名があるということは、この時の武田信玄の関東への出陣（鉢形城〜滝山城〜小田原城〜三増峠）に際して、信守が参加していたことの証左となる。

また、三増峠の合戦の時に、山形昌景を隊長とした志田峠の別働隊の中に「ヨ田」（依田）の名あることからも、それ

ここでいう足田下総とは芦田下野守信守のことである。ここでも、同族の相木市兵衛の武将の名がある。相木氏は佐久郡では一番早く武田氏に臣従した武将である。その時期は天文十一年（一五四二）である。また、「余田八十騎・大ど十騎、是は逍遥軒に付」とあるが、芦田下総（芦田下野守信守）と「余田（依田）八十騎」とは別ものであることが、ここで判明できる。先にも述べたことであるが、「余田八十騎」は「大と（大戸）十騎」と同じ隊であるので、「余田八十騎」とは上野国後閑城（のちに板鼻城）の依田氏（平原依田氏）であることが立証される。（三増峠の合戦については後述）。

⑲三増峠の戦い

《一般に知られている「三増峠の戦い」とは》

いくつかの歴史解説書は「三増峠の戦い」に関して次のように述べている。

「武田勢は小田原から平塚に出て、津久井を経て甲斐に戻る経路をたどった。これを知った　北条氏照（滝山城主）と北条氏邦（鉢形城主）兄弟は、武田軍の退路の「三増峠」で待ち構えた。武田軍の後を追って迫る北条氏康・氏政の北条本隊と挟撃して討とうとしていたのである。武田勢が三増峠にさしかかった時、一斉に攻撃した。予測していた信玄は、軍勢を二手に分け、それへの備えをしていた。三増峠を強行突破する風情を見せる本隊のほかに、三増峠の西方脇の志田峠の間道を山県三郎兵衛昌景を総指揮官とする別働隊を進軍させていた。合戦が始まって北条軍が本隊へ攻撃をしてきた時に、信玄は巧みに北条軍を三増峠から南方の平地におびき出している。あたりは現在広大な畑地となっている。先に甲斐へ向かったはずの別働隊が志田峠をとって返し、北条軍を横手から襲いかかったために、北条軍は激戦の中に三三〇〇人の戦死者を出したと伝えられる。小田原城からの

北条氏康・氏政の本隊の軍勢は合戦に間に合わなかった。」このような記述でおおよそ概要は説明されている。両軍の陣地に関しては「三増峠の高地に北条軍が陣取り、武田軍は南方の山麓から峠目指して上って行き、合戦が始まり、高地から北条軍をおびき出して合戦した」と解釈されているのが普通である。

《最大の激戦地は三増峠ではなくて志田原「三増合戦場」》

高所に陣取った北条氏が、下から登ってくる武田軍に敗れるという前代未聞の失態がこの三増峠の戦いであり、北条軍のふがいなさと武田軍の強さを印象づける戦いのイメージがあるが、実際は少々事情が違うようである。開戦時に三増峠に陣していたのは武田軍であり、北条軍は下方の半原に陣していたというのが実状のようである。そうであるならば、北条軍の不甲斐ない敗戦も理解できる。本来の「三増」峠方面は、武田軍の小荷駄隊がひたすら退き戦であったが、内藤修理昌豊の巧みな指揮により善戦した。所謂「三増峠の戦い」の主戦場は、志田峠、志田澤の南方の台地上（志田原）であった。「三増峠の戦い」の詳細が記述され、芦田下野守信守の名が載っている書物に『武田三代軍記』、『武家事紀』、『関八州古戦録』等があるが、『甲陽軍鑑』品第卅五によって「三

増峠の戦い」の記述を紹介する。　詳細は誤謬があることもあるが、その大要は汲み取りたい。

図∵三増峠合戦陣立図

『愛川町郷土誌』（愛川町教委）p.171より。「夕田」とは「ヨ田」（依田）である。『武田三代軍記』（『甲斐志料集成』所収）の絵図では、芦田下野守と記されている。

信玄公、小田原表利運に被成、十月六日（四日）に引取給ふ。　…（中略）…信玄公、**みませすじ**の様子を、在々の生捕に問給へば、彼到下を取きる衆は、北條陸奥守・同舎弟安房守、其外、忍衆、深谷衆・江戸川越衆・碓氷衆・さくら・こがね・岩付・玉縄の北條上総守、如此北條むねとの侍大将、都合弐万あまり、**みませ到下**を取切り、居申候由、信玄公聞召、さらば**みませ**へ押懸候へ。…（中略）…七日（五日）に**みませ**へ押寄らるゝ。…（中略）…信玄公、**みま瀬**へつき給へば、北條衆は、陣屋をあけ、中津川をこし、はんばら（半原）山へ落る。信玄公、内藤修理をめし、小荷駄奉行を被仰付。…（中略）…小幡尾張守、のまと云所へ引こし、**つく井の城**のをさへと被仰付。…（中略）…山県三郎兵衛を始、随分の**侍大将を八頭**、遊軍とありて、真田沢（**志田沢**）のうへをとをり、にろね（小曽根）へ出て、それより真田沢へおり、返して敵の後よりかゝれと被仰付。**みま瀬到下筋**は浅利なり。　味方右の方は、栗沢・ふかほりを右にみて返せば、二つの沢を左にあてゝ備候へとて、これをば小勢なれど、弓矢功者のよき名人故、馬場美濃守に被仰付。美濃守二の手は、四郎勝頼公と定る。殿の浅利備へ、真田喜兵衛をこし給ふ。　勝頼公備は、三枝善右衛門をこし

図：三増合戦

給ふ。残は御旗本組共に、（御馬所）のけて拾五備、夜中に**みま瀬**の山にあがり、御定のごとく御旗本弓手・馬手・うしろに五備づゝ、たてべく候。典廐小荷駄奉行の内藤修理、さてはゆ**う軍**の山県をはじめ、典廐仕る、相図の貝、小旗次第、三手の殿返して戦始よと、…（中略）…十月八日（六日）に は、信玄公かねて御定のごとく、小幡は志沢上の山を岨伝に沼へ押通る。其跡につき、山県押候へば、**山県につき七頭**も岨伝に押。小荷駄奉行内藤は、能小荷駄を勝、**みませ坂**の道の脇をぼる。信玄公は御旗本組共に、十六備を高き山へあげ、**みませ到下を**左に見て、備なされ候。

…（中略）…殊更其合戦、山県三郎兵衞を始、**八備五千余の人数、**敵のうしろへまはし候。此時に馬場美濃、山の上、典廐のあひづ見てさいはいをとりて返す。勝頼公

…（中略）…北條衆働き不自由なる子細は、北條衆の備所に、栗沢・ふか堀なんどといふ切所て、味方どし助くる働ならず。其上、後よりかゝられこんして、かけへとびおり、中津河原をわたり、大方半原山へにげあがる。北條衆をうつとる其数、東道六里余、こなた、そり弐百六十九の頸帳をもって、雑兵共に三千畠にをひてかち時を執行なされ候。永禄十二年己巳十月

八日（六日）、**相州みませ合戦**とは是也。氏康父子、荻田を筆頭とする**別働隊**の中にいることが分かる。そこには「タ田」とあるが、「ヨ田」、つまり「依田」が正しい。芦田下野守信守の本姓は依田であるので、当時「依田氏」とも「芦田氏」とも称されていた。信守が参戦しているのは事実であろう。また、嫡男の**信蕃**も同行していたはずである。

「みませすじ」とは、神奈川県平塚より相模川の西岸を遡って、厚木を経て、三増峠を越えて津久井に入る道筋のことであり、三増は神奈川県愛甲郡愛川町にある。

野と云所迄、押来給へども、北條家先衆敗軍をきゝ、則時ひき返し、あしあしにて、小田原へ引入給ふなり。

同舎弟安房守とは、武州鉢形城主の北條**氏邦**のことである。二人とも、小田原城へ来襲する前に武田軍に城を包囲され攻撃されたばかりである。したがって、武田軍に対する敵対心は大きいものがあった。真田沢（志田沢）は、三増峠の西に志田峠があるが、その西の斜面の沢のことである。そこを北へ進むと愛川町より津久井町へと入る。

北條陸奥守とは、滝山城主北條氏照のことである。

開戦の采配を、信玄は、武田典廐（典廐信繁の嫡子典廐信豊）に振らせた。この時の戦いは「**三増峠の合戦**」として知られているが、三増峠は、三増高地を南北に通る（東から順に）「三増峠」「中峠」「志田峠」の三つの峠のうちの本道で、小荷駄隊の退却したのが「三増峠」である。しかし、現地調査してみると、信玄の陣取ったといわれている尾根は志田峠のすぐ東の高みであり、三増峠そのものとはだいぶ離れている。また、勝敗を分けたとされる山県三郎兵衞を主将とする**八頭の遊軍**が奮戦したのは**志田峠（志田沢）**からである。本来のいわゆる「三増峠」方面は、武田軍の小荷駄隊が、ひたすら退き戦をした所であるが、内藤修理昌豊の巧みな指揮により善戦し、撤退に成功している。**もっとも激しい戦闘は、この狭義の「三増峠」ではなく、志田沢に近い南方の台地上（志田原）であったと推定できる。**現在この「志田原」に「三増合戦場」なる石碑が建っている。「三増峠合戦場」ではなく、「峠」の

信玄は三増峠の尾根続きの西、志田峠の東側の**尾根の高所に本陣**をおいた。内藤修理の小荷駄を三増峠越えさせ、浅利右馬助信種にその方面に備えさせた。また、**山県三郎兵衞昌景**を主将とする八頭五千余を**志田峠方面の遊軍**とした。その中に芦田下野守信守の軍勢もいた。『新編相模国風土記稿』の「三増峠の戦い」に関する絵図面にも名前がある）。三増峠合戦絵図によると、芦田下野守信守の**芦田隊**は、山県昌景

写真：三増峠合戦場

写真：三増峠（信玄本陣）から
眺める古戦場（中央平地）

文字を除いていることに、地元の人々のこの合戦に対する正しい認識を示している。なお、武田軍が小田原城の包囲を解いて撤退したのは十月六日ではなくて四日というのが通説である。『甲陽軍鑑』が述べている三増峠の戦いに関する月日は、いずれも実際よりも二日遅く記述されている。

《三増峠の合戦の概略と考察》

右に記した『甲陽軍鑑』の記述の内容と、『日本戦史研究録』（第一巻第七編所収）の「三増峠の合戦」昭和四年）を参考に、筆者なりにその概要をまとめてみる。

武田信玄は、北条氏照・北条氏邦などによる二万余の軍勢が三増峠の高地を南面して占領し、武田軍の退路を遮断し、当主の北条氏康も一万余の軍勢で武田軍を追跡し、背腹より武田軍を挟撃しようとしているという情報を得た。三増峠を越えないと甲斐への帰還はできないので、三増峠を強行突破すべく峠の麓まで到着したのが十月五日の午後遅くであった。三増高地を越えるには東より三増峠・中峠・志田峠の三つの峠がある。手前南方の緩斜面には栗沢・深堀・志田沢という三条の沢があって、台地を三分していた。栗沢と深沢との間を**道場原**、深堀と志田沢の間を**志田原**といった。

(1) 北条軍の三増高地放棄と半原待機

武田軍が北進し、峠を攻撃しようと近づくと、占拠しているはずの北条軍は、意外にも山上から陣を徹して、中津川を押し渡り半原山方面に移動しているという情報が入った。北条勢はいったん半原山へ移動して、武田軍を自由に三増山に上らせて、中津川を隔てて攻撃しようとしていたか。せっか

く武田軍に先んじて三増付近に到着したものの、あえて高所を占拠することをせずに、そこを放棄して南西に下って半原方面に陣をとった意図は、よく分からないところである。半原に待機して遅れてきた味方の軍勢を整え、武田軍を三増峠の隘路に誘い込んで攻撃しようとしたと推定される。

(2)武田軍の布陣

武田軍は、夜蔭に乗じて**三増の高地を占拠**し、夜明け前に陣を取り、次のように布陣する作戦を取った。

・信玄の本陣は深堀と志田沢との中間の後方の山上（[旗立松]と呼ばれる松があった）と定め、旗本の十五将がその前後左右に陣した。

・小幡上総介（約一五〇〇の軍勢）は、中峠を経て沼（津久井郡串川村）および囲沢（長竹村）に前進して、武田軍の背面を突こうとするであろう津久井城勢の来襲に備える。

・内藤修理昌豊は小荷駄隊を指揮し、三増峠を越えて北進し、且つ津久井城に備える。

・山県三郎兵衛昌景は、**浮勢（遊軍・別働隊）**――小山田弥三郎、真田源太左衛門・同兵部少輔、小笠原掃部大夫、**蘆田下野守**、跡部大炊助、小山田備中守――等の精兵五〇〇を率い、**志田峠**から韮尾根（津久井郡串川村）に至り、戦

況によって折返し志田沢を下り、北条勢の左側後背に攻撃を加えることとした。

・浅利式部信種は**殿軍（しんがり）**となって三増の金山付近に陣す。二ノ手は武田信竜とする。

・馬場美濃守信房は、少勢ではあるが旗本の前に備える。

・四郎勝頼は、二ノ手となって志田沢・深堀の間の山陰に陣する。（馬場信房と勝頼の二隊は敵が信玄の本陣に切り込もうとするのを撃破する任務である）。

・武田左馬助典廐（信豊）は、本陣の南側高地上に陣して証拠旗（信号旗）と法螺貝を用意し、山県昌景率いる遊軍に進撃の合図をする任にあたる。

このように、武田軍は、ことさらに峠を経て退くように装って急進して山に上り、各々その部署の位置に着くと、向きを変えて**三増高地**から、**下方の北条軍**に向き直って陣を構えた。

(3)北条軍の攻撃準備

北条軍は、いったん中津川を隔てて**半原に陣**していたが、再び前進して次のように攻撃体勢をとった。

・北条綱成（相模玉縄城主）は、栗沢の東側の三増宿付近に陣した。

・北条**氏勝**（綱成の孫）、北条**氏邦**（鉢形城主・氏康三男）は栗沢と深堀との中間である道場原に陣して浅利勢に相

対する。

・北条**氏照**（滝山城主・氏康次男）、**氏忠**（氏康四男）は、深堀と志田沢との中間志田原に陣して、信玄の旗本と馬場、勝頼の陣に対する。

(4)地形上より見た戦術判断

甲州への通路は、

・高地の東側——**三増峠**がある。栗沢の渓流に沿い山地に入り鞍部を越える。

・高地の中央——**中峠**がある。深堀・志田沢間の中間高地を稜線伝いに越える。

・高地の西側——**志田峠**がある。志田沢の渓流に沿い山地に入り、鞍部を越える。

戦場は右に挙げた渓流と通路により、自然と次の三地区に区分される。

・三増地区————栗沢以東
・道場原地区———栗沢・深堀間
・志田原地区———深堀以西

右地区の北部は、山地を主として**武田軍の陣地**

軍の陣地

山脚以南は判然たる緩傾斜で台地状をなす。主として**北条**各地区間は何れも深い渓流があって、西岸は断崖状をなし

ている。この地形に拘束され、自然と各地ごとに陣地を構成し、戦闘を余儀なくされる。

この地形の分岐点は、勝敗の分岐点は、

・この地形を最大限に利用すること。

・現地の見通しが困難なために、兵力や行動等を敵に秘匿すること。

・信玄の戦闘指揮が適切であったこと。（そして、何よりも決定的なのは、北条軍の「三増高地の放棄・半原待機」の作戦の失敗にある。）

(5)戦闘経過

北条勢は、武田軍が隊伍を乱したような様子で山を登る状況を遠望し、武田勢が総退却を行うものと誤認して、下方から総合攻撃を開始した。武田軍の浅利・馬場・勝頼勢も引き返して防戦した。**北条氏綱**は「黄八幡」の旗印の豪勇無双の老将である。彼は、せっかくの戦機が熟したのに総大将の北条氏康の到着が遅れているので、催促の伝令を送った。一方の信玄は、北条の大将氏康が戦場へ到着する前に敵を崩す必要があるので、**山県昌景の遊軍（迂回隊）**の早期到着を待っていた。その間にもあちこちで激戦が展開された。殿軍で戦っていた浅利信種は銃弾に当たって討ち死にした。しかし、浅利隊の検使の曽根内匠助が踏み留まって奮戦し、殿軍二ノ手

の武田信竜も旗を進めて防戦した。

北条氏照・氏忠の軍が攻め寄せたが、

この戦闘において勝敗の鍵を握っているのは、北条の本隊氏

康の合戦場への到着と志田峠を通って戦場へ引き返してくる

はずの**武田の遊軍（迂回隊）**のどちらが先に到着するかとい

うことであった。その時、遊軍の先頭**山県県昌景**の旗標が**志田**

沢から現れた。この時とばかり、信玄は信号役の武田典廐信

豊に、合図の旗を振らせた。それにより、信玄旗本の前備が、

一同にどっと山より押し下り、正面から北条勢に攻め掛かっ

た。さらに五千の遊軍が敵の左側背に殺到したので、さすが

の北条勢も一気に総崩れとなり敗走しだした。しかし、北条

勢は深堀・栗沢の谷が邪魔となり、友軍相互の救援や連絡も

自由にできないありさまであった。総軍が次々に崩れて、

田代・半原方面に走る者、中津川を渡って荻野をさして逃れ

る者もあった。勝ちに乗じた武田軍は北条軍を追撃した。

北条総大将の**氏康・氏政**父子は、一万余の軍勢を率いて荻

野まで駆けつけたが、時すでに遅く、敗戦の報に小田原へ引

き返さざるを得なかった。百戦錬磨でしかも野戦に長けた武

田信玄の作戦能力と、「**北条軍の三増高地の放棄、半原待機**」

という氏照の戦況判断と戦術的能力の差が、三増峠の戦いの

勝敗を分けたことになる。

馬場美濃守と勝頼には、ここでも激戦が続いた。

二万の軍勢の北条軍を小田原城や支城からおびき出し、得意

な野戦への到着と志田峠を引き返してくるともいわ

れている。

(6)信玄の巧妙な「おびき出し作戦」

小田原城の包囲をあきらめて帰路をたどると見せかけて、

北条軍を小田原城や支城から**おびき出し**、得意

な野戦に持ち込んだ武田信玄の巧妙な作戦であったともいわ

れている。

ちなみに、城内の敵の軍勢を城外におびき出して、野戦に

持ち込んで勝利するという信玄の作戦は、この後、蒲原城の

戦いや三方原の戦いの際にも用いられている。

《三増峠の合戦の結果と駿河侵攻》

信玄が武蔵国・相模国に侵入し、小田原城を包囲し、続い

て三増合戦の敗報が伊豆・駿河方面に伝わったので、諸城の

北条方は驚愕し動揺し、去就に心揺れることとなった。また、

信玄の**関東出兵**に始まる小田原攻めは、**駿河侵攻**を邪魔する

北条氏を威圧するための牽制作戦であり、また、駿河の諸将

を動揺させることにもなった。

信玄は甲府へ帰って人馬を休めて、早くも十一月五日、甲

斐・信濃・西上野の三国の兵を率いて、伊豆・駿河・相模の

国境に出陣して北条方の城を攻め落としていった。そして、

いよいよ信玄の**駿河侵攻が本格化**するのである。

⑳信玄の駿河侵攻

武田信玄による**駿河侵攻は前後六回**を数える。もちろん、それに、芦田下野守信守・右衛門佐信蕃父子も同道していることは想像に難くない。まず、信玄のそれぞれの駿河侵攻作戦を概観してみる。

《第一回駿河侵攻》……永禄十一年、一五六八

信玄は、十二月六日、いよいよ駿河侵略を志し、軍勢を率いて駿河に向かう。駿州往還（河内路）を南下し、十二月十二日には、内房（静岡県富士郡芝川町内房）に陣を張る。**薩埵峠**（さったとうげ）に今川勢を破る。（今川勢の主だった武将達を事前に謀略してあった）。十三日、武田軍は**駿府**へ乱入。今川氏眞は遠江の**掛川城へ出奔**。二十三日、信玄は家康に、かねての約束通り掛川城攻めを要請する。（二十七日、家康は要請どおり掛川城を攻撃する。）ところが、十二月に武田の別働隊を率いた**秋山信友**が伊那衆を率いて天竜川を南下し、遠江に侵入したが、見附に陣を張っていた徳川方と交戦し、家康軍の岡崎城からの軍事ルートを遮断する結果を生じてしまった。「盟約に反する」と家康は厳重に抗議。**信玄と家康の同盟は崩れ**

写真：薩埵峠
これは江戸時代以降の峠。砦のあった所はもっと左（北）側の尾根に

写真：興津城（横山城）

ることとなった。年明けて、一月十八日、今川との同盟関係にあった北条氏政は、信玄を牽制しようと駿河薩埵山に拠る。北条氏との対陣が、正月十八日より四月二十四日まで三カ月以上に及び、信玄は四月二十八日、陣を払って甲府に帰る。北条と武田軍は**興津城（横山城）**に対陣し膠着状態になる。北条氏

図：第1回駿河侵攻（前半）

図：第1回駿河侵攻（後半）

の同盟関係にあった上杉謙信が手薄になった武田領国へ侵入する気配があったことと、兵糧が手薄になってきたこともあって、信玄は撤収せざるをえなくなったのである。結局、この回の駿河侵攻作戦では、**今川氏眞を駿河から逐った**という成果を得ただけであった。（駿府へ若干の軍勢を残留させてあったが、まもなく奪還されてしまう）。

この侵攻作戦には、信玄領国の多くの軍勢が参戦していたので、信濃先方衆の巨頭である芦田下野守**信守**・**信蕃**父子が参加していた可能性はかなり高いが、それを裏づける文献は見当たらない。

《**第二回駿河侵攻**》……永禄十二年、一五六九

信玄は永禄十二年四月下旬から五月上旬に駿河から甲府へ帰還し、兵を休める間もなく、六月十六日、再び駿河に侵攻している。伊豆の北端にある**三島**を攻め、その帰途、六月二十三日、富士大宮で**大宮城**を攻め落とした。この遠征は短期間で終わっている。

ここまで駿河侵攻は二回にわたっておこなわれているが、連続してすぐに第三回の駿河へ作戦を展開する前に、信玄は、甲斐から信濃へ入り碓氷峠を越え、上野国を経て北条氏の領国である武蔵国・相模国へ侵入している。前述の**関東出陣**・

小田原攻撃である。これは、小田原**北条氏への牽制作戦**であった。

《**第三回駿河侵攻**》……永禄十二年、一五六九

十一月二十八日、信玄の大軍が甲駿の国境を越えてみたび駿河に侵入した。北条氏が構えていた**薩埵砦**を落とし、十二月六日には**蒲原城**を陥れている。（↑蒲原城をめぐる戦いに芦田信守・信蕃父子が参加していたことが文献上残っているので、後述のページで項目を立てて扱うこととする）。そして、**駿府城**を今川の旧臣岡部正綱が占拠していたが、説得し無血開城させている。年が改まって元亀元年一月、信玄は初めて駿府より西へ駒を進め、**花沢城**を攻略している。

《**第四回駿河侵攻**》……元亀元年、一五七〇

いったん甲斐へ戻った武田軍は四月に、よたび駿河に侵攻した。五月十四日に**吉原**及び**沼津**で北条軍と戦っている。沼津の千本松原が戦場となった。

《**第五回駿河侵攻**》……元亀元年、一五七〇

八月、信玄は**本陣を黄瀬川**に置き、一手は北条の支城の伊豆韮山城を攻め、もう一手は沼津**興国寺城**を攻めているが、

両方とも攻略には至らなかった。

《第六回駿河侵攻》……元亀二年、一五七一

前月から一月にかけて、北条綱成が守る**深沢城**を攻める。籠城軍に対して一月三日付けで信玄が送った降伏を促す「深沢城矢文」の逸話は世に知られている。

このように永禄十一年から元亀二年まで（一五六八～七一）と駿河を戦場として戦っているが、未だ駿河全域を征服できたわけではなかった。

写真：深沢城
空堀の中に土橋。林は馬出し。

図：駿河侵攻（第2～6次）で攻めた城

深沢城
大宮城
興国寺城
三島城
駿河
蒲原城
薩埵砦
吉原
沼津
韮山城
駿府城
花沢城
伊豆
駿河湾

㉑駿州蒲原城

写真：蒲原城

先にも述べたが、武田氏の第三回駿河侵攻は永禄十二年（一五六九）十一月である。薩埵峠を押さえるべく、峠の北方の尾根上の**薩埵砦**を攻めている。（これは「第二次薩埵砦の戦い」ともいえる）。そして、いよいよ**蒲原城**攻略に取りかかった。北条氏にとっては**蒲原城**は武田軍に対する最前線であり、緊張高まる富士郡を治めるための拠点でもあった。主将として**北条新三郎氏信**が入り、蒲原城本曲輪の後ろに善福寺曲輪を増築し塀も増加し、防備を強めた。蒲原城は静岡県庵原郡蒲原町（現静岡市清水区）蒲原字城山にある。蒲原町の北側背後に屹立する山に築城された中世の山城で、蒲原町の南側に広がる狭い平野及び富士川を見渡

すことができるところに立地している「後ろ堅固の構え」の山城であり、北方や東方からの動きを見張るのに最適の場所である。この時の蒲原城攻防戦の状況は、『甲陽軍鑑』『武田三代記』『北条五代記』などに詳しい。それらから概略をまとめてみる。

図：蒲原城 「日本城郭体系」第９巻（静岡編）を参考にし現地（調査）平成15年12月・市村
調査して作成

《蒲原城攻防戦》

永禄一二年（一五六九）十二月四日、武田信玄は岩淵の宿を焼いて蒲原城に押し寄せ、蒲原城の東南**「吹上の六本松」に本陣**を据えた。信玄は城明け渡しを勧告した（問落の計）が、城主北条新三郎氏信が応じなかったため、五日夜半に軍を撤し、六日未明に計を策し、**小山田備中**を先陣の主将として、五〇〇余人の軍勢が浜須賀を西方の駿河府中方面へ向かって進軍する動きを見せた。「信玄公の先衆、十二月五日の夜中に打立、六日の朝は**由井・くら沢**迄をる、暫間有て、小山田備中ばかり、残り旗本の少シ先をいたす──」

信玄公の先衆（この中に信濃先方衆である**依田信守・信蕃**父子もいた可能性が大きい）は永禄十二年（一五六九）十二月五日に西方の駿河府中方面へ向かった素振りで動きだし、六日の朝は**由**わった。その時城内に武田への内応者がいて、四郎勝頼の兵

写真：吹上の六本松（蒲原城攻撃本陣）

比・倉沢にさしかかった。小山田備中守だけは、おとりとなって先衆に少し遅れて、信玄本陣の少し先を進軍する風情を見せた。そこへ、先陣の小山田と武田信玄の旗本隊との分断を図って、北条新三郎氏信が蒲原城から押し出してきたのである。北条新三郎は**信玄の陽動作戦（おびき出し作戦）**にひっかかったことになる。後年の三方原の戦いで、家康を浜松城からおびき出した作戦と似ている。

小山田備中と北条新三郎とせりあひ有、其時四郎勝頼公、さいはいを取って、道場山より乗り給ふ、其外うしろ備え、脇備をもって、城をのっとる、是を見て、北条新三郎城へあがる、小山田備中衆、北条衆を追掛、悉ク頚をとる。

小山田備中隊へ北条新三郎隊が突っ込んだ。（この場所は、蒲原城の南城下から由比・倉沢にかけての浜辺であった。（『芦田記』にある**「下野父子之先手薩陲の浜にて父子共尽粉骨候故」**とあるのは、この時のことであろう。）先衆と北条新三郎とが戦っている時に、**武田勝頼**隊が北東にある道場山から蒲原城へ攻め上った。そのほかに信玄の後備えや脇備えが加

写真：善福寺郭の土塁

写真：蒲原城本郭跡

を搦め手から引き入れた。勝頼隊は**善徳寺曲輪**へまず乗り入れ、やがて本丸へ乱入し、城を乗っ取った。北条新三郎は城へ上がろうとしたが、壊滅した。「上下合テ七百七十一の頚帳をもって、**吹上の六本松**にをいて、かち時を執行給ふ也」。武田方は蒲原城の東南東にある信玄の本陣のあった「**吹上の六本松**」において勝鬨の儀式を行なった。（信玄の本陣跡「吹上の六本松」は現在蒲原中学校の校庭の西一遇にある）。**北条新三郎**は城下の常楽寺まで逃れてきて、そこで火を放ち切腹したという里伝がある。常楽寺跡の丘は現在の静岡市清水区蒲原諏訪町字常楽寺である。そこに「常楽寺殿衝天良月大居士」という**新三郎の墓**がある。蒲原落城から六日後の十二月十日には北条氏の最前線の拠点である**薩埵砦**も自落した。そして十三日には武田氏による府中再占領がなされた。そして**蒲原城**は逆に武田氏の北条氏に対する最前線拠点として位置付けられる城となった。

《駿州蒲原城攻図から》

『蒲原城総合調査報告書』（二〇〇七年、静岡市教育委員会pp.84-86）を見ると、武田軍による蒲原城攻めの布陣の様子が六種類掲載されている。（それぞれ所収されている原本が違うことによる）。少しずつ異なった表現になっているが、城の南方大手筋には北条氏の「三鱗（ミツウロコ）」の旗印が並び、さらにその南の浜辺に沿って武田氏の「武田菱」の旗印が東から西へ列をなしている。武田のそれをよくみると、全体が西に向かっている様子が分かる。一番の西の方から「武田先衆（晴信先手）」「小山田備中」「信玄旗本（晴信旗本）」の順に布陣し、北東の道場山方面には勝頼・小幡上総が布陣している。その内の『信玄公合戦伝図』所収「駿州蒲原城攻」（東北大学狩野文庫所蔵）では武田軍の陣容に関してはさらに詳しく、信玄の旗本（本陣）の後方（東側）には典廐・逍遥軒の

図：古戦場図
「蒲原城総合調査報告書」（2007年、静岡市
教育委員会 pp.84-86より）

西方先頭から馬場・内藤・山県・原・真田・跡部の名

陣が控え、信玄よりも西方（蒲原城の南方）には少し間を開けて小山田備中隊が描かれ、間を置いて先頭（西側）から馬場・内藤・山県・原・真田・跡部の名が記されている。信州に本拠をおく武将では、真田氏の名があるが**芦田氏**は載っていない。しかし、蒲原城攻略に参陣していない真田氏が載っていて、**芦田氏**が漏れている。

蒲原城を攻略したことを信玄が当時の真田氏当主の一徳斎幸隆・源太左衛門信綱父子に報じた信玄書状がある。真田氏の本隊が蒲原城攻略に参陣していなかった証拠である。（真田氏では四男の真田信尹が参陣していた逸話はあるが、先方衆の一隊を形成できるような軍勢は率いてはいなかったはずである。また、後に当主となる三男の昌幸はこの時点では武藤氏を継いでいるが、参陣していたか否かは定かではない）。真田氏は後に徳川幕府内で十万石の大身として幕末に至っていることから、江戸時代の文書や史書では実際以上に取り上げられているが、これはその典型的な例である。一方、芦田氏は関東移封後しばらくまでは大身であったが、幕府の大名としては残ることはできなかった。この蒲原城攻略の時点を含めて、少なくとも信蕃の次男芦田依田松平康眞が慶長五年（一六〇〇）に藤岡藩を改易されるまでは、真田氏に勝るとも劣らなかった事実があるが、そのことは後世あまり語られ

てはいない。

《蒲原城攻略戦での芦田隊》

　では、この蒲原城攻略戦で芦田信守隊はどこにいたのであろうか。文書から探ってみると、

・「下野父子之者、先年さつたの濱にて、父子共に粉骨を立曷候故駿州退治のよし」（『蘆田記』）

・「下野父子之先手薩埵の浜にて父子共尽粉骨候故」（『依田記』）

・「父子先隊して兵を駿府にすすめ、今川氏眞が兵と薩埵の濱にたたかひこれを敗る」（『寛政重修諸家譜』）

　いずれも「薩埵の浜」とあり「薩埵峠」とはない。では、「薩埵の浜」での戦いとは？　これこそ永禄十二年の蒲原城攻略の際に、先軍として由比・倉沢付近の浜で戦ったことに相当すると思われる。　薩埵の浜とは、薩埵峠のすぐ南東下の浜、つまり西倉沢辺りの浜であろう。依田軍は先手として、西倉沢まで西進した部隊の中にいたのである。さらに細かく推量すると、依田信蕃の妻は跡部大炊介の娘である（『寛政重修諸家譜』参照）と公の記録に記されているので、跡部の与力として跡部隊の中に参陣している可能性もある。ここで依田信守・信蕃父子の率いる依田軍は奮戦したことになる。西倉

写真：由比宿から薩埵峠への入り口（東海道）

図：薩埵峠とその周辺

沢のすぐ先の海岸を西へ回れば、興津の浜へ到達し、さらにその先には駿河府中がある。

《芦田信守・信蕃父子の蒲原城の守備》

蒲原城を攻略すると、信玄は即日、重臣**山県三郎兵衛尉**を入れた。翌永禄十三年（一五七〇）五月、山県三郎兵衛は庵原郡を領して江尻城主となり、清庵地方で武田臣下になった地付を集めて蒲原衆を編成して、蒲原城にあたらせた。蒲原城には常時、防衛維持管理のための城番がおかれたのである。**信守・信蕃父子が蒲原城を守備した**のは、この時のことであろうか。単なる番勢の一旗頭としてなのか、城将（守備大将）としてなのかは不明であるが、いずれにせよ、**信守・信蕃父子が蒲原城に在番した期間があると推定される**。武田信玄は元亀二年（一五七一）まで武田軍は駿河に六回侵攻し、ついに駿河全域を手中に収めているが、依田信守・信蕃父子ともに終始参陣していることから、蒲原城に在城した期間はそう長くはなかったであろう。依田信守・信蕃父子の蒲原在城について述べている文書としては、『蘆田記』『依田記』『寛政重修諸家譜』のほかに、**『駿河記』**がある。

當城今川家時代の守衛を未詳。永禄の末北條氏康の持

城となり、早雲孫、幻庵の子北條新三郎綱重士佐孕石文書には新三郎氏信とあり守将となり、在住、又武田領になりて、**芦田下野守**を守衛に被置と云……。

「當城」とは蒲原城のことである。「早雲孫、幻庵の子北條新三郎綱重」とは北條早雲の孫（幻庵の子）である北條新三郎綱重（**氏信**）のことである。そして、「武田領になりて、**芦田下野守**を守衛に被置と云」と述べている。『駿河記』は文政三年（一八二〇）に桑原藤泰によって刊行された書物である。したがって、『蘆田記』『依田記』『寛政重修諸家譜』などの先行する文書の記述を多分に参考にして、書いている可能性もあるが、信守・信蕃父子が蒲原城を守っていたと当時一般に認識されていた証左ともなる。また、
・「祖父にて候依田下野守信守、同常陸介信蕃、かんはらに父子共に在城かと聞え申候」……『蘆田記』
・「其時祖父に候依田下野守信守・同常陸介信蕃、蒲原に父子共に在城かと聞こえ申し候」……『依田記』
・「ときに**信守男信蕃**とともに、蒲原の城を守る。」……『寛政重修諸家譜』

以上のことからも、依田信守・信蕃父子は、武田信玄に従軍して駿河國へ侵攻し、蒲原城に在城したのである。番手城

172

主としての城番であったか否かは別として、ともかく信守・信蕃父子が蒲原城に在城していた時期があったのである。で

は、それはいつのことであろうか。次に依田信守（芦田下野守）の名が登場するのは、三方原合戦の際に、美濃國岩村城攻略前後に関わっての岩村城南方の「上村の戦い」で、遠山景行（宗叔）を元亀三年（一五七二）十二月二十八日に破った時のことである。したがって、依田信守・信蕃父子が蒲原城に在城したのは、武田氏が蒲原城を掌握した永禄十二年（一五六九）十二月から元亀三年（一五七二）十二月の三年間のうちの或る時期であったと推定される。

《蒲原城眺望》

蒲原城主郭からは南方に、東から西へ銀色に輝く海原と海岸線が一望できる。左手遠方には伊豆半島方面が穏やかな霞の彼方に横たわっている。近くの海面には漁船と思われる小船がゆっくり揺れながらとどまっている。足下の城下には、今は住宅街の屋根しか見えないが、当時は武田と北条の大軍が鬨の声を挙げて合戦を展開したであろう海辺と平地がある。右手西方遠方には由比や倉沢へ延びる砂浜であったであろう海岸線が弧を描いている。おそらく「薩埵の浜」と『芦田記』（依田記）で表現されているのは、その辺りのこと

推定される。さらに遠方には半島状に西の海へ落ち込んで、行く手を遮っている薩埵峠の山塊が見える。これらの光景は芦田信守・信蕃父子が蒲原城を守備しながら朝夕に目にしていたものと、家並みを除けばほぼ同じであろう。山国出身の信濃先方衆の侍大将には、故郷とは違った光景や気候や足下の草木までもが、どのように感じられたのであろうか。城址に立って、当時の人々の心を思いやると、つい時間の流れを忘れてしまいそうである。

写真：西方に薩埵峠を望む

㉒三方ケ原の戦い

《信玄、上洛を目指す》

上洛を決意した信玄は元亀三年（一五七二）、軍を三隊に分り、遠江・東三河・東美濃へ侵攻した。まず、九月二十九日に**山県昌景**を先発隊として出発させた。**秋山晴近**（信友）の別働隊は信州平谷方面から美濃へ侵入し、岩村城攻略に向かった。十月三日に**信玄は本隊**を率いて甲斐を出陣し、信州伊那を南下し、**青崩峠及び兵越峠**を越えて遠江に侵入している。

遠州では、内応した犬居城主の天野景貫を案内役（嚮導）としている。只来城・天方城・飯田城・各和城を攻略し、久野城を攻め、袋井方面へ侵入した。浜松城と高天神城・掛川城とを分断するための作戦であったといわれている。さらに見附へと兵を進めた。三箇野川辺りで信玄軍と家康軍との間で最初の衝突があった**（三箇野川の戦い）**。そして、西走する徳川軍を追って磐田原台地の西、天龍川の東岸まで迫った。この時、退却する徳川軍の殿を本多忠勝が見事に果たした戦いぶりはよく知られている**（一言坂の戦い）**。その後、武田軍は深追いはせずに、天龍川の東岸を北上する進路をとった。

写真：二俣城本丸

浜松城・二俣城・高天神城・掛川城を分断する位置にある勾坂城を陥して、穴山梅雪を据え置いた。そして、合代島に陣を置き、勝頼を大将として二俣城攻略にとりかかった。そして、合代島に陣

城は浜松城の支城にすぎなかったが、そのまま残して置いた場合、浜松城を攻めるときに、徳川方の後詰めの城となる危険性があったことによる。また、味方の城としておけば、浜松城に睨みをきかせられる位置にあったからであろう。二俣城は規模はそんなに大きくはないが、地形的に要害堅固な地に築かれていた。信玄は早速、城を修築し、城番として芦田依田

下野守信守・信蕃父子を置い
たとしている史書がかなりある。（信守・信蕃父子が二俣城攻略後すぐに城番になったとする説は首肯しがたい。このことについては後述）。

《浜松城からおびき出す作
戦～蒲原城攻略の時と同じ》
　信玄は二俣城からさらに南下し、浜松城方面へ向かって

十二月二十二日に三方ケ原の戦いで家康軍を破った。（新暦に直すと翌年の二月五日頃ということになる。『芦田記』（依田記）によると、その時数えで二十五歳であった依田信蕃は、父である蘆田（依田）下野守信守の武田への忠誠の証の證人（証人）として信玄の旗本軍にいた。信玄の本隊は、これを大手備えと称した。武田軍は二俣城攻略後南下し、家康の本拠地浜松城の直前で、家康を無視するかのように、進路を突然西へ向けて進んだ。そして城からおびき出された家康軍と三方ケ原で合戦し、短時間の間に家康軍を撃破した。これは、三年前の永禄十二年（一五六九）十二月の蒲原城攻めの戦いの時に似た作戦である。蒲原城攻城戦では、信玄は蒲原城の東南東の「吹上の六本松」を本陣としていたが、小山田備中守を主将とする先方隊を、西方の駿府方面へ向かって薩埵の浜を進軍させた。それを見た城将の北条新三郎氏信は先方隊と信玄の本隊との分断を図って、城から出て先方隊の後尾に打って出た。とこ

写真：徳川家康

ろが、それは信玄による城将のおびき出し作戦であり、それにまんまと乗せられた北条軍は、城外で大破され、その隙に蒲原城もまんまと落とされてしまった。その時と今回は状況は異なるが、信玄による敵軍おびき出し作戦ということでは同じである。

《三方ケ原の戦いの概略》

十二月二十二日、二俣城を出発した**武田軍**は秋葉街道を浜松城方面へ南下し始めた。ところが途中で**進路を急に西に向け**、欠下から坂を上り、**三方ケ原**の台地に出て、そのまま西に進んで追分に至り、姫街道を北進し、祝田に向かい始めた。

この時、家康は信玄が浜松城を攻撃してこないことを察した。信玄のねらいが浜松城ではなくさらに西進して三河方面へ進軍するものととったのである。これでは籠城作戦で待ち構えていた家康にとって誤算というばかりでなく、自分の庭をそのまま西へ進まれてはプライドが許さない。やがて三方ケ原を西へ下り始める武田軍をみた家康は、家臣の制止を振り切って、武田軍の後を追った。家康は若気の至りから、まんまと信玄の罠にかかって、籠城戦ではなく野戦におびき出される格好となった。多くの歴史書はそのように解説する。事実結果として家康は信玄の作戦にはまってしまったことにな

写真：浜松城

るのであるが、しかし、家康にとっては、このまま何もせずに直接信長の領地へ向かわれては信長に対して面目が立たないことになる。形勢不利と分かっていても、信長との関係から打って出ざるを得なかったものと思われる。また、信玄にこのまま蹂躙され続けていては、自分の指揮下にいる諸将の中に信玄側に降ってしまう者が出る可能性があると思った可能性もある。

家康が三方ケ原へ兵を進め追撃しようとすると、すでに信玄は祝田の坂を下る前に全軍の進軍を止めさせ、隊伍を整えて、家康を待ち構えていた。家康軍は八〇〇〇、信長からの援軍三〇〇〇を加えても一万一〇〇〇であった。一方信玄は二万五〇〇〇の軍勢であったといわれている。家康軍は比翼（かよく）の陣立て、武田軍は魚鱗（ぎょりん）の陣立てであった。軍勢の少ない家康が比翼（かよく）の陣を敷いたということが、そもそも無謀であったといわれているが、しかし、あながち、そうとばかりはいえない。軍勢が

少ないことをさとられまいとして、大軍であるという錯覚を相手に起こさせる作戦であったのかもしれない。戦いの火蓋が切っておとされたのは、十二月二十二日の夕方であった。一時は持ちこたえたものの、多勢に無勢であった。戦闘は夜戦となり、武田軍が次第に圧倒していった。家康は、何度も危ない局面にあいながら、命からがら浜松城に逃げ帰った。（この時のエピソードが、主として徳川方の史書に伺えるが、今は紙面の関係もあり、省略することとする）。信玄は、そのまま浜松城へは攻め込まず、刑部で年を越し、三河に侵入

図：三方ケ原の戦い

し野田城攻めに取りかかっている。

以上が三方ケ原の戦いの概略である。現在の三方ケ原は開発され、宅地化が進んでいる。往時の面影はない。合戦があったとされるしるしとしては、姫街道を西進すると左手道路脇にある「三方ケ原古戦場」という石碑と、それからさらに少し進んだところにある、この戦いで信玄が本陣をおいた「**根洗いの松**」の跡に建つ石碑とその脇にある一本の大きな松の切り株だけである。「根洗」という名が示すように、松の切り株のすぐ側を今はさほど大きくはない川（用水といった方が現況をいいあてている）が流れている。ちなみに、地元本来の人々は「三方ケ原」とは言わない。あくまでも「三方原（みかたはら）」ないしは「みかたっぱら」である。（地名や人名は、その主体者の言い方にすべきではある）。

写真：信玄の本陣「根洗」松

㉓美濃上村の戦い

《上村合戦と岩村城攻略》

西上する信玄の二俣城攻略、三方ヶ原の戦いと前後して、別働隊として十月末に秋山伯耆守晴近（信友）を総大将とする武田の搦め手軍二五〇〇余の岩村城攻撃隊が、信州下伊那から織田信長の勢力圏の美濃へ侵入した。

図：「上矢作町史より」遠山塚史圖

『蘆田記』（依田記）の記述に従えば、依田信守（芦田下野守信守）は、一方の支隊長としてその軍勢の中にいたことになる。上村の戦いで織田方を破り、依田軍は大将明智城主遠山宗叔（景行）を討ち取った。岩村城は城主遠山景任はすでに病没してい

た。（一説には戦死ともいわれているが定かではない）。上村は岐阜県上矢作町にある。遠山宗叔景行の最期の地は、木の実峠を越えれば岩村城という山の急斜面で、現在そこに石碑（遠山塚）が建てられている。『蘆田記』（依田記）では「宗叔人数五千にて御座候、信守七百の人数にて勝利を得候」とあるが、信守は秋山伯耆守晴近の率いる武田軍の中の一軍勢である芦田勢を率いていただけであり、その活躍についての記録した他の文献はない。人数については検討を要する。史実であるか不明ではあるが、しかし、少なくとも上村合戦で遠山宗叔景行が討ち死にしたことは事実であり、少なからぬ一人が、芦田下野守信守が寄せ手の将であったと認識しているのも事実である。服部酒造夫著『木の実峠』(pp.98-124)では、「上村合戦」における芦田下野守信守のことが一部触れられているので参照されたい。

写真：織田信長

秋山信友を主将とする武田軍が信州伊那谷から美濃国へ攻め入って岩村城方面を目指し、織田信長勢力下の東美濃一円の遠山勢（主将は明智城主遠山景行）を中心とする軍が上村にて迎え

え討った合戦が**上村合戦**であるとされている。ところが、歴史家によっては、市川武治『もう一人の真田〜依田右衛門佐信蕃』（株式会社樣）や『立科町誌』（歴史編上）のように、「岩村城を奪回に向かった信長方の遠山軍を、秋山軍が上村方面で迎え討った戦いである」と解釈している場合がある。岩村城攻略の時期と前後する解釈になる。このことについては検討を要するが、後述したい。

《芦田下野守信守軍と木之宮明神》

この戦いで、**依田信守**らの奮戦があったという。（『蘆田記』〈依田記〉）。また、**上村の戦い**における芦田城内**木ノ宮社**（依田大明神、右衛門大夫孝玄〈隆春〉を祀る）の御加護によって芦田依田軍は勝利を得ることができたという言い伝えがある。

写真：遠山塚

写真：芦田城本郭
履屋の中に木ノ宮社がある。

味方崩れようとした時、味方陣中より黒糸緘の鎧に鍬形の兜（かぶと）をかぶり、葦毛の馬に乗り、七尺の鉄棒を持った武者が表れ、「者共続け！」と大声でよばって敵陣に駆け入り、その働きは人間業とは見えなかった。味方はこれに勢いを得て大勝した。後日、木ノ宮へ戦勝報告に参拝すると、馬の足跡が社殿の中へ消えていたことから、芦田城内にある木の宮明神の化身が加護してくれたものであることが分かり、大いに感謝し、今まで以上に大切に祀った」（『立科町誌』民俗編・芦田記異聞集）。

木の宮社は**芦田城本曲輪跡**にある。祭神は芦田右衛門大夫**孝玄（隆春）**である。隆春は小県郡依田から佐久郡芦田へ本拠を移した芦田氏の始祖である芦田備前守光徳（初代）、右衛門大夫光玄（二代）に続く左衛門大夫**孝玄（たかはる）**（三代）のことである。孝玄は父の死後、弟**義玄**を当主にしようとする継母一派の勢力によって

だまし討ちにされた人物である。その結果、備前守義玄が跡を継いだ（四代）。孝玄の祟りを畏れたがゆえに彼を祭神として木の宮社を勧請して、その鎮魂を図ったものである。（古来日本では、勝者が悲劇的な最期を遂げた敗者の祟りを鎮めるために祭神として祀るという事実がある。菅原道真の鎮魂のために藤原氏が北野天満宮を勧進したのと同じである）。創建は備前守義玄の時代であろう。祭日は九月二十日で、昭和初期までは芦田村で祀っていた。正徳三年（一七一三）に越前福井の芦田氏（依田信蕃の次男康眞こと宗月より三代目である芦田下野守賢詮（まさあき）が再建し、平成の現在は芦田城下茂田井在住の土屋武司氏が中心となって守り続けている。

《上村合戦の時期の諸説に関する考察》

上村合戦と岩村城の戦いの前後関係及びその時期につい

図：芦田氏略系図

```
芦田備善守光徳 ── 右衛門大夫光玄 ── 左衛門大夫孝玄
                 備前守義玄 ── 芦田下野守信守 ── 右衛門佐信蕃
                                              ── 右衛門大夫康國
                                              ── 修理大夫康眞 ── 吉賢 ── 賢詮 … （後略）
```

図：上村の戦い史跡
信州から美濃岩村城へ進む途中、岐阜県恵那郡上矢作町（やはぎ）。

て、いくつかの説が混在し、錯綜としている感がある。前後の動向をも含めて吟味してみたい。

武田信玄の重臣秋山伯耆守信友（晴近）が二五〇〇の兵を率いて信州高遠城を出発し、それを迎え討とうとした織田信長勢力下の東美濃一円の遠山氏を中心とする軍との合戦が上村合戦である。東美濃勢は明知城主遠山民部少輔景行・一行父子、串原城主遠山右馬介・五郎経景、飯狭間城主飯狭間右衛門助、安木遠山某、苗木城主遠山勘太郎ら二五〇〇の兵と三河からの援兵二五〇〇、合わせて五〇〇〇余が上村に出陣し合戦となった。東美濃勢は主将遠山景行はじめ多くが討ち死にし、秋山信友の圧倒的な勝利に終わった。

上村合戦では、どうしたわけか遠山勢の総帥である岩村城の遠山景任の名が、どの書物にも出てきていない。景任の没したのは元亀三年十二月（元亀二年十二月三日という説もある）であるので、上村合戦の際には病床であったのだろうか。岩村城の守りを固くしていたのであろうか。とにかく秋山勢に対する岩村勢の名はなく、また活躍も述べられていない。援軍であったはずの三河衆（奥平貞能を主将とする山家三方衆）は開戦後たいして戦わずに、まもなく敗走してしまったといわれている。こ

の時、芦田信守が山家三方衆の籠もる砦に出向いて、武田方につくことの利を説いて、織田からの離反を説得したという説もある。このことは、知勇に長けた芦田信守の面目躍如といったところである。（『木の実峠』参照）。

上村合戦の時期をめぐっては、説が五つある。諸記録によって記述がまちまちである。

①元亀元年説（一五七〇）……十二月二十八日

・『甲陽軍鑑』『武田三代記』『美濃國諸旧記』を拠り所とした『岩村町史』『中津川市史』『山岡町史』『串原村誌』

（元亀元年上村侵入の理由）秋山信友が信玄への人質として預かっていた徳川家康の親族である松平三郎勝政が出奔し三河へ逃亡してしまった。その責任を償うために秋山信友は東濃侵略を企てたのであり、信玄の命令ではなく信友単独の判断による行動であったと思われる。「したがって、元亀元年は東美濃へ侵入し上村合戦に勝利した後は、信州へ引き返した」というのが上村合戦元亀元年十二月二十八日説である。

この合戦で、信長は明智光廉（みつかど）を救援に向かわせるが、秋山信友は岩村城へ向かう。遠山勢の敗北した後であった。この時、秋山信友は岩村城

攻撃には向かわず、矢作川を越え北三河に侵入して足助城を攻略し、信濃に帰還した。（翌元亀二年に信友は再び三河へ攻め入った。そして元亀三年になると信友は再び三河へ攻め入った。そして元亀三年になると**岩村城攻略**に向かった）。**上村合戦元亀元年説**の根拠である同時期資料として、「翌元亀二年高天神城の戦いに小幡兄弟の戦功と合わせて上村合戦の功績を信玄から彰された」ということがある。

② 元亀二年説（一五七一）

『安住寺碑銘（明知にある遠山氏の菩提寺安住寺にある遠山景行墓にある石碑）』

　「……従然後来**元亀辛未極月念八、**上村戦場功成自殺……」。これは、遠山景行が**元亀辛未**に戦功を成し遂げ、自刃したことを述べているのである。**元亀辛未辛未極月念八**とは「元亀二年（一五七一）十二月二十八日」のことである。しかし、寺にある位牌には「乾樹院殿文岳宗叔大居士元亀三申年十二月廿八日死亡」とあるということなので、菩提寺では三年説ということになる。（なお、「景行」は名乗りで、「宗叔」は法名である。）

③ 元亀三年説

『**明智年譜**』『**明智遠山系譜**』『小里家家譜』などの系図類を拠り所とした『濃飛両国史』『恵那郡史』『岐阜県史』『恵

那市史』『上矢作町史』『遠山塚碑文』これらは、いずれも上村合戦は元亀三年（一五七二）十二月二十八日としている。この場合は『**蘆田記**』（依田記）にある「左右の飛脚と、両方途中にて逢い申さず候。大手・搦手ともに同時分の合戦、日も三日とも違い申さず候かと聞こえ申し候」という内容と合致する。（**三方ケ原合戦**は元亀三年十二月二十二日、**上村合戦**元亀三年説では十二月二十八日。三方ケ原の戦いとは六日間の前後であるが、**ほぼ同じ時期**のことともいえよう）。

④ 元亀四年説（一五七三）

『遠山来由記』

　元亀三年の翌四年（一五七三）春に秋山勢が上村へ侵攻したとしている。（因みに元亀四年は七月二十八日からは天正と改元されているが、春の時点では、あくまでも元亀四年が正しい。）

⑤ 天正二年説（一五七四）

『巖邑府誌』

　以上みてきたように、ざっと上げただけでも五つの説があるが、後述するように、**芦田下野守信守**が、信玄の二俣城攻城の時には只来城・飯田城攻略の別働隊の主将となっていることからしても、体は二つはないので、同時期に信守の上村合

182

戦参加は不可能となってしまう。

『芦田記』（依田記）に記述されていることは、期日的な齟齬は少々あったとしても、出来事そのものがあったことについては、他の事項についてもほぼ適切に記述されていることから、信守の「二俣城攻めや支城攻略」と「上村合戦での軍功」は、両方ともにあった可能性が大きい。以上のことを鑑みて、上村合戦は三方ケ原の戦い以前の年月に行なわれたと考えたい。現時点では本書では、元亀元年（一五七〇）十二月二十八日説を採用することとする。

《岩村城攻略の時期の諸説に関する考察》

概略＝秋山信友は岩村城を攻撃した。城主遠山景任はすでに亡く（元亀二年十二月三日没の説あり）、その室である景任未亡人（信長の叔母）は信長の五男御坊丸（当時七歳）を養子として城を守っていた。信友は岩村城を攻囲するが、力攻めは避け、策略を巡らした。城内の反信長勢力を誘い、説得して無血開城に成功した。将来御坊丸に家督を譲ることとして、岩村城主（城代）となり景任未亡人を室とした。その後、信友は武田信玄の嫌疑を受けることをはばかり、御坊丸を人質として甲府へ送った。

①元亀三年説

写真：岩村城本丸

・十一月十四日説……『武家事紀』に「十一月十四日に秋山信友が美濃岩村城を攻め、これを陥す」とある。この場合は、上村合戦元亀三年十二月二十八日説からすると、岩村城攻略の方が時期的に先になる。そうすると、上村合戦は東濃勢が遠山景行を主将として、岩村城奪還に向かった戦いという位置づけになる。それでいくと東濃勢が砦に籠もったという事実や、地元の人々の解釈とは大分異なってくる。

②元亀四年三月説……（「天正元年」とする歴史書があるが、「天正」と改元されるのは七月二十八日以後のことである）

・『甲陽軍鑑』によれば、元亀四年四月に武田信玄は没している。まさに、信玄が病に倒れ、信濃を経由し甲斐へ退却する頃に岩村城を攻略したということになる。「三月十五日に勝頼は岩村城へ入城し、織田方の駐兵三十五人が首を討たれた」と『甲陽軍鑑』にある。これは秋

山信友が元亀三年十一月十四日に岩村城を策略によって攻略した後、城主としておさまり、武田・遠山・織田の兵が三者の兵が共存していたものを、勝頼が三月に入城し、織田の兵を討ったということであろう。時期としては、当時、**織田信長**は近畿の各地へ軍を進めており、東美濃へ軍を動かす余裕がなかった時期のことである。

《証拠となる同時代史料》

岩村城攻略が元亀三年十一月十四日であることを証明する同時代文書がある。

(1)（元亀三年）十一月十九日　武田信玄書状（遠藤加賀守宛）

之城請取、籠置候人数、此時無用捨、岐阜江可乱對歟否、**就中去十四日岩村**如前々給先書候、當備近日任存分候、可為其馳走専候、又越前陣へ使者候、路次無相違様、指南可為祝著候、恐々、

十一月十九日

遠加々守殿へ

信玄御判

（読み下し）

前々給せし先書の如く候、當備え近日存分に任せ候、**就中去る十四日**に岩村之城を請け取り、籠り置き候人数は、此の時無用に捨て、岐阜へ可乱對歟否、その馳走専ら為すべく候、また越前陣へ使者候、路次相違無き様、指南為すべく祝著に候、恐々、

十一月十九日

遠加々守殿へ

信玄　判

「**去十四日岩村之城請取**」（去る十四日岩村城を請け取り）とは「元亀三年十一月十四日に岩村城を攻略し、城を受け取った」ということを意味する。この事実から、**岩村城開城**が元亀三年十一月十四日であることが判明する。武田信玄は岩村城を**秋山信友が奪取**した五日後（十一月十九日）には、すでに書状を遠藤加賀守宛に出していることになる。

(2)（元亀三年）十一月十九日武田信玄書状写（朝倉左衛門督宛）内閣文庫蔵『古今消息集』所収では、

味方、長為當敵動干戈候、對信此所御分別肝要候、為其領不殘擊碎、號二俣地取詰候、殊三州山家、**濃州岩村屬**如露先書候、去月三日出甲府、同十日、當國江乱入、敵以玄東斎委細説彼口上候間、不能具候、恐々謹言、

謹上　朝倉左衛門督殿

十一月十九日　　　信玄

〈読み下し〉

先書にあらわし候ごとく、去月三日甲府を出て、同十日当国へ乱入。敵領残らず撃砕。二俣と号する地取り詰め候。殊に三州山家、**濃州岩村味方に属し**、信長に対し、当敵として干戈を動かし候。このところ御分別肝要に候。そのため、玄東斎をもって委細彼口上に説き候間、具にするあたわず候。恐々謹言。

十一月十九日　　　信玄

謹上　朝倉左衛門督殿

〈要点〉

ア　十月三日甲府を出発し、十日に遠江の国に侵入した。

イ　敵の領地はみな撃砕し（只来城、飯田城などを陥し）、現在は**二俣城**を攻めている。

ウ　三河の**山家三方衆、美濃の岩村城が味方に属し、信長**に対して敵となっている。（奥平貞能を筆頭とする山家三方衆は、上村合戦の時には東美濃の遠山衆に加勢した形で、秋山信友の侵攻軍に対していた。合戦が開始

されると大して合戦に参加せずに、さっさと三河へ引き上げている。その山家三方衆が元亀三年十一月十九日の時点で武田方に属しているということは、上村合戦はそれ以前に行なわれたということを意味する（信長包囲網の一

エ　以上のことをよく理解してほしい）

オ　細かいことは使者の玄東斎が口上で伝えます。

図：信長に敵対する武田信玄〜朝倉義景の書状
元亀3年11月14日　岩村城攻略する。
11月19日 岩村城攻略の旨を、二俣城を攻めている信玄が越前一乗ノ谷の朝倉義景へ書状で伝える。

カ　この書状の書かれたのは元亀三年（一五七二）十一月十九日

キ　武田信玄から**朝倉左衛門督義景**への書状である。

この文書によって、元亀三年十一月十九日には**二俣城攻め**の最中であったことが分かるが、ここで「**濃州岩村味方に属し**」と岩村御城が武田方の手に落ちたことが、朝倉義景への情報として盛り込まれている。岩村城の攻略は、元亀三年十一月十四日のことであるので、その五日後にはこうして、信玄が信長包囲網の一翼を担うと期待している朝倉義景へ手紙を出していることになる。東美濃から敵地（徳川家康の三河）を経て、二俣城攻城中の信玄へ情報が伝わる早さが分かる。

以上二通の武田信玄書状（遠藤加賀守宛）（朝倉左衛門督宛）から判明する重要な点は、岩村城攻略の時期は元亀三年（一五七二）十一月十四日が一番妥当ということになる。

《岩村城主遠山景任について》

岩村城主は遠山景任であった。**景任は織田信長**の叔父を室として下に入ったと推測される。永禄年間に織田信長の勢力おり（信長の叔母婿）で、子はなく信長の五男の御坊丸を養子として入れている。

秋山信友が上村へ侵入した時の諸書の

記録に、その名前は出てこない。遠山勢の総帥であるべき「景任」の名が出てこないのは、すでに他界していたか、病身で城から出られなかったのか、後陣にあったのか、活躍しなかったからなのか、いずれにせよ上村合戦時にその存在が感じられない。没したのは『遠山来由記』では元亀三年十二月であり、『美濃國諸旧記』では元亀二年十二月三日と記されている。

もし、**秋山信友の侵攻**が元亀元年とするならば、存命中の「遠山景任」なる名前が出てくる可能性が高いことになる。このことが、上村合戦元亀元年説の弱点ではある。（名前が出てこないということは、秋山信友の東美濃侵入に伴う**上村合戦**があった時期は元亀三年の可能性が高いという客観的要素になると考えることもできる）。しかし、本書では「芦田信守の上村合戦での活躍」と「二俣城攻略の別働隊を率いた活躍」を両方共に事実として捉える立場をとるため、上村合戦元亀元年説を支持したい。

《遠山民部宗叔景行について》

上村合戦の遠山勢の中心的存在は**遠山景行**であった。遠山景行は上村合戦に際して、支城である只来城・飯田城攻略の別働隊を率いた活躍勢の攻撃を正面から受けて討ち死にした。その最期の地が**遠山塚**である。遠山塚は上矢作町の漆原山中の傾斜地にある。秋山

この上村合戦の戦死者を弔い、遠山神社として小さな塚が立てられていたが、明治四十四年に漆原の近藤儀助氏が中心となって遠山塚として高さ二六二cm、幅一八〇cmの石碑が建立された。

《**武田信玄・織田信長と上村合戦**》

織田信長は東美濃方面に対しては、遠山氏を麾下につけるために、岩村城主**遠山景任**に叔母を、苗木城主**遠山勘太郎**直康には**妹**を嫁がせた。さらに**武田信玄**に対しては、遠山勘太郎直康と妹との間に生まれた**娘（姪）**を自分の養女にして、信玄の嫡男となっていた**四郎勝頼**に嫁がせていた。信長はことあるごとに信玄に贈り物を送り、東方の憂いをなくそうとしていた。しかし、互いにその勢力範囲が広がった結果として、敵対せざるをえない運命にあった。信玄は信州・西上野・駿河を占領すると、いよいよ大軍を率いて西上の途についた。徳川家康を三方ケ原の戦いで蹂躙し、さらに**信長**勢力下の東美濃に侵攻したのである。家康と同盟し西進を図っていた信長にとっては大変な脅威であった。それが**上村合戦の背景**である。

以上の考察を参考に上村合戦と岩村城攻略の概要を整理す

るると次のようになる。

《**上村合戦の様子～地元の地誌より**》

上村合戦の行なわれた東美濃の地元では、上村合戦の状況をどのように捉えているのだろうか。その糸口となるのが岐阜県上矢作町『あんじゃない』第三号（昭和六十二年一月一日）である。そこには『遠山来由記』と題して次のような記事が載っている。少々長くなるが引用してみよう。

（前略）…上村合戦は一五七二年、甲州方秋山勢（信州上伊那郡高遠の城主、秋山晴近）の侵略に対して、遠山勢（明智城主遠山景行）が上村において迎え討たんとして戦った合戦である。秋山晴近は信玄の味方であることを示すために、最も近い織田方の城、岩村城の攻撃を決意し、二千五百名を率いて高遠を出発した。これに対し遠山景行に味方するもの、苗木城の遠山勘太郎、飯狭間城の飯狭間右衛門佐、串原の串原左衛門、高山の平井宮内少輔光行、小里の小里由記光次、それに加えて徳川氏の家来で築手、駄峰、長篠、足助、武節の武将達。遠山景行を総大将とするこれらの一隊は上村で秋山方を迎え討つために、前田砦・阿寺砦・岩井戸砦・漆原河寺砦

に布陣した。先発隊は秋山晴近の率いる五百人、本隊を率いる者は望月与三郎、右に芝山主水且春、左に原藤吾昌定、後隊は松本右京亮長継に固めさせ進軍した。濃兵の先陣は串原勢で、まず、秋山勢の望月の兵との間で戦端は開かれた。串原勢一千余人が敵を追うと、望月勢は後ろへどんどん引きはじめた。ところが、望月勢が引いたのは策略で、足場の良いところで踏み止まって激しく迎えうち、同時に両翼にいた原、芝山の両隊が串原勢の両翼を攻撃し、はさみうちにあった串原勢は、たちまちのうちに後退した。第二陣がこれに代わって攻めようとしたが、敵勢の攻撃がはげしく、ことごとく崩れて収拾しがたくなった。遠山景行はこれを救わんとして兵を進めようとしたところ、秋山の先発隊が潜行して背後から奇襲をかけた。前後から攻められて、景行は苦戦した。体にはあちこちに傷を負って従う家来はわずか十数人。勢いにのった敵は尚も彼らを追って後ろに迫ってくる。疲れ果てた景行がふと刀を杖にして雪をかけのけた時、雪の下にこぼこぼと清水が吹き出しているのを発見した。彼等は冷たい水に喉をうるおし、流れ出る血潮を洗い、再び勇気をふるって敵に向かって切りこんでいった。これが現在も残る一杯清水の伝説である。

しかし、多勢に不勢、寄せてくる大勢の敵に対して、わずか数人ではどうすることも出来なかった。疲れ果ててもう逃げることもできぬと見きわめた彼等は、遂に迫り来る敵を前にして自決し果てたのである。今、彼等の悲しい最期を記念して遠山塚が建てられている。一五七二年十二月二十八日夕刻、遠山景行六十四歳のことであった。

ここには、小説『木の実峠』（服部酒造夫著）には、依田信守が敵の砦まで出向き、奥平氏などの**山家三方衆**を謀略して武田方になびかせたり、敵の大将である**遠山宗叔景行**を最期に追いつめる軍勢であったりして、活躍している。まさに芦田依田信守らしきありようが述べられている。そこには、**上村合戦に一支隊長として参軍していた**という一つの状況評価となり得る可能性がある。また、著者が、信守が上村合戦に参加していたこと、信守が武田麾下の智勇に優れた武将であることを知っていて、小説の中に登場させているこのことからしても興味深いものがある。

しかし、小説『木の実峠』（服部酒造夫著）には、依田信守のことには言及されていない。

芦田下野守信守のことには言及されていない。

188

《秋山勢の岩村城攻略》

既述したことではあるが、三方ケ原の合戦の時に。二俣城攻略と併行して、武田信玄は山県三郎兵衛昌景を東三河へ攻入らせ、また、**秋山伯耆守信友（晴近）**を総大将とする**別働隊に東美濃を攻撃させた**。秋山信友は信濃の春近衆、高遠衆などを率いて、十月二十日過ぎに東美濃への侵攻を開始した。**織田方の要衝岩村城を攻略する**ということは、織田勢の甲斐侵攻の拠点となりかねない城を奪い取るという意味もあった。城主**遠山景任**の妻は**織田信長の叔母**にあたる、実子がなかったため、信長の末っ子**御坊勝長**（当時三・四歳か）を養子に迎えていた。元亀三年（一五七二）、秋山信友は十月末に伊那口（根羽、平谷方面）から東美濃に侵入し、**岩村城**を襲った。城主遠山景任は戦死（負傷がもとですでに病死したともいわれている）。信長は兄の信広、家臣の河尻秀隆らを援軍として送ったが、武田軍の猛攻と計略の前に破れ、城主夫人を秋山信友の妻とするという条件で、十一月十四日（一五七二）に**開城**した。織田信広らは信長の元へ逃げ帰った。秋山信友は御坊を人質として甲府へ送った。

《二俣城攻略・三方ケ原の戦いと芦田依田信守・信番父子》

一説には、遠州二俣城奪取直後、信玄は**蘆田下野守信守**（依田信守）を二俣城番に据えて、三方原の戦いへ向かったとなっている。その場合は、この上村合戦（十二月二十八日）での依田信守の活躍はありえないことになってしまう。また、『蘆田記』（依田記）では、三方原の戦いの時、下野守信守の嫡子の右衛門佐信番が、信広の旗本に属していたということになっており、それと上村合戦の活躍との照合についても検討を要する。

これまでの考察から、「二俣城の戦い・三方原の戦い」、「上村合戦・岩村城の戦い」との時期的な関係は、左記のごとくになるのが、妥当と思われる。

	信玄の侵攻	秋山晴近の侵攻
元亀元年（一五七〇）		①十二月二十八日……上村の戦い
元亀三年（一五七二）	③十二月十九日……二俣城開城 ④十二月二十二日……三方原の戦い	②十一月十四日……岩村城開城

上村の戦いに参戦して功を挙げた**芦田下野守信守**だが、元亀三年の岩村城開城の時の秋山勢の中にはいない。信玄の二俣城攻城戦と三方ケ原の戦いの時には、信玄本隊に属してい

たと推定される。

少なくとも二俣城開城まではそういえる。ただし、三方ケ原の戦いの時には二俣城の守備に着いていた可能性もないわけではない。(このことについては後述)。

以上の攻防戦について多くの史書に書かれているが、伝承、伝記物や家譜などの内容を史料としているので、その出来事の年や月日が諸書の間で相違することがある。そして、それが通説化してしまっていることがある。本稿で扱った上村合戦や岩村城攻略についてもそういう類の誤謬がある可能性が大きい。しかし、「史実そのものの存在はあった」と考えられる。大事なことは、書状、書簡、日記等の同時代史料を一番の基本として考察することである。本書の考察では、『蘆田記』(依田記)の著者である康眞(加藤四郎兵衛宗月)による本文は、年代的な誤りがあるという解釈をせざるを得ないという立場をとっている。芦田信守が同時期に上村の戦いと二俣城の攻城戦の両方に参陣することはできないからである。

上村の戦い・岩村城開城・二俣城開城・三方ケ原の戦いの時間的な前後関係についても、また、それらの戦いにおける芦田依田信守・信蕃父子の動向に関しても、そうした考えに

立ってさらに慎重に考察しなおしてみる必要がある。

図:武田軍の中に芦田信守・信蕃もいた上村の戦い(元亀1年12月28日)／二俣城開城(3年12月19日)・三方原の戦い(3年12月22日)

ⓠ西上作戦と二俣城攻略

〔元亀三年の攻防〕一五七二年、武田氏が攻めた戦い

上洛を決意した信玄は元亀三年（一五七二）、軍を三隊に分け、遠江・東三河・東美濃へ侵攻した。まず、九月二十九日に**山県昌景**を先発隊として出発させ、伊那谷から東三河へ侵入させた。もう一つの別働隊は**秋山信友**を大将として東美濃へ攻め入らせている。十月三日に**信玄は本隊**を率いて甲斐を出陣した。出陣にあたって、信長と対陣中の浅井長政・朝倉義景に書状を送り、双方で協力して信長に対抗するように呼びかけている。信玄は信州伊那を南下し、青崩峠及び兵越峠を越えて遠江に侵入している。武田方に内応した犬居城主の天野景貫を案内役（嚮導）としている。信玄は犬居城（静岡県周智郡春野町）で、東三河方面から遠州へ侵入した先発隊山県三郎兵衛昌景と合流し、そこで軍勢を二つに分け、一隊は**勝頼**を大将として**二俣城を包囲**させた。（近年、武田軍の遠州への侵入路については、新説がある。支隊は青崩峠及び兵越峠から侵入したが、信玄本隊は駿河方面から侵入したというものである。詳細は後述）。

信玄が直接率いる本隊は、天方城・各和城を攻略し、久野城を攻め、袋井方面へ侵入した。浜松城と高天神城・掛川城とを分断するための作戦であったといわれている。さらに見附へと兵を進めた。三箇野川辺りで信玄軍と家康軍との間で最初の衝突があった（**三箇野川の戦い**）。そして、西走する徳川軍を追って磐田原台地の西、天龍川の東岸まで迫った。この時、退却する徳川軍の殿を本多忠勝が見事に果たした戦いぶりはよく知られている（**一言坂の戦い**）。その後、武田軍は深追いはせずに、天龍川の東岸を北上する進路をとった。

浜松城・二俣城・高天神城・掛川城を分断する位置にある勾坂城を陥した。穴山梅雪を据え置いた。そして、二俣城攻略に向かい、二俣城南東四kmにある合代島に陣を取った。

二俣城は浜松城の支城にすぎなかったが、そのまま残して置いた場合、浜松城を攻めるときに、徳川方の後詰めの城となる危険性があったことによる。また、味方の城としておけば、浜松城に睨みをきかせられる位置にあったからであろう。

二俣城を囲んだのは十一月十日以降十九日頃のことである。

《二俣城後詰めの支城〜只来城・飯田城と芦田信守》

一方、『武田三代軍記』には、次の記述がある。

天野宮内右衛門・蘆田下野守を以て、遠州只来・飯田の両城を攻められしが、忽ち両城共に攻め落され、天野宮内右衛門に、遠州城番の儀を仰付けられ。夫より久能の要害を巡見あり。

つまり、支隊は只来城、飯田城を占領し、後詰めの支城を攻略し、二俣城攻撃に備えた。支隊の軍勢を率いていたのは蘆田下野守信守等であった。遠州の只来城と飯田城は、信玄の本隊からコースを分かった芦田下野守信守と天野宮内右衛門景貫によって落とされた。

また、『浜松御在城記』に、次のように述べられている。

―月中旬ニ、信玄、甲州ヨリ遠州犬井秋葉口ヨリ発向、犬井の天野宮内右（衛）門藤秀ヲ為案内者、多々羅江・飯田ノ両城ヲ攻取、天野ヲ遠州定番ニ居

武田軍は地元の天野景貫を嚮導として遠江に侵攻し、二俣城の支城とも言うべき周辺の城を落とした後に、天野を定番（城番）として据え置いたのである。ここで「犬井」とは犬居のことであり、「多々羅江」とあるのは只来城のことである。遠州「たたら城」（多々羅江）（只来城）は、静岡県磐田郡天竜市（現

図：只来城（多々羅城）
静岡県浜松市天竜区只来字田ヒラ。
（調査）平成23年7月29日、市村作図。

図：飯田城
静岡県森町飯田字峯山。

浜松市）只来字田ヒラにある山城で、上只来の西側の山頂（標高二七三m）にある。二俣城より北東へ五km程行った二俣川上流左岸に位置し、眼下に只来の集落が川沿いに展開する。その地に住んでおられる中谷良作氏（浜松市と合併する前の天竜市最後の市長）にお聞きすると、天竜市地域の盆踊りには、地元の人々が「籠城連」と称して踊る習俗が残っているとのことである。只来城は四周への眺望がよく、また、城内の一角を二俣城と犬居城を結ぶ尾根道が通過している。『三代記』には「多多羅」とある。（多多羅」というのは「鑪」、製鉄・鍛冶、つまり古代・中世に関係した地名であることから、あるいは、この近くに鑪集団が居住していた可能性がある）。只来城は信玄の西上戦において、真っ先に落とされた遠州の城ということになる。

飯田城は静岡県周智郡森町飯田字峯山にある。標高五〇mの台地に郭・堀切・空堀・土塁等が残っているが、多くは畑と化している。城跡の北の現在崇信寺のある所を、古城ないしは館跡と推定する説もある。この両城（只来城、飯田城）に立つと、遠い信州から遠征して来た依田信守・信蕃父子の息遣いが伝わってくるかのようである。芦田下野守信守らの支隊によって後詰めの支城を落とされた二俣城は、次第に窮地に陥っていく。

《信玄の遠州侵入経路に関する新説》

　一隊は信州街道（秋葉街道）を下って、久能城（久野城（袋井市））を包囲、木原宿、西島宿（磐田市）など袋井周辺に分宿して徳川軍を牽制した。信玄は合代島（磐田郡豊岡村）に陣をしき、二俣城攻略に取りかかった。つまり、信玄は南方から攻めている。このこともあって、最近の若手の史家は、

193

図：通説 武田軍侵攻ルート
『三方ヶ原の戦い』大和田哲男（学研）参考

図：新説 武田軍侵攻ルート
『定本徳川家康』本多隆成（吉川弘文館）参考

信玄の遠州への侵入経路は青崩峠や兵越峠からではなく、駿河方面からであるという新説を発表している。駿河方面にその時通過した証拠と推定される同時代の古文書が散見されている。（詳細については諸学にお任せしたい）。通説と新説を右記に掲げる。

《信玄、二俣城を奪取》

二俣城は天竜川とその支流二俣川に挟まれた要害堅固な城であったが、家康の武将中根正照を城将に、守備も完璧であった。武田攻撃隊は勝頼を大将に十数回にわたって昼夜を分かたず城攻めを繰り返した。しかし、城兵の抵抗は衰えず攻防は激しさを増した。信玄にとっては家康・信長の後詰め（援軍）に備えての背水の陣のような状況であった。難攻不落の二俣城ではあったが、武田軍は天竜川の流れを利用して、上流から筏を流し、水の手の櫓を破壊した。水の手を断たれ、城将中根平左衛門は、ついに開城した。二俣城が落ちたのは元亀三年（一五七二）十二月十九日のことである。この攻城戦は約二カ月かかっていることになる。中根正照らは人質として捕えられた。浜松城から来援した徳川家康軍は武田軍の守備に圧倒され、途中で釘付けとなり、中根らの人質交換を条件に、全軍浜松城に引き揚げた。

なお、いくつかの文献では、信玄は二俣城を奪取直後、芦田信守を城主に据えて、西上作戦を継続すべく、三方原へ向かったと述べているが、このことについては大きな疑義があ

る。（後述することとする）。

《二俣城攻撃で命を落とした佐久の武将》

この攻防では敵味方ともに鉄砲を使用していた。武田氏は決して鉄砲の備えを怠っていたわけではない。実戦でかなり重要視されてもいたようである。信州佐久に本拠をおく小宮山丹後守昌友は、水の手曲輪の一番乗りを果たしたが、敵の鉄砲に当たって討ち死にした。彼は信玄代の永禄年間に諏訪城代、また西上野松井田城将などを務めたこともある。二俣城では、馬場美濃守信春と先陣を争って城内に雪崩れ込み、突破口を開いたとされている。昌友の墓は佐久市龍雲寺にある。『武田三代軍記』には、小宮山丹後守昌友の最期について、次のように記述されている。

二俣の城を取圍み、息をも續驅がせず攻めらるる。中にも勝頼は、紺地金泥の法華経の幌を懸け給ひて、士卒に先立ち働き給ふ。斯くて甲州の士卒、我も我もと攻近づき、水の手を攻取りけるに、小宮山丹後守昌友、水の

千曲輪の一番乗りを果たして乗込んだり。敵大勢、此所を支えて防ぎければ、小宮山、多く痛手を蒙つて終にしたりけり。

とある。また、武田方の戦没者の中に、平原依田氏の**依田昌忠**がいる。彼は潜行隊として城内に忍び込んだが、討ち死にしている。彼の子依田**盛繁**は、祖父**信盛**に養われ、後に依田信蕃の佐久平定戦では、一番に信蕃の臣下となり、小田井城や加増城の攻略に功を挙げている。

《二俣城の地取りと構造》

二俣城は静岡県天竜市（現浜松市）二俣町二俣字城山にある。二俣城は、平山城で一〇〇ｍ×三五〇ｍである。城の東と西、それに南の三方が天竜川と二俣川の流れによって囲まれ、北方だけが、台地を深く掘り切った空堀で台地と絶縁しているという天険に構えて

写真：二俣城大手二ノ丸虎口

いた。（当時は二俣川の流れは二俣城の南を巡って天龍川と合流していた）。東から半島状の台地に占地した結果、背後の尾根状の防備を二重の堀切と数区画の外郭を構えることによって強化している。天竜川の激流を背負い、二俣川を前面の帯として、東北に見通しのきく蜷原台地をひかえた二俣城は、当時としては極めて要害堅固な城郭であった。縄張りの細部を見ると、一直線上に六つの曲輪が階段状に配置され、それぞれ堀切（空堀）によって遮断されていた。また、斜面

図：二俣城要図（信蕃時代よりも後世のもの）「日本城郭体系9」p.124より。

196

には竪堀をほどこし、大小の帯曲輪から構成された堅固な構えであった。依田信蕃が長期籠城戦に持ちこたえることができたのは、彼の武将としての資質によるところが大きいが、堅固な二俣城の構えがあってのこともあろう。また二俣城は街道と水運とを繋げる地点の城であった。北は信州に至る秋葉街道と犬居谷に通じる街道、南は浜名湖・浜松・見附・久野方面に至る街道との分岐点に位置し、天龍川水運の拠点でもあったことから、武田にとっても徳川にとっても戦略的に重要な城であったのである。

《芦田信守・信蕃父子が二俣城の番手城主に》

芦田信守・信蕃父子が二俣城の番手城主として守備についたのは、二俣城奪取直後ではないが、天正二年（一五七四）十一月十一日以前からであると推測される。（詳細は「㉖遠州二俣城主・芦田信蕃」の項で後述）。

父信守の智勇に優れた統率力によって、武田方の守備する城として、二俣城は徳川軍の猛攻にも揺るぎなかった。しかし、不運にも信守は天正三年六月十九日に城中で病死する。推定四十七歳であった。父の没後、右衛門佐信蕃は、父の遺志を受け継いで、父に勝るとも劣らぬ武将としての器量を発揮して、武田勝頼からの後詰めの援軍を望めぬ状況の中で、

二俣城主として徳川軍と戦い続ける。（詳細は㉖に）。

なお、芦田下野守信守の法名は「仁徳院殿月桂良信大居士」あるいは「昌林寺殿良信大居士」である。第一章を締め括るにあたって、ここで芦田下野守信守の足跡と合戦を左記に掲げておきたい。

図：下野守信守の足跡

箕輪城攻め
藤岡
浄法寺
御嶽城
鉢形城攻め
詳細は次ページに
滝山城攻め
三増峠の戦い
小田原城攻め
カンムラ
上村ノ戦い
只来城攻め
蒲原城
横山城
駿府城
薩埵ノ浜の戦い
二俣城
飯田城攻め
三方ヶ原の戦い

図：信州における芦田下野守信守の足跡

第二章

信蕃（のぶしげ）

鐘の旗（右）と鐘の纏（まとい）（左）。

㉕武田への人質・源十郎～諏訪での六年間

芦田下野守信守の死後、二俣城主となったのは、嫡男の信蕃であった。信玄にしたがっての信濃先方衆としての信守の関東出兵、小田原城攻撃、三増峠の戦い、駿河侵攻、遠江侵略には若き信蕃も父のもとで従軍している。したがって、ここまで述べてきた信守の事蹟の中に、信蕃の存在があったことはほぼ間違いない。改めてその経過を記述することは避けたい。ここでは、信蕃の活躍を中心に述べられている『蘆田記』（依田記）の冒頭の記述からとり上げたい。

　　　・依田常陸介一代の儀、御聞きなされたき由仰せ越され候えども、誰もしかと存ぜず候。我等承り候通り書き付け申し候。常陸介義、天文十七年戊申年出生、若名源十郎、その後右衛門佐、また、天正九年に常陸介に成り申され候。名乗りは信蕃に御座候。

　　・歳十二の頃、諏訪高島の城に、信玄公への證人に居申し候、その後、年月覚え申さず候えども、武蔵のうち上野境御嶽の城に居申され候。我等が為には祖父下野守信守在城致され候節、常陸介も彼の地へ参られ、

〈要旨〉

父子一所に二年が間在城候由、…（後略）

・依田常陸介一代のことは、聞きたいと仰せ越されましたけれども、誰もしかとは存じません。私が聞き承った通りに、ここに書き付け申します。

・常陸介は、天文十七年（一五四八）戊申年出生、若名源十郎、その後右衛門佐、また、天正九年に常陸介となった。名乗りは信蕃（のぶしげ）であった。

・歳十二の頃、諏訪高島の城に、信玄公への證人としていた。その後、年月は覚えておりませんが、武蔵のうち上野境御嶽の城にいた。拙者（康眞）の祖父である下野守信守が在城していた時、常陸介信蕃も、そこで一緒で、二年間在城した。

〈註解〉

『蘆田記』（依田記）は、「依田常陸介一代の儀、御聞きなされたき由仰せ越され候えども、誰もしかと存ぜず候。我等承り候通り書き付け申し候。」で始まっている。ここで「我等」「拙者」とは、著者である康眞（やすざね）（信蕃の次男、後の加藤四郎兵衛宗月）のことである。

この文章の出だしからすると、筆者は自分よりも上位の人

物の要請に答える形で記述を進めていくことになる。提出先は、後述に「大納言様」とあったり、康眞の娘の嫁いだ竹腰氏との関係からして、尾張大納言義直であるというのがもっとも妥当である。(長野県立歴史館研究紀要第十八号所収『「依田記」の成立の背景と由緒書への転換の可能性について』山崎会理著　参照)

《信蕃が活躍した事蹟の領域》

『依田記』の前半の主人公常陸介は、**天文十七年**（一五四八）戊申年生まれで、若名（仮名）は**源十郎**、その後**右衛門佐、常陸介**となった。名乗り（実名）は**信蕃**である。「信」の字は武田氏から通字を授与されたものであろう。

残っている文献によると、「右衛門佐」（官途名）から「常陸介」（受領名）となり、後に再び「右衛門佐」と名乗っている文書が多い。信蕃は「ノブシゲ」よりも「シンパン」という言い方の方が現代の信州佐久では馴染みがあるが、よほどの歴史に興味ある人でないかぎりは、その存在さえ知られていないのが実態である。しかし、戦国末期の信州佐久の武将で武田氏（信玄・勝頼）の臣下として、幾多の合戦に活躍し、城を任され、智略・武略を尽くしての忠烈な武勇の軌跡は、大いに注目に価する。また、武田氏滅亡後は、その人物を大いに

図：依田信蕃の、戦歴と足跡

濃戦略には、なくてはならぬ存在であった。

その事跡は信州信濃国のみならず、甲斐国（山梨県）・上野国（群馬県）・駿河国（静岡県）・遠江国（静岡県）さらには武蔵国（埼玉県）・越後国（新潟県）・美濃国（岐阜県）にまで及んでいる。そこは、武田信玄・勝頼、徳川家康、織田信長、今川氏、北条氏、上杉氏などが躍動した領域である。歴史の中央舞台ともいえる場所で彼らと関わる中で、そ

に認めていた徳川家康に取り立てられ、特に家康の甲斐・信

の存在と実力が認められ、活躍しているのである。これらの地域の図書館を訪れれば、**芦田・依田信蕃**に関わる文書・史書・書籍が必ずあるほどである。特に「依田信蕃」の名が古文書や歴史書に認められる量は、圧倒的に静岡県が多い。その多くは信蕃が遠州二俣城、駿州田中城の主将としての籠城戦で、家康軍を向こうに回しての兵の掌握とその智略を駆使した辛抱強い戦いぶりが際立っていたこと、また、その間にも民政や人心にも意を注いだことによると思われる。上野国（群馬県）藤岡市では、父下野守信守と右衛門佐信蕃が永禄年間に武田氏の対武蔵国国境を守る役目を担って浄法寺地域の領主であったこと、また、信蕃の次男の康眞が天正十八年（一五九〇）から十年間、藤岡藩主であったことによる事蹟が多いからである。越前国（福井県）にも、その来歴を示す書籍がかなりある。加藤四郎兵衛宗月こと康眞が、始めは松平秀康の食客待遇で、後にその力量を認められ、城代家老にまでなったことによる。康眞を始祖とする越前芦田氏（芦田宗家）は、江戸時代を通じて福井藩家老を何人も輩出して、確かな足跡を残しているからでもある。

ある意味では、信州で特筆される真田氏（昌幸や信幸であり、かの有名な幸村ではない。幸村は大坂の陣では有名であるが、幸村には巷で知られているほどは実態がない。だい

いち実名は信繁である）にまさるとも劣らない戦国武将の存在を認識していただきたいものである。（真田氏との違いは、後世にまで大名としての差か否かの差である。大名として存続した真田氏には文書も史料も多いが、芦田依田氏は同じように大名となったが、次男の康眞の時代に改易となり、大名としては存続できなかった。信守や信蕃が所有していたであろう武田信玄や勝頼からの書状は、後世に残っていない。大変残念なことであるが、おそらく、信蕃が信長の「武田狩り」の追及から逃れて、本拠地佐久郡春日郷を留守にしていた時に、織田の臣で小諸城に入っていた森長可か、その後に入ってきた滝川一益軍によって、館や城を蹂躙され、持ち去られたか破却されてしまった可能性が高い。

その上、本拠のあった信州、とりわけ佐久地方においても信蕃の存在を知らない人々が多い。天正十一年から十八年まで小諸城主であった松平康國が信蕃の子であり芦田依田氏であったこともあまり知られてはいない。これは自らや身内のよさは控えて、他のことを重んじがちな佐久人気質、その結果として身近な重要なことを軽んじてしまうことがある気質によるものと思われる。近くのものよりも遠くのものを重んじがちなこの傾向の結果もその一因かもしれない。

《人質・源十郎は思春期を諏訪高島城（茶臼山城）で六年間過ごす》

諏訪氏を滅ぼした武田氏の諏訪での本拠地は、諏訪郡代板垣信方からしばらくは上ノ原城であったが、三代目郡代の**長坂大炊助虎房**は、信玄の命を受けて、代官所を上原から高島（岡村）へ移し、山本勘助も加わって、**高島城（茶臼山城）**の修築に取りかかっている。『高白斎記』によると、「天文十八己酉年正月八日、長坂方始て高島へ被移候、十三日、山本勘助高島鍬立て」とある。天文十八年（一五四九）正月八日に、長坂虎房が初めて高島へ移り、十三日には城の鍬立てをしたとあるから、天文十八年初めには、諏訪氏の時代からあった高島城が武田氏の城に相応しく本格的に修改築されたことになる。（ちなみに、それは信蕃が生まれた翌年のことになる）

幼名**源十郎**こと**信蕃**は幼少の頃、父下野守信守の武田信玄への**臣従の證人（証人）**、つまり人質として、信玄の信州での本拠の一つである諏訪の高島城で過ごした。当時のそれは、現在「茶臼山城」と称されている古高島城である。この時期は、信蕃の生誕が天文十七年（一五四八）であるので、数え年十二歳は一五五九年（永禄二）である。あるいは

満年齢とすると一五六〇年（永禄三）である。つまり、父である芦田下野守信守が信玄にしたがってしばしば川中島の戦いに参陣していた頃である。信蕃が父芦田下野守信守のもとへ帰されたのは、信守が武蔵国境の浄法寺（地名）（群馬県藤岡市鬼石町）に知行地を与えられ、北条氏に備えて武蔵国内（埼玉県児玉町）の御嶽城を守備しはじめた頃であろう。

その時期は、信玄が西上野の長野業盛を滅ぼしたのが永禄九年（一五六六）九月二十九日であるので、それ以降というこになる。信蕃が父の元へ戻されたのはその頃と推定される。**（人質）**で諏訪へいっていたのは**約六年間**ということになる。

現在でも十二歳から十八歳といえば思春期であり、人生の一番の基礎が身につく年代である。この時代は證人（人質）であるからといって、罪人のような扱いを受けたのではなく、徳川家康や歴史上の少なからぬ武将がそうであったように、いっぱしの侍大将になるような武将の師弟は、滞在先でもそれなりの生活が保証され、文武の修錬もさせてもらっていたと推定される。源十郎こと信蕃は武田氏のもとへ送られていたわけであるが、直接武田信玄の薫陶を受けたかどうかは分からない。信玄の側室諏訪御領人は諏訪にいたので、あるい

は、現在「茶臼山城」と称されている古高島城である。

天文十八年（一五四九）正月八日に、長坂虎房が初めて高島へ移り、十三日には城の鍬立てをしたとあるから、天文十八年初めには、諏訪氏の時代からあった高島城が武田氏の城に相応しく本格的に修改築されたことになる。

は時々諏訪を訪れる信玄に会う機会があった可能性はあるが、あくまで武田氏支配下の信州諏訪の高島城（茶臼山城）下にいたに過ぎないから、甲斐国が本国である信玄との接触の可能性は小さい。しかし、後年、智略・武略を駆使するのみならず、心情的にも武田臣下としての忠義の行動や、部下の心を掌握する能力、統率力の基礎は、六年間の諏訪時代に身に付いたものが大きかったものと思われる。

以上からも分かるように、源十郎こと芦田信蕃が思春期を人質（證人）として過ごした「諏訪」とは、高島城（茶臼山城）もしくは、その城下にあったと推定される人質屋敷のあった所を意味する。信蕃が没した年齢は数え三十七歳であるが、そのうちの六年間を彼が過ごした場所が諏訪湖を眼下に望む所ということになる。

彼が誕生した芦田氏の本拠地芦田には一年間余り、その後の本拠地春日城には数え二歳から十二歳までの十年間であり、人質生活を経て父信守のもとに帰されて後は、連戦に

次ぐ連戦で、上野国をはじめとする関東地方、駿河国、遠江国などへ侵略した武田信玄にしたがって転戦し、あるいは番手城主としての守備を任されて滞在することが多く、本拠地の佐久郡春日郷へ腰を落ち着かせることはできなかった。後にほぼ佐久を平定し、これからという時に没している。

源十郎信蕃の人格形成に大きな影響を及ぼしたのは、思春期の十二歳から十八歳の六年余の諏訪での人質時代であると いっても過言ではない。**諏訪湖**の風景を朝な夕なに目にして成長したことであろう。時には遙か遠くに富士山をも眺望できたであろう人質時代、芦田源十郎の境遇に思いを馳せると、彼のことが少しは理解できそうな気持ちになる。人質の六年余りの間にも父信守の信濃先方衆侍大将としての働きを耳にし、自らの来たるべき将来を見つめていたであろう源十郎少年の姿が思い浮かぶかのようである。多感な思春期を諏訪で過ごしたという事実をここではまず確認しておきたい。

ちなみに、蛇足ではあるが證人（証人）という意味では、後年の徳川家康との三方ケ原の戦いの際に、信蕃は父信守の芦田隊とは離れて、證人として武田信玄の旗本隊に属して戦ったという説もある。

写真：観音院──諏訪御料人がいた

《高島城（茶臼山城）の現況》

茶臼山頂上部の本城については、武田氏の手が加えられたのであろうが、戦後の住宅建設で大規模な整地がなされ、往時を偲ぶことはできない。しかし、西から南側の急斜面に大規模な五段階の帯曲輪と推定される地形が残り、城の堅固さや壮大さを偲ぶ手掛かりとなる。この高嶋城は現在の高島城（浮城）とは異なる。諏訪市の上諏訪中学校の北方にある山城である。戦後、住宅が造成されるまでは土壇が三基残っていたが、何を意味する遺構か不明のまま破壊されてしまったと「茅野市史（中巻、中世・近世）」に記されている。

桑原郷の中心であった。

天文十八年正月長坂虎房が代官所を上原から岡村へ移した時の場所は、南沢の道祖神の所だというが、現在地元で考えられているのは、それよりも少し南西へ下った南沢公民館の所で、ここは他の場所と違って台形状に道路と水路が廻っている。この高島城の南東山麓の岡村公民館（現在は「南沢町公民館」という看板がかかっている）に政庁があった。公民館のすぐ南脇に「岡村政庁跡」という石碑が建っている。その裏面には、次のような説明の文字が刻まれている。

《高島城下の代官所跡の現況》

代官所は高嶋城下の根子屋にあったはずであるが、茶臼山丘陵の南東山麓にある岡村集落と考えられ、角間川出口の河岸段丘上にあって、地域はあまり広くはないが、往古より発達してきた集落で、下いるわけである。しかし、この石碑では、地元にも理解されて

この地に政庁があったということは、永禄

写真：茶臼山高島城（東方より見る）

九年としているが、いかなる史料文献によっているのであろうか。明らかにそれは誤りである。先にもふれたように、史訪から帰された永禄九年（一五六六）に、父芦田下野守信守のもとへ諏料文書として多くの史家の信頼を得ている『高白斎記』によ

して、信玄の命によって、父子ともに西上野の守備についた。ると、「天文十八年（一五四九）一月八日、長坂大炊助は上まもなく、本拠地である佐久郡春日を後に上野国緑野郡鬼石町浄法寺（地域名）に居館を構え、北条氏原から高島へ移った。そして十三日に高島城の鍬立てがなさに備えて武蔵野國御嶽城を守備した。これは上州箕輪城の長れた」となっている。これが**古高島城（茶臼山城）**と呼ばれ野氏の滅亡後で、永禄九年から十一年（一五六六〜六八）頃るものである。また、永禄三年（一五六〇）三月十一日、武の足掛け三年間ほどと推定される。このことを含め、以降の田氏は小野郷にあてて、甲州に対して悪いことをするような芦田信守・信蕃父子の各地転戦の事蹟も、信蕃の子である康者がいたならば高嶋（岡村役所）に注進するように命じてい眞が、後年記した文書（『蘆田記』〈依田記〉）は、尾張徳川ることからも、天文十八年以降武田氏の諏訪支配の中心が高家の仰せによって答申したものであり、他の多くの内容が事島城にあったことは確実である。したがって、石碑の裏側実であると証明されることからしても史実であろの年号の説明「政庁を永禄九年に茶臼山城下岡村の此のう。地に移し」という内容は明らかに誤りである。（永禄九年・

一五六六よりも以前の一五四九年頃には政丁は岡村へ移って　　　　　　　　── 〈第二章を進めるにあたって〉 ──いたからである）。　　　　　　　　　　　　　　　先にもふれたが、上州武州国境の浄法寺・御嶽城での守備、以上のような齟齬はあるが、信蕃が人質としていたのは武信玄に従軍しての関東出兵、小田原攻撃、駿河侵攻、遠江で田氏の高島城（茶臼山城）であった。実際はその麓にある根の戦歴等については、父である芦田下野守信守と共に行動し小屋の代官所付近にあった人質屋敷であった確率は高い。ていたので、信蕃の事蹟については、既述の信守の項に委ね

ることとして、二俣城で父信蕃が病死した後から、本格的に芦田依田信蕃の事項を記述することになる。

《父下野守信守とともに信玄に従い他国に転戦》

先にも述べたように、信蕃は、信玄が西上野を勢力下に入

㉖遠州二俣城主・芦田信蕃

芦田信蕃が遠州二俣城主として、援軍の望めない中、徳川家康に対して孤軍奮闘した様子は、『芦田記』（依田記）に次のように記述されている。

《孤軍、二俣城》

甲戌年より亥年まで、祖父下野守、親にて候常陸介信蕃、父子ともに遠州二俣に在城、亥年に至りて、五月廿二日に長篠の合戦、信長公家康公御勝ち、武田勝頼公打ち負け、甲斐國へ引き退く。その上、家康様は直ちに二股の城御責め候はんとて押し寄せ、五ケ所に向城、南録方山、辰巳鳥羽山・家康様御本陣、東あくらの山、北みなははらの山、西たうとうみの取手・これは、和田ケ島とも申候。五月末より御攻め成られ候。六月十九日に祖父下野守信守は病死。それより常陸介信蕃、そのまま城を堅く持つ。十二月廿三日まで七カ月、城持ち詰め罷り在り候後は、兵粮これ無く、浜松近辺まで城中より足軽を出し、夜討ち、強盗、乱捕り、夜々御座候へども、兵粮米は左様の時城中へ入れ候義、罷り成らず候。五月より

十二月までのうちの間、兵粮盡き果て候えども、軍兵への気付に候とて、常陸介謀に、土俵を三百余申し付け、藏に詰め置き、城中下々の者に見せ置く。兵粮にこと欠く候義はあるまじきの間、心安く存じ候えへと申し候えば、軍兵力を得候。十一月時まで、甲斐の勝頼公より、二股の城を明け渡し、甲斐國へつぼみ候様にと、両度申し候えへども、常陸介申されるは、その脇々の奉書の分にてはいかに候えば、勝頼公の御直書にてこれなくば、明け渡し申す義いかがの由、両度申し候えば、三度目に勝頼公の御直書参り候により、十二月中旬扱いの談合候て、家康公よりは大久保新十郎殿、榊原小平太殿、何も無事にて證人（人質）に御越し候。また、我等親の方よりは、弟依田善九郎、同源八郎、両人證人に参る。廿三日に城相渡し候はん約束に候つるところに、二十三日少し雨降候に付き、常陸介申され様は、雨降りにては蓑笠にて見苦しき候間、雨晴れ候て廿四日、廿五日なりともと、申され候て、城を出申されず候。これを家康様御感ならば候由、承り候。その上、二十四日天氣晴れ、城を相渡し、二股川の辺にて、互いに人質返し、帰陣申され候。

写真：二俣城

・甲戌より亥（乙亥）年まで、芦田（依田）下野守信守と常陸介信蕃は二俣城に在城した。……天正二年（一五七四）から天正三年（一五七五）までのことである。

・天正三年（一五七五）五月二十一日の**長篠の合戦**で、信長・家康の連合軍は武田勝頼を破った。その後、家康は**芦田依田信守・信蕃**の守る二俣城攻めを開始し、二俣城の回りに**五カ所の向城**（陣城・付城）を築いた。

（南）**録方山**……『三河物語』をはじめ多くの史書では「四カ所」の向城としていて、この「録方山」なる名はない。（場所についてもいまのところ特定できていない）

（南西）**鳥羽山城**……辰巳つまり南東とあるが、現地の状況からすると未申（南西）が正しい。徳川家康が本陣を置いた。現在は鳥羽山公園となっている。城門の礎石・枡形・石塁・土塁・堀切・広い曲輪などがある。しっかりとした城跡で、家康の本陣が置かれるだけの構えをしている。

図：家康が築いた二俣城を囲む向城（陣城）

蜷原砦（大久保忠世）

和田ケ島砦（榊原康政）

天竜川

旧二俣川

二俣川

二俣城

現代の二俣川

毘沙門堂砦（本多忠勝）

鳥羽山城（家康本陣）

（東）**毘沙門堂砦**〈あくらの山・安倉〉……本多忠勝の陣、二俣旭町の毘沙門堂の東側の山の先端部にある。

（北）**蜷原砦**〈みなはらの山〉……大久保忠世の陣

（西）**和田ケ島砦**〈たうとうみの取手・渡ケ島〉……榊原

康政の陣

・天正三年五月末より、家康による二俣城攻めが行なわれた。

・下野守信守は六月十九日に、二俣城内にて病死した。

《信蕃、父信守病死後に二俣城主を引き継ぐ》

・十二月二十三日まで七カ月間、徳川の包囲網と攻城に耐え抜いた。貯えておいた兵糧も乏しくなったが、浜松近辺まで城中より足軽を出し、夜討ち、強盗、乱捕りを夜々行なってきたけれども、包囲されていたので兵糧米は城の中へ入れることはできなかった。（ちなみに、これは「狼籍」であるが、戦国時代の戦においては当然として行なわれていた）。

・五月より十二月までのうちの間、兵糧は果てたけれども、軍兵に気付かれないようにと、信蕃は土俵三百余を藏に詰め置き、城中下々の者に見せて、兵糧にこと欠くことはないと安心させたので、兵は力を得た。

・十一月時まで、甲斐の勝頼から、二俣の城を明け渡し、甲斐国へ撤退するようにと、奉書が二度伝えられたが、勝頼の直書でなければ、城を明け渡しすることはないと信蕃が二度とも申し上げると、三度目に勝頼の直書が届けられたので、城を明け渡すことにした。

・十二月中旬に、城明け渡しの件で守城側と攻城側とで相談があり、徳川方からは大久保新十郎（忠隣）と榊原小平太（康政）、依田軍からは弟依田源八郎信幸と、同善九郎信春が互いに證人（人質）となり、相手方へ出向いた。

・十二月二十三日に二俣城を明け渡す約束になっていたが、二十三日には小雨が降っていたので、常陸介は、「雨降りでは蓑笠で見苦しいので、雨が晴れれば、二十四日か二十五日にでも」と申し送り、城を出なかった。その上で、二十四日に天気が晴れたので、城を明け渡し、二俣川の辺にて、互いに人質を返し、堂々と城を明け渡し帰陣した。

・この一連の信蕃のとった判断力・統率力・対応力・胆力・忠勇あふれる武将としての資質は、家康をして敵ながら見込みのある武将として強い印象を与えた。

【天正三年の攻防】　一五七五年、武田氏（芦田信守・信蕃父子）が守備した戦い

家康による二俣城奪還作戦は、長篠の戦い（天正三年五月）の翌六月に早くも始まった。『蘆田記』（依田記）では「五月より御攻め成られ候」とあるが、『浜松御在城記』には、次のように記述されている。

同六月、二俣へ御出馬、毘沙門堂・鳥羽山・蜷原・和田島ニ附城ヲ被仰付、御攻サセ被成候、

とあり、武田方が立て籠る二俣城を四カ所の付城（陣城）で包囲している。（『依田記』には「緑方山」の砦に言及なし）。

下野守信守は果敢に二俣城から打って出て、天龍川の対岸の砦山山頂にある和田ケ島砦（渡ケ島砦）を襲撃した。現在でも主郭、帯郭、堀切、井戸跡などが残っている。当時は榊原康政が陣取っていた。二俣城を西方から睨む砦である。襲撃はある程度成功したが、その時の負傷も関係してか、『蘆田記』（依田記）は「六月十九日に祖父下野守信守は病死。それより常陸介信蕃、そのまま城を堅く持つ」と述べている。このことに関しては『松平記』には、

大久保七郎右衛門忠世、蜷原砦にあり、使者を諏訪原に遣はし、家康に告げて曰く、聞く此頃二股の城将依田下野守病死すと、若し其の喪に乗せば、一挙にして功を奏すへし、この機を逸せは、再来期すへからずと、家康がほうふつされる事項を、『依田記』に述べられている二俣榊原を得て大に悦ひ、匆々兵を率ねて二股に至り、大久保・榊原を先鋒として、二俣城を攻めしめ……

また、『浜松御在城記』にも、次のように述べられている。

二俣ノ守将下野守も、六月病死、子息依田右衛門佐信蕃ト大久保忠世、極月迄對陣

『芦田記』（依田記）筆者である芦田康眞（信蕃の次男、下野守信守の孫）だけでなく、敵方である徳川の文書にも「依田下野守「病死」とあるからには、病をえての死であることは真実であろう。

「十二月廿三日、依田ハ和ヲ請テ、甲州ヘ退去……」（『浜松御在城記』）とある。その際の信蕃の城明け渡しは堂々たるもの（詳細は別ページ参照）で、その後も（高天神城）、田中城ヘ入り、武田軍の番手城主として家康軍と戦っている。

この信蕃の人となりや戦いぶりが、後年家康をして是非徳川麾下に組み入れたいという働きかけにつながっていくのである。依田信蕃の知略、軍略を尽くした城主としての戦いぶりがほうふつされる事項を、『依田記』に述べられている二俣城についての内容から、前述のこととの重複をおそれずに列挙してみる。

210

ア　長篠の戦い直後の五月末から十二月二十四日まで七カ月間、徳川の包囲網と攻城に耐え抜き、**孤軍奮闘し**たこと。その間の守備兵の**人心掌握**と軍略の**巧妙さ**である。

イ　援軍のない中、兵糧が乏しくなったが、敵方徳川家康の膝元浜松近辺まで現地調達のための兵を夜々出している。夜討ち・強盗・乱捕りなどの現地調達をしている。（もっとも、これは当時の戦における軍勢の当然の所業ではあった。信玄、謙信も他の戦国武将も行なっており、むしろ大飢饉などの時には、それを解消するために他国へ攻め入っている事実もあるといわれている）。

ウ　土俵を三百余藏に詰め置いて、米のように見せかけ、兵糧にこと欠くことはないと安心させるなどの**心理作戦**で、**兵の戦意を維持高揚**した。

エ　十一月までにと、**奉書で二度**伝えられたが、「**勝頼の直書**でなければ、城を明け渡すことはできない」と忠節心を示し、三度目に勝頼の**直書**が届けられて、城を明け渡すことにしたこと。（なお、「奉書」とは主君の側近が書いた命令書のことであり、「直書」とは主君直筆の書状のことである）。

武田勝頼……「二俣城を明け渡し、甲斐へ撤退せよ」
　　←①奉書（一度目）
　　←②奉書（二度目）
　　←③直書（三度目）

依田信蕃……主君勝頼の直書が届けられて、二俣城を明け渡すことにした。

オ　十二月二十三日に二俣城を明け渡す約束になっていたが、二十三日には小雨が降っていたので、雨が晴れれば、「雨降りでは蓑笠で見苦しいので、二十四日か二十五日にでも」と、**毅然**と折り目正しく敵方に申し送った**胆力**

カ　二十四日に天気が晴れ、城明け渡し作法をわきまえ、**一糸乱れず整然と明け渡し**、退いたこと。この時、徳川方からは**大久保新十郎**（忠隣）と榊原小平太（康政）、依田軍からは、信蕃の二人の弟である**依田源八郎**信幸（次弟）と**依田善九郎**信春（三弟）を證人（人質）とし、事が済んだ後、二俣河原で**整然と人質交換**を果たしたこと。

信蕃方 ……次弟依田源八郎**信幸**、三弟善九郎**信春**

←→

二俣城の明け渡しまでに双方から證人（人質）、
終了後互いに交換する。

徳川方 ……大久保新十郎忠隣、榊原小平太康政

この二俣城の攻防戦の指揮ぶり統制ぶりや、城の明け渡し
前後の堂々とした**一連の信蕃のとった対応や人となり**は、**家
康**をして、敵ながら見込みのある武将として強い印象をもた
せたに違いない。（ちなみに、この時依田信蕃は二十七歳で
あった）。

《信蕃の武将としての器量の大きさを表わす逸話》

もう一つ、余談ではあるが、依田信蕃の**武士としての心得
や心の持ち様、礼儀作法**を持った武将であることが垣間見え
る二俣城の戦いでのエピソードをここに紹介しよう。『新編
藩翰譜』第二巻所収の**内藤家長**に関する文章の中に述べられ
ている。

今年六月二日、二俣の城を攻めらる。城兵打って出、
両陣小川を隔てて支えたり。敵の方より朝比奈弥兵衛と
名乗って出、松平彦九郎が首取って引返す。家長、彦九
郎と外戚に就きて親しければ、当の敵逃さじとおっ懸け
て放つ矢、朝比奈が鎧の後より前へ、ぐっと射貫きしか
ば、などかは少しもたまるべき、うつ伏せに臥して死す。
弟の弥蔵是を見て、兄が首取らさじと押し隔だりて
切って掛る。家長又取って番ひ、しばし固めて放つ矢に、
まつ直中を射通されて是も同じく倒れ死す。敵、朝比奈
兄弟打たるるを見て、水をさつと渡して家長を目掛け切
つて懸る。御方内藤打たすな、続けやとておめき叫びて
馳せ寄る。敵、かなはじとや思ひけん、民家に火を懸け
て烟に紛れて引いて行く。明くれば三日、**城の大将依田
右衛門佐信蕃**、石川日向守家成が陣に使者を立て、誰人
**の御矢に候ぞ、御弓勢の程、驚き入りて候、とて家長が
きのふの矢を贈りける**。徳川殿此の由を聞召して、家長
を御前にめされ、御鎧の上に召されたる道服脱がせ玉ひ
てぞ賜はりける。

これは、直接的には徳川方の**内藤家長**の武功を述べたもの

であるが、二俣城の大将依田右衛門佐が、家長の弓の戦いぶりを認めて、敵ながらあっぱれと、その矢を送り返してきたエピソードでもある。図らずもここからも、依田信蕃の武将としての人物と度量の大きさが語られていることになる。

二俣城でのこれらのことに加えて、さらに依田信蕃は後年、田中城の主将として徳川軍の包囲作戦に耐え抜き、武田氏への忠誠心と武人魂を示し、城将としてのその力量を遺憾なく発揮することになる。そのような信蕃であったればこそ、武田勝頼が滅亡した後、徳川家康が臣下に加えようとして、信蕃を信長の追及から逃れさせて、彼を二俣の奥小川村に匿い、本能寺の変後、甲州・信州平定の先がけとしたわけである。

《信玄は二俣城を奪取直後、誰を城番として据えたか》

信玄は二俣城奪取直後、城を改修して、**芦田下野守信守**を二俣城の守備に就かせ、直ちに**三方ケ原**に向かったという見方が多い。信玄が二俣城将として**蘆田下野守**（常陸介信蕃としている場合もある）を据え、信玄本隊は浜松方面へ南下し、その後の十二月二十二日、三方原の戦いで徳川軍を破ったとしているのが、『三河物語』『松平記』『譜牒餘録』『三河後風土記』『浜松御在城記』などである。芦田下野守信守と信蕃が、家康軍の二俣城包囲作戦にもかかわらず、よく籠

城して統率力、武略と知略によってその能力を発揮し耐え続けたのは史実ではある。しかし、最初から二俣城の城番城主として守備していたということには、若干の疑義がある。いくつか、左記に掲げてみよう。まず、二俣城のお膝元である二俣（浜松市天竜区）では、どのように考えられているのだろうか。

ア　二俣城本曲輪にある説明板によると、武田領時代に関して「元亀三年（一五七二）からの城主は三浦右馬助・小原宮内丞・小山田六左衛門であり、天正二年（一五七四）からの城主は依田信蕃」と記されている。

イ　浜松市生涯学習課発行の『北遠の城』でもこれと同じ内容である。

ウ　『天竜市史（上巻）』では、その証拠として「二俣城には三浦右馬助・小山田六左衛門・小原宮内丞らが在城していたが、武田勝頼は十二月二十七日に彼らに条目を与え、その中で徳川方の忍びに対する注意を説いている」として『友野文書』を挙げている。それは、武田勝頼が元亀三年十二月二十七日に彼らに朱印状で与えたとされるものである。

『友野文書』

（竜朱印）条目

一 其城用心普請等、不捨昼夜肝煎之事

付、忍之用心専可被申付之事

一 向諏訪原出伏兵、稼不可有由断候事

一 其地為番替山家並駿州衆一両人指越候、為着城者、

小山田六左衛門尉片時も早速帰参之事

巳上

十二月廿七日

三浦右馬助殿 小山田六左衛門殿

小原宮内丞殿 其外在番衆

三箇条の条目の大意は、

・城の守備を堅固にすること

・諏訪原城に伏兵を出し攪乱すること

・その他の城番として山家衆と駿衆それぞれ一人を

送るので、着城したならば小山田六左衛門（昌盛、

昌成とも）を甲府に帰すことを命じている。

同じく、『日本城郭大系⑧、静岡・愛知・岐阜編』で

も『友野文書』の内容は『二俣城』在番衆への条目（三

箇条）と解釈している。（もっとも、大塚勲氏が『武

田・徳川、攻防の推移』（地方史静岡第二十六号所収）

で述べているように、これは**天正三年**〈一五七五〉の

十二月二十七日のことであり、勝頼が田中城在城の城

将に与えた朱印状であると考えることもできる可能性

も残っている。

エ地元である浜松市天竜区大谷の江戸時代の学者であ

る内山真龍の『真龍文書』によると、天正二年甲戌年**十**

月に**『依田左衛門信蕃』**が二俣城主となったとしている。

オ『竹重文書』は他の箇所で、天正二年（一五七四）閏

十一月十一日付けで勝頼は深山宗三に対し、「依田右

衛門佐二俣在城被仰付候条、向後其方も可致在城之旨、

被加御下知之処」と書状を送っている。これは**二俣城**

に**依田右衛門佐**を入れ、さらに深山宗三を加勢として

配置したことを意味する。このことから分かることは、

少なくともこの頃天正二年十一月十一日までには依田

信蕃が二俣城の守備についているということの確証が

あることになる。

カまた『蘆田記』（依田記）にも、天正二年からとしてい

るので、その確率は高い。（ただし、この時点では、あ

くまでも父の下野守信守が城主である）。

214

以上を鑑みると、

芦田信守・信蕃父子が二俣城の守備についたのは、二俣城奪取直後ではなく、天正二年（一五七四）十一月十一日以前からである。翌天正三年十二月二十四日まで、籠城は一年二カ月あまりということになる。

二俣城籠城中の天正三年の時点での**信蕃**の年齢は二十五歳、父**信守**は生年が不明なので明確ではないが、天文十年、一五四一年に「主なき体」の芦田城から諏訪頼重によって諏訪へ人質として連れ去られた時の推定十三歳（十四歳）から計算すると、四十七歳か四十八歳であったと思われる。なお、信守・信蕃の妻子がこの頃どこにいたのか、本拠である信州佐久郡春日城にいたのか、武田氏によって与えられていた甲府の芦田屋敷にいたのか、あるいは他の場所にいたのかということについては不明である。

信蕃の嫡男竹福丸（後年の松平**康眞**）は数え年六歳、次男の福千代丸（後年の松平**康國**）は数え年二歳であったと推定される。

その間、天正三年五月二十一日の**長篠の合戦**で武田勝頼は、織田・徳川連合軍に大敗している。直後の五月末から徳川家康は一万二千の兵をもって**二俣城を包囲攻撃**を繰り返した。

信守・信蕃父子は武田氏からの後詰めもない中で、**撤退せず、頑強に守備し続けた**。長篠の合戦での武田勝頼の敗戦により、周囲は全て敵となった中で、残るは二俣城の信蕃と高天神城の岡部実幸だけとなっていたのである。

《依田信守・信蕃は遠州戦線と東美濃戦線いずれへ参陣したのか》

翻って、『芦田記』（依田記）では元亀三年に武田軍による美濃口侵入の軍の中にいた**芦田下野守**が、美濃岩村城の南の「**上村の戦い**」で、明智宗叔（景行）の軍を破ったと述べている。

芦田下野守信守が、二俣城攻めや三方ケ原の合戦時には、秋山晴近の搦め手軍（美濃口への侵入軍）に属しており、上村合戦で活躍したことになっていることが事実とすれば、ほぼ同時期の二俣城将としての可能性は低い。つまり、徳川方の中根正照の開城後の二俣城には、信濃先方衆**依田信守・信蕃**父子を城番として入れたといわれているが、それでは、信守の岩村城攻めや「上村の戦い」での行動は成り立たない。「上村の戦い」が二俣城攻略よりも二年前の「元亀元年説」をとれば、下野守信守が遠州二俣城方面に参陣していたということのつじつまが合うが、二俣城攻めの時に下野守信守は秋山

（これは上村合戦「元亀三年説」の可能性がある）。つまり、

信友にしたがって岩村城攻略戦に出陣していたとするのには無理がある。また、信玄本隊から分かれた一支隊を率いて、遠州**只来城**や**飯田城**攻略を果たしているということが事実であったとすると、その時東美濃戦線にはいなかったことになる。二俣城の攻城戦から三方ケ原の戦いの頃、信守・信蕃父子がどの方面の武田軍に参陣していたかについては、今後の大きな検討課題として残る。（なお、旧陸軍参謀本部編『日本戦史』三方ケ原の戦いによった、小和田哲男著『三方ケ原の戦い』の参戦将士一覧によると、信守・信蕃父子の名が記載されている）。

《徳川氏が二俣城奪取後〜大久保忠世と芦田氏の縁》

家康は三河譜代の**大久保七郎右衛門忠世**を二俣城へ入れた。二俣には忠世の弟（忠為・忠長・彦左衛門忠教）、従兄弟（忠吉）、一族（忠景）をはじめ家康から寄子として付けられた面々が在城した。**忠世**は以後、秀吉による家康の関東移封にともなって小田原へ去る天正十八年（一五九〇）七月まで**約十五年間二俣城主**であった。忠世が城主の頃、二俣城は大規模な改修が行なわれ、天守台などが構築された。現在、本曲輪の食い違い虎口、桝形など見所も多い。また、かつて徳川家康が本陣を築いたとされる鳥羽参山城にも手を加え、二俣城を挟んで南側に別郭一城のような形式で鳥羽山城も大改修を施した。立派な石垣によって構えられた大型の枡形、虎口や大土塁などがある。また築山のある庭園が造営された。これは多分に城館的な色彩の濃い山城といわれている。もっとも、今に残る最終的な遺構は、二俣城も鳥羽山城も、家康とともに大久保忠世が関東へ移っていった後に浜松城へ入ってきた堀尾吉晴の弟宗光が最終的な改修を施した跡と考えられる。したがって、「現在二俣城跡で見ることのできる城の姿は、依田信蕃が守り通した城郭とはだいぶ様変わりしていること」を認識する必要がある。

この間、天正七年（一五七九）九月には、家康の嫡男岡崎三郎**信康**が織田信長の命で二俣城において自害させられるという事件が起きている。二俣城から北東五〇〇mほどの所にある**清瀧寺**（せいりゅうじ）は家康が信康の菩提を弔うために建立した寺である。現在そこには、二俣城の水の手の井楼が推定復元されている。

また、依田信蕃が徳川臣従後、天正十年九月から、嫡男**竹福丸**（後の松平康國、数え十三歳）と次男**福千代**（後の松平康眞、数え九歳）が**証人（人質）**として、大久保忠世が城主となっていた**二俣城に在城**している。七年前の天正三年（一五七五）に父信蕃が城主として守備した城で二子が日々

216

図：依田信蕃 二俣城開城後、高天神城へ
天正3年（1575）12月24日

を送ったのは奇縁ではある。以後も大久保忠世は二人の後見の役を務めている。**大久保忠世**は二俣城攻防戦及び後の田中城攻防戦で、信蕃が城を徳川方に明け渡した時の直接の武将である。その時の対応を通して信蕃と肝胆相照らすものがあったものと推定される。ところで、二俣城明け渡し後、信蕃は高天神城に向かったといわれているが、同時代資料が存在しない現在では、明らかではない。しかし、『蘆田記』（依田記）の述べている内容については、細部に誤りはあるものの、その件が確認されているものが多いことから、信蕃が高天神城へ向かったということも事実であった可能性が高い。

《二俣城～芦田信蕃・大久保忠世・石神菟角之助の縁～三澤小屋・乙骨の陣》

旧天竜市の郷土史家であった大場亀吉氏の手書きガリ版刷りの『二俣城史』には、次のような記述がある。

駿州止駄郡（志田郡）笹間村の人に石神菟角之助といふ者あり。初め今川義元・氏眞父子に仕へ石上砦に在りしが、氏眞没落後武田に仕へ、遠州二俣城に住し、徳川勢の来攻むるに及びて戦死せり。笹間村東福寺に法牌あり。法名を石上院殿泰翁盛安居士といふ。其の塁壁跡も

同地に存す。

一説、石神菟角之助は、徳川氏の士、大久保忠世に仕へ、其の家人となる。

石神菟角之助が戦死せず、後日にも活躍したことが判明する一件がある。

後年のことになるが、天正十年（一五八二）に、徳川家康臣下となった**芦田信蕃**が、北条氏の大軍から逃れて佐久郡三**澤小屋**へ籠城し、そこから出没しては北条氏を攪乱していたが、**石神菟角之助**は大久保忠世の使いで、三澤小屋との連絡役を務めている。つまり、**大久保忠世**などの徳川七将が甲信の境、今の富士見町乙事（乙骨）で乙骨の陣を張っている時に、忠世の命で信蕃の三澤小屋の砦まで使いにでていたが、「北条氏が四万三千の軍勢で、かじか原（現野市北山柏原）に陣している」という信蕃からの情報を伝えた。徳川七手衆は、それを聞いて、地元の乙骨太郎左衛門に北条軍の偵察に行かせ、その報告を聞き、北条軍が大軍であることを再確認し、甲斐国新府まで一兵も失うことなく撤退できたということがあった。（詳細は「㊲乙骨の退き戦と信蕃」で後述）。

これは、信蕃に関わる人間関係が、徳川七手衆の危機を救ったということとなる。つまり、**芦田信蕃**が二俣城主であった時

に、籠城衆の中に**石神菟角之助**がいて、信蕃の指揮のもとで戦ったという経歴があった。

信蕃が徳川方に二俣城を明け渡した直接の相手は大久保忠世であった。信蕃と忠世は互いに武将として、相手を認め合う関係となっていた。信蕃が去った後、地元出身の**石神菟角之助**は、新たに二俣城主となった**大久保忠世**の臣下となっていたのである。したがって、本能寺の変後の信州の動乱期、徳川家康の七手衆といわれる徳川勢が、諏訪地方へ侵入して信蕃の三澤小屋への使者として、かつて顔見知りの菟角之助は忠世の使者として、信蕃の三澤小屋への使者の役目を果たしたのである。蓼科山中腹の険阻な地形の三澤小屋への使者の役目を果たした石神菟角之助は、常人以上の能力の持ち主（当時の「飛脚」、ないしは忍びを心得ていた人物）の可能性がある。「芦田信蕃～大久保忠世～石神菟角之助」三者の人間関係が、ここで生かされたといえよう。

なお、令和元年秋に藤枝市郷土博物館で「志太の戦国時代」という特別展があったが、田中城番依田信蕃に関わる展示がなされた。その際、石上菟角之助の槍の穂先の展示コーナーも設けられたことを記憶にとどめたい。

㉗　高天神城に在城

写真：高天神城

《信蕃は遠州高天神城の守備についたか》

『芦田記』（依田記）には、「その後、常陸介は、遠州高天神に在城致され、そのうち毎日毎夜の陣は際限無く候間、記し及ばず候。」と記されている。

「その後、常陸介は、遠州高天神に在城致され」とあることは、「依田信蕃は二俣城を明け渡した後、高天神城へ入って守備した」ということを意味する。しかし、信蕃の高天神在城については「そのうち毎日毎夜の陣は際限無く候間、記し及ばず候。」ということで、記述がない。これは父信蕃の高天神城における事蹟について、筆者である康眞が何も知らなかったからであろう。しかも、あらゆる文献を調べても、信蕃が高天神城にいたという証拠になる文言は今のところ確認できない。記

述があったとしても、この『蘆田記』（依田記）の内容から、それを事実として述べているようである。したがって、信蕃が高天神城の守備については事実関係が不明であるようである。しかし、確実な同時代の文書がないから、そういうことはなかったとしても、『芦田記』（依田記）に記述されていることは、細かい誤りはあったとしても、大概はその実態がある場合が多い。そういう状況証拠からすると、信蕃が高天神城に在城したということは事実である可能性が高い。

《高天神城の構造》

高天神城は静岡県大東町上土方にある。小笠山の山塊が東南に延びた尾根の末端に位置する標高一三〇ｍ（比高一〇〇ｍ）ほどの鶴翁山にある。山全体が急な断崖によって囲まれている要害の城である。東峰と西峰の二つの部分から構成されている。独立した二つの城が中央の鞍部に築かれた井戸曲輪によって連結されている。主体部が二つあることによって、攻守ともに連携して戦える有利な城であった。（しかし、考えようによっては、一方が陥落すれば、そこを足掛かりとして他方が攻撃されるという場合も考えられるといわれている）。通称、東峰といわれる本曲

図：高天神城（一城別郭の城）
静岡県小笠郡大東町。『戦国武田の城』中田正光著（有峰書店新書）p.384 を利用

輪と現在高天神社のある**西曲輪**とに分かれている。（東峰の部分を**本城**と表現し、西峰の部分を**西城**と表現する場合もある）。東峰は一年代古い縄張りで峰に沿って段状に各曲輪を配列している。東峰の中心が本曲輪（元の高天神社はここに祀られていた）である。本曲輪の東南部分は一段と高所で御前曲輪（千畳敷と呼ばれている）である。本曲輪の西へ一段下がって的場曲輪、さらに一段下がって鐘曲輪と続く。また東峰を東南へ下がった所に三の曲輪ともいうべき与左衛門平がある。大手道を上から監視する位置にある。

西峰は空堀（山城なので「横堀」という表現が妥当であろう）を有効に使用した武田流の縄張りである。**西峰**の主郭に相当するのが**二ノ曲輪**（東峰の本曲輪に対してこう称する）である。これは**西曲輪**とも呼ばれる。現在、「高天神社」の社殿が建てられている場所である。さらに北方へ堂ノ尾曲輪（塔ノ尾曲輪）が続く。さらにその先端部分をせいろう曲輪（井楼曲輪）があり、その方向への横堀が特徴的である。また、二ノ曲輪の南西に通称「馬場」（番所のあった「番場」の意味か）と呼ばれる曲輪がある。そこから落城時に軍監であった横田甚五郎が脱出したとされる「甚五郎抜け道（犬戻り・猿戻り）」の尾根が続いている。

《高天神城の攻防戦》

「高天神城を制する者は遠州を制する」といわれていたように、高天神城は遠江の象徴的な城であり、軍事的重要性が大きかった。

① 第一次高天神城の戦い（元亀二年三月、一五七一）……武田信玄が攻める。

信玄は元亀二年に二万の大軍を率いて遠江に侵入し、重臣の一人内藤昌豊を主将に命じて、高天神城を攻めさせた。この時の城主は家康に属していた小笠原与八郎長忠（弾正少弼信興）であった。信玄は少し攻めさせて、容易に落ちないことが分かると無理攻めはやめさせて、押さえとして内藤昌豊を置いて甲斐に戻っている。（信玄が攻めたのはこの一回だけ）

② 第二次高天神城の戦い（天正二年五月、一五七四）……武田勝頼による攻略

信玄亡き後、勝頼は二万五〇〇〇の大軍を率いて、高天神城を包囲した。　城主小笠原長忠は浜松城の家康に援軍の要請をしている。しかし、家康単独では勝ち目がなく、また織田信長は越前一向一揆との戦いに全力を注いでおり、高天神城の後詰めの援軍を回すことができなかった。援軍の望みがない中で、猛攻を続ける勝頼からの好条件の降伏勧告によって、

ついに小笠原長忠は城を六月十七日に明け渡し、高天神城は武田氏の手に落ちた。信玄が落とせなかった高天神城を落とした勝頼は自信をもったが、このことが墓穴を掘ることになったと後世いわれている。その後、城番はしばらくは、そのまま小笠原長忠であったが、やがて勝頼の家臣横田甚五郎尹松が替わる。

③ 第三次高天神城の戦い（天正八～九年二月二十二日〈一五八〇～八一〉）……徳川家康が奪還

天正三年五月の長篠の戦いでの武田氏の大敗によって、家康が高天神城の奪還作戦を展開することになる。その間、高天神城の番替えが行なわれ、駿河先方衆の一人岡部真幸（元信、長教、長保）が主将となり、横田尹松は軍監となった。

家康は高天神城の周りに天正七年から八年に掛けて六つの砦を築いて取り囲み、武田の後詰めを断った。城将岡部真幸は、勝頼に対して援軍の要請をしたが、武田には援軍を送るだけの力はすでになく、城内では兵糧が尽き、甲府からの後詰めも望めないことから、矢文で降伏を申し出たが、それは黙殺された。いよいよ兵糧に窮し、血路をひらくため、三月二十二日に総攻撃に討って出た。高天神城の周囲には空堀と柵が張りめぐらされて、脱出は極めて困難であった。徳川軍が待ち構えているところへ城内から討って出たので、すさまじ

い戦いとなり、武田方の将兵七三〇余人が討ち死にしたという。『家忠日記』によると、「今日（三月二十二日）高天神城ニシテ御味方ノ軍勢撃捕所ノ首凡曾七百三十余級⋯⋯」として、主将の岡部真幸をはじめ駿州先方衆、また、信州先方衆では、「栗田ガ従兵信州ノ士」として栗田刑部丞（鶴寿）・栗田彦兵衛及び弟二人、勝股主税助・櫛木庄左衛門・山上備前守・和根川雅楽助⋯⋯「与田能登守ガ従兵」として与田美濃守・与田木工左衛門・与田武兵衛・大子原川三蔵・江戸力助の名がある。（なお「与田」とは「依田」のことである）。また『高天神城討死注文写』（乾徳山恵林寺雑本）にも同様の名が記されている。

　高天神城の落城により、武田氏は遠江における拠点を失い、このあと武田・徳川の戦いの舞台は駿河に移ることになる。

《二 俣城明け渡し後の依田信蕃の動向》

　信蕃が、二俣城を大久保忠世へ明け渡したのが天正三年（一五七五）十二月二十四日である。その後、『芦田記』（依田記）やそれに基づいて編纂された『寛政重修諸家譜』以外の文献上で明確な信蕃の動向は、田中城の守備である。二俣城明け渡しから田中城の守備につくまでの三年十カ月ほどが空白の期間となる。

そこで、信蕃の二俣城明け渡し後の行動で考えられるのは、

ア　高天神城の守備についた。（『蘆田記』〈依田記〉など）

イ　本拠のある信州佐久へ帰った。（『蘆田記』〈依田記〉など）

ウ　甲府へ帰った（『浜松御在城記』など）⋯⋯父下野守信守の頃から甲斐府中に芦田屋敷を与えられていた

エ　いったん高天神城に入ったが、勝頼の越後出兵に従軍した。（『蘆田記』〈依田記〉など）

オ　田中城の守備についた。（『武田三代記』など）

イの信州佐久あるいはウの甲斐府中へ帰ったということも考えられないでもないが、当時の武田氏の事情からして、信蕃が他国の最前線にいることなく、本拠地で過ごせることはほとんどなかったであろう。アの高天神城の守備に着いたということは十分に考えられる。天正三年十二月二十四日に二俣城を明け渡したので、同じ遠州国内の高天神城へは、少なくとも天正三年の末日までには入城したと考えられる。信蕃が高天神城に在城したという同時代の資料は発見されていない。しかし、前述の通り、細かい誤りはあるものの、信蕃の次男である康眞（加藤四郎兵衛宗月）による『芦田記』（依田記）に記述されている内容は、他の事項に関する記述が概ね史実を述べていることからして、信蕃が田中城明け渡しの後、高天神城の守備に着いたということは信用できそうであ

る。

《依田信蕃が高天神城を後にしたのはいつか》

では、信蕃が高天神城の守備につき在城したとして、高天神城から去ったのはいつのことであろうか。天正九年三月二十二日の**高天神城の落城時**、信蕃は**すでに田中城の主将と**して智略、武略を発揮していたわけであるから、それ以前の時期ということになる。

まず、**高天神城の番替え**が勝頼によって行なわれた時期を考察してみたい。そのヒントとして、天正五年（一五七七）閏七月十一日に武田勝頼が某に、徳川家康の遠江国高天神城攻撃に対して、出陣を命じている書状がある。

（原文）

昨十日如及催促候、来廿三到諏訪郡可有参陣之由、雖申遺候、家康向高天神相揺之由候条、来十九可出馬候、乍苦労十八日着府簡要候、有油断者不可有曲候、恐々謹言

急之用所候間、印判候

　　七月十一日　　　勝頼　　□↑（朱印、印文「晴信」）

（宛所は切断されている）

（読み下し文）

昨十日催促に及び候如く、来る廿三、諏訪郡に到り参陣有るべきの由、申し遣わし候といえども、家康、高天神に向かい、相揺すりの由候条、来る十九出馬候べし、苦労ながら十八日着府肝要候、油断有る者あるまじく候、恐々謹言

急の用の所候間、印判に候

　　七月十一日　　　勝頼　　□↑（朱印、印文「晴信」）

これは、「昨日七月十日に、来る廿三日に諏訪郡へ来て参陣するように申しつけたが、（予定を早めて）七月十九日に出馬する予定である。ご苦労であるが、そのためには十八日に甲斐府中まで到着していることが肝要である。油断しないように」と信州の「某」に出した書状（朱印状）である。

日付の「七月十一日」とは静岡県『浅羽町誌』資料編一（第1章古代中世史料 pp.479-480）によれば、「天正五年七月十一日」（一五七七）である。勝頼の書状であるが、「急之用所候間、印判候」とあるように、この書状の発行に際しては、用件が緊急であったので「晴信（信玄）」の印文のある朱印状となっている。

発行者は勝頼であるが、朱印の印文は、すでに他界して

いるが、もっと威信のある「信玄」である。天正二年六月
十七日に勝頼は高天神城の攻略に成功したが、翌天正三年
（一五七五）五月に**長篠の戦い**で大打撃をうけた勝頼である。

信玄の威徳を利用している書状ともいえる。このように、何
人もの臣下に高天神城への出馬を促したものと推定される。
（しかし、宛先の名前の書いてある部分は切断されている。
これは徳川家康に敵対した武田勝頼からの書状であるので、
都合が悪いのでその所有者が後世になって、切断した可能性
がある）。この書状から分かることは、天正五年（一五七七）
の七月頃から、徳川家康がいよいよ本腰を入れて高天神城攻
撃に向かい、武田方にとっては形勢が危うくなりかけたこと
である。「高天神を制する者は遠州を制す」といわれるほど
の重要な拠点であったので、勝頼は城番の兵をたびたび増や
したり、番替えを行なったりして守り抜こうとしている。

二俣城明け渡し後、高天神城へ入ったとされる信蕃は、番
替えの時に佐久ないしは甲斐府中へ帰還したものと思われる
が、それがいつのことかは不明である。

天正六年（一五七八）六月十四日付け）勝頼が小山城の守
備についていた岡部丹波守元信へ送った書状がある。

急度染一筆候、仍高天神番替差越候間、道之儀相頼候、

備帳被見合有心得、高天神根小屋迄被送届、備番之衆召
連帰尤候、備不猥様肝要、悉皆任入候、恐々謹言
追而、畢竟、室大・朝駿・城意、談合尤候
　　　　六月十四日
　　　　　　　　岡部丹波守殿

これは、高天神城の**城番衆の差替え**をするので、当番衆を
高天神の根小屋まで送り届けるように、と岡部元信に送った書状
である。（なお、この時同じく小山城に室賀大和守・朝比奈
駿河守信置・城意庵景茂も在番していたことを示す）。この
書状で「高天神城の番替えをするので在番衆を高天神城の根
小屋まで送り届けるように」指示している。このことは、天
正六年（一五七八）六月十四日以降に高天神城の番替えが実
施されたことを意味する。その後、大きな番替えがなされた
のは、『甲陽軍鑑』によると天正七年（一五七九）八月で、
岡部丹波守元信、相木依田氏、栗田鶴寿、上野衆、孕石氏以
下駿河先鋒衆、直参衆、江間右馬丞らが入城している。『甲
陽軍鑑』によると、

同年（天正七年）八月、遠州高天神へ御人数千余り、**番
替りにさし越給ふ。**駿河先方岡部丹波守・信州相木、基

224

外上野侍騎馬二三騎ばかり持たる衆、或は駿州先方孕石主水を初二三騎計持たる衆、或は一騎合の直参衆に旗本より足軽大将江馬右馬丞・横田甚五郎を万御目付警固の為にさし添こし給ふ。さて又此侍衆寄合衆なれ共、岡部丹波守を大将分に定らるる事、丹波大剛の誉れをとりたる武士故如此。以上

この時（天正七年八月）の番替えで**依田信蕃**が高天神城を後にした可能性はある。

しかし、それ以前に依田信蕃が高天神城をすでに出ている証拠がある。『芦田記』（依田記）では、上杉謙信の跡目相続争いの**御館の乱**に際して、依田信蕃は勝頼の**越後出兵**に従軍している。武田軍が越後へ入ったのは、天正六年（一五七八）五月のことであるので、すでにそれ以前に高天神城からは帰還していたことになる。したがって、天正七年八月の大番替え以前に高天神城を後にしたことになる。ところで、武田朱印状によると、勝頼が高天神城在城中の孕石元泰の私領である**藤枝鬼岩寺分の堤の普請**を依田信蕃に命じている武田家朱印状がある。

依田右衛門佐殿（懸紙ウハ書）

孕石私領藤枝鬼岩寺分、堤之普請、以先御印判申付之由候之条、自今以後も、破損之砌者、再興之普請可被申付旨、被　仰出者也、仍如件、

天正七年己卯　十月廿七日　曾祢河内守　　奉之

依田右衛門佐殿（竜朱印）

〈読み下し〉

定

孕石私領藤枝鬼岩寺分、堤の普請、先御印判を以って申し付けるの由候の条、自今以後も、破損の砌は、再興の普請し付けられるべき旨、仰せ出ださるるもの也、よって件のごとし。

天正七年己卯　十月廿七日　曾祢河内守　　奉之

依田右衛門佐殿（竜朱印）

これは、**田中城城番の依田信蕃**に孕石私領**藤枝鬼岩寺分の堤の普請**を命じる文書である。藤枝堤の確かな位置は分からないが、瀬戸川東岸の鬼岩寺門前周辺であろう。瀬戸川の現在をみると、ふだんは水量がほとんどない涸れ川であるが、

225

写真：瀬戸川、鬼岩寺堤（勝草橋付近）

いざ洪水となると暴れ川に変身したのであろう。治水工事を当時**田中城主**であった**依田信蕃**に命じた文書である。このことから、信蕃の田中城の守備が天正七年（一五七九）十月二十七日以前であり、田中城の周辺を統治していたことが判明する。以上の関係を考察すると、

……天正七年（一五七九）十月二十七日

依田信蕃が高天神城を去ったのは、③よりも早く、また②よりも前の時期と考えられ、また田中城の備に着いたのは④よりも以前ということになる。

いずれにせよ、大規模な番替え（天正七年〈一五七九〉八月）以前に信蕃は高天神城を後にした可能性が高い。とする信蕃が高天神城に在城したのは、天正三年（一五七五）十二月二十四日の二俣城明け渡した後、高天神城へ入城してから、越後出兵従軍の天正六年（一五七八）五月までの二年

①二俣城明け渡し後、高天神城の守備に着く
……天正三年（一五七五）十二月二十四日以降
↑高天神城を去る

②武田勝頼の御館の乱の時の越後への出兵
……天正六年（一五七八）五月
↑高天神城を去る

③高天神城の大規模な番替え
……天正七年〈一五七九〉八月
↑田中城の守備に着く

④武田勝頼の朱印状にある鬼岩寺分の堤の普請命令

小笠山砦
能ヶ坂砦
搦手
高天神城
大手
火ヶ峯砦
獅子ヶ鼻砦
中村砦
小笠川
国安川
三井山砦

図：家康による高天神城攻撃の６つの砦

五カ月の間の、いずれかの時期ということになる。

なお、徳川家康は高天神城を囲む形で六つ砦を築き、攻撃体制を整え、兵糧や武器弾薬の搬入を阻止する体制を構えた。いわゆる「高天神六砦」といわれるものであるが、これらが築かれたのは、小笠山砦以外はいずれも天正七年（一五七九）から翌八年（一五八〇）にかけてのことである。したがって、それ以前であったので、**依田信蕃が高天神城から脱出する**ことは比較的困難ではなかったといえそうである。

《**高天神城陥落と同族相木依田氏の討ち死に**》

武田勝頼は高天神城の守備兵の**番替え**を何回か実施しているが、次第に遠州における武田氏支配の情勢は厳しくなっていく。同じ依田氏でも信蕃は芦田依田氏であるが、**相木依田氏**が高天神城に在番していた時に、とうとう落城の憂き目に遭う。**相木氏**と推定される三名が、天正九年二月二十二日の高天神城落城時に討ち死にしている。前述した**依田美濃守**（相木采女佐美濃守信房、依田幸雄か？）、**依田杢左衛門、依田武兵衞**である。一方、相木依田宗家の**相木能登守市兵衞は落**城時に脱出したとされている。『武徳大成記』に「横田甚五郎及ビ**相木某**、囲ヲ突テ出テ甲州ニ帰ル」とある。また、『家忠日記』に「城兵横田甚五郎及ビ**相木ノ某ハ大須賀五郎左衛**

写真：甚五郎の抜け道「犬戻り猿戻り」

門尉康高ガ陣ト大久保七郎右衛門尉忠世ガ陣ノ間ナル柵ヲ破テ遁レ去ル」とある。相木某とは二代目相木市兵衛（相木市兵衛入道能登守常栄、依田頼房）のことであろう。ちなみに、**一代目相木市兵衛**（相木市兵衛入道能登守常喜・依田昌朝）は彼の父である。二代目相木市兵衛は、その後も歴史上にその名が幾度か出てくる。ここで余談ではあるが、高天神城で壮絶な討ち死にを遂げた依田美濃守こと相木采女佐美濃守信房は、筆者の地元の北佐久郡豊昇神社（もと十二社、諏訪社）の大旦那として社殿を改築したという経緯がある。

依田信蕃は、上杉謙信没後の上杉氏の跡目相続争いで景勝と景虎との間の**御館の乱**の際に、武田勝頼の**越後出兵**に従軍している。天正六年（一五七八）五月以前に高天神城を去っていたので、天正九年三月二十二日の高天神城の落城玉砕の戦いの時には、在城してはいなかった。この時期には、**駿河田中城の城主**として守備していた。そして、先の二俣城と田中城での見事

な統率力と武勇でもって、徳川家康に敵ながら天晴れと感嘆させている。

しかし、その信蕃も高天神城落城のちょうど丸二年後の天正十一年二月二十二日、佐久郡岩尾城攻めで、鉄砲で狙撃され、翌朝暁を迎える頃に落命するという運命が待っている。

《芦田依田氏と相木依田氏》

芦田依田氏と相木依田氏は、共に武田麾下で甲府のつつじケ崎館の南面に屋敷を与えられていた。古図によると芦田屋敷、相木屋敷が書かれている。信濃先方衆として、芦田下野百五十騎、相木八十騎で真田氏とともに信濃先方衆の中心であった。

芦田下野守信守と相木市兵衛昌朝は、信玄の出張する戦いの多くに信濃先方衆として出兵している。先に挙げた戸石城の戦い・笛吹峠合戦・上田原の戦い・塩尻峠の戦い・海野平合戦・保福寺合戦・時田（常田）合戦・川中島の戦い・上州箕輪城の戦い・武州滝山城の戦い・相州三増峠の戦いなどである。とりわけ永禄四年（一五六一）の第四次川中島の戦いでは、妻女山攻撃隊十頭（十部隊）のうちの二頭として、活躍してきている。そのうちほとんど全ての戦いにおいて芦田殿・相木殿として併立的に記載され、その布陣が示されているほど、武田家中において「信濃先方衆」の侍大将と

してその存在は重要であった。一緒に武田麾下で共に戦ってきた芦田・相木の二氏の運命の行き先は、武田氏滅亡を機に別々の方向へ動き出す。特に本能寺の変後の情勢で、天正壬午（一五八二）の乱の際に芦田氏は徳川に属し、信蕃が家康の甲斐・信濃制圧になくてはならぬ働きを果たしたのに対して、相木氏は他の多くの佐久の土豪と同じように北条氏を頼ることとなった。天正十年には、本拠地は佐久郡田口城であったが、先年まで武田氏に託されていた佐久郡相木郷であった。

相木市兵衛能登守常栄こと依田頼房は、家康の麾下として佐久郡統一を目指す信蕃の軍勢に攻められて、城を脱出して上州へ逃れた。さらに天正十八年（一五九〇）の豊臣秀吉による小田原合戦の直前には、相木市兵衛は同じく信蕃によって佐久を追われていた伴野貞長とともに、上州から相木谷へ侵入し、故地奪回を図ったが、信蕃の子の松平康國・康眞兄弟との合戦に破れ、再び佐久を去り、北条方の勢力範囲の上州へ逃れた。同じ依田氏を名乗る同族の運命が、別々になってしまったが、双方とも子孫は、二十一世紀の現在まで続いて、お家の伝統と誇りを引き継いでいる。

228

㉘御館の乱で越後出兵

『芦田記』（依田記）には、御館の乱に際する記述がある。

天正六年の頃は、越後の**景勝**と北条三郎と取り合いに成り候時、**勝頼**公より三郎殿へ**常陸介**加勢に参り申し候。**小田の浜**と申す所にて、鑓比類無し。その上、景勝を追い崩し追い討ち、数多く討ち取り申され候こと。

「天正六年（一五七八）の頃は、越後では、**景勝**と北条三郎とが謙信の跡目相続争いをした。武田**勝頼**は甲相同盟により、北条三郎へ加勢した。**常陸介**も加勢の軍の中にいた。小田の浜という所で、比類なき鑓はたらきをした。その上、景勝軍を追い崩し追い討ち、数多く討ち取った。」と記されている。

《御館の乱》

天正六年（一五七八）三月十三日、越後では上杉謙信が四十九歳で急逝すると、その後継争いが、ともに養子である**上杉景勝**と**上杉景虎**との間で起こった。景勝（はじめ顕景と

図：春日山城と御館

写真：春日山城

写真：春日山城本丸跡（実城）

写真：御館

称した）は、謙信の姉と従兄長尾政景との間の子である。景虎は北条氏康の七男氏秀で、謙信と氏康が和睦した際に人質として春日山城へやってきた。謙信は氏秀を気に入り、人質としてではなく養子とし、自らの若い頃の名乗り「景虎」を名乗らせていた。景勝が春日山城の実城（本丸）を占拠して、遺言と称し家督相続権を主張した。景虎は謙信のもとに居住していた前関東管領上杉憲政を味方とし、その館「御館」を本拠としてこれに対抗した。後世これを「御館の乱」という。

因みに、「御館」はJR信越線（直江津駅）の線路沿いにあり、昭和四十年頃の調査によると、東西一四五m、南北一六〇mの長方形で、土居と堀を二重に巡らしていた。明治年間まで

図：上杉謙信の2人の養子

は御館跡の周囲には土塁と幅一八mから二〇mの堀があった
という。北陸本線敷設工事に際して破壊され、水田と化して
いた。現在はさらに宅地化しており、その内郭の部分が公園
となっている。

《御館の乱と武田氏の越後出兵》

上杉家の相続権をめぐって争ったのが「御館の乱」である
が、この間、越後は大いに乱れた。謙信恩顧の家臣の多くが
景勝についたため、景虎は救援を小田原に求めた。甲相同盟
により、勝頼は北条氏政の妹を正室にし、氏政の義弟にあた
る関係から、出兵要請を受け入れ、景虎支援のために五月
二十九日、武田典廐信豊（信玄の次弟信繁の嫡男、勝頼の従
弟にあたる）を先陣として信越国境に二万の軍勢を進めた。
（その軍勢は一万余とも、三万余ともいわれており、特定で
きないが、とにかく大軍であったことには違いない。）。

一方、景勝は武田軍の出兵により不利を悟り、勝頼方の先
手の大将武田典廐信豊に和議の斡旋を申し出た。『上杉三代
日記』には「上杉家老赤田の城主斎藤下野守、謀を以て、芋
川縫之介・島津月下斎使者として、勝頼へ黄金一万両、長坂・
跡部へ二千両宛差越し、東上州半国遣し、其上旗下に罷成り、
勝頼の妹婿となし、武田・上杉一家となり申さんとの趣なり」

とある。北条氏をバックにした景虎に勝つために、景勝は武
田を取り込もうとしたのである。父信玄の宿敵上杉氏が向こ
うから「旗下に罷り成り」と申し出たのである。越後に向け
て進軍中の勝頼は、典廐信豊の斡旋によって、六月七日に景
勝との和議を承諾した。北条氏政が景虎救援に出陣して来な
いことに勝頼が疑念を持ったことも景勝方との和睦の一因と
考えられる。

話は前後するが勝頼がまだ長沼辺りにいた頃、勝頼と春日
山城の景勝との間で和談の条件の交渉が続けられたが、進展

写真：新井市柳大通から南々東に陣場
を仰ぐ

のないまま勝頼は、その後
越後へ入り、六月十七日、
大軍を率いて小出雲に陣を
しいた。（新潟県新井市）。
信蕃も景勝軍に対して小出
雲（新井市、古書に「老津」
とある）の陣の中にいた。
小出雲は信州路の北国街道
（当時の越後街道）と飯山
街道の合流点である。現在
JR新井駅の南方に横たわ

る丘の上は、「陣場」と呼ばれている。勝頼が景虎支援のために三万ともいわれる大軍を率いて陣を張ったことに由来している。頸城平野を眼下に見ることのできる広大な丘で、上面は数万坪に及ぶ平坦地で、現在は「経塚山公園」があり、眺望がきく場所である。西隅近くには五輪塔、経塚や戦国時代に関係ありげな石塔や石造物が何基かある。戦死者を葬った墓の可能性もある。この地から春日山城へ五里、御館城へは六里の距離である。（「小出雲の対陣」）

勝頼は北条氏の要請で景虎の援軍として出兵したが、この時点では、態度を決めかねていたのか、積極的な動きは見せてはいない。さらに軍を小出雲から藤巻原まで進めたが春日山城を攻撃しなかった。城攻めには多大な犠牲が生じることと、和睦の内談が成立しかかっていたこと、さらに肝心の北条氏が出兵して来ていなかったからである。

六月二十九日に和議を図ろうとして、春日山城下の**木田に陣**を張った。木田は荒川河岸で、春日山城からも御館城からも半里の距離にある。御館城から信濃に通じる信濃街道（越後街道）と、現在の十日町、六日町（上田）を経て関東に通じる三国街道が交差する要衝の地であった。現上越市役所付近である。『蘆田記』（依田記）にある「小田の浜」は、すぐ近くにある。小田の浜の合戦で、信蕃は大活躍したことになっ

ている。『小田の浜と申す所で槍比類なく、其の上景勝を追い崩し追い討ち、数多く討ち取り……』とある。

しかし、武田勝頼は様子見に軍を進めたが、本格的に景勝軍と交戦した可能性は低い。現在、上越市直江津の春日山城の北方にある国府跡の近くに居多神社がある。「居多の浜」（小田之浜）とは、居多神社北方の直江津海岸のことである。現在、海水浴場なども近くにある。居多神社は越後一之宮としての格式を誇り、大国主命と奴奈川姫の結婚伝説の社としても有名である。また、「居多ケ浜」は親鸞聖人上陸の地といわれている。（越後国府へ配流の身となった聖人が上陸した所）。

府内で勝頼は景虎・景勝の和親を図り、斡旋に努めた。八月中旬一応両者は和議に至った。勝頼は八月二十八日、兵をまとめて越後を去って帰国の途についた。（勝頼の越後在陣は、六月中旬から八月下旬の二カ月余に及んだことになる）。

しかし、この和平も長くは続かず、わずか十数日で間もなく破れた。勝頼は越後の内紛調停に乗りだした形となったが、結局は和平は不成功に終わった。

一方、九月になって北条氏政が景虎救援のために、氏輝を主将として越後国魚沼郡へ侵入させた。景勝方の坂戸城を攻めたが攻略できず、氏輝は九月末に帰国してしまった。いかにも遅くそして頼りにならない北条氏の対応であった。

232

《武田氏滅亡の序章～勝頼、甲相同盟を破棄し、甲越同盟へ》

九月には、**勝頼**は**景虎**を捨てて、**景勝**を援助することに決心をする。勝頼と景勝の同盟の証として、十二月に勝頼の妹菊姫と景勝との間に婚約が成立する。御館の乱での戦況は一進一退の状態が続いたが、やがて次第に景勝方が景虎方を駆逐し、ついに翌天正七年三月十七日、景勝は御館城を攻め、敗走した景虎は三月二十四日に鮫尾城で自刃した。上杉の跡目は武田勝頼が肩入れした景勝が継ぐ結果となった。そして、天正七年（一五七九）十月二十日、勝頼の妹菊姫（二十二歳）が景勝（二十五歳）のもとへ輿入れした。（ちなみにこの時、勝頼は数えで三十四歳、信蕃は三十二歳であった）。

かくして、**甲越同盟**は成立したが、逆に**甲相同盟**は破れ、勝頼は北条氏政を敵に回すことになった。ひいては、武田の滅びる一因ともなった。この越後出兵がなかったとしても、武田氏の衰退は確実に進行していたのである。勝頼が甲相同盟を破棄し、甲越同盟に走ったが、同盟といっても当時の上杉景勝には、甲斐を支援するだけの力はまだなく、逆に勝頼は信長・家康・北条に包囲されて、一気に滅びる客観的な状況に陥ってしまったのは事実であろう。

依田信蕃は、御館の乱に際し、勝頼に従軍して**越後へ出兵**したことが『蘆田記』（依田記）にあるが、残念ながら、そ

図：武田滅亡の前夜──甲相同盟の破棄と甲越同盟

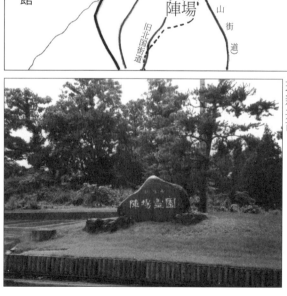

図：小出雲の陣場と春日山城・御館

写真：陣場跡
現新井市

れを裏付ける同時代の史料は見つかっていない。しかし、二

俣城明け渡し後、（高天神城へ一時在城した後）呼び戻されて、

勝頼の**越後出兵に従軍**したことは、前後の情勢からして十分

に考えられることである。『蘆田記』（依田記）の内容は、芦

田依田氏（信守・信蕃・康國・康眞）に関わって、その歴史

的な一件が存在したということは、概ね確かな場合がほとん

どであるので、詳細はともかく、御館の乱に際しての勝頼の

越後出兵に、信蕃が侍大将として従軍したということを、こ

こでは確認しておきたい。

234

㉙　駿州田中城主・芦田信蕃

『芦田記』（依田記）には、**田中城主芦田信蕃**のことが記述されているが、周囲の状況は木曽・穴山の裏切りに始まり、織田・徳川の攻勢が勢いを増し、武田の命運尽きようとしている中で、**孤軍奮闘**する田中城主信蕃の状況が色濃く描かれている。

天正八年辰歳より午年に至りて三ケ年、**駿州田中**に在城。このうち度々攻め合いの軍数多くの義に候間、三ケ年のうち記すに及ばず候。然るところ、午年の春、**勝頼退治**の為、**信長**公出馬。**木曾**心替え故、早速信州落居。信長公**信州高遠**まで打ち入り候砌、**家康様**、**穴山梅雪齋**より内通申され候。駿府江尻辺まで御先手を入れ、家康様御発向の砌まで、**常陸介信蕃**、**田中城**持ち詰め罷りあられ候に付て、家康様より、勝頼滅亡に極り候上は、いつを期すべきとの御断にて、是非に及ばず、**田中城を大久保七郎右衛門殿**へ相渡し申し候。その節、**山本帯刀**を御使となし、既に木曾、穴山両臣をはじめ、信長公へ一味致され、その外も甲斐へ心替の砌、常陸介只今まで田中城

〈要旨〉

・信蕃は、天正八年（一五八〇）から十年（一五八二）年に至る三年間、駿州田中に在城した。

・天正十年春、武田勝頼征伐のため、信長が出馬した。**木曾義昌**が武田を見限って織田に寝返ったため、早速信州は総崩れとなった。**信長**が信州高遠まで侵入した頃、家康に**穴山梅雪齋**が内通を申し出た。

・家康が駿府や江尻辺まで御先手を入れ、駿河の国へ侵入した時まで、常陸介信蕃は田中城を固く守備していた。

・家康より、**武田勝頼が滅亡寸前**であるからには、田中城を堅持していても意味がないので城を明け渡すようにとの勧告があった。信蕃は武田氏の命運も尽きた客観情勢を鑑みると、やむを得ず、田中城を**大久保七郎右衛門忠世**へ明け渡した。

・その時、家康は山本帯刀を使者として、すでに木曾義昌、穴山梅雪をはじめとして、武田の臣は信長へ味方するよう

持ち詰め居られ候こと、敵ながら神妙の旨御感思し召し、その上、累年信蕃手柄をば御存じ候間、御懇に仰せられ候えども、未だ国の落付もこれ無き時分故、先ず信州小諸へ三月十四日帰着。度御内存、御家中召抱られ

写真：二之堀、建物は西益津中学校

写真：三之堀跡の泥田で田植をする人

写真：八幡山砦（国道旧一号線の脇にある）
家康が本陣をおいた。

になり、その外の者も心変わりしているこの時に、常陸介が、今の今まで田中城を持ちこたえているのは、敵ながら神妙であると感心した。その上、歴年の信蕃の手柄を知っていたので、家臣として召し抱えようと懇ろに伝えたけれども、未だ国の落付も無い時分であるのでと、まず信州小諸へ三月十四日に帰った。

〈註解〉
『芦田記』（依田記）では「天正八年辰歳より午年に至りて三ケ年、**駿州田中に在城**」とあるが、後述するように、信蕃が田中城へ入ったのは、それよりも早く天正七年（一五七九）秋頃のことである。徳川軍は天正八年三月頃から田中城に対して**付け城（向城・陣城）**を築いた。岩城山砦、二ツ山砦、烏帽子山砦、八幡山砦がそれである。徳川の猛攻に耐え、田中城を堅く守備していた信蕃ではあるが、客観情勢では武田勝頼はすでに滅亡寸前であった。天正十年二月に入ると、織田信長、徳川家康、北条氏政の三者が、ともに武田攻めを開始した。徳川軍の侵攻によって小山城が陥落、家康は田中城を包囲し、用宗城の朝比奈信置は久能山城に退去し、江尻城の穴山信君は徳川に内応した。駿東郡へは北条軍が侵入し、戸倉城が陥落、沼津城、深沢城が自落して、**駿河における武田氏の戦線は崩壊**した。

田中城においては、城を明け渡すようにという降伏勧告の使者は、山本帯刀と述べられているが成瀬吉右衛門との二人であった。信蕃は勝頼の滅

236

図：天正10年2月末
の時点での武田方の城
3つの城のみ
（田中城・駿府城・
興国寺城……
徳川方の城… ）

①八幡山砦……現在の青山八幡宮のある丘
　　　　　　　（田中城の北1km）
②岩城山砦……岩城神社のある丘一帯（神
　　　　　　　社の北は公園）
③烏帽子山砦…内瀬戸谷川の烏帽子から登
　　　　　　　る（山頂に社）
④二ツ山砦……南砦（本宮山）は残る（熊
　　　　　　　野権現がある）
　　　　　　　北砦（藤五郎山）は消滅（現
　　　　　　　在は昭和団地）

図：家康による田中城攻撃の砦群

亡が避けられない客観的状況を悟ったこと、武田親族衆の筆頭である穴山信君の開城を進める書状も届いたこと、また、周囲の持舟城・久能城・小山城なども次々と徳川方に渡り、田中城は孤立していたことから、城を明け渡すようにとの家

康の勧告を受け入れるのもやむを得ないと判断し、以前二俣城を明け渡した直接の相手である**大久保七郎右衛門忠世**へ田中城を明け渡した。永禄十一年、一五六八年から武田氏の駿河・遠江侵攻に従軍し、また蒲原城・二俣城・高天神城・田中城と守備してきた信蕃にも帰還の時が

やってきた。

《**田中城の攻防**》

田中城は、武田の手に落ちた永禄十三年から天正十年三月の開城までの十三年間、駿河・遠江の守りとして武田氏にとって重要な使命を果たした。家康が田中城攻撃を開始したのは長篠の戦い（天正三年・一五七五）以降である。家康のたび重なる攻撃に田中城は屈しなかった。家康は田中城を攻めるだけには拘泥せず、絶えず**周辺の城の攻略**にも向かっていた。その間、たびたび徳川軍による**田中城周辺**の**「刈田」**が行なわれた。秋の刈田は文字通り**「収穫」**間近の稲を刈り取って味方の兵糧を現地調達する目的があったり」、あるいは「敵に

図：田中城周辺図

238

年月	事項	番手城主
一五七〇 永禄一三・一・二七	信玄、田中城を落とす。	
一五七〇 元亀元年	馬場信房に命じて馬出曲輪（三日月堀も）などを作り改修	
〜元亀三年	板垣信安在番	板垣信安
一五七〇 元亀元年	山県昌景在番（三枝虎吉・朝比奈信置も在番）	山県昌景
一五七二 元亀三・二月までに〜 八月以降	孕石主水佐在番（山県昌満なども在番）	（孕石主水佐？）
一五七五 天正三・六・一一	家康、八幡山に陣し初めて田中城を攻める。	（一条信竜）
	家康、松井康親をして田中城辺の刈田	（穴山梅雪）
一五七六 天正四・八	家康、山西の地の刈田（戦局次第で穴山梅雪が江尻城から時々出張し在城）	
一五七八 天正六・三・九	家康、八幡山に陣し、松平家忠が攻める。	
五・四	田中城辺刈田、松平家忠が攻める。	
八・二二	田中城辺の刈田、城兵出て戦う。	
八・二六	家康、刈田。大須賀康高、外曲輪を破るも引き上げる。	
	家康、外曲輪を破るも引き上げる。	
一五七九 天正七 秋	**この頃から依田信蕃在番する。** 副将は三枝虎吉	**依田信蕃**
九・一八	徳川軍、瀬戸新屋の二つ山に陣し、田中城を攻める。信蕃善戦	←
一五八〇 天正八・五・三	田中城辺の麦を刈り取る	←
七・二三	家康、八幡山に陣す。石川数正先方で攻める。勝頼田中城へ来援	←
一五八二 天正十・二・二〇 三・一	家康、田中城の包囲戦、大手曲輪を破る。信蕃よく防戦。信蕃、田中城の包囲戦、大手曲輪を破る。信蕃よく防戦。信蕃、武田勝頼滅亡が必至と悟り、徳川の将大久保忠世へ明け渡す	**【城明け渡し】**

239

収穫させないために収穫前に刈り取ってしまう」ことであり、夏の刈田は「稲の成長前に刈り取ったり、田を荒らしたりすること」で、敵を兵糧欠乏に追い込むためのものであるいは、「麦を刈りとってしまうことである。田中城の攻防戦では「刈田」が何回も行なわれている。守備側としても、みすみすやり過ごすことはできず、そのつど打って出たことであろう。

しかし、武田氏は勢力は徐々に衰退し、御親類衆の**穴山梅雪**（信君）や**木曽義昌**の織田・徳川への内応によって急速に滅亡に向かうのである。特に駿河・遠江の要であった穴山梅雪が徳川方へついたため、用宗城・小山城・久能城・江尻城等も開城し、二月末の時点で武田方の城は田中城・興国寺城・駿府城にすぎなかった。もはや武田氏も風前の灯火であったのである。そんな時に、**徳川家康**から田中城将の**依田信蕃**へ、成瀬吉右衛門と山本帯刀の二人が遣わされ、講和をし城を明け渡すことを勧めてきたのである。

《**依田信蕃の義勇と節義**》──『三河物語』（大久保彦左衛門忠教著）の現代語試訳（筆者）

（和を勧めるために家康から田中城へ遣わされた成瀬

吉右衛門と山本帯刀の二人は）信蕃を説得して次のように言った。「そなた達が長い間この田中城を守って屈しなかったことは、徳川公は深く感じ入っている。しかし今は織田信長公父子が信州より甲州へ進入している。甲州方の諸城は情勢をみて降参し、一つも交戦する者がない。さらに我が兵が今日駿河より進んでくると、小田原の北条氏直公もまた武州・駿河より兵を出すと聞いている。武田勝頼公は勇猛であるといえども、これをどうやって防げ得ようか。武田氏の滅亡は実に今日明日に迫っているといえよう。このように奮闘激戦も主君あってのことである。そなたが努力してこの城を守り抜いても、勝頼公が死んでしまえば、果たして何の益があろうか。速やかに城を開いて我が徳川軍へ来てほしい。家康公は深くそなたの節義に感じ入っている。必ずそまつにはなさらない。これは私言ではない。家康公が私達に命じているところである。本当にそのようにおっしゃっている」。それに応えて信蕃等（主将の依田信蕃と副将の三枝（虎吉）は次のように言った。「厚志は至れり尽せりです。私は、本当に肝に銘じて忘れないでしょう。しかし、この身は長い間包囲の中にあって、外のことの虚実は全く知らない。勝頼公の存亡も国の推移

等も全て分かっていることではないので、武田氏の重臣のお墨付きの書状もないまま、この城を棄て去るならば、人は何というであろうか。また、徳川公もそのようにお思いになるであろう。あなた方の言うことに背くことになっても、この城を退くことはできない。もし、国が破れて主君である武田勝頼公が死ねば、我らもこの城とともに滅びるのみです。」と二人に礼をつくして還らせた。

家康はますますその義に感じいり、信蕃のいうところは真に理にかなっている。では穴山梅雪に書を送ろうとおっしゃって、梅雪に書状を書かせた。梅雪は信蕃の意を汲んだ家康の意向を書状にして「その城早々に明け渡すべし」等々と書いて送ってきたので、二人（成瀬吉右衛門と山本帯刀）はそれを持って再び田中城へ至って、言葉を尽くして勧めた。それに対して信蕃が言うことは、「この書状があって、何を拒むことがあろうか。しかし、この城は他人には渡し難い。大久保忠世殿を通してお渡ししたい。かつて二俣城にあって、城を忠世殿に渡した由縁があるので、今もこの人より他にはない。もし、このことが用いられなければ、城とともに滅びるとも、少しも悔いはない」。

二人はまた帰り、この信蕃の言葉を報告した。家康公

は「信蕃が言うことは、無理もない。その意に任せよう」とおっしゃった。また、二人を田中城へ遣わした。信蕃は、もともと死を決していて、二人に城明け渡しつもりはなかったので、言を左右し、たびたび難問を発し、家康公が拒絶することを覚悟していたが、家康公がまたその意を察し、ことごとくその求めに応じたので、信蕃もとうとう田中城の開城を約束した。

因って家康公は、今日、大久保忠世を田中へ遣わし、城の授受を果たさせ。かつ次のように言わせた。「我々は、そなた達の高義に感ずること最も深いものがある。故に今日も城の明け渡しに臨むに及んで、そなた達がもし志を改めて、我が徳川軍に属すならば、信州の本領安堵は相違ない。そなた達が、幸いとして我が家康公の切望に応じられたらいかがか」と。二人（主将の依田信蕃と副将の三枝虎吉）は言った「勝頼公がご存命のうちは、いかなる恩命に接するといえども、徳川公にしたがうことはない。しかし、もし不幸にして勝頼公がお亡くなりになり、私が独り生きていくこともあるならば、必ず人質を託して（家康公の）恩命に応えて、長く忠勤を励むつもりである」と。家康公はこれを聞いておっしゃった。「この上、すぐに臣下になることを強いることは、義士の志

を害することになる。よし、その志を妨げることはしない」。二人は大いに悦び、徐ろに城門を出て、顧みて城を仰ぎ、籠城中の攻防を思いだして感じていたのであろう。暫くは去ることができなかったようだが、依田は信州芦田へ、三枝は伊勢国へ、共に涙をこらえて別れていった。ああ、この二士こそ、実に古武士に恥じぬ義勇の士というべきであった。

以上のように、**依田信蕃の義勇と節義を著者の大久保忠教**は賞賛している。

忠教は「**大久保彦左衛門**」と言った方が有名である。家康の旗本として武断派の代表格である。（長兄は大久保忠世である）。江戸時代になってからは、家康を支えてきたという本人の自負に対して、待遇は不遇であったといわれているが、古武士的頑固さと忠義心の塊のようなイメージの人物である。その彼の著書であるということを差し引いても、田中城の攻防戦と明け渡しにおける依田信蕃の智略や義勇とその人柄は十分に感じることができる。また、なによりも、数多い徳川の武将の中で、**二俣城**明け渡しに続いて、**田中城**の明け渡しに際しても、家康が同じ**大久保忠世**を引き受けの武将として選んだことにも、依田信蕃の武将としての価値を認めていた証拠である。この『三河物語』におけ

る依田信蕃と、家康及びその使者である成瀬吉右衛門・山本帯刀とのやりとりをまとめてみると左記のようになる。（あくまでも大久保忠教の視点から述べられてはいるが、概ねは事実であろう）。

・忠世は依田信蕃が二俣城・田中城を明け渡した直接の相手、信蕃のよき理解者。「天正壬午の乱」では信州では徳川の総督的役目。家康は彼を信蕃の子康國・康眞の後見人とする。
・後に忠隣が後見的立場を引き継ぐ、その娘は康國の室となる、康國死後は康眞の室
・忠教（彦左衛門）は「三河物語」著者、兄達と共に依田氏と関わる戦いに参戦。のち心情的には依田氏に対して好意的

```
                    忠世
忠 忠 忠 忠 忠
元 長 為 兼 佐 ─┐
                    │
                  忠教
                    │
            ┌──────┤
忠 忠 忠 忠  忠隣
永 高 成 基  康
            │      │
            教 忠 幸 ┌──────┐
            隆 總 信 忠 女
              （以下略）常 （松平康國・
                          康眞室）
```

図：大久保氏系図

| 信蕃 | ←───────────────→ | 家康 |

（使者）成瀬吉右衛門・山本帯刀

①一度目……速やかに城を明け渡けて徳川軍に属すべし。
（勝頼の滅亡は迫っている）奮闘激戦も主君あってのことである。
（信蕃）厚志はありがたいが、勝頼公の存亡も國の推移も未だ不明である。武田の重臣のお墨付きの書状がないまま城を退くわけにはいかない。武田とともに滅びるのみ。

②二度目……家康は穴山梅雪の「田中城を早々に明け渡すべし」の書状を二人に持たせる。二人は再度来城し言葉を尽くして開城を勧めた。
（信蕃）この書状があって何を拒むことがあろうか。しかし明け渡しは（二俣城で由縁のある）大久保忠世殿にお願いしたい。それが叶えられねば、城と共に滅びても悔いはない。

③三度目……「信蕃の言うことは無理もない。その意に任せよう」という家康の意を伝える。
（信蕃）とうとう、開城の約束をする。

④四度目……（使者）大久保忠世。信蕃と田中城の受け渡しをする。「その高義に深く感じた。もし徳川に属するならば、信州の本領安堵は相違ない。家康公の心に応じられよ」
（信蕃）勝頼公が不幸にしてお亡くなりになり、頼る主君がいなくなったならば、家康公の恩命に応え忠勤に励むつもりです。（今はその時ではありません」
（家康）この上、直ぐに臣下になることを強いることは義士の志を害することになる。その志を妨げることはできない」

田中城を明け渡して、信州芦田（↑「春日」が正しい）へ帰る。

かくして**依田信蕃**は田中城を天正十年（一五八二）三月一日に明け渡した。信蕃の田中城主将としての戦いぶりや明け渡しに際しての義勇ぶりについては、数え切れないほどの文書で述べられている。それらは、ここに紹介した『三河物語』のほかに、『芦田記』『依田記』『家忠日記』『寛永諸家系図伝』『寛政重修諸家譜』『遠州高天神記』『落穂集』『武徳編年集成』『甲陽軍鑑』『常山紀談』『譜牒余録』『藩翰譜』などである。また、それらの文書の多くは『藤枝市史（資料編二、古代・中世）』にも掲載されているので、参照されたい。

《武田氏の滅亡と信蕃の佐久帰還》

家康の予言通り、**武田勝頼**は三月三日に**新府城**を退去し、小山田信茂の**岩殿山城**めざして逃避行をたどった。

信蕃は三月十日に本拠信州佐久郡**春日城**に帰着した。その翌日三月十一日に、武田勝頼は信じていた重臣小山田信茂の謀反に遭い、織田軍に攻められて甲斐**天目山田野**に滅亡した。そこは現在の笹子トンネル北入り口の東一・七kmの地である。

信蕃は、信州佐久へ帰還した後、**小諸城**に入っていた織田方の**森勝蔵長可**に対面している。武田氏滅亡直後のことである。

る。その直前に嫡子竹福丸源十郎（後の康國）と次男福千代（後の康眞）は武田の人質という立場から織田方の人質になっていた。なお、依田信蕃も三枝虎吉も後日織田信長の追及を免れ、家康に匿われていた（信蕃は二俣の奥小川の里に、三枝虎吉は田中城の近く洞雲寺に）が、本能寺の変後、家康に属し、信蕃は信州へ戻って、家康のために佐久平定に奮戦した。その時、信蕃の指揮下に入った三枝虎吉と嫡子の昌吉は佐久郡高野町を襲った相木氏（北条の麾下になった）を追い、相木城を攻め落としている。（詳細後述）

《田中城の特徴》

田中城は遠江国諏訪原城（徳川の手に落ちてからの名は牧野原城）・高天神城・小山城、駿河国久能城・用宗城（持船城）などを結ぶ城郭ネットワークの一環として重要な位置を占めていた。その城郭としての特徴は、

①同心円形（円形）の縄張りである。（本丸のみが方形で、その外側に同心円形に三重の堀を巡らせている。同心円の縄張りは、攻撃軍の迂回に際しても、防御側は最短距離をもって兵を移動させ、機先を制することができるので有利である。依田信蕃が守備していた頃は二重の堀で、三ノ曲輪まで螺旋式縄張の城郭とも呼ばれる。これは軍学でい

写真：堀を埋め立てた道路は円弧を描く

うところの「円形の利」に基づくもので寄せ手が攻めてきてもそれに応じて自由に対応できるというわけである。

②城門の外に六箇所に三日月堀と丸馬出しの組み合わせを配した。（「三日月堀」「丸馬出し」は武田氏の築城の特徴でもある）。

③交通の要路にある平城である。（志太平野の北端に位置し、海抜一五ｍ、全くの平城ではあるが四周は湿田地帯）

④城南を流れる六間川の水を巧みに利用した。（六間川を堰止めると、一番外側の第四堀に水が湛えられるようになっている。また、第三の堀に水路が通じているので、第三の堀を満たし、さらに平常から水堀になっていた第二の堀までに水が及び、浮き城化するように造られていた。

⑤素朴な築城（堀は掻き上げにしたばかりで、土居も高く積み上げたばかりで、石を積んで堅固にしたのは、六つの城門

244

図：田中城復元図（江戸時代末期のようす）
藤枝市郷土博物館作成図に手を加えてある。信蕃の頃は三の堀まで

に限られていた）。

《田中城の構造》

現在国道一号線「大手」の信号から南東へ二〇〇mほど進むと、二又に分かれる道の中間に「田中城跡」の標石がある。右手の道を直進すると田中城跡である。田中城は今川氏の家臣一色氏が築城した徳一色城に始まるという。永禄十三年（一五七〇）一月、武田信玄の攻撃にあって落城した。信玄は築城の名手馬場美濃守信房に命じて拡張工事を行ない、

三日月堀のある武田氏特有の**丸馬出し**を設け、名称も**田中城**と改めた。田中城は湿田地帯に囲まれた平城で海抜は十五m、方形の本丸を中心に二ノ丸・三ノ丸・四ノ丸がその周囲を巡る**同心円形の構造**が特徴である。（なお、四ノ堀を掘り、総曲輪たる四ノ丸を増築したのは関ヶ原の戦いの後、一六〇一年に入った酒井忠利である）。亀甲城（亀城）の別称がある。

各曲輪は堀とその土を掻き上げた土塁で防御されていた。石垣は大手・平島・新宿のそれぞれの一之門、二之門の計六つ城門付近に限られていた。田中城の本丸は現在西益津小学校の一部になっている。正門からバス通り（本丸と二之丸の境）を南東に進むと右手に三日月堀の痕跡がある。小学校の校庭は一之丸の一部と三之丸の一部である。また、中学校の体育

館の裏手には三之丸と四之丸（総曲輪）との境の堀が一部残っている。依田信蕃が守備した武田氏時代の大手口にあたる平島口あたりは道路となっているが、残存状態はかなりはっきりしている。二之丸と三之丸の境の堀と土塁が残っている所は西益津中学校の正面入り口の前の部分である。ここでは円形の城らしい弧を描いた堀が残っている。現在、遺構は大部分は破壊されているが、堀だった所を埋めて道を造ったので、もとの堀に沿って**道が円形にめぐり**、そこを歩けば当時の縄張りが分かる。

田中城は完成すると武田方から武将が派遣されて在番をする城（＝**番手城**）とされた。城番は山県三郎兵衛昌景→板垣信安→一条右衛門大夫信竜→孕石主水→そして、**依田信蕃**が運命の守備についたのは天正七年十月頃である。

《依田信蕃の田中城在城を示すもの》

田中城周辺で信蕃の在城を示すことがらが、いくつかある。先に掲げた諸文献の記載内容もさることながら、ここでは左記の三点を明記しておきたい。

① 鬼岩寺分の藤枝堤の普請

武田家が、天正七年（一五七九）年十月二十七日付けで、**依田信蕃**に孕石主水佑元泰知行**鬼岩寺分の堤**の補修を命じて

いる書状がある。（前項「高天神城」参照）。その文書の意味は「孕石和泉守の私領である藤枝鬼岩寺分の堤（つつみ）の普請については、先の元亀三年と天正七年五月の朱印状で、（孕石和泉守に）その再興を命じてあるが、これからもその堤が破損した場合は、その再興を依田右衛門佐の判断で、命令すべきである」という内容である。（どうも孕石氏はあまり普請を進めていなかったようである）。

　これにより、少なくとも、依田信蕃が、天正七年十月二十七日までには、番手城たる田中城の番手城主としてついていた証拠となる。　**鬼岩寺**は現在藤枝市藤枝三丁目にある真言宗の古刹である。藤枝市の中心街から外れた山裾にある。背後に山塊を控えた、いかにも静かな地であるが、戦国時代にはこの付近は鬼岩寺村であり、南側には門前市がたち、街道にも近かった。また、門前から南方へそのまま進むと**瀬戸川**がある。鬼岩寺付近の暴れ川とは瀬戸川であろう。現在見る限り瀬戸川は常日頃は、川幅の割りには水の流れが極めて少ない枯れ川である。しかし、いったん大雨となった時には、上流から大量の水が一気に流れ下り、藤枝市の市街地方面へ、しばしば洪水を起こしていたらしい。**藤枝堤**（鬼岩寺堤）とは、現在「勝草橋」があるが、その上下流域周辺を指したものであると推定される。

　そこの領主であった**孕石主水佑元泰**に武田氏は山県三郎兵衛尉を通して二度にわたって普請の命令をしていたが、はかどらないまま孕石氏を高天神城の番勢としたことから、その後に田中城番の主将として入ってきて、城主として武田の威信をこの地に定着させつつあった**依田信蕃に藤枝堤の普請を**命じたわけである。長いこと堤防の普請ができないで荒れるままの状態であったようである。洪水によって家も田畑も流され、百姓は疲弊し、生産力は衰え、結局武士の収入も減ることになる。藤枝堤を再興させ、生産力をあげようとしたわけであるが、武田氏は釜無川や笛吹川の河川の治水に関わって実績があることから、技術的には堤防を築くことに関しては問題なかったと思われる。優れた技術を背景に積極的に勧農政策を展開しようとしたわけである。藤枝堤の再興を地方小領主の領国経営の責任において実現させようとしていることは、武田氏の領国経営の姿勢を知るものとして注目すべきであると『藤枝市史』は指摘している。

　武略智略に優れ、まじめで粘り強い忠誠心の溢れた**依田信蕃**が、**民政にも意を注いでいた**ことは推測される。しかし、戦乱が続く他国での普請は、困難を極めたことは想像できる。特に依田信蕃が城番となったころには、絶えず徳川軍の脅威にさらされていた状況である。徳川軍の「刈田」に何度も悩

まされたことからして、実際にどの程度藤枝堤の普請を進めることができたかは不明である。

②石竜山灌渓寺を開基

依田信蕃と弟の信幸が中興開基となって天正八年（一五八〇）に再興したとされる石竜山灌渓寺（藤枝市中ノ谷六八）がある。

藤枝市街から七km北西にあり山を背にしている。戦国時代には鎌倉街道の脇道が通っていた。灌渓寺では開基として二人の位牌を祀っている。信蕃の法名は「蕃松院殿節叟良筠大禅定門」、信幸の法名は「灌渓寺殿月山良秀大禅定門」、（信幸ではなく信春という説もある）二人とも芦田依田氏の宗家の戒名に使われている「良」の一字が入っている。また、信蕃の戒名は信州のそれと同じである。灌渓寺は今川氏の香花所（菩提寺）になって

写真：灌渓寺に信蕃・信幸の位牌がある
・前常州大守節叟良筠大禅定門（信蕃）
・灌渓寺殿月山良秀禅定門（信幸）

いたこともある。また、三百m程離れたところにある毘沙門様は日本三毘沙門の一つと伝えられている。

③志太郡の内で配下に所領を宛てがっている。

さらなる事実として依田信蕃が、天正十年十二月十七日付けで、縫殿左衛門、新左衛門に志太郡の内に采地を与えている宛行状がある。これは、駿河国田中城の周辺に芦田氏（依田氏）の領地があった証拠である。

『依田信蕃黒印状写』

於于駿州志田郡五貫文出置候、当表本意候上、領地可宛行者也、仍如件

天正十壬午
極月十七日　　□（印文未詳）
（依田信蕃）
縫殿左衛門との

於于駿州志田郡五貫文出置候、当表本意候上、領地可宛行者也、仍如件

天正十壬午
極月十七日　　□（印文未詳）
（依田信蕃）
新左衛門との

248

二通ともいずれも内容は宛名以外は全く同じである。

信蕃が縫殿左衛門と新左衛門に志太郡内に領地を宛てがっている文書である。「天正十壬午極月十七日」の発給日の時点では、依田信蕃は、信州佐久郡をほぼ統一しかかっていた絶頂期の頃である。すでに駿州田中城をあとにしているわけであるが、天正十年十二月には、家康の甲州・信州制覇の先駆けとして徳川氏のために奮闘していた依田信蕃に対して、志田郡の辺りに領地を与えていた証拠である。

なお、「新左衛門」とは依田新左衛門であろう。彼は、山梨市下井尻に伝わる依田泰八家文書によれば、依田新左衛門尉は永禄十一年四月に武田氏から屋敷分三十貫文を賜っている。また、遠州三方ケ原の合戦における軍功により元亀三年十二月二十七日に武田氏から太刀を与えられている。高天神城攻めにおける戦功により天正二年に武田勝頼から感状をもらってもいる。『甲陽軍鑑』に西上野衆として「依田八十騎」典厩衆に依田新左衛門がいる。いずれも、信蕃から所領を宛てがわれた同一人物であろうか。

《信蕃の明け渡し以降の田中城》

田中城の攻防戦は、後に将軍となり江戸幕府を開くことに

なる徳川家康に対して、依田信蕃が、智略と武略を生かして奮戦したことになる。時に信蕃は数えで三十五歳であった。

二俣城や田中城の攻防戦で主将として戦い、まさに戦国の中央舞台のまっただ中で、その存在が光を放っていたのである。信蕃のものの考え方や生き方、行動原理には、よかれあしかれ「信州人」そのものが垣間見える。残念ながら彼の本拠地である信州人には、彼の存在を意外と知られてないのは残念ではある。

田中城は、武田氏から徳川氏の城となった。交通の要衝にある城として、その後もたびたび歴史上にその名が散見する。織田信長は天正十年三月に武田勝頼を滅ぼした後、四月十日に甲府を発ち、右左口峠を経て富士の裾野を巡り、大宮（富士宮）へ抜け、東海道へ出て、十四日に田中城へ立ち寄っている。

信長が武田氏を滅亡させた甲州遠征から安土城への帰途に駿河田中城へ立ち寄ったのは、依田信蕃が田中城を徳川家康方へ明け渡してから、ほんのまだ一月半後のことである。信長はその後も家康の領国で馳走（接待）を受けながら、四月二十一日に安土へ帰っている。徳川家康は天下を取った後に、隠居して大御所として駿府城を居城として、放鷹（鷹狩り）をしては、何度も田中城に立ち寄っている。極め付きは

15 ～ 16 世紀
（今川氏の時代）

16 世紀後半
（武田氏の時代）

17 世紀後半
（江戸時代）

依田信蕃が城主であった頃の田中城

図：田中城の変遷
藤枝市郷土博物館作成より

①蒲原城……永禄 12 年（1569）12 月〜
天亀 3 年（1572）のある間
　　　　　　　　　……短期間（期間不詳）
②二俣城……天正 2 年（1574）11 月 11 日
以前〜天正 3 年（1575）12 月 24 日
　　　　　　　　　……1 年 2 カ月余
③高天神城…天正 3 年（1575）12 月末〜
天正 6 年（1578）5 月以前
　　　　　　　　　……短期間（期間不詳）
④田中城……天正 7 年（1579）秋〜天正
10 年（1582）3 月 1 日

　　　　　　　　　……2 年半

図：信蕃が守備した駿河・遠江の城

元和二年（一六一六）一月二十一日、田中まで放鷹に出かけ、田中城にて鯛の天ぷらを食べ過ぎたのが原因で体調を俄に崩し、養生したが回復せず、四月十七日に没したことである。

《依田信蕃にしたがって田中城に在番していた佐久の武士》

もちろん、依田信蕃の次弟源八郎信幸、三弟善九郎信春をはじめ、身内たる芦田氏・依田氏の面々も何人かは在城していたことは考えられる。また、信蕃が北条氏から逃れて佐久郡春日郷の奥の立科山中にある三澤小屋に籠もって、北条を攪乱させたが、そこに名を連ねることとなった武士の多くが、信蕃の指揮の下、田中城を守備したことも推定できる。

○依田右馬助盛繁

『寛永諸家系図伝』によると、依田右馬助盛繁については「依田右馬助、九歳のとき、父昌忠にはなれ、祖父信盛に取りたてられて、**駿州田中の御番をつとむ**」とある。信州佐久の平原依田盛繁のことである。彼が九歳の時に父昌忠は二俣城の攻城戦で討ち死にしている。元亀三年（一五七二）のことである。依田信蕃が田中城将として在城した時（天正七年十月頃から十年三月上旬〈一五七九〜八二〉）は、依田盛繁は十六歳から十九歳の時である。ちなみに依田盛繁は平原依田氏である。

○塩入日向守守直（重顕）

『蓮華定院文書』所収の『塩入守直書状』では、「……去々年以来当国駿州田中城より書状を送ってきている。彼は信蕃が佐久へ帰還後、徳川氏の臣下となって北条氏の追及から逃れて信蕃のもとで奔走し、天正十年の伴野城攻めの際に、信蕃の甥である依田肥前守信守に従い、春日の**片倉の金井坂の戦い**の負傷がもとで死んでいる。

○上原儀右衛門

信蕃の田中城在城時にしたがっていた。上原姓は佐久郡に多いので佐久出身と思われる。天正十八年（一五九〇）に芦田康眞（松平康眞）が、徳川家康の関東転封にともなって、信州**小諸**から上州**藤岡**に移った時にしたがって行った家臣「芦田五十騎」の中にもその名が見える。

年以来当国駿州田中城より在城之処、…（中略）…二月十三日塩入日向守守直（花押）」とある。これは宛所を欠く。つまり、塩入守直（重顕）が某に対して駿河國田中城より書状を送っているわけである。彼は信蕃が佐久郡春日の奥三澤小屋に籠もっていたときにも信蕃のもとで奔走し、天正十年の伴野

251

㉚武田滅亡～信長・家康の侵攻と信蕃

『芦田記』（依田記）に、信蕃が信長の武田遺臣狩りから逃れ、家康に臣従する経緯が語られている。

森勝藏小諸に居られ候に付、常陸介、勝藏と対面され、その上信長公へ御礼申すべくに付て、小諸を出、諏訪に城介殿御座候の間、先ず城介殿へ御礼申すべきと存じ候えども、途中まで家康様より御飛脚下され、城介殿へ出仕無用、信長より甲斐國大名切腹仰せ付けらるべしとの書立参り、依田常陸介切腹一の筆に書付け候間、諏訪へ参り候こと相止め、夜通しに甲斐國市川へ参り、家康様に御目見え仕り候様にと、御飛脚下る付き、即市川にて御目見え仕り、

〈要旨〉

・田中城を徳川氏へ明け渡して信州へ帰った常陸介は、信長の臣である森勝藏が小諸城にいたので、森勝藏と対面した。その上、織田信長へ挨拶するために小諸を出発し、諏訪に織田城介信忠がいたので、まず信忠へ挨拶しようとして、諏訪へ向かった。

・諏訪への途中で、家康からの飛脚に出会った。「織田城介信忠へ出仕することは無用。信長より甲斐の國の大名には切腹させよとの書立が来ていて、依田常陸介は切腹を申しつける者の一の筆に名前が挙がっているので、諏訪へ行くことは止めて、夜通しに甲斐國市川へ行き、徳川家康に御目見えするように」との飛脚であった。そこで、直ちに市川の陣所で、家康に御目見えし、家康に臣従することとなった。

写真：岩殿山城（甲斐国郡内地方）

写真：岩櫃城（上野国）

岩櫃山（200mの絶壁）　本丸　中城　二ノ丸

写真：新府城（城内の説明版）

《信長の武田領国侵入と勝頼の最期》

信長は、嫡男信忠を大将とする織田軍を武田領侵略に先行させた。信州伊那郡へ入って、現平谷村滝之澤要害を守る吉岡城主下条信氏の軍勢を突破したのを手始めとして、吉岡城・飯田城・大島城（信玄三弟逍遥軒信綱《信廉》）などは大した抵抗できずに陥落した。唯一本格的な抗戦をしたのは高遠城の仁科盛信（勝頼の異母弟）であったが、信忠の指揮の下、森勝蔵（長可）・滝川一益・河尻秀隆などの総攻撃に三月二日に落城した。この時に城側の副将格で戦った佐久の小山田備中守昌行（甲州郡内地方の小山田左兵衛尉信茂とは別系統）も討ち死にしている。信忠は三日に上諏訪へ侵入し、諏訪大社上社周辺を焼き払った。その同じ三日には武田勝頼は、わずか二カ月住んだ新府城を焼き自落している。信忠は七日に陣を諏訪から甲府へ進めた。

勝頼は新府城から眞田昌幸の西上野の岩櫃城へいったん待避し再起を図るに決定していたとされているが、累代の重臣小山田信茂の意を入れて、都留郡の信茂の居城岩殿山城を目指した。笹子峠の手前の駒飼の宿で、先に本拠へ帰った小山田信茂の出迎えを待って七日間滞在したが、信茂は裏切って信長方に寝返った。新関を作って入郷を拒否した。やむなく勝頼は日川に沿って山峡を田野を経てさらに上流へ天目山栖

図：武田勝頼の逃避行
３月３日 新府城を退く～３月 11 日 天目山の麓・田野に滅ぶ。

写真：土屋惣蔵片手千人斬り史跡
日川（三日血川）を遡った所に

雲寺方面へ向かった。（現在の笹子トンネル西入り口の北東方向になる。その先は大菩薩峠である。どういう見通しをもって向かったものか、解釈しかねる）。追尾してきたのは、滝川一益・川尻秀隆ら五千余の兵であった。天目山麓に逃れた時には総勢百名もいなかった。行く手の上流方向からは、織田勢とは別に辻弥兵衛に率いられた天目山麓の郷人ら六十余名が弓鉄砲を撃ちかけて攻撃してきた。挟み撃ちになった格好で進退極まった勝頼一行は終焉の地を求めて、やむなく**再び田野**へ引き返した。この時、**土屋惣蔵昌恒**が主君の危機を救わんと、もっとも崖道の狭い所で岩角に身を隠し、片手は藤蔓につかまり、片手には刀を持ち迫り来る敵兵を次々と斬っては谷川に蹴落としたと伝えられ、谷川の水は三日間も血で赤く染まったといわれている。そこは「土屋惣蔵片手千人斬り」史跡として石碑と

写真：景徳院にある墓、勝頼（中央）・北条夫人（右）・信勝（左）

説明板が立てられている。勝頼最期の地である田野の上流一・七kmほどの地点である。土屋惣蔵が奮闘している間に田野に至り、南方から追尾してきた滝川一益らとの間に最期の戦闘が開始された。（田野の戦い）。多勢に無勢、**勝頼**と嫡男信勝をはじめ主従は従容として全員自刃した。天正十年三月十一日のことである。**武田氏は天目山麓田野で滅亡**した。（天正十六年、一五八八年に徳川家康が田野の勝頼終焉の場所に勝頼の菩提寺を「田野寺」として建立した。後に勝頼の戒名である「**景徳院**殿頼山勝公大居士」から、「**景徳院**」となった。

境内には勝頼一行を祀る甲将殿があり、その前には勝頼・北条夫人・信勝の生害石、すぐ背面には真中に勝頼の宝篋印塔、向かって右側の北条夫人の五輪塔、左側の信勝の五輪塔の三基が据えられ、左右両脇には家臣の供養塔が立っている。景徳院の立地は、日川を遡っ

254

図：信長の進路
天正十年（一五八二）　信長の甲斐侵攻と凱旋経路。

（地図中表記）
N
3/19～4/2 上諏訪法華寺
3/18 高遠城
3/17 飯島
大島城
3/16 飯田城
3/14 浪合
3/11 岩村城
3/9 高野
3/10 兼山
3/8 犬山城
3/7 岐阜城
3/6 呂久渡
発 3/5
柏原、佐和山
安土城 4/21着
4/19 清洲城
吉田城
4/2 台ケ原　新府城
つつじヶ崎館（甲府）
4/3～4/10
4/10 右左口
4/12 井手野
白糸の滝　興国寺城
4/13 江尻城
清見ケ関
4/14 田中城
4/16 浜松城

て来て雨沢川との合流地点に挟まれた比高二〇〜三〇ｍの急崖上であり、さながら砦跡であるかのようである。迫り来る織田勢に少ない兵力で抵抗しながら最期を迎えたのである。

武田氏滅亡が避けられないと悟った**依田信蕃**が、城主として守備していた田中城をやむなく明け渡し、甲斐の国へさしかかったのは、おそらく三月三日頃と推定される。それは、**武田勝頼**が新府城を捨て、逃避行を始めた時と一致する。信蕃としては、その忠勇の行動ぶりからして、ともかく新府城へ出向いて主君である勝頼に目通りするつもりであったと思われる。しかるに、すでに勝頼の消息が不明であり、武田家臣の多くが離反している状況を知り、また、織田・徳川が怒濤の如く甲斐へ侵攻してくる状況から、本拠地佐久郡**春日郷**を目指す決断をしたものと推定される。信蕃一行は甲斐の国を通って信州へ戻ったわけで、彼が甲斐の国を北へ進んでいた頃、行方が分からなかった勝頼一行は、田野への入り口の駒飼の宿で、岩殿山城への小山田信茂の出迎えを、裏切られることも知らずに七日間待っていたことになる。**信蕃**は三月十日に**春日城**に帰着した。**武田勝頼**が滅びたのは、その翌日のことということになる。

　しばらくの間、信忠は甲斐一円の武田旧臣や残党狩りをしたり、関係した寺社などを焼き払ったりしている。軍勢は信

州佐久郡へも侵入し、武田信玄にゆかりのある諸寺を兵火にかけた。『津金寺由来記』によると、芦田依田氏祈願寺でもあった**津金寺**（北佐久郡立科町山部）では、堂塔・山門・仏像・宝物・什器・諸記録などの多くが灰燼と帰した。

一方、信長自身は天正十年三月五日安土城を出発した。六日美濃国呂久渡で、去る三月二日に滅亡した仁科盛信の首実検をし、さらに信州へ向けて北上した。十四日信州に入り下伊那浪合（根羽という説もある）で、勝頼・信勝父子の首実検をし、十六日飯田で武田信豊の首実検、十七日飯田城に陣し、十九日に大島城を通過して飯島へ、十八日は高遠城に陣し、十九日に杖突峠を越えて**上諏訪**に到着した。

《**信長、上諏訪法華寺に着陣、諸将が謁見する**》

信長は諏訪では**法華寺**に**本陣**を置いた。これより先三月三日には信忠が諏訪上社周辺に放火したが、上社のすぐ隣にある法華寺は焼け残っていた。法華寺は諏訪大社上社本宮の南東に隣接してあり、上社の別院別当の寺であった。『信長公記』の三月十九日の条には、「**上之諏訪法花寺**に御居陣、諸手之御陣取段々に被仰付候也」とある。『當代記』にも「十九日、信長上の諏訪へ御着陣」とある。信長は四月二日まで十四日間法華寺に滞在した間、諸将の謁見を受けた。その間、織田

写真：法華寺

軍の主な武将が在陣した。また、甲州に侵入し市川に陣を張っていた**徳川家康**（二十日）をはじめ、木曽義昌（二十日）、穴山梅雪（二十一日）、小笠原信嶺、小田原の北条氏政の使者（二六日）などが法華寺を訪れ、信長に謁見した。二十六日、信長は甲府入りを先に果たした嫡男信忠の功績を賞することを伝えた。二十八日には**信忠**が甲府から上諏訪へ帰陣し、信長に対面し、戦勝報告をした。

《**信長、論功行賞と厳しい成敗**》

一段落した二十九日に、信長は**国割り**（論功行賞）等を行なった。恩賞の将士は旧武田の臣では、信長・家康に内応していた穴山梅雪、木曽義昌、小笠原信嶺などであった。

（武田領国の知行割り）

・徳川家康……駿河国
・滝川一益……西上野（関東管領）と信濃佐久郡・小県郡

れている。

・河尻秀隆……甲斐国（穴山氏本領以外）と信濃国諏訪郡
・森　勝蔵……信濃国のうち高井・水内（みのち）・更級・埴科の四郡
・木曽義昌……信濃国のうち木曽郡・安曇郡・筑摩郡
・毛利河内守……伊那郡
・穴山梅雪、眞田昌幸、小幡信眞……本領安堵

処罰の将士のうち御親族衆では、武田逍遥軒信綱（信玄三弟信廉）、武田典厩信豊（勝頼従兄弟）、武田信友・信堯父子、一條信龍・信就父子、葛山信貞などである。重臣や有力国衆では山県・馬場・曽根・長坂・跡部・日向・秋山などである。

また、勝頼を裏切った小山田信茂も例外ではなかった。いずれも死罪であった。

『甲陽軍鑑』によると、織田方の言を信じて御礼に参上した武田の諸将は全て殺されてしまったとのこと。『甲陽軍鑑』品第五十八「武田侍大小共に被殺事」には次のように述べら

図：織田・徳川の攻勢と武田家臣の内応、離脱・離反

織田信長・徳川家康　→　侵入　→　武田勝頼
北条氏政　→　侵入　→　武田勝頼
穴山梅雪・木曽義昌　←（内応）
家臣群　→　なだれうって　離脱・離反

一、信長甲府へ御着有り。春中より計策の廻文越給ふ。二月末、三月始時分に、むたと信長父子の文をこし給ふ（に或は）甲州一国をくれべき、信濃半国を（くれ候はん）、或はをくれべきなんどとの書状を誠に思ひ、勝頼公御親類衆をはじめ皆引籠居給ふが、此ふれを実と思ひ御礼に罷出武田方出頭人の跡部大炊諏訪にて殺さるる。逍遥軒は府中立石にて殺さるる。…（中略）…駿河先方衆も勝頼公御ためを一筋に存たるをば成敗なり。甲信駿河侍大将いずれも家老衆大形殺さるる。

一方、信濃国・上野国・駿河国のように甲斐国に征服された武田領国の国衆に相対的に厳しい処罰は下されなかった（内藤氏・小幡氏・真田氏等はこの範疇か）。しかし、そのうちでも諏訪氏の一部・朝比奈氏・菅沼氏等のように、武田氏に強い忠誠を尽くしたり、最後まで番城で抵抗したり、織田氏に抵抗した経緯があったり、織田や徳川から武田方に走った武将等には厳しい処断がなされた。

依田信蕃の場合は『勝頼公御ためを一筋に存たるをば成敗

なり」「武田氏に強い忠誠を尽くしたり、最後まで番城で抵抗したり、織田氏に抵抗した経緯があった」ということから、

「御成敗」（つまり断罪、切腹、打ち首）される運命にあった可能性が大きい。

信長の法華寺での滞在中、信長勢力下の諸将が上諏訪に一時的に集まってきた。諏訪は半月ほど戦国の中心舞台といってもよい状況であった。（この時、皆の前で信長が明智光秀に対してせっかんし、恥をかかせて、それが本能寺の変の遠因の一つになったという逸話があるが、光秀謀反の真の原因は謎のままではある）。

《信長の甲府入り・安土への凱旋と家康》

信長は四月二日に上諏訪を出発、甲州へ入って台ケ原に一泊し、三日には新府城の焼け跡を検分し、甲府へ入り、信玄の館であった「つつじケ崎館」跡に建設された仮御殿に陣した。この同じ日、信忠に命じて武田氏の菩提寺である**恵林寺**を焼き払っている。

信長は甲斐国内を巡察し、四月十日に甲府を立って帰路についている。『家忠日記』には「十日、上様甲府よりうは口迄御成候」とある。

図：織田信長の本陣法華寺（諏訪大社上社本宮の近くにある）

写真：右左口峠（柏坂峠）と右左口宿

「うは口」とは「右左口」宿である。つまり、信長は安土への帰路は中道往還の道順をたどったのである。右左口（上口）～右左口峠～迦葉坂（柏坂）～阿難坂（女坂）～古関～精進～本栖を経由し、雄大な富士の裾野へ出て、眺望を愛でながら～大宮城～駿府城～江尻城～田中城～浜松城と家康の領国（駿河・遠江・三河）を経由し、四月二十一日に**安土城へ帰着**している。（それは、実に本能寺の変の四十三日前のことである）。

その道筋は徳川家康の勢力範囲の地であるため、家康は信長の歓待と警護に細心の注意を払って各地に御茶屋や御廟を建て、食事などにも贅を尽くし、饗応に努めている。家康の臣深溝松平氏の松平主殿助家忠が記した『家忠日記』による**ふこうず**と、天正十年四月十日以降の信長の行動は全て「御成」と記され、御成の際には多数の家臣を伴った行列が進んで行き、沿道に作られた茶屋や小屋、そして御成先では**馳走（饗応）****おなり**が行なわれた。日記の筆者である松平家忠も、主に小屋と茶屋の建設、道路の普請、行列の警護などを行なっている。

武田攻めのこうした家康の労をねぎらうために、信長は家康を安土に招待した。今度は、信長は家康一行に気を遣って様々な馳走（接待）をしている。この頃が信長の絶頂期であり、その直後に急転直下、本能寺の変が勃発するのである。

《徳川家康の甲斐侵攻の状況》

話は前後するが、**家康の甲斐への侵攻**について、『家忠日記』の内容を中心に見ていくことにする。

先にも『家忠日記』にはふれたが、深溝松平主殿助の日記『家忠日記』の天正十年は、家忠二十八歳の時である。家忠個人の私的日記で、家忠個人の生活を記したものである。いかなる重大事件にあっても、それに関する家忠個人の主観的判断は記さず、自己の経験のみを簡略に記するという態度が終始一貫して貫かれているので、その内容は同時代資料としても

・穴山梅雪は信玄の甥で、女婿でもある。母は武田信虎の娘であり、妻は信玄の娘である。
・武田勝頼の従兄にあたる。
・武田とは濃い血縁関係にある、ご親類衆筆頭である。

図：穴山梅雪の徳川への内応の影響の大きさ

極めて信用がおけるものであるという評価を史家の間では得ている。その日記によって、武田氏滅亡の前後の状況をみてみよう。

武田の御親類衆の筆頭である江尻城主穴山梅雪が徳川方に内応したということが、三月一日に家忠の耳に入った。（梅雪とすれば、**母が信玄の姉**であり、**妻が信玄の娘**である自分の家系の方が、諏訪四郎勝頼〈武田勝頼〉よりも**武田氏の血が濃い**という自負があり、自分が前面に出て織田・徳川にいったん降ることによって、武田氏の血脈を存続をさせることができるもののという彼なりの判断があったと推測される。四日に梅雪は家康に謁した。甲斐への案内役梅雪によって家康は抵抗なく侵攻した。八日に駿河興津城へ入り、九日には身延へ軍を進めた。都合七回甲斐に進入している家康であるが、この武田勝頼滅亡に際しての第一回目の時のみ、興津方面から富士川沿いに北上している。それは穴山梅雪の河内領内を通過するルート（河内路）である。他は全て中道往還（迦葉坂〈柏坂〉、右左口）経由である。この天正十年三月の武田氏征服の侵入時における一番安全なのは穴山梅雪の領内（駿河国庵原郡、甲斐国河内地方）を通過することであったのである。

三月十日、穴山梅雪の案内で市川に着陣している。天正十年三月十一日以降を『家忠日記』の原文でたどってみる

と、

市川へ着陣した翌十一日には梅雪を伴って織田信忠のいる甲府へ入った。その日はまさに郡内地方の重臣小山田信茂に裏切られた**武田勝頼**が、滝川一益の織田軍に追い詰められ、**天目山麓田野で滅亡した日**にあたる。

さらに『家忠日記』では、「三月十七日乙亥、上様信濃諏

訪迄御着にて、**家康越候**とある。ここで「家康越候」の「越候」の解釈の仕方にて、「行った」のうちでも、「行き、そちらへ向けて出発した」の意であろう。つまり、織田信長が信濃諏訪へ到着するので、徳川家康が陣所（市川）を出発したのが三月十七日ということにある。それを裏付けるのが『當代記』の「家康昨日市川を出、今日**廿日**出仕、信長日、此度早速被達本意事」という一文である。これは「家康が十九日に市川を出立し、（『家忠日記』によると市川出立は十七日であるが）二十日に信長に出仕した（謁した）」ということを意味するからである。

・『家忠日記』……市川を十七日出立、信長に出仕二十日
・『當代記』……市川を十九日出立、信長に出仕二十日

甲斐市川から諏訪まで要した日数が異なるが、いずれにせよ武田領国たる信州諏訪へ入った信長に出仕したのは三月二十日である。また、家康が信長との会見を終え甲斐（市川）へ戻ったのは、三月二十三日のことである。『家忠日記』の「**廿四壬午、普請具取候、家康昨日**諏訪より御帰陣候由候」という一文にて判明する。家康が上諏訪の信長のもとに滞在したのは三日間ほどである。その間に武田氏から内応していた穴山梅雪を信長に紹介したりしている。また、家忠や酒井忠次などの近臣には事前に準備を指示してあったが、二十五日に信

長の帰途の道の普請を開始している。（『家忠日記』三月十九日に「上様（信長）三川（三河）ヲ御帰陣候ハんするか、遠州御陣所（御茶屋）作候、酒左（酒井左衛門尉忠次）衆者本栖へ由申來候」と記されている。その後の日記にも「普請候」という日が幾日か記されている。（松平家忠は松平氏でもあり、家康に近い家臣であるが、とりわけ、徳川家中において築城の普請、道路普請などの土木工事に優れた武将でもあった）。

《依田信蕃の動向〜佐久へ奇跡の帰還》

依田信蕃は天正十年三月一日に遠州**田中城**を大久保忠世に**明け渡し**、本拠地佐久郡**春日へ三月十日**に帰還した。田中城から本拠春日郷まで約十日間要している。もっと早く帰還していてもおかしくない距離であるが、この間の甲斐の三月初旬の状況を考えてみると、合点がいく。それを左記にまとめてみよう。

ア武田勝頼は、三月二日の信州高遠城（仁科盛信）の落城を知り、諏訪上ノ原城から新府へ退いた。本拠地である新造間もない新府城に火を放って、三月三日に退去し、甲府を経て、重臣小山田信茂の岩殿山城目指して東方への逃避行中であった。

図：混乱の甲斐国を縦断して佐久春日郷へ帰還した信蕃
天正10年3月1〜10日

春口城
3/10

3/3〜3/7
上諏訪

織田信忠

3/3
武田勝頼

北条氏

新府城

甲府　岩殿山城
3/7(信忠)

依田信蕃

徳川家康

浜松城

3/1
田中城

イ**織田信忠**は、三月三日に上諏訪に着陣し、三月七日に甲府入りし、武田の勢力を一掃し、いよいよ勝頼を追いつめようとしていた。

ウ**徳川家康**は、穴山梅雪の投降を受け、家康自らが河内路を北上し、甲州市川に三月十日に着陣した。（依田信蕃が佐久郡春日城へ帰着したまさにその日にあたる）。

しかし、家康は自らに先行して家臣を甲斐に送り込んでいる。曹洞宗吉国山龍華院山梨県東八代郡中道町上曽根四〇四二）には、その証拠の文書がある。徳川家康の朱印による「禁制」が発行されている。

禁制　　龍華院

一、当軍勢甲乙人等、乱暴狼籍事

一、寺中堂塔放火事

一、山木竹木伐採事

右条々、堅令停止訖、若此旨於違犯之輩者、速可被処厳科者也、仍而如件

天正十年三月三日

戦乱に紛れて寺院を荒らすことを禁じたものである。日付は天正十年三月三日となっており、家康自身は未だ

262

甲斐に入国してはいない。しかし、勝頼が新府城を放棄した当日には、すでに徳川の勢力が甲斐に侵入している証拠である。

エ　北条軍も、東方から甲斐へ進軍してきていた。

まさに依田信蕃が信州へ帰還しようとしていた三月上旬の甲斐国は、

①東へ逃避行する勝頼一行、
②諏訪方面から侵攻する織田信忠の軍勢、
③穴山梅雪の河内領を北上して甲斐へ侵攻する家康の軍勢、
④東から甲斐をうかがう北条勢力、
⑤武田勝頼から離脱し、姿をくらましたり、本貫地へ帰ったり、さまよう武田家臣の群れと、

甲斐の国は、不穏な混乱状態で極めてぶっそうな状況であったと推測される。**依田信蕃**が駿河田中城から、どういう経路をたどって信州**佐久へ帰還**したのかは不明ではあるが、どのみち、甲斐を南から北へ通り抜けなければならない。単独行ならいざ知らず、信蕃には少なからぬ譜代の臣も同行していたはずであるから、忍びで移動しても所々でその一行は目撃されたであろう。いわんや織田信忠が甲府へ着陣したのは三月七日であるので、その前後には信蕃一行は潜行せざるを

得なかったであろう。一方、武田方の勢力に途中出会ったとしても安全というわけではない。敵か味方か分からずに呼び止められる可能性は大であったであろう。

どのようにして信蕃が駿河国から甲斐国を通過して信州へ帰還できたのかは辿り分からないが、ともかく、本拠の佐久郡春日郷へ三月十日に辿り着いている。よくぞ甲斐国を無事に通り抜けられたものだと驚嘆せざるを得ない。

その後、三月十四日に織田の臣、**森勝蔵**（勝一・長可）が在城していた**小諸城**へ出向いた。彼は織田信長の近習として有名な森蘭丸の兄で、鬼武蔵と異名をとった勇将である。信蕃は今後の身の置き所を決めかねていたが、嫡子竹福丸（後の康國）と次男福千代丸（後の康眞）が人質として小諸城の織田方にとられていたこともあり、まず小諸城へ出向いたのである。

《小諸城で森勝蔵（長可）と対面》……天正十年（一五八二）

三月十四日

信蕃は勝頼滅亡にともない駿河國田中城を家康に明け渡し、危険極まりない甲斐国を通り佐久へ帰り、**小諸城**にて織田信長の臣**森勝蔵（長可）**と対面した。なぜ、「佐久へ帰り田信長の臣**森勝蔵（長可）**と対面」したのだろ

うか。小諸が佐久を統治する勢力の中心であったからであるが、その他にも重要なことがあった。それは、この時までに、信蕃の二人の子（嫡子竹福丸、後の松平康國）（次男福千代丸、後の松平康眞）が人質として小諸城に連れ去られていたからである。（武田氏の末期に武田への人質として、武田氏滅亡後はそのまま織田方に人質として身柄を拘束されていた）。

武田滅亡後、信蕃は、まず小諸城へ出向き、織田方の城将

森勝蔵（森長可）に会って、織田信忠のいる諏訪へ挨拶に行くように勧められた。しかし、途中で家康からの飛脚（密使）の知らせによって、**武田旧臣狩りから逃れて、**急きょ甲州市川の家康本陣に向かっている。

《信長に会えば「切腹のいの一番」に名前が上がっていることを知らされ、急きょ家康に臣従》

森勝蔵の助言で**諏訪**にいる**織田信忠**に挨拶に出かけることにした。信蕃は弟の源八郎信幸・善九郎信春・叔父左近助守俊・従弟依田主膳・戸田（奥平）金弥の五人を従えていた。

この時代に本拠地佐久郡春日城から諏訪へ向かうには、普通は古東山道の雨境峠沿いの役行者越えのルートが考えられるが、人目をはばかって主従六人が潜行するには、間道や尾根道も考えられる。一行が諏訪へ向かっている途中で家康から

写真：天目山田野
この高台の上に勝頼終焉の地がある（今は景徳院が立つ）

写真：（田野）景徳院

の飛脚（密使）に出会った。その飛脚は信蕃の進行方向とは逆に、多分諏訪方面から佐久へ向かい、途中で一行に出会うことを見越したルートを辿ったと推定される。いずれにせよ、その飛脚は信蕃一行の辿るルートを知っていて、顔も知っている人物ということになる。（佐久の郷土史家市川武治氏によると、信蕃の叔父依田左近助守俊の関係で、信蕃とも縁者となる佐久根際の重田守国であるという）。その飛脚の知らせにより、自分が織田信長による旧武田家臣の追及リストに載っており、諏訪へ行けば切腹させられる運命にあることを知り、急拠変更して、前々からこの人物ならばと内心決めていた徳川家康の陣である**甲斐市川大門**へ行き、家康に臣従することになったのである。

《勝頼滅亡前後の信長・信忠、家康・信蕃》天正10年3月1日～4月3日

日付	織田信長	織田信忠	徳川家康	依田信蕃
1	（勝頼新府城を自落）		穴山梅雪の寝返り公表	田中城を明け渡す
2		高遠城仁科盛信を滅す	穴山梅雪に知行の保証	
3		諏訪着、上社周辺を焼く	穴山梅雪が謁す	不穏極まりない甲斐国を南から北へ縦断し、奇跡の佐久帰還
4	安土城を出立			
5	美濃呂久渡で盛信の首実検			
6	岐阜城着	陣を上諏訪から甲府へ	信忠のいる甲府へ行く	
7	犬山城着		甲州市川文殊堂に着陣	
8	兼山着		梅雪を案内役に身延へ進む	
9	高野着		駿河興津城へ入る	
10				
11	岐阜城着　（勝頼天目山に滅亡）			佐久郡春日へ帰着
12				
13	浪合で勝頼の首実検			
14				小諸城で森勝蔵に会う
15	飯田で信豊の首実検			
16	大島を経て飯島に陣す			
17	高遠城に陣す		（甲府を出立する）	
18	上諏訪法華寺に着陣			
19	家康と会見、木曽義昌を引見		市川を出立する	
20	穴山梅雪を引見		上諏訪で信長に謁す	諏訪への途中飛脚と出会う
21				
22		（配下が佐久侵入、諸寺焼討）		

写真：織田軍の焼き討ちに遭った立科津金寺

3	2	4/1	30	29	28	27	26	25	24	23
新府城経由、甲府着	上諏訪を出発、台ケ原に一泊						北条氏政の使い来る	国割（論功行賞）を行なう		上野と佐久小県を滝川一益に
								甲府から上諏訪へ帰陣		功績を信長から認められる
							安土へ凱旋する信長を先々で馳走（接待）する		信長帰途の普請開始	上諏訪より市川へ帰る
								信長の武田旧臣狩りから逃れて家康に臣従し、家康の支援によって、遠州二俣の奥小川に隠れ潜む	★以後、二俣奥小川に隠れ潜む	★家康に謁したのは三月二十三日以降か～
3	2	4/1	30	29	28	27	26	25	24	23

《信蕃が信長から切腹させられる可能性が高かった証拠》

『芦田記』（依田記）にある「信長より甲斐國大名切腹仰せ付けらるべしとの書立参り、**依田常陸介切腹一の筆に書付け候**」とある家康からの書状にはあるが、その可能性について考えてみたい。先にも述べたように①武田御親族衆、②重臣や有力国衆、③武田氏に強い忠誠を尽くしたり、④最後まで番城で抵抗したり、⑤織田氏に抵抗した武将等、⑥織田や徳川から武田方に走った武将等、には厳しい処断がなされた。いずれも死罪であった。

武田臣下の武将で駿河、遠江の諸城の最後の城主（城番）に対しての信長による処断の結果を見ると、穴山梅雪のように武田を裏切って織田・徳川へ内応していた者、依田信蕃・曽根昌世のように織田の追及を逃れて家康に匿われていた者以外は、いずれも死罪（＊印）となっている。依田信蕃は「**在城主**」として信州佐久郡春日城主であったが、同時に「**番城主**」として二俣城や後に田中城の城主であった。最後は徳川へ明け渡したとはいえ、武田の滅亡寸前まで頑強に城を守り続けた。まさに、「武田氏に強い忠誠を尽くしたり、最後ま

で番城）で抵抗したり、織田氏や徳川氏に抵抗した経緯があっ
た」という武将の典型であり、実績では**信濃先方衆の筆頭格**
であり、織田や徳川での知名度も高かった。左記の一覧を見
ても、「信長より甲斐國大名切腹仰せ付けらるべしとの書立
参り、**依田常陸介切腹一の筆に書付け候**」と『芦田記』（依
田記）にあるように、信蕃は織田信長が処刑を予定している
書き立て（リスト）の一の筆（筆頭）に上げられていたとい
うのもあながち間違ってはいないであろう。

武田臣下の諸将の武田氏滅亡後の運命は左記の如くであ
る。

（駿河）

・田中城……**依田信蕃**　→武田氏滅亡を悟り開城、いった
ん佐久帰還、家康の支援で遠州二俣奥小川に隠遁

・三枚橋城……曽根昌世　→城を脱出逃亡、家康によって匿
われる

・江尻城……穴山梅雪　→内応（武田氏への裏切り）

・丸子城……屋代左衛門秀正、室賀兵部→逃亡

＊持舟城……朝比奈駿河守信置→殺害

＊庵原山城……朝比奈兵衛大夫信良（信置の子）→殺害

＊久能城……今福丹波守虎孝→殺害

（遠江）

＊諏訪原城……今福丹波守（再掲）→殺害

＊小山城……大熊備前守長秀

＊高天神城……岡部丹波守→討ち死に（前年）

一方、信濃国・上野国・駿河国のように甲斐国に征服され
た武田領国の国衆に相対的に厳しい処罰は下されなかった。
（内藤氏・小幡氏・真田氏等はこの範疇か）。また、丸子城の
城番であったが大した抵抗もなく逃亡した屋代左衛門秀正、
室賀兵部も同じか。しかし、武田領国の国衆のうちでも、勝
頼に忠節を尽くし織田軍に抵抗した諏訪氏（頼豊・伊豆守・
刑部・采女など頼忠以外の者）、織田・徳川から離反して武
田氏に加担した菅沼氏（田峰菅沼氏・長篠菅沼氏）等は捕え
られて死罪となっている。

《依田信蕃が家康に謁し臣下となった場所と時期》

信蕃が織田信長の招集を逃れて、急遽甲斐の国の市川大門
で家康と面会し、臣従を誓った**家康の市川の本陣**とは、**平塩
の丘**である可能性が高い。「平塩の丘」は旧市川大門町立図
書館の東南に位置する。芦川、笛吹川（富士川）が前面にあ
り、裏山は台地になっている。図書館のある市街地より二〇
ないし三〇ｍ高所にあり眺望がよい。平塩の丘の最上段（熊
野神社の現在ある場所）辺りは源義清の館跡であったという

写真：平塩の丘「御屋敷」

伝承がある。そのすぐ北下には「**御屋敷**」という地名の平坦な地形があり、現在は広い畑で民家も複数建っている。発掘の結果では掘っ立て柱の跡があったという。昔から土地の支配者が利用しそうな地形である。ここが**平塩の丘の家康の本陣**であろう。また、平塩の丘の背後（南）は若干低くなっている平地で、市川中学校や民家がある。「天正十年、徳川氏が四十日の間滞在し、仮御殿を設けて国事を行なったので、**御屋敷跡といふ**」と地元の郷土史関係の複数の書物でも述べられている。（これは、本能寺の変の後六月以降のことを示す可能性もある）

前述の表から見ると、**家康**は三月二十日に**上諏訪**にいる信長に謁見した。まさに、その日に依田信蕃は、織田信忠に謁見するために上諏訪へ行く途中、飛脚（密使）と出会って、「信長から切腹を命じられるから、諏訪ではなく家康のいる甲州へ向かうように」という家康のからの助言を受け、甲州市川にいる家康の陣

写真：平塩の丘家康の本陣「御屋敷」跡
山梨県西八代郡三郷町（旧市川大門町）平塩。

へ主従六人で向かった。逃避行の間道なども飛脚（密使）が案内したものと思われる。家康が上諏訪から**甲州市川の陣所**へ帰着したのは、三月二十三日なので、（信蕃主従が前日までに市川へ到着していたとしても）、家康に謁見できたのは、三月二十三日またはそれ以降ということになろう。

㉛信蕃、二俣奥・小川の里に隠れ棲む

芦田信蕃は、信長の武田遺臣狩りから逃れ、家康に臣従し、遠州二俣の奥に隠れ棲んだ。『芦田記』（依田記）に記述されている。

> 即市川にて御目見え仕り、直に山路をしのぎ、遠州二股の奥に小川と申す所に、上下六人にて隠居申され候。

諏訪の**織田信長**陣所へ向かっていた途中、**家康**からの飛脚（忍者）に会った。「諏訪へ行けば信長に命を奪われる」。夜通しに甲斐国市川へ行き、徳川家康に御目見えするようにとの飛脚であった。そこで、直ちに甲斐国市川の陣所で、家康に御目見えし、**家康に臣従**することとなった。家康にとっては、信蕃の**二俣城主**や**田中城主**としての知略と武勇を目の当たりにしており、いつかは家来にしようと願っていたのである。その武田氏は今はなく、途方にくれていたところ信長から命を狙われていることが判明し、そこへ家康から声が掛かったに違いない。信蕃としても仕えるなら家康と思っていたに違いない。両者の思惑

が一致し、信長の支配が及ばない遠州二俣の奥に身を潜めることとなったのである。幸い、徳川家康にわたってからの二俣城主は、信蕃と肝胆相照らす間柄の**大久保七右衛門忠世**であった。

《依田信蕃、遠州二俣の奥小川に隠れ潜む》

依田信蕃が、徳川家康の勧めにより、織田信長の追及から逃れるために主従六人で隠れ棲んだのは、**遠州二俣の奥小川**という所であった。主従六人とは信蕃・次弟依田源八郎信幸・三弟依田善九郎信春・叔父依田左近助守俊・従兄弟依田主膳・奥平（戸田）金弥であった。現在の浜松市（旧天竜市）小川字松間であると推定される。小川が選ばれたのは、小川を治めていた大久保忠世と依田信蕃は二俣城の攻防で共によく知っていたからであろう。**信長の追及から逃れて隠れ潜む**にあたっては、食糧や必要最低限の物については、家康の指示で大久保忠世の支援があったものと想像できる。ちなみに、依田信蕃が遠州二俣の奥小川に潜居した時の仮の名は、依田**忠右衛門**（土屋節堂選集第五巻『史談武田落』歴史図書社）、**三郎左衛門**（『寛政重修諸家譜』）、**三郎右衛門**（『もう一人の真田』市川武治著、株式会社櫟）と微妙に違っている。旧天竜市（現浜松市天竜区）小川は**「小川郷」**と称した。その小

図：織田信長の追及から逃れ、依田信蕃が潜伏した小川砦
二俣城の北方、小川の里にある。

川郷を流れる気田川は、東から南西
へ流れる清流である。その昔川を上
下する舟による交通があったとのこ
とである。今でもカヌーの練習をし
ていたり、鮎釣りをしている光景が
ある。二俣方面から「県道鮎釣り東
雲名春野線」を気田川の右岸（西岸）
に沿って遡り、松間大橋を東へ渡っ
たところにある山塊の上に、依田信
蕃が**隠れ住んだ砦跡**があったと推定
される。その砦跡については、地元
の人の伝承や研究もいくつかあるの
で、ここに挙げてみたい。

(1) 明治二十七年に記述された『小
川地誌』（溝口昇編）に、「元二俣城
主**依田信蕃**は武田氏滅亡後、徳川家
康にかくまわれ、小川村の小字ヌタ
山の城に居たという。この話は『依
田記』にも見えるところで事実であ
ろう」と載っている。さらに城址に
ついて、「確然タル城郭二ハ非ラズ。

270

僅カニ隠居城クライニ過ギザルガ如シ。今ハ唯陶器等破片ノ散乱スルヲ見ルノミ」と記している。

（2）また、天竜市地方史研究会報「壬生の里」創刊号（昭和五四年八月十日）の太田裕治氏の論文『天竜市中世城館跡地名考』には、「（前略）……それから他の一カ所は小川地内に存在する。地元では「ジョウヤマ（城山）」と呼んでおり、『依田記』等に所載の史実（武田の旧臣で元二俣城主であった依田信蕃が武田氏の滅亡に際し、徳川家康の手引きで一時小川に潜伏した）を裏書きする地名であろうと筆者はにらんでいるが、未だ現地を見ていないので、この際結論は避けておこう。それにしても、この「ジョウヤマ」附近には、他にも「戸井口（土居口か）」、「馬場」「ヒラシロ」「結城ノ谷」等、中世城館跡の所在に関係ありそうな地名のついた場所があちらこちらに残っており、これからの調査が楽しみである。…（後略）」字松間の「松間」とは城郭に関係ある地名「的場」に通じる。

（3）小川地区の唐井栗の晴雲寺住職周防孝堂師の話によると、「上ノ平（松間の上）」には、昭和四十年頃まで二軒の家があった。今でも少し砦らしき地形がある」ということをご教示いただいた。（平成十五年と二十三年に現地調査をしてみたが、石積みの跡らしきものや若干の削平地があった）。

（4）地元の人々が作ったカルタに、「～城山～」の言葉が入っている読み札があることを、唐井栗にお住まいの老婦人が、お孫さんと見せて下さったことがある。その城山とは、気田川の松間大橋を渡った向こうの山であると教えていただいた。

『芦田記』（依田記）に出てくる「遠州二股の奥に小川と申す所に、上下六人にて隠居申され候」という内容に相当する「城山」「松間」「上ノ平」「ヌタ山」等の地名があったり、「上ノ平」の主郭に該当する部分が近世になって、宅地や耕地に利用されたためか、当初の遺構がそのままの形で残っていないとはいえ、山頂下の帯曲輪や主郭の土塁や空堀の一部は戦国時代の遺構であろうことは推定できる。

いずれにしても、**依田信蕃が二俣の奥の小川に隠れ住んだ**のは天正十年三月二十日過ぎ頃から本能寺の変の直後の六月初旬までであるので、せいぜい**七十数日間**ほどのことである。

したがって、その旧跡はあったとしても、実際は、いかばかりであろうかと思われる。

《信長と家康の武田旧臣に対する処遇の違い》

信長は名のある武田旧臣は見つけ次第、あるいは謁見に出てきた者は、**容赦なく殺害**した。征服した領国へは直臣を派

図∵小川砦
浜松市天竜区小川字松間上ノ平
（調査）平成15年／平成23年2月23日・市村

可）に統治させた。

　一方、**家康**は信長とは逆に、**依田信蕃、三枝虎吉、曽根昌世、岡部正綱**等何人かを駿河國などに**匿い**、彼らの力を生かして甲斐国・信濃国の平定を図り、**旧臣の臣従を促**した。それを見たその他多くの武田旧臣は、続々と家康に忠誠を誓った。特に家康は武田旧臣である曽根昌世、岡部正綱を甲斐での奉行として、下級武士にまで配慮して、その取り込みを図っていることが、後世の目からみると、成功の大きな鍵であったことが分かる。信長とは違って、彼らを臣下として、新しい領国を統治する手法をとった。家康の**本領安堵**による**現地兵力の抱き込み**の方が成功をおさめることになった。甲・信の武田旧臣が家康に臣従を誓約した「**天正壬午起請文**」には八九五名が名を連ねている。日付を天正十年八月二十一日とした起請文が多い。家康にとっては、同じく甲斐国を狙う北条氏との抜き差しならぬ対陣が行なわれていた時期である。ところで、その中には**依田信蕃**の名はない。信蕃が信州佐久郡・小県郡方面の平定を任された立場であり、家康から信頼をすでに得ていた為と推定される。また、八月頃には信蕃は、まさに佐久郡春日の奥の三澤小屋へ籠もって北条氏やそ

遣し統治させた。例えば、甲斐国は河尻肥後守秀隆に、西上野および佐久・小県郡は滝川一益に、川中島四郡は森勝蔵（長

272

の先兵である大道寺政繁と戦っている頃で、起請文を書く余裕がなかったからとも考えられる。徳川家康の兵力は、同じく甲斐に侵入した北条氏直の兵力と比較して、圧倒的に不利であったが、家康の武田旧臣に対する処遇と、依田信蕃などの武田旧臣の主だった武将の武略・智略による活躍によって、北条との講和にこぎつけ、甲斐国・信濃国を領国とするに至る。（後述）。

《本拠春日郷、織田軍に蹂躙される》

ところで、信蕃主従六人が去った後、不在の春日城はどうなったであろうか。織田方からすれば、上諏訪へ来れば命を奪う予定であった依田信蕃が出頭せず、どこかへ姿をくらましてしまったわけであるから、そのまま何もしないという選択肢はない。小諸城にいて、信蕃に上諏訪へ行って織田に挨拶（出頭）するように直接申し渡した森長可か、直後に佐久郡・小県郡を与えられて小諸城へ入った滝川一益のいずれかが、軍勢を信蕃留守の春日郷へ送り込んだことは、状況からして必定である。

佐久郡春日郷は、古東山道が近くを通過していた。佐久平から大河原峠を越えて諏訪の山浦地方（茅野市周辺）へ通じる要衝に位置していた。そこの本拠の春日館（芦田氏館）は（後述）当主信蕃が織田信長の追及から逃れて、家康によっ

焼き討ちにあったと推定される。その際、その時点までに芦田氏が武田信玄・勝頼から賜った書状や家宝は、ことごとく持ち去られたり破壊されたり、焼かれた可能性がある。そのためか『芦田記』（依田記）の後述の文の中で、証拠として実物ではなく「写し」が尾張藩徳川家へ提出されている。

二十一世紀の今日まで伝わった芦田家の家宝や文物は、平成二十三に長野県立歴史館の特別展「武士の家宝～かたりつがれた御家の由緒」ということで展示され、また冊子が刊行されている。しかし、いずれも本能寺の変以降の物しかないことからも、それは裏付けられている。

北佐久郡旧春日村から明治十一年に『長野県町村誌』の刊行のために提出された内容には、春日村の項に「居館は今金城山康国寺の境内なり。方二町、三方墨二重あり。濠を廻らして、堀端小路の名あり」とある。その館跡が佐久市教育委員会によって平成二十二年に発掘調査が実施された。それによると、五m離れて平行に掘られた幅四m以上と幅三m前後の濠跡のほか、濠掘削以前の竪穴をもつ建物跡が発見されている。平行する濠は、町村誌に記される二重の濠の可能性が高い。背後の山城（春日城）の前面に「コの字」形に濠を廻らせた一辺一〇〇～一五〇mの方形館が想定できる。（詳細は後述）

て遠州二俣の奥小川郷に匿われていたこの時期に春日郷、春日城、春日館は**織田軍に蹂躙され**、芦田氏の留守を預かる武将や家族・近親者・臣下の家族などは春日館の南方の**蓼科山系の山小屋**や避難所へ身を隠していた（「**山上がり**」していた）と思われる。その具体的な場所については、何カ所か郷土史家によって取り上げられているが、特定はできていない。筆者は細小路川奥右岸の岩山上にある小倉城がその一つであろうかと推定している。（前著『戦国三代の記～真田昌幸と伍した芦田（依田）信蕃とその一族』pp.356-357 参照）。

図：古東山道と春日郷
古東山道は春日郷を通過していた。

| 古東山道 | - - - - - |
| 大化改新後の東山道 | —— |

図：春日城と春日館

㉜本能寺の変と柏坂峠旗挙げ

遠州二俣の奥小川の里で織田信長の追及から逃れて先行きの見えない隠棲を始めて七十日余り。歴史は思わぬ方向へ急展開する。日本史上もっとも衝撃的な事件「本能寺の変」である。『芦田記』（依田記）では、その直後の芦田信蕃の動向を伝えている。

その後、六月二日、信長御果ての由、**家康様**より御飛脚下され、**本多弥八郎**へ一通、**常陸介**へ一通、御書下し置かれ候。その御書に、このたび、明智、信長御父子を殺し奉り候。その折節、和泉の境御見物の為、家康様御越し候、その留守にて何事も無、堺より大和路を、直ちに伊勢より御舟にて大高へ御着あるべし由にて候間、早速常陸介甲斐並信州へ参り。両国ともに家康様御手に入り候様に引き付け申すべしとて、則甲州衆を引き付け申すべしとて、二股を出、甲州へ上下六人にて参られ、甲州入口柏坂（柏イ崎）の峠に**鐘の旗**を立て候へば、**柏坂**（柏イ崎）の麓五里三里の間、旗を見て**蘆田殿の旗**にて候と見知り、**横田甚右衛門**始め迎えに出、甲州衆悉く**常陸介**に礼を申す。それより人数三千になる。その後、信州小諸へ六月廿日頃に参られ候。

〈要旨〉

・その後、六月二日、本能寺の変で織田信長が滅んだということを、**家康**から飛脚によって知らされた。本多弥八郎正信へ一通、依田常陸介信蕃へ一通の御書（書状）が下し置かれた。その書状には「このたび、明智光秀が謀反を起こして織田信長・信忠父子を滅ぼした。その時、徳川家康は見物のため和泉の堺にいたので無事であった。堺から大和路を直ちに伊勢より舟で大高へ到着する予定である。常陸介は早速甲斐と信州へ行き、両国ともに家康に臣従するように手筈せよ。」とあった。

・すぐに甲州衆を徳川へ引き付けるべく、遠州二俣の奥小川を出て、甲州へ主従六人で向かった。甲州の入口柏坂峠に**鐘の旗**を立てると、**柏坂**の麓五里三里の間、旗を見て**常陸介（蘆田信蕃）**の旗だと見知って、**横田甚右衛門**が真っ先に出迎え、甲州衆は、ことごとく**常陸介**に礼を申した。それより集まった人数は三千になった。

・その後、常陸介は信州小諸へ六月二十日頃に帰った。

図：右左口峠への信蕃の進路
本能寺の変の後、遠州二俣の奥小川から駿州へ入り、中道を通って右左口峠で鐘の旗を掲げた信蕃の進路

信蕃の手には家康から授かった金の采配

甲冑姿も鐘の旗も推定

図：柏坂峠（右左口峠）に鐘の旗
『日本合戦図典』（笹間良彦、雄山閣）の図を一部利用

写真：徳川家康

写真：織田信長

写真：明智光秀

《本能寺の変と徳川家康》

天正十一年六月二日未明、**明智光秀**の謀反によって**織田信長**は非業の死を遂げた。**本能寺の変**であるが、このことについてはすでに多くの言及があるので、ここでは筆を控えたい。

この時の徳川家康のことについて若干触れたい。家康は信長の勧めもあって、その時は穴山梅雪を伴って泉州堺にあった。昵懇であった豪商茶屋四郎次郎清延の知らせによって、危うく難を逃れ、**服部半蔵**の案内により**伊賀越え**の間道をとって、逃避行をした。（その際、家康からはぐれた穴山梅雪は一揆の土民によって命を落としたといわれている）。家康一行はさらに伊勢に至り、舟で伊勢湾を渡った。知多半島の先端を回り、知多湾を北上し、大浜（現在

図：本能寺の変後の徳川家康逃避行
天正10年6月2〜4日

の愛知県碧南市）に上陸して、四日に無事岡崎城へ入った。

家康の人生における大ピンチは、この本能寺の変直後の苦難の「伊賀越え」による本国への帰還と三方ケ原の合戦での敗走の時であろう。なお、『芦田記』（依田記）では、上陸地を「大高」としているが、正しくは「大浜」であることが、『家忠日記』の六月四日の記述によって裏付けられる。

　　家康者境（堺）二御座候、岡崎江越候、家康いか（伊賀）、伊勢地を御のき候而、**大濱**へ御あがり候而、町迄御迎二越候……。

この時、松平家忠は家康一行を迎えに大浜まで行っているのである。

《家康、信蕃に甲信の武将を徳川方の味方に付けるように働くべく命じる》

『**武家事紀**』には、次のような記述がある。

　織田信長逆弑の時、源君より蘆田常陸介信蕃が許へ書を賜り、甲信両国を味方に属するごとく才覚仕るべしの旨命ぜらる。兹に因って遠州二俣の奥小川と云う所より、

…（後略）

に赴く。

『**武徳編年集成**』には、この局面について左記のように述べられている。

神君より一番に酒井左衛門尉・大須賀五郎左衛門、二番に岡部次郎右衛門正綱・日下部兵右衛門・成瀬吉右衛門・穴山勢、三番に大久保七郎右衛門・石川左衛門大夫・本多豊後守父子并曾根下野正清を始め、武田の舊臣等を催し、甲州征伐の為に遣し玉ふ。且、本多佐渡守正信を以て信州の浪客**依田右衛門佐信蕃**初幸致と號すに彼好の士餘多佐ふは、兼て**大久保忠世**言上する所、汝が舊好の士餘多佐久郡に散在する由、早く彼輩を相催し且諸手より五騎、十騎宛援兵を得て、信州を手柄次第に攻従ふべしと云々。**柴田七九郎康忠**は譜第舊勲の勇者と雖、御勘気を蒙り蟄居せし所に、大久保忠世が歡訴に因て是を免許せられ、**右衛門佐信蕃**が監軍たらしめ玉ふ。柴田愁眉を披く、白地に黒輪貫くの旗、晴明が判の馬標を押立、**依田**と共に柏坂峠に張翼し、國中の士を招く所、最初に横田甚五郎後甚右衛門と改む尹松馳來る。其外甲州の勇兵踵を繼で舉参し、千餘騎に及べり。則ち**依田**、柴田、信州佐久郡

これによると、家康が甲州征伐（甲州平定）するために、徳川直臣の武将とともに、武田旧臣で、徳川へ臣従してきた岡部次郎右衛門正綱と曾根下野守正清（昌世）、さらに穴山勢（穴山梅雪はすでに亡く、嫡子の勝千代はいまだ幼少で、有泉大学助が統率していた）の名が上げられている。

整理してみると、遣わされたのは、

① 酒井左衛門尉・大須賀五郎左衛門、穴山勢、

② 岡部次郎右衛門正綱・日下部兵右衛門・成瀬吉右衛門・穴山勢、

③ 大久保七郎右衛門忠世・石川左衛門大夫康道・本多豊後守広孝、同康重・曾根下野正清（昌世）

平山優著『天正壬午の乱』（学研）によると、六月六日以後、家康によって甲斐に真っ先に派遣されたのは甲斐衆との関係が緊密な岡部正綱と曾根昌世（正清）であり、この二人が甲斐で武田旧臣に徳川帰属を呼びかけ、その後、大須賀康高が甲斐に入って八代郡市川に在陣し、徳川の威光を至らしめる宣撫工作を行なった。それは、彼らが発給した知行安堵状に表れているという。家康が甲斐に到着するまでの暫定的な証文であったが、甲斐の武田旧臣を徳川方の味方にする上で大

写真：右左口砦と右左口峠（柏坂峠）方面

図：右左口宿と仮御殿跡
山梨県東八代郡中道町右左口

写真：敬泉寺の東裏山が右左口砦

きな役割を果たしたことになる。六月末には第二陣ともいうべき大久保忠世・石川康道・本多広孝同康重父子らが派遣された。家康自身は浜松を出発し、甲州に向かった。富士の裾野〜女坂〜迦葉坂・柏坂峠・右左口峠を通って、三カ月前に信長が甲州から凱旋した中道往還を逆に辿って、九日に甲州へ入った。家康自身の甲斐入りは四カ月ぶりであった。現在、右左口宿の敬泉寺の上にある**「仮御殿跡」**は、去る四月に家康が織田信長の宿舎として建て、以後は家康の中道往還通過にあたって休泊する仮御殿のあったところである。そのすぐ東の山上に地元の人々から城山と称されている**右左口砦跡**がある。これは仮御殿や右左口宿を守る役割をしたが、家康の家臣**松平家忠**が修築したものである。依田信蕃が鐘の旗を立てて兵を募った「柏坂峠」というのは、周囲の自然地形からして、この小山辺りが妥当と思われる。家康は**前後計七回甲斐入り**しているが、初回を除き六回、右左口を通過する**中道往還**を通っている。

一方、信州の平定に関しては、（軍監柴田康忠をつけて）依田信蕃に任せられた。『武徳編年集成』によると、

本多佐渡守正信を以て信州の浪客依田右衛門佐信蕃（初め幸致と號す）に命じたまふは、兼て大久保忠世言上する所、汝が舊好の士餘多佐久郡に散在する由、早く彼輩を相催し且諸手より五騎、十騎宛援兵を得て、信州を手柄次第に攻従ふべしと云々。

とあるように、織田信長の追及から逃れ、徳川家康に遠州二俣の奥小川の里に匿われ、隠れ住んでいた依田信蕃に、本能寺の変で信長が滅んだ後、徳川家康の命令を伝えたのは、家康の懐刀とまでいわれた側近の本多正信であった。家康の勘気を得て蟄居していた柴田七九郎康忠を軍監として依田信蕃へ付けて、信州へ派遣するように提言したのは、大久保七郎右衛門忠世であった。なお、依田信蕃は、家康の命を受けて、甲州柏坂峠へ旗を立て、家康へ味方するように旧武田家臣を募ったが、その時点ですでに柴田康忠が一緒であったとは『芦田記』などには記されてはいない。「柏坂」とは柏坂峠、迦葉坂、右左口峠ともいう。実際には、麓から芦田（依田）信蕃の「鐘の旗（鐘の纏）」と識別できるとすれば、現

在の右左口宿のすぐ上にある城山「右左口砦」辺りであろうか。信蕃の鐘の旗が掲げられているのを見て、「芦田殿の旗にて候」と真っ先に駆けつけた武将である横田甚右衛門尹松は、高天神城の主将や、後には高天神城の軍監の役目を務めた武将である。彼は、武田信玄が村上義清の信州戸石城を攻めた時の所

図：依田信蕃、徳川家康などの関連図

謂「戸石崩れ」の殿軍を務めて討ち死にした横田備中守高松（たかとし）の養子で跡を継いだ。武田滅亡後、依田信蕃に属して信州三澤小屋に籠もったりもした。後に徳川氏に属し旗本となった。

ところで、柏坂峠での信蕃の旗揚げに集まった人数は三千（『武徳編年集成』では「千餘騎」）になったといわれているが、真偽のほどは定かではない。また、「その後常陸介は、信州小諸へ六月二十日に帰った」ということであるが、その時その人数を従えていたという説もあるが、とてもその人数は考えられない。そのような大人数では、春日城のある谷の奥、蓼科山の山岳渓谷地帯にある三澤小屋に籠もることは不可能である。ただし、後に信蕃が三澤小屋へ籠もって北条氏直の糧道を断つゲリラ行動に及んだ後、佐久平定に乗り出した頃には、徳川からの加勢の軍勢が増えたのは確かであろう。

① 「鐘の旗」か？

『依田記』によると「旗」であったという。「信蕃の旗」＝「鐘の旗」と甲州武士の間では認識されていたことになる。依田信蕃の「鐘の旗」をイメージすると左図のようになる。

芦田氏の旗印については、信蕃の父**芦田下野守信守**のそれは、川中島合戦を記した『甲越信戦録写』（江戸後期、宮尾

使ったものと伝えられる銅製陣鐘（明應二年鋳造）がある。総高三〇・〇cm、口径十八・九cmである上田市木町（現中央四丁目）依田起夫氏寄贈で上田市指定文化財となっている。

鐘で行なっている。上田市立博物館には、依田信蕃が実戦で使ったと推定される。戦国時代には戦場において様々な合図を太鼓や陣鐘で行なっている。

ここでいう「鐘」とは、**陣鐘**（じんがね）と推定される。戦国時代には戦場において様々な合図を太鼓や陣

《信蕃が柏坂峠に立てたのは「鐘の旗」か「鐘の纏」か？》

依田信蕃が潜居していた遠州二俣の奥小川村から、家康の命により、本能寺の変の直後に甲州入りした時に、**柏坂峠**（かしょうざか）（迦葉坂）に立てたのは「鐘の**旗**」か、それとも「鐘の**纏**」（まとい）かという疑問が存在する。

図：鐘の纏

本能寺の変の後、信蕃が甲州柏坂峠で兵を募った時は、鐘の旗か纏か両説あり。

俣城・田中城・二俣の奥小川での隠遁・佐久平定での支援・依田（芦田）松平氏の実質上の後見等々で大いに関係があるばかりでなく、康眞以降は血縁関係もかなり深いので、依田氏の家紋の「揚羽蝶」は、それとなんらかの関係がある可能性もある。

②「鐘の纏（まとい）」か？

『寛政重修諸家譜』の（三百五十六）依田信蕃の項によると、信蕃が柏坂峠で掲げたのは「鐘の纏（まとい）」であったとされる。次のように記されている。

袈裟信氏蔵）によると、「芦田」の旗印は「Ｙ」の字三つを逆立ちさせて並べ、さらにその下に一本横線を引いた形をしている。（『武士の家宝』長野県立歴史館、平成二十三年、p.11参照）。なお、康眞以降の芦田（依田）宗家の家紋は「蝶王（チョウオウ）ノ丸（マル）」である。長野県北佐久郡立科町光徳寺に後世に建立された芦田宗家の墓碑や群馬県藤岡市光徳寺の寺紋等は、いずれも「蝶王ノ丸」である。また、越前福井足羽山の總光寺墓地にある芦田氏の墓石にある家紋も「蝶王ノ丸」になっている。現在でも芦田宗家の家紋は「蝶王ノ丸」である。ところで、余談であるが、現代での多くの依田氏の家紋は「揚羽蝶」である。これは、徳川家康の臣大久保忠世との関係からきている可能性が大きい。長篠の合戦屏風に描かれた旗指物のうち、大久保七郎右衛門忠世は「金の揚羽蝶」の旗指物である。また、

写真：依田信蕃の陣鐘
上田市立博物館蔵

『甲陽軍鑑』等にも家康の臣大久保七郎右衛門（忠世）が金の揚羽蝶の指物をしていたことが記され有名であった。依田氏はこの大久保七郎右衛門忠世とは、二

すなはち身を鍛冶の形に変じ、假に名を三郎左衛門とあらため、家臣五人をしたがへ…（中略）…二俣の奥小川の深山に蟄居す。六月明智光秀織田右府を京師本能寺に弑す。このとき東照宮は堺に渡御ありしが、この告をきかせたまひ、帰路におもむかせたまはむとて、脚力をして信蕃に御書を下され、はやく甲信のあひだに旗をあげ、両國をして平均せしむべしとなり。これにより信蕃たゞちに小川を発し、甲斐國にいらむとす。…（中略）…こゝにおいて信蕃鐘の纏（まとい）を甲信の堺、柏坂峠に建て、近郷の士を招く。來り集まるもの三千餘人にをよぶ。

「はやく甲信のあひだに**旗**をあげ、両國をして平均せしむべし」とあるが、これは抽象的に「旗挙げ」のことをいっているのであり、具体的には「**信蕃鐘の纏**を甲信の堺、柏坂峠に立て、近郷の士を招く」となるのである。つまり、ここでは、柏坂峠に信蕃が立てたのは旗ではなく、「纏」ということになる。さらに、『寛政重修諸家譜』の松平康國（信蕃の嫡男の項によると、康國も第一次上田合戦（一五八五）の際に「**鐘の纏**」を立てている。

> すでにして康國加賀川（神川）を渉りて兵をすゝむ。昌幸あへてこれを防がず。城中寂として聲なし。康國左右をかへりみていはく、この城かならず伏兵あるべし。味方あへて進むことなかれと。諸将これをきかず、士卒を下知して直にすゝむ。昌幸はたして奇計を設、伏兵發し、前後よりさしはさみてこれをうつ。味方の諸将おほいに敗績す。このとき康國鐘の**纏**を河邊に建て士卒を集め、後殿に備ふ。故に諸将のがるゝ事をえたり。

信蕃の旗印が鐘（たぶん陣鐘）をデザインして描いた「鐘の旗」ということがあったかもしれないが、諸将を集める時には「鐘の纏」となっている。つまり、依田信蕃の馬印が「鐘

（旗印）鐘

（旗印）

揚羽蝶

（旗本依田氏）丸に三蝶

康眞の越前木ノ本時代までの
芦田氏の家紋「丸に揚羽蝶」

（現代の多くの依田氏）

図：依田氏の蝶の家紋

③前後の状況からすると「鐘の旗」が妥当か？

古文書（文献）からすると「鐘の旗」の可能性が高いが、ここでは文献至上主義に陥りたくはない。この時期の依田信蕃のおかれた行動状況から考えると、やはり「鐘の旗」であった可能性が高いと言わざるを得ない。まず、信長（信忠）に挨拶するために上諏訪へ向かう途中で、家康からの飛脚（密使）によって、信長から命を狙われていることを知らされ、直ちに家康のいる甲州市川の本陣へ行って対面しているのである。その直後に遠州二俣の奥小川へ隠遁することとなった。

要するに**信蕃主従六人**は、着のみ着のまま小川へ落ち着いたのである。大久保忠世を通して家康からの物資の援助はあったであろうが、**雌伏七十数日間**であった。そして、予期せず本能寺の変が起こり、家康の指示により急きょ出発し、甲斐・信濃の武田旧臣を徳川へ引きつけるべく、**甲斐入り**しているのである。この間の事情からして、「旗」を携える（用意する）ことはできても、「纏」を用意する余裕はなかったと推定されるからである。

《金の采幣を下賜される》

依田信蕃は、家康が出陣を指示した証として書状ととも

の纏」（鐘を頂点にあしらった纏）であった可能性がある。

に「金の采幣」を送られている。『寛政重修諸家譜』巻第三百五十六の信蕃の項では次のように述べられている。

> 脚力をして信蕃に御書を下され、はやく甲信のあひだに旗をあげ、両國をして平均せしむべしとなり。これにより信蕃ただちに小川を發し、甲斐國にいらむとす。また、**本多禰八郎正信**をしてすみやかに甲信に入、舊好の士を催し、其勢をあはせ、両國をして全く麾下に屬すべしとの仰せを蒙り、かつ其證として**金の御采幣を賜ふ**。ここにおいて信蕃鐘の纏を甲信の境、柏坂峠に建て、近郷の士を招く。來り集るもの三千餘人にをよぶ。

信蕃が家康から拝領したとされる金の采幣（**金紙采配**）は、芦田氏関係の他の家宝とともに、明治維新後、芦田宗家から北佐久郡浅科村村（現佐久市）八幡の依田尚方氏宅に預けられ、大切に保管されている。（長野県立歴史館寄託。なお、その経緯については不明ということである）。

《「峠の旗」へんぽんと翻る》

「**峠の旗は芦田殿の旗よ**」と、来たり集まる**武田旧臣**は三千余人に及んだ。芦田信蕃はこの兵を具して」信蕃は甲州

柏坂峠に鐘の旗を立て、近郷の士を招いた。この瞬間から戦国末期を全力で駆け抜け、いわゆる「天正壬午の乱」のまっただ中に光彩を放つ信蕃の最終章が、いよいよここから始まるのである。

信州高島城での人質の日々～上野国・武蔵国国境守備の浄法寺・御嶽城～信玄の駿河国遠征への従軍～蒲原城の守備～北条領国への関東出兵～遠江国二俣城主としての攻防戦～高天神城の守備～御館の乱での越後出兵～駿河田中城主としての最後の守備～武田氏滅亡と信長の武田旧臣狩りからの逃亡～家康への臣従……。戦国のまっただ中、歴史の中央舞台を駆け巡り、武田・徳川・織田・北条の間に、**芦田ありと**その名を知られた侍大将芦田**（依田）信蕃**は、戦国の終焉に向かっての強風の中ではためく、まさに「峠の旗」であった。信蕃の鐘印の旗が赴く先には、逆風が吹く中を、戦いの日々の明け暮れの向こうに、希望の光が見えて来ていた。そのシンボルとしての「峠の旗」の舞台が、いよいよ本拠地信州の山間を縦横無尽に走るシナリオが用意されているのである。

図：金紙采配
個人蔵、長野県立歴史館寄託
平成23年度長野県立歴史館発行の春季展図録『武士の家宝』p.12から転載
家康が信蕃に挙兵を命じた時に、その証（あかし）として下賜した采配

285

㉝ 信蕃、小諸城へ入城

その時、**瀧川左近上野國**にて氏政との合戦に打ち負け、信州小諸に居られるにつき、瀧川左近六月廿三日に小諸を立ち、木曾路をさして尾州長島へ落ち申し候。

…（中略）…瀧川左近六月廿三日に小諸を立ち、**常陸介**も対面。をさして尾州長島へ落ち申し候。

信蕃が信州小諸城へ六月二十日頃に入った時、**瀧川左近一益**が上野国で北条氏政との合戦に打ち負けて、小諸城にいたので、信蕃は瀧川左近一益に対面した。瀧川左近一益は、六月・二十三日に小諸を立ち、木曾路を経由して尾州長島へ落ちて行った。

《神流川の戦いで滝川一益敗戦》

信濃国を経て甲斐の国へ織田軍先鋒として侵入し、高遠城の仁科盛信や武田勝頼を滅ぼす際に直接功のあった**滝川一益**は、信長から、諸将に先だって上野一国と信州佐久郡・小県郡の領国の統治を任され、織田への臣従を示した関東の諸将を与力とし、**関東管領**を称した。本拠を最初は上州**箕輪城**に、次いで**厩橋城**へ移した。信州佐久・小県の二郡の統治には小

写真：北条氏直

諸城に甥の**道家彦八郎正栄**（まさひで）を置いた。

本能寺の変の第一報が滝川一益のところへもたらされたのは、天正十年六月七日とも九日ともいわれている。一益は即刻上洛したかったが、小田原の北条が後を追ってくる可能性があるため、一戦を交えておく必要があった。信長横死のため上洛を急ごうとする一益と、武田家の滅亡と本能寺の変の混乱に乗じて上野支配を窺う北条との戦いが「**神流川の戦い**」である。信長が本能寺の変によって滅びた後、織田方の滝川一益と北条氏直・氏邦が武蔵國児玉郡（現在の上里町周辺）で衝突したのである。滝川軍一万八千、北条軍五万ともいわれる規模からすると、戦国時代を通じて関東地方でもっとも大きな野戦であったといわれている。六月十六日、北条氏直が倉賀野へ進軍した。十八日、滝川一益が北条方の**金窪城**を陥落させ、金窪原での合戦では北条氏直も参戦した。滝川一益は**氏邦**率いる鉢形勢を破ったが軍勢に勝る北条勢に押され、また、一益は終に敗れ、上州勢も頼りにならず、夕刻に敗走し、**倉賀野城**を経て**厩橋城**へ退却した。この前後四日間の戦いを「**神流川の戦い**」という。二十

286

図：滝川一益と神流川（かながわ）の戦い

滝川一益配下の城……🏯

北条方の城……🏯

写真：神流川の戦い
の石碑
国道17号の道端に。

日、一益は上州衆を**箕輪城**へ集め、別れの酒宴をもち、深夜に箕輪城を旅立った。二十一日、松井田城経由で碓氷峠を越え、信州での拠点**小諸城**へ着陣した。群馬県高崎市新町の国道十七号線を東京方面へ向かって行くと、神流川に架かる橋の手前左側の道端に「神流川古戦場跡」と書かれた大きな石碑が建っている。また、付近の住宅の立ち並んでいる辺りには、首塚や胴塚が別々の所にあり、鳥居や祠とともに説明板がある。今から、約四三〇年以上前にこの辺りで壮絶な戦いがあったことは想像もできないほどの平和な光景が展開している。

《滝川一益、本拠伊勢へ撤退》

最終的には**一益**はこの敗戦を契機に碓氷峠から信濃の**小諸**を経て、本拠地**伊勢**へ引き返すことになった。この頃、旧武田支配であった新しい領国を信長から任されていた武将のうち、甲斐の河尻秀隆は武田旧臣により殺害されている。北信濃の森長可は美濃へ、南信濃の毛利長秀は尾張へ、それぞれ領地を放棄して帰還している。東国における織田氏の支配は三カ月弱という短期間で終わった。

前述に「（信蕃は）信州小諸へ六月廿日頃に参られ候」「その時、**瀧川左近**上野国にて氏政との合戦に打ち負け、信州小

諸に居られるにつき、瀧川左近介に常陸介も対面」とあるのは、この時のことを物語っている。つまり、信蕃が甲斐国柏坂峠で旗挙げした後、兵を率いて信州へ帰り、小諸城へ到着した六月二十日頃は、瀧川一益がちょうど上州から小諸へ到着した頃と一致するのである。一益はこの時、小諸城主となった信蕃に託したとされ、信蕃はこの時点で小諸城を依田信蕃に託したと一致するのである。

瀧川一益は、六月二十七日に小諸城を立ち、木曾路を経由して、本拠の尾州長島へ落ちて行った。この時、信長への人質として預かっていた佐久郡・小県郡の国衆の人質——依田信蕃の二人の男子である竹福丸（のちの康国）と福千代丸（のちの康眞）、さらに真田昌幸の母などを、長島に帰還したのは七月一日（本能寺の変のちょうど一カ月後）であった。滝川一益は、六月二十七日に行なわれた織田家宿老による清洲会議に出席できず、一益の織田家における地位は急落することとなった。ともあれ、信蕃の二子は人質として木曽義昌のもとにおかれたのである。

會義昌に人質を託す（渡す・譲る）のを条件として無事木曾谷を通過して美濃国へ入り、尾張を経て本拠である伊勢国長島に帰還したのは七月一日（本能寺の変のちょうど一カ月後）であった。滝川一益は、六月二十七日に行なわれた織田家宿老による清洲会議に出席できず、一益の織田家における地位は急落することとなった。ともあれ、信蕃の二子は人質として木曽義昌のもとにおかれたのである。

《信蕃が小諸城主となったとする説について》

依田信蕃は、佐久へ帰還して前後二度小諸城へ入っている。それは信玄時代以来、小諸城が佐久の統治を象徴する城としての機能を果たしていたということを意味する。

まず最初に、信蕃が小諸城へ入ったのは、田中城を徳川へ明け渡した後、信州へ帰った天正十年三月十四日のことである。その三日前には武田勝頼が滅びている。この時は小諸城に陣していた織田の森長可に会って、織田信忠のいる諏訪へ挨拶に行くように勧められたが、途中で家康からの飛脚の知らせによって、急きょ甲州市川の家康本陣へ向かっている。

二度目は、隠れ潜んでいた遠州二俣の奥小川から、本能寺の変後に甲州柏坂峠に旗揚げし、兵を募った後、信濃入りして小諸城へ入った。それが六月二十日頃である。滝川一益が神流川の戦いで敗れ、上州から小諸城代へ撤退していた時のことである。この時、一益は信蕃を小諸城代に任じ、後事を託して二十五日に西国へ向かったという。信州佐久郡三塚の瀬下敬忠が宝暦三年（一七五三）に編述した『千曲之真砂（信濃雑記）』の小諸城の項で、「城代」として芦田右衛門信蕃の名を上げ、「六月廿五日為小諸城代」と述べられている。これをもって、「信蕃が天正十年（一五八二）六月二十五日に小諸城代になり、在城一カ月」とする郷土史家もいて、小諸

288

市関係の歴史書ではそのように解釈説明している場合が多い。しかし、瀬下敬忠の記述内容をそのまま解釈して、依田信蕃を小諸城の「城代」ないしは「城主」として論じることは、妥当ではない。なぜならば、滝川一益が信蕃と別れたのは六月二十五日。その後、信蕃は佐久の諸将に対して徳川への臣従の工作をした。信蕃の斡旋で平尾氏、平原氏など何人かの武将が家康から安堵状を発行されているが、彼らは、まもなく北条方になってしまう。しかし、信濃国を狙っていた北条氏直が、碓氷峠を越えて佐久へし、先鋒の大道寺政繁が、遅くても七月十二日以前には信蕃を小諸城に攻めている。大軍の攻撃に信蕃は本拠地である佐久郡春日城へ退いた。信蕃が滝川瀧一益と別れてから、この時までそのまま小諸城に在城していたか否かということは定かではないが、たとえいたとしても、小諸在城は足掛け二カ月（実際には二十日間ほど）であった。とても「城主」とはいえなかったし、誰かの代わりに「城代」になっていたわけではなかったのである。「信蕃は小諸城主となった」というのは、後日嫡子の竹福丸が松平康國となって、天正十一年から十八年まで七年間小諸城主であった経緯もあって、その父である信蕃も城主であったことがあると、安易に考えられている傾向がなきにしもあらずといったところであろう。

《北条氏、信州へ侵攻》

滝川一益が去ると、南関東に勢力を拡充していた北条氏が台頭することとなる。北条氏は碓氷峠を越えて信州佐久へ乱入し、信濃へ勢力を伸ばし、川中島で上杉氏と一戦を交えたり、さらに諏訪を経て甲斐の国へ侵入、徳川家康と甲州若神子に対陣することとなる。芦田信蕃が三澤小屋へ立て籠もり、また、たびたび北条の糧道を断って後方攪乱し、家康から戦功を大いに認められたのはこの時のことである。（後述）

《信蕃、春日城へ撤退。そして三澤小屋へ籠もる》

北条氏先鋒の大道寺政繁が、遅くとも七月初旬には信蕃を小諸城に攻めている。大軍の来襲に信蕃は本拠地である佐久郡春日城へ撤退した。信蕃の小諸城入城から撤退までを時系列にしたがってまとめてみると、

① 六月二十日頃……信蕃が小諸城へ入る。
② 六月二十三日……滝川一益が小諸城を発って尾州長島へ向かう。（六月二十五日、六月二十六日、六月二十七日とも）
③ 七月初旬……北条方先鋒の大道寺政繁が佐久へ侵入する。
④ 七月上旬……信蕃が春日へ撤退した後、北条は小

諸城を信濃侵攻の拠点とした。

⑤七月十二日……北条軍は小県郡の海野へ進出する。

吉澤好謙の『信陽雑志』（一七四四）でも、「（六月）廿七日、大道寺駿河守小田井砦来」と述べている。したがって、北条先鋒が小諸城へ迫ったのは六月末ないしは七月初旬であろう。

滝川一益が小諸城を去ってからずっと信蕃が小諸城に在城していたか否かは定かではないが、たとえ継続して居たとしても小諸城在城は実際には二十日日余りであった。しかも、信蕃が小諸城で佐久の諸将に徳川家康への帰順を呼びかけることができたと思われる「小諸城を支配している武将」としての立場は、滝川一益が小諸城を去った日（六月二十三日〈二十五日、二十六日、二十七日とも〉）から北条勢が迫り来る七月初旬であったので、実質的には十日間程度であったということになる。

信蕃は、在城二十数日、北条の大軍の佐久侵攻に抗すること能わず小諸城を撤退し、本拠である佐久郡春日城へ入るが、北条の攻勢を避けるために春日渓谷奥の三澤小屋に籠もってゲリラ戦を展開した。

北条の信州侵入によって、常陸介（芦田右衛門佐信蕃）の撤退した小諸城へ北条の先鋒大道寺政繁が入った。

信蕃は春日の山奥、蓼科山中の三澤小屋へ避難し、そこから出没して小諸城を攻めたり、ゲリラ戦を展開し、北条の糧道を断った。信蕃のこの功績を家康は大いに認めることとなる。甲州若神子で徳川家康と対陣する北条氏直は、大軍なるがゆえに兵糧に困窮し、家康と講和を結んで本国へ帰還せざるを得なくなった。これによって、徳川の甲州・信州の制覇が一気に進展した。特に佐久平定は芦田信蕃の独壇場となった。

《信蕃は小諸城主（または城代）となった？》

［諸文献から］

ア　信蕃小諸城代説の初めは、吉澤好謙の『信陽雑志』（一七四四年）である。

（訳）六月廿一日、滝川一益率一千人而至小諸、授城於芦田氏

六月廿一日、滝川一益は一〇〇〇人を率いて（上州から引き揚げて）小諸へ至る。城を芦田氏に授ける。

イ　瀬下敬忠の『千曲之真砂（別名：信陽雑記）』（一七五三）には、次のように記述されている。

（六月）廿六日引渡小諸城於芦田右衛門信蕃、一益揚鞭
上洛

（訳）「六月二十六日、小諸城を芦田右衛門信蕃に引き
渡し、滝川一益は鞭を揚げて上洛した。

ウ　同じ瀬下敬忠『千曲之真砂』（別名：信陽雑記）』
（一七五三年）には、「城代」という項目を起こし、次のよう
に記述されている。

城代　　芦田右衛門　信蕃

源姓、本氏依田、以在名称芦田、家紋揚羽蝶、下野信守
長男也、幼名源十郎、又常陸介、初名幸政、強勇無双士也、
天正三年乙亥キノトイ十二月廿三日白反遠州二俣城、居住甲州、
十年　壬午ミズノエウマ三月廿日献駿州田中城大神君、帰芦田城、六
月廿五日為小諸城代

「十年　壬午ミズノエウマ三月廿日献駿州田中城大神君、帰芦田城」と
あるが、正しくは「天正十年　壬午ミズノエウマ三月一日に駿州田中城を
大神君（家康）に献じ、三月二十日頃に春日城へ帰った」と
いうのが事実である。（帰芦田城）とあるが、この時期を去
ること三十年以上も前に、芦田氏の本拠は芦田城ではなく春

日城となっていた。

「六月廿五日為小諸城代」とは、「六月二十五日小諸城代と
為る（or為す）」という意味である。

ただし、瀬下敬忠はこの記述直前の註で「私日、芦田為城
代事、──難心得」と前置きしている。つまり、瀬下敬忠は
芦田信蕃が城代になったということには疑義を抱いていたの
であるが、それを後世の史家が見落としてしまっているので
ある。

○以上「ア」「イ」「ウ」を拠り所としたのか、小諸藩に関す
る現在の小諸のいくつかの書籍の中では、次のように述べら
れている場合が多い。

「（滝川一益は）小諸城の城代として、佐久の勇将依田信蕃を
任じ後事を託した」

「天正十年六月二十五日、信蕃は小諸城代となる」

エ　『小諸市志（歴史編2）』p.484では、（滝川一益は上
野国から）小諸城へ引き上げた。小諸城に帰営したのは六月
二十一日であったが、さらに五日間滞在して、六月二十六日
一八〇〇余の軍勢を引率して甥の道家彦八郎正栄とともに
鞭を揚げて西国に向かった。この時、小諸城の城代として佐
久の勇将芦田信蕃を任じ後事を託した。

オ　信蕃の次男康眞が尾張大納言徳川義直に提出した『芦

田記』（依田記）では、

それより人数三千人になる。（信蕃）その後、信州**小諸**へ六月廿日頃に参られ候。その時、瀧川左近上野國にて氏政との合戦に打ち負け、信州**小諸**に居られるにつき、瀧川左近に常陸介も対面。その後、春日と申す在所へ参らる。瀧川左近六月廿三日に小諸を立ち、木曾路をさして尾州長島へ落ち申し候。

〈考察〉

・信蕃が本能寺の変の直後、信蕃が甲斐国柏坂峠で旗挙げした後、兵を率いて信州へ帰り、小諸城へ到着した六月二十日頃は、瀧川一益がちょうど上州から小諸へ到着した頃と一致する。

・「瀧川左近上野國にて氏政との合戦に打ち負け」とは、神流川の戦いで北条氏に敗れて、本国の伊勢國へ帰るために、小諸へ撤退したことをさす。（なお瀧川一益が小諸城を立ったのは六月二十三日、二十五日、二十六日、二十七口ともいわれている）。

・滝川一益はこの時、小諸城代を依田信蕃に託したとされ、信
蕃はこの時点で小諸城代となったと解釈する説である。

・この時、滝川一益は佐久郡・小県郡の**国衆の人質**（信蕃の二子である竹福丸・福千代丸のほかに眞田昌幸の母などもその中に含まれていた）を連れて帰途についた。

○小諸市発行のあるいは小諸市に関係した少なからぬ書物には**「芦田信蕃が小諸城代になった」**と記述されている。しかし、誰が「誰の城代」として信蕃を充てたのであろうか。単純に考えられることは滝川一益ということになるが、正式にはそうした確固たる経緯があったとは言いがたい。滝川一益にとって、信蕃がどういう人物であったかというと、

(1)芦田信蕃は小諸城に在城していた織田方の森勝蔵（長可）の指示に従わず、信長に出頭せずに逃れて、家康に匿われていた人物であった。

(2)滝川一益は上州で北条に破れて、本国へ撤退しようというタイミングであった。そこへ、のこのこと信蕃が小諸城へ顔を出したのである。一益にとっては、信長亡き後でもあり、本国の伊勢へ逃れることで頭がいっぱいであり、小諸城のことはあまり重大事ではなかったものと推定される。そこへ武田方の智勇に優れた武将ということで、織田方にも知られていた信蕃が小諸城へ姿を現わしたことから、とりあえず信蕃に「後事を託した」（？）ということになったのであろう。たとえ、「信蕃に後日を託した」ということがあっ

292

たとしても、一益が小諸城を去ってからの信蕃の在城は、たったの十日間程度であったにすぎないことから、城代（城主）としての実質は何もなかったとしか言いようがない。

〇いくつかの書物に散見する「芦田下総守」なる人物は存在しなかった。

「信蕃が小諸城代（城主）であった」と述べているものの多くは「芦田下総守城代となる」と述べているものが多い。ひどいものとなると信蕃の嫡男である松平康國のことを下総守と称したり、信蕃を芦田下総守と称したり、信蕃の父を芦田下総守と称している書物もある。

しかし、芦田依田氏には「下総守」と称した人物は存在しない。信蕃の父信守は芦田下野守と称したが、それとの混同もあろうか。（ちなみに、関東で北条氏の臣下には、芦田依田氏とは別系統の依田氏〈依田下総守、依田大膳亮〉という人物は存在してはいた）。

「信蕃が小諸城主になった」というのは、あの佐久の英雄芦田信蕃が小諸城主になった時期があるという思いが人々の間にあったからであろう。また、後日嫡子の松平康國が天正十一年から十八年まで七年間小諸城主にあったことがあると安易に考えて、その父である信蕃も城主であったことがあると安易に考えられてきた傾向がなきにしもあらずといったところであろう。

う。

《天守閣存在説──「四十一年間天守閣があった」？》

① 『小諸藩記録』

「天正十一（癸　未）年より同十三（乙酉）迄の工にして、芦田（依田）信蕃起工し、其子康國に至り竣工す。三重なりき。

寛永の始、松平憲良代焼失す。」

「寛永三年四月より八月まで非常の日でり、六月大雷雨あり。其日落雷のため消失す」

（以上から得られる情報は）

・「天正十一年（一五八三）、依田信蕃によって工を起こし、その子松平康國の天正十三年（一五八五）に完成した。」

・天守閣は三重であった。

・寛永時代（松平憲良が藩主の頃）に焼失した。

② 『小諸砂石鈔』

天守寛永之始迄有リシ云、天火ニテ焼失、今台計り也、昔三重櫓也

「天守閣は四十一年後の寛永三年（一六二六）に落雷によって焼失している」

③天守閣があったことを証拠付ける「瓦」が昭和六十二年に天守台の一角から発見された。

（「三三の桐」と「五三の桐」の紋が入った瓦で、それが天守閣の瓦であると推定されている）

しかし、江戸時代には石垣上には瓦屋根の土塀があったはずで、そのような土塀が天守台上にもあったことを意味するだけであって、瓦屋根の天守閣が存在したのではない可能性もある。（しかし、板葺きないしは茅葺きの天守閣であった可能性もある）。

④『日本城郭大系』に「寛永年間（一六二四〜四四）までは、三層の天守閣がそびえていたという」と天守閣の存在に伝承の形で言及しているにとどまってる。つまり、小諸城に天守閣が存在したという

写真：小諸城天守台──野面積みの重厚なもの。この上に天守閣があったとされている。

ことは、学術的には（ないしは学会では）認証されていないようである。

地元の小諸としては、なんとかして天

〈考察〉

依田信蕃が小諸城に滞在したのは、二十日間前後に過ぎない。没したのは天正十一年（一五八三）二月二十四日である。

その時期に小諸城にいたのは北条の城代である**大道寺政繁**である。

信蕃は、佐久郡のほぼ全域を平定していたが、とうとう岩尾城と小諸城の制圧は果たせずに岩尾城で銃撃されて亡くなっている。したがって、つまり、当時の状況からして「芦田信蕃起工し……」ということは、ありえない。

以上のことを整理してみると、

○ 信蕃が小諸城主（または城代）であったという実態はない。

○（後に小諸城に天守閣が実在したという可能性はあるが）信蕃が小諸城天守閣を建てた可能性は皆無である。

守閣の存在を立証したいものである。

信蕃は本能寺の変後、佐久へ帰還し、小諸城に入城したが、間もなく北条氏が来襲したため、本拠地春日へ退いている。これまでのところ諸説あるが

294

㉞本拠佐久郡春日郷へ

信蕃は、いったん小諸城へ入り、織田方の滝川一益に会った後。本拠の佐久郡**春日郷**へ帰還している。『芦田記』（依田記）には、

> 信州小諸に居られるにつき、瀧川左近に**常陸介**も対面。
>
> その後、**春日**と申す在所へ参らる。
>
> **常陸介**信蕃が信州小諸城へ六月二十日頃に入った時、**瀧川左近**一益が上野国で北条氏政との合戦に打ち負けて、信州小諸城にいたので、**常陸介**信蕃は瀧川左近一益に対面した。その後、**常陸介**信蕃は、**春日**という在所（本拠地）へ帰った。

《「**その後、春日と申す在所へ参らる」について**》

「その後、**春日**と申す在所へ参らる」とあるが、小諸城で滝川一益と対面した後、本拠としていた**春日城**（北佐久郡望月町春日、現佐久市春日）へ帰ったのである。この**春日城**を芦田小屋・穴小屋・三澤小屋などと称して同一視する歴史家もいるが、それぞれ全く別なものである。当時、芦田依田氏

の本拠は、同じ佐久郡内の芦田城（北佐久郡立科町芦田）から、春日城へ移っていたのである。その時期については、確定できないが、天文十八年（一五四九）には、武田信玄が春日郷を本拠としていた春日氏を滅ぼしていることから、芦田氏が佐久郡芦田から本拠を春日へ移したのは、その頃と推定される。信蕃の誕生が天文十八年（一五四八）であることから、信蕃は佐久郡芦田で生まれ、数え二歳の頃に、父芦田下野守信守が本拠を春日郷に移したという解釈ができる。

ただし、「**芦田小屋**」といった場合、**春日城**または三澤小屋を指す場合があるので、前後の文脈の状況からの読み取りが必要である。いずれにせよ、**依田信蕃**は武田方の信濃先方衆の侍大将として、信玄・勝頼の遠征の戦いに明け暮れ、また、城番・城主として上州浄法寺（武州御嶽城）、駿州蒲原城、遠州二俣城、遠州高天神城、駿州田中城などで、本拠地である信州佐久郡春日城の在地城主としては留守続きであった。留守の間は信頼のできる重臣に任せておかざるを得なかったであろう。おそらくは信蕃の父芦田下野守信守の叔父か兄弟（つまり、信蕃の大叔父か叔父）などの近親の人物の可能性が高い。

295

《幻の三澤小屋……穴小屋城、春日城、芦田小屋、山小屋》

ところで、**春日郷**を語る場合、「穴小屋城」「穴小屋」と称する城ないしは砦、あるいは山小屋・避難所の存在が取り上げられる場合がある。春日城を穴小屋城としている場合は、「春日の**穴咋邑**」の「穴」からきていると思われる。地名的・

図：文献上の芦田小屋
前後の状況から芦田城・春日城・三澤小屋の判別を。

地形的に分析すると、奥行きのある谷や沢の行き詰まった最奥部を「**穴**」と称する例がある。（鹿教湯温泉の近く小県郡旧西内村《現上田市》の穴沢、東筑摩郡旧四賀村《現松本市》の穴沢など）。春日郷も鹿曲川を遡って奥深まった、一見その先はどこにも通じていない袋小路のような地形をしていることからまさに「穴」の表現に合う。

山城は小屋とも称されていたことからして、穴小屋、穴小屋城を春日城と比定したとしても無理はない。一方、伝承では、「穴小屋」とは依田信蕃が織田信長の武田遺臣狩りから逃れて家康の臣となり、遠江国二俣の奥の小川郷に隠れ棲んだ時に、家族や家臣が織田勢から難を逃れて身を潜めた春日渓谷を遡った山岳地帯に多数ある洞穴のことであるとも伝えられている。あるいは、本能寺の変の後に北条軍の大軍に攻められて信蕃が春日渓谷の奥に拠った砦ないしは洞穴のことである言う人もいる。この場合は**洞穴**であろう。あるいは、そことは異なるが

296

北条軍から逃れて信蕃の家族や家臣の家族が身を潜めた洞穴のことを指すという考えもある。キーポイントは三澤小屋を踏査することである。（春日城下の春日本郷には三澤小屋の存在場所を示唆する古絵図を所有しているお宅もあるが、現在は拝見不可能となっている）、残念ながら筆者を含め先人の誰一人として、**三澤小屋**に辿り着き、**縄張り図**を描いてここがそうだと納得させることができた者はいない。筆者も何度か試みてはみたが、急峻極まる地形からして、単独行では遭難の危険が大きく、また熊などに遭遇する可能性が大きいことから未だに調査しきれてはいない。**幻の三澤小屋**は、大河原峠や兜巾岩（トキンの岩）、そこを通過する現代の山岳道路「蓼科スカイライン」からの展望の視野の中に存在すると推定されるが、判明できていない。

さらに、いくつかある古文献には、芦田信蕃が籠もった山小屋であるということから、「蘆田小屋（芦田小屋）」と記述してある場合があることを心得ておきたい。ちなみに『寛政重修諸家譜』では「三澤小屋」と記述されている場合が圧倒的に多いことから、本書では芦田信蕃が佐久郡立科山中に籠もって北条氏と戦った小屋〈砦〉を「三澤小屋」として記述する。

《**康國寺**》

佐久市春日本郷にある**康國寺**は、かつての芦田氏の**春日館**踏査することである。（春日城下の春日本郷には三澤小屋の嫡男の松平康國の菩提を弔うために慶長六年（一六〇一）に開山となって創建したものである。一開山である天外大雲は『大田山実録』や『もう一人の真田〜依田右衛門佐信蕃（市川武治著）』では、信蕃の三弟で康國や康眞の叔父である**善九郎信春**として左記のように述べられている。

佐久市岩村田大田山龍雲寺の寺誌『大田山実録』では、

佐久市春日本郷にある**康國寺**は、かつての芦田氏の**春日館**の跡にある。開山は**天外大雲**である。信蕃の嫡男の松平康國

しかし、これは誤りである。「龍雲寺五世天外大雲禅師」としているが、だいいち「小諸城主芦田下総守の叔父也」「小諸城主芦田下総守」などという人物は存在しない。いくつか

五世天外大雲禅師、小諸城主芦田下総守の叔父也、時に広徳二世に住す。転して当山に住職たり、炎上狼狽の後にありて、文禄二年やゝ諸堂成就す、然るに始め天外禅師貴族たるによりて甲乙あハす、改宗の人多し、時に康國禅寺爰に起れり、後元和元乙卯十二月廿三日遷化を唱ふ、世寿八拾三歳なり、

写真：康國寺──裏山が春日城

文献で、芦田（依田）下野守信守のことを下総守と記している誤例がある。また、芦田（依田）信蕃のことを芦田下総守と記している文献もある。しかし、いずれも誤りであると言わねばならない。「元和元乙卯十二月廿三日遷化を唱ふ、世寿八拾三歳なり」とあるのは、天外大雲が没したのが元和元年（一六一五）で数え八十三歳ということになる。すると天外大雲の生まれたのは一五三三年頃となる。そうすると一五四八年生まれの信蕃の誕生に先立つこと十五年前になる。信蕃の三弟信春と

いうことにはならない。ところで、『寛政重修諸家譜』巻第三百五十六の清和源氏満快流依田氏の項には、**依田下野守信守**の四弟に「**天外大雲**和尚、信濃國岩村田の龍雲寺に住す」がいる。そうであるならば、年齢的にも辻つまが合う。康國寺の開山天外大雲は**康國**や**康眞**の大叔父（祖父芦田下野守信守の四弟）であること

写真：康國寺開山の天外大雲の墓

芦田備前守**光徳** ── 光玄（満春）──

┌ 孝玄（隆春）
├ **義玄**（良春）──
├ 依田妙清寺光慶
└ 依田金龍斎

┌ 某（父と不和にして信濃国を去り、他国へゆく）
├ 芦田下野守**信守**──
├ 依田左近助守俊
├ 依田勘介信光
├ **天外**（**大雲和尚**）
├ 依田十郎左衛門守慶
└ 依田主馬

┌ 芦田右衛門佐**信蕃**──
├ 依田源八郎信幸
└ 依田善九郎信春

┌ 松平修理大夫**康國**
└ 松平右衛門大夫**康眞**

図：芦田氏家系図

途中には**天神林城**があり、さらに前方を屏風のように遮るように**望月城**と瓜生坂方面へ連なるその砦群が存在する。依田信蕃が春日城からその奥の蓼科山中の**三澤小屋**へ籠もっていたところは、春日城のみならず、谷の北の出口にあたるこの二城は北条方に押さえられていた。北への行動は限られてしまうが、一方、三澤小屋は隠密に南方の蓼科山系や八ヶ岳の中腹を経由して、諏訪地方や甲州への連絡をとるには、好都合の立地条件ではあった。佐久平定に向けて、籠城初期の頃、芦田勢が三澤小屋から出没し、ゲリラ行動を行なうには、この二城に至る前に、春日城東方の**金井坂**等の丘陵部を布施方面へ東進し、佐久平（現在の新幹線開通後の狭義「佐久平」ではなく、広い意味での佐久地方一帯を指す佐久平）へ向かったものに間違いない。『太田山実録』や『もう一人の真田～依田右衛門佐信蕃（市川武治著）』では芦田信蕃を「小諸城主芦田下総守」と表現しているのである。（もっとも、芦田信蕃が下総守であったことも小諸城主となったという事実もない）。後世の者が「小諸城主」「芦田下総守」ということから連想して、実際に小諸城主となった（芦田依田）松平康國のことであるとしてしまったのである。その結果、天外大雲を康國の叔父である善九郎信春と誤って比定してしまったのである。

〈春日城の構造〉

春日城は佐久市旧望月町春日本郷にある山城で、最高所は標高八九二ｍ、麓からの比高一二〇ｍほどである。穴小屋・春日穴小屋・芦田小屋・三澤小屋などと呼ばれることがあるが、歴史家によってその判断は異なっている。そのことに関する論は別項に委ねるとして、ここでは、春日城の立地・地形・縄張りなどの構造面について述べることにする。

康國寺の西背後に屹立する南から北に延びている尾根上にある。西側を鹿曲川、東側を細小路川が北方へ流れている。南方は蓼科山への渓谷が上っている。北方は数ｋｍにわたって谷が開け、現在の佐久市望月市街地へと続いている。その

写真：金井坂より眺める春日城の山塊と春日郷

と推定される。

城の構造は山城であるが、田口城・志賀城・高棚城・内山城などのように登攀不可能な断崖絶壁があるわけではない。

しかし、南北に延びた城の軸（尾根）を利用して、巧妙に郭や堀切が幾重にも配置されている。尾根が延びきって平地になった箇所（康國寺の北西、春日城の最北端）から、城の最奥部へ至る縄張りをみてみよう。

まず、春日城全域の縄張り図を次に掲げておきたい。

(1)尾根の消滅する最北端（鳥居のある場所）から上り始める。

まず、秋葉社の鳥居をくぐって尾根道を城の中心部へ向かってかなり急に上り始める。しばらくして、右手へ竪堀が落ちている。これは自然崩壊した地形を利用した可能性がある）。そこを過ぎると、尾根の左右に無数の削平地（小郭）が配置されている。また、右手下方から尾根筋へ上ってくる細い道があり、その左右も上段の小郭から攻撃できるようになっている。その道が尾根に到達した地点から尾根の左手(東斜面)を見下ろすと、これも無数の帯郭群があり。下方の康國寺近くの何段かの郭は、現在は墓地なっている。視線を主尾根に戻して上へ進むと、第一堀切がある。さらに少し上方に第二堀切がある。左側（康國寺側）は長く、竪堀となって

写真：最北端の秋葉杜の鳥居

写真：二ノ郭に建つ秋葉社舞殿
南より見る

下方の墓地まで落ちている。現在、この堀切を過ぎた直後の所へ、左手（康國寺）方面から、かなりしっかりした道が上っている。これが、往時春日館から直接登る大手道であったのか、後世に新たに秋葉神社参道として造られたものであるかは、検討を要する。

(2)二ノ郭周辺第二堀切から一五m登ると秋葉神社の舞殿（舞台）の建物がある広い平らな場所へ急に出る。左右一五m×奥行き六〇mある。この郭の一番奥の幅は二〇mあり、そこには上幅五mの土塁がある。通路によって土塁は左右二つに分けられているが、現在右側の土塁の上には石祠があ

図：春日城全体の縄張り図　佐久市旧望月町春日、（調査）平成8年5月26日、平成19年2月4日、市村

秋葉社の鳥居
竪堀
大手口
芦田氏　春日館跡
卍康國寺
畑
堀切1
堀切2
二ノ郭（15×15）
土塁
堀切3
畑
畑
上り
堀切4
支尾根
土塁
支尾根
石田発見
堀切5
堀切状
主郭
土塁（22）
支尾根
大樺
秋葉社（東向き）石積
竪堀
東堀切1（塹壕状）
堀切6
東堀切3　東堀切2
土塁
副郭（10×22）
堀切7
東堀切4
石垣
東堀切5
土塁
土塁
塹壕状大堀切
上幅20m
堀切8
堀切9
二重堀状
上幅10
堀切10
急に上る
N
堀切11
大石
（城の南限）
地山へ続く

る。この広大な郭を便宜的に「二ノ郭」としておく。これはあるいは「武者溜まり」的な場所とも考えられる。舞殿は北端近くに建っているが、その右手（西方）下には五×一〇ｍ、五×一〇ｍ、七×二〇ｍ、六×一五ｍ、七×二〇ｍなど数個の郭があるが、いずれもその面は穴のように窪んでいる。そこは半地下式の掘っ立て小屋があり、武者が寝泊まりした場所の可能性もある。小道がこれらの郭群を縫うようにして舞殿の西側へ上って来ている。二ノ郭の南へ越える所に第三堀切があある。現在の深さは二〜三

mで、上幅（実効堀幅）は五〜七m、左右下方へ**竪堀**となって落ちている。そこから尾根は緩斜面で**第四堀切**まで徐々に八〇m上るが、左右には幅五mで長さが五mから一五mまでの**郭**が、左右合わせて一二ほどある。第四堀切は深さが北二m、南五mある。左右に**竪堀**となって落ちているが、左（東）の竪堀が消えるあたりには二基の石塔が立っている。右（西）の竪堀は四〇m下方まで延びている。第四堀切を過ぎると尾根の上方は急に傾斜が厳しくなっている。主郭まで尾根上を直線で測ると五五mであるが、その何倍もの距離を辿らないと到達することはできない。

(3)主郭北西下の支尾根周辺郭群

第四堀切から二五m登った主郭直下の地点から、主郭へ向かわずに、（つまり、左側へ向かわずに）右手を見ると、三×五〇mの**帯郭**が主郭の三〇m下を右手へ巻くように西方の支尾根まで延びている。（平成八年にこの帯郭で**石臼**の一部を発見した）。西支尾根へ達するまでに、右手北面に沢があるが、その沢底状の地形に八つ以上の**削平地**がある。帯郭の西端が西支尾根に達した所には幅五mほどの**第五堀切**がある。第五堀切を西側へ進むと三×一〇mの土塁状の尾根がその先へ延びているが、その南側面には**石積み**が残る。そこから七〇m北西方向へ支尾根を下ると、**土塁**がある。その付近には石塔

写真：発見した石臼
主郭の北下の帯郭にて

の一部「空・風」に相当するものがあり、この場所に昔、何らかの石塔が存在したことが分かる。その外側（下方）の尾根に幅三m、長さ七mの郭とも堀切とも判断しかねる地形の先がある。さらに幅八m×長さ二五mのやや下っている地形の先端は断崖となり切れて、現在の車道がわずか西の下方を南北に通っている。ここまで第五堀切から一一〇mほど離れている。この北西支尾根の北側斜面には**無数（二五以上）の段郭群**が麓まで存在する。中には後世の畑となった場合も考えられるが、日当たりの悪い北斜面や沢底にあり、立地条件はよくない。

(4)主郭の構造

再び、主郭北方下の第四堀切から二五m登った地点に戻って、**大手道**を辿ることにする。急斜面であるため、大手道は

写真：主郭（あるいは、初期の主郭）に建つ秋葉杜本殿

左側へ巻く感じで上っていく。人一人やっと歩けるほどの道は、つづら折りに上方へ延びて、やがて主郭の東中間の虎口へ到達する。登って来る寄せ手は守備側の右上方からの攻撃に曝されざるを得ない構造になっている。（防御側にとっては「右勝手の順の横矢」の位置関係である）。虎口の構造は単純でやや物足りない感がある。

主郭は二二m×四〇mで、ヒョウタン型である。北側の幅二二m、南側の幅は八mである。

北端には土塁があり、特に北西部は高く、そのすぐ外下は尾根状の崖となっており、小郭が二つある。

主郭内の南端近くには秋葉社本殿が東向きに建っている。社殿は間口二間、奥行き二間半である。城内へ取りかかる北麓の最初の場所にあった鳥居、二ノ郭にあった舞殿とも、主郭にある秋葉社本殿へ通じる参道にあたっていたのである。正に大手道そのものであろう。主郭の東西の斜面は極めて急峻であるため、郭をあまり要しないが、東方下方には幅は一・五mほどで狭く、長さが一〇から二〇ほどの帯郭が数段あり、中には石積みを伴うものもある。主郭へ戻ると、主郭南端には幅五m、長さ八mの土塁が南方からの侵入を防いでいる。

この郭は最高所ではないが、郭の広さが南方の高所にある郭よりもかなりあることや、南方からの敵の侵入を防ぐ土塁があるということは、ここが「主郭」であるということを裏づける証拠にもなろうか。ただし、主郭と比定する上でのマイナス点は、主郭とするには虎口の構造が判然としないことや、東西直下斜面の腰郭が貧弱の感があるということである。

（東側）下方には竪堀が二条が沢に落ちている。一つは上幅五～七mで長さは二五mある。しかし、この二条は土砂崩れによる地形とも考えられるので、検討を要する。

(5)城内最大の堀切と土塁に守られた副郭

主郭南端の土塁の五m南下には第六堀切があるが、西（右）の端の幅は八m、東（左）の幅は一五mの不整形であり、箱堀であったのか、現在では郭状にも見える。そこから始まる主郭と副郭の間は、船底形になっている。この第六堀切が主

郭と副郭の間の一番低い箇所である。そこから南へ高さ一mの**石積み**を上ると、五×二〇mの郭になり、そこから南へ高さ一mの**七堀切**がある。上幅二m、現在は深さ一mである。その南端には**第は西斜面へ竪堀**となって落ちている。堀切面から南へ四m高い所に幅一〇m×長さ二二mの郭があり、その一五m西下には一×一〇mの**帯郭**がある。

南側へ四m上がると、そこは**副郭**になっている。

これが主郭の可能性もあるが、上りきった所の北端の幅が一〇mで最奥部（南端）の幅が二〇mで、長さが二二mである。主郭としては、いかにも狭すぎる。この郭の南端に高さ二・五m、上幅一・五m、円弧を描いた長さ二二mの**土塁**があり、その最高部には三角点がある。南方

写真：副郭（あるいは後期主郭）の土塁

地山方面からの侵入を防備するための土塁で、春日城においてはもっとも堅固な土塁であり、その南下の**堀切**も最大で険しい。しかし、その堀切の両端（東西）下方からの寄せ手の堀切内を利用しての侵入は比較的可能であり、ここが主郭であるとすると、この「**大堀切＋土塁**」のセットを突破すれば、「いきなり奥の院（城の最重要部）へ到達」という感じがある。

守備側としては、あまり安心できない。南方を険しい堀切で守っているとはいえ、やはり、この郭を楯として、北方の広い郭を主郭と考える方が妥当と思われる。なお、この副郭の東下方へは麓まで**支尾根**が張り出しているが、後述の如く、**段郭**が何段も続き、その間に**堀切**がいくつか設けられている。

(6)主尾根の地山方面からの攻撃に備える大堀切群

春日城の圧巻は、蓼科山系の主尾根（地山）から城内を断つ**大堀切群**にある。副郭の南には**第八堀切**（城域最大の堀切）がある。上幅二五m、底は北の土塁上より斜面で二二m低く、南より斜面で六m低い。左右いずれ方面へも**竪堀**となって落ちている。この堀切を南へ越えると、三×一〇mの**土塁状地形**があり、それを越えるとすぐ南に**第九堀切**がある。上幅一〇m、深さ五mである。第八堀切と第九堀切は**二重堀の形状**をなしているといってもよい。第九堀切を南へ越えると一〇×二〇mの南北より

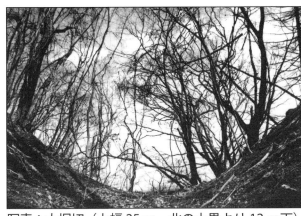

写真：大堀切（上幅25m、北の土塁より12m下）

も低い郭状地形となっている。その南に**第十堀切**がある。上幅八m、深さ三mである。それを越えて二二m比較的急斜面を南へ上ると幅二〇m×長さ四五mの広い平坦地へでる。ここは城の最南端を守る**武者溜まり**的な場所であったと思われる。その南には**第十一堀切**がある。北より四m、南より五mの深さがある。それを南へやや緩やかな下りを二〇m行くと、一×一・五m地表の高さ〇・五mの大石がある。そこから南は

東西へは竪堀となって落ちる。

さらに下り、城外の尾根である。一方、大石の所から左（東）には尾根が延び、途中一・五m×二m、地表の高さ一mの大石がある。この尾根は東方へ下りているが、もう城外である。

(7)副郭下の東尾根郭群

　副郭から東へ下る**支尾根**には複雑で無数の郭群がある。副

郭の直下一六mの所に八×一五mの**腰郭**があり、それを始めとして二四〇m下方の**塹壕状大堀切**まで、実に**十以上の段郭**がある。支尾根の北方は急傾斜であり、また康國寺（春日館）のある守備側でもあるので、さほど手は加えられてはいないが、寄せ手が取り付きやすいと予想される**南斜面**には、段郭を横から補強する**比較的長い腰郭**が複雑に配置されている。副郭に近いものからみてこの東尾根には**五つの堀切**がある。

いくと、**東第五堀切**は副郭から四八m下方にある郭の付け根にあり、北方へ**竪堀**となって落ちている。**東第四堀切**は、東から上ってきた道が比較的長い郭に入る箇所にあるので、「道」の変形の可能性もある。**東第三堀切**は副郭から一三六下方の郭の付け根にあり、現在は幅三m、深さ一m、北側は二〇m

写真：塹壕状大堀切

下まで**竪堀**となって落ちている。また、この郭は下方からの寄せ手に備えて東端に**土塁**が巻いている。**東第二堀切**は副郭の一種であろう。最下方近くにある大欅の立つ削平平地もおそらく郭の一種であろう。最下方近くにある大欅の立つ削平平地もおそらく郭の一種であろう。

から一八四m下にあり、幅五m、深さ一・五m、長さ三五mである。北方へは七m下っている。南方へは途中から腰郭状地は墓地や畑になっていて判然としない。

の平坦になる。さらに下方の郭は、幅六〜八m×三八mある。春日城最高部にある副郭から**東方二四〇m下**になる。これは**塹壕状の大堀切**で、幅五mほどであるが、上方向は急斜面であるため、横に三五mほどは直線の堀切となるが、下方への防備のために**土塁**があるため、あたかも塹壕のようである。この塹壕状地形までは副郭から約二五〇mである。ここに潜んで下方から寄せてくる軍勢を一斉射撃できる構造になっている。この堀切の北側は、沢の中まで幅三〜四m、長さ四五mの**竪堀**となって落ちており、沢の平地には現在墓地がある。堀切の南側は幅五mほどの**竪堀**が四〇m南下へ延び、尾根近くは比較的浅いが、下方最後の・〇mはかなり深くなっている。その一番南下には二×五mほどの小郭がある。この東第一堀切は、尾根を断つばかりでなく、南北の沢下まで続いているので、**長さが合計一二〇m**を越えることになる。東支尾根は、東第一堀切からさらに下方（東方）へ二〇〇m以上延び、郭とおぼしき地形も数箇所ある。最下方近くにある大欅の立つ削平平地もおそらく郭の一種であろう。最下方近くには石祠が三基あり、さらに付近の削平地は墓地や畑になっていて判然としない。

《武田氏についた芦田氏は、春日城のどこを修改築したか》

『高白斎記』で「城を再興す」とか「城を鋤立て」という場合は、**攻略した城を修築強化することを意味している**ので、この経緯の中で、芦田氏が修築強化したものと推定される。春日城全域の縄張り図を参照すると、北端から主郭への大手道筋は、比較的古式の風情があるが、特に副郭と南の地山の尾根を断ち切る**四本の堀切**（第八〜十一）は、修築の際に手を加えられた可能性が大きい。また副郭から東へ下がっている**東尾根の郭群**についても可能性がある。春日城最高部の南方に**大堀切**があるが、守備するには主たる郭が端に寄っていることと、いかにも狭いことから、私見では一応「**副郭**」と仮定したが、東尾根郭群の存在を考慮すると、そこが芦田氏の時代の**主郭**の可能性も捨て難い。いずれにせよ、「**主郭**」の南方の「**副郭**」と、それに関わる縄張り部分が、芦田氏によって改築された箇所と推定しておきたい。

306

《本拠春日城の留守居役の人物再考》

先に⑪で述べたごとく、おそらく**信蕃**は本拠である佐久郡春日郷を**不在にすること**が多かったと思われる。武田軍にしたがって遠征したり、遠州・駿州の城を守備したりの時が多かったので、親族のうちの信頼おける重臣が、春日城や在地春日郷を経営していたものと推測される。しかし、芦田氏系図や『寛政重修諸家譜』から推測してみても、その人物を特定することは極めて困難であるが、**芦田下野守信守**の末弟(信蕃からすれば叔父)の依田**十郎左衛門守慶**である可能性がある。彼については、左記のような事蹟がある。

ア　信蕃が真田昌幸を北条方から徳川方につかせる為の使者として遣わした重要人物である。十郎左衛門守慶の説得の努力によって、真田昌幸は芦田小屋(三澤小屋か？)の麓で信蕃と会見し、昌幸の徳川臣従を実現する立て役者となっている。

イ　信州佐久郡外山城(現東御市北御牧村羽毛山)に居城を持っていた。つまり、芦田依田氏の本拠春日郷の近くに、彼自身の采地があったことになる

ウ　依田信蕃が佐久をほぼ平定し、本拠とした佐久郡田口館で譜代や新規の臣を集めた年賀の席順を示す「芦田家旧臣列簿」(市川武治著『もう一人の真田』p.155

参照)に記載されている騎馬以上(六名)の中に**依田十郎左衛門**の名があることからも、芦田家の重要な人物であることが分かる。

エ　芦田氏本拠の春日郷に近い佐久郡沓沢村(現佐久市)にも領地があった。

オ　康國の時代になってからも、『高野山蓮華定院文書』の中にも重臣の一人として名がある。

写真：金井坂
康国寺の東正面の丘。芦田勢はここを越えて、野沢方面へ向かった。

天正十七年八月十六日　康國（花押）

候之状、旁可被相勤者也、仍如件、

蓮華定院、於当郡、被成勧進度由聞及候、左、為後世二

依田善九郎　殿　↑信春（康國の叔父、信蕃三弟）

松井與兵衛　殿　↑宗直（妻は信蕃の妹）

依田肥前守　殿　↑信守（康國の従兄、信蕃次弟の源八郎信幸の嫡子）

同止齊　殿

同三郎兵衛　殿

同十郎左衛門　殿　↑守慶（信蕃叔父、康國大叔父、外山城主）

伴野小隼人　殿　↑元吉（出は伴野氏、信蕃の従兄弟となる。勝間砦・天神林城・平尾城に）

依田勝三　殿

同菅助　殿　↑岩村田落城後の城代は勘助、「芦田家旧臣列簿」では年寄上席に入っている。

〈訓読〉

蓮華定院、当郡に於て、勧進なされたき由聞き及び候。されば、後世のために候の条、かたがた相勤めらるべきものなり。仍つて件の如し。

内容は、松平康國（信蕃の嫡子）が九名の芦田依田家重臣に、蓮華定院の使いが佐久郡内を勧進する時には、協力するように指示しているものである。

以上のことからしても、依田十郎左衛門守慶が芦田氏本拠の春日城を守り、信蕃からの情報の連絡、指示の受領を行ない、また行政・民政を行なう重要な留守居役を担っていた可能性があるが、まだ検討の余地はある。

㉟風雲三澤小屋

碓氷峠を越えて怒濤が如く信州へ乱入してきた北条氏直の大軍勢を前に、小諸城で抗しきれなくなった依田信蕃は、本拠地を春日渓谷の奥に求めた。さらに北条軍の攻撃に多勢に無勢で、活路を春日渓谷の奥に求めた。三澤小屋へ籠もり、地形と自然を利用してゲリラ的攻撃活動を展開して、北条軍を攪乱した。この間の信蕃の活躍は信濃・甲斐制覇を目論む徳川家康にとっても、もっとも信蕃の存在を印象づけるものであった。

『芦田記』（依田記）には、

> その跡へ氏政の先手信州へ打ち入り、小諸へ大導寺尾張守入れ替り居られ申され候。家康様と氏政と御取り合いになり、氏政七萬の人数にて臼井口を進発。それに就き、常陸介は、春日山の奥三澤小屋と申す所へ籠もり居られ候。蘆田小屋と申すは、このことにて御座候。

北条氏直は蘆田小屋を途中で諦めて……

・北条氏直は蘆田小屋を攻めるのを途中で諦めて……

大軍を前にして、依田常陸介信蕃は、春日山の奥三澤小屋という所へ籠もった。蘆田小屋というのは、これである。

《信蕃だけが徳川方に、佐久の諸将は北条方へ》

滝川一益が小諸城を依田信蕃に託して去ったともいわれているが、その確証はない。しかし、芦田信蕃が佐久郡・小県郡の諸将を徳川方への臣従を呼びかけたことは、七月十一日に平尾平三・森山豊後・森山兵部丞・禰津昌綱らが徳川に帰属し、家康から**知行安堵状**が発給されたことからしても、それが分かる。前後するが、信州佐久方面の徳川への臣従計策を信蕃に任せた**家康**は、七月三日に浜松を発ち、富士の裾野を経て、中道往還を通って右左口宿へ達した。去る三月に武田勝頼を滅ぼした織田信長が四月に凱旋した時に、信長のために家康が右左口宿に造った仮御殿が、今度は家康の宿泊場所となった。（家康は生涯のうちで**計七回甲斐入り**している**が、初回の武田討伐の時以外の六回は、中道往還を通行し、右左口の御殿を使っている。現在その場所は敬泉寺の上の削平地で野菜畑と化しているが、御殿の跡を示す標柱が一遇に立っている。）本能寺の変後の甲斐入りの家康は、七月九日に甲府入りをした。

・徳川家康と北条氏政（「氏直」）が正しい。以後は**氏直**とする）とが旧武田領を取り合いになり、氏直は七万の軍勢を率いて臼井口（碓氷峠）を越えて佐久へ侵入してきた。

城山（右左口砦）

写真：御殿跡を示す石柱

御殿跡

写真：右左口の御殿跡（北方の丘の上より見下ろす）
中道往還右左口宿の御殿跡、最初は織田信長の、その後、徳川家康の宿泊場所となる。

一方、北条氏直の大軍が十二日には碓氷峠を越えて信濃国へ侵入し、先陣は間もなく小県郡海野に布陣した。そして小諸城には北条の麾下である大導寺尾張守政繁が入った。伴野氏や相木氏など、佐久郡のほとんどの地侍（土豪）は北条方へ付いた。そんな中で、ただ一人芦田依田信蕃だけが徳川方であった。佐久郡を制圧した北条氏直は、信蕃の春日城を攻めた。信蕃は、佐久郡では当初孤立無援ともいえる状況であったといってよい。佐久武士に徳川方への調略を進めていた信蕃の苦労は、北条氏の侵入により水泡に帰してしまった。

《幻の三澤小屋～その場所は誰も特定できていない》

信蕃は、北条の大軍を前にして、春日城を守ることは断念し、春日城のある沢をさらに南方の蓼科山方面へ登った「春日山の奥三澤小屋」という所へ籠もった。これを『蘆田記』（依田記）では「蘆田小屋」と称し、また、そのように比定している歴史書もあるが、別ものである。依田（蘆田）信蕃が籠城したので「蘆田小屋」と呼んだ可能性が高い。また、現在北佐久郡立科町茂田井に「芦田城（蘆田城）」と呼ばれる山城があるが、それは芦田依田氏（信蕃の父芦田下野守信守）が天文十八年（一五四九）に本拠を春日城へ移す以前に本城としていた城である。天正十年（一五八二）の時点では芦田

図：春日渓谷の奥、三澤小屋

依田氏の支城となっていたが、信蕃と北条氏との間で激しい争奪戦の舞台になるほど重要視される城ではなかったと思われる。また、戦国時代には山城を「小屋」「山小屋」等とも称しているので、蘆田小屋（芦田小屋）とは、「春日小屋」のことを指したと解釈するのが妥当である。また、**蘆田小屋（春日城）**と三澤小屋が別ものであったということは『武徳編年集成』に述べられている内容からも判明する。それによると、天正十年九月二十五日に、家康からの援軍（岡部正綱・川窪新十郎信俊・今福求助・三井十右衛門など）が**三澤小屋**に到着し、信蕃は北条

311

図：幻の三澤小屋──春日渓谷の奥
『もう一人の真田』（市川武治著）p.49を参考に地形にあては
めてみる。「此上白岩ヲとの小屋ト云」と「三沢よこて」の文
字が頼りとなる。

方に奪われていた蘆田小屋の攻撃を開始している。そして、約一カ月後の十月二十六日に信蕃軍は、蘆田小屋を攻め落とし奪還している。さらに、「三澤小屋」は、『寛政重修諸家譜』や徳川旗本諸士関係の古文書では、「蘆田信蕃と三澤小屋へ籠もり」と表現されている場合が多い。

依田信蕃の籠もったといわれる砦「三澤小屋」については、その場所を誰も明確には確認できていない。明治十一年の時点で佐久郡春日村が長野県令（現在の県知事に相当する）に提出した内容が記載されている『長野県町村誌』のいうように、春日城のことを「穴小屋」または「三澤小屋」ともいうという説もあるが、とうてい首肯できない。また、それらしき砦として同じ春日の奥にある「大小屋城」「小倉城」などについても触れられているが、三澤小屋とするには無理がある。『もう一人の真田』（市川武治著、株式会社櫟）では、「三澤」とは春日の谷を鹿曲川に沿って登った沢の詰めが「鹿角沢」「大たるみ」

312

図：鹿曲渓谷奥（鹿曲川上流）に三澤小屋？　それは「み沢横こて」とある辺りか
図は『望月町誌』（第四巻近世編）p.443 の一部を利用

蓼科山 2530m
ていしょう小場
大河原峠
N

大滝不動
（諸神）
タル　大撓ミ

不うき原
きり久保
利兵ヱ久保
大久保
兵右ヱ門久保
山神
志つくら
三ろく
黄蓮
たなく保
水流
鹿カ
曲クマガ
川ガワ

ときんの岩

写真：大河原峠（2093m）より見る

トキンの岩
この辺り？　三澤小屋

「三澤横手」と三つに分かれていることによる命名であるといいう。また、寛政年間（一七八九～一八〇一）春日村絵図（春日竹花徹雄氏藏）には三沢横手の字名添え書きに「此上白岩ヲとの小屋（殿小屋）と云」と記され、沢の奥に三澤小屋のあることを示している由。

いずれにせよ、三澤小屋の位置は春日村（現在の佐久市望月春日）にある春日温泉の奥の渓谷（春日渓谷）を鹿曲川に沿う林道（鹿曲川線）を登った詰めが三澤であるが、そこにあるといわれる信蕃の砦（山小屋）である。

しかし、場所は特定できているとは言いがたい。それは、この辺にあったとかいの辺にあったとかい

313

う推定地はあるが、先人の研究者のうち誰一人として、**三澤小屋**（砦）を地図で場所を示したり、**縄張り図を書いている**例がないからである。昔は急峻で、断崖・巨岩が行く手を阻み、谷が深く、修験者や山人しか近づけない行き詰まりの渓谷であった。現代は旧望月町（佐久市）春日温泉の脇から南方へ林道を遡り、リゾート開発地域「仙境都市」を通って大河原峠へ出る道がある。（二〇〇〇年代になってから、土砂崩れが何カ所か発生した後、道は予算上の課題からか修理されず、二〇一五年現在では、そのルートは、ずたずたに寸断され、復旧不可能と思われるほどの状況になっているのは残

写真：兜巾の岩（トキンの岩）2013ｍ
三澤小屋は、この南東下方にあるはずであるが……。

念である）。なお、佐久市野沢の洞源湖の脇から美笹湖方面へ通じる道路（蓼科スカイライン）があるが、その道を大河原峠へ抜ける方が道幅も広く、整備もされているので容易に到達できる。また、臼田方面から通じる道も途中から合流している。大河原峠を最高地点（海抜二〇九三）として、諏訪方面へそのまま自動車道路が通じている。この自動車道は**ト**

キンの岩（兜巾の岩、二〇一三ｍ）のすぐ南の脇の尾根を掘り切って通過している。**三澤の稜線**へ出ることも案外容易になっている。この道路から三澤小屋を探索する場合は、下り斜面となるが、途中に岩場や急斜面、断崖絶壁が連続し、危険極まりない。また、熊に遭遇する可能性もあり、到底単独行はできない。市川武治氏は「三澤の奥には鹿曲川の水源である大滝があり、滝不動・石不動など密教信仰の不動明王が祭られている場所がある。付近の地名には上山伏・下山伏、峯近くの稜線にはトキンの岩（山伏が額に付けているものをトキンという）などがある。したがって、三澤小屋は外部からはその存在が判明できない隠された要害であり、北条の大軍を迎え討つには最適の地勢である。また、防衛施設や目立つものは避けているので、守るに固く、ゲリラ戦法で奇襲を繰り返す基地としては適した所であった」と述べている。しかし、その三澤小屋を図面の上で明確に特定できたとは、言

図：徳川・北条・上杉の三つ巴の信州
徳川・北条・上杉氏による、安堵・宛行地範囲概念図（「長野県史～中世二」）より

い難い。三澤小屋の現地をつき止めることができた場合は、砦の立地・構造・規模などが分かる簡単な縄張り図（または「見取り図」でもよい）があれば、三澤小屋の存在が証明できる。平成二十七年現在まで、誰一人としてそれをなし得えていないのは残念ではある。

《三澤小屋の攻防と信蕃のゲリラ的戦い》

天正十年（一五八二）七月中旬、まず北条氏直が大軍を率いて、佐久における唯一の徳川方である信蕃を三澤小屋に攻めたが徒労に終わっている。そうこうしているうちに越後の上杉景勝が北信濃を制圧し川中島の海津城へ入った。そこで氏直本隊は川中島へ転進し、上杉勢と対陣する。信濃は北条・徳川・上杉の三つ巴の争奪戦の場と化した。氏直は三澤小屋を小諸城代の大道寺政繁にその間も攻めさせていたが、険阻な地形と信蕃の巧みな戦略によって失敗に終わっている。

七月中旬、諏訪頼房の高島城（茶臼山城）を攻めていた徳川七手衆（酒井忠次、大久保忠世、大須賀康高、石川康道、本多広孝と康重、岡部正綱、穴山衆）は、佐久で孤軍奮闘している依田信蕃の籠もる三澤小屋へ乙骨太郎左衛門を遣わした。信蕃は、乙骨太郎左衛門を通して援軍を要請した。七手衆は信蕃への援軍として柴田康忠に一〇〇〇余の兵を率いさせ、乙骨太郎左衛門の案内で、三澤小屋へ送り込んだ。（ここでは、軍監柴田康忠は、はじめて信蕃軍に合流したことになっている）。援軍は、何度も押し寄せる大道寺政繁の軍に抗するのに、信蕃にとって心強い味方であったが、信蕃は、その後籠城兵が多くなり、兵糧や収容人員の関係で、この七月の時点（旧暦七月中旬は、現代の暦にあてはめると八月下旬にあたる）では少数精鋭であったと推定できる。いたずらに軍勢が多くなれば、当然身の動きも限られてしまい、ゲリラ的な戦法も実行できなくなるのであった。（その後、さらに八月から九月にかけても、北条軍は大道寺政繁をもっ

て何度も攻撃を試みたが、援軍を得た信蕃に翻弄され続け
た）。七手衆からとは別に七月十四日に、家康は甲斐衆の辻
弥兵衛に十騎（四十騎とも）を付けて、三澤小屋の信蕃への
援軍として出陣させている。援軍を得た信蕃は、七月十六日
に**依田肥前守信守**（次弟信幸の嫡子）らをもって、**前山城を
攻撃**しているが、攻め落とすまでには至らなかった。

川中島での上杉景勝との対陣から七月十九日に引き上げた
後、**北条氏直**自身、再び本隊でもって三澤小屋を一挙に攻め
落とそうと攻撃を加えたが、蘆田軍を攻略できなかった。巨
岩・断崖の阻む険峻な地形では、わずかな兵力しか侵入でき
ず、そこを信蕃軍のゲリラ的戦法で攪乱されたのであろう。
いたずらに、時間を費やすことは甲斐国侵入で家康に遅れを
とることになるので、氏直はここを放棄して立ち去らざるを
得なかったと思われる。信蕃は、北条軍が三澤から一尾根西
に越した八丁地川沿いに雨境峠へ抜ける古代東山道を通過し
て「**役ノ行者越え**」（雨境峠）で諏訪へ進軍するであろうと
判断し、その経路で少数精鋭でゲリラ的な攻撃を北条軍へし
かけたと思われる。

佐久で徳川方として孤軍奮闘している信蕃には、**周りの佐
久衆**がことごとく**北条方**へついてしまった不利な状況を理解
しながらも、二俣城攻防戦・田中城攻防戦の時の当面の敵城

写真：雨境峠（役ノ行者越え）

主であった自分を、織田信長の追及から救ってくれた徳川家
康に臣従すると誓ったからには、いかなる策を尽くしてでも、
家康のために戦う姿勢は確固たるものがあったであろう。**武
勇、智略**に優れていたばかりでなく、彼の**義烈な性格**からし
て、節を曲げるようなことは到底なかったであろう。家康も、
信州佐久の平定を任せた信蕃の苦境を知った上で、信蕃を励
ますべく七月二十六日に、信蕃に佐久郡・諏訪郡の二郡を宛
てがっている。

次ページの上は家康
が信蕃の忠節に対して
諏訪郡と佐久郡を宛て
がっている内容であ
る。その外に家康が信
蕃に付けた与力や信蕃
の一門の恩賞について
も保証している。しか
し、二郡とも未だ徳川
方のものとはなっては
いず、空手形のような

写真：依田家文書
個人蔵、長野県立歴史館寄託
平成23年度長野県立歴史館発行の春季展図録『武士の家宝』p.12 から転載

徳川家康宛行状（判物）

信州諏方・佐久両郡之事、今度依被抽忠節、為其賞所宛行也、兼又前々付来与力事、不可有相違、次同名親類等直恩事、任所望、別而可宛行之者、弥可被存忠信之状如件

天正十年
　七月廿六日　　家康（花押）

依田右衛門佐殿

〈訓読〉

信州諏訪・佐久両郡の事、今度忠節を抽んでらるべく、交渉を粘り強く繰り返し、成功させている。これにより、その賞として宛行ふところなり。かねて前々付け来る与力の事、相違あるべからず。次に同名・親類等直恩の事、所望に任せ、別してこれを宛行ふべし。いよいよ忠信を存ぜらるべきの状件の如し。

ものであった。

一方、この頃、徳川七手衆の攻撃を受けていた（茶臼山）高島城の諏訪頼忠は、佐久から諏訪方面へ進軍してくる北条への帰順の意を示し、氏直に支援を求めている。このことが、いよいよ徳川七手衆と北条氏直との戦いにつながってくるのである。

《信蕃、眞田昌幸を徳川の味方につけさせる》

信蕃は九月中旬から下旬にかけて、小県郡と上州沼田に勢力をもっている真田昌幸を、北条から徳川へ臣従させるべく、交渉を粘り強く繰り返し、成功させている。これが、その後の動静を大きく変えることになるのは言うべくもない。その際、信蕃からの使者としては、まず、蘆田氏の祈願寺である津金寺の住職林鶴（善海）、二度目に信蕃の叔父依田十郎左衛門守慶が、それとは別に家康の家臣となっていた真田昌幸の実弟である加津野昌春（信昌・信尹）の働きがある。最終的には真田昌幸が密かに三澤小屋の麓まで出向き、信蕃が三澤小屋から出て、直接交渉し、真田の徳川臣従が決定したのである。家康は、信蕃の武略・武勇のみならず、真田を味方に付けるにあたっての知略を高く評価した。（この件の詳細は後述する）。

《依田信蕃に属した衆〜三澤小屋籠城》

『寛永諸家系圖伝』と『寛政重修諸家譜』に掲載されてい
る人物を整理してみる。

○印：「三澤小屋」籠城が記述から明白な武将

No.	姓　名	記述されている文言（主として『寛政重修諸家譜』のものを採用）
1	依田源八郎伊賀守信幸 ○	常に兄信蕃とともにあり。（信蕃次弟）
2	依田善九郎信春	岩村田の城攻に奮戦し、家康より感状、信蕃没後甥康國がもとにあり、（信蕃三弟）
3	依田六郎二郎肥前守信守（信盛） ○	三澤小屋に籠る、加末須・小田井の二城を抜く、岩村田・前山の城攻めに軍功、（信蕃甥）
4	依田源七郎右馬助盛繁（平原） ○	蘆田右衛門佐信蕃等とともに三澤小屋に籠る、小田井の城攻に功をあらはす、
5	依田次郎左衛門國吉	蘆田常陸介につかふ
6	依田勘助小隼人但馬元吉（平尾）	蘆田の支族にして蘆田右衛門佐信蕃につかへ、蘆田五十騎の列たり、
7	依田金左衛門守秀（守直） ○	信濃国三澤小屋にこもる
8	依田四郎左衛門信次	蘆田右衛門佐信蕃が一族たるをもってこれに属す
9	依田五兵衛小隼人守直（伴野）	蘆田右衛門佐信蕃につかへ、其一族となりて依田を稱し、信蕃に従いて、
10	上原惣左衛門吉備（よしまさ）	信濃国佐久郡瀬戸邑に住し、芦田右衛門佐信蕃に属す、
11	岩下又右衛門守重 ○	芦田下野守及び右衛門佐信蕃に仕ふ、信濃国三澤の小屋に籠る。
12	岩下角弥守胤（甚左衛門） ○	信蕃にしたがひ信濃国三澤の小屋に籠る、重run周防守守國とともに信蕃の命を受け、家康への使者の役、
13	石原次郎三郎豊後守政吉 ○	勝頼につかへ蘆田右衛門佐信蕃が麾下にあり、三澤の山小屋において忠節を尽す、
14	石原孫助重宗	蘆田右衛門佐が手に属す、信蕃にしたがひ軍忠を励まし、豆生田合戦の時も軍功あり、信蕃に属し、三澤小屋に籠もる。
15	石原太郎左衛門 ○	蘆田右衛門佐信蕃が手に属し、三澤の山小屋に楯籠り、
16	内田小太夫定吉 ○	蘆田右衛門佐信蕃につかふ、信濃国佐久郡三澤の山小屋に籠り忠をいたす、
17	桜井仁兵衛（六左衛門）久忠 ○	蘆田右衛門佐信蕃につかへ、兄久忠とおなじく（三澤の山小屋に籠り）忠を尽くす、
18	桜井鍋次郎忠弥（金弥）守長 ○	

No.	氏名	○	記事
19	桜井惣助助右衛門正吉	○	蘆田右衛門佐信蕃につかふ、三澤の山小屋に籠る。天正十年兄仁兵衛久忠とおなじく軍功あり、
20	小林理右衛門重吉	○	芦口修理大夫ならびに右衛門大夫につかふ（↑信蕃に仕える）、見澤山の小屋に籠り忠節をはげます、
21	内山三右衛門貞國	○	芦口修理大夫康貞（右衛門佐信蕃が正しい）に属して忠功をはげます、
22	内河傳次郎七左衛門正吉	○	蘆田信蕃にしたがひ、諸士と心をあはせて蘆田小屋に籠り、のち諏訪の城の城番を務む、
23	大原徳右衛門資次	○	蘆田右衛門佐信蕃をよび松平右衛門大夫康貞に属し、
24	杉原修理亮昌直（平左衛門昌直？）	○	蘆田右衛門佐信蕃と同じく三澤の山小屋に籠る
25	杉原左馬助小左衛門直秀	○	蘆田右衛門佐信蕃に属し、信濃国佐久郡高野町にをいて相木某と戦ひて討死にす、（高野町での相木戦で討死に）
26	杉原治部景明		蘆田右衛門佐信蕃に同じ、しばらく戦功をはげます。右
27	関若狭吉眞		蘆田右衛門佐信蕃にしたがひ、信濃国佐久郡高野町にをいて討死にす、
28	関五郎左衛門吉兼	○	信濃国三澤の山小屋にあづかる、
29	関次太夫信正	○	蘆田につかへ、信濃国三澤の山小屋にこもり、
30	関才兵衛杢兵衛正安	○	蘆田右衛門佐信蕃につかふ、天正十年照德宮甲斐国新府に御出馬のとき忠節をはげます、
31	服部和泉守正吉（重好）	○	蘆田右衛門佐信蕃につかへ、北条氏直勢の守る豆生田の砦攻めに参加
32	服部七左衛門正長	○	父（正吉）とともに蘆田家に仕へ、
33	中沢五郎左衛門尉源助久吉	○	蘆田右衛門佐信蕃三澤の山小屋に楯籠るの時、兵糧等を蘆田に遣る。
34	高付（高月）六左衛門久利	○	蘆田右衛門佐信蕃佐久郡三澤の小屋にたてこもる、味方して兵粮を三澤の小屋をくり蘆田に属す、
35	原庄左衛門長正	○	蘆田右衛門佐信蕃信州佐久郡見澤の山小屋にありしに兵粮を運び、信蕃に属す、
36	原太郎兵衛（太兵衛か？）	○	三澤の山小屋へ兵糧を入れ、信蕃に属す。
37	重田周防守國	○	蘆田下野守及び右衛門佐信蕃につかふ、信濃国三澤の山小屋から岩下守胤とともに蓼科山・八ヶ岳経由で徳川へ援兵要請の密使、
38	重田庄左衛門（佐兵衛）	○	父（守國）とともに三澤の山小屋に籠る、
39	重田助之丞喜兵衛守光	○	蘆田右衛門佐信蕃につかへ、父・兄とともに信濃国三澤の小屋にこもり軍忠、
40	重田左近守信	○	はじめ蘆田父子につかへ、のち東照宮、台徳院殿に歴任し、

番号	氏名	印	記事
41	木内忠左衛門蕃吉	○	蘆田右衛門佐信蕃が手に属す、男（嫡子）蕃正と共に三澤の山小屋に籠り信蕃が麾下、
42	木内忠左衛門尉蕃正	○	父（蕃吉）と共に蘆田信蕃が手に属し、三澤の小屋にあり、豆生田合戦の時も高名す、
43	武者右衛門尉満安		信玄をよび勝頼に歴任し、のち蘆田右衛門佐信蕃に属して御麾下に列し、
44	日向傳次郎半兵衛正成		信濃国前山の城攻めには曾根下野守忠清に属して軍功、望月の一揆には蘆田右衛門佐信蕃に属し岩村田・岩尾の役にも高名す、
45	布下伊勢豊明（与五左衛門か?）	○	蘆田右衛門佐信蕃に属し、
46	塩入日向守重顕	○	蘆田右衛門佐信蕃に属し、山小屋より伴野にいたり、加奈井坂にをいて高名あり、
47	塩入金兵衛重信	○	父（重顕）とともに蘆田信蕃に属し、信濃国三澤の山小屋に籠り、のち望月・伴野・岩尾を攻るの時も是に従ふ
48	水原又七郎茂親	○	大権現甲州御進發の時、甲州先方の士信州に發向、芦田某を案内者としてたびたび合戦す、先方の者芦田小屋に引き籠り、のち柴田康忠に属し諏訪の城の城番を務む

番号	氏名	印	記事
49	清野半左衛門（満成?越中守?）		信蕃に属す、岩尾城攻め、康眞の高野山行きにしたがう。
50	山田六右衛門尉元重	○	蘆田小屋にこもる、のち柴田七九郎康忠に属し信濃国諏訪城を守る。
51	竹田勘右衛門（守次?助右衛門?）		信蕃の家臣と心を合わせ忠節を尽くす。
52	清野越中守満成		蘆田右衛門佐信蕃が家臣と志を同じうして従いたてまつり、信蕃が手に属し信濃国岩尾城を攻め、
53	小山権介（九郎左衛門）行正	○	芦田右衛門佐が家臣とおなじく三澤の山小屋にこもり、阿江木にをひてはせめぐり、
54	森山與五郎石見守（豊後守）俊盛（信盛）		市兵衛、信蕃が手に属し相謀りて郡中に砦を構へ日夜軍忠をはげます。（一時北条方に）
55	森山與五郎兵部丞盛房		右衛門芦田信蕃が手に属して忠節をはげますが、（信蕃により徳川から安堵されたが、一時北条方についた）

徳川によって派遣された柴田康忠等の諸将に属していて、

信蕃に加勢したという意味合いをもって『寛政重修諸家譜』

『寛永諸家系図伝』に記述されている者（1～55の中にもこ

の範ちゅうに含まれる可能性がある武将もいる）

No.	姓　名	記述されている文言（主として『寛政重修諸家譜』のものを採用）
56	津金修理亮胤久	信濃国におもむき、岩尾・穴小屋・前山等の敵を討つ、津金衆
57	津金（小尾）監物祐光	弟胤久の項に「兄祐光等とおなじく……」とある。
58	津金又十郎久次	「兄祐光等とおなじ」とある。
59	武田（川窪）新十郎 信俊	「兄祐光・胤久等に加はり」とある。大久保七郎右衛門忠世・菅沼大膳定利・柴田七九郎康忠に属し、信濃国岩尾・穴小屋・前山等にいたりて軍功、尾の両城を攻めるの時も、一番に槍を合わせ
60	小幡勝五郎昌忠	康忠に属して發向す、蘆田小屋等所々に於て戦功あり、柴田康忠にしたがって岩尾城・前山城攻めで功、
61	横田甚五郎（甚右衛門尉）尹松	平原宮内刃傷事件で宮内を成敗、柴田康忠にしたがって岩尾・前山城をまもる。
62	辻弥兵衛盛昌	甲斐国の士とともに信濃国蘆田小屋をまもる。蘆田に属し、信濃国の案内者となる、甲斐国の士四十騎〈十騎とも〉を率いる。

『寛永諸家系圖伝』『寛政重修諸家譜』以外の文書『甲斐國史』

『武徳編年集成』『甲斐国志』『武家事紀』『譜牒餘録』等に載っ

ている依田右衛門佐信蕃に属した（または小屋に籠もったり、

合力した）武将

No.	姓　名	記述されている文言
63	小池筑前守信胤	津金衆支族
64	小池監物祐光	津金衆支族
65	戸田（奥平）金弥 ○	
66	石原太郎左衛門	信蕃の二俣奥小川での隠棲時、三澤小屋、塩名田合戦など
67	清水主殿助	信蕃や重臣と行動を共にする。
68	今井兵部	甲斐衆、蘆田において疵を被り家康から感状
69	今井主計助	辻弥兵衛に属す。
70	饗場（相場）修理亮	
71	加賀美七郎右衛門尉	
72	臼田監物	蘆田において討ち死に

家康の指示で三澤小屋へ加勢したと明確になっている者

No.	姓　名	
73	山田六右衛門尉元重　○	蘆田小屋に籠もる。
74	大木外記親忠	信蕃のもとに加勢、望月城攻めで討ち死に
75	速水忠左衛門	甲斐衆、信蕃に加勢

No.	姓　名	
76	柴田康忠	記述されている文言（主として『寛政重修諸家譜』のものを採用）　家康の命で一千余の軍勢を率いて信蕃に加勢した。
77	岡部次郎右衛門正綱	三十四騎を率いる。
髙	川窪新十郎信俊	
78	今福主米助（求助）	信玄の異母弟武田信実の子、信玄の甥
70	二井十郎右衛門（一右衛門）	
80	曾根下野守	百二十騎を率いる。
81	武田信勝近習の士	三十一騎

（77～81は甲斐を9／21発、三澤小屋9／25着で加勢）

No.	姓　名	
髙	辻弥兵衛盛昌	蘆田に属し、信濃国の案内者となる、甲斐国の士、四十騎〈十騎とも〉を率いる。
82	（大久保忠世）	大久保忠教著による『三河物語』に信蕃支援のことが述べられている。
83	（大久保彦左衛門忠教）	信州・甲州での戦闘体験を含む『三河物語』の著者で、信蕃のことを述べている
84	菅沼大膳定利	

《『三澤小屋』に関する『寛政重修諸家譜』記載から》

① 三澤小屋は次のように表現されている。

ア　三澤山の小屋、三澤山乃小屋

イ　三澤の山小屋、見澤の山小屋、見澤乃山小屋

ウ　山小屋

写真：三澤小屋はこの視界にある？
春日渓谷、鹿曲林道より南西に見る。

（写真内ラベル：大河原峠　蓼科山頂へ　蓼科スカイライン　トキンの岩）

エ　信州山小屋

オ　穴小屋

カ　蘆田小屋

〈考察〉

依田信蕃が、北条軍の追及を逃れて、本拠である春日城を撤退し、蓼科山春日渓谷奥に籠もり、しばしばゲリラ的に出没し、北条軍の糧道を襲ったり、北条方の城を攻めたりした根城たる砦の名称は、大方「三澤小屋」であるが、「山小屋」というのもある。これは、三澤小屋の実態なので妥当であろう。しかし、「穴小屋」については、確かに春日渓谷は断崖・絶壁・奇岩が多い地形で、大小の手ごろな洞穴も無数にあることから、そういう地形も雨露を凌ぐには利用されていたであろうが、多くの兵が籠もるには「穴」では収容しきれない。穴小屋とは別のものである可能性が高い。また、「蘆田小屋」については、(詳細は後述)春日城・三澤小屋・芦田城のいずれかは状況から判断が必要である。

②武将の関わり様のニュアンス

ア　「〜に籠もり」

イ　「〜に引籠もり」

ウ　「〜○○小屋を守り〜」

エ　「蘆田右衛門佐に属し〜」「蘆田右衛門佐が手に属して忠節をはげます〜」

オ　「蘆田右衛門佐につかえ〜」「蘆田右衛門佐に仕ふ」

カ　「〜に籠り忠節をつくす」

キ　「蘆田右衛門佐信蕃に属して〜忠節をはげまし〜」

ク　「東照宮甲斐國へ入らせ給ふ時、蘆田右衛門佐信蕃に属して〜」

ケ 「天正十年、東照権現甲州新府出馬の時、三澤の小屋にこもり忠を致す。」

コ 「蘆田信蕃の家臣とこころざしを同じくして〜」

サ 「柴田七九郎康忠に属して発向す。○○小屋等所々に於て戦功あり。」「柴田七九郎康忠の下〜」

〈考察〉

『寛政重修諸家譜』は徳川幕府の求めに応じて、大名や直参旗本が、自家の由来や過去について提出したものである。

したがって、「籠もる」「属す」「使え」などの他に「忠節」「忠を致す」などの表現の他に、内容も表現も依田信蕃との関係というよりも、当然ではあるが幕府将軍に配慮したものになっている。

家康の存在に気を使った内容のものも多い。

八十四名の名前を挙げてあるが、**柴田康忠**（一〇〇〇余）

・**岡部正綱**（三十四騎）・**曾根下野守**（百二十騎）・**辻弥兵衛盛昌**（四十騎または十騎）にあるように、大人数の軍勢を率いて**信蕃の援軍**となっている。しかし、名前がある他の武将も、それぞれ通常数名の家人が付属しているはずであるので、三澤小屋に籠もった信蕃の直接の家来に加えて、援軍として徳川から送られた人数を加えると、かなりの軍勢となる。

したがって、この一覧表に載った武将の関係の兵全員が三澤小屋へ籠もることは、その規模からして到底無理であろう。

一部は佐久の他所に籠もっていた（陣していた）可能性もある。徳川からの援軍は感謝しつつも、新たな問題点は、それだけの**兵糧が不足してしまう**ということであった。そのこと

で信蕃は徳川へ支援を訴え、また、岩村田の地侍である中沢・高付・原（No.33〜36）を内通させ、**密かに兵糧**を搬入してもらったり、後に真田昌幸に兵糧を入れてもらったりして工面していることからも、それは窺える。

ところで、ここに掲げた武将を、「**信蕃に属した衆**」とし、たが、(1)明らかに三澤小屋に籠もった者（○印）、(2)信蕃に属し、三澤小屋へ籠もったと推定される者、(3)徳川軍からの援軍で三澤小屋へ籠もった者、できない者、(3)徳川軍からの援軍で三澤小屋へ籠もった、(4)三澤小屋へ直接籠もることなく援軍として信蕃に属した者、(5)徳川からの援軍を率いた将の下で信蕃と共に戦った者等が想定されるが、詳らかにできないままである。

また、**三澤小屋**に関係した（少なくとも信蕃に加勢した）武将であっても、本人ないしはその子孫が江戸時代になって、**幕府の旗本**になった場合は、『寛永諸家系圖伝』『寛政重修諸家譜』に載っているが、他の大名に仕官したり（つまり幕府からすると）「**陪臣**」となったり）、帰農して武士を捨

てた家系については、記録として文献に残っていない。芦田依田右衛門佐信蕃に属していた者ないしは加勢した者であっても、他の文献で姓名が判明する例は極めて少ない（把握できない）ままである。

少なくとも八十四名の武将の名前を右の一覧表に掲げたが、分類の仕方に誤謬があったり、あるいは名前の判断上のことから重複している可能性もある。また、筆者が把握できていない武将の名前がさらにあることは自明の理である。また、読者や研究諸兄からご指摘、ご教授いただければ幸甚である。

ア．江戸時代に幕府旗本になった者……『寛政重修諸家譜』等に記載あり

イ．芦田氏の家臣として越前に行った者……文献にわずかに残る

ウ．他の大名に仕官した者

エ．帰農する等して武士でなくなった者

オ．絶家した者

……記録として文献に残らない

図：三澤小屋の籠城衆

図：芦田信蕃の三澤小屋籠城と若神子の対陣の関係

㊱信蕃、真田昌幸を徳川方へ

信州と甲州を制覇しようとしている**家康**にとって、信州において麾下に属していたのは、**芦田信蕃**だけであった。当時、信州のうちで北信地方は上杉景勝が、中南信地方は徳川家康が、東信地方は北条氏直の勢力が及んでいた。家康にとっては、当面の敵は、北条氏であり共に甲斐の制覇を目指しているその背後を脅かすべく、東信を勢力下に押さえることにあった。東信のうちでは小県郡は**真田昌幸**さえ味方に付ければ、その他の勢力は自ずと支配下に入るであろうと目論んでいたものと推定される。『芦田記』（依田記）には、左記のように記述されている。

天正十年壬午秋より、**依田右衛門佐**計策をもって、**眞田安房守**引き付け申し候。この義信州にて眞田安房守大名と申す。殊に先年の時分、武田信玄公の使番、その節は**眞田喜兵衞**武辺の行をも見聞き申し候儀に御座候故、右衛門佐もそのところを存じ寄り、眞田をさえ引き付け味方へ付け候はゞ、残る侍ども、手にたつ義にて御座無く候間、そのところを存じ、先ず眞田方へ午の秋、**津金寺**

と申出家を遣わし、眞田対面、具に右衛門佐方へ返事御座候。それに就き、二度目に、**依田十郎右衛門**と申す者を眞田へ遣わし、弥和談に仕り、三度目に眞田安房守自身、**蘆田小屋之麓**まで参り候。右衛門佐も蘆田小屋より罷り出、眞田に対面仕り、直々よく談合御座候。その時、右衛門佐申す様。家康様へ深く存じ寄り候はゞ、起證文をもって申し上げ然るべしと、好み申され候えば、眞田尤もと同心仕り候。則證文を上げ申し候。この時眞田望むに、恐れながら、家康様御起證文を申し請けたき由申すに付て、右衛門佐方より眞田上げ申候起證文を持たせ、新府へ使いを越し、眞田の望の之段をも申し上げ候ところ、家康様殊の外御満足成せられ、家康様の御起證文を眞田に下され候、是を持って右の使新府より罷り帰り候。

ところで、右衛門佐手前の起證文をも相添え、眞田方へ持たせ遣わし申し候。眞田別して忝く存じ奉り候。御起證文再三頂戴拝見仕り候由申し候。その時、眞田に一郡下さるべき由御約束にて御座候つる由承り及び候。その後、下されず候とて、眞田御不足を存じ候に付て、右衛門佐申す様、拙者手前は諏訪郡拝領申す。眞田には下されず候えば、最前御約束の筋目捨り申し候間、右衛門佐手前へ拝領申し候諏訪郡を差し上げ申し候間、これを眞

田に下され候様にと申し上げ、諏訪郡を指上げ申し候。この替え地には、上野にて適地を下され候へば、私に伐ち平らげ申すべくに御座候。

〈要旨〉

・天正十年壬午（一五八二）秋より、依田右衛門佐信蕃は計策をもって、眞田安房守昌幸を味方に付けた。そのわけは、信州では眞田安房守は大名である。殊に先年、武田信玄公の使番を務め、眞田喜兵衛（昌幸前名）の武辺の行いをも見聞きしたので、右衛門佐もそのところを知っていたので、眞田をさえ引き付け味方にするならば、残る侍どもは大したことはない、他も眞田に倣うであろうという見込みであった。

・まず眞田方へ壬午の秋（天正十年秋）、津金寺の住職を遣わし、眞田と対面した。共に右衛門佐方へ返事があった。それに就き、二度目には依田十郎右衛門を眞田へ遣わし対面せしめ、三度目に眞田安房守自身が、蘆田小屋（→正しくは「三澤小屋」）の麓までやってきた。右衛門佐も三澤小屋より出て、眞田に直々に会って、眞田が家康に味方することについて話し合った。

・信蕃と眞田昌幸が談合した時、右衛門佐は、眞田が家康へ味方するということを堅く約束するとなれば、起證文をもってすべきであると言うと、眞田ももっともであると賛成した。そして、眞田は、すぐに家康宛に證文を書いた。この時眞田が家康からの起證文を申し請けたいと言うので、右衛門佐より眞田へ書いた起證文を家康に伝えたところ、家康は、ことのほか満足し、家康からの起證文を眞田に書いてよこした。これを持って使いの者は、家康の陣している新府より帰ってきた。そこで、右衛門佐自身の起證文をも添えて、眞田方へ使者を遣わして届けさせた。その時の家康の起證文によると、眞田に一郡を与えるという約束であった。その後、一郡を与えるという約束が果たされず、眞田にとっては不足であるので、右衛門佐は、自分は諏訪郡を拝領したが、それを眞田に下さるようにと家康に申し上げた。その替え地には、信蕃に上野国で敵地を下されば、信蕃自身が伐ち平らげますと申し上げた。

《信蕃、真田昌幸を徳川方の味方にする》

依田信蕃は計策をもって、当時北条方についていた眞田信幸を徳川の味方にするために奔走した。眞田昌幸は天文十六

年（一五四七）に眞田幸隆の三男として生まれた。（芦田信蕃の一歳年上である）。信玄在世の頃は、武藤氏の名跡を継いで**武藤喜兵衞**と称していたが、長篠の戦いで兄の眞田信綱と昌輝が討ち死にして後に、眞田氏の宗家を継いで眞田昌幸と名乗っていた。真田昌幸さえ味方に引きつければ、他の小侍はしれたものだと、信蕃は、最初、津金寺の和尚林鶴を眞田昌幸のもとへ遣わして談合し、二度目に叔父**依田十郎左衛門**を遣わして和談した。

三度目には真田安房守昌幸自身が、芦田小屋（三澤小屋）の麓まで来て、真田と対面し、親しく談合した。ここにいう**「芦田小屋」**とは三澤小屋のことであろう。その時信蕃は昌幸に、家康へ存意ならば、**起証文を**もって申し上げるように言った。昌幸も、もっともなことと同意した。すなわち（家康へ）起分かる。この場合は、信蕃の誠心誠意が昌幸の打算の心を動かしたともいえるであろう。時に信蕃三十五歳、昌幸三十六

写真：真田昌幸
長野市松代町・原昌義氏蔵。

して（家康がいる）新府へ使者を遣わした。家康は殊のほか満足し、起証文を昌幸に下さった。これに信蕃の起証文を添えて真田に使わした。昌幸は再三戴いて悦に入った。その後、「昌幸に一郡を与える約束をした。昌幸が実行しなかったので、昌幸には下さらず、最前の約束通り真田に諏訪郡を下されたい。自分は上州の内で敵地を下さらば自ら伐り平らげます」と言って、自分が拝領した小県郡を昌幸に譲った。その後、家康は小県郡を昌幸に譲った。

1 真田昌幸に対して家康の起証文に加えて**信蕃自らの起証文を添えた**こと、2 家康が領地の約束を果たそうとしないので、自分が拝領した**諏訪郡**を真田に譲ったこと、このことに

も、信蕃の佐久人としての律儀な人柄が出ている。なにより、戦国時代の権謀術数の駆け引きに長けた、海千山千の真**田昌幸**、後年、かの豊臣秀吉や蒲生氏郷をして「**表裏比興**な者」とまで言わせた真田昌幸を諜略し、北条方から徳川方へ付かせた信蕃の手腕・知略は並の武将ではない器量の程が分かる。この場合は、信蕃の誠心誠意が昌幸の打算の心を動かしたともいえるであろう。時に信蕃三十五歳、昌幸三十六歳。ともに働き盛りであった。

かくして、信蕃と真田昌幸は協力して、甲斐へ侵攻してい

北条軍の兵糧部隊を襲い、碓氷峠を始めとする上州と信州の国境の峠で断ち切ったので、碓氷峠を始めとする上州と信州の国境の峠で断ち切ったので、糧道を断たれた北条は、家康と和議を結ばざるを得なくなり、小田原へ帰った。家康・芦田信蕃・眞田昌幸の関係を図示化したものが、次ページの図である。

図：上州国境の諸峠から入る北条氏の糧道

真田昌幸		芦田信蕃
天文十六年（一五四七）生まれ	・信蕃の調略により、昌幸は徳川方となる 　天正10年（1582）9月下旬〜天正13年（1585）7月まで	天文十七年（一五四八）生まれ
	・信蕃と昌幸は協力して、甲州若神子対陣中の北条氏の糧道を断つ。 ・千曲河畔塩名田の戦いでの主戦（信蕃）と戦見物（昌幸） ・心のライバル	
	――――――――（共通点）―――――――― ・武田氏の信濃先方衆の巨頭 ・甲府の武田躑躅ヶ崎館の近くに屋敷（芦田屋敷、真田屋敷）を与えられていた。 ・少年期には、父の武田臣従の証として、人質生活を送る。	
	◀―――――――――（相違点）―――――――――▶	
・天正10年頃までは武田官僚としての働きが多い。（新府城普請奉行の一人） ・権謀術数に長けた「表裏比興」の者 ・武田滅亡後は、北条・織田・上杉・徳川の間で、次々と臣従先を変える。 ・小県郡のほかに上州沼田等に所領	◀▶ ◀▶ ◀▶	・武田の他国侵略に従軍する。番手城主（二俣城、田中城）として最後まで徳川と戦う。 ・智略、戦略に長けた忠烈の武将 ・武田滅亡後は、一貫して徳川の佐久・甲州平定に尽くす。 ・家康から佐久郡・諏訪郡を宛行われる。（佐久をほぼ平定）。

図：天正壬午の乱（1582）までの信蕃と真田昌幸、まさに2人は伍していた。

（別ルート）
昌幸の実弟の加津野信尹（昌春）を通しての勧誘

徳川家康
「真田昌幸を調略せよ。」

指示

真田昌幸　　　　　　　　　　　　　芦田信蕃

①（使者）津金寺の住職 林鶴

②（使者）信蕃の叔父依田十郎左衛門守慶

③三澤小屋の麓で対面・談合

真田昌幸が徳川方に付くことで合意
（条件）家康と昌幸が起請文を交換すること

芦田信蕃：家康から佐久平定を任される。「真田をさえ味方に引きつけられれば、他は……。」

真田昌幸：武田氏滅亡後は北条氏に臣従するも、上杉氏・徳川氏の状勢をも見計らっていた。

1. 信蕃が徳川に付くことの理を説く。
2. 昌幸、起請文を書く「家康さまの起請文を申し受けたい。」と言う。
3. 信蕃から家康へ連絡
4. 家康が昌幸宛の起請文を信蕃へ渡す。
5. 家康の起請文とともに、信蕃の起請文を添えて、昌幸へ送る。
6. 家康が昌幸に「信濃で一郡を与える」と約束したことが果たされていないので、信蕃は家康に「私が拝領している諏訪郡を真田に与えて下さい。私は、その替え地に上野国の敵地を下されば、私がその地を平定します。」と申し出た。
7. 家康は諏訪郡を昌幸に宛行う。

兵糧を三澤小屋へ運び込んで信蕃を支援

芦田と真田が協力して、北条軍の甲州若神子（わかみこ）への糧道を断つ。

図：真田を調略し、徳川方へつけた信蕃

㊲乙骨の退き戦と信蕃

小諸城にいた芦田信蕃を呑日城へ追い、さらに攻撃した北条氏直軍であったが、春日渓谷の奥の**三澤小屋**へ籠もって抵抗し、ゲリラ的攻撃を繰り返す信蕃軍に翻弄された。**北条氏直**は、攻撃を小諸城代に任命した大道寺政繁に委ね、本隊を率いて、**役ノ行者越え（雨境峠）**を経て、**諏訪地方へ侵入し**て行った。『芦田記』（依田記）は次のように述べている。

〈要旨〉

氏政は蘆田小屋を責め候はんとて、**役行者**と申す山越えを諏訪郡へ打ち入り、**かぢか原**と申す所を通り、甲斐國みの原に陣を取る。家康様は甲斐國**新府中**に御座なられ候。**小田原衆**と**新府御対陣**の様子は、その元の衆委細御覧あるべく候、

- 徳川家康と北条氏政（「氏直」が正しい。以後は氏直と

- 滝川一益が小諸城を退いて本拠の伊勢長島へ去った後へ、北条氏政（「氏直」が正しい）の先手が信州へ侵入し、小諸城へは城代として**大導寺尾張守政繁**が入った。

- 徳川家康と北条氏政（「氏直」が正しい。以後は氏直と

する）とが旧武田領を取り合いになり、氏直は七万の軍勢を率いて**臼井口（碓氷峠）**を越えて佐久へ侵入してきた。大軍を前にして、依田常陸介信蕃は、**春日山の奥三澤小屋**という所へ籠もった。**蘆田小屋**というのは、これである。

- 北条氏直は蘆田小屋を攻めるのを途中で諦めて、**役行者**という山を越え、諏訪郡へ侵入し、**かぢか原（柏原）**という所を通り、甲斐国みの原に陣を取った。

- 徳川家康は甲斐国**新府**に陣取った。小田原衆（北条氏）と**新府**での**対陣**の様子は、これは家康軍にいた人々が委細知っていることであるので、ここでは詳細には申し上げない。

《乙骨の対陣と甲州への撤退時の丸山争奪戦〜三澤小屋の信蕃も関わっていた》

北条氏直は、三澤小屋への攻撃から手を引き、七月下旬に諏訪郡へ入って、八月一日に**かじか原（茅野市柏原）**に諏訪郡へ入って、八月一日に四万三千（とも、四万五千あるいは二万余という文献もあって、特定できない。また『蘆田記』では七万とある）の兵で陣を敷いた。柏原は大門峠や役ノ行者越えで現在の白樺湖周辺を通過し、諏訪方面へ南下して、やや視界が

図：かじか原（梶ケ原）・柏原
北条氏直が陣を敷いた

写真：乙骨陣場

開けた緩傾斜地である。付近には武田信玄が佐久や川中島方面への遠征時に陣した枡形城（武田流の三日月堀や丸枡形が構えられていた）がある。そのあたりに氏直も本陣を置いた可能性がある。北条軍の動きを察し、**徳川七手衆三〇〇〇**の兵（酒井忠次、大久保忠世、大須賀康高、石川康道、本多広孝・康重、岡部正綱、穴山衆）は諏訪高島城の諏訪頼忠への攻撃から軍を引いて諏訪郡乙骨（富士見町乙事）にいた。そこへ、**大久保忠世**の臣で**信蕃**の三澤小屋まで遣いに出ていた**石ー莵角**が「北条氏が四万三千の軍勢でかじか原（柏原）に

陣している」という**依田信蕃**からの情報を伝えた。七手衆はそれを聞いて、**乙骨太郎左衛門**に北条軍の偵察に行かせ、その報告を聞き、北条が大軍であることを確認する。かじか原方面から南東へ進入した北条軍は、乙骨の北西に位置する原（立場川右岸）に陣取ったか）に陣取ったと推定される（現在の乙事足場溜め池のある台地）に陣取った徳川軍と北条軍との間でにらみ合いとなった

乙骨の対陣。

しかし、圧倒的な兵力の差があることを認識した七手衆は、地元に

332

詳しい乙骨太郎左衛門の進言を入れて、退却することとした。『乙骨太郎左衛門覚書』は次のように述べている。

太郎左衛門屋敷のかさ（上の乃）に丸山ござ候。…（中略）…すなわち海道は諏訪への海道を（徳川七人衆は）のけられ候。氏直の人数は、越後海道を通り申し候。この両道行き先に丸山ござ候が、この丸山の西の方を七手衆お通りなされ候。氏直の人数は東のひら（平地）を通り申し候。

かつての信玄の「上の棒道」を甲州へ向けて東方へ進軍する北条軍に対して、徳川軍は「中の棒道」を甲州へと向かったのである。その途中で「乙骨丸山の争奪戦」が行なわれた。

太郎左衛門の助言により、いち早く丸山の頂上を押さえた七手衆は、北条軍を上方から攻撃した。この山を占拠できれば、北条軍はそこを拠点として徳川軍を攻撃できたわけであるが、徳川軍はなんとか先制してそれを阻止したのである。徳川七手衆は進路を塞がれるおそれをなくし、また、北条勢の足取りを鈍らせたり、牽制しつつ、一兵も損なうことなく甲州へ兵を引いて、新府城で陣を構えた。この時の退却戦を「乙骨の退き戦」という。それが八月一日とも六日とも文献によっ

て異なり、どちらかは、今のところ断定できない。

《乙骨退却戦の際の「丸山」考》

退却戦のポイントとなった乙骨の「丸山」について、『天正壬午の乱』（平山優、学研）では、「丸山とは現在の茅野市宮川丸山で、ここはかつて丸山と呼ばれた芝山があったといい、それが地名の由来と伝えている」と述べている。平成二十年に調査した時、「丸山」という地名から、独自に現地へ足を運んでみたが、七手衆の

図：乙骨丸山退却戦の経路

333

写真：押立山（国見山）。乙骨の退き戦の丸山に比定

旧高森村の東北部にある**押立山**、別名「**国見山**」である可能性を指摘しておきたい。

諏訪藩主が新しくなって、初めて領内を巡視した際に、藩主は乙骨村（乙事村）から高森村を通って押立山に登り、頂上で領内や甲信国境の様子を視察したり、国見の儀を催した所でもある。平成二十年現在、富士見町立境小学校の北方を中央高速道が通過しているが、そこを過ぎて北へ登る丘（海抜一〇七〇ｍ）である。下方から見るとかなりの標高差があるが、頂上の削平地から八ヶ岳側（北東方面）、つまり「上の棒道」とするには少々難が残るが、『乙骨太郎左衛門覚書』には、「氏直の人数は東の**ひら**を通り申し候」とあるので、北条軍の通過した上ノ棒道からすると、「丸山」の東（さらに山手側から見た丸山は、あまり高くは感じないほどであった山手側）は「ひら（平地・緩斜面）」という表現からして、**押立山（国見山）**の地形からして、ほぼ妥当であると判断できる。いずれにせよ、さらなる検討を要する。

徳川七手衆は、去る七月中旬には、三澤小屋に籠もる**信蕃**が、使者の**乙骨太郎左衛門**を通して援軍を要請したところ、**柴田康忠**に一〇〇〇余の兵を率いさせ、三澤小屋へ送り込んでいる。北条氏との乙骨対陣に際しても、三

退き戦の時の舞台となるような平坦な地形（当時それなりの規模もあったはず）とは思えない地形であった。「丸山」という丘は、富士見駅の南方に丸山公園となっているし、単に「丸山」と呼ばれてもしかるべき小円丘は、富士見町だけでも十八もある。（『富士見町誌（第一編自然）』参照）。いずれも八ヶ岳の溶岩丘陵である。

乙骨退き戦に関わる「丸山」は、場所的には乙骨（乙事）の対陣のあった「**陣場**」よりも甲州側（つまり南東方向）でないと、七手衆の撤退の時に「丸山」の頂上を北条軍との間で争奪すると、いうことにはならない。

『乙骨太郎左衛門覚え書き』では「太郎左衛門屋敷之かさに丸山御座候」とも述べられている。また、七手衆は「**中の棒道**」を撤退し、**北条軍は「上の棒道」**を進軍したわけであることを鑑みると、比定地は諏訪郡富士見町

という丘は、富士見駅の南方に丸山公園となっているし、単に「丸山」と呼ばれてもしかるべき小円丘は、富士見町だけでも十八もある。（『富士見町誌（第一編自然）』参照）。いずれも八ヶ岳の溶岩丘陵である。

図：三澤小屋と乙骨陣場

澤小屋に籠城して北条に抗している**依田信蕃**との**情報のやりとり**等を、**乙骨太郎左衛門**や**石上菟角**などを使者として行なっている。こうして戦国乱世においても、正確な情報の把握と分析、それにすばやく対応する能力が、いかに大事かが分かる。**信蕃**が、そうした面でも力を発揮できる武将であり、徳川七手衆（特に因縁の二俣城や田中城での攻防と城の明け渡しに大きく関わった**大久保忠世**）との**人間関係**が、ここでも生かされていることが分かる。

㊳北条の糧道を断つ

『芦田記』（依田記）には、次のように記述されている。

> その内常陸介は蘆田小屋に籠り、氏政、関東よりの運送の兵粮人馬、蘆田小屋より討ち取り、氏政との陣の續、成り難く候間、氏政も開陣。（「氏直」が正しい）

北条氏直は甲斐へ侵入し、若神子で徳川家康（新府城）と対陣した。北条軍は大軍であるだけに、関東から信州佐久郡を経由して、甲斐へ兵糧を運ぶ兵站（糧道）が延び切っていた。三澤小屋に籠もっていた芦田信蕃は、ゲリラ的に出没し、神出鬼没に兵糧隊を襲った。この活動は真田昌幸を徳川方へ引き付けてから一層活発化した。若神子で対陣中の北条軍は、信蕃の働きによって糧道を断たれ、兵糧に困るようになり、志気の高揚維持にも事欠くようになっていった。

《若神子の対陣〜徳川と北条》

北条氏直は徳川七手衆を追って甲斐国へ侵入すると、若神

子城へ陣した。『蘆田記』（依田記）で、「役ノ行者と申す山越えを諏訪郡へ打ち入り、かぢか原と申す所を通り、甲斐国みの原に陣を取る」とあるが、この「みの原」が若神子のことである。かつて信玄の信濃攻略の兵站基地であり、若神子とその周辺には「信玄の棒道」の起点が集中し、佐久往還など近世に至るまで信州方面への交通の要地であった。北条氏直が若神子に陣を取り、徳川家康が府中から新府城へ八月十日に入り、本格的に対陣した。家康は氏直よりもはるかに寡兵で、一万程度の軍

写真：北条氏直　　写真：徳川家康

写真：若神子城

図：若神子の対陣
若神子城（北条氏直）、新府城（徳川家康）

勢であったともいわれている。若神子城の北条氏直と新府城の徳川家康の、八月十日頃から十月末までの八十日間の甲斐国を巡る対陣を『若神子の対陣』という。なお、若神子の対陣が始まったのと期を一にして、八月十二日には、徳川勢を挟撃しようとして東方から動いた北条勢の一部を、鳥居元忠らが撃破するという黒駒合戦《現笛吹市》があった。これによって、北条氏の東方からの甲斐国への侵入路は断たれることになった。

《上杉景勝、依田信蕃へ音信》

前後するが、北条本隊が甲斐へ向かったことにより、信蕃は三澤小屋から今まで以上に出没し、佐久郡の北条方の諸城攻略の作戦を再開し、蘆田小屋（春日城）のある谷の北方の入り口を押さえている望月城を八月八日に攻めている。この間、北信濃衆の屋代秀正を通して、信蕃と上杉景勝との間で音信があったことは意外と知られていない。『屋代家文書』（『信濃武士の決断～信長・秀吉・家康の時代』《長野県立歴史館発行》所収）の上杉景勝書状によると、

蘆田へ之飛脚帰着、彼返状共此元被差越、執着之至候、仍其表無替儀由、肝要候…（中略）…、恐々謹言、

八月十二日　　景勝（花押）

屋代左衛門尉殿

《訓読》

恐々謹言。

蘆田への飛脚帰着、彼の返状とも此元差し越され、執着の至りに候。仍つて其表替る儀無き由、肝要に候…（中略）…

天正十年八月に、上杉景勝の命を受けて、**屋代秀正が蘆田（依田）信蕃**と交渉を行なったことを意味するが、その内容については不明である。このことについて『信濃武士の決断～信長・秀吉・家康の時代』（長野県立歴史館発行）では、「北条氏と対抗する上杉氏と徳川氏が、依田氏と屋代氏を介して連絡し合っていたことが分かる」としている。一方、『天正壬午の乱』（平山優、学研）は「依田信蕃の苦衷を注視していた上杉景勝は北信濃衆屋代秀正を通じて、八月上旬には上杉方になるように誘いをかけたが、信蕃はこれを断わったらしい」と述べている。いずれにせよ、屋代秀正が信蕃との交渉の向きを景勝に報告したことに対して、景勝からの返書である。

この間も八月中旬に、北条の小諸城代**大道寺政繁**が三澤小

屋を攻めている。この時に信蕃方の今井兵部が負傷し、加賀美七郎右衛門が討ち死にしていることが、家康からの感状で分かる。さらに、芦田軍は金井坂で北条方と交戦している。金井坂とは現佐久市望月春日の康國寺の数百ｍ東方で、布施方面へ通じる坂周辺と推定される。

《甲斐の徳川別働隊、佐久往還を押さえる》

また、八月二十八日には徳川軍が、佐久往還を押さえる若神子城の砦である**大豆生田砦**を落としている。芦田信蕃の甥**依田信政**（次弟信幸の次男）も参戦し活躍している。『武徳大成記』巻十一には、次の記述がある。

氏直砦ヲ豆生田ニ築テ、兵士ヲシテ是ヲ守ラシム、味方ノ兵禾ヲ刈捨ントタメニ、豆生田ニ出張ス、敵兵急ニ是ヲ撃テ殆ド危シ、久世三四郎廣宣フミ留テ防ギ戦フ、神君事ノ危ヲ聞キ給テ、自ラ兵士ヲ率テ是ヲ援ケ玉フ、大久保左衛門・榊原式部大輔・酒井左衛門尉・大久保七郎右衛門・石川長門守・本多豊後守・岡部次郎右衛門先陣タリ、小田原勢大軍ヲ見テ引退ク、久世三四郎馳セ進デ、野中六右衛門ト鑓ヲ合セ、疵ヲ蒙ルコト、數箇所、深ク柵内に入り、首級ヲ獲タリ、久松某・菅沼兵蔵等奮ヒ戦ヒ、

**木内忠左衛門蕃正・服部和泉守正吉・依田肥前守・小林
理右衛門重吉・櫻井仁兵衛久忠・大久保喜六郎忠豊・大
久保荒之助忠直・石原孫助重宗・坂部三十郎廣勝・原田**
権左衛門モ軍功アリ、小田原ノ兵士防ギ戦ヒ難クシテ退
ク、大久保次右衛門、久世三四郎ヲ抱テ、神君に謁見セ
シム、神君其ノ功を感ジ給テ、薬ヲ出シテ是ニ授ケ、且
ツ彼レガ父祖ノ武功ヲ説テ賞美シ給フ、

ここで、「依田肥前守」とあるのは、後に江戸時代になっ
てから「依田肥前守信守」の実弟で、その養子となって旗本
依田氏を継いだ「依田肥前守信政」のことを指している。そ
のことは、同じような内容が『武徳編年集成』巻二十四にも
あるが、そこでは、明確に「依田肥前守信政」とあることか
らも判明する。さらに、太字で表現した武将が六名いるが、
彼らは芦田信蕃のもとで**三澤小屋に籠もった武将**（前述の「依
田信蕃に属した衆～三澤小屋籠城」参照）であり、その彼ら
が大豆生田砦の攻撃に派遣されていたのである。また、**大久
保姓が三名**いるが、後に芦田依田氏の後見人的存在になる**大
久保忠世の一族**である。さらに徳川軍は北条本隊の後方の穂
坂道（小尾街道）の要衝である**江草小屋**（獅子吼城）を津金
衆・小尾党・伊賀者服部半蔵らの働きにより陥落させている。

そして信州へ通じる交通の要衝である板橋（現南佐久郡南牧
村）を押さえた。こうして甲斐の徳川別働隊ともいうべき津
金衆・武川衆は、信州峠から佐久郡へ侵入し、現佐
久市臼田にある**勝間ノ砦（勝間反砦）（稲荷山城）**まで進出
した。このことは、上野国から信濃国へ侵入した北条氏にとっ
ては、甲斐へ入るためには「北佐久～勝間ノ砦～南牧板橋～
信州峠～江草小屋～若神子」のルートは、諏訪経由よりも近
く、はるかに重要な糧道であったことを意味する。北条氏は
勝間ノ砦の存在によって、佐久往還（甲州道）の通行が困難
となり、**補給路が分断される**ことになった。

後年、**勝間反砦**には信蕃の甥である**依田肥前守信守**（次弟
信幸の嫡男）が芦田四十七騎（ということは実質二〇〇～
二五〇人の兵力）を従えて、佐久南部の守りについている。
勝間反砦は佐久郡の南部から甲州へ通じる**交通の要衝**であ
り、その重要性は歴史が物語っている。勝間反砦（後年の稲
荷山城）には依田肥前守信守の在城に由来する「肥前郭」が
あり、そこは、現在は運動広場になっている。
戦国時代には、**勝間反砦も岩崎砦も甲州若神子へと通じる**
佐久往還を押さえる位置にある極めて重要な戦略的な場所で
あったのである。

信蕃に合力した甲斐別働隊は、勝間反砦とは千曲川の対岸

（東岸）になる**岩崎砦**で、北条方（相木氏か）を破っている。

――「若神子城下の大豆生田砦攻略～甲州江草小屋奪取～野辺山板橋占拠～勝間反砦の守備～岩崎の戦いの勝利」――これらの一連のことに関して、徳川幕府の正史『武徳編年集成』巻二十四には、次のように記されている。

（八月二十九日）吾兵信州佐久郡**岩崎**ニ鬪ヒ北條方ヲ白五十三人討取、中ン就ク増上豊前ハ内田加賀ガ首ヲ得ル、海野市助ハ氏直ノ監使芳賀四郎右衛門ガ首ヲ得テ後日神君ヨリ盛家ノ刀ヲ賜卯フ、津金監物・弟修理・小池筑前・米倉主計・折井市左衛門・等會合群議ヲ凝シ、**板橋の嶮**ヲ取敷上道十五里敵地ノ**勝間ガ反ニ砦ヲ設ケ**交代シテ守衛シ佐久郡一揆ノ城砦ヲ抜ベキ旨註進ス、**甲州江草ノ小屋**ヲ伊賀ノ倅士夜懸シテ是ヲ落サントス、甲州先方ノ北條方必後詰セント察シテ伏兵トナル、甲州先方ノ倅士彼小屋ヲ乗流取處、果シテ北條方三千許馳来ル、甲州先方ノ士是ヲ撃テ四百七十八人ヲ殺、伊賀ノ倅士等殊ニ二御感ヲ蒙ル

ただし、『武徳編年集成』のこの文章では、若神子から現佐久市臼田の勝間反砦までの位置的順序については若干の齟

齬があるが、大要は理解できよう。

ここで、**「岩崎の戦い」**が展開された**岩崎**について考察してみたい。岩崎とは旧臼田町田口三分の遍照寺や岩崎観音のある上東方の山上にあったと推定される**「岩崎砦」**のことであろう。岩崎砦の北方には**相木市兵衛（依田能登守常栄頼房）**の**田口城**があり、また、千曲川をはさんで西方には徳川方が占領したばかりの**勝間反砦**があった。

写真：徳川別働隊が落とした江草小屋（獅子吼城・ししくじょう）

写真：田口城から望む岩崎砦
中間には後世の龍岡五稜郭の星型と田口集落がある。

稲荷山城要図（『南佐久郡古城址調査』から）

図：勝間反砦（稲荷山城）

図：岩崎砦

⇦⇦　勝間反砦も岩崎砦も甲州若神子へと通じ、
　　佐久往還を押さえる位置にある。

当時は相木市兵衛の領地内に当然属し、「砦」とするなら ば北条方（相木勢）が守備していたのを徳川勢が攻め落とし たことになる。しかし、現地を見る限り単なる寄せ手の徳川 勢による**「陣場」**であった可能性もある。はっきりとした縄 張りの痕跡がうかがえないからである。

田口城を望んで徳川方が急ごしらえの陣場を造り陣容を整 えたところへ北条方（相木勢）が攻撃を加えたが、徳川勢（当 時三澤小屋から出張してきた芦田勢や津金衆・小尾党・武川 衆）に敗れた戦いであったことになる。北条軍は一五三人が 討ち取られたということであったことになる。実のところその多くは**相 木能登守勢**であり、また地元佐久の者、それも臼田町周辺に 住んでいた人々ということになる。──「岩崎の戦いがあっ て、徳川方が北条軍を破った」という言葉の奥の意味に思い を寄せる必要がある。

現地踏査してみると、三分集落の南の桜の大木の下に「岩 崎観音堂・磨崖石仏群・岩崎砦の戦い」等に関する説明板が 立っている。そこから尾根道に沿って南へ登ると**岩崎観音 跡**に出る。その上方へ尾根をさらに登ると、平坦部に出る。 横幅は二〇～三〇ｍで緩やかな上り傾斜で二〇〇ｍほど進む とさらに三角点（海抜八五三ｍ）へ到達する。そこから東へ 二三〇ｍほど平坦部がさらに続くが次第に下り緩傾斜となっ

て急に断崖絶壁となる。明治以降に石切り場であった形跡が
ある。しかし、砦らしい地形はない。三角点に戻って南側を
調べると、弧を描いた削平地が下方へ数段連続している。段
郭というよりは後世の畑作の痕跡の可能性も大きく、砦によ
くある堀切も土塁も明確な縄張りもなく砦とは確定できな
い。砦であったならば南方からの寄せ手に備えた構えをして
いることになる。

《信蕃、眞田昌幸を徳川の味方につけさせる》

信蕃は九月中旬から下旬にかけて、**真田昌幸**を、北条から
徳川へ臣従させるべく、交渉を粘り強く繰り返し、成功させ
ている。これが、その後の動静を大きく変えることになるの
は言うべくもない。その際、信蕃からの使者としては、まず、
蘆田氏の祈願寺である津金寺の**住職林鶴（善海）**、二度目に
信蕃の叔父**依田十郎左衛門守慶**が、それとは別に家康の家臣
となっていた真田昌幸の実弟である加津野昌春(信昌・信尹)
の働きがある。最終的には真田昌幸が密かに**三澤小屋**の麓ま
で出向き、信蕃が三澤小屋から出て、直接交渉し**真田の徳川**
臣従が決定したのである。家康は、信蕃の武略・武勇のみな
らず、真田を味方に付けるにあたっての知略を高く評価した。
（この件の詳細は既述）。

《家康からの援軍を得た信蕃は、北条軍の糧道を断つとと
もに、芦田小屋（春日城）を奪還》

芦田信蕃は家臣の伴野對馬守と小坂新助を足軽三〇〇余人
の将として、峠道や山谷に潜伏させ、**北条の兵糧隊を襲わせ**
た。たび重なる襲撃によって、数万にのぼる北条軍は兵糧に
極めて困窮していった。天正十年九月上旬から~十月下旬(若
神子の和議の成立)時点までの、芦田信蕃に関わる出来事を
整理してみると、

①　九月八日に、家康が乙骨太郎左衛門を三澤小屋へ遣わ
し、信蕃へ金四〇〇両を送り物資の調達の支援をして
いる。

②　信蕃は、三澤小屋を訪れた乙骨太郎左衛門の帰還時に、
これまで討ち取った北条軍の首帳を、家康へ送ってい
る（九月十一日着）。

③　十七日には、家康は木曾義昌に信蕃の二子（竹福丸・
福千代）をはじめ、佐久郡・小県郡の武将からの人質
の徳川方への引き渡しを命じている。

④　九月二十一日には、家康は**信蕃への援軍**として、岡部
正綱（駿河衆）、甲斐衆の曽根昌世、武田一族川窪新十
郎信俊（信玄の弟武田信実の子）、今福求助・三井十右
衛門などを命じている。家康からのこれらの軍は、「新

342

府〜武川〜台ケ原〜信州梶ケ原（柏原）〜役ノ行者越え〜三澤小屋」のルートをたどって、信蕃の元へ向かった。

⑤家康から信蕃への援軍は、九月二十五日に信蕃のもとへ到着している。

⑥援軍を得た信蕃は、北条方に奪われた芦田小屋（春日城）奪還のための攻撃を開始する。

⑦九月二十八日には、家康から臣下となった真田昌幸へ宛てがい状が発給されている。

⑧十月十日には、真田昌幸は北条との手切れを通告し、徳川方としての軍事行動を開始している。信蕃は援軍を得たこともあり、積極的攻勢に転じる。

⑨二十一日には望月城を陥落させ、北条源五郎は逃亡している。

⑩特に十月中旬以降、信蕃は真田昌幸とともに上州・信州境の碓氷峠等の諸峠を固め、北条軍への兵糧や物資の補給路を断った。

⑪また、北条方の小諸城代として輸送隊の警備に当たっていた大道寺政繁のルートにある小田井城（二俣丹波守）、加増城（桜井大膳）を、信蕃の命を受けた依田肥前守信守が攻め落としている。

⑫ついに十月二十六日、信蕃軍は芦田小屋（春日城）を攻め落とし、奪還を果たしている。（その後、真田昌幸が芦田軍へ兵糧を運び入れている）。

⑬そして、まさに翌日付け（十月二十七日）で、家康の「北条との若神子の対陣の和議成立」の事前の第一報が、信蕃から信蕃に送られている。（正式成立は十月二十九日）

――以上の経緯を考察するならば、家康にとって信蕃の存在がいかに重要であったかが裏付けられる。

《芦田小屋とは？》

右の一連のことからしても、北条氏に奪われていて信蕃が奪還した「芦田小屋」とは、三澤小屋ではなく春日城であることが判明する。いわんや北佐久郡立科町にある芦田城のことでもない。なぜならば、この頃の芦田城は、この時をさかのぼること三十年以上も前に芦田依田氏の本拠は春日城に移っていることに加え、地理的なことを考慮しても、北条氏が依田信蕃を攻めるに際して、戦略的な意味が薄いからである。

――歴史資料で語られることのある**「芦田小屋」は古い**順から、芦田城・春日城・三澤小屋の三カ所の城塞のいずれかを意味するので、時代背景や前後の文脈から慎重に判断することが必要である）。

《徳川と北条の和議成立》

信蕃は、三澤小屋に七月十五日頃から、十月二十六日頃までの三カ月間（約百日間）籠城したことになる。現代の暦に直すと八月末近くから十二月上旬に当たる。季節からすると秋から冬にかけてである。三澤小屋は、おそらく標高一五〇〇〜二〇〇〇ｍの高所にあったと推定され、また、三澤小屋から出ることができた十月下旬は、現代の十二月上旬に相当することから、最後の方は寒さと飢えで、かなり厳しい状態であったことは想像に難くない。信蕃は十月末になると、佐久郡内の北条党攻めを本格化している。十月二十七日には、家康は信蕃へ依田肥前守信守（信蕃の次弟源八郎信幸の嫡子）に書状を持たせ、依田肥前守信守、甲斐若神子における北条との和議の成立を知らせ、詳細は信守から直接聞くように伝えている。

——依田肥前守信守は当時十代半ば過ぎの若武者であった。彼は信蕃の三澤小屋に籠もり、佐久郡各地へ軍勢を率いて出没したり、また、家康への信蕃からの「証人」の意味もあり、家康と信蕃の連絡役も果たしており、芦田依田一族では、歴史的活躍の跡が極めて多い。
『譜牒餘録』（四十五　内藤紀伊守）の項にある文章を訓読すると、

急度申し入れ候。よって上方公心劇に付いて、当表無事然るべきの由、信長御子達より、度々御異見の間、殊二に我等、日比信長御厚浅からざるの間、先ず以ってその儀に任せ和与せしめ候。いよいよ相示し、これよると直巨細申し入るべく候。恐々謹言。

依田肥前守を以つて、

十月廿七日

依田右衛門佐殿

　　　　家康（御書判）

膠着した**若神子の対陣**の打開策として、大義名分を得るために家康は故信長の次男**織田信孝**に北条との間を仲介してもらうという手立てを講じていたのである。

徳川と北条の和議成立の条件は、大まかに述べると、
① 甲斐国と信濃国は徳川の領分に、上野国は北条の領分にすること。
② 家康の娘督姫（とくひめ）を氏直に嫁がせること。
という内容であった。

なお、『木俣文書』によると、「甲州若御子之原二而、北条氏政卜神君御和睦相調、氏政公執筆之五箇条、氏政點頭御書壹通」ということで、北条**氏政**が執筆した**五箇条の誓書**を徳川家康へ送っている。

344

一、御ゐんきょ様せいく之事

一、さたけ、ゆふきゑひきゃく御通可被成之事

一、みなかわ方、水之屋兩人御通候て可給之事

一、志よのおり□さい志御渡可給候事

一、あしたかたへひきゃく之事

　十月廿八日　　　　　　　以上

である。

《北条の糧道を断った信蕃の功績》

圧倒的に兵力に勝っていた北条氏が、徳川と講和撤退せざるを得ない状況をつくった大きな功労者が依田信蕃であった。かれは、三澤小屋から出ては、碓氷峠をはじめとする上信国境の諸峠や街道筋の北条の兵糧隊を襲うことを繰り返した。大軍であるが故に、糧道を断たれた北条氏は長陣ができなくなってしまったのである。

信蕃のこの功績を家康が高く評価していたことは、後に信蕃の後継となった二子（松平康國・康眞）に、松平の姓と「康」の一字を与えたり、大久保忠世の後見で小諸城主とするなど、厚遇していることからも分かる。

ここで特筆すべきは、覚え書き（和睦の五ヶ条の附帯条件）の一つに、「**あしたかたへのひきゃく之事**（芦田への飛脚のこと）」があることである。これは「**芦田信蕃との連絡を保証すること**」、つまり、「家康が芦田依田信蕃と飛脚（遣いの者）を通して連絡し合うことを北条方が妨げない」という約束をした（家康が約束させた）わけである。**家康にとって、信蕃が戦略上いかに重要な存在であったか**が、この一件を見ても歴然としている。

右の文には佐竹・結城・皆川・水谷・城氏への言及もある。

かくて、徳川と北条の和議が正式に天正十年十月二十九日に成立した。北条軍は甲州若神子を陣払いし、本隊は、やがて佐久を引き上げて行った。この後、霜月（十一月）になって、**信蕃による佐久平定**が一気に進展することになるのである。

《信蕃の三澤小屋籠城に関わる徳川・北条の動き》

北条氏直	依田信蕃	徳川家康
7/12 佐久へ侵入、制圧	・芦田小屋（春日城）から退き蓼科山中へ	7/12 柴田康忠（一〇〇〇余）ら援軍
7/中旬 芦田小屋を攻撃する。	・三澤小屋に籠城し、ゲリラ戦展開	7/14 辻弥兵衛（一〇騎）を信蕃の援軍に送る。
7/中旬 大道寺政繁に三澤小屋を攻撃させる。	・たび重なる北条方からの攻撃を撃退する。	8/初旬 北条軍に対して乙骨の退き戦
7/19 三澤小屋を攻撃する	7/下旬 北条氏が大軍で諏訪郡へ侵入することを徳川軍へ知らせる。	8/10 （北条氏と若神子の対陣）
8/ （徳川家康と若神子の対陣）、大道寺が三澤小屋をひんぱんに攻撃	・しばしば三澤小屋から出没し北条の糧道を断つ。	9/初旬 武川衆・津金衆を佐久へ援軍として送る。
8/ 大道寺政繁に三澤小屋を攻撃させ	・しばしば北条方の城を攻める	9/8 信蕃支援に金四〇〇両を送る
中旬 大道寺がひんぱんに攻撃	9/25 芦田小屋奪還への攻撃開始	9/21 岡部・川窪・今福氏等を信蕃の援軍に送る。
10/29 （若神子の対陣の和議）	10/26 芦田小屋（春日城）を奪還する。	10/29 （若神子の対陣の和議）
	10/末 三澤小屋から出る	
	11月 信蕃による佐久平定本格化する	

346

㉟佐久平定へ～千曲河畔の戦い

甲斐国での徳川と北条の「若神子の対陣」は去る十月二十九日に正式に和議の運びとなった。しかし、その直後の十一月にその後の事態が急に変わったわけではないことは推測できる。

北条氏にしたがった**佐久の諸豪**（大井雅楽介・大井民部介・平原全真・森山豊後守・森山兵部助・小山田六左衛門・柏木六郎・志賀与惣左衛門・市川某）等は**岩村田に四カ所の砦**を構え、徳川氏の麾下である信蕃に従わなかった。この四箇所の砦とは具体的には不明である。いずれも現在佐久市岩村田地域とその周辺にある岩村田城・鷺林城・金井砦（金井城）・曽根新城・戸谷城・そして塩名田を見下ろす新城などを候補として挙げておく。このことについてはさらに検討を要する。

信蕃は**三澤小屋**を出て、佐久郡の統一にとりかかった。まず佐久郡平定緒戦として、地理的に佐久の中心である**岩村田城**を攻略することが必要であった。当時は、かつての地頭大井氏は名ばかりで衰退していたが、それでも岩村田城を攻略するということには大きな意義があった。

加藤宗月（芦田康眞）が最初に尾張徳川義直に提出した『芦田記』（依田記）には、次のように記述されている。

〈要旨〉

・天正十一年正月（正しくは「十年十一月二日」）、蘆田小屋より常陸介は討って出て、**岩村田城**を攻めた。この時、常陸介が采配取って、馬を入れ敵を追い散らした。家中の者どもはこのことをよく知っている。徳川**家康公**からもらった**感状**がある。

・その時は、**眞田安房守**昌幸も上田から来て、千曲川を隔てて軍見物をした。その時、常陸介が戦をしている所とは対岸であった。

右の内容だけでは不十分であるので、その詳細を再度徳川義直から求められて追加提出した内容には、さらなる詳細が述べられている。

その未の正月、**蘆田小屋**より常陸介討ち出て、**岩村田へ**働く。この時、常陸介も采配取りて馬を入れ追散らし、家中の者ども存じの通り。その時は、**眞田安房守**も上田より出合い、筑摩川をへだて軍見物。その時、常陸介と対面にて御座候。

その時は、**眞田安房守**も上田より出合い、馬を入れ敵を追い散らした。家中の者どもはこのことをよく知っている。徳川**家康公**から

常陸介が采配取って、馬を入れ敵を追い散らした。家中の者どもはこのことをよく知っている。徳川**家康様の御感状**取り申し候。

眞田も御味方に罷成候験にと申し、右衛門佐と申し合わせ、岩村田と申す地を攻め取り候はんと申し、眞田は八幡平と申す所に陣を取り、筑摩川の左に人数を立てならべ罷り在り候。右衛門佐は筑摩川を打ち越し、鹽名田と申す所に越し上げ、すなわち川にて濡れ候人数を集め、それより岩村田へ働く。その川口に敵突いてかゝり候ところ、右衛門佐自身眞先に馬を入れ、乗り崩し候。人数二、二百も討ち取り申し候様に承り申し候。その時、家康様より御感状直判頂戴の者、右衛門佐、依田善九郎、同源八郎、家中の者には、依田左近之助、依田主膳、奥平金弥、依田豊後、この者どもに御座候。そのまゝ眞田も上田へ罷り帰り、右衛門佐も人数を入れる。その後、ぬかづきて岩村田の者ども降参仕り、岩村田右衛門佐手に入り申し候に付て、名代に依田勘助と申す者を指し置き申し候。

〈要旨〉

・眞田昌幸は徳川方になった証にと、岩村田という地を攻め取ろうということで、眞田は八幡平と申す所に陣を取り、千曲川の左岸（西岸）に人数を立てならべていた。

写真：西方の八幡平からの国道より、右へ折れて前方の高台へ

写真：真田昌幸の勢溜り場（推定）

・右衛門佐は千曲川を渡り越し、塩名田という所に越し上げ、川で濡れた人数を集め、それより岩村田へ攻める。
その川口に敵が突いてかゝるところを、右衛門佐自身眞先に馬を入れ、敵を乗り崩した。その時、人数二、三百も討ち取ったと聞いている。

・その時、家康より感状と直判をいただいた者は、右衛門佐・依田善九郎・同源八郎、そして家来では、依田左近之助、依田主膳、奥平金弥、依田豊後（石原豊後とも）であった。

図：岩村田城（大井館）
「佐久市志（歴史編中世）」を参考に描く。
年代の古い順に石並城→王城→黒岩城

写真：金紙采配（個人蔵、
長野県立歴史館寄託）
平成23年度長野県立歴史館
発行の春季展図録『武士の
家宝』p.12から転載

写真：岩村田城（大井館）

・そのまゝ眞田も上田へ帰り、右衛門佐も人数を入れる。そ
の後、ぬかずいて岩村田の者どもは降参した。

・岩村田を右衛門佐は手に入れることができたので、依田勘
助を城代として置いた。

佐久郡全部を支配下におこうとした信蕃は、大井美作守（雅
楽助とも）を岩村田城（岩村田館・大井館）に攻めた。彼
は武田の旧臣であったが、「武田氏滅亡後は北条方に属し、

あちこちの地侍を謀略しようと図っていた。岩村田城は
北から南へ年代順に石並城（いせなみじょう）・王城・黒岩城と分かれてい
るが、当時の大手は黒岩城方面であったと推定される。

《徳川家康から授かった金の采配》

天正十年十一月二日には、依田信蕃は、塩名田の千曲河原
での合戦で大井大炊助（雅楽助美作守）を破り、岩村田城を

349

図：千曲河畔塩名田の戦い

攻略している。「この時、常陸介も采配取て馬を入れ追散らし」とあるが、この采配は、徳川家康から甲信の平定の命令の證として信蕃が賜ったものである。『寛政重修諸家譜』の依田信蕃の項では「采配」のいわれについて次のように述べられている。

脚力をして信蕃に御書を下され、はやく甲信のあひだに旗をあげ、兩國をして平均せしむべしとなり。これによりて信蕃たゞちに小川を發し、甲斐國にいらむとす。また、本多彌八郎正信をしてすみやかに甲信に入、舊好の士を催し、其勢をあはせ、兩國をして全く麾下に屬すべしとの仰せを蒙り、かつ其證として金の御采配を賜ふ。ここにおいて信蕃鐘の纏を甲信の境、柏坂峠に建て、近郷の士を招く……

つまり、家康から賜った金の采配であった。この采配は芦田宗家の家宝の一つとして後世まで伝えられている。長野県立歴史館発行の『武士の家宝〜かたりつがれた御家の由緒〜』（平成二十三年 p.12）には「金紙采配」として、写真と説明が加えられている。

《千曲河畔塩名田の戦い》

川西方面から千曲川を越え岩村田城へ向かう信蕃軍に対し
て迎え討つ形で、岩村田勢は城から出て塩名田の東方に陣を
しいていた。そこは、現在もある駒形神社（佐久市下塚原）
付近の段丘上と推定できる。そこは、現在もある駒形神社
名のある場所がある。そこは、駒形神社の北に「新城」と地字
現在水田や畑と化しているが、農地改善によって改変され、
信蕃が進撃して来ようする塩名田地区を見下ろし、軍勢の足
溜まりとしての地の利があ
る。また、字「新城」の地
形は、簡単な堀切りや土塁
が存在した形跡がある。塩
名田方面と岩村田方面を連
絡する道が続いている。

この戦いをもう少し細か
く見てみよう。──信蕃は、
水が深くて兜を浸すほどで
あったが、岩村田城攻略に
向けて直ちに千曲川を渡っ
た。しばらく鹽灘（塩名田）
で兵を整え、敵勢の観察に

写真：大井軍の陣した新城から望む真田昌
幸の勢溜り。手前は塩名山

努めた。時を見計らい強弱を測ろうとして、少しだけ攻めて
速やかに兵を引かせた。敵はそれを追って進軍してきた。信
蕃は殿して、千曲川河畔までいったん引いて、敵を東の河岸
段丘上から下へ誘いだしておいて、急に全軍の体制を整えて
反転し、勇んで攻めてくる岩村田勢に襲いかかった。「大返
し」という戦法である。武田氏・徳川氏・北条氏といった戦
国の中央の戦いを経験してきた歴戦の信蕃軍の前には、岩村
田勢はものの数ではなかった。信蕃は、馬を馳せて敵中に入
り、四方にあたった。しかし、敵は一気には崩れはしなかっ
た。時に歩卒が二人、鎗を構えて左右より信蕃を突こうとし
た。信蕃は両手にその鎗をつかみ、勇をもって力戦するとい
えども、なおも危うかった。家臣の芦田川又左衛門某が走っ
てきて敵を倒したが、その身も創をこうむった。そして、信
蕃はまぬがれることができた。味方の軍勢がこれを見て一時
に競って進み出たので、敵は戦い屈して四方に離散した。

《岩村田城を一気に攻略》

城将の大井氏は岩村田城目指して一里半（約六km）の道
程を走り、城中に逃込んだ。信蕃はいったん兵をまとめて追
い討ちして城門に迫った。大手は南端の黒岩城と称される郭
で兵を整え、敵勢の観察に
た。しばらく鹽灘（塩名田）
である。現在黒い色の大岩があるが、そこに城門があったと

いわれている。現在そこには白山社が建っている。信蕃軍は追討して城門に至った。この時、信蕃に通じていた大井氏の家臣が、城中に火を放った。城主である**大井美作守（雅楽助）**は。

北条氏の勢力を背景に岩村田城主となった大井貞隆が小県郡長窪城で武田信玄に降って以来、信玄の佐久侵入の頃から、岩村田には大井宗家は形をなさず、岩村田城は地侍達が守ってきていた。そこへ、かつての主君大井氏を名乗るが、よく得体の知れぬ大井美作守がおさまったことには、多くの武士が反感を抱いていたといわれている。その者達が信蕃に内応していたのである。（三澤小屋へ兵糧を密かに運び入れていた中沢五郎源助久吉・高附六左衛門久利・原庄左衛門長正・原太郎兵衛・小池・岩瀬などである可能性が高い）。城内から放火したので、まもなく岩村田城は陥落した。この日、信蕃軍の大勝であった。敵の首を得ること三百余級であった。

『芦田記』（依田記）によると、岩村田城攻めで信蕃のほかに依田源八郎（次弟信幸）・依田善九郎（三弟信春）・依田左近助（叔父守俊）・依田主膳・奥平金弥（戸田金弥）・依田豊後（石原豊後）が、**家康より感状**を与えられている。このうち依田豊後を除く六名は、織田信長に信蕃が狙われていた時に、家康の援助によって遠州二俣の奥小川に隠棲した主従六

名でもある。

さて、岩村田城を陥落させた信蕃は、家臣**依田勘助某を岩村田城代**として入れた。大井氏を倒したあとの岩村田城を守る武将としては、それなりの重臣でなくてはならない。『寛政重修諸家譜』第三百五十六にある芦田依田下野守信守の三弟（信蕃の叔父）に**依田勘助信光**なる名前があるが、その人物だろうか。あるいは家臣の**依田勘助但馬守元吉**（または伴野小隼人？）かは検討を要する。これより大井の家臣はみな信蕃に属した。この時の岩村田城（大井館）の中心は北から石並城・王城・黒岩城と古い順にあるうち、一番後世のものと推定される**黒岩城**であろう。

《**心のライバル芦田信蕃と真田昌幸**》

心のライバルとして意識している**眞田昌幸**を八幡平まで出張させた上に、加勢せずにわざわざ観戦させて、その目の前での完勝で、信蕃は溜飲を下げたにちがいない。真田昌幸は終始兵を動かすこともなく、敵が敗れるのを確認すると本拠の小県郡眞田の砥石城（戸石城）へ帰って行った。この時の眞田昌幸の心中はどうであったであろうか。——「さすが芦田殿。武田家中でもその人ありといわれていただけのことはある」、「大井氏をいとも簡単に蹴散らしてしまっ

写真：八幡平からの眺望

写真：岩村田勢は駒形神社にも陣した。

た。これはなかなか手強いぞ。これから先の芦田氏との係わり方をしっかりと考えねばなるまい」、「軍勢を動かす大将ともあろう者が、兵よりも先に馬を乗り入れて戦うとは、匹夫の勇である。この戦いで強さを見せつけてくれたが、危ないところもあるな」。あるいは、「ともに徳川家康の傘下に入ったが、領地は隣同士である。かれの今後を見極めて、身の処し仕方を考えねばなるまい」——眞田昌幸は、この時から三年後の天正十三年（一五八五）七月、徳川軍との間の第一次上田合戦の時に、徳川軍を翻弄し、敗走させたほどの人物である。この観戦した時でさえ、並の武将とは違うものを得たに相違ない。権謀術数に長けた希代の武将眞田昌幸が、不敵な表情を浮かべ、馬上悠々と本拠である砥石城へ帰る後ろ姿が目に浮かぶようである。

《「八幡平〜御馬寄」について》

信蕃は真田昌幸と申し合わせ、岩村田城の西方約六kmの千曲河畔塩名田で岩村田衆と戦った。この時、昌幸は千曲川の左岸（西岸）の河岸段丘上から、信蕃の戦いぶりを観戦している。塩名田とは北佐久郡浅科村（現佐久市）塩名田（千曲川の右岸）にある。眞田昌幸が陣取った「八幡平」とは、千曲川左岸で浅科村（現佐久市）八幡（やわた）であろうか。千曲川からは少し離れすぎではあるが、中世には、現在の八幡〜下原〜御馬寄あたり一帯を八幡平と称したのかもしれない。具体的に昌幸が兵を率いて、信蕃の戦いぶりを千曲川左岸で観戦「戦見物（いくさけんぶつ）」したのは、**御馬寄（みまよせ）**の西方河岸段丘上であると推定される。

そこに、同じ徳川の傘下として同盟者になっていた**真田昌幸が御馬寄に陣**をとったのである。（蘆田信蕃は真田昌幸に、真田勢は参戦せずに、ただ観戦しているだけでよいと伝えてあった）。そこからは、合戦が展開された千曲川や塩名田、

さらに岩村田勢が陣した方面をも一望できる。なお、「御馬寄」なる地名は、この時真田昌幸が馬を寄せ陣を取った場所であるという伝承があるが、むしろ奈良時代からの矢島牧の東端でもあるので、官牧の馬を寄せた（集めた）場所であることから発生した地名である可能性が高い。

また、『蘆田記』（依田記）では、「その時は、眞田安房守も上田より出合い」と述べられているが、天正十年のこの時

図：芦田信蕃の勝利を見とどけると、真田昌幸は悠然と去って行った。

写真：岩村田の黒岩城の大手（現在は白山社）
pp.351-352 参照

点での眞田昌幸の居城は**砥石城**（小県郡旧眞田町）であった。昌幸は、天正十一年三月頃になって初めて居城を上田に移す普請に取りかかっている。したがって、千曲河畔塩名田の戦いの時は、「上田より出合い」というのは誤りである。筆者の加藤四郎兵衛宗月（芦田康眞）にとっては、後年「眞田氏＝上田」のイメージが強かったのである。

⑳佐久平定へ〜前山城に伴野氏を滅ぼす

『芦田記』（依田記）には、前山城攻略を簡略に次のように記述している。

前山城を右衛門佐信蕃が攻め取った時、天正十年（一五八二）十一月、右衛門佐も蘆田小屋（春日城）から出て、前山城へ移ったということを、はっきりと記憶している、と述べている。

《前山城と伴野氏》

前山城は佐久市野沢前山にある山城である。蓼科山の東北に延びる一支脈が佐久平に延び切った先端部に位置する。城の軸は北東から南西に延び、北側は四十mほどの崖である。崖下を西から東へ北沢川が流れている。東側からいくつかの段郭（後世畑と化している）を経て本郭に至る。そこから南

写真：前山城と物見塚（北東より望む）

へ一段下がって二ノ郭があり、そこから西下に下がって郭があり、その西に**第一堀切**がある。その堀切から北方下方を望むと仙翁寺がある。第一堀切から西は**三ノ郭**へと続く。三ノ郭の西側（外側）には、**土塁と第二堀切**がある。さらに地山方面へ続く尾根を西方へ六十mほど進むと、**二重の堀切（第三堀切・第四堀切）**がある。城域の東西は三五〇mを越える。

その二重堀切の南方下方に水の手があったといわれている。現在その南付近に伴野神社と前山寺（旧泉福寺）がある。また、前山城東下には旧前山小学校跡があるが、そこは伴野氏の**前山城館**があった可能性が高い。（江戸時代にそこには幕府の代官屋敷があったといわれているからである）。城の東北に「物見塚」と呼ばれる小高い岩山があり、上は平地になっている。これは見張り台の役割を果たしたと思われる。この「物見塚」から西方の前山城まで、空堀とその南に沿って土塁がかつてあった。土塁

仙翁寺 卍

二の郭

三の郭

本郭

腰郭

腰郭

前山寺 卍 伴野神社

大手口

居屋敷

居屋敷

図：前山城縄張り
佐久市前山字城山　（調査）昭和59年10月・市村

の南方の居屋敷の所を「土手の中」と称している。また、居屋敷の南方にも堀（水堀）があったといわれる。イメージからすれば、**前山城の東城下に宿城**があったことになる。宿城の東方一帯は湿地帯があったという。（宿城は北と南は堀と土塁で防備され、東は侵入を拒む泥田であったことになる）。

武田氏は、ここを**佐久における有力な基地**としている。東方の内山城とともに、山城下には集落が形成され、武田軍の**「宿城」**として利用されたのである。物流の中核をなすような所で、**兵站基地**としても活用されていた。いわゆる宿城は、前山城のほかには、佐久地方では内山城、稲荷山城（勝間ケ反砦）、海尻城などが知られている。

前山城は、元来、佐久地頭**伴野氏**の要害城で、その本拠地の**野沢城（野沢館）**は東方二・五kmの千曲川西岸に近く平坦地にある。北隣の庄の大井氏との抗争の中で文明年間に要害の地を求めてここに築城した。周囲をみると、千曲川を東から北の防衛線とし、西から南には蓼科山系の北東に延びる支脈上に**支城群**を配置していた。長坂城（日向城）・虚空蔵山狼煙台・宝生寺山砦・物見塚・前山古城・荒城（新城）・荒山城（新山城、大沢城）などである。また、立地からすると前山城は、佐久平の大部分を展望できる所に位置し、花岡狼煙台・勝間ケ反砦（稲荷山城）・田口城・平賀城・内山城・

356

図：前山城と支城群

志賀城・高棚城・平尾城・岩村田城・岩尾城など佐久平の**諸城を一望**できる。

　武田信玄は天文十七年（一五四八）九月に前山城を攻略している。（ちなみに、芦田信蕃が現北佐久郡蓼科町芦田にある芦田城で生まれた年にあたる）。伴野氏は以後武田の臣下となり、一応は所領や城は安堵されていた。鎌倉以来の小笠原氏の系統の佐久の二大名族（大井氏・伴野氏）の一方であった**伴野氏**ではあるが、武田臣下になってからは、芦田氏や相木氏ほど目だった足跡や戦歴は残していない。（もっとも、この点では大井氏も同様であった）。

　天正十年十一月四日、**信蕃**は前山城に**伴野信守**とその子**貞長**を攻めた。**（第二次前山城攻め）**攻撃には徳川の柴田康忠・菅沼定利らの加勢もあった。この戦いで城主**伴野信守**は戦死したものと思われるが、落ち延びて後に病死したという説もある。また、落城の日についても諸説がある。子の伴野貞長は城から逃れて小田原の北条氏を頼って佐久から去った。（貞長の後日の動向については後述）。

《**武家の名門伴野氏**》

　「貞祥寺開基之由」によると、小笠原源氏の名門**伴野信守・貞長**の父子は**芦田信蕃**に降るを恥とし、武門の意地にかけて

前山城に籠り、年寄り・女・子供を城から去らせ、十一月四日の決戦で、自害及び逃亡して、中世佐久郡の名族伴野氏は滅亡した。**芦田信蕃**は、去る十月二十六日に芦田小屋（春日城）を北条方から奪還し、その後拠点を蓼科山中の**三澤小屋**から**芦田小屋（春日城）**へ復していたが、さらに今回前山城を攻略したので、居を**前山城**に移した。（短日にしてさらに田口城へ移ることになるのだが）。

岩村田城の攻略に引き続いて、**前山城**の伴野信守・貞長父子を攻略することが、信蕃の次の攻撃目標となっていたのである。伴野氏は大井氏と並んで鎌倉時代以来、佐久郡における武士の筆頭格として君臨してきた名族であった。特に、芦田氏と伴野氏の間では、かつて、佐久郡根際での領地をめぐる争論があり、武田信玄の裁定を仰いだことがあり、それ以来犬猿の仲である。誇り高き伴野氏が芦田依田氏の風下に立つことは到底考えられなかったのである。前山城攻略の過程を詳しくみてみよう。まず、信蕃は三澤小屋へ籠もって、北条氏直や小諸城代大道寺政繁の攻撃に抗しているが、一方、そこからゲリラ的に出ては、北条方についた佐久の土豪（城持ち武将）を攻めている。その一環として前山城をも攻撃してきている。岩村田城攻略以前の時点に遡るが、そこからみてみたい。

《第一次前山城攻め》 天正十年七月

七月十六日、芦田信蕃は、甥にあたる依田肥前守信守（次弟信幸の嫡子）をして、**前山城**の伴野氏を攻撃している。依田肥前守信守は、当時やっと十代半ばになったばかりの年齢であったと推定される。城下を焼き討ちし、攻め立てたが、落城させるまでには至らなかった。この戦いについて、当時九歳の桜井村の諏訪十という子供が、城中に入ってこの戦いを見ていて、それをまとめた『諏訪十物語』が、『四隣譚藪』（佐久の江戸中期の郷土史家である吉沢好謙が著わした）の中にあり、その戦いの様子を垣間見ることができる。

伴野家の士、桜井某の子、諏訪十といふ童あり。九歳ばかりの時、桜井村において七月十六日、里童とつれえに従って城に向かい、敵と城との間に出る。……（家に帰った時、誰もいなかった。もし城に変事があった時には城に来るようにという父の教者に襲われたが、危うくのところで城中にいた伯父に助けられた）。……ややありて四方を見れば、城中白髪の大将有りて下知をなす。諏訪十なほ塀に添て尿をする時に、敵時の声をあげて潮のわく如く鉄砲を打事あられの

如し、其矢、諏訪十が前髪を射けずりて戸外の柱に当る。其際、東の塀に敵大勢付きて曳くや声を出し、数十間に手をかけたり。此時城中に腹巻（鎧の一種）したる女将一人、長刀取りのべ、塀にかかりたる手を縦横にはらへば、しばらくして敵兵皆退散したり。終に其日の戦やみて城外を見れば、田間にむくろあまた伏てあり。首なければかたち箕に似たりとふや。稲も畔も血しほに染まれり。その余、童心にて始終をつまびらかにせずと語る。

この前山城の攻防戦は七月一六日のことであるが、落城までには至らなかった。

ところで、**伴野氏**は、千曲川沿いの西岸（左岸）に平城の**野沢城**があり、野沢城は平城とはいえ、二重の水堀と土塁に囲まれた館（野沢館）である。**前山城**は西方の蓼科山東端に延びた支脈の一つの突端にある。ここでいう「伴野城」とは、いずれを意味するのかは、はっきりしないが、敵が落としたという大石により疵を負ったという者が複数いるので、山城である**前山城**であろう。また、平城の野沢城では、この頃鉄砲も当然使われていたことであろうから、芦田依田勢の激しい攻撃によって、あまり長く持ちこたえられずに落ちる可能性がある。七月の時の攻防で落とせなかったということは、

「**伴野の城**」とは「**前山城**」であろう。

この時、**依田肥前守信守**は、敵が落としたに石のために負傷したこともあって、後詰めの北条軍が伴野氏の援軍に到着する前にと、三澤小屋へ退却している。依田信守は、直後の七月十九日、**家康より感状**をもらっている。『寛永諸家系圖伝』の旗本依田氏「肥前守信守」の項には次のように載っている。

〈家康の感状〉

今度至**伴野**地相働蒙疵之由、寔無比類儀候。殊二宿城迄悉令放火、數多被討捕之由、尤も候弥馳走候者可為本望候。恐々謹言

　七月十九日　　　**家康御在判**

依田肥前守殿

〈訓読〉

今度**伴野**の地に至って相働らき、疵をこうむるの由、寔に比類なき儀に候。殊に宿城までことごとく放火せしめ、数多く討ち捕らるるの由、もっともに候。いよいよ馳走候わば本望たるべく候。恐々謹言

これは、**北条氏直**が碓氷峠を越えて佐久へ侵入し、**蘆田勢**は三澤小屋に籠もっていたころのことである。徳川からの援

軍を得たこともあり、三澤小屋から出没し、当時十代半ばの若さであったと思われる**依田信守**が、信蕃に主将を任された。

「殊二宿城迄悉令放火（殊に宿城までことごとく放火せしめ）」とあるので、前山城が「宿城」であったことがここからも判明する。七月十六日の前山城攻城戦の軍功に対して、甲州入りしていた家康が、早速七月十九日認めて出した感状である。

十六日のことを**信蕃**が書状で、当時甲州**市川の陣**（通称「御屋敷（ごやしき）」）にいた家康に送り、即座に十九日に家康が発行したものである。信蕃としても北条から攻められて、三澤小屋に籠城したばかりの、抜き差しならぬ状況にあった時のことである。戦国のこの時代の情報伝達の早さと、家康の素早い対応に驚かされる一件である。

《戦国時代の情報伝達》

また、家康と信蕃の間で飛脚（遣い番、忍者のような役目）を果たす信蕃の家臣や家康の使いの者が活躍していたことが、この裏にあることが想像できる。戦国時代にも、情報戦は大事な役割を果たしていたのである。**家康と信蕃**の間の飛脚の役目を果たしていたと推定される人物には、次の者が考えられる。

・重田周防守守國……天正十年五月二十三日没、信蕃の叔父

左近助守俊の妻の弟、遠州二俣の奥小川に信蕃が隠棲していた時に、飛脚（遣い番）の役を果たす。何回目かの遣い番の帰途、織田方に遭遇して討ち死に。

・岩下甚左衛門角弥守胤……三澤小屋より八ヶ岳山系を経てしばしば新府城の家康方へ飛脚を果たす。春日郷の奥に「岩下」という地籍があるが、そこと関係しているか。

・柳沢元目助……信蕃の妹婿、信蕃の情報網を統括（→市川武治氏教示）。柳沢氏は修験として、各地にその配下と情報網を持つ。

・乙骨太郎左衛門……諏訪郡乙骨の名主、五味氏、三澤小屋籠城中に連絡案内役、八ヶ岳周辺の地勢や情勢に詳しく、地元の名主として家康と信蕃に様々な関わりや役目を果たした。

・石上菟角之助……元今川家臣、遠州二俣城の守城戦の時に信蕃に属す。後に大久保忠世の臣となる。忠世の遣いで三澤小屋の信蕃と連絡役を果たす。

・依田弥次……三澤小屋へ籠城。忍びの術をよくし、芦田氏は彼を敵地に送り込んで、多くその利を得ていた。康眞の時代に小諸藩主仙石秀久の家人の盗賊事件が伏見であった時に、かれらとともに捕われ、獄に入れられた。芦田小屋（三澤小屋）にて信蕃のために働いたことがあるなど

らば、その、罪を免じるべしという家康のはからいがあっ
たが、芦田氏の家人ではないと頑強に嘘をいい張って磔（はりつけ）
の刑に処された。芦田氏の名を汚すことを拒んだのであ
る。

これらの人物の存在なくして、三澤小屋に籠もる信蕃が家
康と交信したり、様々な甲信の情報、徳川・北条の「若神子
の対陣」の状況を的確に把握し、それに対してすかさず対処
するという行動にでることはできなかったであろう。

《第二次前山城攻め》——天正十一年十一月

依田信蕃が前山城を落とすのは、徳川との和議が整い北条
の主力が関東へ去った十一月である。佐久平定のこれまでの
経緯からすると、この時の攻城軍の総大将は、依田信蕃であっ
た。しかし、『蘆田記』（依田記）以外で、それを証明する文
献は残っていない。かろうじて『武徳編年集成』に、前山城
攻略に関して述べられている。

> 去月以来、伴野刑部一揆を起し楯籠る信州小縣郡（↑
> 佐久郡が正しい）前山城を、菅沼大膳亮定利、柴田七九
> 郎康忠、依田右衛門佐信蕃に甲信先方の士を添え攻むる。

> 城兵度々突出合戦す。味方一宮修理、松澤五助、合せ槍
> を雨宮故十兵衛家次が子平兵衛、市川内膳清成、土屋三
> 郎右衛門、槍下の功名有り。山中主水介行、小幡藤五郎
> 昌忠、崩れ際或は守返し際の功を顕す。川窪與左衛門、
> 三枝平右衛門、先登し、小尾監物、小池筑前等働あり。
> 敵尚防ぎ守ると云々。

徳川からの援将にスポットが当てられ、信蕃は単に先方の
将として記述されている。——これを一例として、佐久平定
作戦における依田信蕃が、何人かいる徳川方諸将の中で、先
方の一武将にすぎなかったということを指摘している歴史家
もいるが、賛成はできない。『武徳編年集成』は、江戸時代
に幕府方からの視点で編纂されたものであることを知ってお
く必要がある。文献主義にあまり陥りたくはない。また、芦
田依田氏を半ば身内としている者が著わした『三河物語』（大
久保忠教著）においてさえも、その内容からは、あくまでも
徳川が中心で、信蕃は脇役として記述されている。そういう
執筆の姿勢の傾向は避けがたいことではある。しかし、本能
寺の変後の佐久平定作戦の動静、佐久の武将（土豪）に対す
る徳川方としての顔、相手との交渉や投降の勧誘、合戦の実
際のどれ一つとっても、信蕃の智略・武略が佐久の諸将の前

面（全面）に関係しているのである。

九月以来、**伴刑部**（伴野刑部）が楯籠っている**前山城**とは、現佐久市野沢前山にある。**依田右衛門佐信蕃**と共に、菅沼大膳亮定利、柴田七九郎康忠が攻めている。**菅沼は援軍**であり、**柴田は軍監**である。あくまで主力は依田信蕃の軍勢であり、主体は信蕃であろう。あくまで主力は依田信蕃の軍勢であり、三澤小屋へ籠もった武将の名簿一覧からすると、その各々が五人前後の家人や配下を従えているわけで、ここでいうように総勢二〇〇〇というのは、荒唐無稽な数字ではなさそうである。総攻撃は十一月四日とされているが異論もある。『武徳編年集成』で攻城側の士として他に名前があるのは、列挙してみると次の面々である。

・小尾監物（津金衆）・山中主水介行・一宮修理
・松澤五助・小池筑前（津金衆）・市川内膳清成
・土屋三郎右衛門・雨宮故十兵衛家次が子平兵衞
・三枝平右衛門（三枝昌吉の関係か）
・小幡藤五郎昌忠（柴田康忠の臣、岩尾城攻撃にも功、平原宮内の刃傷事件で宮内を成敗）
・川窪與左衛門（川窪新十郎信俊、信玄の異母弟武田信実の子、信玄の甥）

『武徳編年集成』では、さらに十一月の項で、次のように述べている。

主殿助家忠、佐久郡**勝間ガ反砦**を修築すべき旨、命を蒙る。又柴田七九郎康忠を部将として、今日**伴野刑部**が佐久郡**前山城**を攻抜、城主をば石黒八兵衞、是を討捕、刑部は小笠原の庶流にして、數代刑部と稱し、弓馬の譽あり。此時家亡び、其名を失ふ。

松平主殿助家忠は佐久郡**勝間ガ反砦**を修築するように家康から命じられる。徳川直臣で築城の随一の名手である松平家忠によって、勝間ガ反砦（稲荷山城）は本格的な縄張りを備えた城に改修された。後日、**依田肥前守信守**が康國によって「依田四十七騎」を与えられ、守備につくことになる。稲荷山城こと勝間ケ反砦の本郭のすぐ西側に「肥前郭」と称される比較的大きな郭跡があるが、この砦（城）を依田肥前守信守が主将として守備した時期があることに由来する。

右の『武徳編年集成』の記述によると、柴田七九郎康忠を部将とし、伴野刑部の前山城を攻め落とした。前山城主**伴野刑部**を石黒八兵衞が討ち取った

362

としている。七月の戦いの時に諏訪十少年が目にした、部下に命令していた白髪の大将とは、この伴野刑部信守のことであろうか。伴野氏は小笠原氏の庶流で数代刑部を名乗っていた。弓馬の誉れある家系であったが、この時実質上滅亡した。信守の子伴野貞長二十歳は関東へ逃亡し、小田原の北条氏を頼った。(貞長は後に、佐久奪還を複数回試みている。これについては後述)。

《前山城攻略後》

落城後、依田信蕃は、前山城を仮の本拠とし、妹婿である柳沢元目助を前山城代に据えた。後日、いったん逃亡した伴野貞長が奪還に襲ってくることを察知して、翌天正十一年一月二十八日に信蕃自身が前山城に在城し、二月三日、伴野貞長が前山城奪還を期して攻撃してきたが、信蕃はこれを迎え撃ち撃破している(『貞祥寺歴代伝文』)。この時、伴野貞長は討ち死にしたという説もある。しかし、天正十八年(一五九〇)の小田原合戦の前哨戦として行なわれた相木能登守市兵衛と伴野貞長が、相木谷に挙兵し、(芦田依田)松平康國軍と相木城・白岩城・木次原で合戦し、伴野貞長は討ち死にしたことになっているが、その貞長との整合性がつかない、あるいは、後出の貞長は伴野氏一族の別の人物である

可能性もある。

その後、家康の指示で、伊那衆の知久氏が前山城代として入っている。依田信蕃自身は、天正十年十一月中には、今後の本拠として適地であるとかねがね思っていた田口城の南麓に居館を構えている。前山城は山城ではあるが、これからの佐久郡全体を支配するためには小規模であると判断したのである。前山城から千曲川を挟んで佐久盆地の東の対局にある田口城は、がっしりとした山塊の、いかにも防備に優れた山城であった。そこは、芦田依田氏とは同じ「依田」を祖とする相木依田氏(相木能登守市兵衛)が信玄から与えられた居城であった。武田家臣時代は共に信濃先方衆として戦ってきた盟友であったが、武田滅亡後は、相木氏は北条方となって敵対する関係になっていたのである。信蕃には、そこを本拠として佐久郡を統治する構想があったのである。

写真：勝間反り砦（稲荷山城）の堀切り

㊶佐久平定へ〜諸将、信蕃へ出仕

甲斐国での徳川と北条の「若神子の対陣」は去る十月二十九日に正式に和議の運びとなった。しかし、その直後の十一月にその後の事態が急に変わったわけではないことは推測できる。

北条氏にしたがった**佐久の諸豪**（大井雅楽介・大井民部介・平原全真・森山豊後守・森山兵部助・小山田六左衛門・柏木六郎・志賀与惣左衛門・市川某）等は**岩村田に四カ所の砦を**構え、徳川氏の麾下である**信蕃**に従わなかった。この四箇所の砦とは具体的には不明である。いずれも現在佐久市岩村田ないしはその近在にある岩村田城・鷺林城・金井砦（金井城）・曽根新城・戸谷城そして塩名田を見下ろす新城などを候補として挙げておきたい。このことについてはさらに検討を要する。

しかし、徳川からの援軍を得たこともあって、北条が去った後は**芦田信蕃の佐久平定**が一気に進んだ。千曲河畔塩名田の戦いと岩村田**大井氏の攻略**、前山城**伴野氏の攻略**の状況を知った佐久の諸将は、信蕃に攻略されたり、雪崩をうって出仕してきた。加藤宗月が最初に尾張徳川義直へ提出した『芦

田記』（依田記）によると、次のように記述されている。

これより相続け**高棚**と申す小城、**小田井**と申す小城、その外四、五ケ所の城を取りて、残る小侍ども、常陸介へ出仕の礼申し候。大井民部介、小山田六左衛門、平尾平蔵、平原善員、森山豊後、志賀與三左衛門、柏木六郎、望月卯月齋、そのまま家中の者に成り申し候。…（中略）…田の口と申す城は、阿江木能登守居申し候。常陸介の威勢に恐れ、**田の口の城**を明け渡し申し候。

さらに、家康の子で尾張藩祖である徳川義直の要請に応じて、詳細を後日再提出したものには、重複した内容もあるが、佐久平定の詳細が記されている。

（前略）…**小田井と申す城**を手に入れ申し候。この頃、城々の小侍ども、あなたより降参仕り候は、一番に平原善心、二番に平尾平蔵、三番に大井民部助、これは備中子にて御座候小山田六左衛門、森山豊後、志賀與左衛門、柏木六郎、望月卯月齋。これ等は右知行三千石の株にて御座候。何れも人数二、三百あるいは百余持ちほどの小侍どもに

364

図：天正10年11月末までに信蕃に出仕してきた諸将の城

御座候。右の分午の霜月中に皆右衛門佐所に出仕申し候。

高棚城、小田井城、その外四、五カ所の城を攻め取って、残る小領主達は、雪崩をうって芦出依田常陸介**信蕃**へ出仕してきた。――一番に平原善心（全眞）、二番に平尾平蔵、三番に大井民部助、さらに小山田六左衛門、森山豊後、志賀與左衛門、柏木六郎、望月卯月齋であった。彼らは、そのまま信蕃の家中の者（家来）になった。

・平原善心（全眞）	平原城	小諸市平原	他よりも早く出仕、小田井城攻めに参陣
・平尾平三蔵昌朝	平尾城	佐久市上平尾字秋葉山	七月十一日に徳川から安堵状を発給されるも、北条に下っていた。
・大井民部之助政成	耳取城	佐久市耳取字古城	何家もある大井氏の支流
・小山田六左衛門（藤四郎）	内山城	佐久市内山字城下	高遠城仁科盛信の副将として討ち死にした小山田備中守昌行の子
・森山豊後守俊盛	森山城	佐久市森山字西城	七月十一日に徳川から安堵状を発給されるも、北条に下っていた。
・志賀與（惣）左衛門	高棚城	佐久市志賀字天狗岩	信蕃の計策で降伏
・柏木六郎	柏木城	小諸市柏木字古屋敷	自ら投降？（具体的な言及史料はない）
・望月卯月齋（印月齋）	望月城	佐久市望月字城	十月二十一日に望月（北条）源五郎が落城した後に城主に復帰していた。

──信蕃に出仕してきた城主達──

写真：森山城（北面、主郭跡に公民館）

写真：平原城（主郭西の箱堀）

写真：高棚城

写真：平尾城　手前足元は平尾館跡

写真：柏木城（南城の北～西面は崖となる）

写真：耳取城（観音堂郭跡に石碑）

写真：望月城

写真：内山城

《信蕃による小田井城の攻略》

天文十三年（一五四四）に武田信玄によって小田井又六郎が滅ぼされて以降、**小田井城**は武田の持ち城となっている。小田井城は武田信玄の持ち城であったが、武田氏滅亡後は**北条氏**の持ち城となっていた。

時城将であったこともある。『芦田記』（依田記）によると**依田信蕃**がその小田井城を攻略した。具体的には、信蕃の甥（次弟の信幸の嫡子）である**依田肥前守信守**が蓼科山奥の三澤小屋から一隊を引き連れて、小田井城及び加増城（小諸市）を攻め、**小田井城将二俣丹波守**、加増城将桜井大膳正を討ち取ったのが、天正十年七月下旬である。同じ『芦田記』（依田記）に、信蕃の軍勢が十月中下旬に高棚城を計策をもって降し、小田井城を攻め落としたと述べられている。七月と十月の二度にわたって小田井城を攻めたということになる。前後の攻城戦のいずれの時か不明であるが、その際、平原依田氏の依田又左衛門**信盛**も孫の派七郎**盛繁**とともに城攻略時に功を立てている。子の右近ノ助昌忠は、元亀三年（一五七二）十一月十六日、遠江国二俣城攻めの戦いで、討ち死にしている。その時、孫の盛繁は九歳であった。小田井城攻略の時には十九歳の若武者であったことになる。もっとも、この時の攻城軍を指揮していた**依田肥前守信守**（信蕃の次弟源八郎信幸の嫡男）も、十代半ば過ぎぐらいの年齢であったと推定さ

写真：小田井城
大手の二重堀（向うが城内）

れる。これにより北条方の小諸城将大道寺政繁への上州～碓氷峠～浅間山麓～小諸への連絡路を断ち、その動きを封じ込めている。**小田井城**は、また、関東から碓氷峠を越えてくる北条氏の兵站の分岐点でもあった。南へ向かえば、小田井城は南佐久から、甲州若神子で家康と対陣している北条氏直軍へ甲州往還が通じていた。また、東山道沿いに雨境峠（役ノ行者越）経由～かじか原（柏原）～棒道～甲州入り～そして若神子へと通じていた。北条方に付いていた小田井城を攻略したということは、それをも遮断したということになる。

その後の十月には、徳川へついた甲州勢（津金衆・武川衆・小尾党など）の協力により、現佐久市臼田にある**勝間反砦**（稲荷山城）を押さえた。その際、北条方の軍勢を勝間反砦とは千曲川の東対岸の**岩崎砦**に破っているが、北条方とは至近距離の**田口城**に拠った相木市兵衛（依田頼房入道能登守常栄）の軍ということに

なろう。その上、碓氷峠をはじめ上信国境の諸峠で、**兵糧**を運ぶ北条軍をゲリラ的に襲ったので、北条の兵站ルートを完全に押さえることとなった。

図：小田井城は、北条の兵站の分岐点

《**田口城の相木市兵衛、関東へ逃亡**》

衛能登守常栄は、北条の佐久侵攻以来、北条傘下に属していたのであるが、信蕃が**岩村田城大井氏、前山城伴野氏**を攻略すると、雪崩をうつように佐久の諸将が信蕃へ参じる状況を知り、城を捨てて、上州へ亡命してしまった。相木依田氏もかつては甲府の武田館（つつじケ崎館）の近くに同様に屋敷を与えられ、芦田依田氏と共に信濃先方衆として、信玄の川中島の戦いをはじめ、数多くの合戦にその名を連ねていた名門である。しかも、出身の本拠地相木が地理的にも甲州に一番近いということもあって、武田に臣従した時期も、信州勢では一番早い。信蕃に屈して配下になることには、そのプライドが許さなかったであろう。（八年後の天正十八年、小田原合戦の前哨戦で、**伴野貞長**とともに**再び相木谷へ侵入**し、信蕃の嫡男で小諸城主の松平康國の軍と合戦し、破れている）。

芦田氏と遠祖が同じ依田氏の一族で田口城主相木依田市兵

《蓮華定院文書から分かる佐久の諸将の身の振り方》

その後、一番に平原全真、二番に平尾平蔵、三番に大井民部介、そして小山田・森山・志智・望月の諸氏が相次いで芦田氏（依田氏）に降った。――『武徳編年集成』に平原全真・平原五郎兵衛・望月印月斉・知久与左衛門・平尾平三・大井民部・小山田六左衛門をはじめ、新参の諸氏が徳川家に忠誠を尽くすとあるのは、この頃である。（ただし、知久氏は本来下伊那の土豪で、この時期は家康の命令で前山城番として佐久へ派遣された経緯がある）。

天正壬午十年（一五八二）十一月には、佐久郡の大勢は決したが、①依田信蕃に服属した武将と、②北条方（上州または小田原）へ逃れた武将とがいた。『北佐久郡志（第二巻、歴史編、昭和三十一年発行）』によると、この頃の『蓮華定院古文書』の内容からも判別できるという。それは、当時の人々は高野山信仰に帰依し、参詣することがあったが、領内の者が高野山詣でをする場合、その定宿を定めることが多かった。また、それぞれの宿坊へ土地を寄進する場合もあった。佐久に本拠を置いていた武将は定宿は蓮華定院であった。（これは蓮華定院から毎年使者が佐久へ定期的に訪れて連絡を取り合っていた結果でもある）。

①依田信蕃に服属して佐久に残った武将（土豪）……信州か

ら蓮華定院へ書状を出している。

・依田平三昌朝・平原全真・依田右衛門太夫隆昌
・依田肥前入道広珍・森山兵部助成磐・森山豊後満盛
・大井兵部少輔隆世・大井左衛門尉貞清・大井治郎信景
・瀬戸丹波守

②北条方（上州または小田原）へ逃れた武将（土豪）……上州から書状を出している

・依田源信季・依田半郎季日広・伴野善九郎信蕃
・依田能登入道・依田大和守春賢・市河丹波入道道善

写真：蓮華定院

なお、これらの書状の日付は佐久在留者①からのものは、天正十年の四・八・九・十月等であるのに対して、上州等に逃れた者②からのものは、十一月のものが多いとのことである。信蕃によって攻められ、十一月には佐久から逃亡して行った先で、蓮華定院へ出した書状であるから、このことか

ら、徳川家康と北条氏直の甲州若神子の対陣での講和に続く信蕃の佐久平定作戦によって、**十一月にはすでに佐久の大勢が決していた**ことが分かる。

《信蕃と高野山蓮華定院》

前ページと時の流れは前後するが、**依田信蕃と蓮華定院**との関わりを示す書状「蓮華定院文書」が三通残っている。

①天正六年（一五七八）一月の寄進状

```
　　　　　定

任先代、為日盃、五貫文之所、并於春日之郷
五百文之屋敷、永代奉寄進所実也、現世安穏、
善所祈之、仍如件、

追、諸々役者有間敷候、以上、

　　　　天正六年戌寅

　　　　　正月吉日

　　　　　　　　　　依田右衛門佐

　　　　蓮華定院　　信蕃（花押）

　　　　　御同宿中
```

写真：依田信蕃の花押

写真：天正8年蓮華定院宛依田信蕃宿坊契状「望月町誌」第3巻より

〈訓読〉

　　　　定

先代に任せ、日盃のため、五貫文の所并びに春日之郷に於て五百文の屋敷、永代寄進し奉る所実なり。現世安穏、後生善所これを祈る。仍って件の如し追って、諸々役は有るまじく候。以上。

・信蕃が高野山蓮華定院に、父**下野守信守**をはじめ芦田依田氏の先祖の菩提を毎日供養してもらう**日牌料**として、春日郷のうち五貫文などを寄進しているものである。

②天正八年（一五八〇）二月　日の契状

・信蕃が、**領民の高野山参詣**のおりの宿坊を蓮華定院とする
ことを定めたものである。

・これは永続的な効力を付与すべき文書であるので、発給者
である信蕃が自ら判（花押）据えた文書（**判物**）となっ
ている。

・この文書からも**信蕃の花押**が判明する。

〈右の文書〉

於于高野山宿坊之事、従先代、葦田之郷并春日其
外配領之内、真俗貴賤共、可為蓮華定院、背若此
旨族者、任御寺法、可有其沙汰、於此方者、可申
付者也、仍證文如件、

　　　天正八年庚辰
　　　三月朔日
　　高野山
　　蓮華定院
　　　　　　　　　依田常陸介
　　　　　　　　　信蕃（花押）

〈訓読〉

高野山に於て宿坊の事、先代より**芦田の郷**并びに**春日**その

外配領の内、**真俗貴賤とも蓮華定院たるべし**。
若し此の旨に背く族は、御寺法に任せ、その沙汰有るべし。
此の方に於ては申し付くべき者也。仍って証文件の如し。

③天正十年二月十三日の書状（↑天正九年？）

　蓮華定院から駿河田中城に在城の信蕃に音信があり、信蕃
の臣である**塩入守直**が返信したもの。原文は漢字だけで、し
かも少々長文になるので、ここでは読み下し文（訓読）で紹
介する。

尊札の如く、例年の御祈念あり、御使僧御下着。殊に正
印事は、去々年以来、当国駿州今に在城のところ、追て
御印僧、いよいよ以つて忝なきの由存ぜられ候。なかん
づく愚拙等まで、御懇書並びに両種送り下され候。過当
の至に存ぜしめ候。そもそも去春は、正印在所まで、始
めて御来臨のところ、在城故に御見参遂げられず、本意
を失ひ存ぜられ候。拙夫ことも、終に御顔を拝さず、万々
無念この事に候。如何様、重ねて御下向の砌、計積申し
達すべく候。委曲、御使僧の口上に任せ憑み入り候の条、
省略せしめ候。恐々敬白。

　塩入日向守
　　　　　二月十三日

守直（花押）

この書状から分かることは、徳川に包囲された田中城に、高野山蓮華定院の僧侶が入ることができることになる。言い換えると、寄せ手の徳川の軍勢がいるにも関わらず、使僧を通して音信のやりとりができたということであろう。あるいは、徳川の包囲網に気づかれることなく、使僧がなんとか無事に城内へ入ることができたということであろうか。この時代には、茶道や俳諧などの文化人や、僧侶や修験者などは、比較的自由に諸国を渡り歩くことができたからであろうか。この場合は、籠城中の城将にでさえ、僧侶がなんとか会うことができたことになる。この書状の内容を分析してみると、

ア　蓮華定院からの使僧が、例年のごとく「正印事」のために当方（依田信蕃方）まで出向いて来てくれたことに感謝していること。

イ　「去々年以来、当国駿州今に在城」とは、一昨年から駿河国に現在まで在城していること。（この時の城とは田中城のことである）。

ウ　「愚拙等まで、御懇書並びに両種送り下され候」とは、依田信蕃ばかりではなく、その家臣である塩入守直に

まで配慮してもらったことに感謝を重ねていること。

エ　去年はせっかく在所（春日郷）まで来て下さったのに、駿河国に在城中のため会えなかったのを詫びている。

オ　詳細は使僧からの口上に任せるので、書面では省略すること。

この書状は宛先が書かれていない。しかし、状況からして蓮華定院宛であることが分かる。問題は「二月十三日」とあるのみで、年号が不明なことである。『信濃史料（第十五巻）』では天正十年と解釈している。「天正十年二月十三日」ということは、武田氏の滅亡が必至であると知り、やむなく依田信蕃が田中城を徳川へ明け渡したのが三月一日であるので、そのわずか半月ほど前ということになる。敗色濃い田中城へ蓮華定院の使僧が、定期的に訪問する遣いの目的で入ることは、いかにも不自然である。文面では「去々年以来、当国駿州今に在城」とある。依田信蕃が武田勝頼の命令で駿河国田中城主として守備についたのは、遅くとも天正七年秋であるので、「天正七年以来、当国駿州今に在城」ということになる。すると、この書状が書かれたのは「天正九年」と解釈すべきではないだろうか。この書状が田中城明け渡しの一年前という時点のものであるならば、より自然である。

《家康、三澤小屋の援軍の多くを引き揚げさせる》

依田信蕃が蘆田小屋（春日城）を奪還し、三澤小屋から出てきて、**佐久平定も進んだ天正十年十一月下旬**、徳川家康は信蕃の三澤小屋に送り込んでいた援軍の諸将を、自らが駐屯している甲斐国まで引き揚げさせている。そのことは『蘆田記』（依田記）には述べられてはいないが、『武家事紀』（江戸前期の兵学者**山鹿素行**の編集になる）の記述からみてみたい。

　望月の城陥ちる。城主源五郎落行。廿六日に、所々の敵降る。凡そ、卅二日の間に、落去の旨註進に付きて、源君大いに感悦、霜月末に加勢どもを召し寄せらる。

　芦田信蕃が籠城していた山城（小屋）である**「春日城」**であるから、そのまま**「芦田小屋」**と呼んではいるが、正しくは三澤小屋のことである。（信蕃が本拠である芦田小屋を北条に占拠され、三澤小屋へ籠もり、後に「芦田小屋」を奪還しているという事実は、「芦田小屋」とは**「春日城」**を意味することは明白である）。したがって、『武家事紀』でいう「芦田小屋」は「三澤小屋」と置き換えることにする。その記述から、分かることを簡条書きにしてみる。

(1)天正十年九月廿一日、**三澤小屋への加勢**をするように命じる。

　　曾根下野守（百二十騎）／岡部二郎右衛門（三十二騎）／今福主米助／三井十右衛門／川窪新十郎／武田信勝近習の士（三十一騎）

　　――三澤小屋への経路は、伊那・木曾・諏訪が味方で安全な経路であることから、「**甲州武川～臺ケ原～信**州梶ケ原～役ノ行者～三澤小屋」

(2)九月二十五日、曾根下野守／岡部二郎右衛門／武田信勝近

――**蘆田小屋加勢の士**（巻第二十二）――

　ここによって、九月廿一日に**蘆田小屋**への加勢として**曾根下野守**・岡部二郎右衛門・今福主米助・三井十右衛門・川窪新十郎・この外武田信勝近習の士三十一人、仰せ付けられ、甲州武川より**臺ケ原**をとをり、信州**梶ケ原**にかかり、**役ノ行者**の峯道をとをり、**蘆田小屋**に移る。

　これは伊奈・木曾・諏訪、皆味方に通ずるゆへ也。曾根百二十騎・岡部三十二騎・信勝衆三十一騎は、同廿五日に蘆田小屋に著て、其晩より度々の取り合いなり。柴田七九郎警固として、御家人は、人も手をををろさず、武田降参の武士ども力戦す。凡そ、武田旗本の者十八人、霜月より翌八月迄戦死。皆其跡を立てる。十月廿一日に、

習の士等が三澤小屋へ到着したが、その晩からたびたび攻防戦があった。

(3)柴田七九郎康忠の警固をし、御家人は一人も手をおろさず、武田旧臣が力戦し、十八人が十一月から翌八月までに戦死したが、皆その後継者は引き立てられた。

(4)十月二十一日に、**望月の城**が陥落する。城主望月源五郎は逃亡した。

(5)十月二十六日に、所々の敵陥る。およそ九月二十五日から十月二十六日までの三十二日間に、落城の註進があり、家康は大いに感じ悦んだ。（→なお、**十月二十六日**とは、信蕃が「芦田小屋」こと春日城を北条氏から奪還した日である）。

(6)十一月末に、三澤小屋への**加勢の衆**は、甲州に駐在している**家康のもと**へ呼び戻された。

要するに、徳川からの信蕃への援軍の衆は、ほぼ佐久平定の見通しが立ったので、**霜月（十一月）**末に信蕃のもとを**離れた**ことになる。十二月以降は、蘆田氏譜代の家来や信蕃へ新たに臣従した佐久の諸将によって、さらに佐久平定作戦をものどものあるをば、家康手につかざる遂行することになる。（ただし、徳川からの軍監としての**柴田康忠**や、信州の「**総督**」的な任務を任された**大久保忠世**の

兵は依然として、佐久に残り、信蕃の覇業を支援する立場になるのである）。

《**信蕃と関わった佐久の諸将の動向**》

佐久の諸城は、十月末から十一月中旬までのうちに、依田信蕃が攻め落としたり、**敵から降参し**、ほとんど出仕してきた。（中には、関東へ逃亡し北条を頼った者もいた）

《**家康の麾下となった武田旧臣及び信蕃の佐久平定支援のために送り込まれた武将**》

『甲陽軍鑑』本編巻二十所収「甲州勝頼衆家康衆に成事」より

ぶくいづミ・くどう一とう・遠山右馬助・其外、甲州直参衆、ミな信州にて、午のとしより未のとし迄、度々のせり合あり。

〈解説〉

①徳川家康に被官した信州の侍大将

天正十年壬午（一五八二）、**徳川家康に被官した信州の侍大将**、ということで名を挙げているが、真田よりも前になる筆頭に「**あしだ**」、つまり芦田信蕃を記している。このことからしても、家康が信濃国を領國にするために、芦田依田信蕃の働きがいかに大きかったか、甲州・佐久での信蕃の存在がいかに大きかったかが分かる。

そのほかの**信州の侍大将**には、真田昌幸・保科甚四郎正直・小笠原掃部大夫信嶺・諏訪頼忠・下條信氏・屋代秀正・知久頼氏・松岡刑部などがいた。

②信州へ入った家康譜代の侍大将

信州へ入った家康譜代の侍大将は、大久保七郎右衛門忠世・菅沼大膳定利・柴田七九郎康忠であったが、いずれも家康から派遣された、依田信蕃の**佐久平定作戦の援護者**である。特に、大久保七郎右衛門忠世は、この時点で信州制覇の総督的な役割を担っていた。さらに彼は、二俣城・田中城の攻防以来

で、信蕃と肝胆相照らす関係であり、信蕃の子の康國・康眞の後見人的な役目を果たしている。また、柴田七九郎康忠は軍監として信蕃の佐久での戦いに同陣している。

③家康によって佐久平定のために送り込まれた甲州先方衆

家康に従わない信州の武士の討伐のために、**家康は甲州先方衆を信州へ送り込んだ**が、それらは曽根下野・玉虫・津金一党・駒井一党・今福和泉・工藤一党・遠山右馬助・その外、甲州直参衆であった。（これらの多くは、**依田信蕃による佐久平定作戦の与力となった**）

以上の武将のうちの多くが、家康による信濃国制覇に向けて実際に信蕃の手足となって動いたのである。なお、家康は一生のうちで**合計七回甲斐入り**しているが、**信濃国は重臣に任せ**、本人は、信長が武田勝頼を滅亡に追い込んだ時に、諏訪の法華寺で信長と会見した時を除き、信濃へは一度も足を踏み入れていないのは、意外ではある。

《**大久保彦左衛門の『三河物語』より**》

信濃での徳川の取り次ぎ役、総督的な立場にあったのは、**大久保七郎右衛門忠世**であったが、その末弟で一緒に佐久へ入り、信蕃の佐久平定の様子を把握していた**大久保彦左衛門忠教**は、その著書『三河物語』の中で、

四方に一里二里の内に、小城屋敷城共に十二、三あり、小諸の城、禰津ごや、望月の穴小屋、内山の城、岩尾の城、耳取の城、相木の城、平尾の屋敷城、田の口の城、岩村田の城、平尾の屋敷城、あらこの屋敷城、この城々の中へわり入りて、四方へ取りあいて、その内にこなたかなたを引きつけけり。

と書いている。

『三河物語』には、『芦田記』（依田記）で右に挙げた城主の城以外にも言及がある。小諸城は天正十年十一月の時点では、まだ北条方の大道寺政繁が占拠していた。禰津小屋（小県郡禰津城、城主は禰津昌綱）は眞田昌幸が攻略している。「望月の穴小屋」を攻めたというニュアンスは、若干不可解に思えるかもしれないが、これは北条方に占拠されていた頃の芦田小屋（春日城）をさすものであろう。信蕃の軍勢は、蓼科山の奥の三澤小屋から撃って出て、その望月の穴小屋こと芦田小屋（春日城）を奪還すべく攻めたのである。（奪還成功は十月二十六日のことであった）。岩尾城には城主の大井行吉が北条方で、まだ抗していた。相木城と田口城は城主の相木依田市兵衛が関東へ逃亡して自落している。「あらこの屋敷城

とは佐久市新子田の田切地形の崖上にあり、台地に立てば平城に見える城で、台地上に空堀が一本施されているだけの単純な構造をしている。あらこの屋敷城は地元では戸坂城（鳥坂城）と称している。その来歴は不明であるが、この天正十年十一月までは、地侍が反徳川で籠もっていたことが分かる。

かくて、佐久の諸将は、**天正十年十一月中**には、ほとんど芦田依田**信蕃に出仕**してきたのである。（田口城の相木能登守は上州方面へ逃亡し、野沢城の伴野刑部信守は十一月六日に滅亡し、金井砦の市川某も逃亡し）、この時点で、まだ敵対していたのは、**岩尾城**の大井行吉と北条の**小諸城代大道寺**政繁だけとなっていた。

芦田小屋・春日城・三澤小屋　説明略

図：いずれも芦田小屋

376

⑫追鳥狩り〜譜代も新規も平等に

『芦田記』（依田記）によると、佐久が霜月（十一月）に一応治まったので、信蕃は「追鳥狩り」を催している。

佐久郡午霜月に治り、手に立つ敵御座無く候に付て、この中各苦労の由、**右衛門佐**中され振舞い候はんとて、**追鳥狩**仕る。すなわち、譜代の家人並右の侍衆も罷り出、鳥を右衛門佐前にあげ、その料理御座候つる由承り候。その上、褒美と為す金子、紅の糸、甲、その外色々出したく右衛門佐存じ候えども、片恨みいかぶにて、これを各へ出だく候間、**鬮**取り致し候へと申す。**鬮**の約束にて皆々取り、謹て戴き申され候き、右衛門佐申す様。昨日今日まで互に討ちつ討たれつ敵にて候つるに、この如く譜代の被官並の仕合満足の由、申し候由。

〈要旨〉

・佐久郡は**天正十年十一月に治り**、さしたる敵がいなくなったのと、それまで各々苦労してきたのでと、依田**右衛門**

佐信蕃は一同の慰労を兼ねて「**追鳥狩**」を催した。臣従してきた諸将をも譜代の家人並みに招待した。

・すなわち、獲物を右衛門佐前にあげ、それが料理されて出された。その上、褒美としての金子、紅の糸、甲、その外色々出したく右衛門佐は思ったが、片恨みしあわないように、**鬮**取りでそれぞれ謹んで受け取った。

・右衛門佐は、昨日今日まで互に討ちつ討たれつ敵味方であったのに、このように皆譜代の被官のようであるかのようで満足であった。

《追鳥狩りと田野口館》

十一月中に**佐久はほぼ平定**され、信蕃は「**追鳥狩り**」を行なった。この『蘆田記』（依田記）の文面によると、その時期は十一月末から十二月頃であろうか。旧暦を西暦に直すと一月中下旬に相当することになる。一年のうちで一番寒さが厳しい時節ではある。

「**追鳥狩り**」とは「山野でキジ等を勢子に追い立てさせて、狩ること」である。山野の視界が良好になり、動きやすい冬の季節に多く行なわれることから、「追鳥狩り」という言葉は冬の季語や季題にもなっている。追鳥狩りは狩猟形式での**大規模な軍事演習**でもある。依田信蕃は諸将を動員して「追

鳥狩り」を催すほどの立場になったのである。新規に出仕し
てきた諸将もこれに随伴し、鳥料理の馳走を受けた。さらに
褒美として金子、紅の糸、甲、その他褒美を授かり譜代並の
待遇を受けた。その際、信蕃は、**籤引き**（クジ）で褒美の品物を決め
させている。褒美の軽重、良し悪しについて「恨みっこなし」
ということで、籤引きにしたのであろう。現代とは異なって、
籤引きには神の意思が働いた結果がでる、と認識する時代で
あったので、一同ありがたくその褒美を賜ったものと思われ
る。信蕃にとっては、新規に臣従してきた諸将一人一人への
配慮の意味合いもあったと思われる。この辺に、信蕃の意外
と細かいところまで気を使う人柄や佐久人らしさが伺える。
追鳥狩りの獲物の料理を肴に酒盛りで談笑する一堂に会した
武将達の姿を見て、信蕃はさぞ満足であったであろう。当然、
徳川からの軍監柴田康忠なども賓客として出席していた可能
性もある。佐久のほとんどの武将が自分に臣下の礼をとって
目の前にいる。念願の佐久平定をほぼ成し遂げた満足感に
浸った瞬間であろう。（しかし、人間はそういう時が得てして、
次の展開でつまずくもとになるのであるが……）。信蕃にし
たがって徳川の臣下となった諸士は、さらに十二月には甲府
に至って、徳川家康に閲した。これを「**甲信諸士御目見**」（オメミエ）と
いう。

《**甲信諸士御目見え**》（こうしんしょしおめみえ）

信蕃にしたがって徳川の臣下となった諸士は、さらに十二
月には甲府に至って、徳川家康に閲し、各自、本領安堵を得た。
『**武徳編年集成**』（ぶとくへんねんしゅうせい）巻之二十五、天正十年十二月十一日の項には、
「**甲信諸士御目見**」（こうしんしょしおめみえ）のことが記されている。

> 頃日甲信ノ先方ノ士ヲ甲陽古府ニ召テ拝謁ヲ遂サセ忠ノ
> 軽重ヲ糺サレ或ハ全ク本領ヲ賜ヒ或ハ舊地ヲ減ゼラル

つまり、**甲州・信州の先方衆**（甲信諸士、武田氏滅亡後、
家康のために先方となって北条と戦ってきた甲州と信州の
士）を、家康は甲府に招いて、家康と**拝謁**（**御目見え**）させ、
忠義の軽重を糺し、本領を安堵したり、旧地を減じたりした。

佐久の諸将も甲府へ行き、**家康に謁見**したのである。芦田依
田信蕃が「甲信諸士御目見え」の時、出向いたのか否かとい
うことは不明であるが、信蕃はすでに家康臣従の御目見えは
済ませており、また、諸将が甲州へ出向いている間の佐久の
治安のためもあって、この時、甲州へは行かなかったことが
推定される。かくて、あわただしかった動乱の天正壬午（ジンゴ）（み
ずのえうま）十年は、表向きは比較的平穏に暮れた。

《想像を絶する早期完成　～新造の田ノ口館》

「追鳥狩り」をして諸将を招いた信蕃の居館の館は田口館であった。田口城の南麓の日溜まりにある居館で、そこは、現在の佐久市田口にある蕃松院のある所であったっと推定される。蕃松院は、依田信蕃の嫡子である松平康國が開基となり、父である信蕃の菩提を弔うために、信蕃の法名「蕃松院殿節叟良筠居士」をとって命名し、信蕃最後の居館あとに建立した寺である。現在、蕃松院の裏には信蕃と次弟信幸のものであるとされる二基の五輪塔がある。近年（平成二十二年）、五輪の塔の台石の下から刀が出土し、寺宝となっている。この刀についての詳細の検討を待ちたい。

ところで、「追鳥狩り」は前述では「この『蘆田記』依田記）の文面から素直に解釈すると、その時期は十一月末から十二月頃であろう」と書いた。市川武治氏は『もう一人の真田～依田右衛門佐信蕃』で――「天

写真：墓石の下から発見された刀（蕃松院蔵）
刃渡 54cm、つか 10.5cm（金属部分）、つば縦 6.5cm、横 6.0cm、金属刀身 66cm。

正十年十二月、信蕃は田口城山南麓へ、大名にふさわしい豪華な館を新築しここに移った」と述べている。十一月六日に前山城の伴野刑部信守を滅亡させ、信蕃はその直後、三澤小屋から出て奪還したばかりの春日城（芦田小屋）から、佐久の中央部に近い「前山城へ移った」と少なかぬ史書で述べられている。前山城は信玄の宿城として使われたこともある戦国時代の佐久の中心ではあったが、戦国大名としての芦田依田信蕃が拠る城郭としては、やや小規模であった。また、伴野氏を滅ぼした直後から信蕃が前山城にいた期間や諸状況からして、信蕃が前山城を本格的に本拠とするつもりであった可能性は低い。信蕃が前山城に拠ったのは、一カ月にも満たないのが事実ではある。信蕃は本拠を千曲川をはさんで南東に位置する、相木依田能登守の逃亡した後の田口城へ移した。

山上にあるこの頃の山城は、現代人が想像するような城郭ではなく、おそらく郭も土塁・切り岸・空堀・防護柵程度の構築であったと推定される。問題はその麓にあった田口城である。相木能登守の館がどこにあったのかは不確定ではあるが、おそらく信蕃のそれと同じような場所であったであろう。

中世・戦国時代は、城郭や館は戦いに破れる時、攻め手によって破壊されたり、放火されるばかりでなく、相木能登守のように自落逃亡する場合も、自ら焼き払ってしまうのが常

図：田口城と田口館（やかた）
佐久市田口。のちに蕃松院となる。

であった。田口城及び館も同様であった可能性がある。相木能登守が信蕃の来襲を恐れて自落し、上州へ走ったのが天正十年十一月六日の前山城落城の頃とすれば、それから一カ月ちょっとしか経過していない十二月に、信蕃の田口山城麓の**新田口館**が新築されたことになる。現代とは違い、機械も道具も発達していなかった時代に、建築資材の調達・建築に携わる人員の確保等々を考えると、実に驚異的な早さである。

おそらく現代人が想像するような立派な館ではなかったであろうが、追鳥狩りに招かれた諸将が居並ぶだけの広さが必要であったであろう。建設が非常に短期日のうちになされているということは、建築を奉行する人物の下、有能な技能集団が必要である。その人物が**丸山左衛門太郎**であると推定できる。ここに紹介するのは、丸山左衛門太郎への**信蕃の印判状**である。「佐久郡が思い通りになったら、郡中の大工（の棟梁）を申しつけ、知行五十貫文を与える」という宛行状（あてがいじょう）である。

市川武治氏が指摘しているように、おそらくは、**丸山左衛門太郎**を中心とした**技能集団**が、信蕃の命により、田ノ口館の新築工事を担ったものであろう。戦国末期には、**情報網伝達**に関してもそうであったが、技能集団も我々の想像を越える能力を短期日の間に発揮できたものであろう。戦いに明け

写真：丸山左衛門太良宛ての依田信蕃書状（佐久市丸山家文書『信濃史料』第15巻所収

当郡の本意に於ては
郡中の大工申し
付くべく候其の上知行
五十貫文出し
置く者也、よって件の如し
天正十壬午
九月晦日　信蕃（角印）
丸山左衛門太良

・上記の書面から、芦田（依田）信蕃の印判（角印）は下記の如くであることが分かる。
・文字は「續榮」と読める。
・ちなみに、同じ「續榮」の文字の信蕃の印判（丸印）も紹介する。

写真：続栄　依田信蕃印

《田の口城の構造》

蕃松院の東方百ｍほどの所から北の斜面には地元の人々の墓地のある削平地が何段も登っている

暮れる時世柄、戦での本陣の設置、城郭の普請、簡単な防御施設の早期建設、道路や橋の修復、土塁や堀の築造などの全般に渡る工兵技能集団、ないしは雑兵を指揮してそれを担う役が必要であったのは十分に考えられる。芦田依田信蕃に属してそれを担当していたのが丸山左衛門太郎であったと推定される。なお、その子丸山内匠助は、天正十七年、信蕃の子の松平康國より、山宮豊後跡百六十一貫文（新海神社社領）を与えられているが、その末裔は二十一世紀の現在でも、佐久市田口新海三社神社の境内近くに在住である。

が、それらは田口山城へと続く大手道を守る段郭の跡であった可能性がある。墓地を過ぎてさらに急斜面を登ると、道が左右に折れる箇所にも、上方から横矢をしかけられる郭跡とおぼしき地形がいくつかある。さらに登ると、やがて屏風状に断崖が連続する真下に出る。突然道がなくなり途方にくれるが、よく見ると、岩壁が湾曲した所を人がやっと通れるほどの幅で、上へ通じる急坂が延びている。そこを過ぎると、田口山城の西郭（仮称）へ出る。岩尾城方面を眺望できるのはこの西郭あたりである。後日、天正十一年二月二十日に軍監柴田康忠をともなって岩尾城を一望したのはここであろう。

西郭から西方は西尾根郭群を経て、さらに西方へ徐々に下がるが、いくつかの削平地をともない、最終的には現在の県道へ落ちている。

一方、西郭の東端から右方向（東方）へ大手郭、三ノ郭、二ノ郭、副郭三九×二六ｍ）と進んで主郭（四四×四五ｍ）へ達する。断崖の切れ目から尾根に出た箇所から数百ｍ進んで、主郭へ到達するわけで、かなり広大な城郭である。主郭からは前山城、平賀城、内山城なども眺望できる。南の足元には後世江戸末期の龍岡城五稜郭の星型がはっきりと目に入る。北海道函館五稜郭と田口のものと日本では二つしかない。

（ちなみに西欧中世では五稜郭の集落は珍しくはない）。さら

図：田口城の縄張り図
佐久市田口字城山 （調査）平成 22 年 3 月 7・18・19・26 日・市村

写真：田口山城から南に見下ろす龍岡五稜郭の星型と南方に岩崎砦

に南方には甲斐衆も加わった依田軍が、北条方の軍勢（具体的には相木市兵衛の軍）を破ったという**岩崎砦**のある山塊が見え、千曲川を挟んだ西側には**勝間反ノ砦**（稲荷山城）が指呼の間に見える。足下やや東方には**新海三社神社**がある。その現在ある社殿や三重ノ塔は当時のままで、まさに依田信蕃が田口城の主郭から見たもので

もあることを思うと感慨深いものがある。

なお、田口城の副郭の北下には何段もの**北郭**が続く。主郭の東下は「**馬場**」（一〇×九四m）といわれているが、その東方には**三条の堀切**があり、それに関わっていくつかの削平地がある。田口城全体の尾根の大部分や山頂は、後世になって桑畑や薬用人参畑として開墾されているので、郭や道の細かい部分は、かなり破壊変形している可能性もある。現在はその畑も荒廃し、落葉松林となっている。城の南側はとにかく**断崖絶壁の連続**で登攀は不可能である。あえて言えば北方面は断崖のない箇所があるが、これも急斜面であり、難攻不落の山城である。

田口長能が武田信玄に滅ぼされた後、武田の将として**相木市兵衛**が守り、その後、**依田信蕃**が最後に拠った城としては、さすがの規模と構えをもった縄張りである。（しかし、これは後日のことではあるが、信蕃は、この山城に腰を据える暇もほとんどないままに、天正十一年二月二十三日にこの世を去ることになるのである）。

1400年（応永7年）	田口城に拠った田口氏がいた。（『大塔物語』に田口氏の名あり）
1400年代後半～ 　1500年代中期まで	諏訪社御射山神事や新海三社神社に関わって田口氏の複数の人物名あり。
1548年（天文17年）	武田信玄により田口長能（ながよし）滅亡。
1550年頃（天文20年頃）	信玄の命で相木能登守市兵衛が田口城主となる。
1582年（天正10年）	相木能登守市兵衛が北条へ逃れ、芦田信蕃が田口へ。
1583年（天正11年）	信蕃の嫡男松平康國が小諸城主となり、その後しばらくして廃城か。

図：田口城主の変遷

写真：新海三社神社の本殿

写真：金剛力士像（現在は上宮寺にある）

写真：三重の塔（隣接して神宮寺があった）

田口長能・武田信玄・相木市兵衛・芦田信蕃も拝した新海神社社殿・三重ノ塔・金剛力士像……今も当時の姿

㊸新年の祝賀〜信蕃絶頂の時

いよいよ、運命の天正十一年は明ける。『芦田記』（依田記）には、**新年の祝賀**のことが記述されている。

> 國その分に御座候。
> され候御心待にて、閏正月に御祝の為、四十三に御祝直しな
> の年、家康様四十二の御歳に候間、四十三に御祝つる由承り候。こ
> 形折紙にて、礼盃も譜代の被官並に候つる由承り候。こ
> 癸未正月元日、右の侍ども、譜代の者並に、**右衛門佐大**

（依田記）

〈要旨〉

・天正十一癸未年（一五八三）正月元日、**右衛門佐**は追鳥狩りに参加した諸将を、譜代の者並に、大形折紙にて、礼盃も譜代の被官並に行なった。この年は、家康が厄年四十二歳にあたるので遠慮し、（この年は閏年で正月が二度あったため）四十三に御祝い直しする心待で、閏正月に御祝いをした。

《芦田家旧臣名列簿》

右衛門佐信蕃は、天正十一年（一五八三）閏正月、田口城の麓の**田口館**で、家臣を招いて新年の祝賀を催した。この年は徳川家康が厄年の数え四十二歳にあたっていたので遠慮し、四十三歳にお祝いし直しする心持ちで、閏正月に新年の祝賀の席を開いたのである。

先の追鳥狩りに参加した諸将とはば同じ顔ぶれであろう。この頃が依田信蕃のまさに絶頂期であったことは言を待たない。上座に位置した自らの目の前に、佐久の主だった諸将が臣従の意を示しているのである。その時の席順を記したものに『芦田家旧臣名列簿』（『もう一人の真田—依田右衛門佐信蕃—』（市川武治著参照）があるが、それを参考に私見を加えると、

も、やはり**譜代の者並**に大形折り紙にて処遇した。**服属してきた佐久の諸将**（土豪）をも、やはり譜代の者並に大形折り紙にて処遇した。

年頭上席……三名

・依田左近（信蕃父下野守信守の次弟、**左近助守俊**）
・依田勘助（信蕃父下野守信守の三弟、岩村田落城後の城代、信光）
・依田主馬（信蕃父下野守信守の五弟）

→三人とも信蕃の叔父か？『寛政重修諸家譜』参照

【騎馬以上】……六名

・横田甚右衛門尹松（ただとし）（高天神城の戦いで武田側主将、のち軍監、柏坂峠以来信蕃の下）

・石原豊後守（武田旧臣、石原政吉、書物によっては「依田豊後」とも称す）

・大井河内守（大井満雪、小兵衛、耳取大井氏、志賀城攻め先陣、もと箕輪城を守備）

・伴野対馬守（伴野氏の家の通称は「主馬」で、芦田五十騎中のそれは貞吉のこと）

・栗原左衛門

・依田十郎左衛門（信蕃叔父守慶、真田昌幸と交渉し味方にするに功あり、外山城主）

【一騎衆】……約一六〇名〈順不同〉

・平尾平三（平尾城主、平尾依田氏、守芳）・平尾右近（平尾）・依田主膳（信蕃従弟）・平原源助（平原依田氏、源七郎盛繁か）・平原膳心（全真？）・奥平金弥（戸田金弥、長篠以来）・依田兵部（丸子依田氏鞠子兵部ともいう）・平原将監（しょうげん）（平原）・望月印（卯）月斎（望月城主）・伴野小隼人（天神林城主、後に依田姓）・森山豊後守（森山城主）・柏木六蔵（柏木城主、六郎）・大井民部丞（耳

取城主、政吉、この頃大井総領職）・尾台又九郎（小田井）・志賀与惣左衛門（高棚城主）・柳沢平右衛門（平左衛門、軽井沢発地）──その他（省略）も入れて、一騎衆は約一六〇名

以上合計約一七〇名の名が『芦田家旧臣名列簿』（佐久市誌刊行会文書）にある。中には後の「依田五十騎」に含まれると思われる名前もある。

《芦田信蕃の親族・近親者》

芦田氏は宗家だけが芦田を名乗り、それ以外は依田を名乗ることから、丸子依田氏及び騎馬以上の依田十郎左衛門（守慶）は、いずれも信蕃の叔父である。しかし、ここで意外なのは、芦田（依田）信蕃にかなり近い親族関係の人物ということもできる。年頭上席の依田左近（左近助守俊）、依田勘助（信光）、依田主馬及び騎馬以上の依田十郎左衛門（守慶）は、いずれも信蕃の叔父である。しかし、ここで意外なのは、『芦田家旧臣名列簿』には信蕃の兄弟関係の者の名前がないことである。次弟依田伊賀守源八郎信幸、三弟依田善九郎信春や、甥の依田肥前守六郎次郎信守、依田源太郎信政等の名前の記載がないことである。それは、あくまでも旧「家臣名簿」であるので、信蕃に極めて近い「家族」と

して「臣」にはあえて列しなかったとも解釈できる。このことについて市川武治氏によると、その他にも芦田信蕃の近臣の柳沢氏、重田氏など多数の名が漏れているが、これは正月とはいえ、未だ不穏な北条方との関係で、上信国境を警備していた故であろうという。柳沢氏は信蕃の諜報網を担っており、また、柳沢次右衛門の子元目助に信蕃の妹が嫁している関係がある。重田氏は、重田周防守満の娘が信蕃叔父**左近助守俊**の妻になっている。

の軍勢、援軍である松平家忠、菅沼大膳の軍勢を加えればかなりの勢力になる。いよいよ**佐久平定制覇も間近**であったのである。

《芦田依田軍の動員力》

「二騎衆」以上が一七〇名という数字から、芦田依田軍の動員できる軍勢数を算出してみる。戦国期の着到の軍役は、一騎につき四名の家来が付属することになっているし、それが通常である。一将に四人の家来が付くと、一＋四＝五で**五名が戦国時代の軍勢の最少単位**である。それを考慮すると、芦田依田軍は一七〇×五＝八五〇名と推測される。⑥で既述したように、従者が五名付いて一＋五＝六で編成されたとすると、一七〇×六＝一〇二〇名となる。いずれにせよ、八五〇〜一〇二〇名、約一〇〇〇名前後の軍勢を形成することになる。実質これだけの軍勢が信蕃の傘下に入っていたのである。正月以降も佐久に駐屯する徳川からの軍監柴田康忠

1騎につき、1＋5＝6人からなる。
170騎＝（1＋5）×170＝1020人の軍勢。

図：1騎（騎馬武者1人）に従卒が5人付く

城名	城主	対信蕃	城跡所在地
小田井城	二俣丹波守	戦死	御代田町小田井 城ノ内
加増城	桜井大膳正	戦死	小諸市加増城
金井城	市河某（上野国南牧衆）	逃亡	佐久市小田井 金井
外山城	大谷帯刀左衛門	逃亡	北御牧村羽毛山
岩村田城	大井雅楽助（美作守・大炊助）	降参	佐久市岩村田 古城
前山城	伴野刑部信守	戦死	佐久市前山 城山
田口城	相木能登守頼房（常林）	逃亡	佐久市田口 城山
内山城	小山田六左衛門（藤四郎）	降参	佐久市内山 城下
高棚城	志賀與惣（与三）左衛門	降参	佐久市志賀 天狗岩
平尾城	平尾平蔵昌朝	降参	佐久市上平尾 秋葉山
平原城	平原宮内全員	降参	小諸市平原 城
森山城	森山豊後守	降参	小諸市森山 古城
耳取城	大井民部助満安	降参	小諸市耳取 古城
柏木城	柏木六郎	降参	小諸市柏木 古屋敷
望月城	望月源五郎	戦死	佐久市望月 城
岩尾城	大井次郎行吉（岩尾弾正）	抗戦	佐久市鳴瀬 城跡
小諸城	大道寺駿河守政繁	攻防	小諸市小諸 丁

図：信蕃と佐久の城主達　█ 未陥落　⚔ 戦死　⌂ 逃亡　⌂ 降参（出仕）

㊹旧地奪回を図る相木依田氏と伴野氏

天正十年十一月、**依田信蕃**は田口城に阿江木能登守を攻めようとしたが、阿江木（相木）能登守は信蕃の大軍に恐れ、城を空けて逃亡し、小田原の北条氏のもとに身を寄せた。この能登守とは**相木市兵衛依田頼房入道能登守常栄**のことである。

《同族相木依田氏と田口城》

相木氏の本貫地は現南佐久郡南相木村・北相木村の範囲である。北相木にある相木城（**坂上城**）は調査の手が入り、簡単な縄張り図ではあるが解説もなされ、一般に紹介され、「相木城」と認知されている。しかし、南相木にある**見上城**が相木本城であると、依田武勝氏（相木氏の子孫で系図や家宝等も継承している宗家）は、そのいくつかの著書で述べている。

相木氏が関わった文化財や遺跡、さらに伝承等からすると、南相木がその本拠であり「阿江木（相木）」発祥の地であろう。

また、武田氏の佐久侵入以降は、武田軍団主要道でもある信州峠〜馬越峠を通って（ないしは、平沢峠〜板橋〜臨幸峠経由で）至る所に南相木が位置することから、南相木が軍事上重要な地域であったことは想像に難くない。依田武勝氏は相

木氏の本拠を南相木川南岸に比定し、「見上城」としている。（ちなみに、『定本佐久の城』〈一九九七、郷土出版社〉で中田栄七郎氏は、相木城（旧城）の居館跡は現在の常源寺がある所としている。そこは南相木川の北岸である）。いずれにて、要害の地に城を移転する必要があり、相木領内で要害堅固な条件を満たす北相木の坂上に築城したのである。武田氏

相木城には旧城（南相木、本城・**見上城**）と新城（北相木、**坂上城**）とが存在したわけである。情勢の変化によっの信州への主要道を押さえる意味で南相木の旧城（本城）も引き続き相木氏によって守備していたが、北相木は「ぶどう峠」越えで上州へ通じる道筋にあたっている。その方面を押さえる必要性がでてきたことも理由の一つと考えられる。

相木氏もその一族である依田氏の発祥の地は小県郡丸子町（現上田市）である。依田川、依田窪、依田城と「依田」関係する地名があ

写真：相木見上城（手前の台地中央左）、山の麓に相木一族の墓地

写真：田口城主郭の東方下の堀切
空堀の幅を巻尺で測る

る。その依田氏の一族が鎌倉時代から戦国時代にかけて、千曲川の本流・支流沿いの小県郡から佐久地方までの範囲に広がった。『武田騎馬軍団秘史』（依田武勝、叢文社）によると、相木氏・芦田氏・浦野氏・矢島氏・海野氏・飯沼氏・望月氏がいわゆる依田七家である。また、戦国時代の佐久の土豪として城郭を構え、まさに天正壬午十年の佐久統一の戦いの時に、しばしばその名が上がる平原氏・平尾氏も通常は「依田氏」で通っている。その中でも、相木氏も芦田氏と同じく、信玄にしたがって各地の戦いに転戦し、『甲陽軍鑑』では、武田氏のほとんどの合戦で武田氏の武将として、芦田氏とともにその名がある。（しかも、芦田氏よりも先に名が上げられていることが多い）。〈永禄四年（一五六一）の第四次川中島の戦いでは

妻女山攻撃の別働隊十頭
（高坂弾正・飯富兵部・馬場民部・小山田備中・甘利左衛門・真田一徳斎・相木市兵衛昌朝・芦田下野守信守・郡内の小山田弥三郎・小幡尾張守）の一方の旗頭として活躍している。また、相木氏と芦田氏はともに甲府の信玄のお膝元に**屋形**（館・屋敷）を与えられた重臣であったという自負があった。

天文十三年（一五四四）、武田信玄が佐久に侵入し、志賀城を残して佐久の諸城を攻略したが、信玄は相木市兵衛依田**昌朝**（入道能登守**常喜**）に**田口城**を与えた。昌朝は、嫡子である相木市兵衛依田**頼房**（能登守**常栄**）を城主とした。それ以前にも、相木氏は相木谷ばかりでなく、佐久の各地に城を構えていたが、田口城は南北佐久地方のほぼ中間にあたることから、相木氏にとっては、佐久に支配を広げるために大事な役割を果たしていた。その田口城をあきらめて能登守は関東へ亡命したのである。武田氏の滅亡、本能寺の変を経て、**相木氏**を始めとする佐久の諸将は関東の**北条氏の臣下**となった。ただ一人**芦田信蕃**のみが**徳川氏**へ属し、その信蕃が佐久を席巻しつつある現状に対して、プライドからして到底屈するわけにはいかない。しかし、周りの諸将は雪崩をうったように信蕃の傘下に入っていく。抗することができなければ、北条を頼って関東へ逃れ、再起を図るしかなかったのである。

《前山城を攻略された伴野氏のその後》

信蕃の次男康眞が後に、尾張徳川義直の求めに応じて、提出した文書（『芦田記（依田記）』のもとになったもの）には、次のように記されている。

一、天正十一未年二月十二日の御書、依田右衛門佐方へ

　　　　　　　　　　　　　　　　前山と申す城、伴野刑部

楯籠もり罷り在り申し候を、依田右衛門佐午の霜月責め落とし、伴野刑部は夜明けに退去申し候き。頓て前山の城へ右衛門佐移り罷り在り候内に、加勢成られる小番の人数前山へ遣わされ候時分の御書にて御座候。

〈要旨〉

・天正十一未年（一五八三）二月十二日付けの依田右衛門佐方への書状一通の写しを提出致します。これは前山城に伴野刑部が楯籠っていたのを、依田右衛門佐が天正十年十一月に攻め落とし、城主伴野刑部は夜明けに城から退去致しました。

・そのすぐ後、前山城へ右衛門佐が移り在城しているうちに、徳川からの加勢の小番の兵が前山城へ遣わされた頃の御書（書状）です。

ここでは「依田右衛門佐午の霜月責め落とし、伴野刑部は夜明けに退去申し候」と記されている。つまり、天正十年十一月七日に信蕃が前山城を落城させたことを述べている。

その際、前山城主伴野刑部信守は「夜明けに退去した」となっている。一方『武徳編年集成』では、「今日伴野刑部が（＝の）佐久郡前山城を攻抜、城主をば石黒八兵衛、是を打捕」とあって、城主伴野刑部は討ち死にしたことになっている。いずれが正しいかは明確にはなっていない。『貞祥寺開山歴代傳文』『洞源山貞祥寺開基之由』（貞祥寺所蔵）によると、前山城落城は天正十一年二月三日となっている。――「城主伴野刑部少輔信守并に股肱の臣は奮戦したが力尽き、城に火を放って自害し、嫡男の左京進貞長（二十歳）は城から討って出て、よく戦ったが、城から火が上がるのを見て敗軍の士を集め、再び敵に入って戦死した。（一方、貞長は落城時に危機を脱して小田原北条氏を頼ったともいわれている）。弟の萬次郎貞信（七歳）は、前山儀助に伴われて武州へ去り、その後の動向は分からなくなった。前山城並びに荒城は灰塵となったが、洞源山貞祥寺は残った」と述べられている。

ここで問題となるのは、前山城の落城を天正十一年二月三日としていることである。伴野氏の菩提寺である貞祥寺に関わる文書に、伴野氏の滅亡の期日がそのように記されている

391

というとは、前山城奪還へ向けて伴野氏の何らかの軍事行動があったとも受け取れる。それに符合することとして、芦田信蕃が前もって伴野氏の襲来を察知したのか、それまでの前山城の城番柳沢元目助と交替し、信蕃自らが前山城へ入城している事実があるからである。伴野貞長は天正十年十一月七日には逃げ延びていたが、年が明けたこの二月三日の前山城奪還戦で討ち死にしたのだという説もある。

「伴野刑部」と名乗る武将が、その後も前山城奪還を狙っている。天正十八年（一五九〇）の小田原合戦の頃に、相木市兵衛能登守とともに北条の支援を得て、相木谷に侵入したりしているのは事実である。その刑部は、松平康國・康眞軍によって、信州と上州との境の武道峠下の木次原で討ち死し、現在そこに墓が立てられている。その墓碑銘には伴野刑部は「貞長」となっている。相木白岩合戦の際の木次原で討ち死にしたのは伴野氏のうちの一族の別人が刑部を名乗っていて、その彼が討ち死にしたとする歴史家もいる。可能性との一つに、前山城落城時に七歳で武州へ逃れていた萬次郎貞信が、九年後の天正十八年（一五九〇）に、数え十五歳になって伴野刑部を名乗り、旧地奪還を、を目指して相木市兵衛能登守と共に佐久へ侵入したとも考えられる。

少々複雑になるが、「伴野刑部」と名乗る伴野氏の武将が

二人ないしは三人この時代に次々と名乗ったということになろうか。しかし、いずれも芦田信蕃またはその子松平康國・康眞によって滅ぼされ、伴野氏の再興は叶わなかった。（前山城攻城戦の詳細については既述の項を参照されたい）

写真：家康（花押）

写真：徳川家康書状『依田家文書』（個人蔵、長野県立歴史館寄託）
平成23年度長野県立歴史館発行の春季展図録『武士の家宝』p.13から転載

天正十一年二月十二日付で、家康から信蕃へ下された書状は、左記のものである。

徳川家康書状『依田文書』（佐久市依田四郎氏所蔵）

前山番替之儀、伊奈郡衆可相勤候旨雖申付、阿江木於出城者差而人数者不可入候歟、其上近日至甲府出馬候間、彼表置目之儀可有候間、先之人数之儀勞兵無之様被差帰尤候、諸事柴田七九郎被遂談合、才覚専肝候、恐々謹言、

　　二月十二日　　　家康（花押）

依田右衛門佐殿

〈訓読〉

前山番替の儀、伊奈郡衆相勤むべく候の旨申し付くると雖も、阿江木出城に於ては、差して人数は入るべからず候か。その上近日甲府に至り馬を出し候の間、かの表置目の儀ある　べく候の間、先の人数の儀勞兵無之これなき様差し帰され尤に候。諸事柴田七九郎と談合を遂げられ、才覚専肝に候、恐々謹言。

〈解釈〉

「前山番替之儀、伊奈郡衆可相勤候旨雖申付」とは、前山

城の番替えをするという指示である。「徳川からの加勢の小番の兵が前山城へ遣わされた」という意味である。もう一歩となった佐久平定の成就に向けて、信蕃には前山城の守備にこだわらないようにという配慮からくるものであろう。番替えで入れ替わって入ってきたのは、下伊那からの知久頼氏である。知久氏は現下伊那郡喬木村上久方の神之峯城（かんのみねじょう）を本拠とする土豪である。同じ下伊那の下条氏や小笠原氏とともに、家康に臣従していたのである。

信蕃が、前山城に伴野氏を滅亡させたのは、天正十年十一月六日である。前山城落城に関しては通例そのように理解されている。その後、いったん信蕃自身が前山城へ入ったが、その後、自らは本拠を田口城下の田口館へ移し、前山城へは姻戚関係にあり、信蕃の情報網を握っていた柳沢元目助を城番として入れていた。しかし、二月の初旬には伴野信守の子である貞長が前山城奪還に来襲するという動きを知り、自らが前山城へ入ることもあった。今回、その前山城の守備に、家康は下伊那郡の知久氏を城代として充てるという書状である。

〈**芦田勢の佐久高野町の守備と相木城攻略**〉

天正十一未年（一五八三）二月十二日付けの**依田右衛門佐**

図：交通の要衝・相木

への書状の内容は、十二日に先だって、甲州先方の士三枝虎吉が、信州佐久郡高野町を北条方の攻撃から守り、阿江木の砦を攻め落としたことについて、**依田信蕃**は家康より尊翰を賜わった。ここでいう北条方とは相木勢のことである。

阿江木の砦（相木城）は、現在の南佐久郡北相木村坂上にある崖上の城で、現在は村の中心部となっている。坂上集落の標高は一〇三四mで、北相木川の河谷の中で、やや広い台地を利用して築城したもので、川が大きく曲がって城の東・南・西を流れており、一〇mから数十mの断崖になっている。山と川を利用した自然の要害で、相木氏の根城であった。相木氏の館跡は字殿村にあり、付近には御門・西の丸・馬場地・空堀・御門向などの関連地名が残っている。

相木氏の本来の拠点は南相木であったが、この頃には栃峠や武道峠を越えて上野国や武蔵国へ通じる街道の通る交通の要衝である北相木に中心が移っていたようである。その相木城に相木氏の一族が、地元の支えもあり、依田信蕃軍に対して抵抗を示していたのである。

当主相木市兵衛入道能登守（常栄依田頼房）はすでにこの時点では、本拠としていた田口城から上州へ逃れ、さらに小田原の北条氏のもとにいたが、相木氏の一族は本貫の地である相木にいたのである。

北条氏に属するその相木一党が、佐久平定のために甲州か

写真：相木城（北相木村、坂上城）

南郭（現在は諏訪　　　北郭（現在は配水池
神社がある）　　　　　がある。主郭か）

左から右へ
千曲川

写真：高野城

らやってくる徳川勢の進路の要衝である高野町を押さえよう
として、佐久郡高野町を何度も襲撃している。相木勢が襲撃
したという「高野町」とは、現南佐久郡佐久穂町大字高野町
であるが、その襲撃した場所は高野城であろう。高野城の縄
張りは自然地形の舌状台地そのものを総体としており、五〇
×一五〇ｍほどの城域である。台地は北東(比較的要害の地、
本郭があった)から南西（居館などがあったと推定される）
方向に延びている。自然地形を巧みに利用した平山城である。
三枝虎吉は、それ以前からあった城に修築を加え、堅固な城
にして守備についていたのであろう。相木勢の来襲を撃退し

図：相木城と高野城の位置関係

田口城
勝間反ノ砦
田口峠

高野城

余地峠

上

武
州
街
道

十石峠

州

親沢峠　　相木城

ぶどう峠

北　相　木

甲
州
街
道

南　相　木

N

たばかりでなく、相木氏の本城（相木城）を攻め、自軍のか

なりの被害を被りながらも、落としたのである。

三枝虎吉は信蕃が主将として駿州田中城を守備していた時

の副将格の武将である。武田氏の滅亡後、織田信長の追及か

ら逃れて、信蕃と同じように家康によって匿われていた。本

能寺の変後、家康の指示によって信州佐久へ入り、信蕃の指

揮下に入っていたのである。この文書では、「阿江木城（相

木城）の守りはあまり兵が必要ないから、人数を減らすよう

に」家康から信蕃への指示である。

これ以前に、依田信蕃は阿江木（相木）能登守を佐久郡田

口城に攻めて、上州へ逃亡させ、これを落としている。今回

落とした相木氏の本城である相木城には当主である相木能登

守はすでにいなかったのである。主なき城を守っていた人々

こそ哀れである。討たれたり、山上がり（山小屋へ逃げて隠れた）者もいたであろうと推定され

るが、多くは農民であり、各々の残兵の追及はあまり厳しく

なかったであろう。収まった相木城に信蕃は甥の依田肥前守

信守に守備させていた。その阿江木（相木）城の守備兵の数

を、そんなに必要ないからと減らさせているわけである。

二月十二日の書状の末尾で家康は信蕃に「諸事柴田七九郎

と談合を遂げられ、才覚専肝に候」と付け加えて「諸事柴田七九郎

家康がこの書状を発した、その十日後の二月二十二日

に、信蕃は岩尾城の攻城を焦って前面に立って軍勢を指揮し

ていて、狙撃され、翌日の早朝に没することになる。「軍監

の柴田七九郎康忠と相談して専ら才覚せよ」という家康の指

示を守っていれば、岩尾城攻撃において落命するには至らな

かったものをと惜しまれる。柴田康忠は、正

面からの力攻めはせずに、持久戦に持ち込み、兵糧が尽きる

のを待つように助言した可能性もある。しかるに、信蕃は二

月二十日に康忠を伴って、田口城から岩尾城を眺めやり、「明

日は芦田勢だけで一挙に攻め潰して見せるので、観戦さえし

てもらえば結構」と豪語してしまうのである。（あとで思えば、

この心情はすでに、眞田昌幸に対して言った言葉と一致する

時に、岩村田大井氏と千曲河原塩名田の戦いの

兵糧攻めなどの慎重な作戦で臨もうとしていたかもしれない

柴田康忠の入る余地がないほどに、この時の信蕃は高揚（過

信）していたのであろうか……。

───「諸事、柴田七九郎と談合を遂げられ、才覚専肝に候」

───意味を心に銘記すべきであった。

《同族である芦田氏と依田氏は、いつ分岐したか？》

芦田氏が語る由緒の系図（平成二十三年度長野県立歴史館春季展『武士の家宝』）と、相木氏が語る由緒の系図『相木市兵衛依田昌朝と武田信玄』（依田武勝著）を照合し、『寛政重修諸家譜』や先達書籍を参考にして、その系図上の関係を探ってみると、左図のようになる。

「依田為実——実信…（中略）…唯心」までは、依田氏として同じであるが、次代の「行盛・朝行」兄弟の代以降は、系図上で分岐している。

しかし、両系統ともに後代に「経光・時朝・行朝」が載っていることは不自然である。したがって、唯心のあと行朝に至る世代は錯綜としているが、この間に芦田氏・相木氏として分岐したものと推定される。

図：同族である芦田氏と相木氏の分岐

ここまでは判然としない

397

㊺岩尾城の戦い〜急転直下

佐久平定に向けての総仕上げが、いよいよ近づいてきた。この様子は信蕃の次男康眞（後の加藤宗月）が尾張徳川義直の求めに応じて、お家の由来をまとめて提出した『芦田記』（依田記）に記述されている。

岩尾城攻めである。

田の口と申す城は、阿江木能登守居申し候。常陸介の威勢に恐れ、田の口の城を明け渡し申し候。その時、小諸大道寺尾張張守、さてまた岩尾城岩尾之主居申し候。この両所より外、佐久郡に敵一所もこれ無く候間、岩尾城はほとめけに罷り成るべしを、二月廿二日、無理責めに岩尾城を責め候とて、常陸介自身一の先を仕り、自身塀を乗る所を、内より鐵砲にて押し当て打たれ、弟の依田源八郎も右同前鐵砲にて打たれ、先ず源八郎廿二日の晩に相果て、常陸介落命。

徳川義直から、詳細を記述するように指示されて、宗月が再度提出したものには次のように述べられている。

未の二月廿日に、田の口の城へ右衛門佐上り、並びに柴田七九郎も同道候て、佐久郡一目に見渡し候高き所にて見るに、この程残所無く味方に成り候。小諸一城ばかり敵にてあるに、その外岩尾の小城一つ憎き仕合いに候、明日は責潰し申すべき候間、柴田七九郎には一人も御出し候はで御見物候え、城攻めを御目に掛けるべく由、右衛門佐広言を申され、廿一日には城より降参申すべく様子に付いて、一日相待ち候へども、廿二日には早天に取り巻く。右衛門佐も城際にて馬より下り、足軽旗指より眞先に、右衛門佐塀を乗り候ところを、鉄砲にて押し当て臍下を抜かれ臥す。また、弟の依田源八郎、これも塀乗り候ところをため、章門の急所を右章門前へ打ち抜かれ申し候。惣軍取り巻き候えども、大將右の仕合いにて、廿二日の晩に源八郎先ず相果て、廿三日の未明に右衛門佐相果て申し候。岩尾の次郎は城こらえかねて、関東筋へ出奔仕り候。

〈要旨〉

・田口城は、阿江木能登守が居城していたが、依田信蕃の威勢に恐れ明け渡し、北条氏の勢力圏内の上州方面へ逃れた。

- 天正十一年二月二十日に、**田口の城**へ**右衛門佐**は**柴田七九郎**康忠と一緒に登って、佐久郡を一望に見渡し、この程残る所無く味方に成った。**小諸**一城ばかりが敵である。

　その外、**岩尾の小城**が一つが残っていて憎いことである。明日は攻め潰してお目にかけるので、柴田七九郎殿には一兵も出さずに御見物願いたい。城攻めを御目に掛け申そうと、**右衛門佐**は広言を申した。

- 二月二十一日には城方より降参するような様子であったので、一日相待ったけれども二十二日には早朝から城を取り巻いた。**右衛門佐**も城際にて馬より下り、足軽旗指よりも眞先に、塀を乗り越えようとしたところを、鉄砲にて押し当て臍下を撃ち抜かれ倒れた。また、弟の**依田源八郎**信幸も、塀乗り越えようとしたところを、章門の急所を右章門前へ撃ち抜かれた。全軍は岩尾城を取り巻いていたけれども、大將がこのようになったので、その日は攻撃を中断した。二十二日の晩に源八郎がまず相果て、二十三日の未明に右衛門佐も落命した。

- **岩尾次郎行吉**は城を持ちこたえられず、関東方面へ出奔した。

- 先に**加藤四郎兵衛宗月**こと**芦田康眞**が、芦田氏の来歴に関して、尾張徳川義直へ第一回目に提出した文書の岩尾城

攻めに関する記述になかった内容が、第二回目では三点加えられている。それらは、

①**田口城**へ登っての広言

②信蕃と信幸が体のどこを銃撃されたかという具体的なこと。

③岩尾城の城主（岩尾次郎行吉）の名が加えられたこと。

《『御見物候え、城攻めを御目に掛けるべし』》

　岩尾城攻めのためには、寄せ手の基地としては前山城の方が近く、都合がよいにもかかわらず、ここではかなり離れた**田口城**へ、軍監柴田康忠とともに登っている。つまり、この時点での依田信蕃の**本拠たる城は田口城**であったという証拠でもある。

　信蕃が、徳川からの軍監である**柴田七九郎康忠**をともなって登った**田口城**は、後世の**田口城**（五稜郭龍岡城）ではなく、蕃松院や新海三社神社の北方に聳える田口山城のことである。田口城へ登るには、口口館跡の裏にある信蕃・信幸の五輪ノ塔のある削平地（墓地）の東辺り（現在の蕃松院本堂の北東上段）から上方へ延びる道があった。昭和の末期頃からは矢竹の群落や薮に覆われ、上方へ進むことができず、また、道も消滅してしまっていた。しかし、つい先年、地元佐

図：軍監柴田康忠を伴って田口城へ登り岩尾城方面を眺望したと推定される西郭

久市田口の人々によって遊歩道として復元された。山城へ登るもう一筋の道が蕃松院の東約百mほどの所から北方上方へ九十九折りに城に向かって延びている。その登り口からしばらく進むと、少し上方には現在は何段かの墓地のある削平地が続く。要所要所に道の上から横矢を入れて襲いかかるような格好で、小郭の削平地がある。先に述べた信蕃・信幸兄弟の墓から上方へ延びていた道を辿ってきた道筋と途中で合流している。蕃松院の東百mほどの所からの道は、近世になって耕作道としても使われていた可能性がある。合流後のきつい大手道を息せききって登りつめ、やがて屏風のような断崖が頭上を遮る。人ひとりかろうじて通れるような、わずかな隙間を登り切ると、西郭の東端に出る。岩尾城方面の眺望が一番効く場所である。信蕃が柴田康忠とともに田口城に登って岩尾城方面を眺望したのは、このあたりであると考えられる。

佐久平を一望し、――「小諸一城ばかり敵にてあるに、その外岩尾の小城一つ憎き仕合いに候、明日は責潰し申すべき候間、柴田七九郎には一人も御出し候はで御見物候え、城攻めを御目に掛けるべく由」――、つまり、「小諸城は北条方の大道寺政繁が城代として守っているので敵として手応えありそうであるが、そのほかの小城である岩尾城一つまだ残っ

ている。明日は岩尾城を攻め潰してお見せ致すので、柴田殿には一兵たりとも出さずに見物していただきたい」と荒言した。

《岩尾城攻撃での信蕃の心理》

佐久郡の統一を目前にした信蕃の自信のほどがうかがえる。

歴史を知るものの後世の結果論ではあるが、この広言の前兆は、すでに「千曲河畔塩名田の戦い」に顕れている。この時は真田昌幸に対して、「千曲川を隔てて軍見物だけしていてもらえばいい」と言って、芦田軍だけで岩村田大井氏との合戦に臨み、勝利したことがあった。戦国の中央舞台で歴戦の経験をしてきたことによる自信と自負からでた言葉であると思われるが、それは往々として、自信過剰と慢心にも変化しやすいものである。しかし、岩尾城攻めに先立って信蕃がそのように言わざるを得ないような、周囲の状況もあった可能性もある。推定に過ぎないような、おそらく、それは人間関係であろう。人間が生きていく上で一番悩むことは、人と人との間の関係上のことから生じているからである。特に柴田康忠との人間関係はどうであったのか？　信蕃軍の佐久平定の過程には常に、徳川からの軍監として、柴田康忠が在陣していた。七月中旬に、高島城の諏訪頼忠を囲んでいた徳川七

手衆（酒井忠次、大久保忠世など）が、柴田康忠に一〇〇余の兵を率いさせ、乙骨太郎左衛門の案内で、三澤小屋へ送り込んだ。（そのような千人以上の大軍が三澤小屋に滞在できたかどうかは疑わしいが、とにかく、かなりの軍勢を従えて岩尾城攻撃の時にも在陣していたはずである。）信蕃の前山城攻略、田口城にいた相木能登守攻め等は、信蕃の譜代の臣だけでは困難であったろう。直接戦いに加わらなくとも、取り巻いていただけで、佐久平定作戦ではかなりの脅威であったはずである。具体的な戦闘では信蕃自身の配下の働きが大きかったと思われる。佐久平定がもう少しで成し遂げられるところまできていた信蕃にとっては、もう軍監柴田康忠とその大軍のことが、少々煩わしくなってきていた可能性もある。信蕃の広言に対して、柴田康忠は軍監として助言をしたと思われるが、そうでなくとも、不快に感じたであろうことは想像に難くない。その後の岩尾城攻めの際には、信蕃は自らの言葉を証明しなくてはならない立場になってしまったのである。そこから来る焦りもあったであろう。

また、信蕃が天正十年の本能寺の変の後に、信州入りした時に、佐久の他の土豪は、ほとんどが北条方であった。徳川方は彼のみであった状況から八カ月余り、その間に、徳川からの支援を得ながらも、先方（さきかた）の責任者として、ほとんど自分

401

一人で佐久をきり従えてきたことになる。また、それ以前には武田信玄・勝頼に認められ、徳川家康・織田信長・今川氏・北条氏・上杉氏等といった超一級の戦国大名との戦いの中での活躍の経験、特に遠州二俣城や駿州田中城での城主としての武略・知略を尽くしての籠城戦の経験など、戦国時代の中央舞台で活躍してきた経験と誇りもあったであろう。また、今は魔下に属することになっている土豪も、もとはと言えば、皆同じ仲間であった。その分、皆から期待され、一方、そねみ、ねたみもあったであろう。佐久の総帥としての自らの姿勢を示すと共に、徳川からの援将（柴田七九郎康忠、大久保忠世、武田旧臣、信州の他郡からの将達）にその実力のほどを目の当りにみせなくてはならない立場になってしまったことも、その遠因であろう。何よりも佐久平定完遂まで、残るは実質的に岩尾城の大井行吉の攻略のみということで、自信にあふれた言葉だが、彼我の戦力差からして勝敗は明らかであると考えていたのであろう。しかし、去る十一月二日に千曲河原塩名田の合戦において、真田昌幸に「参戦しなくても、戦見物だけしていればいいから」と言って、芦田軍単独での合戦を披露した時と同じ

ような心境であったかと思われる。この時、彼は総大将であるにもかかわらず、前面に出て深追いしすぎて、左右から槍を突きつけられて危うい状態になったことがあったが、岩尾城攻城戦でも、徳川からの援軍勢に、ただ見ているだけでいいと言って、芦田勢だけで力攻めを敢行した上、狙撃されて命を落とすことになるのである。意外と守備側の手強い抵抗にあい、焦って攻めたことが最大の過ちである。一説には攻城第一日目の後、柴田康忠に「一日で依田軍だけで攻略してみせる」という言葉が実現されなかったことをなじられた上での焦りがあったのではないかともいわれている。

いずれの戦の時にも、大将は全体の戦況を見、的確な判断をし、的確な指示を出すことが役目である。岩尾城攻めでの失敗は、大将が突撃隊長や行動隊長のように、自ら第一線にでてしまったことによる。勇敢なことは可としても、「匹夫（ひっぷ）の勇（のゆう）」では、命を落とすことになってしまう。人間は、物事がうまく運び、もう少しで目的が達成できそうになった時、有頂天になった時に、油断が生じる。また、自信過剰になった時、自信過剰になった時、有頂天になった時、油断が生じる。誠実で忠烈武勇の将〜いかなる艱難辛苦に耐える努力〜実績〜自信〜過信〜油断〜大願成就寸前での頓挫……。芦田信蕃の討ち死には、幾多の苦難をも乗り越えてきた彼も、人間であったということであ

402

ろう。もし、彼が命を落とさずに、その後の小田原合戦、関ヶ原の戦いや大坂の陣に臨んでいたならどうであったであろうか。同じ信州の土豪であった眞田氏は、その後大名として幕末まで続いたので、文書も事蹟も多くあり、その存在感や後世の評価が絶大である。**天正壬午十年まで肩を並べていた眞**田氏に勝るとも劣らない存在であった**芦田信蕃**である。その子孫（越前福井藩の高知席《家老を出せる重臣》として存続したが）に関する文書や事蹟は、本拠信州佐久から離れてしまったことにも一因があるが、自ずと消滅ないしは埋もれてしまい、歴史上に残らなかったことは、たいへん惜しくも残念なことではある。

屯する。芦田依田軍の「鐘の旗」は、岩尾城の大手方面には原の戦いや大坂の陣に臨んでいたためいていた。城主（主将）として戦った遠江国二俣城でも、駿河国田中城でも、常に信蕃の戦いの象徴として掲げられた旗である。本能寺の変の後、甲斐の柏坂峠に立てられた**峠の旗**「鐘の旗」は、その後、佐久平定の戦いでも信蕃の向かうところ連戦連勝の象徴であった。特に北条氏直本隊が関東へ撤退した後は潮目が変わり、「鐘の旗」の勢いが佐久を席巻した。佐久郡の諸将は「鐘の旗」が進軍するのを見ただけで、他国へ逃亡したり、降伏を申し出てくるようになっ

《依田信蕃、岩尾城攻撃で鉄砲に狙撃され落命す》

佐久郡の諸将は、天正十年十一月頃までに、信蕃との戦いに破れるか、あるいは自ら信蕃に出仕し、そろって信蕃の臣下となった。未だに残るは北条氏の小諸城代大道寺政繁と岩尾城の大井行吉のみであった。

信蕃は、まず**岩尾城**を攻めた。天正十一年（一五八三）、二月二十日、信蕃の軍は岩尾城を囲んだ。信蕃の本陣には「鐘の纏」が、芦田信蕃ここにありと立てられていたはずである。徳川からの軍監柴田康忠は川を隔てて湯川の北側（右岸）に

写真：鐘の纏、鐘の旗

た。若神子に北条と対陣する家康から、甲斐への北条糧道阻止と信濃東部平定を託された「鐘の旗」は、しかし、第一日目の二月二十一日には動かなかった。信蕃はこの日は囲みを解いて桃源院の北の丘の高みに「鐘の纏」を立て陣を敷いたが、軍を動かさなかった。城主大井行吉の投降を待ったのである。

二月二十二日、依田**信蕃**、次弟源八郎**信幸**、三弟善九郎**信春**、信幸の嫡男依田六郎次**信守**及び、大久保彦左衛門**忠教**（二十四歳）等、およそ三千の兵は、大井行吉方三百の兵が立て籠る**岩尾城を包囲**した。信蕃及び臣下となった芦田軍だけで、軍監の柴田軍をはじめ徳川からの援軍には、持ち場について観戦していてくれればよいと伝えてあった。しかし、城兵は決死の覚悟でよく防戦し、なかなか破れなかった。城側の浅沼半兵衛は、**大手台曲輪**の櫓に登り、兵を指揮していたが、腰に下げていた火薬袋へ火縄銃の火が移り大火傷を負いながらも奮戦した。火は燃え広がって、櫓が火事になった。依田信蕃と信幸は、この期を逃さず寄せては激しく攻め立てた。守城側は苦戦に陥る。平尾平三、平原善心は三の曲輪の壕に攻め入る。城門を破り信蕃の兵は大手台曲輪へ殺到した。攻め込まれた城方は一瞬静かになった。

依田**信蕃**、信幸は兵の先頭に立って進み、自ら堀際に攻め

図：岩尾城要図
市川武治著『もう一人の真田〜依田右衛門佐信蕃』より。

入って、土卒を指揮していた。浅沼平兵衛は、足軽に命じ、土塁を越えようとした信蕃・信幸兄弟を至近距離で狙撃させた。狙いはあやまたず、信蕃は臍の下を撃ち抜かれ、弟の信幸は左の脇の下を撃たれた。**信蕃**（右衛門佐）については、「足

写真：岩尾城東方の桃源院の北方高台に信蕃の本陣があった（推定）。

軽や旗指しより も真っ先に塀を 乗り越えようと しているところ を」とは、勇敢 そのものではあ るが、単なる切 り込み隊長的な 行動であり、寄 せ手の大将らし からぬ行為であ る。岩尾城の攻 略に対して、信 蕃がよほど焦っ ていたことの結 果であろう。ま た、「鉄砲にて

軽や旗指しより も真っ先に塀を 乗り越えようと しているところ を」とは、勇敢

ち抜かれて」ということである。したがって、文字通り「ヘソの下を撃ち抜かれて」ということである。「丹田」とも称される体の部位である。また、**信幸**（源八郎）については、「これも塀乗り候ところを」「ため」「章門の急所を右章門前へ打ち抜かれ申し候」とあるが、信幸も信蕃に続いて塀を乗り越えようとしたところを、「ためて」（しっかり狙いをつけて）、（左の）脇の下の急所を右脇の下の前へ撃ち抜かれて倒れたことになる。銃弾が心臓付近を貫通したことになる。

押し当て」とは「鉄砲を体に押し当てて」ということなのか、「鉄砲でしっかり狙いをつけ」ということなのかは不明であるが、いずれにしても極めて至近距離から狙撃されたことは間違いない。また、「臍下を抜かれ伏す」とは、「臍」とは「臍」のことである。

その日、二月二十二日夜に**信幸**は死に（三十四歳）、二十三日朝には**信蕃**も落命した（三十六歳）。──（岩尾城攻防戦の詳細の機微は『もう一人の真田〜依田右衛門佐信蕃』（市川武治著、櫟）pp.103-110や、『信濃合戦譚』（高橋武児著、信濃郷土誌刊行會編）pp.201-256に小説風ではあるがよく語られているので、参照されたい。

《銃撃の真相が敵方『岩尾家譜』に述べられている》

一方、信蕃への銃撃について、敵方である岩尾城の守備側

写真：参道沿いの信蕃兄弟の供養塔
岩尾城三ノ丸を伊豆・箱根・三島神社の参道が
延びる。その左手に沿って空堀があり、写真中
央に信蕃兄弟の供養塔が見える。土塁の左上は
二ノ丸である。

からみた『岩尾家譜』という書物には信蕃の名誉を回復する
ような記述がある。敵方の視点からの記述であると推定される
ので尚更である。

おそらく、それがより真実に近いものと推定される。

――「躬ら来り、隍の際、士卒を指揮す。時に…（中略）…
浅沼従卒山中嘉助・紺屋武右衛門に令し、匿塀内で各々発砲、
信蕃・信幸を倒す」――つまり、さすがに信蕃・信幸兄弟は、「足
軽旗指より真っ先に、塀を乗り越し候」というような軽率な
行動をした上で火縄銃の銃撃に遭ったのではなく、（おそら
く、守城勢からの鉄砲による迎撃が、いったん静まり、戦い
が一時落ち着いたので）「空堀の際まで来て、士卒を指揮し
ていた」ところを、大井行吉の重臣浅沼平兵衛が二人の兵に
命じて、城内の隠し塀の狭間から、至近距離で信蕃と信幸を
狙撃させたのである。向こう見ずに真っ先に塀を乗り越えよ
うとしたわけではないのである。若干救われた気持ちになる。

しかし、大将自らがそういう所に身をさらしたことは、一代
の不覚であったはずである。

武田信玄・勝頼、徳川家康への頑なまでの忠誠……、艱難
辛苦とたぐいまれな努力と知略・武略によって、責任者とし
て乗り越えてきた戦場……、特に遠州二俣城主、駿州田中城
主としての守城戦は、後詰め（援軍）の全く望めない状況
で、智略・武略を尽くしての戦いは、四方を敵に囲まれ、絶
海に浮かぶ小舟を攻撃から守り抜くようなものであったであ
ろう。天正壬午の動乱の中で、最後の詰めを誤って、有り余る実力があり、将来を
期待されながらも、最後の詰めを誤って、惜しいかな大願成
就寸前での頓挫……。依田信蕃は、ある意味で信州「佐久人」
の典型の一面をも表わしていると言えないだろうか。

《暁将落つ……夜明けの「鐘の旗」》

信蕃三十六歳、信幸三十四歳の死であった。佐久の出身で、

武田臣下として甲斐国・上野国にも進出し、駿河国・遠江国・武蔵国・相模国・三河国・美濃国・越後国と歴史上の中央の檜舞台でその武勇・知略で存在を知られ、最後は徳川家康の麾下となり、信州に戻って佐久平定のために、また、家康の甲信制覇のために戦い抜いた信蕃は、故郷佐久郡の統一を目前にして壮烈な戦死を遂げた。信蕃は、まさに戦国時代の佐久、信州のみならず、武田・徳川・今川・北条・織田・上杉との抜き差しならぬ関わりの中で光を放ち続け、夜明け前に突然消えた星であった。（信蕃の「鐘の旗」は三弟善九郎信春によって守られた。その後、岩尾城将大井行吉は降伏勧告を受け入れ開城した）。

ちなみに、信蕃が落命したのは天正十一年二月二十三日未明のことであるが、現在の暦（西暦）にすると四月十日前後になる。佐久では桜の花弁が蕾が膨らんで旬日中に開花せんとする時節であった。信蕃は戦国佐久の平定が成就するまさに直前に散ってしまったのである。幾多の激戦を戦い抜いてきた「峠の旗」芦田信蕃の予期せぬ急転直下の最期は、実にあっけなかった印象を与える。主なき本陣には「鐘の纏」と林立する「鐘の旗」が、途方に暮れて二月二十三日の夜明けを迎えたことであろう。

《岩尾城主大井行吉》

岩尾次郎こと大井行吉は、天文九年（一五四〇）頃の生まれで、岩尾大井氏の五代目である。依田信蕃や真田昌幸ほどには知られてはいないが、武田氏に従い各地を転戦している。川中島の戦い・駿州での薩埵峠の戦い・興津合戦等に参戦したり、上州箕輪城の守備についたりしている。天正十年三月に武田氏滅亡後は、いったん岩尾城に帰ったが、信長の武田旧臣残党狩りの追及を逃れて難を碓氷峠の山中に避けていたという。本能寺の変の後、北条氏が佐久へ侵入した時、その呼びかけに呼応して北条に降り、岩尾城に戻っている。この時四十二歳ほどである。（信蕃の六歳年長ということになる）。北条氏が若神子の対陣から徳川との和議がなり、関東へ引いた後は、短期間のうちに依田信蕃がほとんど佐久を制覇し、天正十一年二月の時点では、信蕃に対抗する城は、北条から佐久郡を託されていた大道寺政繁のいる小諸城と、自らの岩尾城だけになっていた。しかし、大井行吉は大井氏支族ではあったが、伴野氏や相木依田氏同様に、芦田氏の風下に立つことは許さなかったものと思われる。北条氏が去った後は立場が逆転し、佐久では孤立無援となってし

まったが、「行吉、従者に謂て曰、郡中の諸志尽く信蕃に降る、我は小笠原の裔、何の面目ありて彼が風下に立たん云々」(『長野県町村誌』)と、徹底交戦の構えを見せていた。(岩尾城の攻防戦については既述ゆえ省略)。

二月二十二日の岩尾城攻めで依田信蕃と信幸が、至近距離からの狙い撃ちで銃撃を受け、翌二十三日に命を落として以来、攻城軍は激しい戦闘を繰り返すことはなかったが、守城側の敗戦は目に見えていた。軍監柴田康忠は、三月三日に津金寺(芦田氏の祈願寺でもあった)の僧林鶴と大井行吉の一族である岩尾行教を遣わして、城将大井行吉に開城を勧めた。行吉は、信蕃が戦死し、城側としても一応の面目を保ったこととになった上、これ以上の抗戦は無理とみて、三月七日(八日説もある)開城して、城を去った。彼は、その後、北条勢力下にある上州群馬郡の榛名山麓にある保渡田村に隠棲し、翌年天正十二年六月十七日に病死したといわれている。旧保渡田村には保渡田城跡がある。永禄年間に内藤昌豊の築城になるもので、螺旋状構造をした城郭である。現在本丸南面中央の高さ五ｍほどの矢倉台跡とその南側の空堀及び東側・北側の堀跡が残る。南側の大手門外には城下町が続いていた可能性がある。その城内ないしは城下に隠棲していた場所があった可能性がある。保渡田城は箕輪城の支城のような役目をしていたようである。箕輪城は、岩尾城の攻防戦のころは、大井行吉同様に依田信蕃に抗していた北条氏の小諸城代依田信蕃と戦ったということは、北条方に与していたことを意味する。大井行吉が徳川陣営の小諸城代大道寺政繁に属する城でもあった。

したがって、大井行吉が岩尾城明け渡し後に、北条方勢力下の上州保渡田へ向かったということは、大いにその可能性がある。

ところで、『武徳編年集成』には「廿三日、岩尾の城主岩尾小次郎城郭を棄て、上洛す」とある。つまり、行吉は京都へ上ったともいわれているが、その可能性は低い。また一説には、信蕃の三弟である善九郎信春が保渡田まで行き、二人の兄の仇を討ったといういい伝えがあるが、これは全く首肯できない。

大井宗家はすでに滅びていたのであるが、この時まで支族は佐久や上野国にいた。岩尾大井氏は大井の支族として行俊(岩尾大井氏始祖入道桃源)〜行満〜行真〜行頼〜行吉と五代続いてきたが、しかし、行吉に至って、芦田依田軍を中心とする徳川方との戦いで、天正十一年三月に滅亡することとなったのである。

行俊 1	・岩尾大井氏始祖 ・現佐久市長土呂から移る（1478年） ・法号「桃源院」
行満 2	・剃髪し、城を開け回国修行 ・大永5年（1525）岩尾に帰り、没
行真 3	・祖父と父の供養のため桃源院建立（1537年） （桃源院開基）
行頼 4	・天文12年（1543）、信玄に攻められ城を捨て浪人 ・天文20年（1551）、武田氏へ出仕
行吉 5	・天文20年（1551）、武田氏へ人質 ・信玄、勝頼二代に仕える ・武田氏滅亡後、北条氏にしたがう ・芦田（依田）信蕃に降らず対抗

}信蕃と似た動向
芦田信蕃
×
岩尾城の戦い

図：岩尾大井氏の系譜（大井氏の一支族）

《芦田信蕃兄弟の五輪塔と蕃松院》

　岩尾城で銃の狙撃に遭い壮烈な討ち死にを遂げた芦田信蕃と次弟信幸は、三弟信春らによって、本拠となっていた佐久郡田口城の山麓の**田口館**の裏に手厚く葬られた。しばしあって、戦乱が落ち着いた頃、嫡男竹福丸が小諸城主**松平康國**となった後、信蕃の田口館跡に父の菩提を弔うために**蕃松院**（ばんしょういん）を開基した。おそらく、その時であろうと推定されるが、信蕃・信幸の五輪塔の墓が建立された。その際、五輪塔二基が載る大きな台石を据えたが、その下に護りとして信蕃の愛刀が納められた。

　佐久市田口の蕃松院の増田友厚老師によると、蕃松院で平成二十二年に信蕃兄弟の墓及び周辺の整備を実施した際に、台石の下から**刀剣**が発見された。現在は寺宝の一つとして大切に保管されている。なお、蕃松院の本堂には美術家小川淳一氏の制作になる芦田信蕃の等身大の像が安置されていることをここに記しておきたい。

《武田流築城術を施された岩尾城》

　岩尾城は平山城であるが、文字通り「岩尾」、つまり浅間火山のローム層が作りなす垂直に切り立つ崖（岩）に囲まれた、台地の先にある「尾」のように延びた形の立地にある。

一方から見れば平城のようでも、他方から眺めると崖を利用しているので山城のようにも見える。この崖は岩盤というよりも崩れやすい性質があり、また垂直に切れ立っているので、攻城勢の登攀はまず不可能である。つまり、浅間山の火山灰による堆積地形の特徴を生かした平城が、佐久北部（北佐久郡）に特徴的に分布している。一方、八ヶ岳・蓼科山系にある佐久南部（南佐久郡）の城は、山頂部や支尾根の先端近くの高所を立地とした山城が多い。また、荒船山系・三国山系や上州との国境（峠）に近い佐久の東部には、典型的な山城や砦などが林立している感がある。

そんな中で、舞台となる**岩尾城**は、千曲川・湯川からの比高は一五〇mから二〇〇m前後であるが、崩れやすく攻めにくい垂直に切り立つ断崖の上にある。なによりも、戦国時代においては極めて大事な、他の城への眺望が極めてよいのが特徴的である。南方〜東方〜北方へ視線を移すと、日向城・虚空蔵山烽火台・前山城・野沢城・荒城・荒山城（大沢城）・勝間反ノ砦・田口城・平賀城・志賀城・高棚城・阿伽流山城・平尾城などの佐久の山城を望むことができる。また、現在では視界での確認はできないが、当時とすれば岩村田城・小田井城・金井城・平原城・森山城・耳取城・柏木城などの動向や小諸城方面の様子を察することができた可能性

がある。

このように**岩尾城**は、比高はないが、位置的には佐久平の中心に位置し、絶好の場所にある。そのため、**武田信玄**は、攻城勢の登攀はまず不可能である。また垂直に切れ立っているので、攻城勢の登攀はまず不可能である。天文十二年（一五四三）に、岩尾城を攻略すると、一時、**真田一徳斎幸隆**に守らせたこともある。その後、天文二十年（一五五一）七月の『高白斎記』には、「廿日丙午、岩尾弾正初テ若神子迄出仕」とあり、**大井弾正行頼**が武田の臣下になったことが記されている。さらに八月には向未ノ方**岩尾城ノ鍬立七五三**」とあり、「鍬立七五三」つまりに改修の手が加えられている。武田氏二代にわたり**武田流築城術**で改修されて**堅固な平山城**（崖城）になっていた。武田氏が岩尾城をいかに重要視していたかがここからも分かる。

「しめ縄を張り、鍬入れし、地鎮祭をして、城の改修を行なった」ことを示している。また、勝頼の代になって、天正六年（一五七八）五月には、普請奉行を**原隼人佑**とし、さらに改修の手が加えられている。武田氏二代にわたり**武田流築城術**で改修されて**堅固な平山城**（崖城）になっていた。武田氏が岩尾城をいかに重要視していたかがここからも分かる。

《難攻不落岩尾城の構造──二度にわたる武田氏の改修》

岩尾城は佐久市鳴瀬字城跡にあり、南に千曲川、北に湯川が流れており、二つの川に削られてできた合流点の台地の断崖上にある平山城である。大手は東側にある。東方に岩尾大井氏の菩提寺である桃源院（三代目の大井行真が建立）があ

410

る。

　その後背部に当る北方台地上に、まず東端の**空堀**（西側）は南北に延び、東方の台地から区切っているが、その内側の**依田信蕃の本陣**となっている。（その高みが、岩尾城攻撃の際の**依田信蕃の本陣**であった可能性がある。そこは岩尾城の中心部方面への眺望がきく場所である。現在は墓地の境界になっているが、往時の土塁の名残りの可能性もある地形がある。

　古図によると、その西側には段差があり、南北に延びる水堀がある。「北岩尾」の信号交差点を南北に延びる道路が、その水堀跡にあたるが、水堀であった面影はない。千曲川や湯川からの高低差からして水堀ではなく、**空堀**であった可能性が高い。（あるいは、古図通り水堀であったとすると、往時は千曲川や湯川の川底が現在よりもかなり高かったのであろうか）。その「水堀」のさらに西方には、古図によると、二条目の「水堀」がある。これも水堀ではなく**空堀**であった可能性が高い。ここも現在は道路となっており、南北の半ばほどで「**折れ**」があり、その場所が**大手門（大手虎口）**であった場所と推定される。大手虎口のあった場所付近は、現在アパートが建っている。また、現在その場所から城内に向かって小路が延びている。

　一方、大手虎口から南へ延びた「水堀」

図：岩尾城
佐久市鳴瀬字城跡（調査）昭和56、61年、平成5、8、18、27、28年、市村

は、南の下でさらに水堀（現在は水田）に合する。また、さらに城の南方下の東西の水堀（現在は用水）と合する。この大手から南へ延びる「水堀」の城内側南端付近は石垣で守られている。（しかし、積み方からして後世の石垣である可能性もある）。大手虎口を西へ入った所が、台郭であり、現在は畑や墓地になっている。なお、台郭の西端には南北に空堀が走っているが、その空堀の南端の空堀の中には、土塁状の

写真：大手郭の南西隅を北から見る。右（西）上の土塁を経て大手台郭へ

写真：右手（東）から土塁を越え、左手（西）へ攻め入った

（西）大手台郭　土塁（南から見る）　大手郭（東）

仕切りがある。また、台郭から大手台郭方面へ道が現在延びているが、その道の左手に石垣が施されて若干高くなっている。台郭の南西隅の空堀は深くなっており、南方下へ竪堀となって落ちている。

空堀から大手台郭へは土塁があるが、空堀底部から土塁頂部までの高低差は、かなりあったものと推定される。現在、台郭から空堀を隔てて、一・五mから二m上方に大手台郭がある。現況は畑となっているが、東方からの寄せ手から城の中心部を守るかなり広い郭である。

古図によると、大手台郭の西端中央の箇所には、三日月堀と三日月郭（丸馬出し）があったことになっているが、現在は痕跡すらうかがえない。大手台郭と三ノ丸との間には空堀があり、それが北方へ延びるにつれて西へ弧を描いているが、現在は道となっている。この堀跡に「三日月堀跡」という標柱が立っているが、これには疑義がある。古図によると、そこから西側は三ノ丸であり、三日月堀や三日月郭（丸馬出し）は、その空堀よりも東方の大手台郭へ迫り出して存在したことになっている。後世に畑化した時に破壊埋没した可能性がある。

標柱で「三日月堀跡」とされている空堀は、確かに北半分は西へ大きくカーブしているので、現況から見ると、三ノ丸

の外側を守る「三日月堀」の変形とも言えないではないが、少々無理がある。「三日月堀」は通常「虎口」の外に設けられ、「丸馬出し」とセットで防御のために設けられているものである。単独にそれが「三日月堀」であるとすると、現在「三ノ丸」としている郭が「丸馬出し」の機能をもっていたことになるか、検討を要する。三ノ丸入り口は、現在、石灯籠や鳥居が建ち、「伊豆・箱根・三島神社」への入り口となっている。（三島神社は源氏の祭神である。ちなみに大井氏は源氏の末裔を称している）。

鳥居をくぐって西方へ二ノ丸方面へ、三ノ丸内においてはやや高みとなり、土塁状になっている道を進むと、途中から右方向（やや北）へ曲がるが、その左手が二ノ丸との間の大堀切（空堀）となっている。二ノ丸直下で相当な段差をなす空堀である。その堀底には「依田信蕃兄弟の供養塔」といわれる五輪塔が一基ある。

そこから二ノ丸までは、五mほどの段差がある。現在、二ノ丸へは十九段の石段を上るようになっている。二ノ丸に上ると、奥に「伊豆・箱根・三島神社」の社殿がある。二の丸はかなり広く、戦いの際には、実際の最後の防衛拠点であったと思われる。

二ノ丸は、東西の中ほどで石段をさらに八段ないしは九段

写真：信蕃・信幸供養塔
二ノ丸下、三ノ丸との間の空堀にある。

（社殿の左右に石段があるが、段数が異なる）上ると一段高い二ノ丸の西半分の部分に至る。二ノ丸内の東半分と西半分の段差は一・五mから二mほどは石垣になっている。二ノ丸西半分は緩傾斜で上っている。その正面には、上部に梵字が刻まれ、**大井弾正**（二代目城主**行満**）建立の供養塔が建つ。その正面には、上部に梵字が刻まれ、それに続いて右より「西國三十三番。秩父三十四番・坂東三十三番国」の文字があり、裏面には岩尾大井氏の「松皮菱紋」が上部に刻まれ、その下に「大井弾正入道」、右に「大永」、左に「五天」の文字が見える。本丸を東西（手前と奥）に分ける土塁は、上幅五mほどあり、その上には、摂社や石祠が数基ある。それを西奥へ越えると、そこに長野県教委と佐久市教委による「主郭跡」の標柱が立っている。（岩尾城は現

在「長野県史跡」に指定されている）。

主郭（本丸）は幅二五m×奥行き六一mほどである。その西端には**土塁**の痕跡があり、その西方に**空堀**が一本南北に掘られている。その本丸側斜面は**石垣**で補強されている。現況では深さは二m、幅は八mほどである。それを西へ越えると一段低い**武者溜（むしゃだまり）**の郭が西方へ延びている。この武者溜郭の南崖下は砕石場になっており、郭の南側はかなり破壊されてしまった形跡がある。武者溜郭は西へ延びるにつれ少しずつ左右が狭くなっている。武者溜郭の西方下方には**搦手郭群**があ

る。これらは西端の方面を守っている。古図によるとその下を細い水堀が存在したが、現在も用水路として残っている。さらにその西方には**琵琶島**といわれる広大な平原があり、これは捨て郭として機能していたものであろう。現在は宅地化しているが、その西方で千曲川と湯川が合流している。再び主郭へ戻り、東方へ進んで鳥居のあるところを出て、三ノ丸東にあるカーブした空堀を南へ下った場所に**「下ノ屋敷」**という一角がある。今は住宅が建っているが、その脇に**大井一族**のものと思われる**五輪塔**などの石塔があった。そこ

写真：二ノ丸にある社殿

写真：二ノ丸最奥部の向こうに本丸の土塁が見える

は岩尾大井氏の祈願寺である**高岩寺**があった辺りで、平成十八年現在、高岩寺の建物が平成十五年に撤去された際に破壊されたものと思われ、荒れ放題となっていた。そこには五輪塔四基と宝篋印塔一基が並んでいたとされ、**岩尾大井氏五代の墓**であるという伝承がある。現在は、付近の住宅の敷地内で整然と並べられている。高岩寺跡の敷地には「岩尾城主大井一族祈願所、龍登山観音院高岩寺再興予定地」という比較的大きな看板が立っている。また、その境内地は城主の**居館跡**という伝承もある。往時にはその場所にも郭などが存在したらしきことは、桃源院方面から西流する用水（昔は水

氏の菩提寺**桃源院**の本堂の裏手に、後世建立の岩尾大井氏五代の立派な石塔が建っている。大井氏の立派な石塔が建っている。

本丸

写真：南方の千曲川から望む岩尾城

堀）が、その場所の南側を流れていることからも推定できる。

なお、往時は桃源院付近からその辺りまでは「南小屋」と称され、**根小屋**が存在した可能性がある。（また、現在の南岩尾の集落の中には、殿中・中屋敷・下屋敷・などの地字名があり、付近には堀越・溝ノ上・北小屋などの小字名もある。）

往時は本丸南下辺りから武者溜郭及びその西方の城域の南崖下のかなり近い所を千曲川が流れていたようである。また、古図によると城域の北の崖下にも湯川から配した水堀が西の琵琶島方面へ延びてい

写真：大手門跡（大手虎口跡）

た。

――以上見てきたように、**岩尾城は連郭式の平山城である**が、**二度にわたる武田氏による修改築が行なわれたことによ**り、**武田流の築城城術を生かしたもの**であった。現況は改変され、よく見なければ気がつかないことが多いが、その特徴として、千曲川と湯川にはさまれ、南・西・北の三方が断崖で、東方からしか攻められない縄張りであったこと、幾多の水堀・空堀と崖下へ落ちる竪堀・三日月堀・三日月郭（丸馬出し）、特に中心部は土塁と空堀で固め上げ堅固な構えをとっていたことなど、難攻不落の城塞であった。

少数の兵力で籠城した城将**大井行吉**の武勇もさることながら、**依田信蕃**が力攻めしても陥落しなかったのには、戦国末期で**鉄砲**による有効な戦いをしたことにもよるが、この城の構造によることも、容易に落城しなかった大きな要因である。

415

㊻岩尾城の戦い余聞

《三弟信春は兄二人亡き後、康國の時代にも活躍》

書物によっては、この戦いで三弟の善九郎信春も戦死した
ことになっている。群馬県や静岡県などのいくつかの地方史
では信蕃・信幸・信春の三兄弟ともに、この岩尾城攻防戦で
討ち死にしたと述べられている場合がある。さらに静岡県で
は、鉄砲で狙い撃ちされて、三人とも弓矢で射ら
れて死亡したということになっている。天正十一年当時、鉄
砲が相当普及しており、大将と副将が同時に命を落としてい
るということは、鉄砲による狙い撃ちである。また、少なく
とも三弟の信春はこの時、討ち死にしていない。後年に信春
の存在を示す複数の文書があるので、彼はこの時には死んで
はいないことが分かる。「岩尾城攻城戦で三人とも討ち死に
した」という誤謬は、次の二つの書物が原因であろう。

① 『寛永諸家系圖伝』の依田氏の項では、信蕃と信幸の事跡
が次のように述べられている。

信蕃……（×）「(前略) 松平の称号をたまはり、十万
石の地を拝領す。其後岩尾の城にて **兄弟**

三人討死す」

〈考察〉

『寛永諸家系圖伝』は、寛永年間に幕府が大名や旗本にお
家の系図・来歴を報告させて、それを基にまとめたものであ
る。依田氏の項では、著しく誤りが多い。まず、編集の時点
で芦田依田宗家はすでに大名ではなく、福井藩松平氏の臣（つ
まり幕府からみると陪臣）であった。ゆえに、幕府の編纂す
る『寛永諸家系圖伝』には芦田宗家は記載されないことにな
る。当時の幕府は、信蕃の次弟信幸の嫡子依田肥前守信守系
統の依田氏が旗本であったため、それが宗家であるとの認識
であった。そこで、編纂時の依田家当主であった依田 **信重**（伊
賀守源八郎 **信幸**〜肥前守信守〜源太郎肥前守信政〜内之助 **信
重**）の申告提出した書類のままに記載されたものと推定され

信幸……（×）「(前略) 北条が（「の」の意味）領内岩
尾の城をせめたまふとき、兄信蕃、**弟信
春と一所にて討死**」

（○）弟信春は討ち死にしていない。

（○）松平の称号と十万石を賜わったのは、信
蕃ではなく嫡子の康國である。「兄弟三
人」と誤って記されている。正しくは「(信
蕃・信幸の兄弟二人）である。

416

る。悲しいかな、信重の世代にとっては、ほんの二、三代前

の先祖の事蹟でさえ、あやふやどころか間違えだらけになっ

てしまうのである。『寛永諸家系圖伝』の（芦田）依田氏の

記述では、芦田依田下野守は名が「信吉」と誤っているばか

りでなく、信蕃の弟の位置づけになっている。また、芦田下

野守信守とその孫の肥前守信守の事蹟が混同されているな

ど、芦田依田氏に関する限り、誤りだらけである。

そればかりでなく、この『寛永諸家系圖伝』の内容の影響

からとはすべきではないが、――芦田信蕃以降と、彼以前の

芦田氏（つまり、父芦田下野守信守までの系統）とは全く別

系統でつながりはなく、信蕃の父が芦田下野守信守であるか

どうかは分からない――という論文さえも、一級の研究者か

ら発表されていることとは、意外であるというよりは、驚愕す

べきことである。

『寛永諸家系圖伝』が編纂されたのと同時代に、越前福井

藩の家老となっていた加藤宗月（信蕃の次男、芦田依田松平

康眞）が尾張徳川家へ提出してあった『芦田記』（依田記）

の内容を取り入れ、後世になって編纂された『**寛政重修諸家**

譜』では、ほぼ史実通りに芦田依田氏の項が記述されること

になる。それによると、芦田信蕃の三弟であった**依田善九郎**

（**信春**）は、岩尾城の戦いの後にも生きていることが記され

ている。

② 『**武徳編年集成**』には、

廿二日、柴田七九郎康忠、甲信二州の軍勢を以て、一
昨日より上杉景勝が持分小縣郡小諸佐久郡岩尾の両城を
囲み、攻る所、今日**依田右衛門佐信蕃・弟伊賀守信幸・
同善九郎信春**、他の兵を交へず、一手を以て岩尾を陥す
べき旨、荒言を吐て、田口の枝城に登り、頻一士卒を進
め、岩尾城を攻撃けるが、**兄弟三人共に銃矢に中て**、陣
営に帰り、晩景に及で、**各没す**。

〈考察〉

『武徳編年集成』には誤謬が多い。右の内容だけでも訂正

を並べてみると、

・上杉景勝×　↓　○北条氏直
・小縣郡小諸×　↓　○佐久郡小諸
・〜小諸〜岩尾の両城を囲み　↓　○岩尾城を囲み
・田口の枝城×　↓　○田口の山城
・兄弟三人共に×　↓　○兄弟二人（信蕃、信幸）
・銃矢×　↓　○銃弾（当時「銃弾」という語彙がなかっ
　たので「銃矢」なる単語を使った？）

このように『武徳編年集成』が記述してしまっているため、後世の歴史書の類もそのように誤解してしまっている場合があるのである。

一方、「三弟**善九郎信春**が岩尾城の戦いで討ち死にしていない」という証拠は、左記の文書にもあるのでここに紹介したい。

① 『蓮華定院文書』

蓮華定院、当郷において勧進なされ度きとの由聞き及び候、尤、後世の為に候の条。旁相つとめらるべきもの也。仍て件の如し。

天正十七年八月十六日

　　　　　　　　　　　　康國（花押）

依田善九郎殿

　松井与兵衛殿
　依田肥前守殿
　依田正斎　殿
　依田三郎兵衛殿
　依田十郎左衛門殿
　依田隼人　殿
　依田勝三　殿
　依田管助　殿

依田善九郎信春が、重臣筆頭にあったことがこの文書から判明する。

天正十七年は岩尾城攻防戦の七年後にあたる。

〈考察〉

小諸城主である**松平康國**（信蕃の嫡男、家康から「松平」の姓と「康」の一字を授かる）が重臣達に対して、高野山から佐久郡へ勧進僧が出向くので、その際には便宜を図るように申し伝えている内容である**善九郎信春**が、信蕃没後、松平

写真：高野山蓮華定院

写真：依田神社
長野県上田市旧丸子町依田の地にある。
（依田氏発祥の地）p.422 参照

康國（信蕃の嫡男）に仕えていることは、この内容からも証明される。

② 『寛政重修諸家譜』には、

〈考察〉

……のち病者たるによりつかへずして甥康國がもとにあり。つねに軍議にあづかる。十八年康國にしたがひて小田原陣におもむく。四月二十七日、康國、長根縫殿助某を饗し、茶會をもよほす。善九郎も其席にあり。ときに縫殿助俄に狂氣し康國を殺害す。善九郎走りより、長根と組で壇下に轉び、つゐにかれを刺て仇を報ず。

小田原合戦（天正十八年、一五九〇）の際、松平康國が上州石倉城で謀殺された直後に、叔父である依田善九郎信春が、その仇を討ったという内容である。天正十八年の時点のこの記述は、善九郎信春が岩尾城で信蕃や信幸と共に討ち死にはしていなかった証拠である。

③ 『依田（松平）康國寄進状』（南佐久郡小海町鷹野一弥氏所蔵）には、

定

海口藤一郎分？内地蔵免、上納五百文進置候、於于自今巳後者、祈念并寺役才無異儀可被相勤之由、被仰出候者也、仍如件、

天正十六年
十月廿七日（黒印）

明照寺

依田善九郎
奉之

〈考察〉

これは、天正十六年（一五八八）に松平康國が、佐久郡明照寺に土地を寄進している寄進状である。この時の奉者の名は依田善九郎である。つまり、信蕃の三弟善九郎信春が、岩尾城攻めで討ち死にしたのではなく、その後も芦田宗家を支えている重い役を担っていたことが明白である。

以上のことから、岩尾城の戦い以降も、芦田信蕃の三弟である依田善九郎信春は健在で、信蕃と信幸亡きあとの芦田氏を支え、信蕃の二子である松平康國・康眞の重臣として重きをなしていたことが判明する。

《信蕃と芦田依田一族の絆》
田の口城の依田能登守（相木市兵衛）は小田原へ逃げ、岩

尾城主**大井行吉**も城を明け渡して上州へ去り、やがて、北条方の小諸城代**大道寺政繁**も佐久を去り、上州での本拠である松井田城へ帰った。佐久はようやくおさまり、甲信二国は徳川氏に属することとなった。

依田信蕃は、大願成就するまさにその直前に命を落としたのである。

――佐久郡芦田郷**芦田城**で誕生～数え二歳の時、父**蘆田下野守信守**が本拠を佐久郡**春日城**へ移転～幼い頃の諏訪高島城（茶臼山城）への人質～上州藤岡（浄法寺地域）での上武国境の守備～信玄の駿河侵攻への従軍（蒲原城をめぐる攻防戦と守備等）～信玄の関東出兵及び小田原城包囲攻城戦への従軍～信玄の遠州への侵攻の従軍～三方ケ原の戦い～高天神城の守備～越後御館の乱に際しての勝頼の越後出兵への従軍～信州への遠州**二俣城主**としての戦い～徳川軍に囲まれる中での遠州二俣城主（番手城主）としての他国への遠征や、武田氏から任せられた他国での城主（番手城主）としての役目と攻防戦、等々。そして徳川臣従後も対北条との戦いの連続であった。

この間に芦田依田氏が結束を保っていられたのは、「一族の絆の強さ」があったからである。芦田下野守信守の世代以降の家系図をもう一度掲げてみる。

～駿州**田中城主**として徳川への孤軍奮闘の抗戦～武田氏滅亡と織田信長の追及からの危機一髪の逃避行～甲州市川での**徳川家康への臣従**～天龍二俣の奥小川での隠棲～本能寺の変直後の甲州柏坂峠での旗揚げ～信州帰還～北条氏直の佐久侵入による**三澤小屋籠城**と北条軍の後方攪乱～佐久平定の戦いの日々……信蕃の三十六年間は、本拠春日城に腰を落ち着ける暇はなかった。信濃先方衆としての**芦田春日城**の旗頭としての他国への遠征や、武田氏から任せられた他国での城主（番手城主）としての役目と攻防戦、等々。

図：芦田氏家系図

芦田光徳…（中略）……┬芦田下野守**信守**─┬芦田右衛門佐**信蕃**─┬松平修理大夫**康國**
　　　　　　　　　　　├芦田左近助守俊　　　　　　　　　　　└松平右衛門大夫**康眞**
　　　　　　　　　　　├依田勘助信光
　　　　　　　　　　　├天外（大雲和尚）
　　　　　　　　　　　├依田十郎左衛門守慶
　　　　　　　　　　　└依田主馬（ゆえありて他邦に遁る）

某（父と不和にして信濃國を去り、他国へ行く）

┬依田源八郎**信幸**─┬依田肥前守信守
│　　　　　　　　　└依田源太郎信政
└依田善九郎信春

420

芦田宗家を支えた一族の絆を考える時、まず、信蕃の何人かの叔父（蘆田下野守信守の弟達）があげられる。　**左近助守**

俊、十郎左衛門守慶は信守亡き後にも信蕃を支えており、信蕃の覇業の節目節目に名前がうかがえる。また『寛政重修諸家譜』には、その他に叔父として**勘助信光と主馬**がいた。（『芦田家旧臣名列簿』には二人とも年寄上席に載っている）。また、田村田龍雲寺の第五世住職となり、松平康國没後に芦田依田氏の本拠佐久郡春日郷に康國寺を開山した**天外大雲和尚**もいる。

信蕃の弟にはすでに述べた**源八郎信幸と善九郎信春**がいる。佐久の歴史書の中には善九郎信春が後に天外大雲和尚となったとしているものがあるが、和尚の没年からする年齢に二十歳もの無理が生じてしまうため、その可能性はない。信幸と信春は常に長兄信蕃と行動を共にしてきた。二俣城明け渡しの時の証人となったこと、織田信長の呼び出しから二俣城攻略戦での兄弟三人の動きなどから、いたこと、岩尾城攻略戦での兄弟三人の動きなどから、固い絆で結ばれた一族であったことが分かる。

さらに、次弟信幸の嫡男**肥前守信守**は、本能寺の変後、徳川家康が甲斐に入国する際には、信蕃の名代として甲斐で出

迎え、引き続き、（信蕃の二人の子、竹福丸・福千代丸が当時人質となって木曾義昌のもとにいたことから）芦田依田氏からの証人として、しばらく家康のもとにいたこともある。信蕃が三澤小屋に籠城していた頃、信蕃の命を受けて、小諸**加増城・北佐久小田井城**を攻略し、城主を討ち取っている。また、主将として臨んだ**第一次前山城攻め**では家康から感状を授かっている。信蕃に似て武勇に優れていた若武者であったことは、前山城攻めや岩尾城攻略戦で負傷していることからも、血気盛んな様子がうかがえる。その弟**信政**も武勇に優れ、若神子の対陣の時に大豆生田砦攻めで戦功を上げている。

宗家当主で従弟にあたる松平康國が上州石倉城攻めで謀殺された時には、敵を数多く討ち前田利家から感状を受けて固いものがあったことが伺える。また、**平原依田氏や平尾依**

田氏は徳川氏へか北条氏へかの帰属をめぐって、一時信蕃と敵対したが、佐久平定の過程で芦田信蕃の麾下となり、岩尾城攻防戦では、信蕃の先方の衆として戦っている。しかし、武田氏滅亡以前は盟友であり、共に武田の信濃先方衆の侍大

武士の名が、信蕃・康國の時代を通して書状や文書に多く見かけることから、芦田依田一族の絆には固いものがあったことが伺える。また、芦田依田一族と思われる「依田姓」の名。そのほかにも、芦田依田一族を中心に、芦田宗家を中心に、芦田依田一族と思われる「依田姓」の

将であった**芦田氏**（徳川へ臣従）と**相木氏**（北条へ臣従）は、田口城の攻防戦で**相木市兵衛**が上州へ亡命せざるを得なかったこともあり、それ以来、犬猿の仲になってしまったことは、戦国の厳しい状況とはいえ真に残念なことではある。

《依田姓の分布》

依田姓は現在信州（長野県）のみならず、甲斐国（山梨県）・上野国（群馬県）・駿河国・遠江国・伊豆国（静岡県）の各地に分布している。いずれもその遠い祖先のルーツ（発祥の地）を信州**小県郡依田の地**（現上田市）としている。そして、依田信蕃やその時代の依田氏の子孫であるというお家の伝統と誇りを大事にしている。不十分ではあるが、ここでは紙幅の関係で短く紹介だけしておきたい。

（長野県）小県郡・上田市・北佐久郡・南佐久郡・小諸市など、依田氏は芦田氏・相木氏・平原氏・平尾氏・海野氏・丸子氏・浦野氏・飯沼氏などが、主に「依田」姓として東信地方に多く分布している。

（山梨県）甲府市・増穂町・鮎沢町・櫛形町・甲西町・六郷町・市川大門町・身延町・竜王町・中富町に多い。芦田氏が甲斐に領地を有しており、土着したと推定される。資料に出ている依田氏には、東山梨市川大門町高田の依田氏・西八代郡大

河内依田氏・塩山市下於曾依田氏など、多数存在。みなお家の由緒を大事にしている。

（群馬県）上杉氏の被官から自立し、箕輪衆に加わり、後に武田氏に降った**後閑城**依田氏、**板鼻城**依田氏がいる。上州にいた時期がある信州佐久の**平原依田氏・平尾依田氏**と関係があると推定される場合が多い。

（静岡県）富士宮市・静岡市・磐田郡佐久間町・賀茂郡松崎町に多い。富士市には三十数家しかいないが、依田町・依田原・依田橋・依田出雲・依田神社がある。甲州中富町宮木の依田出雲守正信の子孫が伊豆松崎村・大沢村（現松崎町）の名家として活躍（依田左二平・善六・勉三）している。志太郡大津村の旧名主、村長の歴任者に五名の平尾氏が名を連ねているが、これも依田一族である。大津は依田肥前守信守の采地であったことに関係している可能性がある。

山梨依田会のまとめた「全国依田姓分布状況」（一九九九年）によると、**長野県**（1584）・**山梨県**（1211）・東京都（845）・神奈川県（557）・埼玉県（389）・**静岡県**（279）の順で多く、**群馬県**（129）は意外と多くはない。東京都・神奈川県・埼玉県など関東が多いのは、北条氏臣下に名が残る依田氏もいたが、現代の人口自体が多いことによる可能性が高い。

422

第三章 康國 _{やすくに}

第一次上田合戦で神川のほとりに鐘の纏を立て、徳川軍の総崩れを救った。

㊼康國、佐久郡平定し小諸城主に

信蕃の嫡男竹福丸が大久保忠世の後見を得て、佐久郡を平定し、小諸城主となり、仕置を行なった。次男康眞（後の加藤宗月）が尾張徳川義直へ提出した芦田氏のお家の由来記がもとになってできた『芦田記』（依田記）には、次のように記述されている。

> 甲斐信濃両国、権現様御手に入れ候時、**大久保七郎右衛門**差し遣わされ、信州の内、味方に成申さぬ城々どもの義、御手に入れ候様、御書き付け御座候。先ずもって、このこと左様にて御座なく候。佐久郡城々どもは、午十月末より極月中旬までのうち、**依田右衛門**佐責め落とし、または、敵降参にて出仕申し納め候。大久保七郎右衛門遣わされ候義、翌年三月のことに御座候、これは右衛門佐討死の後、拙者兄、その節十四歳にて御座候故、萬事**七郎右衛門**申し付け候。

> 三月に至りて、**大久保七郎右衛門**佐子十四歳に成り候間、万事七郎右衛門指し引き次第、もっともの由、権現様御意にて、十四歳の**依田竹福丸**を、御名字下し置かれ、**松平源十郎**と名を為し替えられ、七郎右衛門同道にて、未の三月小諸へ参り申し候。これよりして、大久保七郎右衛門後見にて、佐久郡仕置き申し付け候。

〈要旨〉

・甲斐・信濃両国を、権現様（徳川家康）が手に入れた時、**大久保七郎右衛門忠世**が差し遣わされ、信州の内、徳川方の味方にならない城々どもを手に入れる様にとの御書き付けが今にある。

・佐久郡の諸城は、天正壬午十年（一五八二）十月末より十二月中旬までのうちに、**依田右衛門佐信蕃**が攻め落とし、または、敵が降参し出仕してきて、納まった。

・大久保七郎右衛門忠世が家康から佐久へ遣わされたのは、翌年（天正十一年）三月のことに御座候、これは右衛門佐討死の後、拙者の兄が、その時十四歳であったので、徳川家康より**大久保七郎右衛門忠世**に仰せ付けられ、万事

さらに、徳川義直の求めに応じて、再度提出したものには、次の内容が付け加えられている。

424

七郎右衛門の指し引き次第であった。

・ここで「拙者」と称しているのは、『蘆田記』（依田記）の著者で、依田信蕃の次男である**松平康眞**（執筆当時は、越前福井藩城代家老となっていた**加藤四郎兵衞宗月**）のことである。

・徳川家康の御意で、十四歳の**依田竹福丸**に名字を下さり、七郎右衛門が同道にて、**佐久郡の仕置き**申し付けた。

松平源十郎と名を為し替えられ、天正十一年三月に小諸城へ入った。これよりして、大久保七郎右衛門後見にて、**佐久郡の仕置き**申し付けた。

《転々と人質生活を送っていた信蕃の二子》

岩尾城の攻防戦の当時、信蕃の二子（嫡男**竹福丸**と次男**福千代丸**）は、**大久保忠世**が城主となっている遠州二俣城にいた。二子は武田氏の滅亡から本能寺の変前後に、**人質として**あちこちの武将のもとに過ごすという、変転きわまりない日々を送っていた。──もっとも、**芦田三代**（信守、信蕃、康國・康眞）は、いずれも証人（人質）生活経験がある。

芦田下野守**信守**は十三、四歳の頃、海野氏を征服した帰途の諏訪頼重によって芦田城（現北佐久郡立科町芦田）から連れ去られ、短期間ではあったが、諏訪の上原城に人質となっている。

信蕃の二子は去る天正十年九月下旬に、木曾義昌のもとか

芦田右衛門佐**信蕃**は十二、三歳から十八歳頃までの六年間ほど、父下野守信守の武田氏への臣従の証（あかし）として、武田信玄によって諏訪の高島城**（茶臼山城）**に人質になっている。

信蕃の二子である竹福丸（後の松平**康國**）と福千代丸（後の松平**康眞**）は、武田勝頼の滅亡直前から、人質として短期間の間に、武田方と織田方そして徳川方を、左記のようにめまぐるしく流転している。

① 天正十年二月武田への人質で小諸城に……武田方へ

② 小諸城に侵攻した森長可のもとで織田への人質に（三月に）
　……織田方へ

③ 長可に引き続いて小諸城で滝川一益のもとに

④ 上野国箕輪城において滝川一益のもとに

⑤ 再び小諸城へ返され一益の弟道家彦八郎のもとに

⑥ 木曾義昌への人質で木曾に留め置かれる……木曾義昌へ

⑦ 家康の家臣奥平信昌・鈴木重次の在城した飯田城に（天正十年九月下旬）……徳川方へ

⑧ 徳川方への人質で遠州二俣城の大久保七郎右衛門忠世のもとに

ら徳川家康のもとへ送られた。家康は、二俣城攻防戦及びその明け渡し以来、信蕃とは感歎相照らす間柄となっていた二俣城主**大久保忠世**のもとに預けていたのである。

徳川の甲斐・信州の平定に大きく貢献した依田信蕃が岩尾城で戦死したのを惜しみ、家康は当時十四歳であった信蕃の嫡子**竹福丸**を、浜松城に呼んで、三月二十六日に、「**松平**」の姓と、諱の「**康**」を授けて、**松平源十郎康国**と名乗らせた。「**源十郎**」は芦田依田氏総領の名乗りであり、父信蕃も源十郎を名乗っていた。武勇・智略・忠烈の士依田信蕃の死を惜しみ、**竹福丸**に徳川一門の証である「**松平**」の姓を与えたのである。さらに家康の偏諱である「**康**」の一文字を授けて「**康國**」と称させた。そして、よき理解者でもある大久保七郎右衛門忠世を後見役として信州佐久へ帰還させた。──「**大久保七郎右衛門遣わされ候義、翌年三月のことに御座候、拙者兄、その節十四歳にて御座候故、萬事七郎右衛門申し付け候**」とは、このことを指している。──家康のこの措置は破格の内容である。家康の甲信制覇に際して、康のこの果たした役割が大きなものであったかという証でもある。信蕃戦死後、竹福丸は家康のもとで元服し、松平康國となって、大久保忠世の後見を得て信州へ帰ったのである

なお、『芦田記』（依田記）の筆者で「拙者」こと**加藤宗月**（幼る。（小諸城主となる）。

名福千代丸、松平**康眞**）は、兄康國が信州佐久へ帰還した時は、まだ九歳で、さらに二俣城や浜松城に証人として数年間過ごすことになるが、その聡明、誠実で豪胆な人柄が家康に気に入られ、彼の後の人生を左右することになる。（↑後述）。

《北条の小諸城代大道寺政繁、関東へ退去》

大道寺政繁は北条氏から、信州佐久郡の侵略を任され、一時、**小田井城**を守ったこともあったが、**小諸に城代として在**城していた。その間に、単独で、あるいは北条氏と共に、**依田信蕃**の立て籠る三澤小屋を数回にわたって攻撃している。しかし、慣れない山岳戦であり、ゲリラ的に出没する信蕃軍にその都度翻弄され、何の効果もないまま、徳川氏と北条氏の若神子の対陣は講和となり、北条氏は関東へ退いてしまった。その後、信蕃の佐久平定作戦によって、大道寺政繁は次第に**小諸城で孤立**していった。また、関東からの後詰めも、信蕃によって碓氷峠から軽井沢、借宿付近で封鎖され、そこから西方の小田井城も加増城も制圧され、兵糧にも困窮していた。信蕃は天正十一年（一五八三）二月二十二日の岩尾城の大手方面からの総攻撃の時に、鉄砲による至近距離からの

狙撃を受け、翌二十三日の暁近くに落命したが、岩尾城も落

ち、残った小諸城で孤立無援となった大道寺政繁は、大久保忠世の後見を得た信蕃の嫡子松平康國の圧力に耐えられず、やがて、関東へ退去していった。小諸城には松平康國が、佐久郡の領主として入城した。大道寺政繁の本拠は川越城であったが、その後、上州松井田城を北条から任され、碓氷筋に対する防備の先端を担うようになる。そして、七年後、小田原合戦で、松平康國もその一翼を担った豊臣方の北国軍の猛攻を受け、松井田城を明け渡すことになる。大道寺政繁は、最期は小田原合戦の責任をとらされ、北条氏政・氏照らと同じく切腹の運命が待っていた。

《信蕃の嫡子竹福丸（松平康國）、小諸城主となり佐久平定完成》

佐久へ帰ると康國は大久保忠世の後見を得て、最後の北条方勢力小諸城代の大道寺政繁を攻略し、関東の本領へ去らせた。家康は康國を小諸城主とした。ここに戦国大名松平康國となったわけである。佐久一円は平定され統一された。

竹福丸（康國）の生まれたのは、単純計算してみると、一五六九年から一五七〇年（永禄十二年から元亀元年）ということになる。逆算すると、祖父信守・父信蕃が信玄にした

がって、駿河遠征に参戦していた時期に誕生したことになる。

信蕃が岩尾城で戦死した時、嫡子の竹福丸（後の松平康國）と次男の福千代丸（後の松平康眞、加藤四郎兵衛宗月）は、証人（人質）として大久保七郎右衛門忠世の居城である二俣城にいた。

かつて信蕃は武田氏からの番手城主として二俣城や田中城を守備し、その時の智略・武略をもった戦いぶりは有能な武将として徳川方に鮮明な印象を与えていた。滅びつつある武

深い関わり	
依田信蕃	…二俣城の攻防と城の直接明け渡し相手（忠世）
	…田中城の攻防と城の直接明け渡し相手（忠世）
	…甲州市川大門で主従関係となる（家康・信蕃）
	…信蕃の二俣奥小川の里への隠棲を支援（忠世）
	…甲斐・信濃の諸将を徳川へ引付る工作（信蕃）
	…若神子の対陣への北条の兵站を断つ（信蕃）
	…信蕃の二子を二俣城で証人として庇護（忠世）
大久保忠世（徳川家康）	…信蕃の嫡男康國を後見する（忠世）

図：依田信蕃、大久保忠世、徳川家康の深い関わり

田氏の勢力が弱体化した中でも**依田信蕃**は孤軍奮闘し、やむを得ず徳川方に城を明け渡す時に、直接的には**二俣城**の時も**田中城**の時も**大久保忠世**が関わっており、肝胆相照らすところがあったと思われる。そんな経緯もあり、家康は大久保忠世を松平康國の後見として、天正十一年三月に芦田依田松平氏の**本拠地信州佐久郡へ送り込んだ**のである。さらに大久保忠世は信濃取り次ぎ役で信濃総督的な任務をも帯びていた。康國は家康から**「佐久郡の仕置き」**を仰せつかったが、数え十四歳という若年であり、後見人である大久保忠世の力添えなくしては果たし得ぬことであった。

康國は小諸城へ入城し、**佐久郡の仕置き**をした。徳川家康の配下としての佐久郡での役割は、北条氏への備えであったのは言うまでもない。北条勢力は完全に信濃の國から去り、**佐久一円が初めて統一**されたわけである。佐久郡全体を所領としたのは、先にも後にも**松平康國**（と彼の後継者になった松平康眞）しかいない。

《**佐久郡郷村貫高帳**》

康國が小諸城主であったのは、天正十一年（一五八三）から天正十八年（一五九〇）までの**七年間**であるが、領主として全領内の**検地**を実施している。彼の治世中の天正十四年

十二月四日付けの**「信州佐久郡之内貫之御帳**（佐久郡郷村貫高帳）」には、佐久全域一七五カ村の村名と貫高が記載されているが、合計「三万八百四貫七百文」である。（貫高制であり石高制の数字表示ではないが、佐久郡だけで概ね六万石にはなろう）。――佐久では、貫高一貫文を石高（収穫高）一石七斗五升とする慣例があり（『四隣譚数』）、この頃の松平康國の全佐久での貫高が、合計「三万八百四貫七百文」であるということは、石高に表現し直すと、「約五万四千石」となる。貫高一貫文を石高（収穫高）一石七斗五升とするのは自然環境の厳しい佐久の場合であるので、徳川氏の通常の換算にすると六万石を超えている可能性が高い。

また、**康國**は父**信蕃**が家康から諏訪郡を名目上ではあるが宛てがわれていた関係から、それに代わる所領二万石が佐久郡**志田郡**に賜った。本領の佐久郡六万石、甲斐国での二万石を**駿河國**と併せて、合計**十万石の大名**となった。ということは、ほぼ事実を証明している。

（貫高制）一貫文

↑
佐久では＝

（石高制）一石七斗五升

図：１貫　文　＝
1.75石

佐久郡郷村の貫高については、康國による天正十四年（一五八六）のものに続いて、その後、何回も記録されている。

① 天正十四年（一五八六）
　……30804貫700文（53908石相当）
② 慶長十五年（一六一〇）
　……33804貫700文（59157石相当）
③ 元和三年（一六一七）……60012石
④ 正保四年（一六四七）……61635石

江戸時代に入り、新田が徐々に開発されたが、山間地の本村の数値の変化はあまりない。検地が毎回されたか否かは疑わしいといわなければならない。

図：康國の領地10万石

小諸藩主　松平康國　10万石
・信州佐久郡　　　　　6万石
・甲斐のうちで　　　　2万石
・駿河のうちで　　　　2万石

佐久6万石
甲斐のうちで2万石
駿河のうちで2万石

《田口城跡に蕃松院を建立》

康國は父信蕃の供養のために田口城山麓田口館跡に、天正十三年、父の法名「蕃松院殿節叟良筠大居士」を付けて**蕃松院**（しょういん）を建立した。現在、本堂の裏上段の墓地に信蕃と信幸の墓がある。平成二十二年、五輪塔の台石の整備工事の際に、台石の下から刀が発見された。**信蕃所用の愛刀**と推定されている。（前述）。

写真：田口山城麓の蕃松院

写真：芦田（依田）信蕃兄弟の墓
佐久市田口蕃松院にある。

《依田四十七騎》

小諸城主となった**松平康國**は、同心衆を定め、芦田衆（十六騎）・小室衆（九騎）・与良衆（四騎）・柏木衆（十一騎）・小田井衆（七騎）等、合わせて**四十七騎**、足軽二百人を付けて、従兄の**依田肥前守信守**に委ね、佐久郡南部の治安維持のため、**勝間反ノ砦**（稲荷山城・佐久市旧臼田町城山）に配備した。

これを「**依田四十七騎**」と称した。ここからも、当時の軍役が分かる。四十七騎の騎馬以上の武者に、四人ずつ従者が付属すると、「一騎」の最小単位は五人となる。すると、「五人×四七騎＝二三五人」である。そこへ特別の役割を持つ武者も少なからず存在することから、依田四十七騎を率いた依田**肥前守信守**は、約二五〇名の軍勢で勝間反ノ砦を守備したということになる。（後年天正十八年に弟の松平康眞が、秀吉による家康の関東移封にしたがって、小諸城から上州藤岡城へ移る際に、したがっていった「**芦田五十騎**」の中に、「**依田四十七騎**」の多くが含まれていたことは想像に難くない）。

なお、松平康國の直属の者は天正十一年五月二日に、甲州市川に滞在していた**家康の陣所に召されて、家康に拝閲してい),（る。このことからも、**五月までには佐久の平定がほぼ完了した**ことが、客観的状況として判明する。

図：勝間反砦（稲荷山城）の肥前郡（『南佐久郡古城址調査』より）

㊽康國時代の小諸城

（芦田・依田）松平氏は康國・康眞の二代、天正十一年から十八年までの**七年間にわたって小諸城主**であった。（康國没後の次弟の康眞の城主としての小諸在城は、ほんの一・二カ月であった）。歴史上、**佐久全域を支配**したのは芦田氏（松平康國・康眞）しかいない。江戸時代になると佐久は小諸藩・岩村田藩・田野口藩《幕末までは三河奥殿藩の支配》・天領《幕府直轄地》に分かれて統治された。

《康國時代の「加番制度」》

城主として康國は、臣下になった佐久の諸将を**加番制度**によって小諸城の守備に付かせた。加番の時の諸将の曲輪として明確なものは左記の五つである。

・**岩村田大井氏**……矢村田曲輪（岩村田曲輪、筒井町にあったので「筒井曲輪」とも）

・**耳取大井氏**……耳取曲輪（耳取町、現在古城二丁目）

・**柏木氏**……柏木曲輪（現在の相生町通りの南《東》側及び小諸駅構内）

・**平原氏**……鹿嶋曲輪（当時は鹿嶋神社があった）、小

康國時代の「加番制度」
城主として康國は、臣下になった佐久の諸将を加番制度によって小諸城の守備に着かせた。加番の時の諸将の曲輪は：
・岩村田大井氏・・・矢村田曲輪
・耳取大井氏・・・耳取曲輪
・柏木氏・・・・柏木曲輪
・平原氏・・・・鹿嶋曲輪
・森山氏・・・・森山曲輪
・松平采女正・・・襧津曲輪
・親族、重臣・・・鍋蓋曲輪

－加番制度によって守備－

図：小諸城
ベースマップは長野県史添付地図。資料参照は『小諸市誌』。

諸駅前飲食店街（「大手町」「相生町」信号まで）

・**森山氏**……森山曲輪（矢村田曲輪の南「駒形町」（赤坂二丁目付近）」に）

加番を任せられたのは、岩村田大井氏以外は、皆現在の小諸市域の将である。

芦田（依田・松平）氏との関係が不明確な曲輪としては、

・松平采女正……禰津曲輪（鍋蓋曲輪と三ノ丸の中間の西側、三家目藩主松平氏の頃から）

・親族、重臣……鍋蓋曲輪（現在本町一丁目、信号「本町」西方）、城代屋敷、鍋蓋城そのものは大井氏時代の当初か

写真：小諸城の空堀（白鶴橋の架かる木谷）右が本丸

写真：人工の横堀「紅葉谷」（左が本丸方面）

ら存在した。

以上、（後世にはなるが、江戸時代には）七曲輪と呼ばれた。

《小諸城の空堀の整備・充実》

小諸城の空堀は浅間山の火山灰（ローム層）を浸食した**自然の田切り地形**がほとんどである。浅間山方面から千曲川方面へ向かっている傾斜地形に沿った空堀はこれである。自然地形に手を加えて空堀としたものであろう。しかし、それに直角に交わる方向の空堀（傾斜地形に沿っていない空堀）は人工である可能性が高い。具体的にはそれらは、

・「紅葉谷」……二ノ丸を経て北ノ丸・南ノ丸を方面から～本丸の台地へ通じる黒門橋の架かっていた空堀

・「西谷」……本丸の台地と大平山の間の窪地

・「北横堀」……現在の博物館脇から北西に走っている空堀

・二ノ丸と太鼓曲輪（かなり破壊されている）の間の空堀

・太鼓曲輪と三ノ丸（完全に破壊され鉄道が走る）の間の空堀

《依田四十七騎》

依田四十七騎に足軽一〇〇人を付けて、康國は従兄弟の**依田肥前守信守**に委ね、佐久郡南部の治安維持のため**勝間反ノ**

432

砦（旧臼田町稲荷山城）に配備した。

その内訳は、

・芦田衆　　　一六騎
・小諸衆　　　九騎
・与良衆　　　四騎
・柏木衆　　　一一騎
・小田井衆　　七騎

このうち芦田衆十六騎は芦田依田氏本来の武将である。小諸衆・与良衆・柏木衆は現小諸市域の武将であり、小田井衆は現御代田町に属する。いずれも佐久郡北部の武将である。

佐久郡南部の治安維持の役を任され、その統率役を松平康國がもっとも信頼を寄せる従兄の依田肥前守信守としたのである。

勝間反砦に「肥前郭」なる郭があるが、その名残りである。

「依田四十七騎」は騎馬武者四十七人に足軽二〇〇人が付き、約二五〇人で守備したという意味である。戦国時代は騎馬武者一人につきしたがう者が四人いた。「一騎」は最少五人から形成される。その中には徒歩武者（かち）を含めて、足軽等が付いていたことになる。四七騎ということは四七×五＝二三五人となる。それにプラスアルファの武者が存在するわけで、「依田肥前守信守が依田四七騎を引率して勝間反ノ砦を守備した」ということは、約二五〇人の軍勢をもっていた

という意味になる。（一騎が六人から形成されるという考えからすると、四七×六＝二八二人となる）。

《康國時代に天守閣はあったか》

先に芦田信蕃が小諸城の天守閣を築いた可能性は皆無であることを述べた。その嫡子である松平康國が、大久保忠世の後見によって小諸城主になった時期は、早くみても、天正十一年（一五八三）の四月以降である。寺島隆史氏による

と、さらに一年経過した天正十二年二月以降の可能性があるともいう。（東信史学会報『千曲』第一六八号）。それからすぐに天守閣建築の工を起こしたとすれば、「天正十三年（一五八五）ということもあり得る。しかし、実際のところ、佐久郡平定といっても、いまだ不穏な動きがあったはずで、もう少し時が経ってから着工した可能性の方が大きい。

ちなみに、天正十三年（一五八五）に天守閣が完成するということになれば、それは第一次上田合戦のあった年ということになる。この時、小諸城は上田城を攻める徳川勢の本営としての役割を担っていたので、あるいは必要性から急きょ「簡易的な櫓」を建造したことも考えられる。（徳川勢は大久保

忠世、鳥居元忠、柴田康忠、平岩親吉、岡部長盛、信州の小笠原信嶺・諏訪頼忠・保科正直・知久頼氏・屋代秀政の諸将

による七〇〇〇の軍勢で編成されていた。小諸城主であった**松平康國**もこの時、徳川勢の一翼を担って、真田方の支城である矢沢城を攻めている。）——『芦田記』によると、この時、康國は「**鐘の纏**」を神川の堤に立て、敗走する徳川勢を救ったという。

写真：小諸城天守台
野面積みの重厚なもの。この上に天守閣があったとされている。

松平康國が小諸城主であったのは天正十二〜十八年（一五八三〜九〇）の七年間である。天守閣がこの頃建築されたといういうことになれば、「**松平康國の時に完成した**（天守閣を作った）」ということになる。そして、四十一年後の寛永三年

（一六二六）に落雷によって焼失したわけである。（幕府の政策もあって、天守閣の再建はなされなかった。）

瓦葺きの三重の天守閣があったという説を首肯するならば、小田原合戦（天正十八年、一五九〇）の後、康國のあとの康眞が上州藤岡へ移封後に、豊臣秀吉によって小諸城へ入部した**仙石秀久**によるものである可能性もある。

《第一次上田合戦と小諸城》

①**第一次上田合戦**（一五八五年）の時には、**小諸城は徳川軍の本営**となった。

ちなみに、真田氏は徳川氏相手に「十五年ごとに三度の大きな戦」に遭遇した。

・第一次上田合戦（神川合戦ともいう）……天正十三年（一五八五）

・第二次上田合戦（関ヶ原の戦いの時）……慶長五年（一六〇〇）

・大坂冬の陣・夏の陣……慶長十九、元和元年（一六一四、一六一五）

松平康國が関係した真田氏との合戦は**第一次上田合戦**。天正十年九月下旬に**芦田信蕃**の斡旋によって**真田昌幸**は徳川に従属していたが、戦国の大勢力の間

434

を天秤にかけて、武田滅亡後は北条氏〜織田氏〜上杉氏〜徳川氏の間で、次々と従属先を変えていた「表裏比興」の者、**真田昌幸**はこの時点で徳川に不満を持っていて、上杉景勝を頼るようになっていたのである。――去る天正十年十月末に徳川と北条は甲斐若神子の対陣を終了する際の領地に関する条件として、「甲斐・信濃は徳川に、上野は北条に」という和解条件があった。ところが、**上野国沼田は真田**が独力で占めた領地であり、自分の頭越しに、徳川が勝手に決めたことになり、真田にとっては承服できぬ内容であったのである。（真田領「沼田の帰属問題」が火種となった）。

②徳川方の松平康國の視点からの第一次上田合戦

　真田勢二千に対して、徳川勢七千の軍勢であった。この合戦では、昌幸の並外れた戦略によって、徳川勢は劣勢であった。この第一次上田合戦の様子を、『寛政重修諸家譜』の松平康國の項にある記述から、康國の視点で現代語訳して紹介する。

図：鐘の纏（まとい）

　（天正）十三年七月、東照宮（家康公）は、昌幸の上田城を攻めるため、井伊直政・平岩親吉・鳥居元忠・岡部長盛等をして信濃国へおもむかせなさった。康國および大久保忠世に仰せ下さったことは、汝らは諸将とはかり、速やかに兵を上田に向けて出発させよということであった。

　閏八月二日**康國**は兵を率いて上田に向けて出発し、先隊となった。二隊は大久保忠世、三隊は平岩親吉、四隊は鳥居元忠、五隊は岡部長盛、六隊は井伊直政、その他は屋代秀正・諏訪頼忠等であった。時に諸将は軍議で自己主張が強く一決しなかった。あらかじめ敗戦の兆しがあった。いよいよ康國は加賀川（神川）を渡って兵を進めた。昌幸はあえてこれに防戦しなかった。城中は静まり返って声がなかった。康國は左右を見て言った。「この城は必ず伏兵があるだろう。味方はあえて進まない方がいい」。他の諸将はこれを聞かず、士卒を下知して直に進んだ。昌幸は、はたして奇計を設け、伏兵をもって、前後よりさしはさんで攻め手を討った。味方の諸将は大いに敗続した。このとき康國は「**鐘の纏**（まとい）」を川辺に立てて士卒を集め、後殿に備えた。それによって、諸将は逃れることができた。（八月）三日、諸将は八重原に陣した。

昌幸はまた出て**手白塚**に屯した。康國は忠世と議して諸将に牒し、軍を促したが、諸将はあえて進軍しなかった。二十日、昌幸は騎士数十人を率いて自ら大物見した。ときに康國急に兵を進め競って進んだ。諸将はこれに応じて軍を出した。昌幸は馬を走らせて城中に入った。これを追撃して首級を得た。その後、長い間、対陣したけれども利はなかった。よって、（家康公が）浜松から命令をなさって、諸将に軍を撤収させた。康國も兵を率いて小諸に帰る。のちまた、しばしば昌幸と会戦し、毎戦利を得て帰った。

西方の真田勢に備えて**富士見城**が強化され、**柴田康忠**が駐屯した。彼は**芦田信蕃の徳川からの軍監**を務めて以来、佐久に関わってきた徳川方の武将である。富士見城は小諸市諸（もろ）集落と後平（うしろだいら）集落の間にある独立溶岩台丘にある。（現在、城跡の下を高速長野道のトンネルが貫通しており、城跡の東端には小諸高原美術館が建っている）。富士見城からは晴天の日には文字通り富士山が遠望できる立地条件である。このころの佐久の城としては珍しく、**各曲輪の周囲に石垣**を多用した堅固な山城であった。その縄張りは明らかに西方（真田氏の小県方面）を意識しており、石垣もその方面からの攻撃に備え

写真：富士見城の石垣（北西より仰ぐ）

たものであり、**敵を威圧する景観**をなしている。現在、城跡は公園として整備され、主曲輪・二ノ曲輪・三ノ曲輪などが明確化され、曲輪を守る**石垣、堀切**などの構造がよく分かる。特徴的なのは美術館方面から主曲輪へ向かう長尾根に連続する「旗塚」の存在である。

『寛政重修諸家譜』の松平康國の項には記述されていないが、**康國の松平隊**は、この**第一次上田合戦**の時に、真田の属城である**矢沢城**を攻撃したが攻略することはできなかった。神川の堤防上に「鐘の纏」を立て、徳川方の総崩れを防いだと記述されているが、信蕃以来、**芦田勢の旗印は「鐘」**であったことがここでも語られている。

徳川勢は、上田城の攻撃が惨敗に終わったので、矛先を変えて真田氏の属城である丸子三左衛門の守備する**丸子城**を攻めることにし、**八重原**（旧北御牧村）へ陣を張った。この時、徳川勢を挑発するように**真田**

436

昌幸が、単騎で手代塚城（手白塚城）へ入ったという逸話がある。

③「手代塚城」……第一次上田合戦の時の「手代塚城」は、小諸市のそれではない。

この時の「手代塚城」について、小諸市関係の史書は我田引水的に小諸城の西方にある「手代塚城」であると述べている。しかし、その手代塚城ではないことは明白である。

真田昌幸は海野から一騎駆けで、徳川軍を牽制し、嘲るが如く手代塚城に入ったといわれている。小諸市関係の書物には、手代塚城とは小諸城のすぐ西、小諸市両神（陵神）の南断崖上にある手代塚城であることが言及されている。──「田中・桜井・赤岩本郷と高台を馬で駆け、赤岩本郷から再び千曲川河畔の道を直進し、切久保あたりを駆け抜けて、手代塚城へ入ったといわれている」と、まことしやかに述べられている。

しかし、現地調査してみれば明白なことであるが、八重原台地から望める「手代塚城」とは、小諸のそれではない。旧丸子町塩川平北端にある「市ノ町砦（別称「手代塚砦」）」の可能性が大である。

図：小諸市にある手代塚城（砦）

図：旧丸子町にある手代塚城（砦）　別称「市ノ町砦」

ここならば、上田城攻撃の後、徳川軍が攻めた尾野山城や丸子城の近くであり、上田城攻撃に出たという事も可能である。現在そこには旧丸子町よって説明板が立てられ、――「**市ノ町砦（手代塚砦）**、第一次上田合戦の際に眞田昌幸が一騎駆けで乗り入れた手代塚砦である」と書かれている。

現にすぐ南に徳川軍が陣を敷いた所と伝えられている**陣場山（陣場城）**がある。そこには削平地や土塁がある。

④徳川軍が上田攻撃から突然撤収する。

緒戦で徳川軍の出鼻をくじいた真田軍ではあったが、戦いが長引けば、その結果はどうなったか分からない。しかし、徳川家康の重臣**石川数正**の出奔事件が真田を救った。徳川軍が上田城を攻撃していた時、徳川家康から西三河を任され、また岡崎城主であった石川数正が出奔し、**羽柴秀吉**の臣下となったという事件が起こった。そのため、徳川軍の軍略が敵方羽柴秀吉の知ることとなり、徳川軍が上田攻めを中止し本国へ引き揚げる必要があった。徳川軍は真田攻めからの撤収初日に、佐久郡南部の入り口を押さえる**勝間反砦**（稲荷山城）へ入った。この砦は、甲斐方面へ向かう真田の押さえの意味もあり、その後もしばらく三枝昌吉・蔦木盛次などの軍勢が

438

守備についている。

⑤ 小諸城主松平康國と大久保彦左衛門

　徳川軍が去った後、真田に対する一番の押さえは小諸城であることには変わりはなかった。小諸城主松平康國の補佐役として大久保彦左衛門忠教が滞在した。松平康國の後見人としての役目もあった大久保忠世は、真田に備えてその後もしばらく小諸城に滞在していたが、勃発した小牧長久手の戦いの時、家康から遠州浜松城の留守居役を命じられ、後事を弟の大久保忠教に託して去った。

　大久保忠教は、その後、天正十三年（一五八五）十一月から翌十四年（一五八六）二月まで小諸城に居て康國を補佐した。大久保彦左衛門という名前で知られている。家康の若かりし頃から大久保彦左衛門であった。ちなみに、康國（竹福丸）と康眞（福千代丸）は、将軍家光の時代まで〝天下の御意見番〟を自負していた晩年の逸話が講談などで有名である。『三河物語』に著わしている。また、

　父信蕃の徳川家康への臣従以来、証人として、大久保氏の遠州二俣城にいたこともあり、大久保彦左衛門忠教とは旧知の間柄であった。

　これから十五年後、慶長五年（一六〇〇）の関ヶ原の合戦

にともなう「第二次上田合戦」の際にも、小諸城は徳川秀忠の本陣となった。この時の小諸城主は芦田依田松平氏ではなく仙石秀久であった。

《小諸城における芦田氏の痕跡》

① 天神宮……本丸を守る東の空堀（紅葉谷）から天神像を発見。康國が天神宮を鎮守とする。

　『小諸砂石鈔』には次のような記述がある。

> 天神宮　神領同断　宮ハ大井氏勧請也、天神宮八芦田氏堀ゝ御普請之節、深サ四五丈下ヨリ光有ル故ニ是ヲ掘リ見レハ、人形ニ似タル朽木掘出シ、則古キ天神宮也ト云フ託宣有リ、城主鎮守トナス成シ給フ、宮地ノ内ニ主税殿ノ松、荒神ノ宮左ニ有リ。康國が城鎮守とした天神宮は、荒神宮とともに、小諸城本丸の丑寅（北東）方向の城内にあったが、明治になって本丸内に懐古神社が勧請された時に合祀された。

　小諸城内の説明板には次のような内容が記述されている。

── 「松平康國の時代に城内の空堀を普請中、紅葉谷の土中から光を放っていた天神様の木像を発見したので、荒神宮

と並べて安置したと『小諸温古雑記』に記されている。——康國が城鎮守とした天神宮（天満宮）は、荒神宮とともに、小諸城本丸の丑寅（北東の鬼門）方向の城内にあったが、明治になって藩主牧野氏歴代の霊とともに懐古神社として合祀された。「紅葉谷」は小諸城の他の堀とは成り立ちや形態が異なる。小諸城の大手道はいくつかの門をくぐり、二ノ丸脇を通り、北ノ丸・南ノ丸の間を通過し、本丸との間の空堀（紅葉谷）に阻まれる。「紅葉谷」は浅間山方面から千曲川へ向かう田切り状の自然の「谷」を利用したものではなく、それらとは方向が九〇度異なるところから、完全に人工の横堀（紅葉谷）である。その横堀（紅葉谷）を改修していたときに、堀底の土中から天神様の木像が発見されたのである。

写真：懐古神社（天満宮と荒神社を合祀）

② 康國、小諸城の空堀のほぼ全てを普請

田切り状Ｖ字谷地形を利用した難攻不落の空堀群を完成

『小諸砂石鈔』には、次のように記されている。

芦田氏迄不残出来、此時ニ平山城谷之
落道ト号給フト有リ
南木谷　南谷（昔廏有リ）　南三ノ谷
四之谷　五之谷　北之谷（昔廏有リ）
地獄谷　根津谷　堀留谷　北前谷
北横谷　隠シ谷

現在、小諸城で見られる空堀群の主たるものが、ここに挙げられている。

小諸城は中沢川と松井川の流れとその谷によって囲まれた区域内に、北東の浅間山方面から南西の千曲川方面（城下）へ下る裾野傾斜地の最下部の台地上に築かれた城である。（前掲ページの「小諸城」の曲輪（郭）の描かれている図を参照）。（前

北東〜南西へ延びて落ち込んでいる空堀は浅間火山灰のローム層が削られた自然地形を利用したものであるが、それらと直角に交差する横方向の堀（紅葉谷・西谷・北横谷など）は人工の堀である確率が高い。敵が攻め入り易いのは、城域の北東方面上方からであることが想定されるが、その方向には

加番の国衆が守るべき曲輪〈森山曲輪・矢村田曲輪〈筒井曲輪〉・柏木曲輪・鹿嶋曲輪・耳取曲輪・禰津曲輪・鍋曲輪など〉が構えられている。さらにその外側に寺が配されている。

③竹福丸、福千代丸が人質として過ごしたのは陵神 郭(りょうじんぐるわ)

> 『芦田系譜』の康寛（康眞）の項に、次のようにある。

> 天正十壬午二月、康國公時ニ　十三歳、武田勝頼ニ質トシテ同國小諸ノ城ニ往ク、時ニ下曽根何某武田ノ臣、質ヲ監シテ小諸ヲ守ル、同三月五日康寛公モ亦母公永宗大姉ト共ニ往テ小諸ノ城ニ質タリ、此時小諸ノ城中 **良持郭**ニ居ス

天正十年二月、**康國**十二歳の時に武田勝頼の質として小諸城へ入った。天正十年二月ということは、武田の命運が、いよいよ尽きようとしていた頃である。ご親類衆や譜代の家来が裏切り出した。滅亡に向かっていた勝頼は天正十年の二月になって、家臣（信濃先方衆）が裏切って敵方（織田・徳川）に付くのを怖れて、その家族を人質に取り、東信地方では小諸城へ入れた。信蕃の嫡男竹福丸（のちの康國）もその一人であった。勝頼は武田のために駿州田中城で孤軍

奮闘する忠勇極まりない芦田信蕃をさえ信頼できなくなっていた。さらに三月五日になって、福千代丸（のちの康眞）も母の法名「永宗大姉」とともに人質として小諸城に入れおかれた。ここに及んで武田氏の命運も尽きたといった感がある。

ちなみに、真田昌幸の母も同じく小諸城に人質となっていた。

人質となった竹福丸と福千代丸は、この時、小諸城中の「**良持郭**」に居住した。すでに勝頼は三月二日に新府城を焼き払って、岩殿山城めざして**逃避行中**であった。小諸城ではこの時武田の臣で小諸城代である**下曽根覚雲**が、小諸城を守備して人質を監していた。人質が過ごした**良持郭**とは、小諸城を守備していた。人質が過ごした**良持郭**とは、小諸城内のどこを指すのであろうか。小諸城の縄張り図を参照にすると、本丸～北ノ丸～二ノ丸と続く小諸城の枢軸とは「北谷」を隔てて、細長く東西に延びる曲輪（郭）である「陵神郭」であると推定される。その北側には「地獄谷」があった。現在は北谷も地獄谷も東側の部分が埋め立てられて駐車場等になっていて昔日の面影はない。しかし、深い田切地形の谷（空堀）のどこを指すのであろうか。小諸城の縄張り図を参照にすると、陵神曲輪（郭）から逃亡することは不可能な地形であった。

ここで、『芦田系譜』ではなぜ「**陵神郭**」を「**良持郭**」と記述しているのか考察してみたい。――「陵神」と「良持」は文字面から見ると類似点が分かりにくいが、音声か

441

図：小諸城の人質郭　良持郭（陵神郭）──本丸〜二ノ丸の軸の谷向い
ベースマップは長野県史添付地図。資料参照は小諸史誌。

ら推定すると分かりやすい。

[ryohjin]［リョウジン］【陵神】→[ryohji][ryohji]［リョウジ］【良持】。このように、中世における地名・人名・物の名称等は、文字よりも音声で解釈する方が分かりやすいことがある。ちなみに「良持」「陵神」「リョウジン」とは天神五代の五霊神が祀られている所の意である。

《秀吉の妹旭姫と羽柴秀次がそれぞれ康國時代の小諸城へ立ち寄る》──草津温泉行きの帰途に

①秀吉妹の旭姫（当時徳川家康内室）

『芦田系譜』には旭姫の草津温泉行きに際して次のように記述されている。

同年（天正十五年）四月　東照宮ノ簾中病□ニ因テ信
州草津ノ温泉ニ浴シタマフ時ニ康眞公　命ヲ奉シテ供奉
アリ　公（康國）ハ領内ノ途ヲ修セシメ且ツ新ニ茶店ヲ
設ケコレヲ饗シタマフ茲ニ浴スルコト七日ニシテ飯路ニ
赴セタマフノ節公ノ小諸ノ城へ入御アリノコト豫目メ命
アリ故ニ饗膳ヲ献リ奔走涯分ヲ尽ス兼テ洛ノ観世又三郎
ヲ招キ猿楽ヲ真行ス時ニ康眞公モ自ラ乱舞シタマフ終テ
艮日飯路ニ赴セタマフ康眞公ハ休暇ヲ賜リ暫ク茲ニ留リ
同六月ニ至テ駿府へ赴キタマフ去ル午歳ヨリ六年ヲ経テ
今年初テ信州へカエル飯ルコトヲ得タマフ

天正十五年（一五八七）四月に東照宮（徳川家康）の内室（＝
秀吉の妹）で、家康が臣従するにあたって証人の意味で秀吉が
徳川へ嫁がせた旭姫（旭姫のこと）が病を癒すために草津温泉に湯
治した。ここで信州草津温泉といっているが「上州」草津温
泉の誤りである。この頃の上州は北条氏の支配する所であっ
たが、草津温泉の周辺は再び徳川に臣従した真田氏勢力下に
あったので、家康・秀吉の関係者が草津の湯に湯治するとい
うことは、十分考えられる。また草津は「信州」のうちとし
て把握されていたむきもある。
この時、康眞は家康の命によって旭姫に供奉した。証人（人

質）として二俣城に留まっていた康眞（この時十四歳か）は
家康に気に入れられ浜松城で近従としての日々を送ることが
あり、利発で才気あふれ忠勇の器の片鱗を備えていたので、
徳川へ嫁してきた旭姫にも気に入られた。そこで、旭姫の草
津温泉行きにも供奉したのである。小諸城主であった康國は
領内の道を修理し、また、新たに茶店を設営して饗応した。
旭姫は草津温泉に七日間逗留し帰路についたが、康國の小
諸城へ立ち寄るとの予告があった。小諸城主であった康國は
自ら饗膳を献ずるなどして奔走し礼を尽くした。この時京都
から観世又三郎を招き「猿楽」を挙行したが、旭姫一行の前
で康眞も猿楽を舞った。猿楽は「申楽」とも記される。猿楽
は室町時代に成立した日本の伝統芸能である。「能」は江戸
時代までは「猿楽」と呼ばれた。狂言とともに「能楽」と称
されるようになったのは明治以降のことである。したがって、
康眞が舞った「猿楽」は、現代でいうところの「能」
のことであるといってもさしつかえない。その後、旭
姫一行は帰路についた。康眞は証人としての休暇を賜
り、小諸城にとどまり六月

写真：旭姫

443

になって駿府へ赴き、その後二俣城へ戻った。去る天正壬午十年から足掛け六年を経て、この年初めて信州へいったん帰ることを得たのである。

② **羽柴秀次**（秀吉の甥、後継者）

『芦田系譜』には羽柴秀次の草津温泉行きに際しては、次のように記述されている。

同年（天正十六年）十月　**秀次**信州草津ノ湯ニ浴シタマフ公（康國）新ニ茶店ヲ設ケ是ヲ饗ス又公草津ニ往テ起居ヲ訪ヒタマフ故□次秀次カ奔走ヲ謝シ珎器數品ヲ賜フ且ツ浴シタマフ故月ヲ亘ル十一月下旬ニ至テ飯洛シ玉フノ節康眞公モ小諸ニ来テ秀次ヲ饗シ茲止ルコト數十日ニシテ又二俣へ皈リ玉フ

写真：豊臣秀次

天正十六年 **（一五八八）**

十月、秀吉の後継者である**羽柴秀次**が信州（→上州）**草津温泉**に浴した。主の**康國**は、新たに茶店を設営し饗応した。また、草

津へ行き秀次が逗留している宿を訪問したりした。秀次から奔走の返礼として宝物数品を賜った。秀次は、草津温泉に月をまたいで十一月下旬まで湯治し、京都へ帰った。

「（秀次が）浴シタマフ故月ヲ亘ル十一月下旬ニ至テ飯洛シ玉フノ節康眞公モ小諸ニ来テ秀次ヲ饗シ」

「**十一月下旬に京都へ帰る途中、秀次は小諸城へ立ち寄った**」。「その際、**康眞**も証人として滞在していた二俣城（or浜松城）から小諸へ来て秀次を饗応した」と解釈できる。秀次一行が京都へ帰った後も康眞は数十日間小諸城に留まった。

康國・康眞兄弟が久しく共に過ごした日々である。康眞は数十日間小諸城にいて、また証人（人質）として再び二俣城へ帰った。

図：草津温泉の帰路、小諸城に

草津温泉
浅間山
上田城
碓氷峠
小諸城
信州
上州
蓼科山

⑨ 小諸城と芦田氏

芦田氏（松平康國）は、天正十一年から十八年までの七年間にわたって戦国末期の小諸城主であったわけであるが、康國時代の前後の芦田氏も、小諸城と関わっていたことを、諸文献が語っている。

○『千曲之真砂（信陽雑記）』（瀬下敬忠）は次のように述べている。

《武田氏時代、芦田氏は小諸城の加番頭（かばんがしら）・城番頭（じょうばんがしら）であった》

里老曰、信玄之時自春日弾正城代之時、為加番与良・加増・平原・柏木・耳取・芦田・望月七人勤之、与良・平原自居所通テ勤之、其外八於曲輪之内構屋敷住居之、為勤番廿四年、其後下曽根為城代、其時下曽根被没収、……（中略）…此時佐久・小県二郡賜滝川一益、上州厩橋城、道略）、為織田家領、其時下曽根滅亡之後、為織田家領、其時下曽根被没収、芦田信蕃為城番頭、（未審歟）、高永家彦八為小諸城代、芦田信蕃為城番頭、（未審歟）、高永一万四千八百二十貫、佐久郡高七百四十一貫文、小県郡内右賜之、高目付滝川義太夫、城番芦田下野（此名齟齬）

也）右加番如元、六月自上方来飛脚、告信長公大変、滝川一益棄厩橋城、廿一来小諸、逗留五日談始終、（私曰区、廿五日引渡城於芦田下野、廿六日未明揚鞭上洛ト云々、芦田為城代事、又芦田下野ト有事難心得）、…（後略）

この記述の情報を整理してみると、

・信玄の時、春日弾正（高坂弾正）城代の時より、与良氏・加増氏・平原氏・柏木氏・耳取氏・芦田氏・望月氏、以上七人が小諸城の加番を務めた。

・与良氏と平原氏は（本拠地が小諸城に近いことから）自分の本拠地から通って加番を務めた。その外の者は、小諸城の曲輪の内に屋敷を構えて加番の務めを果たした。このような加番が二十四年間続いた。

・その後、下曽根覚雲を城代とし、芦田を加番頭としていた。

〈考察1〉

ア　芦田下野守信守や右衛門佐信蕃は武田軍の信濃先方衆二百五十騎の将（芦田勢の人数は単純計算すると一五〇×五＝七五〇人、あるいは一五〇×六＝九〇〇という大軍勢であった）として、ほとんどの日々を武田の遠征軍の中に、あるいは遠江国二俣城主・駿河国田中城主として戦いに明け暮れていたので、「小諸城の加番頭であった」として

も、一族のごく近親者が代役を務めて小諸にいた可能性が大きい。

イ　天正十年に武田氏が滅亡し、織田領となった時、下曽根氏が治めていた領地は没収となった。この時信長は佐久・小県二郡を滝川一益に与えた。一益は上州厩橋城を本拠とし、甥の道家彦八郎を小諸城代とした。そして、**芦田信蕃を城番頭とした。**（→未審　暾と筆者の瀬下敬忠はいまだつまびらかならず述べている）

ウ　佐久郡の領地は一万四千八百二十貫、小県郡内の領地は七百四十一貫文であった。

エ　高目付は滝川義太夫、**城番は芦田下野**（→この名は誤りである）。右の通り加番は元と同じであった。

オ　六月に上方から飛脚が来て、**本能寺の変**で信長が命を落としたことを知らせた。滝川一益は厩橋城を放棄し、六月二十一日に小諸へ戻った。逗留すること五日間、その間、今後のことを相談した。

カ　**六月二十五日、小諸城を芦田下野に引き渡し、**二十六日未明に鞭を揚げて上洛した。

〈考察2〉

ア　瀬下敬忠は「芦田を城代としたこと」および「芦田下野と書いてあること」には賛成できないと述べている。

イ　「芦田下野」とは信蕃の父である芦田下野守信守のことで、明らかに間違いである。

ウ　ここで重要なことは、瀬下敬忠が、「滝川一益が芦田信蕃を小諸城代として指名した」ということには「難心得」（賛成できない）と述べていることである。

○同じ『千曲之真砂（信陽雑記）』（瀬下敬忠）の記述の中の「城代芦田右衛門信蕃」という項では、次のように述べられている。

┌─────────────────────┐
城代芦田右衛門信蕃

（前略）…天正三年乙亥十二月廿三日退白反遠州二俣城、居住甲州、十年壬午三月廿日献駿州田中城大神君、帰居芦田城、六月二十五日為小諸城代
└─────────────────────┘

〈考察〉

ア　「献駿州田中城大神君」とした期日が「三月廿日」となっているが誤りで、家康に田中城を明け渡したのは「**三月一日**」が正しい。

イ　「帰居芦田城」とあるが、「**春日城**」へまず帰ったとすべきである。この時を去ること三十年以上前に、芦田氏の

本拠地は芦田城から春日城へと移っている。

ウ　「六月廿五日為小諸城代」──つまり「六月二十五日に信蕃は小諸城代となった」と記述されている。↑この記述が「芦田信蕃が小諸城代であった」とされる根拠となっている。しかし、著者の瀬下敬忠自身もこのことには、疑問を感じているわけである。

〇『信陽雑志』（吉澤好謙たかあき）一七四四年の　「春日源五郎、改姓号高坂」の項では、

天文廿二年、自尼飾城移小諸、**為加番芦田**・望月・耳取・平原・与良・柏木・加増　等勤之、

「城主　武田典厩信豊」の項では、

弘治年中守之、加番郷士芦田為其魁、于時芦田下野守信守信濃先方衆、百五十騎将也……

「城主　依田右衛門佐信蕃」の項では、

天正三年十二月廿三日、遠州二俣城没帰甲州、同十年三

月廿日、所守駿州田中城献公退去、六月、自芦田穴小屋**城移小諸城**、同廿七日、**大道寺駿河守小田井砦**来、迫合数日、終開小諸

〈考察〉

ア　これからいえることは、天文・弘治の頃、**芦田下野守**が小諸城の加番の魁（番頭ばんがしら）であったこと。

イ　芦田（依田）右衛門佐信蕃が、本能寺の変の直後に（隠れ棲んでいた遠州二俣の奥小川の里から）本拠地の芦田穴小屋城（正しくは**「春日城」**）へ帰還し、その後小諸城へ入ったが、天正十年六月二十七日には北条氏の先鋒**大道寺駿河守政繁**が**小田井城**へ来襲し、そこから**小諸城**へ攻め寄せた。信蕃は数日間防戦したが、大軍の前についに小諸城から**撤退**を余儀なくされたことが述べられている。

〇『小諸市誌（歴史篇二）』pp.481-482では、下記のように述べている。

弘治年中（一五五五〜一五五七）、武田晴信の弟武田典厩信繁の**嫡子信豊**が小諸城主となってこれを守ったとしている。小諸城守備の援けとして佐久立身の有力な郷士

447

芦田氏がその任に当たったといわれる。　芦田氏はその頃、百五十騎の将であったといわれる。

ア　『小諸市誌（歴史篇二）』の筆者は、「弘治年中（一五五五〜一五五七）、小諸城守備の援けとして佐久立身（↑「立科」であろう）の有力な郷士芦田氏がその任に当たった」という内容の出処をどこに求めたのであろうか。弘治年中（一五五五〜五七）の**芦田下野守信守**の動向を整理してみると、

・第二次川中島合戦（弘治元年、一五五五）
・第三次川中島合戦（弘治三年、一五五七）
・嫡子信蕃が証人として諏訪高島城へ（弘治四年、一五五八）

この時期は芦田下野守信守の本拠は春日城であるが、小諸城主武田信豊の「援け」として（加番として）小諸城に在城していた時期があったということになる。

《**芦田氏と小諸祇園社**》
小諸市本町の塩川勤氏所蔵古地図に次のような記述がある。

祇園午頭天王御祭禮六月十五日
享保二十年五月御社普請社也
如図御寄附共二合二百歩余
祭禮ノ起リハ永禄年中芦田侯本領ト有
御所村三本木ニ古社有小林市正祖十二代
墓在文明三辛巳八月廿一日ト云有寛保
二流失文明大井侯ヨリ二十四年以前
然則古社大井侯ノ時代ニ有之哉
寛政六年三月

《現代語訳》
祇園（牛頭天王）社の御祭礼は六月十五日である。
享保二十年（一七三五）五月に社殿を普請した。
図の如く寄附は二合二百歩余である。
祭礼の起こりは永禄年中（一五五八〜七〇）、**芦田侯の本領**とある。
御所村三本木に古社があった。小林市正の先祖十二代の墓があった。文明三年（一四七二）八月二十一日とあった。寛保二年（一七四二）に流失した。
文明は大井侯よりも二十四年以前である。

然らば則ち古社は大井侯の時代にあった。

以上、寛政六年（一七九四）三月の古図に文字が書かれている。

〈考察〉

ア　文中の小林市正とは鹿島宮の神主である。『小諸砂石鈔』に——「鹿島宮　神領十石、青山宗俊公寄附、御城鎮守、氏子足柄町・馬場町・鹿島裏・馬場裏・樋下・耳取・市町、昔ヨリ小宮有りトナリ、神主　小林市正」——とある。

イ　「祭礼の起こりは永禄年中（一五五八～一五七〇）、芦田侯の本領とある」ということは、小諸の祇園祭の起こりは芦田氏の本領によって始まったと述べられているが、「永禄年中（一五五八～一五七〇）」と「芦田領」ということは、検証してみる必要がある。

まず、永禄年間（一五五八～七〇）の小諸城主は武田信豊、城代は下曽根入道覚雲である。この時代の小諸城主は　**芦田侯**　とは信蕃の父である　**芦田下野守信守**　であろう。

永禄年間（一五五八～七〇）の芦田氏の動向をみると、

① 信蕃は、父下野守信守の証人として諏訪高島城（古高島城・茶臼山城）に送られていた。永禄一年（数え十一歳）

② 歴史上有名な第四次川中島の戦いに、下野守信守は妻女山攻撃隊十頭の一隊として参戦。（永禄四年、一五六一）

③ 信玄の上州侵略に従軍し下野守信守は軍功を表わす。

④ 信守・信蕃父子は信玄の対武蔵野国の国境警備として西上州浄法寺に館を構え、武蔵野国に入った御嶽城を守る。（永禄五～九年）

⑤ 信守・信蕃父子は、信玄の駿河侵攻に参戦し、武蔵野国・相模国・駿河国へ従軍する。（永禄九～十一年）

ウ　現在、芦田氏に関して広く知れているどの資料、文書にも、**芦田氏**　が永禄年間に小諸あるいは小諸城と関わったという記述は見当たらない。しかし、江戸時代の佐久の郷土史家の文書には、芦田氏と小諸城との関わりが何か所かで述べられている。

○『小諸砂石鈔』（信濃史料叢書第四巻所収 p.415）には、小諸の　**祇園社**　について次のように述べられている。

一 祇園社

弘治年中勧請、御城五社之内也、氏子本町・市町・田町・
六供・柳町・清水町迄、祭礼六月十五日本町江御旅所、
一 仙石兵部少輔忠政公之時、大坂御取合有り、此時芦
田右衛門大夫康國、家康公ニ属ス、江戸御利運之心中祈
願シテ、家老南葉源兵衛・依田四郎右衛門両人ニ而御代
参シテ、於小諸永代祇園神事可執行旨、大井大明神之霊
エ祈念シ、既ニ御利運、元和元甲卯年ヨリ仙石忠政公芦
田康國住、願天下祇園ト祭礼之神馬六月十五日大井社エ
長柄トモニ行トも也、為祭礼料ト市町・本町江籾三拾俵双
方へ被下之、岩村田祇園六月十八日、祭礼小諸祇園祭ト
同シ、近来甲冑ヲ秘事トシテ記ニイトマナシ、…（後略）

ここにある情報をまとめると、

ア 「仙石忠政（小諸藩仙石氏二代目）の時、大坂の陣があっ
た。この時、芦田右衛門大夫康國は徳川家康に属してい
た。」→（×）

「芦田右衛門大夫」とは康國ではなく、その弟で跡を継
いだ康眞が該当する。

「この時、芦田右衛門大夫康國は徳川家康に属していた」
とあるが、康眞（康國はすでに故人）は一六〇〇年に改

写真：小諸祇園社（建速神社）と大欅（ケ
ヤキ）

易されており、「徳川家康に属していた」とあるのは明ら
かに誤りである。

イ 「江戸御利運之心中祈願シテ、家老南葉源兵衛・依田四
郎右衛門両人ニ而御代参シテ、於小諸永代祇園神事可執
行旨、大井大明神之霊エ祈念シ」

「家老南葉源兵衛・依田四郎右衛門両人ニ而御代参シテ」
とあるが、南葉（難波）氏は越前福井へ移っても康眞の
重臣であったのは事実であり、また依田四郎右衛門は芦
田依田氏（康眞）の親族であろう。この二人が越前福井
からはるばる信州小諸（芦
田氏にとっては二十五年
前に領主であった地）まで
代参したのである。「於小
諸永代祇園神事可執行旨、
大井大明神之霊エ祈念シ」
とは、芦田氏が小諸にお
ける祇園神事が永代にわ
たって執り行なわれるよ
うに、祇園社を創設した
大井氏を祀った明神に祈
願したのである。

このことからも、小諸を離れて二十五年以上も経過し
ているのに、芦田氏はかつての領地であった地（小諸）
の祇園社の祭礼を大事にしていることが判明する。

ウ　「既ニ御利運、元和元甲卯年ヨリ仙石忠政公**芦田康國**住、
願天下祇園ト祭礼之神馬六月十五日大井社エ長柄トモニ
行ト也」

「既ニ御利運」とは徳川が大坂の陣で勝利したことを意
味する。

「元和元甲卯年ヨリ仙石忠政公〜」とあるのは、仙石初
代**秀久**が大坂の陣直前に病死していることから、二代**忠
政**が祇園の祭礼を引き継いだことを意味する。

しかし、「仙石忠政公芦田康國住」の芦田康國元和元年
を去ること二十五年前に他界している。もしかしたら、こ
の「康國」は「康眞」のことかもしれない。いずれにし
ても「仙石忠政公芦田康國住」の意味するところは不明
である。

『小諸砂石鈔』は誤謬が多々あり、にわかには信じがたい
内容も記述されているので、注意を要する。しかし、上記の

文書から読み取れることは、──芦田依田松平氏が小諸の祇
園社やその祭礼に少なからず関わっていたという状況証拠で
ある。

以上のように、芦田下野守**信守**が小諸城と浅からぬ関わり
があったとするならば、**祇園社**と**芦田氏**の関係があっても不
思議ではない。人名・時期等に少々疑問も残るが、大事なこ
とは、その史料の語っていることの要点である。江戸時代の
佐久の郷土史家による文書からしても、小諸市本町塩川勤氏
宅伝来の古地図に語られている「芦田氏と祇園社との関わり」
の大要は、信じられるものであると推定される。

小諸城下町の祇園社は、近世城下町が成立する前から**一本松
宮ノ窪**にあった。現在の場所に移ったのは、江戸初期の延宝
三年（一六七五）であった。境内にある欅は樹齢四百年近い
といわれている。現在の社名は須佐之男命を祀る祇園さんと
呼ばれている。「芦田氏の本願」によって祭礼が行なわれた
という祇園社は、故地にあったものといえる。

⑩相木白岩合戦

芦田信蕃の次男康眞（後の加藤宗月）は、尾張徳川義直からの三度目の求めに応じて、今までの報告内容の証拠として書状の書き上げを提出したのが、『芦田記』（依田記）の後半を形成している。そこには、小田原合戦の直前に行なわれた相木白岩合戦のことが記述されている。

相木白岩合戦のことが記述されている。

天正十八年寅年、**小田原御陣の時**、家康様へ**秀吉公**よりの御書一通写し申し上げ候。この義委細申し上げず候えば、御合点参りかね申すべきかと存じ候。つぶさに申し上げ候。この**阿江木**と申すは所の名にて御座候、持主は**依田能登守**と申し候。彼能登守、田の口と申城に罷り在り候つるところに、**前山の城**右衛門佐きびしく攻め取り申し候威勢に恐れ、**田の口城**を明け退く。関東へ浪人仕り上げ候。八、九年浪人分にて、**小田原**に罷り在り候ところ、秀吉公**氏政**と手切に罷り成り候。小田原へ御出陣を承り、**能登守**、**伴野刑部**両将にて働き掛け申し候。譜代の主に**依田氏政**へ内意申す。信州佐久郡**阿江木谷**へ、彼浪人の**依田**て候故、阿江木の者どもことごとく、能登守に一味仕り、

敵に罷り成り候通り、三月十五日の申の刻に告来申すに付き、兄にて候**松平修理大夫康國**並に拙者打ちつれ、**小諸**を即刻に乗り出、一騎がけに田舎道三里程参り候えば、**勝間と申城**へ参着。十六日の早朝に、**そっとう坂**と申す山を打ち越え、敵合近く参り候えば、日暮半時程足軽迫め合い御座候うちに、旗の色も見え申さず候程に、夜に入り申す付きて、その夜は篝を焼き、その所に夜を明かし、暁より取り掛け申し候えば、**白岩と申す小城**に籠り申し候を、則乗り崩し、**平村**と申す所に敵を追い詰める。敵、とって反し、敵味方入り乱れて合戦御座候。それより、山の繁みへ敵逃げ上り候ところを、先手の者追掛け申し候えば、木立の内に取って返し、味方崩れ候かと存じ、拙者馬より下り立ち、鑓取り持ち掛け申し候えば、また、味方より押し返し、残らず追い討ちに仕り、上州**野宗谷**と申す所まで、ことごとく追い討ちに仕り、分捕り高名仕り候、**能登守**は何と逃げ延び候やらん。首も見え申さず候。**刑部**をば討ち取り申し候。この仕合拙者はじめて為す働きの一つ書を仕り、**修理大夫**方より夜通しに**家康**様へ注進仕り候ところ、則**秀吉公**より家康様へ御書御座候。この御書御感状にて候由、家康様御意

にて頂戴。今に所持仕り候を写し上げ申し候。

〈要旨〉

・**相木白岩合戦**に康國が勝利した報告に対しての**秀吉からの書状（家康経由で康國へ授けられた感書）**である。

・天正十八年寅年（一五九〇）、**小田原合戦の時、家康様へ**秀吉公よりの書状一通の写しを提出致します。この件について、詳しく申し上げませんでしたので、ご合点いただけなかったと存じますので、これからつぶさに申し上げます。

・この**阿江木**というのは所の名であります。領主は**依田能登守**と申しました。**能登守**は、田口城に居城していましたが、**前山城**を右衛門信蕃が厳しく攻め落とした威勢に恐れをなして、**田口城**を明け退き逃亡し、関東へ浪人しました。

・八、九年間、浪人分で**小田原（北条）**にいましたが、豊臣**秀吉公**が北条**氏政**と手切れになり、秀吉公は小田原へ出陣しました。阿江木（依田）能登守は北条**氏政**へ内通していました。信州佐久郡**阿江木谷**へ、もう一人佐久から小田原へ逃亡して浪人していた**伴野刑部**と両将にて、阿江木谷で挙兵を働き掛けました。阿江木能登守は譜代の領主であったので、阿江木の者どもは、ことごとく、能

写真：千曲川（手前）から東側の峠状地形が卒頭坂

登守に一味し、徳川方（松平康國）の敵になりました。

・三月十五日の申の刻（今の午後三時）に、その知らせが届いたので、私の兄である**松平修理大夫康國**と拙者（松平康眞）は、共に居城の**小諸城**を即刻に出発し、一騎がけに田舎道を三里程進むと、**勝間**という城へ到着しました。

・三月十六日の早朝に軍勢を調えて、**そつとう坂**と申す山を越え、敵が近くまで出てきていたので、日暮の半時程（一時間ほど）足軽の迫め合いがありましたが、暗くなってきて旗の色も見えなくなってきて、夜になったので、そ

の夜は篝を焼き、その所に夜を明かしました。

・三月十七日、暁より攻撃を仕掛けて、（阿江木能登守と伴野刑部が）**白岩**という**小城**に立て籠っていたのを、すぐに乗り崩し、**平村**という所に敵を追い詰めました。

・敵も、とって反し、敵味方入り乱れて合戦しま

図：相木・白岩合戦

した。山の繁みへ敵が逃げ上ったところを、先手の者が追掛けると、敵は、木立の内に鯨波（ときの声）をどっと上げて、木立の内にて取って返しました。味方が崩れるかもしれないと思い、拙者（康眞）は馬より下り立って、鑓を手にして戦いました。また、味方より押し返し、崩れかかる敵を残らず追い討ちにし、上州野宗谷という所まで、ことごとく追い討ちにし、分捕り高名を仕りました。

・阿江木能登守は何とか逃げ延びたのであろうか、討ち取った多くの首の中に、その能登守の首はございませんでした。伴野刑部をば討ち取りました。この合戦は、拙者（康眞）の初陣でした。

・この合戦の勝利を書にしたためて、兄である松平修理大夫康國より、夜通しに徳川家康公へ注進（報告）致しましたところ、ただちに豊臣秀吉公より家康公へ御書がありました。この御書は感状でありました。家康公から兄康國が頂戴し、拙者（康眞）が現在でも所持しておりますのを、写して提出致します。

○概略
北条氏領の上州に逃げた相木氏は、その後小田原の北条氏を頼って行き、その食客となっていた。同じ頃、前山城主伴野信守の子である伴野刑部貞長も北条氏の食客になってい

454

た。天正十八年（一五九〇）、**依田能登守**（相木市兵衛能登守常栄頼房）と**伴野貞長**は、北条氏と豊臣氏・徳川氏が不和になった時、信濃が手薄になった隙をはかって、豊臣・徳川方についている佐久へ帰りたいと願っていた。ところが、いつの日かまた故郷の佐久へ帰りたいと願っていた。この直前に、信濃が手薄になったのを好機として、**伴野貞長と依田能登守**（相木氏）は北条氏の支援を受けて、現在の南佐久郡北相木村に帰って兵を挙げた。相木の人々は旧領主であるので八百余人がこれに

けて**北相木**に来て旧臣千余人を集めて挙兵した。小諸城の依田信蕃の子の**松平康國・康眞**の兄弟は急遽兵を率いて相木に攻め込み、**白岩**や**木次原**で合戦が行なわれた。伴野氏・相木氏の連合軍は敗れて、**伴野貞長**は討ち死にした。**依田能登守**は上州に逃れた。

〈相木白岩・木次原合戦の詳細〉

前山城主の子で小田原の北条氏を頼って佐久を去った**伴野貞長**と、田口城主の**依田（相木）能登守**は、天正十七年（一五八九）十一月、北条氏が真田氏に属する上野国名胡桃城を攻めとってしまったことから端を発して、豊臣秀吉に口実を与えることになり、秀吉は全国の大名に命じて、天正十八年に小田原城を攻めさせた。

応じ、伴野氏の旧臣を加えて千余人が**相木城**に立て籠ったともいわれる。また、北条氏からの三百の支援があったともいわれている。相木谷の人口からして、また、伴野氏旧臣を、加えたとしても、そのような多数の軍勢の数は一概には信じがたいところではある。

これに対して、小諸城の依田信蕃の子の**松平康國**は兵を率いて、天正十八年（一五九〇）三月十五日に小諸城を発ち、現在の佐久市臼田にある**勝間反ノ砦**（稲荷山城）に到着し、そこで、兵が集結するのを待った。従兄弟の**依田肥前守信守**は当時、**依田四十七騎**なる軍団を率いて勝間反ノ砦に常駐していたが、その依田肥前守の軍勢と合流する。（三月十四日に小諸城を発ち、岩村田城で一泊したという説もある）。

三月十六日、さらに進軍途中に土豪や地侍に急遽出陣を先触れしてあったため、軍勢が続々と集まってきて出陣態勢が整った。夕刻、康眞を先頭に相木へ向

写真：相木城（北相木村、坂上城）

かつて出立し、東馬流（現南佐久郡小海町）に達した頃には兵力もかなりな数になった。東馬流から宿渡に登る「うとう坂（or卒頭坂）〈ケットウ坂〉（長野県町村誌）」まで来ると、先手の足軽隊の小競り合いがあったが、夜陰が迫ったため、双方が兵をおさめ、篝火を焚いて野営した。

十七日、寅ノ下刻（午前五時）に出発し、相木谷へ攻め入った。相木城をまたたく間に陥れた。敵は退き、白岩の砦に拠った。康真は陣頭に立って指揮し、この砦も瞬く間に落とした。敵は相木谷を上州との国境の武道峠方面へ逃れたが、康國・康真軍はとうとう平林（木次原）に敵を追いつめた。（『平林＝木次原』は百パーセント言えるのか？ 少々疑問の余地はあり）。

連合軍が敗れて伴野貞長はじめ三百八十余人が戦死し、旧領の佐久の地へ帰ろうとした二人の夢は絶たれた。伴野貞長は二十八歳であった。依田能登守は上州倉賀野に逃れた。白岩の戦いに出てくる依田能登守は、能登守の二代目の人であろうと推定される。この戦いの様子は『芦田記』（依田記）『寛政重修諸家譜三百五十六清和源氏依田』にある。また、この時、「上州栗谷（野牢谷、野宗谷）と申す所まで悉く追討に仕り、分捕高名仕り候」とあるが、そこは上信国境の武道峠を越え

てから東へ下った、群馬県甘楽郡上野村「野栗沢」であると推定されている。地域内のほとんどの家が「黒沢」姓で同族・親類で結ばれている。なお、蛇足ではあるが「分捕高名仕り候」とあるように、戦国時代の戦では敵の所持する物（武具や金目のもの）や敵方の民家の財産などを略奪することは、日常茶飯事であった。文面からするとこの時もあったかもしれない。

《木次原の戦いでのエピソード》

明治十年十月に佐久郡芦田村から長野縣へ提出された村誌で、『長野県町村誌』（明治時代のものを合本して昭和十一年に発行され、昭和四十八年に復刻されたもの）に、「松平右衛門大夫康眞の越前福井裔孫家傳曰」ということで、芦田氏三代（信守〜信蕃〜康國・康眞）の関する文章に、「木次原の戦い」の事蹟が記載されているが、康國・康眞の関する文章に、「木次原の戦い」の様子が臨場感をもって語られているので、（平易な現代語訳にして）ここに紹介しておきたい。

（前略）…平林に敵を追い詰め、入り乱れて戦う。足軽の松井弥五郎は疵を蒙り起き上がれなくなった。これを見た祢津左仲がこれを見て、斬ろうとした。康眞がそれ

456

を戒めて「松井は疵負って伏している。汝はこれを討つのか」と言うと弥津は去って行った。（後に松井は疵が癒えても足腰が立たなかった。大久保忠隣が小田原城主だった時、松井は天守閣の番を勤めていたが、康眞が所用があって小田原を訪れると、這って出て、命の恩人ですといって涙を流して康眞を拝んだ。

依田主膳は敵と組討ちをしたが、敵は豪勇の士であったので倒されて、刀で刺し殺されそうになった。その時森長藏が走って来て、この敵を斬った。そして、主膳は起き上がってこの敵を討った。そして、二人はその首を争った。康眞は「主膳は数度の軍功がすでにある。なぜ討ち取った敵の首を争うのか。速やかに長藏に首を授けよ。」と言って、長藏に首をとらせた。と、その時突然敵一騎が康眞めがけて駆けつけ、斬りかかってきた。康眞が刀を抜いてこれを斬ろうとすると、布下伊勢が大声で「刀を抜かないで下さい。馬上から敵を討とうとするとご自身も危ないです！」と叫んだので、康眞は馬から降りた。そして、側近が前へ出てこの敵を討った。その時、敵が山上に勝鬨を発して、急に攻撃してきた。康眞は歩兵三十人と鑓を揃えて待ち、布下伊勢と杉原善兵衛がこれにしたがった。そこへ懸川晴左衛門尉と黒澤甚三郎が鉄

砲を持って逃げてきた。康眞がこれを見て「無用の鉄砲など何の益があろうか。速く捨てよ。」と叱責した。押し寄せた敵の側面から、先方の士、奥平金弥・伴野小隼人・平尾平三・依田長左衛門らが頭に立ち、指揮して横鑓を突き立て敵を攻め立てた。敵は狼狽して深い林の中へ逃げた。康眞は士卆に先んじて自ら進んで攻撃した。敵は大いに敗れて上州の**野栗谷**（群馬県多野郡上野村**野栗沢**）へ遁れた。追討して三百八十餘の首をとった。

〈この文章にはいくつかの情報が入っているので、箇条書きにすると〉

ア　相木城・白岩城・木次原合戦に、芦田依田松平康國・康眞の軍勢にいた武士

・弥津左仲……傷を負っていた敵の松井弥五郎を斬ろうとしたが、康眞の叱責で斬るのをやめる。

・依田主膳……芦田信蕃の千曲河畔塩名田の戦いで家康から感状を授かった七人のうちの一人

・森長藏……敵に組み伏せられ危うくなった依田主膳を助ける。

・布下伊勢……布下伊勢豊明（与五左衛門か？）、『寛政重修諸家譜』に「蘆田右衛門佐信蕃に属し」とある。

・杉原善兵衛……同じ杉原氏三名は信蕃と三澤小屋に籠り、うち二人は高野町で相木氏との戦いで討ち死に、

・懸川晴左衛門尉……武器として鉄砲を持っていた。

・黒沢甚三郎……武器として鉄砲を持っていた。

・奥平金弥……信蕃が主従六人で遠州二俣の奥小川の里に隠棲した時の一人、塩名田の戦いで感状を授かる。

・伴野小隼人……伴野小隼人守直、実は伴野筑後守昌種の子、信蕃の勧めで依田姓となる。

・平尾平三……平尾平蔵、もと平尾城主で信蕃にしたがう。

イ
・依田長左衛門…芦田依田氏の一族か？
当時とすれば当たり前のことではあるが、戦とは命のやりとりであり、勝者は敗者の首を取ることが戦功の証となっていたこと。……追討して三八〇餘の首をとったことが大勝利の証となった。(家康を経由して秀吉から感状を授かる)。

ウ
騎馬武者もいざ戦闘となるときは、馬から下りて戦った。「馬上から敵を討とうとすると、ご自身も危ない！」という言葉がそれ表わしている。馬に乗っていては身動きが機敏でなくなり、敵の攻撃の標的となる。また、当時の日本の馬は馬高せいぜいポニー程度であったとされている

写真：倉賀野の九品寺──相木市兵衛
依田能登守がしばし身を隠した

エ
鉄砲（火縄銃）は、敵と距離がある場合は威力を発揮するが、接近戦（白兵戦）になれば彼の性格が描写の中に表れている。「松井は疵を負って自ら進んで伏している。汝はこれを討つのか」「士卒に先んじて自ら進んで伏した」

オ
芦田康眞は初陣であったが、彼の性格が描写の中に表れている。「松井は疵を負って自ら進んで伏している。汝はこれを討つ

松平康國・康眞勢は、敵将伴野刑部を討って首も挙げている。一方、相木能登守は逃走して上州に遁れている。相木能登守は上州野栗谷の斉藤某宅に身を潜めた後、倉賀野の九品寺でしばらくを過ごし、そ

の後相木氏は浪人をしていたが、江戸時代の寛文十一年（一六七一）浅右衛門の代になって、奥州磐城の内藤能登守に二百石の知行で召し抱えられたという。さらに延享四年（一七四七）、内藤氏が九州の延岡に転封になったのに伴い、現在でもそこで子孫が相木氏を名乗っているという。

『相木市兵衛依田昌朝と武田信玄』（平成十二年、信毎書籍印刷）で依田武勝氏は、その先祖相木依田氏について、次のように語っている。江戸に住んでいた相木依田小右衛門依田孫市郎が、貞享四年（一六八七）九月に相木依田氏系図を持ち、佐久郡相木（現南相木村）に帰郷した。その子である依田孫市が南相木初代名主となった。三代目名主の勝右衛門は相木・小海の杣棟梁として、杣職人を総動員して欅材を伐り出し、善光寺再建のために千曲川を利用して、善光寺に運んでいるという。延べ七千人の名前のある帳簿が現存しているという。

相木依田氏は、その後も杣棟梁や名主として継続し、現当主の武勝氏へとつながっている。

話は戻るが、この**相木谷での戦い**では、**康國**は三百の兵で本陣を後方に敷いていた。**康眞**の一隊だけでもって敵を討つている。『寛政重修諸家譜』の康國の項によると、この戦いの締め括りは次のように記されている。

この日、敵將伴野を討取、其餘首三百八十餘級をえたり、**康國**は、はじめより本陣にありて、三百餘騎を率ゐ、備をたてゝ敵を待、しかるに**康眞**が一隊の手にて敵すでに離散す、よりて本陣の兵を動かさず、凱歌を唱へて軍を小諸にかへし、合戦勝利のむねを東照宮の台聽に達す

るのところ、すなはち注進状をもって**豊臣太閤**の陣営にをくらせる、十八日太閤より注進状の趣具に披見し、粉骨のはたらき神妙たるのむね、**東照宮**に書を贈らる。

〈豊臣秀吉書状と戦国末期の情報伝達の早さ〉

両軍とも、少なくとも兵力は数百はあったと推定され、（蘆田依田）**松平康國**は、相木白岩合戦を圧勝している。これは、佐久における戦国時代の最後の戦闘であった。康國と康眞は小諸城に帰り、勝利のことを**家康**へ報告する。家康は書状でもって駿河國田中城にいた秀吉の陣に送った。秀吉は書状をもって家康に感謝。家康はこの感書を康國へ送っている。この内容は「信州牢人の討ち取りと対面の件について」の**豊臣秀吉書状**であり、直接的には宛先は**徳川家康**へである。

一昨日十六、芳墨令被見候、并**松平修理大夫注進状趣具**相達候、信州牢人原阿江木白岩江取籠候處、早速追拂、三百八十余討捕之由、尤之仕合ニ候、粉骨之動神妙旨、能々松平ニ可被加詞候、随而今日十八至　田中城相着、明日府中迄可打越候、一両日令逗留、三枚橋江可被移御座候、然者其間清見寺ニ可為一泊候条、可有其意候、猶期對面入候、

459

謹言

三月十八日　秀吉（花押）

駿河大納言殿

〈訓読〉

「一昨日十六（日）芳墨被見せしめ候。並びに松平修理太
夫注進状、趣を具し（内容をよく知り）相達し候。信州牢
人ばら阿江木（相木）白岩へ取り籠るの処、早速追い払い、
三百八十余討ち取るの由、もっともの仕合わせに候。粉骨の
働き神妙の由、よくよく松平に詞加えらるべく候。随って今
日十八日田中城に至り相着し候の間、府中まで打ち越すべく
候。一両日右に逗留し三枚橋へ移らるべく御座候。然らばそ
の間、清見寺に一泊なさるべきの条、その意あるべく候。猶
対面を期し入り候。謹言。

三月十八日（天正十八年）　秀吉
駿河大納言殿（家康殿）　　秀吉（花押）

この相木谷における合戦の経緯と、秀吉による書状（感状）
の出されるまでの経緯をみると、戦国末期の時代の情報伝達
の驚異的な早さに認識を新たにさせられる。

①三月十五日　相木谷に相木氏・伴野氏挙兵の報、康國

と康眞が小諸城発、勝間反砦着

②三月十六日　そっとう坂を越え、敵と緒戦

③三月十七日　相木城攻略、白岩合戦、平村（木次原合戦）。
直後に、康國より家康へ注進

④三月□□日　家康より秀吉へ上申……秀吉は小田原へ
進軍中で駿州田中城に到着

⑤三月十八日　秀吉より家康へ書状（感状）

⑥三月□□日　秀吉からの書状（感状）が、家康より康
國のもとへ、

十七日に康國から注進状が家康へ、そして、遅くとも十八
日には家康からの上申が駿州田中城に到着した秀吉のもとへ

田中城にいた

豊臣秀吉

感状（3/18）--------上申

駿河大納言

徳川家康

感状（転送）--------注進

相木白岩合戦で勝利（3/16）

松平康國

図：康国は家康を通して天下人
（秀吉）と関わっていた

届けられている。今日と違って交通手段も、飛脚による伝達しかなかった時代に、今日と違って交通手段も、飛脚による伝達州経由で駿州田中城へ短期日に届けられている事実には驚嘆するしかない。『芦田記』（依田記）の記述にしたがって整理すると以上のようになる。しかし、前述の三月十八日付けの秀吉の駿河大納言（家康）への書状（判物）の中で、「一昨日十六、芳墨令被見候、并松平修理大夫注進状趣見相達候……」と述べていることから、相木城攻略・白岩合戦・木次原合戦の期日は「三月十六日」となる。これは同時代資料なのでほぼ三月十六日が正しいようである。康眞による『芦田記』（依田記）の日付は記憶違いによる誤りであることの可能性が高い。一日早く、三月十六日であったとしても、想像を絶する早さである。二十一世紀の今日の視点に立っても、驚くべき情報伝達の早さの現実に認識を新たにせざるを得ない。

《現地調査からの考察》

［そっとう坂］

東馬流から千曲川右岸に沿ってしばらく遡ると新馬流橋の東へ出る。新馬流橋から続く道を東へ進むと、かなりな上り坂になる。その中腹の集落名を示す標識が目に入った。なん

とそれは、「**卒頭**」であった。（卒道と表記することもある？）。

「寛政重修諸家譜」の康國に関わるところにある「**そっとう坂**」はここにあたる可能性が高い。ここを登り切れば、若干視野が開け、東方へと平坦な谷状地形が細く延びている。卒頭の集落のある所は千曲川付近から眺めると、やはりV字形をなしており、東へ抜ける道が通っていても不思議ではない地形をなしている。なによりも、ここには現に「**卒頭**」なる地名が今日にもある。また、康國・康眞の率いる一隊と相木軍が遭遇して最初の小競り合いをした可能性が高い地形を呈していると。

『芦田記』（依田記）に「**そっとう坂**と申す山を打ち越え、敵合近く参り候えば、日暮、半時程足軽迫め合い御座候うちに、旗の色も見え申さず候程に、夜に入り申きて、その夜は篝を焼き、その所に夜を明かし」とあるが、「**そっとう坂**」で一番撓んでいる所を現在は車道が通っている。「そっとう坂」向かって左手は急傾斜の崖があり足場の悪い山で、軍勢が夜営しにくい地形である。反対の右側は削平地らしき所も若干あり、数百人の軍勢が篝火を焚いて夜営できる地形をしている。松平康國勢はそこで一晩警戒しながら留まったと推定できる。一方、相木勢は、いったん現在の宿渡集落方面へ引き返した辺りで、警戒していたものと推定される。そして、暁

から再び戦闘が開始されたのである。

なお、「そっとう坂」「けっとう坂」ともいわれているようであるが、──「うとう」とは地名学では、「崖」「狭い谷」「谷状のところ」「両側が高く、その間の切れ込んだ道」「小さい切通し」などの地形を意味するようである。まさに、康國勢と相木勢が最初の小競り合いをした「そっとう坂（うとう坂）」の現地の状況を表わしている。

〔白岩〕

「白岩と申小城に籠申候を則乗り崩し」（蘆田記）、「白岩の舊塁」による、ときに弟康眞みづからすゝみてこれをせむ、敵士卒を指揮して挑み戦ふといえどもかなはず、舊塁を捨たゞちに走る」（寛政重修諸家譜三百五十六清和源氏依田康國）。相木城（坂上城）の詰城は北東の山嶺上にある丸岩城である。したがって、白岩城とはこれとは別ものである。

また、相木城（坂上城）でもなさそうである。相木谷を東へ進むと「白岩」という集落がある。ここは南方の御座山と北方の四方原山方面へ通じる道との四辻を形成している。その辻は白岩集落の中ほどにあり、北方から小川が相木川へ流れ込んでいるが、その橋の付近から北方を眺めると、四方原山の山頂直下の岩壁が白く光っている。それが「白岩」なる地名の由縁であろうか。

写真：白岩集落北の神社周辺（候補地）

写真：旧白岩分校跡（候補地）

一方、この白岩集落へ入る直前のすぐ西に橋を渡るが、その橋の名は「黒岩橋」である。「白岩」へ入る橋が「黒岩」という名前が付いている。不思議に思って、周辺を調べると、なんとその橋のすぐ下流、北方の対岸の絶壁の色が「黒」である。よく見るとそれに並ぶようにして、「白」い色の岩膚がある。「白岩」集落の白と「黒岩」橋の黒は、この岩の色から命名された可能性がある。それにしても、「白岩」には「旧塁」ないしは「小城」が存在したということであるが、相木市兵衞（依田能登守）・伴野刑部貞長が相木衆と籠もった

写真：木次原

久市岩村田の吉沢好謙が江戸時代に著わした『四鄰譚草』では『平澤』としている。──地元北相木村では、その場所は「木次原」であるとされている。もっとも、「木次原」なる地名は、開墾された江戸末期になって使われるようになった地名である。以前は「屋敷平」という地名であったようである。

「屋敷平」が、いつから「木次原」と呼ばれるようになったのかを調べてみると──木次周蔵がこの地を開墾して、新田を作ってから「木次新田」と呼ばれたが、現在は「木次原」と呼ぶようになったようである。嘉永五年（一八五二）、木次周蔵等が現在「木次原」と称されている原野の開墾を願い出、安政六年（一八五九）、木次原の開拓はほぼ完成（一町四反余り）した。

以上のことから、「木次新田」なる呼称は安政六年（一八五九）頃、つまり江戸時代の末期からであることが分かる。現在は数軒のみ残る。もっとも、案内標識によると、古代人の遺跡もこの辺りで発掘されているようである。道路沿いに野菜畑があり、夏はキャベツが育てられている。その辺一帯で、戦国時代の末期に佐久地方における最後の戦闘が展開されたのである。付近には別荘が何軒かある。谷を少し奥へ入ると「長者の森キャンプ場」があり、その他テニスコート等の保養施設がある。

白岩城はどこにあったのであろうか。現地調査をしてみたが、特定できていない。ここでは候補地を二つ挙げておきたい。まず、白岩集落の北にある神社周辺である。南と北に川があり、北東から尾根が張り出してきており、社殿を守るように郭状地形の痕跡が若干伺える。二つ目は、旧白岩分校跡の木工所「夢工房」（？）があるが、その辺りから東方にかけての地籍である。白岩地区の西からの入り口、現在の黒岩橋から相木川を見下ろすと、川が岩盤を深くえぐってS字形に激流が淵となって流れているが、このS字形に縁取られた絶壁上の台地にある。

【木次原】

相木依田能登守と伴野刑部貞長は、いったん相木城で兵を挙げたが、松平康國軍の襲来で、相木谷の奥の白岩城へ逃れ、そこをも撤退し、上野国境武道峠方面へ逃れ、木次原で最期の合戦をしている。その場所は、『芦田記』（田記）等は平村（平林？）としている。佐

【伴野貞長（刑部）の墓】

北相木村白岩区木次原にある。武道峠へ通じる車道が左へ大きく曲がって上っている直前、まっすぐに進むと「長者の森」方面へ通じる道になる。この分岐点から約二五〇mほどまっすぐ進むと、右側に「伴野刑部の墓」なる標識が出ている。そこに止まって右下を覗くと、檜林の中に白い説明板と墓石が見える。高さは一三五cmで昭和二年二月建立（再建）である。墓碑銘は、

〈表〉　伴野刑部貞長墓　天正十八年三月戦歿
　　　昭和二年二月再建立

〈裏〉　法名全弓院一張良箭居士
　　　栃木県那須郡芦野町石工梅津仙三

写真：伴野貞長の墓

信濃国の小笠原氏の分流伴野氏は、佐久においては鎌倉時代以降、勢力を張ってきた名族である。去る天正十年十一月、依田信蕃の攻撃によって当主伴野刑部信守は前山城に滅び、その子で伴野氏最後の**伴野刑部貞長**も、ここ相木谷を東へ上り詰める「武道（武道）峠」の下、**木次原**に眠っている。

法名に「全弓院一張良箭居士」に弓馬の家小笠原氏の流れをくんでいるというニュアンスが感じ取れる。建立者の名前は不明であるが、墓碑銘を刻んだ石工が、栃木県（下野國）那須郡芦野町の者であることから、調べれば、何か手がかりが得られるかもしれない。

なお、既述したことではあるが、一説によると、伴野刑部貞長は、天正十年十一月六日に前山城が落城した時に上州から侵入し、そして、依田信蕃からの前山城奪還を企て、上州から侵入し、天正十一年二月三日に前山城に向かったが、再来を予測していた依田信蕃によって討ち取られているという。七年後のこの天正十八年の相木谷への侵入で木次原の合戦で討ち死にした伴野刑部なる人物は、伴野一族の別の人物が刑部を称していたともいわれている。（『藤岡市史』ではこの人物を伴野貞慶としている）。順に三人の刑部がいたことになる。伴野刑部信守、伴野刑部貞長（信守の子）、

（貞祥寺文書）。

図：最後の激戦地、木次原

図：伴野氏系図

伴野刑部貞慶（？）──**伴野刑部**を名乗る人物が三人存在したことになる。ちょうど相木市兵衛が複数存在したのと同じである。当時とすればめずらしいことではない。

木次原の刑部の墓が右手に存在する自動車道を上方奥へ進むと、「長者の森キャンプ場」へ至る。今から四三〇年ほど前に、ここで信州佐久の最後の壮絶な合戦が繰り広げられたことを思うと、沢川のせせらぎも木の葉の揺れも、時代を超えて人という存在の営みの意味を考えさせられる。

㉛上州西牧城攻略

豊臣秀吉は全国惣無事令を発し、武将や大名の私怨に及ぶ騒動に至るまでを禁じていた。惣無事令に反しているという理由で、秀吉は全国の気になる勢力を牽制したり、強権を発してきた。ほぼ全国を支配下に置いたとはいえ、未だに小田原の北条氏は配下にならず、依然として関東に威を張っていた。

いつかは屈伏させるべき北条氏に対してのきっかけを待っていた秀吉に、その時がやってきた。——真田昌幸の上州名胡桃城（みょう）を北条が突然襲って奪ったことに激怒した豊臣秀吉は、北条に対して天正十七年（一五八九）十一月二十四日、宣戦布告し、諸大名に対して小田原征伐に参戦するべく令を発した。

豊臣秀吉や徳川家康が率いて東海道を小田原に向かう本隊のほかに、別働隊として前田利家を主将、上杉景勝を副将とする北国軍は、松平康國・真田昌幸・毛利勝永・小笠原信嶺の信州勢を加えた数万で、碓氷峠へ諸隊が集結し、まず、碓氷峠の上州側で三月十五日に緒戦が行なわれている。北国軍は怒濤の如く松井田城へ迫り、膨大な城域を誇る松井田城を囲んだ。（松井田城の攻城戦の詳細は後述）。

写真：碓氷峠の大堀切の土橋（堀切は左右方向に落ちている）

《小田原合戦の松井田城攻めの分遣隊としての西牧城攻略》

松井田城攻略の戦いは三月十五日、碓氷峠方面の戦いから開始された。大道寺勢は、まず碓氷峠の刎石山（はねいしやま）の北西の大堀切で小田原合戦の別働隊である北国勢（前田利家・上杉景勝・芦田依田松平康國・眞田昌幸等）を迎え撃った。しかし、圧倒的な数の軍勢に、たちまち守りは破られ、さらに下方の愛宕山城をも放棄して、松井田城へ退却せざるを得なかった。

松井田城攻めの時に上杉景勝が入った坂本の陣城というのは、この愛宕山城と推定される。遺構を見ると、基本的にこの山城は碓氷峠から侵入してきた軍勢が、坂本宿及び松井田方面に対して睨みを利かす構造をしている。

前田利家を総大将とした北国軍による松井田城の最初の総攻撃は三月二十日から行なわれた。なかなか落城させることができなかっ

図：松井田城と支城郡

た。寄せ手の諸将は協議し、松井田城に対する後詰めを断つため、近隣の諸城を先に攻略することにした。松平康國、藤田信吉などの軍を**分遣隊**として向けた。安中城（すぐに攻略落城で、ものの数ではなかった）、宮崎城（藤田信吉が攻略）、國峯城（宮崎城は国峯城の属城ですぐに落城）等の諸城を攻略した。

そして、**松平康國**が攻めた**西牧城**は松井田城の南を固める支城であるが、四月十四日に攻略したのである。

《**西牧城（西牧砦）攻略の概略**》

天正十八年（一五九〇）四月十四日、北条方の多目（米）周防守長宗（長定）・大谷帯刀左衛門嘉信が四百の兵で上野国**西牧城**（幽崖城）を守っていたが、松井田城攻めの北国軍（前田・上杉軍）からの分遣隊として分かれた**松平康國**の軍勢がこれを攻めた。たちまち外郭を破ったが、城兵が城内から厳しく鉄砲を放ってきて、守りはかなり固かった。そこで城中に使いを遣わし、次のように開城を迫った。――『北條方の諸城は降参して開城したり、敗れて逃亡した城が多い。もし、徳川に降参して開城し、忠義を尽くせば、必ずや本領を安堵しよう』。

――城将は心を許し、和を乞うて降参した。しかし、なお多目・大谷の両将が叛逆の機をうかがっていたので、これを成

物見台 →

西牧城郭群

2010.02.22

写真：国道254方面から見た西牧城

国道254

郭群は国道254の向こう、市野萱川を隔てて山麓にある。

写真：1の郭（主郭）下の二重石垣

写真：豊臣秀吉

敗した。

このことを**松平康國**は徳川家康の陣営に報告する。家康がこのことに関して文書を**豊臣秀吉**に送ったところ、『康國が計略をもって多目・大谷等を成敗したのは、神妙である。ますます忠節を尽くすべし』という**感状**を太閤秀吉から与えられる。それが左記の朱印状である。

〈西牧城を攻略に対する秀吉から康國へ朱印状〉

天正十八年寅年卯月二十九日付けの書状は、

上野之内**西牧城**、以計策落居、殊城主多目周守、大谷帯刀左衛門成敗之段尤候、北條親類等於彼爰可相果事案之中候、弥馳走此時に候、忠節専一に候、委細ハ利家可申候也

　　卯月廿九日　　秀吉朱印

　　　　　　松平修理大夫とのへ

〈訓読〉

上野の内、**西牧城**、計策を以って落居。殊に城主多目周防守、大谷帯刀左衛門成敗の段尤もに候。北條親類等かれここにおいて、相果べきこと案の中に候。いよいよ馳走の節に候。

468

忠節専一に候。委細は利家申すべく候也。

（二十九日以前）、上州**西牧の城**に、武蔵国青木城主**多目周防守長宗（長定）**及び相模国藤沢城主**大谷帯刀左衛門嘉信**が、四百餘の軍勢で立て籠っていた。**松平修理大夫康國**はこれを攻陥し、城将をはじめ九十三人を討ち取っていた。

松平修理大夫康國はこれを**家康**に注進した。**家康**はさらにそれを秀吉へ伝えた。秀吉は**家康**を通して感状を**康國**に賜った。これが、その秀吉からの**松平修理大夫康國**宛の天正十八年（一五九〇）四月二十九日付けの書状である。「委細ハ利家可申候成」（委細は利家申すべく候也）という文言は二つの意味に受け取れる。

一つは「この書状の内容についての詳細は、北国軍の主将である前田利家が口頭で伝える」という意味であり、もう一つは「陣中のことは全て前田利家の指示にしたがうように命じた書状」である。後者の場合は、今までの松井田城攻めの際に、主将**前田利家**や副将**上杉景勝**の指示に対して、**康國**が必ずしも従わず、攻撃を強行したり、独断で攻撃したりしたことについて、暗に苦言を呈しているようにも読み取れる。

松平康國が**石倉城**の受け取りの際に、總社で騙し討ちに遭い横死したのは、この朱印状が発行された四月二十九日よりも以前の四月二十六日である。この書状の時点で秀吉は、まだ康国の死を知らなかったことになる。

また、去る三月十六日、十七日の相木谷における合戦の時の、**康國**から**家康**を経由しての注進と、秀吉からの感状発信の驚くべき素早さと比べると、今回は随分と日数を要していることになる。それだけ（間に立つ**家康**や）秀吉にとっては特別な緊急性を要する事項ではなかった可能性がある。今回の小田原北条攻めの戦いにおいては、関心の大きな戦局は、東海道方面や関東一円に広がっていて、中山道（後年の名称）方面のみではなかったからかもしれない。

写真：「依田家文書」（個人蔵、長野県立歴史館寄託）
平成23年度長野県立歴史館発行の春季展図録『武士の家宝』p.15から転載

《**康國軍が攻略した「西牧城の構造」**》

西牧城（西牧の砦）通称「幽崖城」あるい「藤井の塁」と

写真：西牧城
市野萱の支流の小川を隔てて大手道が続く。左右に郭群

もいう。現群馬県甘楽郡下仁田町西牧。横間の西、字目明石（めあけいし）の南対岸にある。城域の大まかな状況を観察するには、国道二五四号線を内山峠から下仁田町へ下って、橋の手前右二軒目の民家の所で車を止め、道路の左側（東側）へ二〇mほど登って、墓地の付近で振り返って道路の向こう南方を見ると、市野萱川（いちのがやがわ）を隔てて、屹立する険しい山の手前の狭い河岸段丘を利用した西牧城の下郭（がやがわ）（主郭）の概略が見える。

城跡へ達ある。

するには、国道二五四の橋を渡り切った辺りから横間集落へ入り、右に曲がって小川の向こうへ渡ればよい。大手は東に市野萱川（いちのがやがわ）の一〇mに及ぶ河崖がある。地元の人の通称「くるわ（郭、曲輪）」は、下郭（主郭）のことである。全城域の形態のイメージは、ほぼ三角形である。大手は東であり、大手虎口は「食違い構造」を示し、「内枡形」様の部分がある。外囲いの石垣や郭の石垣は今も残っている。本郭虎口は東西中央にある「坂虎口」で「馬出し」を備えている。郭群は後世いずれも畑として耕作されていた形跡がある。現在は一部は山林となり多くは耕作放棄地となりつつある。そんな中で、**郭の境の段差や石積みは印象的である**。東と南には渓流があり。今の横間集落一帯は、城下の屋敷であったといわれている。（表屋敷、裏屋敷の地名あり）。

西南は急傾斜の山塊が迫まっている。南側の山上は**物見郭**であるが、**詰めの郭**も兼ねていたようである。物語山から続く尾根の突端に築かれている。下郭から標高差は一二〇mに及ぶ。約一八m四方の平地となっているという。（筆者は登攀を試みたが、急峻で崩壊しやすい崖の途中で道を失い、そこへ到達することができないままである）。上への道に迷いやすく、尾根の物見郭へ到達することは非常に危険で困難である。

図：西牧城縄張り（幽崖城）
群馬県甘楽郡下仁田町目明町（調査）平成 18 年 2 月、22 年 3 月（市村）

�52 松井田城の攻城戦

上州松井田城攻めに関して、『芦田記』（依田記）には、次のような記述がある。

四月中旬に上州松枝城を竹把にて、前田筑前守並びに景勝、眞田、蘆田、四手をもって仕寄せ御座候中に、**修理大夫**、拙者、塀近く諸手に勝れ責め寄せ候き。さりながら、その時の書物御感状は御座無く候。

上州松枝城（松井田城）攻撃の時、鉄砲よけの**竹把**にて、前田筑前守（前田利家）並びに上杉景勝・眞田昌幸・蘆田（松平康國）の四手をもって攻めたが、**修理大夫**（康國）と拙者（康眞）は、塀近くまで、他の軍勢よりも進んで攻め寄せた。

《碓氷峠に備える北条方の松井田城の構造》

松井田城は群馬県碓氷郡松井田町（現安中市）の市街の北側に東西に続く大規模な山城で、現在、国道十八号線から山路を大手まで自動車で行かれる。主軸尾根西半の**本城**と東半部

写真：北方から仰ぐ松井田城

の**安中曲輪**とからなる複合城郭（「**一城別郭**」の関係）である。さらに**本城**（**大道寺郭**）は東の本丸・西の二之丸からなっている。（この二つ郭は「一城別郭」の関係である）。**安中曲輪**は東御殿郭・東二之丸からなっている。（さらに、この二つ郭の関係も「一城別郭」の関係である）。松井田城は二重の意味で「一城別郭」の縄張りである。**大道寺郭**の方が構造が複雑であり、一方、**安中曲輪**はやや古式の縄張りである。小田原合戦の時に大道寺政繁が拠ったのはここ大道寺郭であろう。東麓に高梨子の総郭、西南麓に居館址が構えられている。古碓氷道・東山道が城の北側を通り、後世の中山道は城の南側を通過している。松井田城は要衝碓氷峠に備える重要な城であった。そこを任されていたのが北条の重臣**大道寺政繁**であった。

《碓氷峠尾根道の大堀切の戦い》

前述したことと一部重複するが、説明を加えたい。天正十七年十一月二十四日、豊臣秀吉は北条氏に宣戦布告した。十八年（一五九〇）、前田利家、上杉景勝、眞田昌幸（信幸）を始め北国勢は、眞田昌幸（信幸）、上杉景勝

松平康國、毛利勝永、小笠原信嶺の信州勢を加えた数万で、**碓氷峠**へ諸隊が集結した。まず、碓氷峠方面で三月十五日に緒戦が行なわれている。

『上野志』によると「大道寺政繁は二千の兵を率い、「**跳ね石**」の上に出、尾根道を堀り切って備えを立てたというが、この「跳ね石」は、碓氷道を一の字山から東南に向かって突出した尾根の末端で、政繁の作った**大堀切り**の跡は、尾根の端から一二〇〇mほど西（軽井沢側）へ寄った所にある。この付近の尾根は上幅数mにすぎず、両側は比高百mの急斜面で、そ

- 主軸尾根西半部の本城と東半部の安中曲輪とからなる「一城別郭の構え」複合城郭である。
- 西から「二ノ丸、大道寺郭（本丸）」、「東御殿郭、東二ノ丸」と連なっている。

松井田城
本城（大道寺郭）		安中郭	
二ノ丸	大道寺郭（本丸）	東御殿郭	東二ノ丸

図：松井田城（構造概念図）・二重の意味で「一城別郭」の構造。

図：松井田城縄張り図
「上州の城（下）」（上毛新聞社）の図を利用

こを峠道が通っているのであるから、少兵力で大軍を阻止しやすい所である。ここを一部の前進基地とし、しばらくの間、敵の進撃を停滞させ、敵を坂本に討つつもであったのであろう。現況は人がやっと一人通れるほどの細尾根（土橋状）が、上幅一・〇～一・五m内外、長さは五mである。人工が加えら

図：碓氷峠の大堀切

（調査）平成25年4月8日・市村

天正18年（1590）に大道寺政繁が北国軍を一時的にくい
止めるために作ったとされる。手を加えて土橋状に幅1.0
〜1.5m、長さ5mの細尾根にしたものと推定されるが、
自然地形を利用したものである。

れたと推定されるが、他は自然地形を利用したものであろう。西側の堀切は急峻でかなり深いが、東側は一五mほど緩斜面が続き、その先は自然地形で急に落ち込んでいる。（左右とも下方は**竪堀状**である）。峠道は堀切の北西（信州側、攻撃側）は広い削平地を形成している。南東側（上州側、守備側）

は狭いが、通過してくる北国勢勢に対して、防御側の立場からすると「右勝手の順の横矢の位置関係」になるような高所がある。大道寺勢はここで食い止めようとしたのである。しかし、寄せ手の北国勢は予想よりも早く山の手を回り、松井田に向かう態勢を示したので、大道寺勢は多勢に無勢でいたしかたなく撤退した。刎石山から一番の急峻の難所「**刎石坂**」を下って、旧松井田町坂本まで比高七〇mの尾根には**愛宕山城（碓氷城）**があり、すぐ南下を通過する**碓氷道**を守る、あるいは遮断する役目をもった城であったが、その守備も防ぎ切れず、たちまち大道寺軍は松井田まで退却し、**松井田城に**籠城したのである。

『**上野志**』によると、大堀切をはさんでの戦いで、北国勢は、**芦田（松平）**、眞田勢が正面から松井田勢を圧し、小笠原勢が北に迂回し右側背を脅かし、景勝も藤田能登信吉、安田上総介順易の両隊を繰り出し、**芦田・**眞田勢に協力したので、松井田勢は**『跳ね石』**を放棄して、一挙に松井田に退き、信州三組衆（**松平・眞田・小笠原**）がそれを追撃して、松井田城を包囲した。城兵は三千余、寄せ手は総勢三万余ともいわれている。そして、三月十六日付けで秀吉は、正式に**前田利家**をこの方面の大将に任じた。

《北国勢に松平康國が合流した時期は？》

國は信州佐久郡北相木の**相木城**に立て籠って反旗を挙げた相木依田能登守及び伴野刑部を攻めた。白岩城へ退いたのをさらに攻め崩し、上野の國へ逃れようとするのを追い、上信国境の「ぶどう峠」西下の通称**「木次原」で合戦し**、伴野刑部の首級を挙げた。上野の國へ逃れた相木依田能登守などの残党を野宗谷（野栗谷）まで追っている。三月十五・十六・十七日には、松平康國軍は前田利家を大将とする北国軍に加わるどころか、相木谷での戦闘の最中であったのである。したがって、（芦田依田）松平康國軍の松井田城攻城軍へ実際に加わったのは、それ以降の、おそらくは早くても三月二十日以降のことと推定される。あるいは、相木谷での不穏な動きを察していた康國は、家康経由で秀吉と相談し、まずは、相木谷の敵に備えることが先決という指示により、北国軍に加わることを遅らせていた可能性もある。あるいは、はじめから北国軍に加わっていたのが事実であるならば、相木谷での掃討戦は三月十五日以前に行なわれたのであろうか。もし、そうであるならば、松平康國隊が両方の戦いに関わることは可能であるが……。

諸隊の集結が終わった三月十六日、秀吉は次のように前田利家をこの方面の大将に任じている。『松井田町誌』に載っている、小田原合戦の北国軍の動きについて述べている『国

しかし、この記述の内容には疑義がある。——**松平康國隊**が大堀切での戦闘に参加するのには時間的に無理があるからである。小諸城主**松平康國**に、相木能登守と伴野刑部の連合軍が相木谷に蜂起したという第一報が入ったのが『芦田記』（依田記）によると「三月十五日」である。それを受けたときに康國が小諸城にいたということは、三月十五日の大堀切での戦闘が行なわれた北国軍の中には康國勢は加わっていなかったことになる。『寛政重修諸家譜』の康國の項では、次のように記述されている。

> 十八年三月、康國小田原陣におもむかむとて兵馬を整え、不日に小諸を発せむとす。ときに、先年武田家滅亡の後、相木市兵衛（また依田能登守ともいふ）某、伴野刑部某、…（中略）…舊領相木（また阿江木）谷に来りて、康國をきさむべしとて、弟康眞とともに単騎にてこれを誅すべしとて、速やかにこれを誅すべしとて、弟康眞とともに単騎にて小諸を発し、…（中略）…この事小諸に告来るにより、速やかにこれを誅すべしとて、弟康眞とともに単騎にて小諸を発し、…（後略）

まさに、碓氷峠尾根道**「大堀切の戦い」**が、三月十五日に行なわれたことになっている。その翌日三月十六日、松平康

十五日勝間の城にいたり…（後略）

初遺言』によると、（『国初遺言』）

関東御陣之節上様被仰出候事

一、羽柴筑前守利家北陸道之大将
　　右に申付人数
一、越後喜平次景勝　　一、丹羽五郎左衛門
一、木村常陸守　　　　一、真田伊豆守
　右加賀筑前守利家下知次第人数仕立合戦可仕者也

これによると、**松平康國**の名がない。また、信州衆の小笠原氏、毛利氏もない。意外にも丹羽長秀（五郎左衛門）、木村定光（常陸守）の名がある。（後者の二人は箕輪城攻めをした形跡があるが、松井田城攻めの軍勢の中には、多くの史書には名がないので意外ではある）。三月十六日の時点では、松平康國は別働隊としての戦働きの任を与えられていたことになる。それが、相木谷における相木能登守と伴野刑部の掃討戦であったと推定できる。**相木谷の戦い**（相木城、白岩城、木次原の戦い）で北条側の勢力（相木氏、伴野氏）を撃破した（三月十七日）直後から、松平康國は前田利家いる北国勢に加わったのは、おそらく三月二十日頃であり、**第一次松井田城総攻撃**には、かろうじて間に合ったのではなかろうか。

──松井田城攻めのことが記されている諸戦記のうち『松井

図：第一次松井田城総攻撃（3月20日頃〜）

田落城記』『関八州古戦録』では**松平康國**が、三月十日より以前から前田・上杉等の北国軍と行動を共にしているように記されているが、それは誤りである。

ただし、**松平康國**が**松井田城攻め**に参加していたことは、『埼玉県史（資料編6）』所収の同時代資料である『**榊原康政書状寫**』（松平義行氏所蔵文書）によっても明らかである。

それは家康の四天王の一人であった**榊原康政**が**加藤清正へ**送った天正十八年六月十八日付けの左記の書状の中に次のように述べられているからである。

遠路御使札、本望至極候、仍、家康江御帷子五被進候、一段祝着被存候、能々相心得、可申入之旨候、并我等方へ御帷子二贈給、忝存候、然者、當御陣（↑**小田原**）之様子、定而雖可被…（中略、小田原の陣の様子を記述した後）…北國出勢事羽柴筑前守（前田利家）・長尾喜平次（上杉景勝）為始、信州**蘆田・眞田**、都合其勢五万餘、上州臼井之麓松井田城、押詰等破塀埋掘之間、楯籠大道寺則降参、申助命候、…（後略）

天正十八年六月十八日

榊原式部大輔
康政

榊原康政が加藤清正への返礼の際に、清正の求めに応じて、小田原合戦の戦況を述べている中に松井田城攻めのことが記されており、**北国軍に松平康國の**存在がある。

《**第一次松井田城総攻撃**》三月二十日頃

松井田城攻囲軍の布陣は、大将の**前田利家**が西南西の松井田西城（現金剛寺）の総司令部に、副将の**上杉景勝**が城南の現不動寺に、眞田信幸の陣は碓村神社の付近（『寛政重修諸家譜』では城東）に、上杉の客将藤田能登信吉は北東の呼子坂方面に、そして**松平康國軍**は『寛政重修諸家譜』によると城北の**打越**平に陣取った。『寛政重修諸家譜』の康國の項では、「**打越**平（城北の地）に陣し」としている。これは碓村神社、新井村辺りの碓村神社は松井田町高梨子字碓貝戸一四九〇番地にある。（現在、老人福祉施設「うすいの里」のすぐ隣に位置する）。神社由緒には「城を松井田小屋に築いた時に、水利に乏しく、ここに神を祭って水を求めた」とある。松井田に伝わる『松井田城落城書』の絵図では、高梨子川の南で、新井村もしくは碓村神社辺りに「**依田**」の陣が

ある。地名学でいうと「打越」という地名は中世渡河地点の遺名であることを考えると、北方城下の高梨子川（九十九川）を渡った（つまり「打ち越した」）地点とは、まさに碓村神社付近が合致する。おおよそ、「信州勢は城北の**新井、国衙**に陣取った」といえそうである。

わずか二千の城兵を討つのに五万からの大軍が長期戦の構えであった。松井田城が難攻不落の古今の名城であったからであろう。三月二十日、寄せ手は総攻撃をかけた。この第一次総攻撃で落城させることができなかった攻城軍は、碓氷川の南、陣馬原。八城などに陣して持久戦に入った。

松平康國は相木白岩城とその一連の戦いを終結したのが三月十六日（ないしは十七日）であるので、その直後に松井田城の攻撃に加わるのには、かなりの強行軍であったものと推定される。この第一次総攻撃の際松平康國・康眞兄弟の奮闘ぶりが『寛政重修諸家譜』の**康國**の項に載っているので、それを現代語訳してみると、

諸手は**竹把**を持って頻りに進んだ。けれども城兵は**鉄砲**を射って厳しく防いだ。諸勢もあえて進む能わず、日を経ること十日ばかり。時に**康勢・康眞**は諸手に先だって自ら**竹把**を持って城に迫ること僅かに六七歩、弾丸が

図：竹把で銃弾を防ぐ

飛び来たって、**康貞**（康眞）が羽織の袖を貫いた。けれども、膚は犯さなかった。**利家**はこれを見て、軍使を馳せ、かくのごとく一偏に進めば、多くの士卒を損なう。ただ諸手が約を守り、日を定めて城を落としたい。まず攻め口を退くがよいと言わせた。けれども**康國**はこれを聞かず、おおよそ城攻めの法は一歩を進むのをもってよしとする。わが党はまだ退くと言う令を知らないと言って、ますます軍を進めた。利家が使いを馳せること七八回におよび、ついに太閤が自ら与えるところの軍令を兄弟に示して、漸くこれをとめた。**康國**はやむなく竹把を退くこと十歩ばかりにおいて兵を整えた。

このへんに、戦闘において豪勇一途に勇猛果敢に戦う、しかし、ある意味では頑固な、そして不用意な、信番譲りの芦田氏の性格の傾向が窺えるといえば、言い過ぎであろうか。

（天正十一年二月二十二日に、信蕃・信幸兄弟は岩尾城攻めで焦って、鉄砲で狙い撃ちされて命を落としている。今また康國・康眞兄弟は、総大将前田利家の忠告に耳を傾けずに、松井田城攻めを敢行しつづけたのである）

また、「松枝城（松井田城）に竹把にて前田利家、上杉景勝、眞田、芦田の四手にて仕寄せ、康國・康眞兄弟の軍勢は諸手に勝る」という意味のことをのべているのはこのことを指すのであろう。

松井田城は容易には落城しなかったが、この間に、分遣隊は松井田城の後詰めをする可能性のある周囲の支城をいくつか落としている。松平康國の芦田依田隊は西牧城を落城させている。また、藤田信吉らは、甘楽郡に向かって宮崎城・国峰城等を落としている。

《第二次松井田城総攻撃》　四月二十日頃

寄せ手は、やがて「水の手」を奪い、総軍が四月二十日、第二次総攻撃を開始した。この頃の布陣は第一次とは異なり、前田利家の本陣は松井田城の南東八城に、新井方面、直江兼続は城西の尾根上に、松平・眞田・小笠原・毛利の信州勢は、北方の高梨子にあって城の大手に臨んだ。（なお、寄せ手の包囲陣の位置については異説もある）。この

ように松井田城の戦いは、三月二十日頃の第一次攻撃から、四月二十日頃の落城まで、一カ月かかっている。（四月二十日に前田利家が総攻撃を令し、四月二十二日に政繁は降伏して城を明け渡した）。城将の大道寺政繁は、降伏後、北条勢の案内に立って、北条氏に属する関東の諸城の攻略に向かった。しかし、小田原合戦終結後、戦争責任者の一人として自刃させられた。松井田城攻略後、松平康國は、いよいよ運命の石倉城に向かったのである。

図：第二次松井田城総攻撃（4月20日頃〜）

㊿康國、石倉城で遭難

松井田城攻略の後、松平康國隊は、単独で上州石倉城攻めに向かった。康國軍の勢いに、城方は降伏を申し出てきた。そこで、本陣を總社に移し、城の請け取りの軍議を行なった。この時、思わぬ事変が起きたのである。『芦田記』（依田記）は事変について、次のように記述されている。

その後、上州石倉と申す城を請け取りに参り候て、罷り在り候内、陣屋の内に於て、気違候様なるもの御座候て、思い掛けも御座無く、修理太夫康国相果て申し候。

（松井田城を攻略した後、松平康國は）上州石倉城を請け取りに出向いていたが、陣屋の内に於て、気違いのような者がいて、思い掛けも無く、修理太夫（康國）は落命してしまった。

《石倉城の地勢と構造》

石倉城は、群馬県前橋市石倉町にあり、利根川をはさんで東の厩橋城（うまやばしじょう）（前橋城）の対岸で向かい合う位置にある。現在

は群馬県庁（厩橋城の跡にある）の高層ビルが石倉城跡とは利根川を隔てて東の対岸に聳えている。上州で北条方に付いた城は、松井田城・國峰城・箕輪城・白井城・厩橋城・館林城のような各地の中心城郭と、西牧城・石倉城のような戦略要点であった。石倉城は厩橋城と箕輪城との繋ぎの城であり、ここを攻略するということは、利根川を挟んで厩橋城攻撃の対城（たいのしろ）と変わる城でもあった。松平康國は西牧城を落とし、今回も石倉城を攻める役割を担っていた。

図：石倉城の縄張り（図）「前橋市史」（第一巻）より、利根川に削られて石倉城の東端は大きく変形し、本丸はほとんど残っていない。

480

石倉城は利根川崖端に本丸をおき、半同心円状の四郭からなる構造である。

四重の堀と土塁とがあった。西面外堀などは、八〇〇mにわたり一直線に延びていて、もう一工夫が不足している観がある。ひいて上げれば、二ノ丸外側の堀の北寄りに、また三ノ丸外側の堀では、南端にそれぞれ「**折れ**」（お）がある。その付近に**虎口**が開いていたと推定される。

石倉城の本丸跡は前橋競輪のための駐車場の一部になっている。二の丸跡に「二の丸公園」があり、公園の北東隅に「石倉城」なる石碑と石製説明板、縄張り図の略画の説明板がある。現在、城跡一帯は住宅街と化し、ほとんどの堀跡は道路となっている。**総曲輪**はだいたい、南限は現在の群馬大橋西の道路、北限は現在の中央大橋西の道路であり、城跡の外のすぐ北西に隣接して「**大山古墳**」がある。総曲輪の西端の堀は現在は大型道路で交通量のかなりある「**総社石倉線**」になっている。そして、東限は当然であるが利根川を望む**段丘崖**で あるが、長年の浸食により、削られている。本丸の段丘東下は現在は高崎商業高校専用の野球場などがある広い河川敷のグランドになっている。ちょうど、野球場の北西隅のバックネットのある所から見上げる段丘上のやや北側が本丸にあたる。利根川の流れが当時とだいぶ変わっているようである。

写真：總社神社

《石倉城攻略後、城の請け取りで松平康國が遭難》

天正十八年（一五九〇）、松平康國は北条方に属する上州の**石倉城**を攻めた。城方が康國に降伏したので、本陣を**惣社**（惣社地籍の現在の**総社神社**のある所である）。この時、**突然事変が起き**、主将松平康國は命を落とすことになる。その経緯については、諸説あるが、それをいくつかの文献で比較検討してみよう。

(1)　『**蘆田記**』（依田記）は既出であるが、再掲してみよう。

――「上州**石倉**と申す城を請け取りに参り候て、罷り在り候内、陣屋の内に於て、気違候様なるもの御座候て、思い掛けも御座無く、**修理太夫**康国相果て申し候。」つまり、陣屋の内で、気違いのような者がいて……思いもかけず命を落とした」と曖昧な表現である。

(2)　『**寛政重修諸家譜**』
○**康國**の項
――「其後同國石倉城を攻。城主某城を避

図：石倉城攻略、総社神社で遭難

て降る。これより総社の地に陣す。則神社あり、これを本陣とす。ここに**長根縫殿助某**（庶流内記信福が貞亨をよび今の呈譜に、上野国石倉の城主金井淡路に作る）といへるものあり。もと上野国の住人にして武田家へつかへ、のち北條につかふ。頃日また康國が隊下となる。康國これを郷導とし、かつ軍事を議るに、多く其利をえたり。二十六日（嫡流系圖二十七日とす。今内記信福が家よりたてまつれる貞亨譜、前田利家が書翰にしたがふ）彼を本陣にまねきて軍議をなし、饗膳茶會を催す。康眞もまた其席に列す。ときに石倉城中に闘争あり、諸陣おほいに騒ぎて彼場におくに、康眞も事をとはむがために、下陣に往て従士を呼。よりて康國が左右わづかに一兩輩のみ。このとき縫殿助某俄に狂氣し、白刃を振て康國を斬。康國つゐにこれがために命を殞す。年二十一。嶺嶽良雪。康國寺と號す。信濃國春日村に葬る。

〇**康眞**の項

――総社に陣す。二十六日長根縫殿助某狂氣して兄康國を殺害す。ときに康眞は下陣にありしが、この騒動を聞、走りて社壇にゆかむとす。内蔵助が従者□間にかくれてこれをうかゞふ。康眞が僕竹若といへるもの急に来りて彼を斬。康眞彼が刀に觸て左手に傷くといへども、

内蔵助が従卒十餘人と奮戰す。家臣等すなはちはせ來り、つねにこれを鏖にす。

○**善九郎**の項

　　四月二十七日康國長根縫殿助某を饗し、茶會をもよほす。善九郎も其席にあり。ときに縫殿助俄に狂氣し康國を殺害す。善九郎走りより長根と組で壇下に轉び、つねにかれを刺て仇を報ず。

○**依田信政**の項

　　四月康國総社にをいて横死のとき、信政も其席にありて小林左馬允を討取、創をかうぶる。二十七日利家書を贈りてこれを賞し、醫をして其創を問しむ。

(3)『武徳編年集成』

　　上州名倉（↑石倉が正しい）ノ城主寺尾左馬助モ降ヲ乞ケレバ城ヲ受取ベシトテ信州佐久小縣（↑小縣は誤り）ノ郡主松平修理大夫康國（本氏依田）總社ニ屯ス時ニ長根ノ城主長根縫殿助（本氏**小林氏**）モ康國ニ降テ陣所ニ來ル、御當家ノ本多三彌正重ハ一向亂徒ニ與シ遂ニ江州ニ走リ蒲生氏郷ニ属シ又當時前田利家ニ隋ヒ總社ヨリ十六町隔テ陣取シガ渠士卒喧嘩メ騒動シケレバ諸士康國ガ弟新六郎康貞其場ニ往ント乗馬并ニ從者ヲ呼シガ長根ハ其身誅セラルカト恐怖メ康國ガ陣營ニ書状ヲ認テ在シヲ後ヨリ是ヲ斬ル康國モ脇指ヲ抜テ長根ヲ突ケルガ其身重疵故忽死亡ス時ニ康國ガ伯父（↑叔父が正しい）依田善九郎馳合セ縫殿助ヲ討捕新六郎康貞ハ頻ニ長根ガ從士等ト戰テ十餘輩ヲ斬伏即此趣キヲ神君ヘ注進スー

長根縫殿助が降伏し部下となって康國の近くにいたが、康國は彼を本陣に招いて軍議をし、その後、茶會を開いた。この時石倉城中において争いがおき、大騒ぎになって、皆が城に行き、康國のそばには長根ともう一人がついているだけとなった。この時、長根は急に刀をふるって松平康國に襲いかかり、このために康國は斬られて死亡した。年は二十一歳。後に北佐久郡春日の**康國寺**に葬られた。この砦を守っていたのは北条方の寺尾左馬助、小林左馬允であったという説もある。また、直後にその仇を討ったという人物にも諸説がある。

写真：康國寺（後方は春日城）

《石倉城での事変とその結末》

——「寛政重修諸家譜」三百五十六には康眞の項で、この石倉城での事変について、先のページで触れたが、ここでもう一度取り上げる。

〔康眞〕

二十六日、**長根縫殿助**某狂気して兄**康國**を殺害す。とき に**康眞**は下陣にありしが、この騒動を聞き、走りて社壇にゆかむとす、内藏助が従者□間にかくれてこれをうかゞふ、康眞が僕竹若といへるもの急に来りて彼を斬、康眞かれが刀に觸て左手に傷受くといへども、内藏助が従者十餘人と奮戦す、家臣等すなはちはせ來り、つゐにこれを鏖にす。康眞この始末を東照宮に告たてまつるのところ、五月三日（十一日が正しい）御書をたまわり、康國が跡職前蹤のごとく康眞に賜ふのあひだ、人數を散さずして利家が下知にしたがふべしと仰せ下さる。この月手創療養のため小諸にかへる。

弟**康眞**は、一族の**依田肥前守信昌**（信政）等と共に長根（寺尾）や側近の従者をことごとく倒した。依田肥前守**信昌**とは（依田肥前守**信守**）のことではなく、その實弟で後に信守の

養子となった依田肥前守**信政**のことである。なお、康國が遭難した時、走り寄って長根と組んで壇下に轉び、ついに彼を刺して仇を討ったのは、康國の叔父（信蕃の三弟）である**善九郎信春**であると、『寛政重修諸家譜』の善九郎の項では述べられている。また、仇を討ったの**依田昌種**（伴野が本姓）であるという説もある。

いずれにせよ、康國遭難の時に駆けつけて、長根（または寺尾）とその従者達を討ち果たしたのが、名前のあがっている**松平康眞**（康國の弟）、**依田信春**（康國の叔父）、**依田信政**（康國の従兄弟）、**依田昌種**（康國に近い家臣）らの面々であったということであろう。

《前田利家の感状の依田源三と謎の地名「惠旗」》

話は前後するが、康眞の兄**松平康國**が、石倉城攻めの時に**総社でだまし討ち**に遭い横死した翌日付けの**前田利家**の**感状**がある。前田利家の**依田源三**への感状の日付が四月二十七日であり、事変があったのは、この前日（四月二十六日）となっている。つまり、事変によって康國が没した翌日に、早くも発給されたものである

『諸家感状録　群馬県史資料編７-3621』より

昨日者、於**恵旗ニ**、不慮ニ**松平修理太夫**殿御果口惜次第
ニ候、然処ニ**貴所無比類御働、被蒙疵ヲ**、**小林左馬允被**
討留候義、弥御肝入候、恐々謹言、

猶期面上之時候、

　　　　　四月廿七口

　　　　　　　　　　　　　利家書判

依田源三殿

依田源三とは、誰のことであろうか。(蘆田・依田) 松平
康國にかなり近い人物であることは明確である。感状の中に
「然処ニ貴所無比類御働、被蒙疵ヲ」とあることからして、
康眞は左手にかなり重い傷を負っていることから源三とは康
眞のことである可能性がある。しかも、ここでは北国軍の総
大将たる前田利家が感状をわざわざ発しているほどであるの
で、遭難した康國の弟の**康眞**に対してであることが考えられ
る。(『上州の城』上毛新聞社は、この説をとっている)。と
ころが、『寛政重修諸家譜』巻第三百五十七の依田信政 (信
蕃の次弟信幸の次男、康國の従兄弟) の項に「四月康國惣社
にをいて横死のとき、**信政**も其席にありて、小林左馬允某を
討取、創をかうぶる。二十七日、利家書を贈りて、これを賞
し、醫をして其創を問しむ」とあることから、前田利家の感
状の宛先の「源三」は、依田信政に比定している説もある。

一方、蘆田依田松平氏当主である康國が命を落としたことに
よって、「ナンバー2」たる康眞にも、同じような書状 (感状)
が与えられないことはない。それを考えると、やはり、「依
田源三」なる人物がだれであるかは特定できない。しかも、
ここでは、康國をだまし討ちした人物を**小林左馬允**としてい
る。これは**長根縫殿助**の別名であろうか。長根縫殿助といい、
寺尾左馬助といい、小林左馬允といい、各戦記それぞれといっ
た観がある。**「恵旗」**という地名については、手を尽くして
調べてみたが、いまのところ謎のままである。『寛政重修諸
家譜』では、「石倉城を攻。城主某城を避て降る。これより
惣社の地に陣す。則神社あり、これを本陣とす」とあり、こ
こで**長根縫殿助某**にだまし討ちに遭っている。他の歴史書も
みな同じである。そこは、石倉城の近くの惣社神社である。
古くは蒼海城の郭内でもあった。**善九郎信春**が「走りより**長**
根と組んで壇下に轉びつねにかれを刺して仇を報ず」とあり、
また、「時に康眞は下陣にありしが、この騒動を聞き、走り
て社壇にゆかむとす」とあるのは、まさに神社の様子を表し
ている。とにかく、事変が起こった場所は神社であるのであ
る。

しかし、前田利家の**感状**では、「昨日者、於**恵旗ニ**」とあり、
松平康國の遭難を**恵旗において**」と述べているので、この

場所の調査が必要である。群馬県での歴史書では「惠旗」と
は「江木」であるとしている。江木という地名は前橋市及び
高崎市や藤岡市に「江木」はあるが、いずれも石倉城や康国
の本陣である総社からは遠方であり、この事変の舞台として
は可能性が低い。「惠旗」とは「エキ」「エギ」「ケイキ」「エ
バタ」「エハタ」のいずれか、あるいは他の地名なのか？──
──『上州の城』（上毛新聞社）p.177は、「惠旗は小幡で利家
の石倉誤認と思われる」と述べている。つまり、「惠旗」と
は「小幡」のことであると述べているのである。康國が横死
した場所を利家が誤って「小幡（惠旗）」と認識していた結
果だと述べている。いずれにせよ、「惠旗」という地名は検
討を要する。または、遭難の地について『寛政重修諸家譜』
や康眞、蘆田氏（依田氏）の文書が誤っているのであろうか。

《松平康國の死に関わる異説》

康國の死については、石倉城を扱った上州の物語的歴史書
には、康國は石倉城勢との戦闘中に、敵に囲まれて落命した
と述べられているものもある。
　『上毛伝説雑記』の「石倉記」によると、

──石倉又落城の事天正十八年徳川家より討手として宮

崎石倉へ馳向ふと聞きて、迎叶ひ難醫しと思ひ、老人妻
子を前日に落し、身軽に成りて強戦せんと思ひ定め、先
ず原、金尾、總社、高井の勢、都合五百余騎は、井野川
河原に出張し防戦せんとす。滝口筋には上滝、萩原、向、
六供、堀廻りの勢都合五百余騎出張し、備を立て待ち居
たる所へ宮崎を亡し、勝に乗じたる勇兵等、九月三日（↑
まず、この月日に大きな齟齬あり）大将松平修理大夫康
國を跡に残し置き、先備えの一千騎一屯に成つて鯨波を
作り、無二無三に切て懸ると雖も、原、金尾の猛兵共に
手痛く攻め立てられて、散々に敗北せし処へ、翌日大将
修理大夫馳せ著き、懸れ懸れと下知せらるれば、一同切
つて懸るを、後詰の總社勢馳せ向ひ戦へば、叶はじとや
思ひけん、色めき渡るを見るより早く、滝口出張の勢ど
もに、一屯に成りて火花を散らし強戦し、寄手余多討取
られれば、大将修理大夫叶はじとや思ひけん、僅に二三
騎にて落行かんとせし処を、追詰め馬より引落し首を取
り、勝鬨鯨波揚げて引取りけり。然るに其夜半過に、修理
大夫の舎弟新六郎、宮崎（↑芦田松平勢は宮崎城の攻略
とは直接関係はなかったはず）より馳著き、城兵の勝傲
つて油断し、熟睡し伏したる処へ押寄せ、鯨波を揚げけ
れば、城兵驚き目を覚まし、出で戦ふと雖も、寄手は千

余騎、城兵は僅かに百騎に足らぬ小勢なれば、叶はじと思ふ処に、總社、上滝の勢助力して防戦し、日暮れければ城中に引入る。翌未明に寄手の勢攻入ると雖も、昨日の手痛き戦に恐れけん、暫し戦ひて、皆外郭へ引退き、城中にては四方の門を閉ぢ、切腹せんと衆皆心を合せ待つ処に、同八日寄手一攻に攻落さんと進寄り、門の扉を打破り、馳入らんとする処に、城兵門を開いて切つて懸り、寄手を二三町追退けぬと雖も、遂に叶はず、城に火を懸け、城兵残らず切腹しぬ。（中略）同十一日兄修理大夫が遺跡相違無く相続仕るべきの旨の安堵を給はる御墨附下さるとなり。其後**石倉次部**が妻子は、次部が子は母方の星野氏を名乗り、慶長に至つて秋元家に仕官す。

———

寄せ手（芦田・依田・松平康眞）の立場から書いたものと、**城方**の立場から書いたものとが、あまりにも違っていることには驚きを感じざるを得ない。

『高崎市史』（通史編二、中世、第一編）はこの「石倉記」によったのであろうか。この粗筋にさらに輪を掛けて、次のように述べている。「豊臣軍と後北条軍による戦闘も引き続いており、四月二十六日には惠旗〈高崎市江木〉で、豊臣軍の依田

康國が討ち死にし、後北条軍では小林左馬允が討ち死にしている」と**惠旗**を高崎市江木町に推定している。ちなみに、「**江木**」という地名は、前橋市（井野川支流貫堀川中流域）・藤岡市（下日野）にそれぞれ存在するが、どちらの江木も、松平康國が横死した場所としては、いかにも不自然である。芦田氏や他の史書の述べている内容と全く異なっている。しかし、どうもこれは、敗れし者の面子を重んじた、事実の歪曲にも思える。

『上毛占戦記』（山崎一著）は次のように述べている。

———多くの戦記が「寺尾左馬助は石倉の砦を守っていたが、詐って降り、城を明け渡すと欺いて、康國と砦内で対面中、これを刺殺した。弟康寛（康眞）と依田筑後守昌種は直ちに攻め入って、左馬助を討ち取り、砦を占領したといっている。徳川家康は康國の父信蕃が討ち死にして以来、兄弟をいたわり、彼らに康の一字を名乗らせたほどで、康國の討ち死に対し、これを粉飾し、相手方を悪し様に記すことは、当時当然のことであったかもしれない。———

なお、『上州の城』（上毛新聞社）p.177では、「**惠旗**は小幡で、

利家の石倉誤認と思われる」と述べている。しかし、いずれにせよ前田利家の依田源三への書状に「昨日者、於惠旗二、**不慮二松平修理太夫殿御果口惜次第二候**」とあるということは「康國が不慮の事変で命を落とした」ということであり、合戦での落命ではないことを示唆している。

それでもなお、地名「惠旗」については説明がつかない。更なる検討を要する。前述のように、上州前橋近辺に「江木（エギ）」なる地名が三カ所もあるが、地名学的に「エギ」とはどういう特徴のある所を表わすのか、その解明によっても、何か分かるかもしれない。残る一つの可能性としては、前田利家の依田源三への書状の中の「⟪惠⟫旗」の筆文字の現代人の解読が正しくなく、それとは、異なった地名であるかもしれない可能性である。

図：信州佐久の春日康国寺の康國墓石

488

第四章

康眞

<ruby>康眞<rt>やすざね</rt></ruby>

康眞以後、芦田氏の浅黄望月の颯纚（<ruby>撓い<rt>しない</rt></ruby>）の指物。指物とは武士の具足の背に挿した飾り物のこと。その存在や所属などを明らかにした。

�54徳川家康と証人福千代丸（康眞）

『芦田記』（依田記）に家康と福千代丸こと康眞について、次のように記されている。

天正十四年戌年四月十五日、拙者儀、家康様御前に於て、前髪を御自身はやさせられ、御腰の物拝領、松平の御名字並康と申す御一字下され候。御證文の写し一通指上げ申し候。

〈要旨〉

・天正十四年（一五八六）戌年四月十五日、拙者は、徳川家康の御前にて、前髪を家康公自身が、整えて下さり、御腰の物（刀）を拝領した。そして、松平の御名字と「康」の諱を下された。御證文の写しを一通提出致します。

《元服し、徳川親族たる「松平」の姓と、家康の「康」の偏諱を賜る》

拙者とは、『芦田記』（依田記）の著者である加藤四郎兵衛宗月こと芦田・依田・松平康眞のことである。父依田信蕃の

大久保忠世・忠隣や特に徳川家康の薫陶を受け、忠勇の器であると信頼を得た貴重な期間となる。

足掛け９年間（まる７年２カ月間）

武田氏滅亡の直前
天正十年（一五八二）二月

武田氏へ……
織田氏へ……
・森長可
・滝川一益
木曽義昌へ…
三月〜

徳川氏へ……
・飯田城に
・二俣城に…
七月〜
九月下旬

・浜松城に
（二俣城に）
〜
・二俣城に…
十月以降
〜

小田原合戦の直前
天正十八年（一五九〇）一月

天正 10 年（1582）2 月から

数え年 17 歳　　　数え年 9 歳

図：福千代（康眞）の証人（人質）時代

忠節を深く感じた家康は、先年（天正十一年三月）その嫡子竹福丸（松平康國）に、そして今回、天正十四年四月十六日に次男福千代丸（松平康眞）に、「松平」の姓と「康」の諱を授けた。

康眞は天正二年生まれなので、この時、数え十三歳であった。生誕の年である天正二年（一五七四）十一月十一日より、翌年の十二月二十四日まで、父芦田信蕃は遠江国二俣城を主将として守備している。『寛政重修諸家譜』によると康眞は、佐久郡春日城で生まれた。多くの歴史書では、康眞の母は加藤氏の出とされている。また、佐久郡立科町茂田井在住で、芦田氏の末裔の一人である土屋武司氏のご教示によっても母は加藤氏であるという。康眞が越前福井藩主松平秀康の家臣となって以降、姓を「加藤」に変えているが、それは母の実家の姓であるということになっている。しかし、『寛政重修諸家譜』によると、母は「大炊助某が女」とある。信蕃の項には室は「跡部大炊助某が女」とあるので、康眞の母は「跡部氏」出身ということになる。加藤氏の女が養女として跡部氏へ入り、その後に信蕃の室（妻）となったということであろうか。あるいは、加藤氏というのは先妻で、跡部氏というのは後妻であろうか。検討を要する。

十四年戌年四月十五日」としているが、左記に掲げるごとく家康からの證文によると「十六日」が正しい。それは、徳川家康判物で、松平新六郎が家康の「康」の「一字を拝領した」内容である。以後、松平新六郎康眞（康貞・康寛）と名乗った。

写真：徳川家康判物（依田家文書、個人蔵、長野県立歴史館寄託）
『武士の家宝～かたりつがれた御家の由緒～』p.17（平成23年度長野県立歴史館より転載）

天正十四年
卯月十六日家康
　　　　（花押）
　　　　康
松平新六郎殿

この書状について康眞は『蘆田記』（依田記）で、「天正十四年戌年四月十五日」から「康」の字を賜った証としての家康からの判物である。

芦田信蕃の次男福千代丸（新六郎）が元服した時に、家康から「康」の字を賜った証としての家康からの判物である。

判物とは、文書の発給者である大名が、自ら判（花押）を

据えた文書という意味である。感状・所領給与・所領安堵・特権の給与・承認など、永続的な効力を付与すべき文書に用いられた。この判物は、芦田家の宝物であった。

『寛政重修諸家譜』の依田康眞の項には、このことについて次のように述べられている。

（天正）十四年四月十五日、康眞を御前にめされ、みてづから首服をくはえられ、御稱號を賜り、仰によりて**新六郎康眞**となのる。このとき佐々成政が帯せるところの**來國俊の刀**をたまはり、汝其武勇にならひ、よろしく忠勤を勵むべしと仰下され、のち御かたはらに勤仕す。

「御腰の物拝領」とは、**佐々成政**が所有していた「**來國俊**」の刀であったことが分かる。佐々成政とは織田信長の武勇の誉れ高い家臣で、越中一国を与えられ富山城主であった。本能寺の変後、秀吉に対抗し、家康と組もうとして厳冬の針ノ木越え〈ザラ峠越え〉をしたことで有名である。後に秀吉によって肥後国を与えられたが失政を秀吉に咎められ憤死した。

右の徳川家康判物では「卯月十六日」となっている。正式

にはこの期日が正しいと思われる。しかし、『寛政重修諸家譜』ではその期日を「十四年四月十五日」としている。「十五日」としたのは、その原本たる康眞の記述『芦田記』（依田記）に「四月十五日」とある記述（誤記?）にしたがって、『寛政重修諸家譜』が書かれたからであると推定される。

去る平成二十三年に長野県立歴史館春季展『武士の家宝～かたりつがれた御家の由緒』が発行されたが、その p.17 には、この「徳川家康判物」と「脇差」の写真が掲載され、説明が加えられている。

なお、『寛政重修諸家譜』のこの文には「……のち御かたはらに勤仕す」とあるのは、康眞が徳川方への証人（人質）として、大久保忠世の二俣城にいたのを、**家康が浜松城で元**服させ、その後しばらくの間、人質の身ながら**家康の近習として康眞を仕えさせた**ことを意味している。――平成末期に毎週日曜日にNHK大河ドラマ『真田丸』で、真田からの人質（証人）として豊臣秀吉のもとに送り込まれていた信繁（幸村）が、秀吉のお気に入りとなり、近従（近習）として秀吉近くに仕えることが強調されたドラマの展開となっていたことは、記憶に新しいことである。福千代丸（康眞）も徳川家康に気に入れられ、特別に目を掛けて養育され、家康に近く近侍したのである。

《織田（滝川）〜木曽〜徳川へと転々と証人となる》

証人（人質）としての前半に関しては、別ページでも紹介するが、ここでは天正十年六月の本能寺の変の直後からみてみたい。上州・武州境の神流川の戦いに破れた滝川一益が、小諸城を六月二十三日（二十六日とも）に出発し、本領である伊勢国長島へ西走する時に連れ去った佐久・小県の証人の中に、芦田信蕃の二人の男子（**竹福丸と福千代丸**）がいた。一益は芦田信蕃の二人の男子を証人を引き渡すのを条件に、木曽義昌の領内である木曽を無事通過した。

兄弟は六月下旬から**人質として木曽におかれた**わけである。

やがて八月になって、甲斐国から信濃国一円を勢力下に納めようとしていた**徳川家康**が、この人質に関して行動を起こした。『古今消息集』（『信濃史料』所収）によると、

急度啓達候、仍而今度佐久郡并小縣之人質之儀、此方へ於て御返者、可為本望候、左樣ニ候ハゞ、御誓詞被懸御意、其上拙者も以神名、彼等迎可進之候、然者、從信長被進候御知行方之儀、聊以不可存相違候、其付而貴所江逆意之者共、是非拙身出馬申、可逐御本意候、如此申談上、巳來疎略申間敷候、委細具御報待入存候、恐惶謹言、

八月九日
木曾殿

徳川家康（御書判）

〈訓読〉

急度啓達候、よって今度**佐久郡并びに小縣の人質**の儀、この方へ御返しに於ては、本望たるべく候。左樣ニ候はば御誓詞御意に懸けられ、その上拙者も神名を以って、彼等の迎これを進むべく候。然らば、信長より進められ候御知行方の儀、聊かつて相違を存ずべからず候。それに付いて貴所へ逆意の者ども、是非拙身出馬申し、御本意を遂ぐべく候。かくの如く申し談ずる上は、巳來疎略申すまじく候。委細具に御報待入り存じ候。恐惶謹言。

天正十年八月九日発行の徳川家康書状案である。**木曾義昌**に佐久・小縣両郡の人質を還すべきことを求め、併せて、信長が木曽義昌へ与えた知行を安堵し、共に敵に当る用意があるということを述べている。

また、『**木曾舊記録**』（『信濃史料』所収）によると、家康の書状に対して、ただちに、木曽義昌が左記のように返信を送っていることが分かる。

乃木雲辱拝覧仕候、然巴、其表永々御對陣、御摸様如何、
可承奉存候、信長公領知仕候處ニ、聊不可存相違之旨御
掟之趣、不肖之義昌別而祝著之至奉存候、爾來無二之蒙
御懇命度、起請文を以申上候、為逆意之於有之者、御出
馬も可被下旨、辱奉謝候、此節甲州之餘黨諏訪・伊奈徘
徊罷在候由、出勢相働可申と存知候、猶使者口上申含候、
恐惶謹言、

　　　月　日
　　　　　　　　　　　　　木曾伊豫守
　　　　　　　　　　　　　　　　義昌
　源家康殿御幕下

言、

木曽義昌書状案である。『信濃史料』では、この文書の期
日を（天正十年）八月九日としている。家康の書状を受け取っ
た後、即日に返書を出していることになる。まず、家康に北
条氏直との若神子の対陣についてご機嫌伺いを述べた後、信
長から拝領した領地を家康から安堵されたことに、改めて謝
意を示している。家康に忠節を尽くすことを起請文をもって
表わす旨を述べている。敵対する者があったら家康が出馬し
てくれる約束をしてくれていることにも感謝している。また
甲州の武田旧臣が諏訪・伊那で動きを見せている様子なので、
（家康とともに）働くつもりであることを伝えている。しか
し、この書状では、「佐久・小縣の人質の返還」については、
直接触れてはいない。「なほ使者の口上に申し含め候」とい
う言葉で書状を締め括っている。使者の口上で申し含める予
定であったことはどのようなことであろうか。
　以上の書状のやりとりの後、『尾張徳川文書』（『信濃史料』
所収）によると、木曽にいた**佐久・小縣の人質**について、家
康がどう動いたかが分かる。

蘆田人質可請取、小笠原掃門大夫使者木曾へ指越候、

〈訓読〉
乃木雲辱なく拝覧仕り候。然らば、その表永々御対陣、御
模様如何、承はるべく存じ奉り候。信長公より領知仕り候と
ころに、聊かも相違存ずるの旨御掟の趣、不肖の義
昌別して祝着の至に存じ奉り候。爾來無二の御懇命を蒙りた
く、起請文を以つて申し上げ候。逆意をなすの者これあるに
於いては、御出馬も下さるべき旨、辱なく謝し奉り候。この
節甲州の余党諏訪・伊那徘徊罷りあり候の由、勢を出し相働
き申すべくと存じ候。なほ使者の口上に申し含め候。恐惶謹

494

彼人質歸路無已大儀候、有馳走、送以下可被申付之候、

恐々謹言

　　　　九月十七日

　　　　　　　　　　　　　　　　　家康（花押）

　　奥平九八郎殿

　　鈴木喜三郎殿

《訓読》

　蘆田の**人質**請け取るべきため、小笠原掃部大夫（かもん）の使者木曾へ指し越し候。かの人質の帰路異儀なく候様馳走ありて、送以下これを申し付けらるべく候。恐々謹言

　この徳川家康書状では、家康が小笠原信嶺の使者を木曾義昌の許に遣わし、佐久郡**蘆田の人質**（信蕃の二子、竹福丸と福千代丸）を受け取らしめんとしているわけである。また、家康は奥平信昌と鈴木重次に、その帰路の便宜を図らせているのである。

　この天正十年九月十七口頃以降から、信蕃の二子、**竹福丸と福千代丸**（後の松平康國と松平康眞）は、芦田依田信蕃の家康への臣従の**証人（人質）**として**徳川方**に引き取られていたのである。具体的には家康の重臣で信蕃とは肝胆相照らす人間関係でもあった**大久保七郎右衛門忠世**の居城となってい

二俣城にその身はあったのである。奇しくもそこは、祖父芦田下野守信守と父右衛門佐信蕃が、天正二年（一五七四）十一月頃から翌三年（一五七五）十二月二十四日までの一年二カ月あまりにわたって城主として徳川に敵対して守った因縁のある城であった。

《**家康への証人時代の福千代丸（康眞）**》

　家康から特別目をかけて養育され、家康近く勤仕した康眞であったが、佐久郡主（佐久をへ平定し小諸城主）となった兄康國の（形式的には）証人として、二俣城や浜松城で生活し、佐久への帰還がなったのは、小田原合戦の直前（天正十八年、一五九〇）のことであった。この間の康眞の家康との関係を表わすことを、『芦田系譜』を中心にみていきたい。

① 幼名福千代丸、父芦田信蕃の徳川臣従の証人（人質）として遠州**二俣城**に兄竹福丸（康國）とともに日を送る。天正十年（一五八二）から～

② 半年後、兄康國は父信蕃の岩尾城攻城戦での落命後に、後継者として二俣城主大久保忠世の後見で、佐久郡小諸城主として去る。**福千代丸**（新六郎）は、そのまま**二俣城**におかれる。

③ やがて、天正十四年（一五八六）四月には、家康の居

城浜松城にいったん移される。家康自ら手を加え、福千代丸を元服させ、松平康眞とする。（その後も時々二俣城へ帰ることも）。

④証人（人質）ではあったが、家康に気に入れられ近侍する。他の近従とともに猿楽を習い、家康の前でしばしば猿楽を披露して褒められる。猿楽とは申楽ともいわれていた。今日の「能」は江戸時代のかなりの頃までは「猿楽」と呼ばれた。

⑤家康の内室となった秀吉の妹旭姫、秀吉の甥羽柴秀次の草津温泉行きに供奉し饗応する。両度とも、その後しばらくの滞在を家康から許され、その後、浜松城・二俣城へ戻る。

⑥康眞、方広寺大仏殿棟木用の大木搬送の様子を家康にしたがって見物。

秀吉は、方広寺の大仏を建立したが、大仏殿の棟木に適する大木を得ることが、なかなかできなかった。やっと家康の領内の富士山麓に見つけ出した。天正十七年、秀吉に送るための大木を家康が上覧するために、大宮に来ていた。康眞は小諸へ往こうとして、途中駿州大宮を経て、設楽甚三郎宅に止宿した。その時ちょうど、家康が大宮に来ていることが分かったので、康眞は出かけていって家康に拝謁した。家康の御籠

にしたがって、切り倒されて搬送中のその大木を見に行った。富士川へその大木を流そうとする時、多くの人が溺死したが、その大木を富士川に流すことができた。その後、本多忠勝の見事な指揮により、田子ノ浦に浮かべ、大船の艪綱に結んで、熊野浦へ廻送し、浜ノ津へ引き上げ、洛（京都）へ送るべき旨を秀吉が予て命じてあったのである。家康にしたがって大木搬送を見た後、康眞は小諸へいったん帰ったものと思われる。

証人として家康に近侍している間に、聡明で律儀な性格のうえに、若年ながらも豪胆で忠勇の武将の器の片鱗がうかがえ、家康に気に入られていたことが、康眞のその後の人生を左右することになる。

前後するが、証人として家康近くにいた康眞の状況詳細を、左記に付け加えておきたい。

《康眞は家康の内室である旭姫にも気に入られる》

天正十三年（一五八五）、小牧長久手の戦いを展開していた家康ではあったが、総合的に彼我の勢力を考えた末、秀吉との和睦を受け入れた。その際に、秀吉は実妹の旭姫を当時正室がいなかった家康に輿入れさせることとした。（体

写真：浜松城

裁のいい人質として、妹を差し出してでも秀吉は家康と和睦し、従属させたかったのである）。

秀吉の家臣浅野長政が供奉し、旭姫が浜松に至ったのは天正十四年（一五八六）五月十四日のことである。まず、榊原康政の屋敷に輿が寄せられ、即日浜松城に入って、家康との婚礼の儀が執り行なわれた。そして、この年の八月、家康は本拠を駿府城へ移した。

康眞の兄松平康國は、家康の婚礼を賀すために、十一月に駿府へ出向き越年する。康國・福千代丸（康眞）兄弟の再会がここで叶うことになる。翌天正十五年一月十五日に康國は小諸城へ帰る。

福千代丸は証人（質）として家康に近侍する。駿府で家康に近侍していた福千代丸は、憂鬱の日々を過ごしていた旭姫に気に入られることになる。福千代丸（康眞）の誠実で聡明で肝のすわったところのある生来の性格が、そうさせるに至ったものと思われる。

天正十五年四月、家康は旭姫に湯治のために草津温泉行きを勧める。前年の天正十四年四月に元服した松平康眞は、家康の命によって旭姫に供奉する。草津温泉に七日間逗留後、旭姫一行は去る天正十年より六年を経て、初めて信州佐久へいったん帰ったことになる。この旭姫一行のために小諸城主で兄の松平康國は、領内の道を修理し、また、新たに茶店を設け饗応した。小諸城へ旭姫が立ち寄った時には藩主康國自ら饗膳を奉った。かねて、京都の観世又三郎を招いてあったので、「猿楽」を挙行した。康眞もまた猿楽を舞った。その後即日、旭姫一行は帰路についた。康眞は、休暇を賜り、しばらくの間、小諸城に留まり、六月になって駿府へ赴いた。その後、さらに二俣城へ入った。康眞は二俣城で越年した。（↑一部、康國の項と重複）。

《秀吉の後継者羽柴秀次をも饗応》

翌天正十六年（一五八八）十月、羽柴秀次が草津温泉に浴した。兄の康國は新たに茶店を設けた。また、草津へ出向いて秀次を饗応した。秀次は奔走に感謝し、珎器数品を賜る。秀次は湯治すること月をまたいで十一月下旬に至って京都へ帰る際に小諸城へ立ち寄ったが、康眞も小諸へ来て秀次を饗応した。康眞は小諸に留まること数十日あって、また、二俣城へ帰った。そして、天正十七年正月、康眞は二俣城で越年した。（↑一部、康國の項と重複）。

《家康の近従として猿楽を習う》──家康の前でしばしば猿楽を披露して褒められる。

『芦田系譜』には、天正十七年（一五八九）六月に、家康が大蔵道知を駿府に招いて猿楽があった時のことが次のように記述されている。（句読点を付けて表現することにする）

時ニ、康眞公、台命ニ因テ是ヲ稽古ス。マタ井伊直政ガ宅ニ於テ猿楽あり。七月廿六日ヨリ同廿九日ニ至ル。東照宮、秀忠君、渡御アリテ乱舞シ玉フ。康眞公モコレフ供奉シテ共ニ興シタマフ。

右ノ時、東照宮毎日渡御アリ。初日松風、二日三輪、

三日百萬、四日谷行。総テ四番自ラ是ヲ乱舞シ玉フ。道知コレヲ樂ス。秀忠君ハ未ダ御幼稚ナリ故ニ小鼓ヲ御膝ニ抱カレ、コレヲ樂シ玉フ。又觀世大夫（ヲチ觀世）ハ、初日藤戸、二日山姥、三日唐舩、四日難波都ヲ、四番ヲ舞フ。又觀世鬼若丸（後黒雪）ハ、老松ヲ舞フ。脇ハ福王何某、永井右近、酒井十左衛門尉。笛ハ春日市右衛門、作守。太鼓ハサカフドノ余□従ノ諸士。命ニ従テ乱舞す。又ノ節、康眞公、仕舞ヲ鬼若丸ニ習ヒ、鼓ヲ道知ニ學ビ玉フト云。

（ソノ外コレヲモラス）。小鼓ハ康眞公、青山圖書、大久保石見守等。大鼓ハ井伊兵部少輔、安部左馬允、奥平美

同年七月下旬、道知、御暇ヲ賜り帰洛ス。康眞公モ二俣へ帰リ玉フ。

ア　家康が大蔵道知を駿府に招いて猿楽があった時、康眞は家康の指示によって稽古している。

イ　井伊直政の屋敷で猿楽が催された。

ウ　七月二十六日から二十九日まで行なわれ、家康と秀忠が出席する中で舞った。康眞もお供し共に興じた。

エ　この時、家康は毎日ご覧になった。初日は松風、二日目は三輪、三日目は百萬、四日目は谷行。全て四番とも家

オ　**秀忠君**は未だ幼かったので小鼓を膝に抱いて、これを樂
　しんだ。

カ　観世大夫は、初日は藤戸、二日目は山姥、三日目は唐舩、
　四日目は難波都を、四番とも舞った。また、観世鬼若丸（後
　黒雪）は、老松を舞った。

キ　脇は福王何某、永井右近、酒井十左衛門尉が、笛は春日
　市右衛門などが受け持った。

ク　小鼓は**康眞**、青山圖書、大久保石見守であった。大鼓
　井伊兵部少輔、安部左馬允、奥平美作守であった。太鼓
　は「ハサカフドノ余扈従ノ諸士」（したがっていた従者）が、
　家康の命によって舞った。

ケ　また、他の折には、**康眞**は、**仕舞**を鬼若丸に習い、**鼓**を
　道知に学んだ。

コ　同年七月下旬に道知は御暇を賜り京都へ帰った。康眞も
　（駿府城から）二俣城へ帰った。

《**康眞、小田原合戦を前に「証人」を解かれ、小諸へ帰る**》
　天正十八年正月、**康眞**は新年を賀するために二俣城から駿
　府城へ行き、**家康**に拝謁した。その時、家康から「今春小田
　原攻めがるので、兄康國と共に軍用を整え、速やかに参陣す

べき」旨を命じられる。これによって、康眞はただちに証人
としての役割を解かれ小諸へ帰った。

　天正十年十月から天正十八年一月までの、足掛け九年（ま
る七年二カ月）間の徳川家康への証人時代は、康眞は家康か
ら**薫陶**を受け、また、忠勇の器であると信頼を得ることがで
きた貴重な期間であった。康眞にとって、その後のの人生を
左右するものを得た年月でもあった。

　北条氏討伐の小田原合戦を控え、いよいよ、兄**康國**と力を
合わせての**康眞**の武将としての器量が発揮されることになる
のである。

《**家康は家臣としての康眞の人物を認めていた**》
　後に、**家康**が**康眞**のことを取り立てたり、その行く末を気
を遣っているが、父信蕃の忠勇ゆえもあるが、康眞という人物
を家康がかっていた証拠でもある。つまり、康眞は家康の覚
えも高かったことが推測される。その証拠として、後年慶長
五年（一六〇〇）正月、**旗本小栗三助某を囲碁の勝負**の末に、
抜刀して斬り殺してしまったにもかかわらず、家康が康眞を
改易（上州藤岡藩領地没収）とお叱断絶としながらも、高野
山蓮華定院に蟄居していた康眞の命までは求めなかったこと
からも分かる。さらに、関ヶ原の合戦後、康眞が家康の次男

図：人質としての康眞

（武田勝頼）
（天正10年2月〜）

小諸城（滝川一益）
（天正10年3月〜6月）

木曽
妻籠城（木曽義昌）
（天正10年6月末〜）

二俣城（大久保忠世）
（天正10年9月〜）

浜松城（徳川家康）
（天正14年4月〜）

結城（松平）**秀康の家臣になる**ことを許していることからもうかがえる。それのみならず、「**公**」には喧嘩の上の抜刀斬殺事件を許さなかった家康ではあるが、「**私**」的には康眞を見捨てはしなかった驚くべき事実がある。

それを紹介しよう。**康眞**が改易になった時に、その**娘**は康眞の舅（室である了源院の父）である**大久保忠隣**が養女として引き取って育てたのであるが、後に尾張徳川家の筆頭家老**竹腰正信**に正室として嫁ぐ時に、**家康**自らがその仲介役を果たしていることである。『芦田系譜』（国立公文書館蔵）の記述に、竹腰正信との婚礼について、次のように記されている。

慶長年中、康寛公（康眞）越前へ御動座ノ後、東照宮御媒ヲ以テ竹腰正信卿へ嫁シ玉フ

家康は**康眞**の家臣としての人物を認めていたことが分かる。また、家康にそうさせるほどに、康眞の父芦田依田**信蕃**の家康への寄与度（貢献度）があり、家康がそれを高く評価していたからでもあろう。

500

㊺康眞、兄康國の後継となる

《証人時代を経た康眞が、兄康國と小田原合戦に参戦》

武田氏滅亡後、「天正壬午の戦い」における父芦田信蕃の目まぐるしい戦いの日々。運命に翻弄され居場所を転々とせざるを得なかった**福千代丸**（康眞）。武田氏〜織田氏（滝川氏）〜木曽氏〜徳川氏と**人質生活**を余儀なくされていた。その中でも、徳川家康との人間関係を築くことができた七年間余の年月は、その後の康眞の人生の節目節目で大きな意味を持ってくる。父祖芦田依田氏の生き方や心根をしっかり受け継いでいたことは、兄康國とともに、その小田原合戦の機会となった。康眞の存在は、兄康國とともに、その小田原合戦に関わる働きの中で歴史に刻まれている。（康眞の活躍は、既述のページにも載っている）。

父信蕃に追われて関東へ逃亡していた相木市兵衛・伴野貞長が、小田原合戦直前に後方攪乱と旧領地奪還を図って、北条氏の支援を受けて相木谷に侵入し、旧臣を集めて挙兵した

数え十六歳になった**康眞**にとっては、豊臣秀吉・徳川家康の北条氏討伐を目指した**小田原合戦**が、その器量を発揮する機会となった。

芦田三代　（信守〜信蕃〜康國・康眞） の歴史を辿れば明白である。

相木白岩合戦では、兄弟の即断の対応力と勇猛果敢な戦闘力が遺憾なく発揮された戦いであった。この戦いで兄康國の本隊は後方に待機し、弟の**康眞**の率いる軍勢だけで勝利している。**康眞は初陣**であったが、士卒に先んじて自ら進んで攻撃するような、武勇に優れる戦いぶりの中でも、傷を負って動けなくなっている敵兵の命を奪おうとしている家来をたしなめるなど、武士としての情けを持つ人間性の片鱗を窺わせるエピソードも伝わっている。これは**佐久における戦国時代最後の戦い**となった。

小田原合戦の際の北国軍の一翼を担った**松井田城攻城戦**では、兄康國とともに果敢な戦いを展開した。**西牧城を攻略**し、**石倉城攻略**で兄康國とともに戦い、武勇を発揮する。そして、石倉城請け取りの際に騙し討ちに遭い落命した康國の仇を即座に討っている。

康眞は、兄康國とともに果敢な戦いを展開した。北国軍の総大将の前田利家の忠告をも聞かず、康國・康眞兄弟には、こうと決めたら他人が何と言おうとも突き進むようなところがあった。さらに**西牧城を攻略**し、敵の弾丸が康眞の陣羽織の袖を貫くような危機一髪の場面にも怯まなかった。北国軍の総大将の前田利家の忠告をも聞かず、康國・康眞兄弟には、こうと決めたら他人が何と言おうとも突き進むようなところがあった。自ら**竹束**を持っ

康國の遭難の時に駆けつけて、長根（寺尾）とその従者達を討ち果たしたのが、**康眞**（康國の弟）のほかに、名前のあがっているのは**依田信春**（康國の叔父）、**依田信政**（康國の従兄弟）、

501

依田昌種（康國に近い家臣）らの面々であった。直後、康眞を筆頭に（芦田依田）松平勢は、石倉城を一気に制圧した。

《康眞、兄康國の跡職を家康より許さる》

『芦田記』（依田記）には、康國遭難横死の記述の直後に、次の一節がある。

（家康様から兄康國の）跡式拙者に下し置かれ、継目の御判の写し指し上げ申し候。

上州**石倉城**を請け取りに出向いた松平康國は、味方になることに心許していた降将に、本陣である**総社**でだまし討ちに遭い、思い掛け無く命を落としてしまった。「家康様から跡式（後継者）は拙者（康眞）に下し置かれた」証拠として継目の御判の写しを尾張徳川義直の求めに応じて提出したものである。

五月十一日に、**家康**より松平康眞へ授けられたその「御判形」が左記である。

修理大夫跡職之事新六郎申付候条、人数等不散様、堅可申付候、然者、其元陣中之儀、羽柴中将殿任差図、可走

〈訓読〉

修理大夫跡職のこと、新六郎に申し付け候の条、人数等を散ぜざる様、堅く申し付くべく候、然らば、その元陣中の儀、羽柴中将殿の差図に任せ、走り廻るべく候なり。

廻候也、
五月十一日

松平新六郎殿　　家康（花押）

写真：「依田家文書」（個人蔵、長野県立歴史館寄託）
平成23年度長野県立歴史館発行の春季展図録『武士の家宝』p.18から転載

家康から**新六郎（康眞）**が、兄の後継として認められた天正十八年五月十一日付けの徳川家康判物、修理大夫康国の跡職を許す旨の書状である。

甲州若神子の北条との対陣における糧道遮断、佐久平定に際しての父**依田信蕃**の**家康に対する忠勇**を家康は高く評価し、その嫡子松平康國の死を残念に思い、その上で、父や

502

兄と変わらぬ康眞の壮雄を知っていたからであろう。徳川家康は、**松平康國**の遺領を相違なくその弟**康眞**に賜ったのである。──「然者、其元陣中之儀、羽柴中将殿任差圖、可走廻候也」(しからば、其元〈康眞〉は**羽柴中将**の指図に任せ、走り回るべく候)とあるので、康眞の直接の上官は羽柴中将であったとが分かる。羽柴中将とは**上杉景勝**のことである。

ちなみに、北国軍の総大将前田利家は羽柴筑前守と称していた。**康眞**は、この後、石倉城で兄康国をだまし討ちにした長根殿助の従者十余名を成敗した時の怪我の治療のために、いったん**小諸城**へ帰り、再び小田原合戦の北国隊の一翼を担うべく、鉢形城・八王子城・筑井城(津久井城)・大磯城へと転戦している。

《康眞の侍医、戸丸導寛の墓》

石倉城攻めの惣社での事変で、手に傷を負った松平康眞であったが、その傷の看病を献身的にして、その結果、自らが命を落とした侍医の**戸丸導寛**の墓が、藤岡市山崎の**大神宮山砦**のある丘陵の北東中腹に東向きに立っている。ちなみに、大神宮山は、康眞の祖父信守・父信蕃が砦を築いた形跡もある。そこには、藤岡芦田城ゆかりの**芦田神社**が「神明社」となって、現在祀られている。

写真：戸丸導寛の墓碑(左)と墓(右の無縫塔)

戸丸導寛の墓碑

(表)
戸丸導寛之墓
源朝臣芦田眞信書

(裏)
維時明治廿二年
己丑三月廿五日建之

祭主は緑野郡高山庄江原郷根岸村戸丸清人、つまり、芦田家の待医であった戸丸導寛の子孫である。右側に立つ無縫塔が戸丸導寛の初期の墓である。戸丸導寛は芦田松平康眞(**康貞、康寛**)の侍医として、信州から随従していた。兄芦田松平康國が石倉城で不慮の死を遂げた時、康眞は一気に城

を攻め落とし、仇を討ったが、傷を負った。導寛の寝食を越えた懸命の治療で、康眞は間もなく平癒したが、導寛が病に倒れ、あえなく亡くなってしまった。

芦田神明宮のある城南の山へ葬って無縫塔の墓石を建てた。仇討ちの時の乱戦中に手に大怪我を負った康眞を、寝食を越えて手当看病した末に亡くなった待医の戸丸導寛を篤く弔うなど、武勇に優れているのみならず、康眞は多くの人々から慕われるが、人の心情を大事にする性格の持ち主でもあった。

現在は、大神宮山の北東の中腹に、小さな無縫塔（初期のもの、高さ約四五ｃｍ）と、その脇に墓碑（明治二十二年建立のもの、高さ約一・二ｍ）が建っている。（ちなみに康眞は「康寛」とも称したので、「戸丸導寛は「寛」の一字をもらっていたことになる）。明治二十二年にこの墓碑銘を書いた源朝臣芦田眞信とは、芦田氏の子孫の一人で、明治維新以降藤岡に住し、芦田町で私塾「芦田塾」を開いたりした文化人、知識人、教養人であり、「眞信」は号である。「東岳」とも号した。本名を芦田武彦という。康眞が越前福井へ移転した後の子孫にあたり、伊勢国松阪に住んで何代かの子孫である。幕末に上州高崎藩に招かれ藩学校の長となったが、明治になってから父祖と所縁のある藤岡に住んだ。また藤岡芦田城の艮鬼門鎮護の寺である金光寺にも彼の筆になる石碑が建っている。

──この芦田眞信の四男誠之が、明治維新後、福井から父祖の地である佐久へ帰還していた芦田宗家の養子に入り、その子孫が芦田氏の菩提を弔い、宗家を継承していることをここに記しておきたい。

《康眞、関東の戦線復帰へ》

傷が治まる見通しのついた康眞は、完治するのを待つのももどかしく、小諸城から再び碓氷峠を越えて、小田原合戦の関東戦線へ復帰する。康國落命後の後継者たる康眞不在の（芦田依田）松平軍を代理として統べていたのは、従兄の依田肥前守信守であろう。おそらく叔父の依田善九郎信春がそれを補佐していたものと推定される。

家康から正式に後継者として認められた松平康眞の再登場によって、松平軍の志気は上がったものと思われる。この後、康眞は北条方の鉢形城（武蔵國）・八王子城（武蔵國）・筑井城（相模國）・大磯城（相模國）へと転戦し、家康や秀吉に名が認められる存在となっていくのである。

⑤⑥関東戦線の松平康眞

《康眞、手の疵回復後に関東戦線へ再出陣》

四月二十六日の康國の突然の落命後、康眞は五月十一日に兄松平康國の後継者として認められる。そして、手の疵の回復するのももどかしく、六月中旬小諸を出発して再び碓氷峠を越えて関東へ出兵し、北条攻めの連合軍に加わった。『寛政重修諸家譜』の康眞の項には、このことが記述されている。

この月手創療養のため小諸にかへる。六月中旬、小諸を發して武蔵國鉢形に陣し、東照宮の令を待つ、

石倉城で兄康國の仇を討った時の戦闘で、手に重傷を負った康眞は、手傷療養のためいったん戦線を離脱して小諸城へ帰っていたが、六月中旬に小諸を出発して、再び北国軍の**戦線へ復帰し、鉢形城攻め**に臨んだのである。

『芦田系譜』には次のように記されている。

康眞公ハ手疵療養ノ為メ五月上旬小諸ニ帰リタマフ漸ク癒ルヲ以テ六月中旬小諸ヲ出勢アリ往テ武州**八形原ニ陣**

505

図：康眞、関東戦線へ復帰

シ東照宮ノ令ヲ待タマフ時ニ淺野長政息男長晟本多忠勝真田昌幸等来テ公力出勢ヲ賀ス

康眞が鉢形城へ六月中旬に戦線復帰した時に、浅野長晟・本多忠勝・真田昌幸等が来て、康眞の復帰を賀した。

《鉢形城の攻城戦》

武蔵國鉢形城主・北条氏邦は手勢一千余人を率いて、三月二日に小田原城に入った。前田利家を大将とする北国軍が鉢形城に迫った。五月十三日には攻防戦が開始されたといわれる。小田原城では、氏政・氏直・氏照・氏邦・氏規・氏忠等の北条一族のほか松田憲秀らの重臣達を加えて、籠城か城を出て迎え討つかの評定が持たれた。しかし、なかなか結論がまとまらずに何日も重ねてしまった。しかし、上杉謙信や武田信玄に包べしと積極策を主張した。氏邦は討って出て箱根や東海道ででの由来）。

写真：鉢形城の空堀

囲されたが、びくともしなかった過去の経験を挙げて、今回も籠城すべきであるという松田憲秀らの籠城派の意見が通った。鉢形城には留守の軍勢が守っていたという説が主流であったが、その後、氏邦は本拠の鉢形城へ戻ったという説が妥当性がある。その時期は四月初旬であった可能性が高い。状勢をみると、豊

臣秀吉の大軍が小田原へ到着したのが四月三日で、その後、小田原城を完全に包囲するので、それ以前に小田原城を出て、鉢形城へ戻って籠城したことになる。

北条の属城の一つ岩槻城を落城させた後、本多忠勝・鳥居元忠・平岩親吉の軍勢も加わり、東南方面からの攻城を受け持った。しばらくして、家康から三将に帰陣が命じられ、小田原城攻めの徳川軍の陣に戻って行った。守城勢の奮戦もあって容易に城は落ちなかった。そこで秀吉は五月二十日に、浅野長吉と木村一とを鉢形城攻撃に増援した。攻城軍は五万余に達したといわれる。それに対して守城軍は三千余であった。しかし、鉢形城の北条軍は兵糧が乏しくなり、兵の疲労も激しくなっていった。後詰めも全く期待できなかった。五月十三日から一カ月間余にわたっての攻防戦が繰り返されたが、六月十四日に、とうとう氏邦は降伏し城は落ちた。北国軍の大将前田利家は、上杉の属将藤田信吉が氏邦の義弟であることから、彼を通して氏邦に対して降伏を勧めていたのである。氏邦としても北条の支城が次々と陥落している客観的状況をみて、これ以上戦いを継続することが困難と知ったのであろう。六月十四日に北国軍に対して、籠城兵の助命を条件に降伏を申し出たのである。氏邦は、後に前田利家預けと利家は氏邦に対して、能登の七尾において千石の扶

506

持を与えて厚遇した。氏邦は旧鉢形城主としての体面を保ったまま、四年後の慶長二年（一五九七）に死去した。

松平康眞が攻城軍に加わったのは事実のようであるが、「六月中旬、小諸を発して武蔵國鉢形に陣し」ということから、鉢形城への到着期日から判断すると、実働はほとんどなかったと思われる。しかし、（芦田依田）松平隊に康眞が不在中にも、軍勢は北国軍に参陣していた可能性が高い。従兄弟依田肥前守信守が、信蕃の三弟で叔父の依田善九郎信春の補佐を得て軍勢を指揮して、寄せ手の一翼を担っていたと推定される。（康國は死去し、康眞の不在中は、信蕃の生前からの活躍の状況から、依田肥前守信守しかいない）。

──鉢形城の立地及び構造──

鉢形城は小田原北条氏の北武蔵から上野国へかけての押さえの城であり、西から侵入する武田氏と、北から関東を狙う上杉氏に対する最大の拠点となっていた。立地条件は、秩父の山塊と荒川の流れを最大の要害としていた。大手は南西にあった。北は荒川に削られた数十mの崖であった。大手口を入ると、三ノ丸、二ノ丸と軸が北東方向へ延びている。城の東方にある深沢川の谷は自然の堀をなし、その東の外側にも外郭が存在した。北東が搦め手で、深沢川に架かる搦手橋の東に鉢形城下があった。近世ほどではないにしても、小規模な城下町が形成されていた。全体として南北約一〇〇〇、東西約六〇〇mの巨大な規模を持っていた城郭である。

現在、「本丸」とされている郭は、土塁はあるが、全体的にみて比較的古い様相を呈している。原初鉢形城の城域であったと推定される。一方、大手虎口を入って、三ノ丸と二ノ丸は、石垣・土塁・空堀・馬出し等が充実しており、いくつかある虎口は発達した喰い違い虎口である。また、三ノ丸と二ノ丸の間の空堀には、「折れ」がある。所々に横矢掛けの工夫があり、城域の西の部分（大手口・三ノ丸・二ノ丸）は後の造成で、氏邦に近い時期に完成した様相を呈している。辺りは公園として整備され、城郭としての構造がよく理解できるようになっている。

鉢形城落城後、北国軍の諸将は、八王子城攻略に向かった。

《八王子城の攻城戦》

『芦田記』（依田記）によると、松平康眞は、鉢形城攻撃に参加した後は、相模国筑井城（津久井城）攻略に向かっている。しかし、『決戦、八王子城』（前川實、揺籃社）は、慶安元年に書き留められた「慶安古図」をもとに解析図を描いて

いるが、それによると、筑井城攻めの前に八王子城攻めに参加している。**松平康國**（**↑康眞が正しい**）は、四〇〇〇の勢力で、六月二十三日の**八王子城**落城当日、北国勢の中で、八王子城の大手口から攻め入っている。これは右に述べた筑井城の攻略の直前ということになる。（八王子城落城のすぐ後に筑井城を開城させたことになる）。

前川實氏によると、大手攻めの順序は、第一陣が真田昌幸、第二陣が大道寺政繁、第三陣が本隊を率いる主将の前田利家で、**松平康眞隊**は後備えとなっている。副将の上杉景勝は八王子城の居館「御主殿」の南側にある太鼓曲輪方面から攻めている。搦め手方面からは前田利長・真田信幸であった。

攻める北国軍は計五万の軍勢であったいわれる。

〈北国軍〉
・前田利家・利長………一八〇〇〇人
・上杉景勝……………一〇〇〇〇人
・**松平康眞**……………四〇〇〇人
・真田昌幸……………三〇〇〇人
・大道寺政繁等の降参兵…一五〇〇〇人
・木村一………………豊臣秀吉からの軍監

〈八王子勢〉
・**城主北条氏照は四〇〇〇の兵を率いて小田原城へ入城して**

おり、八王子城には重臣の横地監物・狩野一庵・大石照基らが統率する留守部隊は三〇〇〇人しかなかった。

天正十八年（一五九〇）六月二十三日、守城側は徹底抗戦したが、早暁から十四時間の戦闘で落城した。双方合わせて討ち死に約二五〇〇人、負傷者約六〇〇〇人、捕虜約二五〇人という結果となった。単純計算しても、これらの人数

図：八王子城の攻城戦　松平康眞隊は大手の後備えに『決戦！八王子城』前川實（揺籃社）を参考

本丸
無名曲輪
二の丸　中の丸
三の丸
高丸
御主殿（居館）
柵門台
太鼓曲輪
金子曲輪
搦手分隊（前田、直江、真田）
真田昌幸
大手本陣（前田利家）
後備え　松平康眞
大道寺政繁
脇本陣（上杉景勝）

写真：八王子城（東方、大手口より）

は八七五〇人となり、守城兵数三〇〇〇人という数字からすれば、攻城勢も五〇〇〇人以上が討ち死に、または負傷したことになる。攻城勢の一番後方「本隊の後備え」（芦田依田）松平康眞隊は大手方面であったことが想像される。

八王子城の攻防戦は、**壮絶な戦闘**であったことであろう。八王子城は複雑に有機的に連携する無数の曲輪があり、要所要所を固める兵溜まりもあり、堅固な山城であった。下から攻め登って来る北国勢に対し、守城側は石を落下させたり、鉄砲で狙ったり、矢を射掛けたり、至近距離になると上方から槍で突く等して必死に防戦した。有利な高所にいる守城勢に対して、下から攻め上っていったことになる攻城勢にも多くの死傷者が出ても不思議ではない。壮絶な殺戮が展開される中でも、戦力に勝る攻城勢は、やがて全ての曲輪を占拠し、山頂付近にある主力が

占める三ノ丸・二ノ丸・中ノ丸へと攻め上り、とうとう**本丸**に達した。重臣達は討ち死にしたり、逃亡途中で落命したりした。午前二時頃から開始された総攻激戦は、同日午後四時頃まで、前後十四時間に及ぶ激戦の総攻激戦は、同日午後四時頃まで、前後十四時間に及ぶ激戦の結果、落城したのである。その**戦闘状態**は凄惨極まる暗澹たる悲劇であったと、何人かの史家は解説している。八王子城は、当時とすれば珍しく**完全に力攻めされた城**であったわけである。

なぜ、北国軍が八王子城だけ徹底して城攻めしたかという原因は、総勢二十万ともいわれる大軍で小田原城を囲んでいる最中の**豊臣秀吉**から**前田利家**に届けられた書状にあるといわれている。その要旨は──「北国軍は、これまで、さしたる戦いもせずに、談合・説得によって落城させたまでであり、あまり評価できない。このような状態では、小田原城に立て籠っている敵に対して示しがつかない。八王子城攻めでは、徹底して攻めて城兵をことごとく殺戮し、全滅させよ」──というものであった。これは秀吉にとって、膠着した小田原包囲戦の解決に向けて猛威を示す意味からである。秀吉の至上命令として、**前田利家**と**上杉景勝**は徹底した攻城戦を配下に命じたのである。

——八王子城の立地及び構造——

現在、大手口方面には信号「八王子城跡入り口」があり、さらに進むと右手に宗閑寺がある。そこを過ぎると八王子城の重臣の屋敷がいくつかあったところである。ここまで来ると、目の前に「城山」(八王子城)がよく見える。この辺りは大手道を車で直進すると、山下曲輪跡に「城跡管理事務所」がある。ここで八王子城の概略を示すパンフレットが入手でき、説明もしてもらえる。現在、城跡は発掘や管理が行き届いていて、市民の憩いの場ともなっており、四三〇年以上も前に戦いの修羅場であったということを忘れそうである。

写真：八王子御主殿の桝形虎口より

八王子城は北条氏康の次男氏照の居城である。築城は天正十年前後から進められ、氏照は天正十二年から十五年までに、現在同じ八王子市にある滝山城から移転してきた。城郭が平城化する戦国末期に、平山城の滝山城から山城の八王子城

《筑井城（津久井城）攻城戦》
前田利家・上杉景勝・松平康眞・真田昌幸、および大道寺

に移った氏照の意図は不明である。八王子の城郭は独立的な地形をなす深沢山の頂上に本丸、その下に二ノ丸（松木曲輪）、中ノ丸、三ノ丸（小宮山曲輪）、高丸などがある。本丸には牛頭天王祠があり、直下の中ノ丸には八王子神社がある。（地名の「八王子」の由来はここからきている）。それらには、多くの曲輪・堀切・石垣・櫓台・石落とし場などが付属している。氏照の居館跡の「御主殿跡」は、南北約四〇m、東西約九〇mの土塁に囲まれた削平地である。平成四・五年に発掘調査が行なわれ、約七万点もの遺物が発見されたという。

東北隅の枡形虎口からの上り坂の石垣や構えには圧倒される威圧感がある。南側を御殿谷川（城山川）が東流するが、堀の役目を果たしている。御主殿より下方に無名曲輪・あんだ曲輪・山下曲輪と続く。御主殿下の枡形虎口から御殿谷川に架かる橋（当時は「曳き橋」であった）を対岸に渡って、大手道を下ると大手門跡に至り、さらに川に沿って下ると城下へ達する。

八王子市内から見える八王子城址は関東山地の樹木の影が濃い独立的な山形を示している。

510

図：松平康眞、八王子攻略（6／23）翌日、筑井城攻めに加わる（6／24）

政繁などの北条方からの降将から編成された北国勢が、八王子城を攻め落とそうとしたのは六月二十三日であった。その直後の六月二十四日に、筑井城攻めが行なわれている。しかし、この攻城戦には、北国軍の前田利家・上杉景勝・真田昌幸・降将の大道寺政繁などは参加していない。八王子城落城後の戦後処理があったからと思われる。しかし、北国軍のうち、松平康眞だけは、即時、筑井城攻撃に向かったようである。筑井城の城主の内藤綱秀（景豊とも）は、降伏した後に行方が分からなくなった。筑井城は八王子城の南南東八ｋｍに位置し、北上してきた徳川家康の将である本多忠勝・平岩親吉・戸田忠次・鳥居元忠などに攻められ落城した。

筑井城には内藤氏が代々の城主として置かれ、付属された津久井衆とともにここを守った。天正十八年六月二十四日、一夜にして落城し、以後廃城となった。この攻城軍の中に松平康眞がいたことが、家康の書状から判明する。徳川の諸将とともに松平康眞の名があるということは、八王子城攻めの直後に康眞の北国軍の一員としての役目が終わり、徳川家康傘下の武将として、本多忠勝などの隊に加わったことを意味する。

『諸家感状録』（鳥居伊賀守家所蔵、信濃史料所収）には、次のように述べられている。

筑井城之儀、早々可請取候由上意候間、急度請取尤候、

然者、矢たて・兵粮以下能〻志らへ肝要候、委杉浦藤八郎口上相含候也、

六月廿五日

　　　　徳川家康（御書判）

　本多中務大輔殿
　平岩七之助殿
　戸田三郎大門殿
　鳥居彦右衛門尉殿
　松平新六郎殿

〈読み下し文〉

筑井城の儀、早〻請取るべく候由、上意が候間、急度請け取ること、もっともに候。しからば、矢たて・兵粮以下よくよく調べること肝要に候。委細は杉浦藤八郎が口上する。相含み候也。

徳川家康が本多忠勝など諸将に命じて**筑井城**（津久井城）を**請け取らせた**ことが分かる書状である。

「矢たて・兵粮以下能〻志らへ肝要候」とあるので、この城にはかなりの**武器や兵糧が貯えられていたことが分かる**。**東峰**は標高三五六ｍで飯綱神社が祀られ、**飯綱曲輪**と呼ばれている。**西峰**は標高三七五ｍで**本曲輪**と呼ばれている。

人物に対して現代人に分かり易い「諱」（いみな）で表わすと、これら五人は——本多忠勝、平岩親吉、戸田忠次、鳥居元忠、**松平康眞**である。徳川家康が筑井城（津久井城）を落とした寄せ手の五名の武将に、同城を請け取らせているが、本多忠勝・平岩親吉・鳥居元忠というような家康側近の壮〻たる武将の名がある。その中に**松平新九郎（康眞）**の名がある。筑井城攻略では松平康眞は、北国軍の一翼としてではなく、**徳川家康麾下の武将として行動している**ことが分かる。この直後の七月五日に小田原城は落城している。

——筑井城の立地及び構造——

相模川（上流は桂川）が相模国と甲斐国の国境地帯を流れる付近は、古くから特別な地域であった。この地域の「境目の城」として、北条氏が配置したのが**「筑井城（津久井城）」**で、標高三百ｍ余の城である。桂川が相模平地に流れ出る関門を掌握する位置にある。武田氏に対する防衛拠点として位置づけられた。しかし、歴史的には一時武田氏の持ち城となり、武田氏の手によって、枡形など城の縄張りに改修が行なわれた可能性がある。現在は「城山ダム」（津久井湖）でき、城の足下に水をたたえている。山頂部は東西二つに分かれ、**東峰**は標高三五六ｍで飯綱神社が祀られ、**飯綱曲輪**と呼ばれている。**西峰**は標高三七五ｍで**本曲輪**と呼ばれている。

読み馴れない官途名や通り名で表現されているが、歴史上の

512

写真：筑井城

ある意味で「一城別郭」の縄張りともいえる。「双頭の城郭」とも称される。両峰とも枡形が発達している。ほかに縄張りの特徴としては、**長大な竪堀群**が何本も麓まで落ちていることである。筑井城は根小屋山城で本曲輪の南西麓の「**御屋敷**」と呼ばれている所が根小屋で城主や家臣が居住し、いざ戦いとなったら、山城の曲輪で最終防御する形態の城で、山全体が城としての機能を持っていた。**一城別曲輪の城**は、高天神城や松井田城などもそうであるが、双方の曲輪が機能的に働けば敵を両方から攻めることができる特長を持つが、逆に、片方の曲輪が寄せ手に占領されると、そこを足場として、もう一方の曲輪も攻撃されるという弱点にもなる。

《松平康眞は、八王子城攻めの直後に筑井城攻めに加わったか》

八王子城の地元史家には、「松平隊」として八王子城の攻城戦に参加してい

く。あるいは、松平康眞軍は大手攻撃隊の後備えであったこ

るが紹介されているが、康眞（後の加藤宗月）の記した『芦田記』（依田記）には、**八王子城**への言及はない。康眞の鉢形城包囲戦以降の動向を期日をおって考察してみる。

① 鉢形城包囲の陣……六月中旬以降～十四日に落城……康眞自身はわずか二二、三日の在陣

② 八王子城攻城戦……六月二十三日の在陣

③ 筑井城攻城戦……六月二十四日（一日で落城）～二十五日に請け取り

④ 大磯城攻め………六月下旬（？）

松平康眞が八王子城攻めが終了した直後の六月二十四日に**筑井城**攻めに参加した可能性は、あまり高くはない。八王子城攻めの戦いが終了したのは二十三日午後四時頃である。特に八王子城攻めは熾烈極まるものであり、配下の兵の疲れは極限に達していたことであろう。また、諸将が顔を合わせた戦後処理の必要な場面もあったことであろう。翌日の筑井城攻めに参加するとなると、八王子城を直ちに出立していなければ不可能である。平面的にみて**八王子城**の南南東八ｋｍ離れた所に**筑井城**（津久井城）が位置している。自然地形を考慮すると、行軍にはかなりの困難さがある。しかも、その日は早暁からの戦闘で兵の状況はいかがであったのか想像がつ

とから、疲労は少なかったのであろうか。あれだけの戦いで
あったことから、負傷者数も多かったと考えられる。たとえ、
午後六時に八王子を出発したとしても、本多忠勝などの徳川
勢が陣を張る所に到着するのは、午後九時以降となるであろ
う。また、八王子城攻めで終日戦いをした直後の松平康眞軍
の応援が必要なほど、徳川派遣隊は兵力が不足していたとも
思えないが、いかがなものであろうか。

確かなのは、八王子城攻め（二十三日）の二日後の**筑井城
請取り**の徳川勢五名の中に、「**松平新六郎**（康眞）」の名があ
ることである。家康の書状は、筑井城攻めの**同時代史料**とし
ては一級品である。それを考慮すると、康眞の筑井城攻めで
の参加は否定できない。とすると、「否定すべきは、康眞の
八工子城攻め」ということになる。しかも、『寛政重修諸家譜』
の依田康眞攻めの項には、次のような記述がある。

（怪我の治療を経て快復し）六月中旬、小諸を発して武
蔵国**鉢形**に陣し、東照宮の令を待、下旬、本多忠勝・平
岩親吉・鳥居元忠等とともに相模国**筑井城**を攻む。

これによると、**松平康眞**こと依田康眞は、**鉢形城**攻めに参

陣したあと、家康の指令を待ち、本多忠勝など徳川の武将達
とともに、**筑井城**攻撃に向かっていることになる。**八王子城**
攻めのことは記述されていない。

一方、**本多忠勝**は岩槻城攻撃の後、**鉢形城**攻撃にいったん
加わり、家康の命令を受けて、他に転じている。『寛政重修
諸家譜』の本多忠勝の項には、次のような記述がある。

北國の兵と相會して、**八王子及び筑井**等の城を攻め落と
す。

本多忠勝は、「鉢形城→八王子城→筑井城」の城攻めに向
かっている。そうすると、**康眞**が八王子城の攻撃の直後に筑
井城攻撃に加わったという可能性、つまり、本多忠勝とほぼ
同じように「鉢形城→八王子城→筑井城」と転戦した可能性
も再び浮かび上がってくる。

この天正十八年六月中旬から下旬の松平康眞の動向につい
ては、まさに一日刻みに検討する必要があることを、ここで
は記しておきたい。

《大磯城攻めと松平康眞》

その後、**康眞**はさらに転戦して**大磯城**の攻撃にも加わっているが、抵抗もなく明け渡されたようである。詳細は不明である。大磯城跡は大磯城山公園となっているが、駐車場から城山へ登る途中には、**大手道**や**堀切**の跡と思われる痕跡が残る。城山の丘の最高所には本丸があったと推定されるが、城山公園展望台や休憩所がある。地形が改変されていて、城跡であるということは、意識して見ないと分からない。

ここで、小田原合戦における一連の芦田依田松平軍の動きを整理すると、左記のようになる。

① 相木谷で相木能登守と伴野貞長を破る。
② 碓氷峠を越え北国軍に加わる。
③ 第一次松井田城攻撃
④ 西牧城攻略
⑤ 第二次松井田城攻撃で落城させる。
⑥ 石倉城を落とし、総社で康國が横死
⑦ 康眞、疵治療のために小諸城へ
⑧ 康眞、康國後継を認められる。
⑨ 再び関東へ進軍し、鉢形城攻め
⑩ 八王子城攻め
⑪ 津久井城攻め、城を請け取る。
⑫ 大磯城攻め

やがて、**七月五日**に北条氏は**小田原城**を明け渡し滅亡した。

かつて、上杉謙信や武田信玄の包囲攻撃を籠城戦によって撃退した北条氏も、あまりにも**強大な秀吉軍**によって、支城・枝城が次々と落とされ、なすすべもなかったのである。小田原合戦終結後、豊臣秀吉は**知行割り**を発令し、**家康に北条氏旧領**を与え、家康配下の諸将も**関東へ領地替え**となった。**松平康眞**は、小諸城を退去し、仮に上州**松井田城**に移り、封地改めとなり上州緑埜郡（みどの）と武州榛沢郡（はんざわ）のうち三万石を家康から賜り、**藤岡城主**となるのである。

写真：小田原城　──総曲輪の土塁

⑤⑦　上州藤岡領主に

《佐久郡春日に康國寺を開基する》

右衛門大夫康眞に関する『越前福井裔孫家傳』〈寛永二十年〉には、次のように記されている。

……後、上州石倉城受け取りの節、陣中に狂人の如きものありて康國を討つ。よりて春日に葬し、法名康國寺殿嶺嶽良雪と號過す。康眞一寺を創立して康國寺と稱し、田二十餘石を附す。家康則康眞を以て兄康國の嗣となす。

写真：天外大雲大和尚（雲興寺蔵）

家康は康國の弟の**新六郎康眞**に兄康國の跡を継がせ、佐久の領主**小諸城主**とした。康眞は祖父下野守信守・父右衛門佐信蕃の**春日館跡**に、兄康國・法名「**康國寺殿嶺嶽良雪大居士**」から名をとって、**康國寺を建立**した。開山は岩村田の名刹龍雲寺第五世も務めた**天外大雲**（祖父下野守信守の四弟、康眞の大叔父）であった。

《佐久から上州藤岡への転封》

しかし、康眞が小諸城主であった期間はきわめて短日であった。**秀吉**は小田原合戦後の**知行割**りで、**家康を関東へ移**封したのである。家康の臣であった信濃の諸将は、それにしたがって関東に移った。小諸城の**松平康眞**は上州松井田城にいったん移ったが、その年のうちに正式に**藤岡に転封**となった。佐久十万石（正確には佐久郡六万石、甲州二万石、駿河

写真：藤岡芦田城本丸北大土塁外の大空堀

北大土塁外の大空堀埋められて工場が建ち、現在はさらに住宅地。

図：藤岡芦田城「藤岡市史」（通史編）より

516

図：家康の関東入りにともない康眞移封

二万石の計十万石）から藤岡三万石と減少したが、家康の全家臣の中では石高は、**高い方から六番目**であった。このことは、**徳川の一族「松平」を名乗る大名**として、芦田依田氏がいかに家康から認められていたかがうかがえる。これもいつに家康の甲斐・信州進出に際しての父依田信蕃の軍功によるものであろう。

《（芦田依田）松平康真の藤岡移封時における家康勢力下の大名の知行割り》

徳川家康が豊臣秀吉から与えられた旧北条領は、伊豆・相模・武蔵・上野・下総・上総の六カ国と下野の一部である。（後に、関ヶ原の戦い後には、領地はさらに広がることになるのであるが）。それを家臣に分知するに際して、徳川家の三河以来の宿将、一門、親族はすべて遠くに配している。各方面敵と思われる旧勢力に対して、徳川家の宿将に高禄を与えて、その方面に備えさせた。特に徳川の四天王である井伊直政、榊原康政、本多忠勝に、それぞれ十万石以上の高知行を与えながらも、江戸からかなり遠い地域に配している。（四天王の一人酒井忠次は晩年は家康から疎んじられ、すでに引退し、息子の家次の代になっていることもあり知行は少ない）。

（芦田依田）　松平康眞は、家康にしたがって関東へ配され、小諸城六万石（甲斐二万石、駿河二万石と合わせて計十万石）から、**藤岡藩三万石**として転封となったが、高禄で遇された方である。家康麾下の三十四大名中の**六番目タイの高禄**であった。

〈伊豆国〉　韮山城　　内藤信成　　一万石

〈相模国〉　小田原城　**大久保忠世　四万石**

〈武蔵国〉

城	主	石高
岩槻城	高力清長	二万石
騎西城	松平康重	一万石
川越城	酒井重忠	一万石
松山城	松平家広	一万石
本庄城	小笠原信頼	一万石
羽生城	大久保忠隣	一万石
忍　城	松平家忠	一万石
東方城	松平康長	一万石
深谷城	柴田康忠	一万石

〈上野国〉

城	主	石高
館林城	榊原康政	十万石
藤岡城	**松平康貞**	**三万石**
大胡城	牧野康成	二万石
沼田城	真田昌幸	三万石
厩橋城	平岩親吉	三万石
箕輪城	井伊直政	十二万石
白井城	本多康重	二万石
那波城	松平家乗	一万石
小幡城	奥平信昌	二万石

〈下総国〉

城	主	石高
多古城	保科正光	一万石
阿保城	菅沼定盈（みつ）	一万石
吉井城	菅沼定利	二万石

図：秀吉によって家康は関東へ、臣下の諸将もしたがう

真田信幸（沼田）
本多康重（白井）
牧野康成（大胡）
井伊直政（箕輪）
平岩親吉（厩橋）
里見義成（板鼻）
松平康眞（藤岡）
松平家乗（那波）
奥平信昌（小幡）
菅沼定利（吉井）
榊原康政（館林）

佐倉城　三浦義次　一万石
臼井城　酒井家次　三万石
古河城　小笠原秀政　二万石
守谷城　菅沼定政　一万石
矢作城　鳥居元忠　四万石

図：徳川家康関東入国時における上級家臣の配置（上野国）
「群馬県史」（平成２年）より

〈上総国〉
関宿城　松平康元　二万石
鳴戸城　石川康通　二万石
岩富城　北条氏勝　一万二千石
佐貫城　内藤家長　二万石
久留里城　大須賀忠政　二万石
大多喜城　本多忠勝　十万石

《徳川臣下の高知行の大名》
① 井伊直政　上野国　箕輪城　十二万石
② 本多忠勝　上総国　大多喜城　十万石
② 榊原康政　上野国　館林城　十万石
④ 大久保忠世　相模国　小田原城　四万石
④ 鳥居元忠　下総国　矢作城　四万石
⑥ 松平康眞　上野国　藤岡城　三万石
⑥ 真田昌幸　上野国　沼田城　三万石
⑥ 平岩親吉　上野国　厩橋城　三万石
⑥ 酒井家次　下総国　臼井城　三万石

《芦田氏第二の故郷上州藤岡》
芦田下野守信守は、上州緑野郡藤岡にじっくり腰を据えようとしたが、武田信玄の駿河侵攻に従軍して、再び上州藤岡（緑野郡鬼石村浄法寺）へ帰って来ることはなかった。信

写真：藤岡光徳寺
平成28年11月に本堂は再建落慶法要が行われた。（旧本堂とは外観が異なる）

写真：藤岡光徳寺（旧本堂）

守・信蕃父子の二年数カ月間（永禄九年～十一年〈一五六六～六八〉、そして、後に康眞が藤岡藩主となっていた十年間（天正十八年～慶長五年〈一五九〇～一六〇〇〉）の二度にわたって藤岡周辺がその領地であった関係もあり、藤岡市に残る芦田氏（依田氏）関連の事蹟は少なくない。二十一世紀の現在でも藤岡市にその足跡が歴然と残っている。上州藤岡はまさに芦田氏にとっては第二の故郷ともいえそうである。

城下町の形勢にあたり、多くの社寺を信州から移転したり、創建したりしている。信州佐久にある名称のものがかなりある。『藤岡町史』『藤岡市史』『芦田町町誌』を参照し、筆者が現地を踏査した結果をまとめてみたのが左記である。特に、藤岡在住の方々の認識と異なっている事項があったら、ご教示いただければ幸いである。

事蹟名	芦田氏との関係、由来など
芦田城（藤岡城）	藤岡第一小学校の敷地が主郭
光徳寺	芦田氏の菩提寺、信州佐久郡芦田村から移転、現在は芦田依田氏に関係する「光徳寺」は信州立科町、上州藤岡市、越前大野市木ノ本の三カ所にある
芦田町	芦田依田松平康眞の祖先の本拠地の名をとって命名
芦田町通り	城主芦田氏の城下に因んで
岩村田町	現在の宮本町、信州佐久岩村田町の住民が康眞の移封に伴って移住
富士浅間大権現	芦田氏総祈願所、今の「富士浅間神社」、芦田下野守信守が奉納した太刀・短刀・甲冑、康眞が奉納した画軸・古鏡を蔵している
諏訪大明神	芦田氏が修理し祈願所とした、城東守護の社
八幡武大神	城西守護の社
芦田大明神	信州芦田城にある木ノ宮大明神を分祀、城南守護の社、現在「大神宮山」にある「芦田町大神宮」〈神明宮〉

名称	説明
平尾稲荷大明神	城北守護の社、信州平尾城の守護稲荷大明神を移転、現「生方稲荷」
良信寺	「良信」は芦田下野守信守の法名、開基は康貞（＝康眞）。「芦田厄除不動」
龍源寺	開基は康眞、山号「嶺岳山」は兄康國の法名から、康國の菩提のため建立
一行寺	中興開基は康眞、寺を本動堂から現地「動堂」（ユルギドウ）へ移した。
天龍寺	開基は康眞室の了源院、山門は芦田城の大手門を移築
金光寺	芦田城鬼門〈艮〉（ウシトラ）北東つまり鬼門鎮護の寺、信州芦田郷より移す
神宮寺	康眞の開基、芦田城〈坤〉（ヒツジサル）の鎮護の寺、常岡の西麓にあった
龍田寺	康眞〈巽〉南東鎮護の寺、平尾依田守芳の嫡子小隼人呂郷が開基、山号「喜雲山」は守芳の法名、本寺は信州小県郡武石村信広寺
津金寺	康眞の開基、芦田城の〈乾〉（イヌイ）西北鎮護の寺、「津金寺」のもとは信州佐久郡芦田に芦田氏の祈願寺津金寺があるのに因む
天陽寺	信蕃の次弟信幸の嫡男肥前守信守家の菩提寺
玄項寺	旧八幡村阿久津にある、芦田氏の重臣大井政成が開基

名称	説明
芦田地蔵尊	芦田町にある、「厄除延命地蔵尊」、信州小県郡芦田村御嶽堂→佐久郡芦田村蟹窪山→藤岡城田口郭に安置、現在は芦田町公会堂内に
岩村田地蔵尊	藤岡市岩村田町、現宮本町、「子育て地蔵」、康眞の藤岡への転封時に移民した佐久郡岩村田町の人々が建立
根岸築城跡	藤岡市小林字堀之内、それらしき地名、道筋、土塁の一部とおぼしきものあり
動堂城址	藤岡市本動堂字前屋敷、重臣依田小隼人呂郷の城
芦田川屋敷	藤岡市保美字城戸、芦田下野守信守の屋敷跡の候補地。後に芦田川氏が居住
芦田氏墳墓	藤岡市光徳寺にある、しっかりした芦田氏墳墓はなかったが、上州に戻り藤岡にいた芦田氏が昭和八年に大五輪塔を建立し、芦田康眞の子孫としてその他の芦田氏関係者の遺骨まで納めた。因みに「芦田氏の墳墓」は三つの県に存在する。（長野県）北佐久郡立科町光徳寺／佐久市春日康國寺／佐久市田口蕃松院（群馬県）藤岡市光徳寺（福井県）福井市足羽山西墓地〈總光寺墓地〉

以上のように、信蕃の次男で小諸藩主から藤岡藩主となっ

写真：芦田大明神（現神明社）

写真：芦田氏墳墓

て移封されて入部した芦田（依田・松平）康眞は藤岡町（藤岡市）の基礎を築いたのである。たった十年間（天正十八年〜慶長五年〈一五九〇〜一六〇〇〉）ではあったが、その足跡の大きさに驚嘆せざるを得ない。今でも、藤岡周辺に彼の十年間の治世の跡が文化財として、町の基本計画として、あるいは文化・風俗・生活風土に散見できる。それは、偶然ではなく、康眞の父祖（信守・信蕃）が現藤岡市域を領していた事実との関係が大きいといえそうである。芦田（依田）三代は、藤岡に合計十二年余カ月間いて、多大な足跡を残した

といえる。さらに、明治維新後、芦田氏の子孫でもある芦田眞信（東岳・本名は武彦）が、現藤岡市芦田町で私塾「芦田塾」を開き、多くの人材を育成したことも付け加えておきたい。彼は幕末・明治時代きっての文化人・教養人でもあった。

――「芦田氏の第二の故郷藤岡」といっても過言ではない。

図：藤岡市近郷の芦田市関連遺蹟

図：藤岡市内芦田氏関係遺蹟

写真：藤岡光徳寺の庭隅に展示された旧鬼瓦に芦田氏の紋章「蝶王ノ丸」がある

写真：天龍寺
山門は藤岡芦田城の大手門を移築

523

⑱「奥州仕置」〜陸奥へ出陣

小田原合戦後、秀吉によって徳川家康は、旧北条領であった関東へ移封となり、秀吉によって徳川家康を臣下としての取り込みに成功し、関白豊臣秀吉となった。家康臣下の**松平康眞**も碓氷峠を越え、上州**藤岡へ転封**となった。しかし、藤岡に腰を落ち着ける暇もなく、**家康に従軍して奥州へ出陣**している。

羽柴秀吉は天正十三年（一五八五）の小牧長久手の戦い後、徳川家康を臣下としての取り込みに成功し、関白豊臣秀吉となった。朝廷の権威を背景に、**秀吉**はいよいよ**全国制覇**の完成に、奥州へ目を向ける。その経過を箇条書きにしてみる。

① 秀吉の関白任官（天正十三年、一五八五年七月）
② 惣無事令（天正十四年十一月）。大名等の私戦を禁じる。
③ 小田原合戦で北条氏を滅ぼすと、そのまま奥州仕置のために、小田原を出立し、宇都宮へ入る。（天正十八年）
④ 秀吉は豊臣秀次を総大将とする討伐軍勢を派遣し、一揆を鎮圧する。

⑤ 奥州仕置
⑥ 大崎・葛西一揆〜九戸の乱の鎮圧
⑦ 奥州再仕置
⑧ 全国制覇の達成

『寛政重修諸家譜』の依田康眞の項には、このことについて次のように記述されている。

（天正）十九年七月東照宮、九戸一揆退治のため陸奥國に御進發あり。康眞も兵を〻のへて宇都宮にいたり、鈞命によりて第五隊となり、水澤の城に備ふ。ときに豊臣秀次、上杉景勝・大谷吉繼をして其所に備へしむ。景勝使をつかはし、関白の令により、景勝等この城にむかふ。はやく康眞が兵を退くべしといはしむ。康眞こたへて、徳川家素より某をしてこの城に備へしむ。たずして私に兵をしてこの城に備へしむ。景勝脚力をはせて東照宮につぐ。二日を經て岩手澤の御陣營にいたる。東照宮すなはち令を下され、康眞が兵をおさめらる。九月、九戸の亂平ぐののち、東照宮平泉、高館邉を御歴覽あり。康眞におほせて三のはざま、岩手澤の道路を修めしめらる。後また命をうけて名生の城を破却す。

524

〈要点〉

ア　天正十九年七月、徳川家康は、九戸一揆討伐のために陸奥國に出陣した。康眞も兵をとゝのへて藤岡から、討伐軍が揃う宇都宮にいたり、家康の命令によって、第五隊となり水澤の城を攻めようとした。

イ　水沢城の攻撃をめぐる康眞と上杉景勝の主張
・同じ時に、豊臣秀次は上杉景勝と大谷吉継をして水澤城を攻撃させようとした。

図：康眞、秀吉の欧州仕置で家康に従軍

・景勝は使いをつかわして、「関白の命令で景勝等は水澤城に向かった。早く康眞は兵を撤退させるべきである」と言った。
・康眞はこれに答えて、「徳川家康公は、もともとこの康眞にこの城を攻撃させようとしたのである。家康公の命令なくして、自分の判断で退けることはできない」と主張した。
・景勝は脚力（足の早い使いの者）を走らせて、家康に伝えた。二日を経て岩手澤の家康の陣営に至った。

・家康が（康眞に兵を退けるように）命令を下したので、康眞は兵をおさめた。

ウ　九月になって、九戸の乱の平定後、家康は平泉、高館の辺を巡見した。

エ　康眞に命じて三ノ迫、岩手澤の道路を修理させた。

オ　後また命を受けて康眞は名生城の破却（城割り）をした。

「奥州の争乱〜奥州仕置〜大崎・葛西

525

一揆、九戸の乱〜奥州再仕置」討伐軍の中にいた徳川家康と
その傘下の松平康眞の一連の動きを、それぞれの歴史的事項
との関わりから見てみたい。

《奥羽仕置》

伊達政宗は天正十八年六月五日、小田原へ参陣し、同九日
に秀吉に謁見し遅参の許しを得たのであるが、奥羽に対する
仕置は、政宗の思惑通りには進まなかった。秀吉は小田原合
戦で北条氏を滅ぼすと、そのまま奥羽の仕置のために小田原
を出立し、宇都宮に入り、集まった全大名の任務を命令した。
伊達政宗は奥羽仕置のために下る浅野長吉と木村清久の案内
役として同道することを秀吉から命じられた。さらに秀吉は、
黒川城へ入り、小田原不参の奥羽諸大名の所領を没収あるい
は削減した。そこへ新たに大名を入部させたり、豊臣氏の蔵
入地とすることとした。これにより大崎氏は所領没収となり、
同時に葛西領も没収となった。（大崎・葛西を新領地とする
と内定を受けた政宗には仕置の裁量権は与えられなかった）。

――徳川家康は秀吉の代理豊臣秀次とともに、討伐軍の中で
は重きをなしていた。松平康眞は徳川方の大名として、城攻
めや征服した城の破却や幹線道路の普請などの役割を命じら

れた。

《秀吉の関白任官と惣無事令》

秀吉は天正十三年（一五八五）七月に関白に任官しており、
公家の最高官職にあった。天正十四年十二月の段階で、奥羽
地方に対しても、大名などの私戦を禁ずる「惣無事令」を出
していた。これは、大名間の所領の境界争いなどは、秀吉の
調停を原則とするものであった。つまり、大名の領土拡大な
どの戦闘は、中央政権から禁じられていることを意味する。
（しかし、伊達政宗はそれを無視して領土拡大を続けたこと
が、秀吉の疑惑と怒りをかって、京都まで釈明に向かってい
る。）。

《大崎・葛西一揆》

秀吉の「奥州仕置」によって、伊達政宗は天正十九年三月
に大崎・葛西の地を賜った。奥羽仕置は豊臣軍の中から編成
されたいくつかの大名が手分けして行なった。没収地を接収
したり、検地や刀狩りも伴った。土地の生産高を算定し、武
装解除を実施して、没収地には新しい大名を入部させること
が、仕置軍の役割であった。小田原合戦の時に領内不穏の状
況のために、大崎氏は小田原へ参陣できなかった。その結果、

写真：豊臣秀次

領地没収となった。大崎・葛西の地を没収されることになり、一揆衆は兵力を結集する必要に迫られ、堅固な宮崎城と佐沼城に立て籠った。

大崎・葛西領の場合、新大名（木村吉清・清久父子）入部後に大混乱となった。これの鎮圧に**伊達政宗と蒲生氏郷**があたったが、両者の間に不信感が生じた。氏郷が、政宗が一揆勢を煽っているとの疑念を抱いたことにより、政宗の領地は二転三転した。天正十九年四月下旬、大崎・葛西一揆を煽っていたという疑惑解消のために政宗は秀吉のいる京都へ呼ばれた。伊達政宗は大崎・葛西地方十二郡を与えられ、代わりに父祖伝来の伊達郡などの諸郡を没収されることになった。四月下旬に政宗は帰国のために京都を出立し、それまでの本拠の米沢城へ帰還した。

京都から米沢城へ帰った政宗は、秀吉によって自己の領地として宛てがわれることになった大崎・葛西一揆を完全に鎮圧するために、六月十四日に再び出陣した。**秀次・景勝**なども続いて奥羽仕置のために下向してきた。二十五日には、一揆勢の宮崎城（二十五日）・佐沼城（七月三日）を落城させた。伊達政宗の猛攻によって、凄惨を極めたといわれる。天正十九年（一五九一）七月四日、**大崎・葛西一揆は鎮圧された。**

一方さらに南部領では、**南部氏の相続**をめぐる争いが起こっていた。そこで、秀吉は豊臣秀次を総大将とする軍勢を派遣し、一揆の鎮圧と**再仕置**を行なうこととした。

《**奥州仕置**》

関白豊臣秀吉は、六月二十日付けで、「**奥州仕置**」の大要を示す朱印状を出した。それによれば、一番に伊達政宗、二番に蒲生氏郷、三番に佐竹義宣・宇都宮弥三郎、四番に上杉景勝、五番に**徳川家康**、六番に**豊臣秀次**とした。進軍に際し ては、道筋の城に兵を入れ残し、また、大崎・葛西の仕置については、政宗が指定した城は普請をして整え、それ以外は全て破却すること、知行割りについては、会津に近い郡は氏郷に、大崎・葛西に近い郡は政宗に付けよというものであった。

このことから、『寛政重修諸家譜』の康眞の項にあるように、**松平康眞**に次のような軍役が任務として与えられたことが分かる。

○「家康に従って第五隊となり、**水澤の城**に備ふ」

○　「後また命を受けて名生の城を破却す」

八月上旬、仕置軍は奥州に到着し、「九戸の乱」鎮圧のために、さらに軍を北上させた。その間にも、一揆に対する直接の当事者となる政宗の持ち分となる各城の補修普請が施された。岩出澤城（のちの岩出山城）と佐沼城は徳川家康が担当した。『寛政重修諸家譜』康眞の項にある「康眞におほせて三のはざま、岩手澤の道路を修めしむ」というのはこのことである。そのほかに気仙城と大原城は石田三成が、水沢城と江刺城は大谷吉継が補修普請を任せられた。

その間に大崎・葛西は一揆勢が籠城を続けていたが、さらに南部領では「九戸の乱」が起こっていた。

来の気骨が表れている場面である。 前年の小田原合戦の北国軍が上州松井田城を攻撃した時に、康國・康眞兄弟と上杉景勝との間で、このような意地の張り合いがあったことは、前述の通りである。

水沢城跡は現在市街化しており、街の通りや地名にその痕跡が残っている。本丸があった所には市役所や合同庁舎が建っている。また、市役所敷地の道路側には、水稲苗の保温折衷苗代の考案者である軽井沢出身の荻原豊次の顕彰碑が立っていることを付け加えておきたい。寒い信州での技術が奥州でも恩恵をもたらしていたのである。なお、平成の大合併で水沢市は奥州市となっている。

《**水沢城**》

家康配下の**康眞**も、宇都宮から発して**水沢城**を攻めて城を請取るつもりであった。ところが、「康眞軍は手を引くべし」と**上杉景勝**が言ってきた。

康眞はその言葉を拒否し、「家康公が拙者を水沢城の備えとして遣わしたのだから、家康公の下知がなければ、たとえ関白秀吉の命令を受けた景勝の指示であってもしたがうことはできない」として、頑として受け付けず、後に改めて家康の命令があってから兵を収めた。**頑固一徹、主君の命令以外は拒否する**という父信蕃、兄康國以

《**名生城の破却をする**》

名生城は岩出沢城（のちの岩出山城）とともに**大崎地方**の代表的な城であった。伊達政宗は天正十九年五月二十七日頃**名生城**は東〜北側大崎・葛西一揆の討伐の陣触れを出した。**名生城**は東〜北側は比高約七ｍの段丘崖、南側は自然の澤を利用した堀、段丘続きの西側は直線的で大規模な堀と土塁によって遮断した比較的平坦な段丘上に立地している。城域は東西四〇〇ｍ、南北八五〇ｍであり、内部は幅一〇ｍほどの堀によっていくつかの曲輪に区画されている。「大館」と地元でいわれている

528

写真：大崎神社
名生城の郭内にある。

曲輪には、七世紀末に律令政府の最北の地方機関である官衙（かんが）が存在したという説明板が設置されている。南端の曲輪の東端には「大崎神社」がある。

天正十八年（一五九〇）、奥州仕置により改易となった大崎領で一揆が勃発し、通りかかった蒲生氏郷軍が名生城から鉄砲で突然撃ちかけられた。氏郷は立て籠っていた一揆勢五八〇人を撫で斬りにする。浄泉院がある北端の曲輪（北館）と、その南側の曲輪（内館）の辺りはかなり複雑な形態をしており、また空堀も深い。

城のに関する記事はまったく見えないので、おそらくその後まもなく破却され、一〇〇〇年近くにわたった由緒の地としての名の歴史は終わる、『寛政重修諸家譜』の康眞の項に「後、また名生城を破却す」という記述されていることから、この城の終焉に関わる「城割り（破却）」という記述を松平康眞が家康の命によって行なったことが分かる。

ちなみに「城割り」とは、城を破却・破壊することで、大名や土豪らの反抗拠点を予め無くしておこうとするものであった。破壊とはいっても、城を完全に破壊するには膨大な時間と労力が必要である。戦国時代の「城割り」とは、城の縄張りや防御施設の大事な部分を破壊することである。西日本での城割りでは要所の石垣だけを崩すこともあるが、名生城では石垣はないので、土でできた土塁の要所を崩したり、堀を埋めたり浅くするようなことであったであろう。

防御しやすいという観点からすれば、蒲生氏郷に関わる名生城は、この北館と内館の可能性が大きい。

天正十九年六月、秀吉は、大崎・葛西関係の諸城のうち、一部は普請のうえ残し、その他の城は破却するように命じている。地元の史書には「残」された城の名の中に名生城の名はなく、この後、名生する。

《九戸の乱（九戸征伐）》

奥州再仕置軍が向かった九戸征伐は、奥州南部氏の二大勢力（南部信直と九戸政実）の対立と、その裏にいる豊臣秀吉との関係から勃発した戦いである。天正十九年（一五九一）三月、九戸政実（くのへまさざね）はついに挙兵し、南部を二分する戦いに突入する。九戸政実は天下人に背く謀反人として、奥州仕置軍と

戦うことになった。討伐軍の総大将は**豊臣秀次**、討手の大将に蒲生氏郷、武者大将に堀尾吉晴、総奉行に浅野長政、**徳川家康**の代理井伊直政、横目付けに石田三成、それに奥羽近隣の中小大名も加えて、総兵力六万五千であったといわれている。

写真：惨劇の場となった九ノ戸城（本丸虎口）

九月二日、**再仕置**軍勢六万と九戸籠城軍五千人が対峙、激しい攻防が始まった。難攻不落の**九戸城**に苦戦を強いられた上方軍は謀略を巡らせ、女子供の助命を条件に降伏を勧めた。実は偽りの和睦であった。降伏して城を出た九戸政実と七人の重臣は捕えられ、開門した城内には火が放たれ、城内にいた者は撫で斬り

にされた。（平成七年の発掘調査で、二ノ丸大手門近くで、首のない多数の人骨や、無数の殺傷痕や刺突痕のある人骨が多数発見された。撫で斬りの犠牲者と考えられている）。

九戸政実と七人の重臣は**豊臣秀次**のいる三ノ迫（さんの はざま）（宮城県栗原市）へ護送され斬首された。

天正十九年（一五九一）、**家康**は東北の九戸一揆討伐のために**陸奥国に出陣**したことになっているが、実際は九戸城へは、**井伊直政**を軍代として派遣し、自らは**岩出澤**において、本陣を**実相寺**としていたようである。実相寺には家康滞在の品々や伝承が残っている。

写真：実相寺（徳川家康の本陣）

行して平泉・高館まで行っていることが判明する。

《松平康眞軍の一部は、津軽まで遠征している》

松平康眞隊の一部は**津軽**まで転戦している。『諸家感状録』（内閣文庫所蔵）によると、康眞の従兄である**依田肥前守信守**の項に左記のように記述されている。

〈訓読〉

今度津軽の地に至って相働き、疵を蒙り候の由、寔に比類なき儀に候、殊に宿城まで悉く放火、数多く討捕られ候由、右いよいよ馳走候て本望たるべく。恐々謹言。

七月廿九日

　　　　　　　　家康（御判）

依田肥前守殿

これは、天正十九年（一五九一）七月二十九日付けで、徳川家康が、松平康眞の従兄である**依田肥前守信守**に授けた感状である。肥前守信守が**津軽**まで遠征していることが判明す

《家康の平泉・高館巡見に動向》

『寛政重修諸家譜』の康眞の項に「九月、九戸の亂平らぐののち、東照宮、平泉、高舘邊を御歴覧あり」とあるが、この家康の**平泉・高舘の巡見に松平康眞も御歴覧あり**したことが、『芦田系譜』から判明する。

九月九戸政実、浅野長政ニ憑テ降ル、故ニ奥州悉ク平均ス、コレニ因テ、秀次及ヒ東照宮平泉高舘邊御歴覧アリ、…（中略）…右ノ時　公（康眞）ノ兵士等**高舘邊**ニ到テ**乱取リス、**時ニ前田利家ノ兵モ亦□□乱取リス、或ル寺中ニ入テ**甲冑**一□ヲ得タリ、昔年ヨリ相傳フ、亀井六郎ガ甲冑ナリ、諸兵□テ是ヲ奪フ、公（康眞）ノ兵ハ**甲**ヲ得、利家ノ兵ハ冑ヲ得テ帰ル

つまり、康眞の兵も前田利家の兵も高舘辺で「**乱取り**」（戦時、敵地で物を略奪すること）をしたのである。戦国時代の戦いでは、敵地において略奪することはごく普通に行なわれ、特にそれが雑兵にとっては一つの目的とされた面を時々ある

といわれている。この甲（兜）は芦田家に家宝の一つとして伝来している。（現在、長野県立歴史館に寄託されているものの可能性もある）。この一件から、**松平康眞隊**が家康に同

る。松平康眞の本隊から分かれて、別働隊を編成し肥前守信守が、それを率いていたのだろうか。

《三ノ迫》

三ノ迫は、宮城県の北部、現栗原市三ノ迫のことである。遠く北方に離れた九戸城（九戸城は現在の岩手県最北部の二戸市の福岡にあった。すぐ北側が青森県境となっている）の城主であった九戸政実と関係が深い。尾松九戸に、九戸神社があるが、祭神は九戸政実である。九戸政実は南部藩の相続争いで南部信直と争っていた。秀吉の惣無事令に反したということで、秀吉によって派遣された蒲生氏郷等の軍勢によって攻撃された。頑固に抗戦したが、多勢に無勢、攻城側の「城内の者の命は奪わないという」虚偽の和睦条件を信じて、九戸政実は七名の重臣とともに城を出たが、捕われの身となった。また、開門と同時に攻城軍に攻め込まれ、城内は殺戮の場となった。捕われの

写真：九ノ戸神社
三迫の民家の脇にある

写真：上品寺跡

写真：三迫にある岩崎城（鶴丸城）

政実は上方軍の総大将豊臣秀次のいる三ノ迫に連行された。現在の岩ケ崎高校の西の丘の上に、上品寺という寺があったが、そこに四日間待機させられ、九月二十日に秀次の命令によって斬首された。この時秀次が滞在していたのは、現栗原市岩ケ崎の岩ケ崎城（鶴丸城）であったと思われる。城主は富沢氏であったが、伊達政宗と大崎・葛西一揆軍との合戦で、一揆軍に与し、この直前に滅んでいた。城主なき城を豊臣秀次が本陣としたのである。

城は東に延びる丘陵上に位置し、その東西を沢や鞍部に設けられた堀切によって、本丸・二ノ丸・三ノ丸・蛭子丸と区画して築かれている。現在、丘の上の城跡は公園化されており、南麓には当時の領主の館跡であった市立岩ケ崎小学校がある。

南側が城下で、三ノ迫川を隔てて南方に九戸政実が斬首された上品寺跡や九戸政実を祀る**九戸神社**が遠望できる。

栗原郡旧尾松村（稲屋敷九戸）にある九戸神社は、斬首された九戸政実の胴塚の上に、明治時代に九戸神社として建立されたものである。九戸神社は、頭部一切の病を治癒し、また軍神としても霊験あらたかと地元では伝えられている。かつては、岩手方面からの参拝者もあったといわれている。九戸神社は岩ケ崎城下の市街から南方へ道路が延びているが、その道が三ノ迫川を渡り、さらに二ノ迫川に至る中間ぐらいの所にある。具体的には岩ケ崎中学校の西方の道路端の民家の敷地の一遇にある。その少し南には大島公園（大島中央児童遊園）がある。

岩ケ崎城（鶴丸城）の本丸の西端は断崖となっているが、その西直下の谷には、北方へ梅田を経て一ノ関へ抜ける**旧上街道**がはしっている。また、この付近は秋田方面に通じる旧羽後街道交わる箇所もあって、古くからの交通の要衝であった。『寛政重修諸家譜』によると、このあと家康が平泉・高

首された上品寺跡や九戸政実を祀る**九戸神社**が遠望できる。

館巡見していることから鑑みると、前者の街道（旧上街道）である。康眞が**三ノ迫**の道を改修する任にあたったということは、九戸の乱や奥羽仕置の際の舞台となった三ノ迫に何日間か滞在していたことを意味している。九戸城主の九戸政実が連行され、斬首された三ノ迫であるが、その一件に前後して松平康眞がこの地を踏んでいるということになる。

《**岩手澤の道路を改修**》

天正十九年二月四日、奥羽再仕置によって秀吉から伊達政宗に改めて大崎・葛西の旧領十二郡も加えられた。大崎・葛西地方の検地の続行と、政宗・氏郷の所領決定後の処理にあたっていた**家康**は、居城米沢城から新領地に移った**政宗**のために**岩手澤城**を勧め、政宗の居城たるに相応しく城を拡張し、縄張りし直してくれた。この時の改修では馬出しが付設され、堀や土塁の折れ等の改修も実施された思われる。政宗は天正十九年（一五九一）九月二十三日に**米沢城**から**岩手澤**に入り、**「岩出山城」**と改めた。

『寛政重修諸家譜』の康眞の項に「（東照宮）康眞におほせて…（中略）…岩手澤の道路を修めしめらる」とあるが、康

眞も家康にしたがって岩手澤に陣していたのである。この時に改修した道路とは、城の北方の平野を通過したであろう「出羽越え街道」と推定される。

家康は九月二十七日に岩出山から古川へ向かい、二十九日に任務を終えて古川を出発し、江戸へ帰った。家康臣下の松平康眞も同行して帰還したものと思われる。（『芦田系譜』では「十月廿九日、東照宮江戸城ニ凱旋アリ、公〈康眞〉休暇ヲ賜リ十一月上旬兵ヲ收テ藤岡ヘ帰リ玉フ」と記されている）。

康眞にとっては新領地上州藤岡に腰を落ち着ける暇もなく、家康にしたがって奥州仕置に転戦していたのである。城主康眞不在の間にも重臣達の指揮のもと、藤岡芦田城の築城が着々と進められ、藤岡城下の町割り等、基本計画にそって進められていたと思われる。

『藤岡町誌』に記載されている康眞家臣の「芦田五十騎」中に、依田姓を名乗る者には、左記の人物がいる。

・依田五兵衛（肥前守信守）・依田源太郎・依田半左衛門
・依田小隼人・依田友右衛門・依田権兵衛
・依田勘三郎・依田甚五左衛門

これらの依田姓を名乗る者は、芦田（依田）氏の一族として遇されていたであろう。

仕置に**従軍**し、また、他の何人かが城主の**留守を守って**、藤

彼らのうち何人かが、康眞の奥州岡の建設や内政・経営に携わっていたと思われる。

《徳川家康直属の大名松平右衛門大夫康眞》

豊臣秀吉は奥州再仕置と称して全国に出動命令を発した。

総大将は豊臣秀次、徳川家康・伊達政宗・石田三成・蒲生氏郷・上杉景勝・浅野長政・井伊直政・大谷吉継・堀尾吉晴・佐竹義重など、そうそうたる戦国武将が参加していた。その中で家康麾下の藤岡城主**松平康眞**も家康軍の一翼を担っていた。

奥州仕置軍の中で、康眞の芦田依田氏としての特徴が垣間見られる場面は、既述のことではあるが、水沢城攻めの時の上杉景勝との「退去せよ」「否、退去しない」という意地の張り合いの場面である。たとえ相手が大物であろうとも、直接の主君たる家康の命令にしか従わないという頑固一徹で、その忠烈な心根は芦田（依田）三代「信守〜信蕃〜康國・康眞」に通じる特徴の一つである。

松平康眞は徳川家康直属の大名として、徳川家康の天下人への道につながる動向に直接的、間接的に関わるようになってくる。康眞は大義名分を重んじ、文武両道を兼ね備えた人物で、また、忠烈であり豪胆なところもあり、主君に対する絶対的な忠誠心がある武将であった。家康直属の「**松平**」姓を名乗る大名「**松平右衛門大夫康眞**」として、一目おかれる

存在となっていくのである。それは、やがて、時の関白豊臣秀吉にも認められるようになる。康眞は秀吉から「豊臣」の姓を授かり、「羽柴」を名乗ることを許された（豊臣授姓）ことからもそれが分かる。（ちなみに、前田利家、宇喜多秀家、上杉景勝、蒲生氏郷、直江兼次、佐竹義宣なども「豊臣」姓を与えられている）。

写真：水沢城址（奥州市役所）

2010/04/25

写真：名生城
堀跡は湿地帯や水田となる。

2010/04/24

写真：平泉の高館にある義経堂

2011/10/21 10:15

535

⑤ 天下普請

豊臣秀吉は、四国・九州・小田原（関東）・奥州と抵抗勢力を征服し続け、天正十九年（一五九一）全国を制覇した。

徳川家康は、秀吉によって関八州を与えられたが、本国である三河・遠江・駿河をはじめ、領国の甲斐・信濃を取り上げられたうえでの加増であり、不本意な関東移封であった。

しかし、天下人である秀吉に逆らうこともできず、天正十八年（一五九〇）八月一日に江戸城へ入った。当時江戸は、江戸湾に面した一寒村であった。秀吉から関東へ追いやられた形の家康ではあったが、その逆境を利点とすべく、徐々に手を加えていき、城郭都市へと変貌させていくことになるのである。

写真：徳川家康　　写真：豊臣秀吉

実質上最後の合戦は九戸征伐であったともいえる。

《康眞、江戸城の普請に出役》

文禄元年（一五九二）、康眞は家康の新たな根拠地である江戸城の西ノ丸や本丸の普請の一環を担った。

『芦田系譜』に次のように記述されている。

一、今年江戸城経始、公命ヲ奉テ四月上旬藤岡ヲ発シ江戸到リ、御隠居郭（今ノ西ノ丸）ヲ経営シタマフ、山本帯刀・天野清兵衛尉、是ヲ縄打ス、井伊直政・榊原康政・鳥井元忠・石川康通卿等、各場所ヲ得テ経営セラル、其功三十日ヲ出スシテ成ル、シカレドモ耕作ノ時節タルニヨリ、四月下旬暫ク経営ヲ止メラル、

一、同年七月江戸城御本丸経始、公又是ヲ経営ス、其余大久保忠世卿・同忠隣卿・同忠佐卿・本多正信・設楽甚三郎・柴田七九郎・屋代越中等ナリ

一、項日、台徳院殿　御在洛アリ、公カ普請ノ労ヲ謝シタマイ、御内書ヲ賜ル

右御内書今是ヲ傳フ

長々於其元御普請付而苦労察入候何比可為出來候哉弥無油断被入精尤候恐々謹言

八月廿二日　秀忠（御判）

松平新六郎とのへ

〈中略〉

　一　九月江城経営成ル因テ　公藤岡ノ邑ニ帰リタマフ

松平康眞に直接関わることのみを要約すると、左記のよう
になる。

・ **文禄元年**（一五九二）、**江戸城**が経始（縄張り、城の構築
の設計）がなされ、康眞は命を受けて、四月上旬に藤岡
を出発し江戸に至り、**御隠居郭**（後の西ノ丸）の割り当
てられた箇所を経営（普請）した。そして、耕作の時期
になったので四月下旬は、しばらく工事を中断した。

・同年七月に**江戸城本丸**の経始があり、康眞は割り当てられ
た箇所を経営（普請）した。

・この頃、**徳川秀忠は京都にいて不在**であったが、**康眞の普
請の労をいたわって**御内書下さった。――江戸城の普請
に関わっていた康眞に対して、その働きをいたわり、完
成はいつ頃になるかを尋ねる旨が記されている。

・九月、江戸城の普請が成って、康眞は藤岡へ帰った。
この文禄の江戸城築城では、家康は天下人である秀吉の目
を気にして、太田道灌による原初江戸城に大幅に手を加える
ことはなかったと思われる。後年、慶長五年（一六〇〇）、
家康は関ヶ原の戦いに勝利し、同八年（一六〇三）には、江

戸幕府を開き将軍（天下人）になった。誰の目をも気にする
必要がなくなった家康は、江戸城の大改築に着手し、全国の
大名を動員して、文字通りの天下普請に着手するのである。
したがって、**康眞**が携わった文禄元年（一五九二）時点の江
戸城は、後年（江戸時代）の江戸城とは、少々異なることを
理解すべきではある。
　文禄二年十月に、先に江戸城の経営（築城）に助力した諸
将を家康が召して酒食を給い、手ずから茶を点じてくれたが、
康眞もその席に列している。なお、この頃（文禄年間）、**松
平康眞**の「**江戸ノ第**」（館・屋敷）は江戸城の西の丸下日比
屋門の際にあった。

《**康眞、家康の御座船の用材を武蔵国野三田谷の御嶽山よ
り伐り出す**》
『芦田系譜』の文禄元年八月の条に次のようにある。

　　同年八月東照宮朝鮮へ御渡海アルヘキカノ由、江戸ニ
　　到テコノ告アリシカラハ、御座舩ノ帆柱御分國ヨリ剪出
　　シ海ニ沈メ肥州ヘ相送ルヘキ旨、肥州名古屋ヨリ脚力到
　　来ス、是ニ因テ武州三田谷御嶽山ノ神木ヲ剪出ス時ニ、
　　公八月下旬自ラ往テ是ヲ監ス、松平家乗共ニコレヲ監ス、

朝鮮出兵で家康が渡海するための御座船の帆柱の用材を、九州名護屋に運送するために、**松平康眞**は松平源次郎家乗とともに武蔵国三田谷御嶽山（みたけさん）の**ご神木の伐り出し**を監督した。

（しかし、実際にそのご神木は御座船の帆柱となったであろうが、歴史が語っているように、結果として家康は朝鮮半島へ渡海することはなかった）。家康が渡海する前に、文禄の役（一五九二〜九三）は行きづまり、講和して撤退となったからである。

写真：多摩川より望む、三田谷御嶽山

御嶽神社は、多摩川の上流、奥多摩の右岸にある関東の霊山で、戦国時代は関東武者の信仰を集めてきた。標高九二九ｍ山頂直下には、「御（お）師（し）集落」があるが、現在門前町を形成している。御師の布教によって講が組織され、御嶽信仰が武蔵・相模を中心に関東一円に広がっていった。

康眞は、この御嶽神社のある**御嶽山のご神木を徳川家康**

の御座船の帆柱用に伐り出したのである。御座船用の御神木とは杉のことであろう。現在でも御嶽山には全山鬱蒼と真っ直ぐな素性のいい杉が立っている。後に、徳川幕府を開いた家康は、康眞が御神木の伐り出しをした時点から十四年後の慶長十一年（一六〇六）に、社殿を改築し、御嶽神社を江戸の西の護りとして、社殿を東向きに改めた。現在、山麓から登山電車（ケーブルカー）が御師集落の手前下まで通じており、労せずして参拝できる。御師の家々の何軒かは売店や食堂を営んでいる。現在、社殿の脇には武蔵国の代表的な武将であった畠山重忠の馬上の像が立っている。また、守り神の「お犬様」は真の姿は日本オオカミであり、関東各地で信仰されてきた。

武蔵国三田谷の神領域御嶽山は、松平康眞の領地ではない。しかし、関東を束ねている徳川家康の勢力下にあるので、家康の命によって、傘下大名の**松平康眞と松平家乗**とが、御座船の帆柱用の木の伐採をし、それを**「朝鮮出兵」**の基地たる**九州肥前国名護屋**へ運ぶ役を果たしたのである。

なお、松平家乗は上州那波一万石の城主であったが、康眞と同じく「松平」を名のる大名であった。信州田ノ口藩（龍岡藩）の幕末の名君松平乗謨（のりかた）（小給恒）は、彼の子孫にあたる。

《康眞、秀吉の伏見城の普請に出役》

豊臣秀吉は、大がかりな普請を行なうことが好きで、いつもどこかで大普請が実施されていた。伏見城の建築を考え始めたのは文禄元年（一五九二）からであろう。朝鮮出兵（文禄の役）の最中、秀吉は肥前名護屋から普請の指図をするほどであった。伏見は直接大坂城と舟運で結ばれる交通の要所であった。城は指月の丘に選地された（指月伏見城）。本格的に築城工事を始めたのは文禄三年（一五九四）の二月初め頃からで、二十五万人を使役したという記録もある。助役は朝鮮遠征の諸大名を除く全国の大名が命ぜられた。知行高一万石につき二〇〇人の夫役が割り当てられた天下普請であった。三万石の康眞の藤岡藩は六〇〇人が夫役についたことになる。築城には①地取り（城地の選定）、②縄張・経始（城の構築の設計）、③普請（土木工事）、④作事（建築工事）の四つの要素が必要である。康眞が担当したのは、具体的には「普請」とあるからには、郭・石垣・土塁などを造成するいわゆる土木工事であろう。秀吉の一声で、伏見城に豪華絢爛たる桃山文化の粋が結集されたのである。文禄三年（一五九四）十二月には、秀吉は大坂城からお拾（ひろい）（後の秀頼）を伴って引っ越しているので、その時には完全に完成はしていなかったとはいえ、すでに一応の工事は終わっていたこと

図：伏見城（木幡伏見城）
『築城（覇者と天下普請）』西ヶ谷恭弘監修より

539

になる。人力だけが頼りであった当時のことを考えると、想像を絶する築城の早さである。翌文禄四年、秀次を自害させた後、聚楽第を破却し、そこから運んだ資材をも合わせて、伏見城の工事はさらに細部にわたって進められていった。なお、この伏見城は慶長元年、一五九六年に完成したが、その年に大地震によって崩壊した。

秀吉は、再びそこから五町ほど東北よりの木幡山に以前よりも大規模な城郭を再建した（木幡伏見城）。家康は山里郭及び船入り場の修復を受け持った。その山里丸は本丸の南東にある広い郭である。秀吉の木幡伏見城は慶長二年（一五九七）五月に完成した。秀吉が修復なった伏見城を巡見し、康眞の経営の功が抜群であると賞し、康眞は佐久間河内守政實を通して草餅を秀吉から与えられた。要するに康眞が、指月伏見城と木幡山伏見城の前後二度の伏見城築城普請に出役したことが分かる。秀吉が慶長三年（一五九八）八月に没したのはその伏見城である。

また、豊臣氏が滅びるまで家康が晩年ほとんどを過ごしたのも、家康・秀忠・家光ともに将軍宣下を受けたのも、安土桃山時代と称される時代の象徴として、ここの伏見城であった。その後役割を終え、元和九年（一六二三）に廃の伏見城は、

城となった。なお、昭和三十九年に建てられた現代の伏見城像（復興模擬）天守の位置は、木幡山伏見城の北西隅に位置する郭跡に建てられたものである。――現在、木幡山伏見城の主要部には、明治天皇の伏見桃山御陵があり、進入はできない。また、復興模擬天守内は耐震基準を満たさないため、令和元年現在は非公開となっている。『寛政重修諸家譜』の康眞の項には、次のような記述がある。

> 文禄三年三月台命により、伏見城の經營を助く。五月晦日太閤より助造の労を慰せられ、帷子二領、胴服一領を与えらる。十月従五位下に叙し右衛門大夫と稱す。

伏見城普請への出役もあって、松平康眞は時の太閤秀吉から、官位「従五位下」、官途名「右衛門大夫」を叙せられたのである。なおこれは、正しくは「十月」ではなく「十一月」である。

《徳川秀忠の松平康眞への書状の解釈異論》

徳川秀忠から松平康眞への書状について、Ⓐ・Ⓑの解釈の二通りある。

『依田文書』（北佐久郡浅科村依田四良氏蔵より）には、

Ⓐ

（包紙）「台徳院様、**伏見御城普請之節**
御内書、松平右衛門大夫康寛頂戴

文禄三年八月廿二日

長ゝ於其元御普請付而、苦労察入候、何比可
為出來候哉、弥無油断被入精尤候、恐々謹言

八月廿二日

松平新六郎とのへ

秀忠（花押）

〈訓読〉書状本文の意味は同じである。

「長々その元に於て御普請に付いて、苦労察し入り候。何
比出來たるべく候か。いよいよ油断無く精を入れられ尤に
候。恐々謹言。」

Ⓑ

『芦田系譜』には、

頃日、**台徳院殿　御在洛**アリ、
公力普請ノ労ヲ謝シタマイ、御内書ヲ賜ル
右御内書今是ヲ傳フ
長々於其元御普請付而苦労察入候何比可為
出來候哉弥無油断被入精尤候恐々謹言

八月廿二日

松平新六郎とのへ

秀忠（御判）

写真：徳川秀忠書状「依田家文書」（個人蔵、長
野県立歴史館寄託）
平成23年度長野県立歴史館発行の春季展図録『武
士の家宝』p.19 から転載

徳川秀忠が
松平新六郎（康寛＝康眞）
に対して与えた書状であ
る。本文では「**天下普請**
に携わっていた康眞に対
して徳川秀忠が、その働
きをねぎらい、完成はい
つになるのかを尋ねてい
る」。康眞は他の大名と
分担で、城の普請の役目
を果たしている。そのこ
とを徳川秀忠が慰労して
いる書状である。康眞が、
徳川麾下の大名として城
の普請に参加していたこ

両方とも、

との普請の意味は同じである。

とは、この徳川秀忠の心配りのある書状内容からも分かる。Ⓐ・Ⓑの違いは、本文に至るまでの前文の部分である。その解釈によって、天下普請の城が全く違ってしまう。

Ⓐから考察してみよう。

前文は、書状を包んでいる「包紙」の上書きである。──

「台徳院様 伏見御城普請之節 御内書、松平右衛門 大夫康寛頂戴、文禄三年八月廿二日」という言葉書きである。「文禄三年（一五九四）八月廿二日の御書」は、徳川秀忠が、豊臣秀吉の京都での拠点である伏見城普請の進捗状況を松平康寛（康眞）に尋ねるとともに、普請の労をねぎらっている。

これは、『芦田記』（依田記）に述べられている──「文禄三年午八月廿二日の御書は、伏見御普請之時、秀忠様より拙者方へ下し置かれ候を一通写し上げ申し候」──と言及されている書状であろう。この『依田文書』（北佐久郡浅科村依田四良氏蔵）は、現在、長野県立歴史館に寄託されている。字面を吟味してみても、ここまでは齟齬は見当たらない。

Ⓑを考察すると、
『芦田系譜』の文禄元年

写真：徳川秀忠

の条にある記述である。──「頃日、台徳院殿 御在洛アリ、公力普請ノ労ヲ謝シタマイ、御内書ヲ賜ル、右御内書今是ヲ傳フ」──つまり、「台徳院殿御在洛あり」とは、徳川秀忠はこの頃、京都に滞在していたことが分かる。その秀忠が、康眞の普請の労をねぎらい、普請の進捗状況を尋ねているのである。秀忠が京都にいることから、伏見城の普請について尋ねているのは不自然である。これは伏見城普請のことではなさそうである。

『寛政重修諸家譜』には、これを裏づける記述がある。──「文禄元年四月、仰によって西城の繼營を助く。七月また本城の普請をつとむ。八月二十二日台徳院殿より御書を下され、この事を慰労さる」──これから、秀忠が康眞の労をねぎらうとともに、江戸城の普請の進み具合を、知りたく思っていたことが分かる。

『芦田系譜』の文禄三年の条の記述の要点を現代語訳して整理すると、次のようになる。

①今春、秀吉は伏見に城を築始めた。そのため二月、家康は上洛した。康眞も諸将と共に上洛した。家康の命によって、秀吉に拝謁した。〈中略〉呉服一重（赤摺箔小袖白小袖）太刀、馬代を太閤に進上した。

②三月七日、伏見城の経始（縄張り）、康眞は命を受けて

③四月十八日、秀吉は普請を巡見するために伏見に来て、家康に会って日頃の労を謝す。康眞等に対しても懇ろに謝詞があった。

④五月晦日（三十一日）、秀吉は使節を使わして、家康へ普請の労を感謝するとともに、暑衣及び胴服（繪文紅糸で縫ってあるもの）が進上された。康眞へも暑衣二領（淺黄小紋白帷子）胴服一領（茶色繻に紅梅の裔あり）を賜る。

⑤六月朔日（一日）、秀吉は普請の所々を歴覧した。康眞は、前日に賜った暑衣胴服を着て出て、秀吉に御礼を述べた。

⑥同じ六月、秀吉は使節を使わして、康眞に胡餅（白餅）二桶を賜る。

⑦**七月下旬、「伏見ノ城経営成ル」**（伏見城の普請が終了する）。（この後八月九月ヲ經テ淀の堤、槙ノ嶋等の堤を築く）。

⑧十月、康眞、**五位ノ諸大夫**に昇進した。また、家康の命によって新六郎を改め**右衛門大夫**と号す。

伏見城普請では、「**七月下旬伏見ノ城経営成ル**」というこ

とから、**七月下旬**の時点では、康眞の伏見城普請は完了していたことが分かる。以上のことから、徳川秀忠の康眞への書状はについて、次のことが判明する。

・書状の書かれた時期は、**文禄元年八月二十二日**（一五九二）であること。←文禄三年ではない

・秀忠が康眞の**江戸城普請**への労をねぎらい、進捗状況について尋ねていること。←伏見城普請ではない

ではもう一度、『依田文書』について考察してみよう。『依田文書』の次のことは事実であろう。

ア　康眞が徳川秀忠から授かった書状であることは明らかであること。

イ　その「書状の本文の内容」についても信用できること。

ウ　この書状『依田文書』の所有が、いつのころか芦田宗家から、なんらかの事情で依田四良家に渡ったこと。ここで問題になってくるのは、「**包紙**」の**表書き**の内容である。

エ　「**伏見城御普請之節**」とあるが、これは書状の書かれた年を「**文禄三年**」と解釈したことから生じた齟齬であると推定される。戦国時代の多くの文書では「○月○日」とは書かれているが「○年」という年号が記さ

頭にあり、そのことから包紙に「文禄三年」と記してしまったのではなかろうか。

普請の進行具合と時の流れから素直に判断すると、この秀忠書状は「京都に滞在中の秀忠が、**江戸城普請について**康眞をねぎらい、進捗状況を尋ねているものであると解釈することが妥当である。

いずれにせよ、**松平康眞**は、天正十八年の小田原合戦での突然の兄康國の落命により、小諸城主となり、小田原合戦の関東戦線に戦い。時をおかずにその年のうちに上州藤岡への転封があった。そして腰を落ち着ける間もなく、奥州仕置への出陣（天正十九年、一五九一）、やっと帰還が叶ったと思ったら、今度は**天下普請に出役した**のである。──

──**江戸城築城での普請**（文禄元年、一五九二）、伏見城普請（文禄三年、一五九四）と、徳川家康傘下の大名「松平康眞」として、家康や秀吉の命によって任務を果たした**康眞**は、さらに家康を通して直接あるいは間接的に中央の政権の動向と関わることになるのである。

れている例は少ない。この『依田文書』の本文でも「八月廿二日」とははあるが、年号は記されてはいない。「文禄三年」とあるのは本文ではなく、書状を包んでいる「包紙」の表書きにあるのである。これは、秀忠書状の包紙を後日作成した際に、なんらかの手違いで年号「文禄三年」を書き加え、それからくる解釈で「伏見御城」と書き加えてしまったのが実情と推定される。──よって、**「江戸城と伏見城の康眞の普請に出役した年月日」**を調べれば、歴史の事実は明白である。

オ　江戸城の普請への出役……文禄元年（一五九二）四月上旬〜九月

カ　伏見城の普請への出役……文禄三年（一五九五）三月〜七月下旬

以上「ア」〜「カ」の分析からも、秀忠からの書状の月日は「八月廿二日」である。右の「オ」「カ」とを照合すると、書状の「八月廿二日」の段階で普請が継続されていたのは、「江戸城の普請」である。「年」は二年後ではあるが、「月日」は、伏見城の普請は約一カ月前に終わっている。通信手段が発達していなかった当時の状況を考慮したとしても、すでに終わっている康眞の伏見城普請について、秀忠が進捗状況を尋ねていることには無理がある。伏見城普請のことがまず念

⑩康眞と天下人

《康眞、従五位下・右衛門大夫となる》

『芦田系譜』の文禄三年の項の七月下旬の条に「同年七月下旬伏見城經營成ル」とあり、その直後に小さ目の文字で、「コノ後八月九月ヲ經テ淀ノ堤、槇ノ嶋等ノ堤ヲ築キ成ス」と付加されている。つまり、**松平康眞は伏見城**の經営（普請）が終了した後、さらに秀吉（家康）の命令により、**淀川堤や槇嶋堤**の築造普請に出向いている。康眞の臣下には芦田五十騎や河川工事に長けた武田家臣もおり、このような土木工事に能力を発揮したと思われる。

優れた主君がいて、その意を帯して施政や経営をする重臣がいて、諸事業を実現できる奉行がいて、その指図によって能力を発揮できる頭脳集団や技能集団が存在すことが必要である。このような組織に（芦田依田）松平康眞は支えられていたものと思われる。康眞の伏見城普請に始まる上方での河川普請の出役や、その人となりや行動ぶり等が豊臣秀吉から認められ、その年の十月（十一月）に、「**右衛門大夫**」に叙せられることになる。（もちろん、その裏には徳川**家康**の推奨が働いていることが考えられる）。

図：康眞が普請に関わった伏見城、槇嶋堤、淀川堤

『**寛政重修諸家譜**』の康眞の項では——「（文禄三年三月台命により、伏見城の經營を助く。五月晦日太閤より助造の労を慰せられ、帷子二領、胴服一領を与えらる。十月従五位下

に叙し右衛門大夫と稱す」と記されている。なお、『芦田系譜』も『寛政重修諸家譜』も「十月」にとあるが、現代に残る文書には「十一月」と記されているので、正しくは十一月であろうか。

文禄三年十一月三日付けの口宣案（口宣とは天皇の命を受けた職事〈蔵人頭〉が口頭でその日の政務担当の公卿に伝えたもので、職事の手控えを口宣案と称した）には、康眞に対する叙位のことが記されている。──康眞に対して官位「従五位下」を与え、同日の別の口宣案では「右衛門大夫」の役職を与えている。長野県立歴史館寄託の「依田家文書」の文禄三年の口宣案二通には、（平成二十三年度長野県立歴史館春季展『武士の家宝～かたりつがれた御家の由緒』p.19とp.44によると）、左記のように記されている。

上卿　今出川中納言
文禄三年十一月三日　宣旨
豊臣康真
宣叙従五位下
蔵人右中辨藤原光豊
奉

↑同日に宣旨されたものであるが、順序からすれば、まず、最初に掲げた内容で、康眞に従五位下の官位を与え、その後に、次に掲げた内容で、右衛門大夫の役職を与えた

右衛門大夫の役職を与えられる

官位従五位下を与えられる

平成23年度長野県立歴史館春季展『武士の家宝～かたりつがれたお家の由緒』p19・p44 参照

上卿　今出川中納言
文禄三年十一月三日　宣旨
従五位下豊臣康真
宣任右衛門大夫
蔵人右中辨藤原光豊
奉

↑という形式をとっていることになろう。

なお、康眞に対して「豊臣康眞」と記されている。康眞は秀吉から豊臣の姓を授かったのである。（「豊臣授姓」）。これは徳川家康の一族としての松平姓を名乗っていた康眞に対して秀吉が一目おいていた証拠になろう。

《徳川秀忠・康眞主従の緊密さ～豊臣秀次自害に関する書簡》

『芦田記』（依田記）には

次の記述がある。

一、文禄四未年七月廿六日、秀忠様より拙者への御書一
　通。これは関白殿御切腹の時、拙者は江戸に罷り在り
　候に付いて、江戸への御書にて御座候。

〈要旨〉

・文禄四（一五九五）未年七月二十六日、徳川秀忠様より
　拙者（康眞）への御書一通があります。これは関白殿御切腹
　の時、拙者は江戸にいたので、江戸への御書です。

徳川秀忠書状で、江戸にいた康寛（＝康眞）宛のものであ
る。内容は不慮の儀（秀吉の後継者とされていた**関白豊臣秀**
次自害）について記した書状である。これは、江戸にいた**康**
眞が豊臣秀次が切腹（自害）させられたという報を受けてす
ぐに、京都にいた徳川秀忠に使者を送ったことに対して、**秀**
忠が返答書として送った書状である。

（包紙）「台徳院様　秀次御傷害之節
　　　　御内書　松平右衛門大夫康寛頂戴
文禄四年七月廿六日
　　　　　　　　　　　　　　　」

写真：徳川秀忠書状
「依田家文書」（個人蔵、長野県立歴史館寄託）
平成23年度長野県立歴史館発行の春季展図録『武士の家宝』
p.20から転載

今度不慮之儀出来付、早速使者被指上、祝着候、即静謐
被仰付候間、心安可被存候、尚様子治部少輔可申候也、

　　七月廿六日
　　　　　　　　　　　　　　　　　　秀忠（花押）
　　松平右衛門
　　　大夫殿

（解読）

包み紙に「台徳院様（徳
川秀忠）より、豊臣秀次御
切腹の節に御内書を松平右
衛門大夫康寛が頂戴した」
と記されている。

今度不慮の儀出来に付い
て、早速使者指し上され、
祝着に候。すなはち静謐仰
せつけられ候の間、心安く
存ぜらるべく候。なほ様子
治部少輔（大久保忠隣）申
すべく候なり。

　　七月廿六日
　　　　　　　　　　秀忠（花押）
　　松平右衛門大夫殿

『信濃史料』（第十八巻 p.135）では、**治部少輔**を石田三成としているが、ここは**大久保忠隣**が正しいと推定される。豊臣**秀次**が**秀吉**の勘気を受けて切腹させられた経緯を、徳川**秀忠**の命を受けて、松平康寛**（康眞）**に説明する役目を、「治部少輔」となっているが、同じ「治部少輔」でも、やはりここは康眞の後見人でもある大久保忠隣が相応しい。次項（文禄五年九月八日付けの家康からの書状）では、猶大久保治少輔可申候」（大久保治少輔が申すであろう）と記述されている。

―　〔関白豊臣秀次〕　―

豊臣秀次は、秀吉の姉の「とも」と三好吉房の間の子である。

天正十二年（一五八四）の小牧長久手の戦いの際の**三河侵攻作戦**の総大将として**長久手で大敗**し、秀吉に叱責されたことがあったが、その後は彼なりに身を慎み戦功もあった。具体的には翌年の天正十三年の四国攻めの功により、近江八幡の領主となった。秀次は領主として交通の要衝である近江八幡の特徴を生かし、水運を発達させるなど優れた治世の手腕も伺える。また、天正十八年の小田原攻めの功により、織田信雄の旧領たる尾張及び北伊勢を加えて百万石の大大名となった。天正十九年、**愛児鶴松**を失って傷心の**秀吉**は、その年の

十一月に**甥の秀次**を養子に迎え、**後嗣者**に定めた。十二月に**関白を譲り受けた**。公家と交わることも多くなったこともあって、教養を高めるために、努めて学問にも精を出していた。

ところが、文禄二年（一五九三）八月に秀吉と淀殿との間に「お拾い」（秀頼）が生まれると、関白秀次の立場は非常に微妙なものになってきた。秀次は秀吉から疎まれ始め

図：豊臣氏家系図

た。秀次は、関白の地位を奪われるのではないかという疑心暗鬼に陥る。秀次は、次の展開を考えて与党大名を増やそうとした。しかし、正親町上皇が亡くなったにもかかわらず、関白の秀次は、精進潔斎を怠ったり、潔戒の場所である比叡山で狩りをしたり、粗野な行為もあったことから、摂政関白をもじって「殺生関白」などといわれているが、これは多分に秀吉側が秀次を悪し様に言った可能性もある。文禄四年（一五九五）七月、朝廷に莫大な金銀を献上したことも秀吉を刺激することとなった。それが、秀吉への謀反という風聞ともつながって、いよいよ秀吉の疑いの気持ちを増幅した。

文禄四年七月八日、とうとう秀次は関白左大臣の官職を剥奪され、**高野山へ追放**された。そして、同月十五日に自刃させられた。秀次の妻妾は全て京都三条河原にて首を討たれた。しかし、秀次が本当に秀吉に対して謀反の意を抱いていたか否かは疑わしい。秀吉もやはり人間で、実子に天下を譲りたい気持ちのほうが勝ってしまったのであろう。

《康眞と徳川秀忠の情報（書状）の動向》

先に掲載した**秀忠**から**康眞**への書状の日付は、文禄四年（一五九五）七月二十六日である。それまでに至る**情報のやりとり**について、順を追ってたどってみると、

① （高野山）秀次の自害……文禄四年（一五九五）七月十五日

② （江戸）江戸滞在中の康眞が秀次自害の件を知る。康眞が秀次自害について、京都にいる秀忠に使者を送る。

③ （京都）秀忠が、その返答書を康眞へ記す。（七月二十六日）

④ （江戸）康眞が受け取り、拝読。詳細を大久保忠隣から聞く。

秀次自害（七月十五日）から**康眞**を経て**秀忠**が返書を発行する（七月二十六日）までに、わずか十日ほどしか要していない。関白秀次自害の情報の伝達と秀忠書状の経路は、「高野山↓江戸（康眞）↓京都（秀忠）↓江戸（康眞）」である。高野山〜江戸〜伏見（京都）との間の距離と当時の交通手段を考えると、当時とすればかなりの早さである。このことからも、徳川家と芦田依田松平康眞の関係の緊密さが伺える。このことから康眞は、**松平氏**を名乗らせてもらっていることもあり、徳川家康・秀忠にかなり近い家臣（**親藩大名**）として遇されていたことの証左といえよう。

写真：徳川秀忠

《季節の節目に家康・秀忠へ礼を尽くした康眞》

『芦田記』（依田記）には次の記述がある。

一、文禄五年申九月八日に、**家康**様より拙者方への御書一通写し上げ申し候。以上。

〈要旨〉
文禄五年（一五九六）申九月八日に、徳川**家康**公より拙者

（**康眞**）宛の御書一通の写しを提出致します。

〈注解〉
康眞宛の徳川家康書状で、内容は、康眞が重陽の節句の祝儀を送ったことに対する返礼である。その家康からの返礼が左記である。

（包紙）「権現様御内書文禄五年九月八日重陽之御祝儀献上之節、松平右衛門大夫康寛頂戴」

（康眞）
為九日之祝儀小袖一到未、猶大久保治部少輔可申候、謹言、

　　　　九月八日
　　　　　　松平右衛門大夫殿
　　　　　　　　家康（朱印）

〈解読〉
包み紙に「権現様（**家康**）の御内書を、文禄五年九月八日に重陽の節句の御祝儀を、松平右衛門大夫康寛（＝康眞）が頂戴した」と書状の中身について上書きがある。なお、大久保治部少輔が

九日の祝儀の為小袖一つ到来した。謹言、

　　　　九月八日
　　　　　　松平右衛門大夫殿
　　　　　　　　家康（朱印）

家康からの書状を包んである紙に、書状の由来が記されている。**松平康眞**が徳川家康に重陽の節句の祝儀として**小袖を献上**したところ、この日（文禄五年、一五九六、九月八日）に、**家康からの答謝**があった。さらに、口上を「大久保治部少輔（大久保忠隣）が申すであろう」と付け加えている。**大久保治部少輔忠隣**は松平康眞にとっては、内室（妻）の父である。義理の父である。また、忠隣の父（大久保七郎右衛門忠世）は、康国・康眞の後見者として、天正十年（一五八二）以来、ずっと（芦田依田）松平氏を支

えてきた人物である。奏者の役目を忠隣がすることに、その関係の近さが表れている。

なお、**松平康眞**は、**徳川秀忠**にも重陽の節句の祝儀を送っており、それについての秀忠からの返礼の書状もある。

写真：徳川秀忠書状、「依田家文書」（個人蔵、長野県立歴史館寄託）
平成23年度長野県立歴史館発行の春季展図録『武士の家宝』p.20から転載

（包紙）「文禄五年台徳院様御内書」

為重陽之祝儀小袖一重到来、猶酒井右兵衞大夫可申候、謹言、

　　九月八日

　　　　　　　　　　秀忠　（花押）

松平右衛門大夫殿

〈解読〉

包み紙に「文禄五年、台徳院様（秀忠）の御内書」と上書きがある。

為重陽の節句の祝儀の小袖一つ到来しました。なお、酒井右兵衞大夫が申すであろう。

　　九月八日

　　　　　　　　　　秀忠　（花押）

松平右衛門大夫殿

秀忠からの書状を包んである紙に、書状の由来が記されている。

家康への書状のほかに**秀忠**にも**康眞**は重陽の節句の祝儀として小袖を送っていることが分かる。この答礼の奏者としては、秀忠の側近である酒井右兵衞大夫が当てられている。

《**松平康眞と天下人（秀吉、家康・秀忠）**》

臣下としての松平康眞の徳川家との関わりの深さを、『寛政重修諸家譜』『芦田記』（依田記）『芦田系譜』、『信濃史料』などにより、関東移封後から関ヶ原の合戦前後の、豊臣**秀吉・秀次**、徳川**家康・秀忠と康眞**との関係から、時系列にしたがってまとめてみると左記のようになる。

○天正十九年（一五九一）
・康眞、「奥州仕置」に出陣した**家康**にしたがって、奥羽地方に転戦する。

○文禄元年（一五九二）
・十二月、秀吉、甥秀次に関白職を譲る。
・康眞は、**家康**の新たな根拠地である江戸城の西城（西ノ丸）や本城（本丸）の普請の一環を担った。このことに対して**秀忠**より慰労の書状を賜った。
・朝鮮出兵で**家康**が渡海するための御座船の帆柱の用材を、九州名護屋に運送するために武蔵国三田谷御嶽山のご神

木を伐り出した。（しかし、歴史が語っているように、結果として家康は朝鮮半島へ渡海しなかった）。

○文禄二年（一五九三）

・十月、先に江戸城の経営（築城）に助力した諸将を家康が召して酒食を給い、手ずから茶を點じて下さったが、康眞もその列にあった。

写真：聚楽第図屏風（東京・三井家蔵）

○文禄三年（一五九四）

・康眞は、家康の上洛に供奉し、伏見城で秀吉に謁見し、小袖一襲を献じた。

・家康の命令で伏見城の築城にも参画し、秀吉より帷子二領（かたびら）、胴服一領を受けて慰労される。

・十月、秀吉の命により、従五位下、右衛門大夫に任ぜられる。

・十月十八日、豊臣秀次が太閤秀吉を聚楽第に饗し、家康も出席した。康眞は供奉して前駆した。この少し前に、秀次が叛逆を図って秀吉と家康を聚楽第にて殺害しようとしているという巷説があったが、秀吉はそれを信じなかったが、予め警戒し備えていた。家康も聚楽第へ到着したが、諸大夫が馬に乗って前駆した。一番松平右衛門大夫康眞、二番岡部内膳正、三番石川長門守、四番榊原式部大輔、五番井伊兵部少輔の五騎であった。家康も馬上にて到着した。前田利家・毛利輝元・上杉景勝も列をなして供奉した。したがった者の多くは中へ入ることができなかった。康眞は入ることを拒んだ門番を「これでは家康公が饗応に出席できない。そんなことになれば汝らは罪を問われることになるぞ」と叱責した。家康に続いてかろうじて中へ入ることができたのは、康眞とその後に続いた加藤九郎次だけであった。これは予ての巷説（秀次謀反）があっ

たので、用心したからであるといわれている。家康は康眞の忠義の志を
何度も感謝したといわれている。

・**秀吉**が前田利家及び蒲生氏郷の館へ来臨したことがあった
が、**家康**も参席した。**康眞**は家康に供奉した。

・十一月に康眞は本拠藤岡へ帰った。

○文禄四年（一五九五）

・康眞は藤岡を出発し、草津の駅で**秀忠**の上洛を迎え、供奉
して京都へ入る。

・三月二十八日、**秀吉**が**家康**の聚楽での館に来臨があり、**康
眞**も同列の諸将と共に謁した。その後家康・秀忠から御
内書を賜る。この日、康眞は同列の諸将とともに、秀吉
に拝謁し、太刀や馬代を進上した。饗応の式は特にいう
までもない。秀吉は家康の館に三日間逗留した。その間、
猿楽に興じた。

・この頃、徳川秀忠が体調を崩していたので、康眞は時々起
居を伺った。秀忠の健康が回復したので、康眞は休暇を
賜って、四月二十八日に藤岡へ帰還した。

・関白豊臣**秀次**は、**秀吉**への叛逆の企てがあるとして関白左
大臣の官職を剥奪され、七月十五日に高野山で自害切腹
させられた。

○慶長元年（一五九六）

・康眞は江戸の第（屋敷）で新年を迎えた。

・一月二十三日、**秀忠**が石川康通邸に来た時に、本多正信と
松平家乗が供奉してきたが、**康眞**は予め先に出向いてい
て、お迎えした。

・七月十二日、大地震で伏見城が倒壊した。

・十二月、康眞は休暇を賜り、藤岡へ帰った。

○慶長二年（一五九七）

・前年、地震により伏見城が破壊されたが、**家康**は山里郭及
び船入場の修復を受け持った。康眞は、家康の命令を受
けて、山里郭を経営（修復）した。

・四月、**秀吉**が修復なった伏見城を巡見し、康眞の経営の功
が抜群であると賞した。また、即日、佐久間河内守を使
いとして、康眞に草餅を賜った。

・**秀吉**は伏見城山里郭に亭を構え、普請ぶりを遊覧した時に
徳川**秀忠**も来ていた。他に伊達政宗・井伊直政・榊原康政・
石川康通・**松平康眞**および本多廣孝・牧野康成等が侍した。
その時、**秀吉**は草餅を食し、諸将にも食べさせた。

・五月頃、伏見城再建の経営（普請）が成った。「経始（縄張り）
が一月二十日で、「経営成る」が五月中旬以前であるので、
五カ月という早さで築城された。

・五月十八日、**秀吉**は伏見城の普請の労に感謝するため、徳

川家康・秀忠を伏見城で饗応した。康眞は同列の将とともに御相伴にあずかった。秀吉は康眞に酒を勧める。時に、幼児であった秀頼も同席した。

・秀忠の姫君誕生（天樹院殿）誕生のお七夜にあたり、康眞も同列の諸将とともにお祝いの席に御相伴した。

・秀吉が伏見城の向嶋の亭に菜園を設け瓜を育てたが、康眞を饗応した時に、諸将にも自ら瓜を採って与えた。康眞は病で欠席していたが、秀吉は、康眞の病気の具合を尋ねさせた。そして、康眞に与えよと言って瓜を託してよこした。家康も康眞の病の具合を尋ね、薬を服するように指示があった。

・康眞は、家康・秀忠父子に重陽の祝儀を献じ、その答謝をそれぞれから受ける。（本項の書状がそれにあたる）

・康眞は、九月下旬になって病気が治り、藤岡への帰途、上洛する途中の秀忠を駿州清見寺に迎えた。拝謁すると、病のことを尋ねられ、懇ろな言葉をかけられた。この時、秀忠に供奉していた諸士は皆馬を下りて康眞に挨拶した。これも、康眞が家康・秀忠からの恩遇が甚だ厚きをもってであった。

○慶長三年（一五九八）

・康眞は藤岡で新年を迎えたが、一月のうちに江戸へ赴いて、

江戸城に在城中の秀忠に新年の挨拶に出向いた。

・（一月）秀忠が田原に狩りをしたが、康眞も大久保忠常とともに供奉した。時に、大猪が走り出て忠常の隊へ突進した。勢子は恐れて遁れ走った。猪は康眞隊の中へ突進した。康眞の家臣の金子三郎右衛門尉が鑓で突き殺した。

・（八月十八日、太閤豊臣秀吉の死去、六十三歳）。

・秀吉の死の前後から、家康と五奉行、とりわけ家康と三成の不和が表面化し、権力闘争が激しくなっていった。

・十二月、秀忠は武州稲毛に鷹狩りをしたが、疱瘡にかかった。それを聞いて康眞は、稲毛へ出向いてお見舞いした。康眞は寝室へ召され、懇情浅からずであった。後日、秀忠は平癒し江戸城へ帰還した。

○慶長四年（一五九九）

・康眞は江戸の屋敷で新年を迎えた。御謡初めがあり、康眞も御相伴した。

・秀忠が大久保忠隣邸を訪れ、御謡初めがあり、康眞も御相伴した。

・閏三月三日、前田利家が大坂に屋敷で病没。同日夜、七将（加藤清正・福島正則・浅野幸長・黒田長政・細川忠興・池田輝政・加藤嘉明）が、石田三成を襲撃しようとし、それを察した三成は伏見城内の家康邸に逃れた。家康は諸将を慰撫して三成を救い、居城の佐和山へ去らせた。

・三月十三日、家康は伏見向島の邸から伏見城西ノ丸へ移る。

ここまで、大名としての松平康眞は、順風満帆であった。**親藩松平氏**を名乗り、**徳川の身内**として遇され、また、よく忠勤を尽くした。天正十八年（一五九〇）に藤岡城へ転封となったが、それから約十年、藤岡城下を整備し、従兄弟の依田肥前守信守、信政や佐久以来の**芦田五十騎**を中心とする家臣にも恵まれ、治政も安定していた。**家康・秀忠**にも、さらに**秀吉**にも認められ、ここまで述べてきたエピソードからも、その律儀な忠烈ぶりは、父右衛門佐**信蕃**をほうふつさせるものがあった。

その活動範囲も祖父下野守**信守**・右衛門佐**信蕃**・兄修理大夫**康國**よりもさらに広範囲となった。本拠は上野国藤岡であったが、徳川に従い江戸〜京都・伏見〜大坂へと広がっていた。前述のような行動ができたのは、大名であったこともあり、**芦田松平屋敷**が江戸のみならず伏見城下にもあった可能性が高い。康眞は天正二年（一五七四）生まれであるので、この時点で数え二十六歳の青年大名であった。時の為政者達からも信頼され、将来が約束された大名の一人であったと推定できる。

図：一気に家康に有利に時代は動く

⑥関ヶ原前夜

慶長四年（一五九九）正月二日、江戸では**秀忠**が**大久保忠隣**邸を訪れ、**御謡初め**があり、**康眞**も御相伴した。この年、**徳川秀忠**は数えで二十歳、父芦田信蕃以来の芦田氏の後見的存在であった大久保氏の当主**忠隣**（康眞の内室の父）は四十七歳、**康眞**は二十六歳であった。慶長年間に入ってからのよくある正月の光景ではあった。ここまでは、康眞の前途は洋々たるものであった。

しかし、豊臣秀吉亡き後、天下の情勢は次第に緊迫したものとなってくるのである。

《徳川家康と石田三成の関係が緊張～そして忠勇律儀の康眞》

歴史上の緊迫した動き「・」印に、『芦田系譜』と『寛政重修諸家譜』の内容「○」印を補って、関ヶ原前夜の状況を整理してみる。

【慶長四年、一五九九年】

・一月十日、秀頼と傅役の前田利家が、秀吉の遺命により伏見城から大坂城へ移った。

・一月十一日、石田三成は前日に秀頼一行に供奉してきた**徳川家康**を討とうとしたが、果たせなかった。

・三月十一日、**石田三成**は、家康が前田利家の病気見舞いで大坂に来た際に、**家康襲撃**の企てをしたが未遂となった。

・閏三月三日、豊臣公儀を支えてきた前田利家が大坂で病没。同日夜に**七将**（加藤清正・福島正則・浅野幸長・黒田長政・細川忠興・池田輝政・加藤嘉明）が**石田三成**を襲撃しようとした。それを察知した三成は、四日に伏見城内の**家康**邸に逃れた。家康は諸将を慰撫し、三成を救い、居城の佐和山へ去らせた。

・閏三月十三日、**家康**は向島の邸から、伏見城の西ノ丸へ移る。興福寺の僧多門院英俊は『多門院日記』で「十三日午の刻、家康、伏見の本丸へ入らるるよし候。天下殿に成られ候。」と記している。

○六月、徳川秀忠に休暇を賜り、**康眞**は藤岡へ帰った。しばらくして、家康に拝謁するために六月十四日に藤岡を出発し、**伏見**に赴いた。その時、**家康**の命令で伏

写真：石田三成

見城大手の櫓を守った。**石田三成**の一党が家康の命を狙っているという巷説があったためである。

○九月、**家康**は大坂で増田長盛宅に泊った。この時、**石田三成**が家康を狙っているという巷説があった。この時**伏見**にいたが十二日の夜になって、家康の命が狙われているという報告があった。**康眞**は腫物を患って起きることもままならぬほどであったが、即刻**大坂の家康のところ**まで単騎、馬を走らせた。しかし、腫物が痛んで馬から下りることができなかった。松平右京進某や岩手九左衛門信政等に助けられ、やっと縁先に至って家康に拝謁した。家康は、**康眞**が苦痛に耐えて馳せ参じたことを喜んだ。昨夜からの騒動は全く虚説であったので、康眞は休暇を賜り寄宿に帰って腫物を治療した。

・九月九日の重陽の節句に際し、祝賀のため七日に大坂城へ向かった**家康**に対し、三成による暗殺計画があるとの密告が家康に入る。

○九月十四日、家康が石田木工允（もくのすけ）宅に訪れるという知らせが**康眞**の寄宿に至った。そこで、**康眞**は直ちに駆けつけて**家康**に供奉し、石田木工允宅へ到着した。しかし、腫物が甚だ痛く心身ともに苦しく、休暇を賜り寄宿へ帰った。その後、四十五日間病床についていた。（結果として八十

歳と長生きした康眞ではあったが、二十代半ばの頃は、病に伏すことがたびたびあったようである）。

・九月二十七日、家康が大坂城西ノ丸へ入り、豊臣公儀としての政務をとり仕切る。

○十一月一日、**康眞**は腫物が全く癒えたので、**家康**の屋敷に参上し、家康に拝謁した。日頃のご厚情に感謝の言葉を述べた。

【慶長五年、一六〇〇年】

○正月一日、**康眞**は**大坂の宿舎**で越年した。この朝、家康は新年の賀を述べに**秀頼**の大坂城を訪れた。**康眞**も家康に供奉した。井伊直政・榊原康政・平岩親吉・石川康通・本多廣孝・牧野康成・阿部伊豫守・皆川山城守が共に供奉した。

結城秀康君も御登城なされた。各々大広間の席に伺候した。**家康**が**秀頼**に謁見した後、**秀頼**君も秀康に接見した。**康眞**と各々も新年の賀を述べ太刀や馬代を献上して拝謁した。ちなみにこの時、家康数え年五十九歳、秀頼は文禄二年（一五九三）八月の誕生なので、やっと数え七歳であった。

写真：豊臣秀頼

・諸将は大坂城本丸で秀頼に

年頭の挨拶をし、引き続き西ノ丸で家康に年始のお祝い
を述べた。

〇正月二日、家康は例の如く御謡初めを催した。康眞は家康
の邸を参上し、賀を述べた。織田秀信やそのほか太閤の
旧臣達も侍座した。康眞は家康
の三番が興せられた。謡は観世與三郎小鼓は観世又次郎、
人鼓は大倉平蔵であった。それらが終わった後、康眞は
宿舎へ帰った。——順風満帆であった康眞の運命を急転
換させる事件が、まもなく旬日のうちに起こるとは、誰
が予想したことであろうか……。

《仙石秀久の家人の盗賊行為と余談「依田弥次」》

慶長時代の家康と康眞のエピソードを、『寛政重修諸家譜』
の記述と『芦田系譜』の記述から相補的に紹介すると次のよ
うなことがある。

[エピソード①]

この頃（慶長四年、一五九九）、小諸城主仙石秀久の家人（家
来）が、（伏見や京都のあちこちにおいて）盗賊行為をして
いて、商家は大いにこのことを憂いていた。すなわち糾明があって、
重科の者百二十
人を磔に処した。

〇正月二日、御囃子があった。東北・遊屋・呉服
かり糾明すべし」

家康から、康眞を召して、仰せがあった。

「汝の家人も多くは信州の産であり、仙石氏の臣と同じで
はないだろうな。よく調べてみれば、一人も罪を逃れること
のできる者はいないであろう。もし、盗賊の類がいれば、しっ
かり糾明すべし」

康眞は、これに答えて次のように言上した。

「私の家人はもとより信州の産です。今詳しく彼らを糾せ
ば、一人も罪をのがれることのできる者はいません。先年彼
らをして所々の砦を守らせ、あるいは戦場に奉仕させました。
しかし、現在に至って、ついに悪行あることは聞いておりま
せん。しかれといえども、今ご命令をゆるがせにすることは
できません」。

すると、家康はお笑いになって、

「汝はよく家人を扶持し、所々の戦場において功がある。
敢えて糾明するには及ばない」

と、懇ろに仰せ下さった。〈中略〉また、後日、康眞は鈞命（家
康の命令）によって、家臣の武功を選び、その姓名を記して
奉った。

[エピソード②]

康眞の家臣で依田弥次という者がいた。彼は忍びの術をよ
くし、芦田家では弥次を敵地に送り込んで、多くその利を得

558

ていた。仙石秀久の家人の盗賊事件があった時、伏見におい
て仙石の家人（もともと同じ佐久人であった）と共に捕われ
獄に入れられた。

このことが家康の知るところとなり、家康は使いをよこし
て康眞に次のように命じた。

「天正十年に芦田小屋に籠畳（籠城）した時に、**依田弥次**
も**信番**とともに籠もったのではないか。もし、そうであるな
らば、彼の罪を免じるべし」

と、康眞に命じた。そこで、康眞は実否を正そうとして、（重
臣の）**難波覚右衛門尉**を獄へ遣わし、依田弥次に、問うた。

「弥次、そなたは芦田小屋へ籠城し信番のために働いたこ
とはあるか」

この時、**依田弥次**は詭り答えて言った。

「何ぞ、依田がごとき者。獄に降って罪を得よう。信番公
のことは知らない。自分のような盗賊は康眞公の家人ではな
い」と強情に主張した。

康眞の名を汚すことを恐れて嘘を答えたのである。難波覚
右衛門は強いては問わず、帰って康眞に一部始終を伝えた。
康眞は弥次の言うことを是として、重ねて糾すことはなかっ
た。弥次は終に罰せられ、仙石秀久の家人とともに磔の刑に
処された。

弥次が帯びるところの刀は今、御家に伝わっている。名を
「**四股**」と言う。——かつて、**弥次の家**へ盗賊が二人入った
ことがあったが、弥次が二人の太股を四つ併せて一刀のもと
に斬った。それほど鋭い名刀であった。

家康をして「弥次が**芦田信番**の下で芦田小屋（**三澤小屋**）
へ籠もった者であったらば、罪を免じる」とまでいわせた。
徳川**家康**の甲斐・信濃制覇への**芦田信番**の貢献度がいかに大
きいものであったかが、この一件からも分かる。

この時の**弥次の脇差し「四股之刀」**は、後に**依田勘助**に伝
わり、康眞の時代に竹腰正信（尾張徳川義直の筆頭家老、康
眞の娘の夫）へ送り、後年（福井藩に芦田氏がいたころ）再
び**芦田吉賢**へ渡され、芦田氏の家宝となった。現在、芦田家
から長野県立歴史館に寄託された御家伝来の刀が三振りある

図：依田弥次の名刀「四股」の行方

①依田弥次（芦田氏の忍び）
②依田勘助（芦田信守の弟？）
③竹腰正信（尾張徳川家筆頭家老、康眞の娘・春は
　その正室）
④芦田吉賢（康眞を継ぐ、福井での二代目）
芦田家の家宝として伝来する。

が、そのうちの一振りであろうか。

慶長五年の時点では、**上州藤岡城**を本拠とする松平康眞の屋敷は、**江戸**のみならず**伏見城下**にもあった可能性が高い。また、しばしば家康に供奉して大坂に滞在することがあったことから、**大坂城下**にも康眞は滞在する常宿があったと思われる。

康眞は天正二年（一五七四）生まれであるので、この

芦田家に伝来する三振の刀剣類のうち、該当するものは？（いずれも銘は無い）
・佐々成政の国俊の脇差　元服の時、家康から拝領
・土喰之刀　試し斬りの土壇まで至った名刀
・依田弥次の「四股之刀」

写真：平成23年度　長野県立歴史館春季展「武士の家宝～語りつがれた御家の由緒」p.17 より

時点で数え二十六歳の青年大名であった。時の為政者達からも信頼され、将来が約束された大名の一人であったと推定できる。

図：康眞の行動範囲（文禄～慶長年間、1590年代）

⑫抜刀斬殺事件〜高野山へ

天下にとっても康眞にとっても運命の年となる慶長五年（一六〇〇）が明けた。天下を二分して戦われた**関ヶ原の合戦**が行なわれる年である。その正月、豊臣秀頼のいる大坂城に滞在することが多くなっていた徳川家康にしたがって、**大坂**に滞在していた時に、康眞の運命を変える最大のつまずきが勃発したのである。

《囲碁の勝負での言い争いから旗本を斬る》

慶長五年（一六〇〇）正月、**家康のお伴で大坂**にいたが、宿舎で**囲碁の勝負**から、**旗本小栗三助**を一刀のもとに斬り殺害してしまった。一月二十三日に宿舎で起こった、康眞一代の痛恨の事件である。

『寛政重修諸家譜』の康眞の項には次のように述べられている。

五年正月二十三日、大坂の旅宿にありて、小栗三助某と圍碁を弄す。席上遁がたき事出來て三助を殺害し、我身も自殺せんとす。…（後略）

図：囲碁の勝負中に旗本小栗三助を一刀のもとに……

〈要旨〉

・慶長五年（一六〇〇）正月二十三日、康眞は大坂の宿舎において、小栗三助（家康の御家人）と囲碁をしている時に、徳川氏旗本の小栗三助を殺害し、自らも自殺しようとした。

〈注解〉

慶長五年（一六〇〇）といえば、**九月十五日に関ヶ原の戦い**があった年である。豊臣秀吉なき後、**徳川家康**の存在感が増し、それを押さえようとする勢力とのせめぎ合いがあり、力関係のエネルギーがぶつかり合って爆発したような感があるのが、天下分け目の戦いである**「関ヶ原の戦い」**だとすれば、この直前の正月は嵐の前の静けさのような段階である。大坂で越年した**松**

平康眞は、元旦に家康に供奉して大坂城本丸の豊臣秀頼に新年の賀を申し述べている。二日には、あらためて徳川家康の邸に参上し、新年の挨拶をし、家康の「お謡初め」に群臣とともにお相伴している。それから三週間後に勃発した事件であった。康眞にとっての急転直下で運命が変わる、このような事態は誰が予想したことであろうか。まさに、現代のイメージとすれば、突然の交通事故に遭った（あるいは起こした）ような感がある。事後に呆然自失となるような事件である。

「大坂の旅宿にありて」とあるが、正月気分も終え、諸行事もなくほっとした気分で、徳川家臣として普段見知った者同士で、**囲碁に興じていた時のことである**。相手の**小栗三助**は旗本で大番士であった。徳川家旗本といえば文字通り、戦いの時には家康の本陣近くを守備する近臣の意味から発しているが、要するに徳川の直臣である。旗本は石高は一万石未満であるが、プライドは高く、三万石の大名である松平康眞といえど、一目おかねばならない存在である。家康麾下として、いわば同僚同士という立場で囲碁をしていたことになる。

「席上遁がたき事出來て三助を殺害」とは、いったいどういうことであろうか。**囲碁**の席とはいえ、康眞にとって「**遁（のがれ）がたきこと**」とは何であるか、いくつか説があるが、整理してみると。

---

① 囲碁の勝負の勝ち負けで、言い合いになったことに因る。

② 康眞と囲碁に興じていた相手に、そばにいた小栗三助が助け船を出すようなことを言った（した）ことに因る。

③ 囲碁の勝負手での言い合いがあったことに因る。

④ 囲碁の勝負に負けた小栗三助が、康眞を非難したことに対して、康眞が怒ったことに因る。

⑤ 囲碁の勝負に負けた小栗三助が、康眞に言った言葉に康眞が怒りを押さえることができなかったことに因る。

今となってはいずれか不明ではあるが、④・⑤のあたりが真実を言い得ていると思われる。康眞としてプライドを傷つけられることといえば、これまでの康眞のあり方、生きてきた道を否定されかねない内容でしかない。──それは、「**康眞の内室**」に関わることであるともいわれている。（『藤岡町史』昭和三十二年発行、p.1493 参照）。だとすれば、小栗三助が康眞に投げかけた言葉とは──「拙者は囲碁の勝負では負けたが、おぬしのように、兄者亡き後、その内室を自分の内室にするようなことはしない」というような内容であったのではなかろうか。

『藤岡町史』では、「一説に右衛門大夫康貞は、**兄康國**の死後、**その妻と逆縁**になった。その証拠として、（藤岡）光徳寺霊牌に康国法謚康国院殿良雪大居士、天正十八年四月二十七日、

562

夫人法諡了源院とあり、天竜寺記には、右衛門大夫室了源院
日脱大姉とあれば、**逆縁説**を証拠立てるものである」と記述
されている。——つまり、逆縁の証拠であると『藤岡町史』
では説明している。

兄康國の内室（奥方）については、徳川家康の家臣である
松平家忠の記した『家忠日記』に記述されている。

写真：了源院の五輪塔（藤岡市天龍寺）

十一月大廿八日癸丑、大窪治部む寿め信州足田所へこし、
送り二路次迄こし候、晩雨降、

つまり、天正十五年
（一五八七）十一月二十八
日に、**大久保忠隣の娘**は、
信州小諸城主芦田（松平）
康國に輿入れする（嫁ぐ）
ために、三河を出発したの
である。大久保氏は徳川家
の三河以来の典型的な忠臣
であり、芦田信蕃の時代に
大久保忠世とは肝胆相照ら
す間柄であった。信蕃亡き

後、**忠世**とその嫡子**忠隣**は信州小諸の二子（康國・康眞）の後見
人の立場を果たしてきており、芦田依田氏とのつながりに
は、深いものがあった。また、『家忠日記』は歴史を語る同
時代資料として一級品であるとして、多くの史家から認め
られているものである。そこに述べられている「大久保忠隣の
娘」が、兄康國の内室であり、康國他界後に弟の康眞の内室
になったのである。——このことに関しては、後
述 pp.581-584 参照。

いずれにせよ、小栗三助の囲碁の勝負に負けたときに発し
た言葉は、康眞には耐えられない侮辱の言葉であったと解釈
される。時の天下人にも武将としての器量を認められ、周囲
にもその存在を軽からず認められていた青年大名松平康眞。
前途洋々であった康眞ではあったが、康眞もやはり人の子で
あったのである。**「席上遁れがたき事」**に感情を押さえるこ
とができなかった瞬間があったのである。

《康眞、高野山にて謹慎　～藤岡藩改易領地没収》
『寛政重修諸家譜』の康眞の項には、さらに次のように述
べられている。

……席上遁れるがたき事出来て**三助を殺害**し、我身も自

殺せんとす。家臣等これをとどめて**康眞**にかはらむといふ。康眞きかず。家臣等強て馬にのせ、はせて國恩寺にいたる。從士わづかに十四・五人、その夜かの寺に宿せむと請。院主ゆるさず。よりて堺ノ津に往て止宿を求む。またうけがはず。故に住吉阿部野の原に宿す。ときに、家臣等來り集り議していはく、高野山は行程遠きにあらず。これより彼地にいたり、上裁定を仰ぐべしとてたゞちに**高野山**におもむき、**蓮華定院**に止宿す。このとき、藤岡に留守せる輩漸々來り集り群をなす。康眞謝していふ、我今よりのち身をたつるの意なし、汝等これより御麾下にまいり、よろしく俸祿をもとむべしとて、土井利勝が許に書を贈る。後、宇喜田秀家本領をもって招くといへども從はず。家臣等はやくいづれの旗下になりともいひて身を寄らるべしと諫む。康眞きゝて、我東照宮の恩に浴する事比するものなし。今御麾下を去といへども、禄を他に求るの意なし。もし或は身を寄るにをいては、御連枝のうちをはなれじといふ。

〈注解〉

右の『寛政重修諸家譜』と、『芦田系譜』の記述の内容から、**康眞**が囲碁の席のいさかいから**小栗三助**を殺害し、高野山に

謹慎蟄居する経緯とその前後のことをまとめると、次のようになる。

・ 小栗三助を殺害してしまったので、自分も自殺しようとした康眞をとどめて、家臣達は、殺害したのは自分であると身代わりになると言ったが、康眞はそれには同意しなかった（拒否した）。

・ 家臣達は康眞を強いて馬に乗せて走って**國恩寺**に至った。この時、したがっていた者はわずかに十四、五人であった。

・ 一夜の宿を頼むが、國恩寺の住職は許さなかった。よって**堺**まで行って宿を頼んだが受け入れられなかった。やむを得ず、住吉の**阿部野**の原に宿した。「阿部野の原に宿す」とは野宿ということであろうか。季節は旧暦の一月二十三日である。現代の暦にすると三月十日頃になるが、露天ではなく、どこか屋根の下でもあったのであろうか。いまだ野宿には寒気が身に染みる季節である。

・ 平尾右近などの家臣が後から追いついて来て集まって、話し合った結果、紀州**高野山**はそんなに遠くではない。これから高野山へ行き、家康公の裁定を仰ぐべしということで、直ちに高野山へ赴き、**蓮華定院**へ到着した。

蓮華定院は芦田家の祈願所でもあった。康眞はそこで謹慎蟄居することになった。

・公儀幕府は松平康眞の**藤岡三万石**を**改易**した。藤岡藩はなくなり、領地は没収された。家臣も路頭に迷う事態になる。大名としての**御家断絶**となった。

・やがて、藤岡に留守していた家来が次々と単騎で馳せ参じて、高野山の麓に群れをなした。

・康眞は集まってきた者達に感謝し、次のように言った。「自分はこれから身を立てるという気持ちはない。皆の者はこれから**家康公**のもとに参じて、よろしく家臣にしてもらって俸禄を求めるべきである」と言って、**土井利勝**のもとへ、家来達の士官をお願いする書状を送った。

(1) 旗本に召された者は八十余人であった。この者達は芦田衆と称された。

(2) 身の栄燿を図らず、命を委ねて、のちに康眞にしたがって越前にしたがった者は百余人

(3) 他の武将のもとへ行き禄を求めたり、民間に隠れた者（帰農した者など）は数百人という。

・後日のことであるが、旧臣で康眞の後を追う者は大勢いたが、徳川へのはばかりもあり、しかも、康眞の立場

では扶持する能力はないので、家康に対する軍功を申し立て、その中で百余人が旗本へ召し出されたが、藤岡へとどまる者八十余人、そのほかの者は越前にしたがって行った。

・康眞が**蓮華定院に謹慎**していた時には、わずか小姓六人がしたがっていただけである。金子金襴・佐久間権三郎・安部五郎助・依田長左衛門・井上彦平・布施新左衛門などであった。

・康眞が高野山に籠もって七日ばかり経過した時に、**宇喜田秀家**と**大谷刑部**が康眞を本領をもって家臣となることを招いたが、康眞は断った。宇喜多秀家も大谷刑部吉継も、関ヶ原の合戦の時に、西軍の将として重きをなした人物である。すでに一月末の時点で、東西の勢力は一人でも多くの武将を味方につけようと、水面下で索

写真：高野山蓮華定院

・を尽くしていたことが伺われる。

・大久保新左衛門尉や米津清右衛門尉などや多くの家臣が、康眞に早くいずれの麾下にでも身を寄せるべしと諫言した。

・康眞は、「自分は家康公の御恩を他に比する者がいないほどに賜った。こういう事態になって、いま家康公の直接の臣下ということではなくなったが、禄を他に求めようという意志はない。もし、自分の身を寄せるということになったら、家康公の御連枝（親族）に仕えるということでないと、どこにも仕えない。これが、大恩ある家康公への「寸忠」であると言った。

康眞の家康に対する忠烈の心は、ぶれることがなかったのである。このへんにも父信蕃の生き方をほうふつさせるものがある。

ある。忠勇で義を重んじる武将としての康眞を、それ以上追及することはなかった。時あたかも天下の情勢が大きな渦となって動き出し、康眞の存在に気を使っていられる状況ではなくなってきていたことにも因る。秋には天下分け目の関ヶ原の戦いになるのである。

『芦田系譜』には、高野山に謹慎していた康眞について、次のように記述されている。

時ニ結城黄門秀康君土井利勝ヲシテ公ニ説シメ頻リ二是ヲ招キ玉フ時ニ秀康君上杉景勝ヲ押テ関ヶ原御陣小山下野ニ御陣座ナリ因テ公小山ニ往テ拝謁アリ　秀康君大ニ御□悦アリ則公ヲシテ上杉二日光口二備ヘシメ玉フ時ニ公氏名ヲ改メ加藤四郎兵衛康寛ト号セラル

右ノ後　秀康君　公ヲ以テ臣トセス待スルニ必スヒン賓ノ礼ヲ以テス故ニ公ヲ御営中ニ饗シ玉フ寸ハ必ス御連子ヲシテ御玄冠ニ迎ヘシメ玉フ又常ニ御営中ニ登ル寸ハ必ス侍臣ヲシテ御玄冠ニ送ラシメラル又云秀康君公ノ御家人等ヲシテ常ニ拝謁ヲ遂ケシメラル

《要旨》

《康眞、結城秀康の家臣となる》

康眞は、蓮華定院に謹慎蟄居していたが、徳川家康は藤岡藩は改易したが、康眞の命までは求めることはしなかった。家康には福千代丸（康眞）が二俣城で証人（人質）生活を送っていた幼少のころから、康眞をよく理解しており、康眞といていた人物のよさも分かり、気に入って近従にもしていたことがう人物のよさも分かり、気に入って近従にもしていたことが

・康眞が高野山蓮華定院に謹慎していた時に、**結城秀康が**土

井利勝を介して康眞を招いた。

・その時、秀康は**上杉景勝の押さえ**として、関ヶ原の合戦に際して、**下野小山**に陣していた。

・よって、**康眞**は小山へ行って**秀康に拝謁**した。秀康は大いに悦んで、**康眞を上杉**に対して日光口に備えさせた。

・その時、康眞は名を改め、**加藤四郎兵衛康寛**と号するようになった。

・その後、秀康は加藤四郎兵衛康寛こと康眞を臣下としてではなく、康眞が秀康のところに行くと、必ず賓の礼を以って迎えた。康眞が参上する時には秀康は必ず身内の者に玄関で迎えさせた。また常に康眞が帰る時には、必ず侍臣に玄関まで見送らせた。また、秀康は康眞の御家人等には常に秀康に拝謁することを許した。

〈注解〉

康眞は高野山で謹慎していたのであるが、**結城秀康**が土井利勝を介して、康眞に自分のところへ来るように（＝康眞を召し抱えるからと）たびたび招いた。秀康は徳川家康の次男で、秀吉に請われて秀吉の養子となっていた時もあった。（名前も秀吉の「秀」と家康の「康」をもらって「秀康」となっていた）。その後、由緒ある**結城氏**の養子となり当主となっていた。ちなみに、この年の正月一日、家康に供奉して大坂ていた。

城へ豊臣秀頼に新年の挨拶をしに参上した時に、康眞は大坂城へ訪れていた結城秀康にも挨拶をしている。家康に供奉する際に秀康とも懇意になっていたことも考えられる。ちなみに、天正二年（一五七二）生まれで、康眞とは同年で、この時は数え二十九歳であった。（**秀康は関ヶ原の合戦後「松平」**の姓を賜って「**松平秀康**」と名乗るようになる）。上杉景勝謀反の疑いありとして、景勝の会津攻めに向かい、下野国小山に陣していた**家康**や傘下の諸将は、家康の大坂不在中に挙兵した**石田三成**の西軍に応じるために急きょ西に向かっていた。秀康は上杉景勝に対する押さえとして、下野国小山に陣していた。関ヶ原の合戦の直前であった。――求めに応じて高野山を下った**康眞**は、小山へ行って**秀康に拝謁**した。秀康は大いに悦んで、康眞を上杉に対する日光口に備えさせた。（結城秀康は家康に康眞召し抱えの内諾を得ていたことが推定される。家康としても有能で忠勇な康眞を、次男である結城秀康が臣下として召し抱えることを許可したことと思われる）。公に言えば、「抜刀斬殺事件を起こして高野山で謹慎していた康眞は、罪を免じられて結城秀康預かり」となったのである。明日の命も不安であった康眞は、思う存分その器量を発揮できる場ができて、家康の「御連枝」である秀康のためにと、あらためて忠義を誓ったことであろう。

《揺れる康眞の心～佐久郡本意等のことを諏訪上社に祈る》

『信濃史料』には、諏訪上社への康眞の願文が載っている。

上社

一　諏方大明神御立願之事

一　内府様御前相濟立身之事

一　信州佐久郡令本意候事

・　武運長久、弓矢之名家有事

・　衆仁愛敬之事

一　息災延命、子孫繁昌之事

右之条々於相叶者、百貫文之地方可令寄進者也、仍如件、

　　　　　慶長五年

　　　十二月吉日

右者上神宮寺所持之分也

　　　　　　　　　　康春　（花押）

　　　　　　　右衛門大夫

〈訓読〉上社

一　諏訪大明神御立願の事

一　内府様御前相濟み、立身の事

一　信州佐久郡本意せしめ候の事

一　武運長久、弓矢の名家あるの事

一　衆仁愛敬の事

写真：諏訪大社（上社本宮）

一　息災延命、子孫繁昌の事

右之条々相叶ふに於ては、百貫文の地方寄進

せしむべきものなり、仍つて件の如し。

諏訪社に「内府様御前相濟み、立身の事」「信州佐久郡本

意せしめ候の事」と、

家康との関係に対し

ても、出身地の信州

佐久郡復帰に対して

も、まだまだあきら

めきれずに諏訪社へ

願文を奉納している

のである。先に示し

たように、『寛政重

修諸家譜』では、家

臣を前にして、「我

今よりのち身をたつ

るの意なし、汝等こ

れより御麾下にまい

り、よろしく俸禄を

もとむべし」と康眞

568

は家臣に述べている。康眞のこの言葉によって、やむなく、少なからぬ家臣は徳川家の旗本となっている。

――康眞の改易後の藤岡藩の明け渡しに取り仕切ったであろう**依田肥前守信守**も旗本となって取り立てられている。

この家系を始めとして、後年に分家した依田氏も含めて、合計依田十四家が幕臣旗本となった。中には佐渡金山奉行や、幕末には神奈川奉行を務めた依田氏もある。（家紋は「丸に三つ寄せ揚羽蝶」が十三家、「丸に揚羽蝶」が一家である）。

他姓の旧臣も関ヶ原の戦いや大坂の陣に参陣したり、大名の家臣となって明治維新を迎えた場合もある。もちろん、康眞にしたがって越前へ行った者、藤岡の地に残った者、佐久へ帰った者、帰農した者もいることは、前述した通りである。

「**我今よりのち身をたつるの意なし**」という言葉とは裏腹に、康眞の心が大いに揺れていたことが読み取れる。康眞も人間、蓮華定院での謹慎蟄居の間はもちろんのこと、そして、右の願文の慶長五年（一六〇〇）十二月の時点でも、康眞は葛藤を繰り返していたのである。十二月といえば、囲碁の勝負の際に堪えざることがあって、一刀のもとに斬り捨てて以来、十一カ月が過ぎている。この間、高野山蓮華定院での蟄居を経て、徳川の**「連枝」**たる**結城秀康**（家康の次男）の招きに応じて、関ヶ原合戦の際に下野国小山の陣に行って、秀

康に謁し、秀康の軍勢の中で**戦働きする場**が与えられた。会津の上杉景勝に備え、**日光口**を守った。中央での東西陣営対決の関ヶ原の合戦（九月十五日）とは、舞台は異なるが、結城秀康の対上杉の功績は家康から認められた。

その合戦の二、三カ月後の十二月に、この**願文が諏訪神社上社に奉納**された。関ヶ原の合戦の余韻が残るとはいえ、家康が全国の大名の知行割りを実施してから、まだ間もない時期である。康眞が「**信州佐久郡令本意候事**（＝信州佐久郡本意せしめ候の事）」と祈願したとしても、不思議ではない。この時までの康眞への家康の処置は「秀康預かり」のままである。この時点で康眞が祈願しているのは、父祖の地「**信州佐久帰還**」である。

この願文奉納と前後して、結城秀康の越前国への転封が決まった。（越前国への入国は翌年）。康眞の心理は――「この まま、自分の境遇を救ってくれた秀康にしたがって越前国へ向かうか、祈願するように信州佐久郡への帰還の朗報を待つべきか」、その葛藤は計り知れない大きなものがあったものと思われる。しかし、自らの決断の時間の猶予はない。歴史の結果として、康眞は前者の道を選んだのである。

《康眞、松平秀康にしたがって越前の国へ》

慶長六年（一六〇一）早々、秀康は松平の姓に戻り、松平秀康となって越前国六十八万石の領主として入国した。康眞も秀康にしたがって越前の国へ入った。秀康は康眞を臣下としてではなく賓客（食客）扱いで遇した。——康眞が秀康のところに行くと、必ず**賓の礼**を以って迎えた。康眞が参上する時には秀康は侍臣に玄関で迎えさせ、また帰る時には、玄関まで見送らせた。康眞の御家人等には常に秀康に拝謁するることを許した。——主君松平秀康に対して、**康眞**は「**松平の姓**」をはばかって、母方の姓である**加藤氏**を名乗って「**加藤四郎兵衛康寛**」と称することとなった。家康に期待され将来を約束された青年大名松平右衛門大夫康眞〜囲碁の勝負での抜刀斬殺事件〜高野山での蟄居〜関ヶ原の戦いの際の「結城秀康預かり」〜秀康の家臣となるという、康眞にとっても変転極まれる一年間であった。

勤勉実直な康眞の性格と行動が認められ、康眞以降、芦田氏は福井藩で重きをなすようになるが、それはまた後の話である。

以上見てきたように、（芦田依田）**松平康眞**の人柄や忠勇な臣従ぶりを、**徳川家康・秀忠、豊臣秀吉・秀次**との直接的な関わりから、康眞という武将が、その存在を認められていた

状況が判明する。主に『蘆田記』（依田記）や『寛政重修諸家譜』『芦田系譜』から、その内容を整理してみたが、康眞の視点からの情報であるが、彼がいかに中央の武家社会の中で、とりわけ徳川家康・秀忠父子に「松平」康眞として認められ、彼自身もそれに相応しくあるべく生きてきた様子が分かる。それだけに自ら招いた結果とはいいながら、**関ヶ原の戦いの前夜**ともいえる時機に、急転直下、**改易領地没収**となる事件を起こしてしまったことは、**康眞**にとっては痛恨の極みであり、また非常に残念なことである。

思えば祖父芦田下野守**信守**は遠州二俣城の守城戦で、城を出撃して果敢に敵の和田ケ島砦を急襲した際に負傷し、無理がたたって、その後病没した。父依田**信蕃**は天正壬午の乱で家康の甲信制覇のために奔走し、佐久郡平定直前に岩尾城攻撃で不意をつかれて銃弾に倒れている。兄松平**康國**は降将に心許して騙し討ちに遭った。そして今、**康眞**が小栗三助の言葉に我慢できず、ムッとなって抜刀斬殺してしまった。——**芦田依田氏三代**に通じる何かがあったものと思われる。

（詳細は後述）。

570

⑥越前木ノ本と康眞（加藤宗月）

福井藩主として転封になった**松平秀康**（結城氏から松平氏となる）の臣となった**康眞**も、越前福井を本拠とすることになる。『芦田記』（依田記）や『寛政重修諸家譜』の記述内容は、越前福井時代についてはすでにカバーできなくなっているので、向後、主たる資料としては『芦田系譜』をもととする。

慶長六年丑年　東照宮去年越前國ヲ以テ　秀康君ニ封セラル故ニ今年　御入國アリ時ニ大野郡木ノ本邑ヲ以テ公ニ封セラル因テ　公木ノ本邑ニ第ヲ構ヘ御母公及ヒ御内室ヲ引テ是ニ居シ玉フ又福井ニ於テ城北ニ屋敷地ヲ賜ル

右ノ時　秀康君　公ニ封スルニ本領ヲ以テセントス時ニ土井利勝公ヲシテ再ヒ　東照宮ニ仕ヘシメシ事ヲ思イ今秀康君ニ重ク禄ヲ得ル時ハ重ネテ是ヲ辞シカタシト因テ頻リニ是ヲ辞シテ受ス故ニ屋敷料トシテ賜フ所カクノコトシ
秀康君　公兼テ雛（あだ）アルヲシロシメサレ福井往返ノ寸若怪

右　御朱印今ニ傳フ

キ者アラハ憚カラス是ヲ打拂フヘキ旨　命アリテ鉄炮二挺是ヲ賜ル故ニ　公常ニ是ヲ持タシメ玉フ
右鉄炮二挺今是ヲ傳フ
一　玉目　拾文目　長サ
一　同　六文目　長サ
　　以上

公　木ノ本ニ於テ一寺ヲ建立シ光徳寺ト号ス是信州光徳寺ノ号ヲ用ルモノナリ
慶長十二丁未年四月八日　秀康君薨シ玉フ因テ　公祝髪シ名ヲ宗月ト改メ　嗣君、忠直君ニ仕ヘ玉フ

〈要旨〉
・**家康**は去年越前国に秀康を封した。そして今年、**慶長六年**辛丑（一六〇一）、**秀康公**は入国した。そして今年、**慶長六年**、**康眞**を大野郡**木ノ本**村に封した。そこで、康眞は木ノ本村に**第（屋敷）**を構へ、御母公と御内室を伴ってそこに居住した。また、福

写真：結城（松平）
秀康

図：越前の国、木ノ本

・この時、秀康は康眞を封するに本領をもってあてようとした。時に、土井利勝は康眞を、再び家康に仕えさせようとした。康眞にとっては、本来願ってもない御沙汰である。

しかし、康眞は、今秀康公から重い禄をいただいているのに、それを辞退することはできないのでと、再び家康公に仕えることを辞退した。そこで、屋敷料として五千石で賜ったところが木ノ本である。高野山で謹慎していて明日をも知れない身であった自分を召し抱えてくれた秀康にたいして、その恩義を大事にする康眞の生き方が如実に表れている。

・秀康公は、康眞がかねて讎ある（仇うち）として狙われる立場であることをお知りになって、木ノ本から福井への往復の時、もし怪しい者があったら、はばからず、打ち払うべき旨を命じて、鉄砲二挺を下さった。そして、康眞は常に従者に鉄砲を持たせた。この鉄砲は今に御家に伝来している。（玉目十匁の鉄砲と玉目六匁の鉄砲である）。

・康眞は木ノ本で一寺を建立し、光徳寺と号した。これは信州光徳寺の号を用いたものである。

・慶長十二年（一六〇七）丁未年閏四月八日、秀康公が三十四歳でお亡くなりになった。この時、康眞は同じ年

井城の城北に屋敷地を賜った。

三十四歳であった。秀康没後、剃髪し名を宗月と改め、後継の主君である松平**忠直**公に仕えた。二代目忠直とのエピソードについては、また後年のことである。

《康眞は加藤四郎兵衛康寛、そして秀康死後は加藤宗月と名乗る》

康眞を召し抱えてくれた結城秀康（家康の次男）は松平秀康となり、福井藩祖となった。松平康眞は「松平」の姓をはばかって、母親の姓を名乗って**加藤四郎兵衛康寛**と改名した。

松平康眞は加藤四郎兵衛康寛と称した。福井藩における主君秀康の没後は剃髪して**加藤宗月**と称した。福井藩における宗月は「志操卓然として識量あり」と史書で評されている。

ちなみに「**宗月**」とは、芦田城の本郭に芦田氏の守護神木ノ宮として祀られている芦田孝玄の戒名「清涼院殿宗月良曠大居士（清涼院殿**秀月**良眩大居士）」の中の「宗月」をとって、康眞は自らを**加藤宗月**と名乗ったとも考えられる。木ノ宮明神は上州**藤岡**では**芦田明神**（神明社）となって祀られている。

また、「宗月」「秀月」からすると、筆者は「**そうげつ**」と読んできたが、もしかしたら「宗月」は「**しゅうげつ**」と称した可能性が浮かび上がってくる。──「宗月」は「そうげつ」か「しゅうげつ」か。今となっては明確ではない。ちなみに、二十一世紀の現在、木ノ本の加藤宗月陣屋跡に屋敷を構えて

《加藤宗月の木ノ本陣屋》

木ノ本（このもと）は大野盆地の南端、清滝川中流域に位置する。福井から美濃街道をたどり大野を経由して、大野より二里半、南下し木ノ本へ至る。加藤宗月の第（屋敷・陣屋）跡は、村の中を通る街道から、少し東へ入った所にある。今も石垣や用水、古木に当時の面影が残っている。慶長五年（一六〇〇）十二月、結城秀康が越前福井に封じられ、**木ノ本**は福井藩領となり、**加藤四郎兵衛康寛**（松平康眞が改名）が五千石を与えられ居館を構えていたのが「**陣屋跡**」である。宗月は、この陣屋を二十五年間本拠としていた。

宗月陣屋跡のある所は、往古は木ノ本領家村であった、現在の大野市木ノ本（旧上庄村・旧木ノ本村）の杉本敏憲氏宅がそれに該当する。杉本家の屋号「五畿屋」は「御器屋」と称していた。先祖は福井城下呉服町の豪商であったが、寛永元年（一六二四）に松平直良が二五〇〇石（一〇〇〇石とも）を福井藩から分知され、木ノ本藩を設立した際に、加藤宗月と入れ替わるような形で、木ノ本領家村に移り住んで大庄屋となり、現在に至っている。加藤宗月陣屋の跡に建つ

この大庄屋の屋敷は、越前一揆で焼かれたり、幕末には武田耕雲斎の天狗党の宿舎となった歴史を持つ。

「五畿屋」と清滝川を挟んで集落の南対岸には、春日山に春口神社が、その西の光徳寺山に**旧光徳寺**が、それぞれ集落を見下ろす形で立地している。（現在の光徳寺は清滝川の堤防のすぐ南に昭和四十年頃に新築移転したものである）。加藤宗月屋敷は村の中を通る街道から、少し東へ入ったところにある。今も石垣や用水、古木に大庄屋邸跡らしい面影が残っている。

《加藤宗月陣屋跡の構造概観》

加藤宗月陣屋跡は、現在杉本敏憲氏の宅地となっていることは前述したが、筆者は前後四度訪れている。杉本氏から由来をお聞きしたり、お許しを得て宅地の外周を巻尺で計測し、観察させていただいた。把握できたことを中心に往時の陣屋の構造を推測して左記に整理してみる。

- **正面**（間口）……五七・五m＋堀＝六〇m＝三一・六間＋堀
=三一・六間＋一・三八間＝**約三三間**（水堀を含めて）

- **奥行き**……八四m＝四六・二間

- **面積**（堀を除く）……五七・五m×八四m＝四八三〇㎡＝
つまり、間口六〇m、奥行き八四mの敷地である。

四八アール＝四・八七反歩＝**一四六一坪**（陣屋裏面の長さがやや短いことを勘案しても、一四五〇坪はあるか）

- 陣屋跡は北東面に正門を構え、主軸は南北ではなく、「北

図：加藤宗月陣屋跡
福井県大野市木ノ本50－18（調査）平成21年8月25日、平成23年6月17日、平成24年6月5日

574

東〜南西」を結ぶ線である。

・正門跡から敷地内を見ると、現在家敷地の中央に、杉本氏邸が左右に羽根を広げたようにやや高い位置に建っている。その後方（奥の方）は屋敷の裏手で、さらに一ｍ以上の段差があって高くなり、木立ちがある広大な敷地となっている。その右端の辺りに赤い鳥居と稲荷社がある。個人のお宅に立派な神社があるのは珍しい。加藤宗月が陣屋を去って福井城下へ移った後、杉本氏の先祖が、その屋敷地に入り、木ノ本藩・大野藩から大庄屋を任され、代々この地に住したことから、稲荷社を勧進したものであろう。

・杉本氏によると、屋敷の正門を入った右脇には大杉があり、また水堀に近い屋敷地内には庭園の両端に2本の樹齢数百年になる大きな樫（かしのき）があったとのことであるが、先年伐採し、今は切り株が残っている。この樫の木の推定樹齢は、**加藤宗月**こと芦田依田**康眞（康寛）**の陣屋時代に相当する可能性があるとのことである。

・屋敷地の奥の方の段差で高くなっている所に、加藤宗月陣屋の**主殿**があったものと推定される。現在は木立ちが生い茂っている。屋敷地のこの部分は、正門に近い部分よりも高いので、屋敷を囲む石垣も必然的に他よりも高

写真：木ノ本、加藤宗月（康眞）の陣屋跡
──代官堀

くになっている。（したがって水堀からの石垣上面も四ｍ近くになっている）。

〈陣屋の北東面〉

・北東面が陣屋敷地間口（正面）で、正門のあった所（陣屋敷地への正面入り口）は幅八ｍあり北東面（幅五七・五ｍ）の外側から正面に向かって、中央よりもやや右寄りにある。門の跡の右側は現在、大きな石で高さ一ｍほどの石垣となっている。右の端（北の角）に現当主杉本敏憲氏建立による「**加藤宗月陣屋跡**」と刻んだ大きな石柱が立つ。正門のあった所の左側は、低い石垣が続く。

・陣屋跡正面の外側には幅二・五程の道があり、屋敷地の東の角を過ぎた所でほぼ直角に北東方向へ折れている。

〈陣屋の北西面〉

・**北西面**の外側に幅二・五ｍの**水堀跡**（現在も水が

575

ある）がある。地元では「代官堀」と呼ばれていた。陣屋敷地の奥の方が、入り口方面よりも段差で高くなっていることから、水堀の石垣の高さも、奥の方（西の隅に近い方）は現在の水面から高さが約四ｍほどもある。

・杉本氏によると、以前は水堀の外側の道路側にも石の列が堀沿いに続いていたとのことであるが、道路拡張の意味もあり、撤去されたとのことである。

・道路のカーブの関係からか、水堀の一番奥（西隅）は少し埋め立てられ、陣屋跡が削られている。

〈陣屋の南西面〉

・高さ約一・五ｍの石垣が陣屋敷地の裏を守っている。その外側は幅四ｍの生活道路となっている。陣屋の正門のある正面（北東面）は、水堀を除いて五七・五ｍの長さであるが、石垣で守られた裏の面（南西面）はそれよりも若干短くなっている。

・小ぶりの裏門（裏木戸）が、石垣の中央よりもやや北側に形成されている。

〈陣屋の南東面〉

・低い石垣が陣屋の南東面を形作り、そのすぐ外側を生活用水であったと思われる幅約一ｍの流れがある。

・生活用水を隔てて、この南東面の外一五ｍほどの幅でやや

低い台地があり、その裾にも水路が巡っている。陣屋脇を流れる生活用水の水路は、少し上流でこの水路から分流となったものであろう。

・陣屋の南東方面には清滝川が流れているが、往時は湿地帯で陣屋を守っていた水堀の役目を果たしていたものと推定される。

以上述べてきたのが加藤宗月陣屋の概観であるが、石垣や水堀を備えた間口六〇ｍ×奥行八四ｍで、敷地面積一四五〇坪の屋敷は、相応しい景観を呈しているといえよう。

加藤宗月こと芦田康眞は、越前福井藩の高知格の家臣として、ここ木ノ本には二十五年間本拠を置いたが、福井城へ登城する際には、木ノ本を出発して北へ向かい、大野城下へ出て、そこから美濃街道を福井城下へ向かったのである。当然、日帰りの日程では強行軍であり、その際には福井城の東北にある「芦田屋敷」（のち、二代吉賢時代以降は下屋敷となった）に滞在したと推定される。その屋敷とは『芦田系譜』に「福井二於テ城北二屋敷地ヲ賜ル」とある屋敷であろう。寛永元年（一六二四）、秀康の六男松平直良が二万五千石で木ノ本に封じられると、宗月は、福井城下のその屋敷に移った。

以上述べてきたのが加藤宗月陣屋の概観であるが、石垣や水堀を備えた間口六〇ｍ×奥行八四ｍで、敷地面積一四五〇

松平直良（秀康七男）は、木ノ本藩一万石（二万五千石とも）の領主となり木ノ本に陣屋（加藤宗月の陣屋の南西方面）を構える。しかし、寛永十二年（一六三五）には、勝山に転じ、木ノ本は廃藩となる。

《木ノ本光徳寺》

『大野市史（地区編）』によると、光徳寺（木ノ本領家方）は山号春日山の曹洞宗で、名刹宝慶寺の末寺となっている。

写真：木ノ本　光徳寺の旧地
昭和40年代までは、ここにあった

また、『大野市史（地区編）』社寺文書編には、「光徳寺文書」が十一通掲載されているが、一番古い文書が寛永四年（一六二七）の文書であるが、それを含めて加藤宗月との関連を示すものは皆無である。

『上庄のあゆみ』によると、木ノ本光徳寺は木ノ本にあり、万治二年（一六五九）十月創建、または寛永の初期（一六二〇頃）と記されている。（少なくとも開創年万治二年というのは誤りであることが、同時代資料である『大野市史（地区編）』社寺文書編の光徳寺文書からも明らかではある。

しかし、『芦田系譜』には「公（加藤宗月）、木ノ本ニ於テ一寺ヲ建立シ、光徳寺ト号ス、是信州光徳寺ノ号ヲ用ルモノナリ」とある。原初の光徳寺は『芦田系譜』にあるように加藤宗月（康眞）が建立（開基）したものであるが、宗月が本拠を福井城下の芦田屋敷に移した後は、いつの頃からか、その由来は忘れ去られてしまったようである。地元の市町村史や地誌の紙面では、まったく述べられていない。しかし、当の光徳寺の歴代住持には、原初『光徳寺』のことが伝承されていたのである。現在のご住職である斉藤秀行師には、かろうじて伝わる「光徳寺開基・加藤宗月」のことをお聞きすることができた。

光徳寺が現在の境内地に昭和四十年頃に移転する以前の旧境内地に立っている萬霊碑は、高さ約一〇五cmであるが、碑の正面に「三界萬霊等」（「等」は「塔」の意）とあり、その右側面に長文の刻字があるが、左側面には建立者の名前が刻まれている。それによると「施主杉本氏直正、同姓正参、平時天和二壬戌五月十四日」とある。これは大庄屋「五畿屋（杉本家）」の先祖が一六八二年に建立したものであることが

577

加藤宗月が開基した光徳寺は、その後も木ノ本の人々によって護られ、信仰のよりどころになっていたことが、ここからも判明する。また、明治六年（一八七三）には光徳寺境内に木ノ本小学校が設立されている。「学制発布」（明治五年）の翌年にあたり、全国でも早い時期である。木ノ本村は上庄村となり、明治の末期には上庄小学校の木ノ本分校となった。その後、校地が変更されたかどうかは詳細は不明であるが、この木ノ本分校は昭和二十年頃まで存続している。

光徳寺が木ノ本で果たした社会的・文化的・精神的役割は大きかったと思われる。現在地の光徳寺で特に注目されるのは山門である。旧地から移動したもので、いかにも重厚な造りである。本寺の宝慶寺のそれに極似している。

ところで芦田氏関係の光徳寺は三カ寺ある。

① 信州佐久の光徳寺……芦田氏の故地である北佐久郡立科町旧芦田村にある。芦田氏の始祖「光徳」に

写真：信州佐久の光徳寺

写真：藤岡の光徳寺

写真：昭和40年代に新築移転した木ノ本光徳寺

分かる。

加藤宗月が開基した光徳寺は、その後も木ノ本の人々によって護られ、信仰のよりどころになっていたことが、ここからも判明する。

ちなむ。現在、芦田家の宗家が菩提を弔っている。現在の芦田家の墓地もある。

② 上州藤岡の光徳寺……藤岡藩主としての（芦田依田）松平康眞が信州の光徳寺を移した。建材も信州から運ばれたという。しかし耐震強度の関係から、つい先年、全面的に改築がなされ、平成二十八年（二〇一六）十一月には落慶法要が行なわれた。

③ 越前木ノ本の光徳寺……藤岡から越前福井の家臣となった康眞（加藤宗月）が木ノ本陣屋を本拠とし、開

基した。現在は芦田氏（加藤宗月）と関わる文書も伝承も地元にはない。しかし、現在の御住職斉藤秀行師には、かろうじて由来が伝承されている。

《康眞の御母堂（母）と御内室（妻）考》

『芦田系譜』に「木ノ本邑に第を構え御母公及び御内室を引きて是に居し玉ふ」とあるが、康眞は藤岡藩を改易となったわけであるが、御母堂（つまり父信蕃の内室）と御内室（自らの奥方）を伴って木ノ本陣屋に住んだということになる。

―〔康眞の母・（信蕃の内室）〕―

まず、康眞の御母堂を「信蕃の妻」という観点で考察することにする。

信玄の駿河侵攻に従軍した頃の芦田信蕃は、数えで二十二歳から二十五歳であった。信蕃の嫡男竹福丸（後の松平康國）が誕生したのは、信蕃が数え二十三歳の時、永禄十三年（一五七〇）である。それから逆算すると、信蕃が室（妻）を迎えたのは数え二十二歳の時の永禄十二年（一五六九）頃である。まさに、信玄の駿河侵略、関東北条への出兵を繰り返していた時である。

『寛政重修諸家譜』の信蕃の項によると、「室は跡部大炊助

某が女」と記述されている。また、康國の項では「母は大炊助某が女」とある。跡部大炊助某とは武田氏の重臣跡部勝資のことであろうか。跡部大炊助勝資は武田勝頼の側近で、長坂長閑とともに、武田氏衰退の一因を作った人物としてのレッテルを貼られ、後世の評判は芳しくない。

一方、何人かの史家の説では、信蕃の室（つまり康國・康眞の母）は「加藤氏の女」であるとしている場合が多い。武田家中の加藤氏には信玄の武者奉行加藤駿河守信邦（昌頼）がいる。『甲陽軍鑑』では「信玄公へ弓矢の指南申すはこの人なり」とある。武田家最高の武者奉行であった。「加藤氏の女」とは、その娘である可能性が高い。また、信蕃の次男松平康眞は上州藤岡三万石改易領地没収の後、越前福井で、家康の次男松平秀康に召し抱えられて以降は、加藤四郎兵衛宗月を名乗っている。「加藤」が母方の姓である証拠にもなろう。

また、北佐久郡立科町茂田井の土屋武司家に伝わる家譜では、「先祖土屋右京左衛門茂直は、武田信玄の側近土屋惣蔵の兄弟で、芦田信蕃の義父であり、康國・康眞は孫にあたる」という。「信蕃の室（妻）は加藤氏の女」であり「その加藤氏の女が土屋氏と関係がある」ということである。「土屋茂直の娘が加藤氏に嫁ぎ女子をもうけたが、その女子が信蕃の

妻となった」と土屋武司氏から御教示いただいた。

佐久の郷土史家市川武治氏は、その著書『もう一人の真田～依田右衛門佐信蕃』p.113で次のように述べている。「家康は…〈中略〉…〈竹福丸に〉自らのいみな康の一字を与え、松平姓を名乗らせたので、松平源十郎康國を称し、佐久郡五万石を領有でき、父信蕃が得た戦国大名の、実質的な座に着くことができた。 若年のため家康は後見に大久保七郎右衛門忠世を付している。 …〈中略〉…先妻加藤氏の子とはいえ甥であり、織田方の人質解放以来忠世の下で育まれた康國にとっては、大久保七郎右衛門は父同様であったに違いない」。

市川武治氏は、信蕃の嫡男である康國のことを「先妻加藤氏の子」と表現している（↑×）。また「〈大久保忠世の〉甥で」あると述べている（↑○）。――このことを文字通り受け取ると、「大久保忠世の妹が信蕃の後妻になった」ということを意味している。なるほど、後年忠世の息子大久保忠隣の女が康國に嫁ぎ、康國の死後は弟の康眞の妻となっているという説はあるが、その記述の意味していることはよく分からない。――ただ、「先妻加藤氏の子」といっているところからすると、『寛政重修諸家譜』にある「（信蕃の）室は跡部大炊助某が女」「（康國・康眞の）母は大炊助某が女」ということとは違っていることになるが……。「加藤氏の女（むすめ）」が跡部大炊助の養女となり、信蕃に嫁いだということも考えられるが、最初の内室（加藤氏）は先に没し、跡部大炊助の女がのちに信蕃の室（妻）となったということも考えられる。あるいは、当時のこととて、室が何人かいて、そのうちで長生きした女性が、後世の文書で内室と認識され、それが跡部大炊助の女であったとも考えられる。

芦田氏宗家当主である芦田光正氏にご教示いただいた「信蕃の室（妻）は、二人存在する。その戒名は左記のようである。

天正八年辰年二月八日
慶泉院殿良筠大姉　光徳寺に葬る　←Ⓐ

天正十四年七月十三日
超嶽院殿永宗大姉　跡部大炊介女　←Ⓑ

天正八年没のⒶ「良筠大姉」は信蕃の戒名「蕃松院殿節叟良筠大居士」の「良筠」と同じであることから、二人のうち、より信蕃とのつながりが深いことが分かるので、この人が正

室であると推定される。すると、この人の出身が**加藤氏**であるはずであるが、残る可能性としては父信蕃には、三人目の室がいた可能性もある。当時とすれば不自然なことではないる可能性がある。「良筠大姉」が没した天正八年二月は、信蕃が**駿河田中城**の主将として、徳川と戦っていた時分のことである。亡くなった所も芦田氏の本拠佐久郡春日郷なのか、信蕃が奮闘している田中城なのか、それとも甲府の芦田屋敷なのか、不明である。しかし、『藤枝・岡部・大井川の寺院』（藤枝志太仏経会）p.69 には、**「灌渓寺（藤枝市中ノ合68）に奥方の墓があったともいわれているが、詳しいことは不明である」**とある。良筠大姉の没年月日「天正八年辰年二月八日」ということからすると、信蕃が**田中城主**として藤枝にいた時に没していたことになる。

一方、Ⓑ「**永宗大姉**」は「**跡部大炊介女**」と説明されている。『寛政重修諸家譜』ではこの人を信蕃の室とし、また康國の母であると記述していることになる。没年の天正十四年（一五八六）七月は、信蕃の嫡子康國が小諸城主松平康國として、佐久の経営が本格化し、「信州佐久郡之内貫之御帳（佐久郡貫高帳）」を家康に提出した年である。

以上からすると、**良筠大姉**も**永宗大姉**も二人とも、康眞の**越前木ノ本時代**には存命ではないことになる。しかるに、『芦田系譜』では「木ノ本邑に第を構え**御母公及び御内室**を引きて是に居し玉ふ」とある。「御母公」とは、すでに他界して

あるいは、心優しき面もある康眞が、自分の内室（妻）の母をも伴って、新天地の越前へやって来たのであろうか。不明である。

戦国時代のことであるから、芦田信蕃の室（妻）は、何人いても不思議ではない。加藤氏、跡部氏、土屋氏の女とこの二人の関係をも含めて、信蕃の室については不明のことが多い。これらの関係についての究明は後日への課題である。しかし、信蕃が竹福丸（後の康國）の生母となる室（妻）を、まさに駿河侵攻のころ迎えた可能性はかなり高い。

── 〔康眞の内室〕──

さらに、康眞の内室（妻）についても、不明な点が多い。既述のことではあるが、大久保忠隣の女が芦田氏へ嫁いだということが、家康の臣である松平家忠の日記『**家忠日記**』の天正十五年（一五八七）十一月二十八日の条に記述されている。再掲してみる。

十一月大廿八癸丑
大窪治部む寿め　信州足田所へこし、

送り二路次迄こし候、

晩雨降、

天正十五年に**大久保忠隣の女**が信州の芦田氏へ嫁ぐために出発し、家忠は途中まで見送りに出たということが述べられている、貴重な同時代資料である。ちなみにこの時、**康眞**は数え年十四歳であり、兄**康國**は数え年十九歳であった。

『芦田系譜』の天正十八年（一五九〇）の項の最後の箇所では、次のように述べられている。

> 公　東照宮ノ御媒ヲ以テ大久保忠隣卿ノ女於房姫ヲ娶リ玉フ
> 右ノ時大久保ノ臣前嶋七左衛門興ニ従テ来リ　公ノ家臣ト・ナル前嶋少女アリ、
> 於房姫コレヲ伴ヒ玉フ故ニコノ女子ト共ニ来ルト云

康眞が徳川家康の媒をもって大久保忠隣の女である於房姫を娶ったということは、康眞の婚姻は、徳川家康の後ろだてがあったことが分かる。つまり、康眞にとっては将来が約束された婚姻であった。祖父にあたる大久保忠世、父にあたる

大久保忠隣は、兄康國と康眞にとっては、幼い頃からの**後見的存在**でもあった。「天正十八年、康眞数え年十七歳」であった。天正十八年といえば、五月に兄康國が上州石倉城攻めで横死した年であり、七月に小田原合戦が集結した年でもある。その年の一段落した時期に、家康の図らいによって、婚姻したことは、前途が約束されたものであった。

ここで、（芦田依田）松平氏に嫁いだとされる**大久保忠隣の娘**について、整理してみると、

・『家忠日記』……天正十五年（一五八七）、康眞十四歳・
康國十九歳

・『芦田系譜』……天正十八年（一五九〇）、康眞十七歳・
康國は故人

『家忠日記』にある大久保忠隣の女が嫁いだ相手は、当時の芦田氏の状況からしても、年齢順からしても、兄である**康國**であることは明白である。『芦田系譜』にある通り三年後に家康の意向で康眞に嫁いだのも、大久保忠隣の娘である。大久保忠隣の二人の女（むすめ）が前後して、芦田（依田松平）兄弟に嫁いだ可能性も残るが、どの史書にも記述はない。

ア　『寛政重修諸家譜』の康國の項には内室については言及がない。康眞の項には**「室は大久保忠隣が女」**とある。

イ　『芦田系譜』では、**康國の室**は「室、文禄三年十月十四日、**妙正院殿良雪大姉**」とある。また、康國の菩提寺である信州佐久郡康國寺の墓碑にも文禄二年十月十四日、妙正院殿良雪大姉」とある。

ウ　『芦田系譜』では、康眞について、「室、大久保相模守忠隣女」とだけあるが、康眞の法名のある後方のページには付箋が付けられており、そこには「室、法名了源院殿日脱大姉」「父里方大久保氏ハ日蓮宗ヲ信シソノ宗旨ヲ以テ越前国福井足羽郡寺町**教円寺**ヲ再興ス同寺ニ葬ル是ヲ以テ巳後当家代々内室ハ同寺ニ葬ル」とある。さらに同じ付箋にもう一人「**清光院殿妙浄大姉**、正保五子年三月十九日」を内室としている。

エ　康眞の内室の開基とされる上州藤岡市の**天竜寺**の墓碑では、室の法名は「**了源院殿日脱大姉**」とあり、没年は「文禄三年九月十五日」とある。ここで、究明すべき問題点は、祖父である**大久保忠世**と**法名も没年月日**も全く同一である点である。法名「了源院日脱・日脱了源院」、没年月日「文禄三年九月十五日」↑ここに、康眞の内室とされている女性についての不自然さ・不可解さが存在する。

オ　『寛政重修諸家譜』の大久保氏の項、では、大久保忠

写真：藤岡市の天龍寺にある了源院の五輪塔

世の室、文禄三年十月十四日、妙正院殿良雪大姉

……文禄三年九月十五日

隣の条に「女子、松平右衛門大夫康眞が室」とある。

カ　藤岡光徳寺の霊牌では、**了源院日脱大姉**は「**康國の内室**」となっている。

以上、康眞の内室である可能性のある三人の女性について、整理しなおしてみると、

○了源院日脱大姉
・**康眞**の内室としてこの法名が記述されているのは『芦田系譜』「天竜寺の墓碑」である。一方、藤岡光徳寺の霊牌では「**康國の内室**」となっている。

・祖父大久保忠世と法名も没年月日が同一であることに、何らかの意図が感じられ、不自然である。

○妙正院殿良雪大姉

- 『芦田系譜』と「佐久郡康國寺の墓碑」に康國の内室として記述されている女性である。

- 没年月日は文禄三年（二年）十月十四日……一年違いであるが月日は同一である。

〇清光院殿妙浄大姉

- 『芦田系譜』に出てくるのみであり、正保五年三月十九日（一六四八）没であり、この女性が康眞の後妻であると推定される。

よって、康眞（のちの加藤宗月）の内室は、

妙正院殿良雪大姉（大久保忠隣の女・於房姫）……天正十五年に兄康國に輿入れ、康國没後、家康の媒によって弟康眞の内室となる。（逆縁）

＝（同一人物）

了源院殿日脱大姉（大久保忠隣の女・於房姫）……康眞内室、文禄三年（一五九四没）、実家祖父大久保忠世と法名・没年月日が同一→何らかの作意あり？

清光院殿妙浄大姉 ……康眞の内室（後妻）、二代目吉賢の生母、木ノ本や福井での内室

〈仮説〉

於房姫（康眞にとっての先妻）との逆縁をカモフラージュした結果、つじつまを合わせるために書類上の無理が生じている。

①逆縁関係にふれないために、系図上の都合によって同一人物に異なる法名が付けられた。（康國の内室としての「妙正院殿良雪大姉」、康眞の内室としての「了源院殿日脱大姉」

②後妻については、系図上の操作がなされ、公の文書には掲載されず、内室は「了源院殿日脱大姉」として通された。その結果、公の文書には、「了源院殿日脱大姉」の没年月日は記されていない。（早期に没したため）

越前国、木ノ本陣屋に伴っていた内室とは、後妻「清光院殿妙浄大姉」である。越前国の木ノ本へ康眞が移ってから誕生した貞綱（嫡男）・吉賢（越前二代目）の生母である。

なお、康眞の女は、関ヶ原の合戦の直前八カ月前に康眞が藤岡藩を改易となった後、家康の計らいでいったん大久保忠隣の養女とされ、さらに家康の媒によって、尾張徳川義直の筆頭家老竹腰正信の正室として輿入れしている。この康眞の女は、年齢からしても康眞の先妻で、すでに故人となってい

584

写真：静岡県藤枝市の灌渓寺
信蕃・信幸兄弟が開基とされる。左が兄弟の位牌（上段のものが古い）

写真：群馬県藤岡市の天龍寺

た於房姫との間に誕生した娘であることは、形の上で大久保忠隣（実は祖父）の養女になってから嫁いでいることからも、明らかである。

なお余談として、広く史書や文書に記述されていないことではあるが、康眞と先妻（於房姫）との間に男子がいた可能性もある。『藤岡町史』には次のような意味の記述がある。

――康眞の子として、男子では年長者であったが、福井侯が許さないので家督を継ぐことができず、伊勢の松阪へ行ったという傍系の芦田氏が、江戸時代を通して連綿と続いたという。幕末になって上州へ帰ってきた芦田氏が、それであり、明治になって藤岡で名士として活躍した芦田武彦（真信）家であることも、芦田家では伝承されているといわれている。

図：家康は康眞を見捨てなかった
①康眞を松平秀康に預けた。（重臣）　②康眞の娘・春を竹腰正信の正室にした。

585

⑥大坂冬の陣と宗月

かつて、豊臣秀吉は、上州名胡桃城を北条氏が急襲して奪ったことに端を発して、小田原北条氏を滅ぼす口実とした。

徳川家康にとっては、大坂の**豊臣秀頼**を滅ぼすことが念願であった。そのきっかけをとうとう見つけた。——秀頼は、秀吉の十七回忌の供養のため、京都方広寺の大仏開眼供養を行なうにあたって、梵鐘を造ったが、問題としたのは**鐘銘**についてである。家康は鐘銘の中の「**国家安康・君臣豊楽**」の文字を取り上げた。「家康の文字を二つに分断して家康を呪い、豊臣を君として子孫が楽しむ」という意味になっている

銘の中に「国家安康
君臣豊楽」の文字

写真：いわくつきの方広寺の鐘

と無茶な解釈をした。大仏の鐘銘に「関東不吉の語」があると言いがかりをつけたのである。その時、福井藩主松平忠直の重臣、**本多飛騨守と本多伊豆守**等が宗月に言った。

「つい先日、**大久保忠隣**（宗月の内室の父）は、罪を将軍

うとしていることを問題とした。家康にとっては、念願の大坂豊臣氏を滅ぼす機会がめぐってきた。

慶長十九年（一六一四）十月一日、全国大名に**大坂討伐の命令**を下した。自身は十一日に駿府を発し、二十三日に京都二条城に到着している。大坂冬の陣である。十一月になって**大坂城攻撃**に取りかかっている。**康眞（加藤宗月）**の主君である越前福井の松平忠直も出陣している。宗月は松平侯にはもちろんのこと、天下将軍家にも忠烈な志をもっており、いよいよ恩返しできる時と思っていた。しかし、木ノ本にいる宗月には、出陣の陣触れがなかった。宗月の心境やいかに

……

《大坂冬の陣と宗月》

大坂冬の陣に際しての加藤宗月について、『芦田系譜』からその要点を探るとともに、現代文にし、解説を加えることにする。

——慶長十九甲寅年（一六一四）、**大坂への陣触れ**があったのを知り、**加藤宗月**は軍用を整え**木ノ本を出陣**しようとした。それに加えて、大坂方が浪人を**豆守**等が宗月にたくさん抱えよ

秀忠から蒙ったばかりである。したがって宗月もそれが及ぶ恐れがある。このたびの出陣は必ず遠慮あるべきである」

と、しきりに思いとどまらせようとした。しかし、宗月はその言うことを承諾せず、そのうえ次のように言った。「お二人がこのうえ拙者を押し止めようとするならば、お二人を討ち共に拙者も死のう」。

その時、山本対馬が、

「あなたがどうしても出陣するとあれば、よろしくその気持ちにしたがうがよい。後に罪を問われることになれば、拙者がお救い致そう」と言った。

よって、宗月は大いに悦び、ただちに木ノ本を出発し、西近江朽木谷、小原の村へ兵を進めた。（小原は、すなわち八瀬小原の小原である。秀康公以来、越前の外にこの辺にも領地があった）。

その時、本多正信が脚力（足の早い伝令）を遣わして、宗月に次のように伝えた。

「先日大久保忠隣は罪を得て失脚させられた。それにもかかわらず、そなたが出陣しているのは、お上の命令を恐れない（命令に反する）に似ている。早く兵を収めるべきである」。

宗月はそれに応えて次のように伝えた。

「拙者と忠隣は智舅（むこしゅうと）の縁である。それなのに、拙者が出馬するのを厳しく制止しようとする。一方、石川主殿頭は実は忠隣の息子であるが、今、従軍している。拙者と扱いが著しく違うことについて、不公平である」本多正信は、また次のように告げた。

図：大坂冬の陣と宗月

宗月、大坂冬の陣に向うも、西近江朽木谷から引き返すことを余儀なくされる。↑幕命

587

「今回の石川主殿頭の出陣は、将軍の命令を奉ってのことである。そなたが、命令がないにもかかわらず出陣するのは、将軍の意をおろそかにする行為である。ところで、かねて、大野の地は常に一揆の恐れがある。早く引き返して**大野城を**守るべきである」

またこの時、福井城主の松平忠直が重臣に、その旨（大坂へ出陣しないで、一揆に備えて大野城を守ること）を宗月に伝えさせた。そこで、やむを得ず、宗月は兵を収めて木ノ本へ帰った。

その時の**奉書**は今に伝来している。

猶林右馬允申入候、恐々謹言

弥諸事被入御念可被仰付之間　御意候、

態申入候、貴殿御事ハ御陣中者大野御城ニ御移候而

　　十月廿五日

　　　　　　　小栗備後守　　判

　　　　　　　本多伊豆守　　判

　　　　　　　本多丹下　　　判

　　加藤宗月様

猶、以大野城御番所之儀、備後守留守居蜂屋宗玄・中嶋忠右衛門両人へ御尋候而、御指引可被仰せ付候。

この出征の時に宗月に騎馬でお供したのは次の十一騎であった。

・依田治右衛門　　・依田彦左衛門

・難波長大夫　　　・安部作大夫　　・岩瀬喜左衛門

・依田勘助　　　　・難波角右衛門　・井上彦平

・市川小大夫　　　・小池太郎左衛門・陶半大夫

また、この時の留守居役は、

・依田長左衛門　　・岩手伝右衛門

　　　　　　　　　・金子金蔵

〈注解〉

ア　『芦田系譜』では、**大坂冬の陣**へ向かおうとした加藤宗月の視点からの見解が述べられている。

前半部分では、藩主**松平忠直**の命令で、**加藤宗月を**説得させようとしたものである。「今に伝来しているその時の奉書」が示されてもいる。その奉書が書かれた「十月廿五日」よりも早く、二十三日には家康は京都二条城に到着し、まさに二十五日には大坂城包囲の先鋒を藤堂高虎と片桐且元に命じている。開戦前の緊迫した状況の中で、早く大坂へとはやる気持ちの宗月と、それはならぬと説得させようとする**松平忠直の重臣**の息遣いが聞こえてきそうである。この奉書で判を押している三名は、加藤宗月

588

と同じく越前松平氏の高知格の大身で、当時は家老職を務めていたと思われる。小栗備後守は高四二五〇石、本多伊豆守富正は家臣筆頭格で高四二〇五〇石、本多丹下（飛騨守）は高二八〇〇石、山本対馬は高三〇〇〇石である。このころ加藤宗月は高五〇〇〇石であった。ここで名前が上がっている全員が高知格十七家の格である。

加藤宗月に出陣をあきらめさせるために、藩主松平忠直は重臣を説得役として遣わしたのである。宗月はすでに木ノ本を出発して、琵琶湖の西岸である西近江の朽木谷の小原まで来ていた。そこは飛地にはなっているが、越前松平氏の領地になっていたところである。――大坂冬の陣の時、宗月は木ノ本にいて陣触れには接しなかった。

しかし自ら等閑視すべきでないとして、にわかに兵を率いて木ノ本より直ちに篠俣越えを過ぎて、美濃路に出た。主君忠直は行軍途中であったが、それを知り、宗月に使いを遣わして、「そなたは、尤ある身であるので出陣は無用である、という内容であった。

イ　右の『芦田系譜』の後半部分は、幕府官僚の筆頭である本多正信からの、**出陣取り止めの命令**である。**本多正信**は家康の文官派家臣であり、武官派家臣であった**大久保忠隣**とは政敵であった人物である。正信との権謀術数の

権力闘争の結果、正信は忠隣を「豊臣秀頼に内通している」という嫌疑をかけ、忠隣を失脚させたのは、同じ慶長十九年（一六一四）でついに数カ月前のことである。

――近江国朽木通り小原へ出て、水口まで来た時、**本多佐渡守正信**より飛脚をもって「丹下（**本多飛騨守**）と伊豆（本多伊豆守）の指図に背き、大坂へ参陣するというようなことは不審である。相模守（**大久保忠隣**）とは親子の間柄であるので、その遠慮もないのであるか」と使いを通して申し来させた。宗月は坂下（坂本）に一日とどまり、次のように主張した。「拙者は大久保相模守忠隣とは智舅之関係であり、実子の大久保相模守忠隣とは智舅之関係であり、実子ではない。石川主殿頭源中総（石川家成の養子、実は大久保忠隣の次男）は大久保忠隣の実子であるけれども、実はこの度出陣している。宗月に引き返せとは、あるけれども、この度出陣している。宗月に引き返せとは、いわれざる指図である」と返事すると、**本多正信**が再び「将軍からの参陣はまかりならぬ指示があるのは格別である。越前大野は一揆が起きやすいところである。大野へ残り、一揆が起こらないように備えよ」と命令が伝えられた。

ウ　是が非でも大坂へと、はやる宗月の気持ちを説得しようとして、**越前松平藩**と幕閣の**本多正信**がそれぞれに伝えた内容は次の二点である。

589

① 婿舅の関係である大久保忠隣が罪を蒙ったばかりであ
る。縁者である宗月は出陣をすべきではない。

② 大坂の陣へ出陣するよりも、一揆に備えて越前大野城
を守るべきである。

エ 「木ノ本の鎮加藤康眞大坂出陣を望んで止まざりしが、
舅大久保相模守忠隣咎を被むれるの故を以て従ふを許さ
ず」（『福井藩史話・巻一』森恒救著）というのが、松平
忠直と本多正信による**途中撤退命令**の趣旨であろう。

オ 「十月二十五日、小栗備後守、本多伊豆守、本多丹下等、
書を贈って、御陣中は大野城に移り、祢々諸事念に入れ
られ仰付けらるべき御意に候て、**大野城御番の儀**は備後
守留守居蜂屋宗玄、中島忠右衛門に御尋候て指引仰付け
らるべく候事等を伝え、康眞止むを得ずして藩に帰った」。
（『福井藩史話・巻一』）

カ 余談ではあるが、宗月の家来で関三郎兵衛という者が
あったが、「何ぞ主命だからといって、ここまで出陣して
おきながら帰ることがあろうか。これでは出かけてきた
甲斐がない」と言って、暇を乞い大坂の陣へ加わった。

……宗月は是非もなく、坂下（坂本か？）から**大野城**へ帰っ
た。

《大久保忠隣の失脚〜讒言による改易の顛末》

慶長八年（一六〇三）に**徳川家康**は将軍となった。孫の千
姫が豊臣秀頼に輿入れするが、伏見から船で千姫を送り届け
たのは**大久保忠隣**である。慶長十年（一六〇五）、家康は将
軍職を**秀忠に譲り**、**大御所**となり**駿府**へ移った。**江戸**と**駿府**
の二元政治が始まった。**忠隣**は本多正信・土井利勝・酒井忠
世らと江戸年寄として合議制による幕政の中枢にいた。駿府
では本多正純・大久保長安・僧天海らの多彩な顔ぶれが、家
康の大御所政治を支えていた。しかし、江戸と駿府の官僚
同士の微妙な対立のほかに、**武官派**と**文官派**との権力闘争が
起こっていった。**忠隣**は生粋の三河譜代で武官派の代表格で
あった。一方、本多正信・正純親子は文官派であった。慶長
十八年（一六一三）にはキリシタン問題、越後少将松平忠輝
のクーデター計画事件・大久保長安事件が起きた。そして、「大
久保忠隣が大坂の豊臣秀頼に内通している」という言われの
ない**讒訴**があった。**慶長十九年**（一六一四）、**忠隣はキリシ
タン禁圧**のための総奉行として京都へ出張した。――いきな
り、京都所司代板倉勝重から「**改易**」の上意が申し渡され、
小田原藩六万五千石は没収された。これが、**大久保忠隣失脚
事件**である。本多正信・正純父子による**陰謀**であった。忠
隣は天海を通して駿府へ弁明書を送ったが、家康は取り上げ

なかった。配所で生涯を閉じたのは寛永五年（一六二八）、享年七十六歳であった。けだし、「大坂の豊臣秀頼に内通」するなどとは、三河以来の忠勇の一族で武官派の巨頭である大久保氏にとっては、もっとも縁遠いことであり、ありえない濡れ衣であった。

『寛政重修諸家譜』の大久保忠隣の条にある、忠隣失脚の前後の状況を現代文にしてみる。

――（慶長）十八年十二月二十六日（一説に十九日）、将軍秀忠は忠隣を召して、近年京都耶蘇宗門の徒、邪法をすゝめ、年を追って群れを成し、人を惑わすのは害が多い。汝はかの地に赴き糾問し、もしその事がはっきりしない場合は、また、長崎へ行って、西国を糾すべきである旨の仰せがあった。十九年正月十七日、京都に至り、藤堂高虎の屋敷に宿した。時に耶蘇宗門の師（神父）が四条の二寺にいた。忠隣は急にその二寺を焼き討ちし、その徒を捕えた。その師二人は西国に逃れ去った。

正月二十日、忠隣に「職を罷免し、所領を没収する」の旨の上意を、京都において板倉伊賀守勝重が伝えた。忠隣は謹んでその命令を受けた。これにより、巷説を伝えて静かでは

なかった。それを聞いて忠隣は兵器をことごとく勝重のもとに送った。そこで巷説は止んだ。忠隣は二月一日に家臣等を関東へ帰し、のち従者わずかに四人を具して京都を発し、近江国栗太郡中村郷に蟄居した。この時、この地において五千石を賜る。三月、忠隣は南光坊に、かつて不忠の志を抱いたことはないことを訴えた。天海は憐れんで、その訴状を駿府の家康公に奉った。忠隣は中村郷に居ること三年ばかり、請うて近江国佐和山の城下石崎に移り住んだ。両御所（家康・秀忠）が京都へ入る時にはいつも、忠隣は書を老中に寄せて、両所の起居を問い奉った。元和二年四月、家康没すの報を聞いて、剃髪し道白と号した。忠隣は寛永五年（一六二八）六月二十七日死す。享年七十六歳。

以上、『寛政重修諸家譜』は、幕府編纂の書物であるので、差し障りのないことしか記述されていない。大久保忠隣失脚は、幕閣の権力闘争の結果であることは、明白であるといわれている。

大久保氏と芦田氏は、「忠世～忠隣」と「信蕃～康國・康眞」の時代を通して、常に親近感を保った関係であった。大久保忠世は芦田信蕃との遠州二俣城・駿州田中城の攻防戦と城の明け渡しを通して、互いにその器量に感じ入り、肝胆相照ら

す間柄となっていた。本能寺の変後の天正壬午の乱の際には、徳川家康の甲斐・信濃制覇のために奮闘する信蕃と家康から総督的な立場を任された忠世は、互いに相補的な関係であった。また、**証人**としての**信蕃の二子**（竹福丸・福千代丸）を二俣城で養育し、後見的立場になっていた。弟の彦左衛門忠教や子の忠隣も芦田氏と近い関係になっていた。信蕃の没後は、家康から信蕃の二子の**後見を任され**、信州佐久の平定に際しては特に力添えしている。

芦田氏が家康から「松平」を名乗ることを許されてからも、「忠世～忠隣～忠常」は世代を越えて芦田氏とは近かった。忠隣の娘（於房姫）は、**康國・康眞に嫁**いでいる。ところで、竹福丸の康國も福千代丸の康眞もともに、大久保忠世の二俣城に証人として起居していた頃、幼い於房姫と面識があった可能性がある。その娘と康眞との間に生まれた女子を、忠隣は康眞改易後に引き取り、養女とした。その女子は**家康**の媒によって尾張徳川義直の筆頭家老**竹腰正信**に嫁している。（この女性の法名「日春」）。しかるに、まさに大坂冬の陣の直前に忠隣が幕閣の権力闘争で失脚させられ、「将軍家に対して罪ある者」としての烙印を押された。**大坂冬の陣**へ出陣した**康眞**（加藤宗月）は、福井城主**松平忠直**に合流しようとして、今回幕府から出陣を思い止

まるように命令されたのである。幕府公儀の立場からすれば「大阪の豊臣秀頼に通じている疑いで失脚させられた謀反人大久保忠隣の娘婿」である康眞が、大坂へ出陣するということは到底許されざることであったのである。

《芦田氏と大久保氏の深い縁～幾重にも》

後も続いていくことになるが、芦田氏と大久保氏との関係は、この後年のことになるが、芦田氏と大久保氏との関係は、この

① 福井芦田氏二代目の**吉賢**には継嗣がいなかったが、忠隣の次男忠總が石川家成の養子となり、その孫が芦田氏の養子となって福井芦田氏三代目**賢詮**となっている。つまり、**芦田賢詮**は**大久保忠隣**の**曽孫**である。芦田氏には大久保氏の血筋が入っていることになるのである。

② **石川家成**は、石川数正の叔父で、家康から西三河の旗頭として信頼されていた。家康の母は水野忠政の娘であるから、家成は家康にとっては**母方の従兄**にあたる。その**家成**の養子となったのが大久保忠隣の次男**忠總**で、忠總の孫が福井芦田氏三代目**賢詮**である。時代は遡るが、**芦田信蕃**が遠州二俣城主として守っていた時、石川家成が攻城勢の将であったが、その陣の中に内藤家長という弓の名手がいて、その見事な弓の戦いぶりを賞して、守将の信蕃

592

が賞賛して、その矢を寄せ手の将である石川家成に送ったという逸話がある。二俣城攻防戦で信蕃と戦った家成の曽孫が芦田賢詮となったのである。しかも、賢詮は**大久保忠隣**の子孫でもあったわけである。

③大久保忠隣の娘（**於房姫**）と**康眞**の間の娘（法名「**日春**」）が、尾張徳川義直の筆頭家老である**竹腰正信**に嫁いだが。竹腰正信は**徳川義直**の異父兄にあたる。竹腰正信の母は寡婦となっていたが、二十二歳の時、家康に見初められ家康の側室「お亀の方」となった。関ヶ原の戦いのあった慶長五年に家康の九男**義直**を生んだ。尾張徳川義直は竹腰正信の異父弟ということになる。（つまり、**日春**は家康の子である徳川義直の**異父兄の内室**となったのである）。

以上から、血脈・人脈に言及するならば、芦田氏は大久保氏との精神的なつながりのみならず、血縁関係が幾重にもあるということになる。また、大久保氏・石川氏・竹腰氏と

図：**芦田氏**は大久保氏・石川氏・竹腰氏・さらに将軍家とも関わりがあった。

の繋がりをたどれば、徳川将軍家とも少なからぬ因縁があったことがうかがえる。

《大坂へ出征しようとした宗月の軍勢について》

大坂冬の陣へ向けて、近江国西岸の**朽木谷小原まで加藤宗月**にしたがって行ったのは**一一騎の武者**（前述済）であった。

騎馬武者が一一人ということから、加藤宗月がこの時率いていた軍勢の総数を算出してみよう。戦国時代の通例では、騎馬武者一人につき五人の従者が付くので、（一＋五）×一一＝六六人である。最少でも四人の従者がつく。したがってこの場合、（一＋四）×一一＝五五人である。正式に従者五人とすると六六人となる。宗月は六六人（五五人）ほどの兵を従えて、大坂へ向かおうとしていたのである。この辺にも、宗月の勇躍する心意気が伝わってくる。時に、宗月は数え年四十一歳で分別盛りの年齢にあった。すでに兄康國の逝去した年齢はもちろん父信蕃の歳をとうに越えていた。

この出征の時に騎馬でお供した十一騎の中に、加藤宗月（芦田康眞）が抜刀斬殺事件のあと、**高野山蓮華定院**で謹慎蟄居したときに、小姓六人だけを仕えさせたが、そのうちに何かが木ノ本からのこの出陣に際して、名前が判明する。琵琶湖西岸まで出陣した宗月勢の中に、井上彦平・安部作大夫（五

写真：大坂冬の陣を断念し、宗月が守備した越前大野城

郎助であろう）の名がある。また、この時の留守居役に金子金襴・依田長左衛門の名がある。高野山の頃は小姓であったが、この時点では三十歳前後の働き盛りの武将に成長しており、加藤宗月家臣として、いずれも重きをなしていたことが分かる。

⑥⑤仇討ち〜宗月と小栗三助の子

『芦田系譜』には、**小栗三助**の子から**加藤宗月**（**芦田康眞**）が**親の仇討ち**として、命を狙われる一件が記されている。藤岡三万石改易の原因となった囲碁の席での相手の子が、江戸から越前福井まで出かけてきていたのである。その概要を現代文にまとめてみる。

《小栗三助の子、仇を討とうと宗月を狙う》

── 小栗三助の男（子）に小栗伝九郎という者があった。父親の仇、宗月を討とうと図り、福井城主**松平忠直**の家臣である波々伯部靱負に縁があったので、書を波々伯部に投じ、共に助け合って**仇を報いる**ことを約束させようとした。**波々伯部**は、かねてからこれに承知しなかった。そして「拙者はもとより、そなたとは縁がある。しかし、拙者はまた宗月とも親しい。ことに宗月は藩の重臣である。それなのに拙者がそなたに与して**仇を果たそう**ということは藩の恥である。拙者には両方とも逃れることの出来ないことである。もし、そなたが仇討ちに来たらば、拙者はまずそなたを討たねばならぬ。たが仇討ちに来たらば、拙者はまずそなたを討たねばならぬ。必ず後悔するようなことはするな」と言った。小栗はあえて、

図：加藤宗月（康眞）が定期的に参詣した浄光院

その忠告に従わなかった。小栗は福井へ来て、魚屋甚左衛門という商家に宿をとり、密かに宗月の様子を窺っていた。そこで魚屋はそのことを宗月に伝えた。よって家来達が常にそれに備えて防禦していた。

ある日、**宗月**は先代藩主**松平秀康**公を祀る浄光院（後の運正寺）に参詣した。小栗は予めそれをうかがい、ひそかに忍んで寺中に隠れていた。いよいよ宗月が拝礼する時となった。その瞬間、小栗は客殿の戸を開き忽然として、外に飛び出した。

宗月は、もとよりそれが**小栗三助の子**であることを知るよしもなく、ただその無礼を叱りつけて毅然として立っていた。よって小栗三助の子は、宗月の威儀に恐れをなし、たちまち走り去った。その容貌はよく三助に似ていた。そこで宗月は思った。「かねて自分がここ（浄光院）へ来るのを波々伯部の子と約束して、ここに自分を待っていたのであろう」と。それで、波々伯部は様子が穏やかではなかった。波々伯部が穏やかではなかった。気を察し、いずまいを正して宗月に一礼した。宗月は全てを悟って帰路についた。宗月は屋敷に帰ってからこのことを語らなかった。

また、ある日、本多元覚斎（伊豆守入道・富正）が宗月を誘って府中の屋敷に饗した。その後、宗月の帰路に至って、道端

に乞食がいた。不自然にお籠に近い所にいた。そこで鈴木磯右衛門（徒士）が彼を捕えて倒した。乞食は憮然として去った。これはすなわち**小栗何某**であった。

この時から小栗は江戸へ帰り、傍らにいた人にこのことを語って言った。――自分は、先日、越前へ行き、所々で康眞（加藤宗月）に会したが、防禦が厳しくて仇を討つことができなかった。その時、依田五兵衛尉がこれを伝え聞いた。そして書を依田勘助に送り、**宗月**の護衛を怠らないように伝えた。

ここに至って、貞綱公（宗月の嫡男）は初めて浄光院でのことを知る。よって、浄光院の住職がかねてから小栗に与していたのかと疑い、住職をたちまち浄光院から追放した。かつ、宗月が諸寺に詣でる時は必ず足軽に辻々に警護させ、なかんずく他国の旅人が福井に旅する時は、すみやかに訟えるべき旨、厳しく命令なさった。

仇討ちで狙われた一件について、『国事叢記（上）』にも、言及がある。少しニュアンスが異なるので、その概要を現代文にして紹介する。

――秀康公逝去の後、**浄光院**で法事があった際のことである。**宗月**は参詣して御魂屋へ上り、石段の下に刀を置き拝礼して

いる時である。後ろの山から何者かが下りてきて、宗月へ近づいてきて斬りつけようとするのに気づき、「推参成わつハめ」（無礼な、こやつ！）と睨み付けると、その迫力に気圧されて、すごすごと山へ登って逃げて行った。これは**小栗三助の子**であったと早速聞き及んだ。家人数人が仰せつけられ、愛宕山中残らず山狩りしたけれども、行方が分からなかった。その節、住僧が手引きしたことが知れることとなり、寺から追放された。それ以後、**宗月**が**浄光院**へ参詣の時は、固く警護の者が仰せつけられたとのことである。

《初代松平秀康から護身用の鉄砲を賜る》

『芦田系譜』に初代福井藩主松平秀康の頃、宗月の警護に関わることが記されている。

「秀康君　公兼テ讎（アダ・仇）アルヲシロシメサレ、福井往返ノ寸、若氏怪シキ者アラハ、憚カラス是ヲ打拂フヘキ旨、命令アリテ、鉄炮二挺ヲ賜ル、故ニ公常ニ是ヲ持タシメ玉フ」

〈現代語訳〉

「秀康公は、康眞（加藤四郎兵衛康寛）が、かねてから讎（仇）討ちで狙われる立場であることを知り、木ノ本と福井を往復する時に、もし怪しい者があったら、はばからずその者を打ち払う拂うべき旨の命令があって、鉄砲二挺を下さった。そこで加藤四郎兵衛康寛は、常にその鉄砲を家来に持たせていた。」（p.572 参照）。

小栗三助の子、小栗伝九郎が仇として康眞の命を狙ったのは、二代藩主松平忠直の治世であるが、それに先立つ何年か前に、護身用の鉄砲二挺が秀康によって康眞に与えられ

写真：加藤宗月（康眞）が松平秀康から賜った鉄砲か？
平成23年度長野県立歴史館春季展『武士の家宝〜かたりつがれた御家の由緒〜』p.21 より

ていたのである。

《名刀「土喰之刀」》

現代文にして、概略を紹介してみる。

『芦田系譜』に名刀「土喰之刀」のことが記述されている。

——御家に土喰と名前のついた刀があった。これはいずれの時から伝来するかは不明である。はなはだ鋭いということで家宝としている。常に刃を試すに幾重にも硬骨も皆切れて、その刃は必ず土壇まで至った。故にこれを名付けて「土喰い」といった。

ある時、福井藩主**松平忠直**は領国中に命令して数百の利刀を集め、それを試して品定めした時に、宗月はこの「土喰之刀」を提出した。よってこれを新保ノ浜で試したが、はなはだ鈍くてほとんど言も絶するほどであった。数回試したが何度試しても同じであった。故に忠直公はこれを再び試した。宗月は、それを訝り、すぐに試し切りしてみたが、やはりよく切れて土壇まで至った。この刀が鋭いことは、前々と同じであった。故にこれを家宝とした。

右、今これを伝来している。長さは二尺三寸三分。以上

写真：松平忠直（二代目）
写真：結城（松平）秀康（初代）

写真：天守台の横にある「福の井」
福井の名の由来となった。

福井藩士のうちでも、おそらく剣に覚えのある者が試し切りの役を担ったと思われるが、「土喰」を数回試したが、切れ味が悪かったが、宗月が試し切りすると、よく切れて土壇まで至った。「この刀は、その主を選ぶかのようであった」ということは、宗月が、それほど腕の達つ武人であったということを物語る逸話である。

⑥戦国の生き証人〜福井城代加藤宗月（康眞）

《松平忠直の豊後配流と宗月》

慶長十二年（一六〇七）四月八日、初代福井藩主**松平秀康**は没した。かつて謹慎中の自分を召し抱えてくれた秀康の死去を悼み、**加藤四郎兵衛康寛（康眞）**は自らの生き方をもう一度正す意味で、剃髪して**加藤宗月**と号し、引き続き世継ぎである二代目**忠直**に仕えた。忠直が越前一国六十八万石の大藩を継承したのは十二歳の時であった。

とに夏の陣では福井藩が**大坂城一番乗り**を果たした。忠直は祖父家康より最大限の誉め言葉をかけられた。この時忠直は数え年二十歳の青年大名であった。しかし、恩賞としては官職が参議に昇進するにとどまった。このことに対して、忠直は露骨な不満を表わしたといわれている。家康の没後の元和九年（一六二三）三月、忠直は、「近年強暴の挙動のみ長じ、酒と色とにふけり、参観朝□の礼をも努めず」（『徳川実紀』）として**領国を奪われ、豊後に配流**となる。

けだし、これは将軍家の地位をおびやかす存在である近親者を徐々に排除する、権力者のよくある所業の結果であろう。先年は秀忠の弟の**松平忠輝**が排され、今回は家康の次男でも

元和九年（一六二三）
福井第二代松平忠直、
豊後に配流

高田より50万石で
松平忠昌が転封

24万石で、高田へ
忠直の嫡男光長が入る

高田

越前

豊後

図：松平忠直の豊後配流に際して宗月は……

あり、年長者の秀康が藩祖である越前松平家の後継の忠直である。

松平忠直の豊後への配流に際しての宗月について、『芦田系譜』を現代語訳にしてみる。

元和九辛癸亥年（一六二三）、福井藩主**松平忠直**公が豊後国へ移った。忠直公は謫居の命が至れば必ずこれを憤り、その害深く**簾中（奥方、将軍秀忠の姫君）**に及ぶかもしれない、ということもあり将軍は予め憂慮していた。またこれに害なくとも、あるいは謫所**（豊後国）**へ人質として伴って行く可能性があった。よって、密かに越前国の諸士に命令して言うには、「忠直に謫居の命令が至ったとすると、汝らは謀って簾中（奥方）を護り、忠直からは引き離して江戸へ送り、敢えて必ず忠直の命令にしたがってはならない。将軍の言う通りにすれば加禄一倍を与えようというものであった。よって越前の諸臣は悉く将軍家の命令に応じ、かつ約束するに連署の誓いを以ってした。

その時、**加藤宗月**だけはそれに従わなかった。なおかつ、宗月は次のように言った。

「将軍家の命令が至って、それに従わなければならない。

しかし、主君**忠直**公の命令にはどうすべきか。かつ不義の禄を求めてどうして君臣の義を害することができようか。しかし、拙者はその昔、将軍家の恩に浴していた。それに反するべきではない。しかし、この期に及ばば、妻子を引き連れて福井城の城門に至って、共に自殺して（将軍家と忠直公への）寸忠を顕そう」。

と、あえて**連署の誓いに応じなかった。**

やがて、将軍家から謫居の命令が福井へ至った。しかし、予て議していたこととは違って、藩主の松平忠直公は事なく謫所**（豊後国）**へ移りなさって、あえて簾中（奥方）をどうしようかということはなかった。故に、たやすく簾中を江戸へ送り申し上げる時に、諸士は宗月を諫して次のように言った。――「今、事なくして簾中を江戸へ送ることになった。したがって、あなたも連署に誓ってもよいのではないか。もし、そうでない場合は大いに罪を得ることになるだろう。今になって誓わないのは自ら罪を求めることになる」。――よって、加藤宗月は連署に名前を加えた。しかし、その名は、巻頭（筆頭）に載る時は、始めより命令に応じたようになるので、宗月は（あえて）末筆に名前を記した。この連署を将軍**秀忠**は御覧になって、その時、宗月の名が末筆にあるのを

いぶかり、「この者（宗月）の徒いまだに止まらないな」
と言って笑ったという。――

忠直は、豊後大分に追放された元和九年三月の時点では、三十歳であった。そして、歴史の表へ出ることもなく五十六歳で没している。『越前人物誌（上）』（福田源三郎）によると、誓書に賛成ではなかった宗月は「印を横に押捺した」とも伝わっているようである。

《加藤宗月、福井城代となる》

さらに、『芦田系譜』は述べている。現代語訳にしてみる。

寛永三年（一六二四）、将軍家は忠昌公をして、越後高田城二十四万石を転じて、福井城五十万石を封した。この時、敦賀郡そのほか近江の領地をも含めて、ことごとく減らされた。また、忠直公の嫡男光長公に高田城二十四万石を封した。高田君（奥方）とともに移った。それまでの福井藩領から直政公に大野城五万石、直基公に勝山村三万五千石、直富公に木ノ本村二万五千石を分かち封した。ゆえに、加藤宗月は木ノ本から福井の屋敷へ移った。はじめ、秀康公から忠直公まで、加藤宗月を

家臣とはせずに、侍するに常に賓の礼を以ってした。（つまり、加藤宗月を家臣ではなく賓客として待遇した）。しかし、今年忠昌公は入国以来、越前旧好の諸士の位階を下げ、高知格を呼んで先鋒衆とした。よって、加藤宗月と太田兵庫、笹治刑円は老を以って席を順序すべき旨を命じた。

寛永七年庚午（一六三〇）、忠昌公は、宗月に与力の秩禄千五十石を加賜なさった。これは日頃、将軍秀忠が忠昌公に命じて「かねて、芦田は将軍家お見捨て成され難き者である。よろしく彼に懇ろな配慮を加えるべきである」という旨であった。これによって、このような恩賜ある旨を宗月にお命じになった。これより宗月は六千五十石を知行することとなった。

三代藩主忠昌は寛永元年（一六二四）に越前国主となるといままでの「北ノ庄」を「福居」と改めた。（のち元禄頃より「福井」となった）。二代忠直が配流された後入国した三代忠昌時代は、福井藩は六十八万石から五十万石に減封となっていたが、忠昌は寛永七年（一六三〇）に加藤宗月に加増した。

六〇五〇石、（内、与力七騎・鉄砲三十人分として一五〇〇石）となった。「かねて、芦田は将軍家お見捨て成され難き

601

者である。よろしく彼に懇ろな配慮を加えるべきである」と
いう旨の将軍秀忠の言葉が忠昌にあったゆえであろうか。当
時五十七歳となっていた、加藤宗月の義・理・情を大事にす
る生き方と、忠勇の行動と識見を重んじた結果であろう。

そして、翌寛永八年（一六三一）、忠昌は、絶大な信頼を
置いていた宗月を福井城代とした。正保二乙酉年（一六四五）、
忠昌は卒去した。嫡男光通（九歳）が遺領を継いだ。宗月は
城代の役をすることは今までと同様であった。宗月は城代の
役を承応二年（〜一六五三）まで、約二十三年間務めた。

《戦国の生き証人、加藤宗月（康眞）卒す、八十歳》

『芦田系譜』の正應（承応）二年の宗月の項を現代文にし
て左記に紹介したい。

承応二癸巳年（一六五三）、宗月は今春より中風の病
を憂える。そこで光通公（九歳）は、江戸から使節を遣
わして宗月の病状を問い、かつ神妙丹（薬）を拝受させた。

承応二年閏六月、光通公は初めて（江戸屋敷より）越
前に御入国した。宗月は病であるということで、登城し
なかった。時に、光通公は酒井十之亟を使節として重ね
重ね懇命があった。さらに病が少しよくなったら会いた

いとの旨を伝えさせた。よって宗月は登城しようとした。
時にまた、光通公は大宮彦右衛門、本多五郎右衛門を迎
えとして宗月の屋敷に来させて、共に助けて登城するよ
うにということであった。よって二人は宗月を助けて登
城した。また、鈴木礒右衛門は宗月を背に負って玄関に
至った。また、大宮と本多は宗月を介助して、拝謁を遂
げた。その時、光通公が懇情を尽くしたことは挙げて言
うまでもない。

承応二年（一六五三）八月十八日、宗月は卒した。行
年八十歳。光通公はその時、領国を順見中であった。宗
月のことを聞いて、直ちに御帰城して、宗月を弔問した。
また。尾張德川義直公も宗月に対して弔意を吉賢公（宗
月の後継者）に書を送った。その時、脚力をもって送っ
たのであった。それは、宗月が日頃脚力をして義直公の
起居を尋ねていたからである。毎年三度ほどであった。
毎便、義直は書を以ってそれに感謝していた。（右義直
の御書は今に伝来している）。

同月（八月）、宗月を小松總光寺に葬った。諡は「總
光寺殿孤岸良月大居士」である。

加藤宗月こと芦田康眞は、越前福井藩主であった松平秀康・

忠直・忠昌・光通の四代に仕えた高知席の重臣であった。藩主**松平光通**にとっては、家臣の中でもっとも信頼でき、重きをおく**城代家老**であった。また、尾張**徳川義直**が越前福井藩の一家老に対して篤い弔慰を示した。それは、義直の異父兄にあたる**竹腰正信**（尾張藩筆頭家老）の**内室**（日春）の実父であった加藤宗月（康眞）を特別の存在として認めていたからであろう。（ちなみに、二十一世紀の今日、我々が芦田依田氏の歴史を知ることができるのは、義直の求めに応じて複数回にわたって宗月（康眞）が提出した芦田氏の「お家の由緒書」が、のちにまとめられて『芦田記』（依田記）となって、後世に伝わったことによる）。

『福井藩史話（下）』には、次のような記述がある。――「康寛（康眞）太閤より感状を賜ふこと二回、戦場の場数の功者として、且つ武勇の士として**太閤**にも**家康**にも重んぜられし者なり」。

写真：總光寺にある康眞の位牌

――加藤宗月こと**芦田康眞**の誕生は、天正二年（一五七四）、卒したのは承応二年（一六五三）である。その八十年の人生は、まさに波乱万丈であった。

康眞の誕生した時は、祖父信守・父信蕃は遠州二俣城主として籠城戦の最中であった。～翌年天正三年（一五七五）には長篠の戦いで武田氏が織田・徳川軍に大敗し時代が大きく動いた　～父信蕃は高天神城、越後御館の乱へと転戦　～田中城の籠城戦　～武田氏の滅亡　～本拠佐久郡春日郷への織

図：加藤宗月（康眞）と関わった人々

秀次／豊臣秀吉／徳川家康／秀忠　→　加藤宗月（康眞）
大久保氏（忠世・忠隣）　→
（越前藩主）松平秀康・忠直・忠昌・光通
（尾張徳川家）徳川義直
尾張藩筆頭家老　竹腰正信　娘「春」の女婿
有能で忠誠心の強い家来達

加藤宗月（芦田康眞）は、当時の一人傑であった。「戦国の生き証人」であり、まさに、本書の表題「戦国三代と天下人」の最後を飾るに相応しい生涯であったといえよう。

重鎮として生涯を閉じる。

田軍の侵入　〜兄とともに**人質生活**が始まる〜父信蕃が織田の追及から逃れ、徳川に臣従　〜本能寺の変の直後に父信蕃の佐久帰還　〜北条氏の佐久侵入　〜三澤小屋での父信蕃の籠城とゲリラ戦　〜甲州若神子の対陣に大貢献する父信蕃〜その間も転々と人質生活が続く康國と康眞　〜父信蕃の佐久平定の戦い　〜父信蕃の突然の死　〜大久保忠世の後見を得て兄康國が佐久小諸へ戻り、佐久平定完了　〜徳川家康の元で**証人（人質）**生活を送る福千代（康眞）　〜**家康から薫**

陶を受ける康眞　〜兄康國は第一次上田合戦　〜小田原合戦直前に「証人」を解かれ、兄に協力して戦う　〜相木白岩合戦〜松井田城攻め　〜西牧城攻め　〜石倉城攻めでの兄康國の横死　〜芦田氏（松平）の家督を継ぐ　〜小田原合戦の関東戦線への転戦　〜家康の関東移封に伴って上州藤岡を本拠に　〜家康にしたがって奥州仕置に転戦　〜秀吉・家康の天下普請を請け負う　〜秀吉・家康に認められた大名となる　〜急転直下「抜刀斬殺事件」　〜高野山で謹慎蟄居　〜関ヶ原の戦いの会津戦線で結城秀康預けとなる　〜秀康にしたがって越前へ　〜木ノ本に陣屋を構える　〜大坂の陣への気概　〜福井城下へ本拠を移す　〜小栗三助の子から仇討ちとして狙われる　〜豪気忠勇で律儀誠実な人柄により歴代藩主の絶大な信頼を得る　〜越前福井城代家老となる　〜福井藩の

2009.08.26

写真：總光寺
加藤宗月こと康眞が中興開基

図：康眞の足跡

康眞（加藤宗月）は、天正二年（一五七四）に誕生した。武田勝頼の滅亡直前に、武田氏への人質（証人）として小諸城にいたが、そのまま織田（森長可、滝川一益）の人質となった。本能寺の変後、木曽義昌の人質を経て、徳川家康（大久保忠世）のもとで証人生活を送った。計八年間の人質時代を経て、この間に武将としての薫陶を家康から受けた。

小田原合戦に際して佐久へ帰還できた。小諸城主となっていた兄松平康國の関東への参戦で行動を共にし、秀でた器量を発揮し、康國を支えて功あり。康國横死後、後継を家康から許され、さらに関東を転戦する。家康の関東移封にともない上州藤岡城主となる。秀吉の奥羽仕置の際には家康の関東をにした。その後、徳川の譜代大名として活躍の場を得、天下普請などで功績を上げるとともに、豊臣秀吉からもその力量を認められ、前途洋々たる青年大名であった。

関ヶ原の合戦の起こる年の正月、旗本小栗三助を碁の勝負の席でのいさかいから、斬殺し藤岡藩は改易となる。高野山での謹慎蟄居の後、関ヶ原の合戦を機会に家康の次男松平秀康預けとなった。秀康に従い越前木ノ本に采地を与えられ、忠勤を尽くす。その並々ならぬ器量を認められ、後に福井藩城代家老となる。戦国の生き証人としての彼のエピソードは福井藩史に多数残っている。

図：戦国の生き証人　加藤宗月（康眞）

寛永20年（1643）
堀外記と竹腰山城守正信を仲介とした徳川義直と康眞（加藤宗月）のやりとりから

竹腰山城守正信 ── **堀外記**

康眞（加藤宗月）

尾張徳川義直

・芦田依田氏の由来を示す書き付けの提出を求める

・5/3 書き付けを送る（前半**前**段部）

・5/26「信蕃討死の年月日を知りたい」

・7/□信蕃討死の詳細を加えて再提出（前半**後**段部）

・8/1「不審に思っていたことが晴れた。満足である。」

・8/6　納得し、改めて謝礼意を伝える。

・9/3　勝頼の書状と家康、信玄から拝領した古い書物の写しの提出を求める。

・9/20　後半部を加筆提出（所持している書状について書き上げ、その写しを送る

・10/3　徳川義直書状（詳細な書き付けと書状の写しが提出されて満足している旨）

　上記から分かるように、「義直→堀外記→竹腰正信→宗月」「宗月→竹腰正信→堀外記→義直」の経路をたどって、注文が出されたり、書状が提出されたりしている。文書は「書き付け」と「御書之写」の２種類である。『芦田記』（依田記）は尾張徳川家初代の義直の求めに応じて、康眞（加藤宗月）が提出した書き上げであり、それをまとめて一つの書物のように作成されたものである。

　また、徳川義直が父家康の一代記を知るための史料を、家康の手強い敵方であった過去があり、後に信頼できる忠義の味方となった芦田依田信蕃の足跡に求めた結果ともいえよう。

　山崎会理氏は「記述は徳川史観の視点になっていると思われるが、実際に信蕃と家康とのつながりは深かったので、記述内容に意図的操作は見られず、史実とも大差ないと思われる」と述べている。

図：戦国芦田（依田）三代のことが語られている「芦田記（依田記）」のできる過程

⑥⑦福井藩での芦田氏

《福井藩の知行と芦田氏》

結城秀康は慶長五年（一六〇〇）十二月、関ヶ原の戦いの際に、会津上杉景勝の押さえとして大役を果たした功績で、越前国主**松平秀康**となった。外様の雄藩加賀前田氏に対する**親藩**としての戦略上の布石でもあった。以降、越前藩主は将軍の名称の下の字をもらい、それを名前の上に付けることを非常の名誉とした。しかし、越前藩は初代秀康が将軍秀忠の兄であったことから、幕府に忌避される傾向があり、代々何かと幕府から圧迫を受けた。

具体的には、知行が何度か減らされ、配流（忠直）、改易（綱昌）、切腹（光通）などの藩主がいる。秀康時代は越前一国六十八万石を領有したが、「六八万石→五〇万石→二五万石→三〇万石→三二万石」と、その知行は変遷した。

①秀康	六八万石		一六〇〇年
②忠直		豊後国へ配流。乱行が理由ともいわれているが……	元和九年、一六二三

福井藩の知行高の変遷（〇内の数字は、代を表わす）

③忠昌	五〇万石		一六二四年
④光通	四五万石、**切腹**、突然の死で後継者問題に紛議を生じる。		
⑤昌親	四七万五〇〇〇石		
⑥綱昌	**改易**。病気を理由に改易、乱行が理由とも、（光通の後継者問題が原因か）		一六八六年
⑦吉品	二五万石。昌親が復帰し「吉品」と改名、新知二五万石拝領、藩士二千人余浪人、残留藩士の給禄は半減となる。		一六八六年
⑨治好	三二万石		一八一八年
⑬宗昌	三〇万石		一七二三年
⑯慶永（春嶽）	三二万石。幕末に幕府政事総裁職（大老職に匹敵）、公武合体運動を推進		

したがって、芦田氏の知行高も変遷している。『続片聾記（へんろうき）』に載っている越前藩代々の『給帳』や『分限帳』を繙くと、芦田氏の知行高が判明する。

①加藤四郎兵衛（康眞）	五〇〇〇石		慶長六年（一六〇一）〜	秀康、忠直、忠昌
①加藤宗月（康眞）	六〇五〇石		寛永七年（一六三〇）	光通

芦田氏の知行高の変遷（〇内の数字は、福井での芦田氏の代を表わす）

代	名	石高	年	主君
②	芦田圖書（吉賢）	七〇五〇石	延宝七年（一六七〇）	綱昌
③	芦田内匠（賢詮）	七五〇〇石	貞享三年（一六八五）	綱昌
③	芦田右衛門（賢詮）	六〇〇〇石	？	綱昌
	←大幅に減じられる。★主君松平綱昌が改易されたことによる。（貞享三年、一六八六）			
③	芦田右衛門（賢詮）	三五〇〇石	享保四年（一七一九）	吉邦
④	芦田圖書（賢納）	三五二五石	寛延年中（一七四八〜五一）	宗矩
⑩	芦田圖書（賢孝）	三五二五石	天保三年（一八三二）頃	斉承
⑫	芦田源十郎（信成）	三五二五石	慶応三年（一八六七）、幕末	茂昭

芦田氏は、江戸時代当初は知行五〇〇〇石を拝領していた。後に七五〇〇石に加増されるが、貞享三年（一六八六）に福井藩の石高が半分に減封されるに伴い、三五〇〇石余りとなった。藩と同様、芦田氏の財政も厳しくなったことは想像できる。

『福井市史』（資料編5、近世三、藩と藩政）には、「藩制役成」として福井藩の高知席（長袴以上）の十七家の最幕末のことが記述されている。芦田氏の家格や知行が分かるので左記に紹介したい。

高三千五百廿五石　芦田源十郎

慶応三卯八月十六日父右衛門思召有之隠居、家督無相違

高知席、

大谷丹下次、御城下火消

これは慶応三年（一八六七）八月十六日に父右衛門（福井藩十一代の信貫）が、隠居を申し出たことに対して、「家督は相違なく高知席」で、高三五二五石であることが認められたと述べられている。また、付け足しのように、「御城下火消し」の月番が大谷丹下の次にやってくることが記されて居る。ここで芦田源十郎とは、福井藩での芦田氏最後の当主となる信成（十二代）のことである。

《越前福井藩での芦田氏の家格と役職》

【家格】…福井藩では、「上士には高知席・高家・寄合席・定座番外席・番士・新番」の家格があった。高知席十七家は家老や城代という重役を出す家格である。江戸時代を通して芦田氏もその高知席であった。幕末の高知席の姓名が石高順に記されている中で、芦田信濃守は三番目で、「高三五二五石、本宅小道具町、下屋敷下地蔵町」とある。

【家老】…高知席から五名が家老となる。家老は月々登城し、

藩政を掌る。五名の内、一名が月番と称し専ら国務に預かり、また、一名が交代で江戸屋敷に詰める。

【城代】…高知席よりその職に就き、城郭一切の事を掌る。

戦時において国許の守備、平時には城郭を管理した。

月番で非役の高知席は「城下火消し」の役を担った。高知席は、屋敷（宅建物）の上に「火の見台」を設け、「城下火消し」の月番の時は、「火の見台」へ火の見の者を常時詰めさせ、失火があった時には警鐘を打って知らせ、消除夫が直々現場に駆けつけるのを待って、消防を指揮した。絵図の「芦田信濃屋敷」の屋根にも「火の見」とおぼしき櫓があるのが確認できる。（p.614参照）

《家老になった芦田氏当主》

［左記の〇内の数字は、福井での芦田氏の代数を表わす］

①加藤四郎兵衛宗月（康眞）……寛永八年〜承応二年（一六三一〜一六五三）

②芦田圖書（吉賢）……承応三年〜天和二年？（一六五四〜八二？）

③芦田下野（賢詮）……享保二年〜享保十七年（一七一六〜三二）

④芦田圖書（賢納）……寛延元年〜宝暦六年（一七四八〜

⑩芦田圖書（賢孝）……文政八年〜文政十一年（一八二五〜二八）

⑪芦田信濃（信貫）……文久元年〜文久二年（一八六一〜六二）

越前福井藩芦田宗家は、初代芦田康眞（加藤宗月）から明治維新直前の信成まで十二代いるが、そのうち六名が家老に就任していることになる。

多くの大名家や名家がそうであるように、芦田氏も江戸時代に康眞直系に継嗣不在の時もあったが、血縁・人脈をたどって、しっかりと芦田三代「信守〜信蕃〜康國・康眞」の心根・精神や生き方を継いでいる。──たとえば、三代目賢詮は、芦田三代と関係が深い大久保忠世の玄孫・忠總（ただふさ）（忠隣の曾孫）である。具体的には、忠隣の次男忠總が、石川家成の養子に入った。ちなみに、石川家成は二俣城の攻防戦で信蕃と武勇を互いに認めていた武将である。石川氏の養子になった忠總の子が石川市正總氏であるが、その三男が芦田氏に養子に入って、三代目芦田賢詮となった。つまり、賢詮は石川氏の系図をたどっても、大久保氏に結びつくのである。芦田氏とは大いに関係のある大久保氏の血縁が深い男子が、養子として芦田氏を継いでいるのである。（ちなみに、芦田康眞の内室は大久

保忠隣の娘「於房姫」であった）。

賢詮は芦田氏の故地信州佐久郡芦田郷を訪れ、先祖の本城であった芦田城の本郭跡に上り、芦田氏の守護神として祀られている木ノ宮社に参詣した。そして、その修築をしている。

賢詮は勤勉な努力家で、大久保氏や芦田信蕃や宗月につながる資質や心情を有する人物であったようである。その蔵書は当代随一といわれるほどであった。彼もまた、芦田氏の当主らしき器量を備えていたのである。賢詮は二代目吉賢の兄で、若くして父宗月に先だって他界したところがあった。『芦田系譜』によると――貞綱は、その生「稟質直和厚」にして、かつ儒家及び兵家の書に精し、また、書をよくし、和歌を巧みにす。（藩主）忠昌公の代に、（父宗月の知行とは別に千石の采地を賜る――と記述されている。惜しくも寛永十四年（一六三七）九月に三十一歳で卒した。葬儀は儒法をもって行なわれ、永平寺を廟所とした。（現在、永平寺寂光宛に立派な墓があり、その遺徳を讃えた石碑が弟吉賢によって建立されている）。三代目賢詮はまさに、その貞綱の再来とされるような人物であったと推定される。

歴代の芦田氏は、忠勇誠実で義を重んじ、文武両道を兼ね備えた当主が続いていたことが、福井藩での歴史関係の文書や『芦田系譜』などからも垣間見ることができる。福井藩で

は、初代加藤宗月（康眞）の逸話や、その存在が相当大きかったとみえて、歴代芦田氏宗家の評価にも、「宗月」が反映されているようである。次に、宗月以降の越前福井での芦田氏の遺蹟についても、若干ふれることにしたい。

《福井城下での芦田氏の屋敷》

福井城は寛永元年（一六二四）までは「北ノ庄城」と呼ばれていた。『福井藩史事典』p.100には「高知席（十七家）のうち、高三千五百二十五石、芦田信濃、本宅小道具町、下屋敷下地蔵町」とある。ここで言う「芦田信濃」とは、幕末の宗家当主の信貫のことであろう。この「芦田信濃屋敷」の絵図が「越葵文庫」（福井県立図書館保管）に載っている。

一方、大野郡木ノ本に本拠の陣屋を構えていた頃の加藤宗月が、福井城へやってきた時に逗留するのに使ったと推定される屋敷が、のちに「芦田下屋敷」と称される芦田屋敷で、それは古い絵図にも載っている。

〈芦田下屋敷〉

芦田下屋敷跡は、下地蔵町にある。本丸の北東で外堀の外にある。『福井城跡Ⅳ～発掘調査報告書』（福井市文化財保護センター）によると、現在JR北陸線の高架とその側道に

写真：芦田下屋敷──地蔵堂（大乗院）
のあたりにあった

なっている。現地調査をしてみると、具体的にはJR北陸本線の高架線（その真下の月極め駐車場）をはさんで、宝永一丁目四番地・六番地、日之出五丁目三番地（京福バス車庫の敷地）の辺りに相当する。宝永一丁目六番地と一番地の間の道路を北上すると松ヶ枝公園に突き当たるが、直前左手に「大乗院」というこじんまりとした寺院がある。見逃しがちな外見ではあるが、これが地元の人々が現在「鼻欠け地蔵」と称している「地蔵堂」である。芦田下屋敷が「下地蔵」にあると歴史書に述べられているので、屋敷跡はまさにその辺りの地籍にあたる。また、福井市文化財保護センターの発掘調査報告書（平成十六年）p.344の写真51の「芦

芦田下屋敷

本丸

足羽川

芦田上屋敷

図：福井城
「福井城下絵図」（福井御城下之図、正徳4年）参考

田下屋敷地全景の写真とも合致する。発掘された所は、現在JR北陸本線の高架線が走っている所であり、その真下にある月極め駐車場のある場所である。（写真に写っている左側の民家、及び右側遠景のマンションとの位置関係からも、そのことは明白である）。宝永一丁目三番地に「外地蔵」駐車場があるが、そこは下屋敷の北東の隅あたりに相当するか、あるいは、屋敷のすぐ外側になる地点であろう。福井市立郷土歴史博物館の資料によると、市道「宝永清川線」で発掘年は一九九六〜九八年のことであるが、武家屋敷の跡が見つかった。中でも重臣**芦田家**の**下屋敷跡**からは、土地改良のための細い溝の跡が多く見つかった。（↑湿地帯であったので、水はけをよくするために溝や水路を造った）。また、『**福井分間之図**』（一八一一）によると、芦田下屋敷の規模は東西四十四間（約八〇m弱）、

北陸本線

図：芦田下屋敷「福井城後Ⅳ──発掘調査報告書」（福井市文化財保護センター）より

南北四十六間（約八四m）にわたり、面積は二〇〇〇坪余りに及ぶ。また、屋敷地の門が記された位置は西側である。幕末まで当地は「芦田下屋敷」として絵図に記載されている。

〈芦田上屋敷〉

上屋敷は福井時代の芦田氏にとっては本宅である。本丸の南南方の**小道具町**で、足羽川の北岸（右岸）にあった。その屋敷跡に一九八〇年代頃までは済生病院が建っていた。現在病院は福井市内の他の場所へ移転している。その跡地は令和元年現在「**佐佳枝ポンプ場**」の敷地となっている。中央二丁目付近である。

『**片聾記**』（へんろうき）によれば、百間堀の水が足羽川に落ち込む付近は「**ふけ（湿地）**」であったが、芦田圖書**吉賢**が藩に願い出て、四方に堤を築いて、流れ込む土砂を盛り上げて屋敷地にしたとある。これは、愛宕山（足羽山）から見下ろすと、城郭のこの方面は東と南に対して防備が手薄なので、福

写真：芦田下屋敷跡

井城の出丸の役目を果たすために屋敷を構築したという。福井城の南方、足羽川に面する。屋敷は洪水に備え一段と高くなっており、また、屋敷には「火の見台」があった。周囲を長屋門が取り巻いていたのが古絵図から分かる。北側には同じく高知席であった酒井下記の屋敷があった。寛文九年の福井大火で芦田屋敷は焼け残り、一時藩主の光通が滞在したこともある。ちなみに、「小道具町」とは身分の低い足軽「小道具の者」に由来し、「小道具」とは槍・長刀のことである。芦田氏が屋敷を構えて以来、小道具町は最高位の家老から足軽まで極めて多様性のある家々が在ったことが想像できる。

《芦田上屋敷築造について》

『片聾記』と『国事叢記（上）』によって、芦田上屋敷の築造の状況を現代文にして整理してみる。

——宗月屋敷は当時「鷹冷場松原」という所であった。芦田上屋敷は他の屋敷に比して、その区画は大いに異なっている。屋敷地はその頃、足羽川の川辺の大きなフケ（湿地帯）であったが、願い出てそこへ屋敷（上屋敷）を築造することとなり、まず四方に堤を築き置いた。四、五年の間で毎年の出水で砂礫が流れ込んで、かなり溜まった時に、土砂を運んで苦もなく屋敷地を造成した。土砂の人夫も屋敷の侍たちが役割を果たし、外に人夫を煩わさなかった。このようにして普請その他で侍が働くのは、芦田家先代（加藤宗月＝芦田康眞）からの例であった。そこを屋敷地として取り立てた理由は、

①愛宕山（足羽山）から見渡したときに、福井城の南方は城の備えとしては手薄に見えるのみならず、上方（京都・大坂方面）からの寄せ手の軍勢は、わざわざ大橋へ回るような愚をせず、川を渡って真っ直ぐに攻め込むであろうこと。
②その辺に出丸を設ける必要があること。

写真：芦田上屋敷絵図（芦田上野屋敷遠見之図より）

写真：芦田上屋敷（足羽川の向う）

ということで、屋敷地に取り立てた。川に面した長屋は、茅葺きで角を櫓下の地にし、櫓も切り組があったが、その後火災に備えてはよくないということで、茅葺きを板葺きに改めた際に、さっそく櫓下地を止めたということである。屋敷地の川側の庭の中に、二重作りの亭があって、足羽川の対岸のはるか向こうまで見渡すことができるが、屋敷の塀下は川原からは見えない。平生の遊び所とは思えない。昔から厳重を極めた造作であった。

絵図を見ると**芦田上屋敷**（**芦田信濃邸**）や酒井外記邸には**櫓**がある。これは両氏とも福井藩の**高知格**の家柄（選ばれて家老や城代を務めることのある家）であったが、高知格は月番で城下の**火消し役**を課されていたからである。この櫓は平常時は「火の見櫓」であり、いざ戦いとなれば、文字通り戦いの「櫓・矢倉」となるのである。「二重作りの亭」とはこの櫓のことであろうか。あるいは屋敷内に別に二重造りの建物を造ったのであろうか。

この芦田屋敷（小道具町にあった芦田上屋敷）を築造したのは、加藤宗月という史家もいるが、『芦田系譜』に、「先代より」とあることから、二代目の図書**吉賢**であろう。三つの時代の絵図があるが、それを見比べてみると、**芦田上屋敷**の

ア　正保年間（一六四四～四八）の「福居城下之図」では、築造年代が推定できる。

イ　万治二年（一六五九）の「万治二年福居城下絵図」では、足羽川に面した芦田屋敷はなく荒れ地になっている。加藤内膳屋敷となっている。**加藤内膳**とは加藤宗月から家督を継いで間もない**芦田吉賢**のことである。宅地は南北にやや細長い矩形の敷地に描かれている。

ウ　正徳四年（一七一一）の「福井御城下之図」には、その場所に芦田右衛門と書かれている。ここには「あした右衛門」と書かれているが、この絵図の時点では当主は三代目の**賢詮**のことと推定される。

以上のことから考察すると、「ア」から、加藤宗月の時代にはまだ足羽川沿いの芦田上屋敷は存在していなかったことが分かる。「イ」から**加藤内膳**こと二代目**吉賢**の時代には存在したことが分かる。したがって、芦田上屋敷を築造したのは、宗月ではなくて吉賢ということが判明する。**芦田吉賢**は、はじめ大学または内膳と称したが、加藤宗月の次男で、「性篤敬忠信人」といわれている。父加藤宗月が卒してその禄を受け継ぎ、信州の故地を慕って「蘆田（**芦田**）」の姓に戻した。『越前人物志（上）』（福田源三郎）に、「その宅地（いままでの屋敷）は**鷹冷場松原**にあり、吉賢、今の宅地（小道具町の

宅地)を好み、請うて之を賜る」とある。足羽川べりの芦田上屋敷を造ったのは、福井芦田氏二代目の吉賢である。その屋敷築造のエピソードからも、彼もまた先祖康國・康眞」の気骨と精神を継承していたのである。「鷹冷場松原」にあった今までの宅地を「福井城の城北に屋敷地を賜った」とされ、福井城下での拠点であった今までの屋敷(つまり、のちに芦田上屋敷といわれる)宅地であろうか。いずれにせよ芦田上屋敷の立地は、福井城の出丸的役割を担う構えである。大坂冬の陣の時に、かの真田信繁(幸村)が築いた「真田丸」と同じような役目を持たせたものである。

《芦田圖書吉賢、福井城復興普請の惣奉行を仰せつかる》

寛文九年(一六六九)四月十五日、福井城下の大火で福井城は本丸も外郭も悉く焼失した。武家屋敷や町屋も焼失した。しかし、芦田上屋敷も芦田下屋敷も、さらに芦田氏配下の与力や家人の家も、みな類焼を免れた。両屋敷とも福井城の外郭にあったため類焼を免れたと思われる。二代吉賢の頃である。

福井藩主松平光通公は、参勤交代で帰国する時、予め芦田屋敷に逗留する予定であると連絡してよこした。吉賢は新た

に一邸を構え、それを光通公の常の御殿と定めた。そのほかに、家来の長屋にあるものを、悉く他へ移動させた。同年五月十四日、光通公は帰国すると、直ちに吉賢の芦田上屋敷に入った。この時吉賢は門前でお迎えした。何日間かしばらくの間、光通公は芦田上屋敷で日を過ごした。七月十三日には、光通公は御城普請の惣奉行を吉賢に命じた。

福井城復興に関わる状況が、『続片聾記』に記載されている。その要点を整理してみると、

・大火の翌年寛文十庚戌年(一六七〇)三月十一日、芦田圖書(吉賢)が福井城の普請の惣奉行を仰せつかる。城普請の材木は秋田の坂田(酒田)から運んだ。

・寛文十年三月二十九日、藩主光通公は、芦田圖書屋敷より江戸への参勤交代で出発した。その際、芦田圖書(吉賢)以下家来衆にお目見えを仰せつけられ、御料理を下さった。その上、圖書には刀一振り、時服を下さった。家臣の依田加兵衛・清水佐左衛門・難波覺右衛門には、御料理を下され、御前にて時服二つずつ下された。

・九月二十八日、藩主光通は江戸から使者岩村門右衛門をもって城普請の見舞いをさせた。圖書(吉賢)に安否を気遣い、羽織などを下さった。その際、依田・清水・難波などの重臣のほか、小身の者にまで酒肴を下さって慰労の言葉

が伝えられた。

・寛文十一年（一六七一）五月、天守閣を除き、**福井城本丸**が落成した。

・五月十二日、藩主光通公、参勤交代により、江戸を出発、国もとへ向かう。

・五月二十二日、多門櫓へ旗・弓・鉄砲・大筒・長柄鑓などを収納した。

・五月二十五日、藩主光通公が帰国し、お祝いの儀があった。

・延宝元年（一六七三）五月、「御城惣曲輪不殘御普請成就」ということで、福井城惣曲輪完成により、芦田圖書（**吉賢**）は光通公から慰労される。まず、五月九日に太刀・馬・綿百把、二荷三種を拝領した。且つまた、五月十三日には、慰労の御料理を下されるということで家来を召し連れて登城した。この時の詳細を紹介する。

――御鉄砲の間において圖書は饗応を受け、御使番所で圖書の家来で物頭の依田加兵衛・清水作左衛門・難波覺右衛門などは御料理をいただいた。鉄砲の間において、光通公から直々に酒肴をいただいた。その後、圖書は大広間にて御前で時服を許されて、清水武右衛門・難波金太夫・清水作五右衛門の三人は時服二つずつ拝領し、他の七人は時服一つず拝領し

た。また、同間にていずれも御料理を頂戴した。

《**總光寺の中興開基・加藤宗月**》

總光寺は往昔丹羽五郎左衛門長秀の開基であった。その時、長秀は越前及び加賀の両州を分かち領して、北ノ庄に居城した。故に總光寺もまた法会盛んで曹洞宗の中心をなす寺院であった。天正十三年に長秀は卒した。すなわちこの地に葬り、「**總光寺殿大隣宗德**」と諡した。（今の宗德寺は總光寺の境内ですなわちここに葬った。よって、小院を建て宗德寺と号している）。その子長重は故あって加賀小松城に移った。故に總光寺もまたしたがって移転した。ここによって、越前の旧地は悉く破壊し、わずかの小庵が残っていた。その時、康眞が**木ノ本から福井へ移り、再びこれを開基**した。**先祖の牌所**としてここの住持とした。（梵亀は小山田大学の妾腹の子で、かねて康眞が小山田と縁があった。故に伴って越前に来たのである）。しかし、その創業未だならずして康眞（宗月）は卒した。故に翌年、**吉賢**が俄にこれを建立し、すなわち梵亀をもって（中興）**開山**とした。かつ初め小松に移転していたので、これを**小松總光寺**と号した。

《芦田氏の大五輪塔》

なお、宗月以下累代の墓は總光寺本堂の左方にあり、みな**大五輪塔**で全部で十二基あったという。のち昭和の福井市は、昭和二十年七月十九日の米軍機による**福井空襲**があった。この時の死者一五七六人、建物全焼二二〇三八戸であったが、總光寺も焼けおちて瓦のみ残った。

さらに、昭和二十三年六月二十八日の**福井大地震**に遭った。この時の死者三五七九人、家屋全半壊四六七一八戸という災害であった。平成二十四年六月に、總光寺を筆者が訪問した時には、当時のご住職様は高齢のため病に伏していらっしゃたが、遠方からの来訪者と分かると、僧侶の正式な衣にいずまいをただされて、芦田氏の位牌にお経をあげて下さった。總光寺の由来や歴史的なことをお話し下さった。

――總光寺は福井空襲にも福井大地震にも遭遇し、壊滅的な被害に遭った。残ったのは、幸いにも本尊の観音菩薩は他の寺に預けてあった。その本尊とお墓だけであった。芦田氏の歴代の大五輪塔は全部で十一基（福井芦田氏は十二代まであるので十二基か？《筆者》）あったという。お寺は昭和三一三年に再建されて現在に至っている。（現在は境内に稲荷神社もあるので、通りからの外観は一見お寺とは分かりにくい）。十一基あった芦田氏のお墓は、福井市の都市計画で

墓所の移転を市役所から指示され、總光寺墓地は現在、足羽山西墓地へ、他の寺院の墓所とともに移転を余儀なくされた。先代のご住職様の時代の由。移転するにあたって詳細は不明であるが、十一基（十二基？）のうち八基（九基？）が処分された。開基の芦田康眞の**大五輪塔**を含め三基のみが、現在、足羽山西墓地の「三号墓地二の二」總光寺墓地に存在している。（墓所への道順は複雑ということで、若奥様が案内して下さった）。

三基とも高さ約四ｍという立派なものである。三基に刻まれている法名等を調べてみると、足羽山へ移転した三基の墓石に、処分された八基（九基？）に刻まれていたはずの法名が付け加えられている。後から刻まれたと思われる法名は皆同じ筆跡で、しかも彫りが明確で新しいということが分かる。本来の五輪塔の供養されている本人の法名の彫りは、浅く不鮮明であることから判別できる。しかも、以

写真：福井における芦田氏墳墓（總光寺の足羽山西墓地）

前の總光寺本堂脇にあった墓地に明治以降になって埋葬された子孫の法名も、混在して三基の側面に彫られているが、これらの文字は明瞭である。三基の石塔の空いている部分に、加えられているのである。そのため読解が煩雑であり、分かりにくくなっている。しかし、芦田宗家の当主の法名には必ず「良」の一字が入っているので、その他の人物とは区別できる。

【中央の五輪塔】

正面……真正面にかろうじて「總光寺殿～」の浅い彫りの文字が読み取れる。これが福井芦田家の始祖である康眞（加藤宗月）の法名である。この五輪塔の主は、もともと康眞である。

左面……処分された五輪塔の主と推定される二代～九代の法名が彫られている。全員同じ筆跡で、同じ行書体の文字で、比較的明瞭である。しかも没年月日がないので、その可能性が大きい。

吉賢（二代）・賢詮（三代）・賢納（四代）・賢恒（五代）・敬賢（六代）・賢充（九代）と分かる法名がある。

後面……賢勝（七代）・賢貞（八代）

ほかに数名の法名あるが、同じ行書体の筆跡で比較的明瞭

であることから、後世の彫りと判明する。

右面……六名の童子・一名の童女の法名がある。没年月日なし。後世に彫られたものであろう。

【向かって右側の五輪塔】

正面……吉賢（二代）・敬賢（六代）らしき法名があるが、極めて不明瞭であろう。この二人のうち、どちらかが本来のこの五輪塔の人物であろう。解読困難なため、昭和の処分・移転の時に、改めて中央の五輪塔の左面に彫ったものと推測できる。

左面……文字の記入なし。

後面……明治か大正（昭和）時代の夫妻と推定できる二人の法名がある。

右面……没年順とは無関係に大正・昭和の法名が彫られている。

【向かって左側の五輪塔】

正面……真中に賢孝（十代）と分かる法名がある。没年月日も彫られている。幕末の彫りと分かる。その左側には信貫（十一代）と分かる法名が、右側には信成（十二代）と分かる法名がある。

左の空いた所に、昭和になって卒した夫妻と推定できる二

人の法名があるが、没年月日はない。左面・後面・右面ともに法名は彫られていない。

以上、芦田宗家の十一（十二？）の大五輪塔のうち、二十一世紀に現存するのは三基だけであるが、その三基とも、元来の主は一名ずつである。中央の五輪塔は始祖芦田康眞のもので一番古く、大きさも一番で、しかも風格がある。向かって右側の一基は**吉賢**（二代目）、左側の一基は**賢孝**（十代）の五輪塔である可能性が高い。

なお、中央の五輪塔と、向かって左側の五輪塔の「**空風輪**」は、右方向へ三〇度ほど回転している（ずれている）。すぐ下の他の寺院の墓地に建てられている石柱には、「都市計画

ニヨリ昭和廿七年六月是ノ地ニ移入」と刻まれている。總光寺の墓地もその頃、寺の敷地から足羽山へ移転を余儀なくされたものと推定される。過去七十年間に起きた地震によるものであろうか。地上四ｍもある高い空風輪まで、わざわざ手を加えてずらしたとも思えない。ちなみに、平成二十三年三月十一日の東日本大震災の振動によって、東北の或る寺院の六地蔵のうち、本体と台座に接着工事をしてある一体以外の五体は、みな九〇度向きがずれて（＝回転して）いたという報道があったのは、記憶に新しいことである。

なお、ついでに紹介すると、總光寺墓地のすぐ下の寺院の墓地に福井真田氏の墓がある。長篠の戦いで兄真田信綱と共に討ち死にした昌輝の子孫が福井藩士となっていたのである。

図：宗家の家系図

信守 ── 信蕃 ┬ 康眞 ── ①康眞 ── ②吉賢 ── ③賢詮 ── ④賢納 ── ⑤賢恒 ── ⑥敬賢 ── ⑦賢勝 ── ⑧賢貞
　　　　　　 └ 康國

⑨賢充 ── ⑩賢孝 ── ⑪信貫 ── ⑫信成 ─┬ 誠貫 ── 信正 ── 壽 ── 誠之 ── 光正
　　　　　　　　　　　　　　　　　　 └〈明治以降〉

- 福井城………越前松平氏の居城、康眞は 23 年間城代を務めた。
- 柴田神社……戦国時代の北ノ庄城本丸跡、柴田勝家を祀る。
- 芦田上屋敷…芦田氏が芦羽川べりに建築、福井城の出丸的役割あり。
- 芦田下屋敷…宗月（康眞）が木ノ本からの参勤のために最初に築く。
- 總光寺………康眞が中興開基、芦田氏の福井での菩提寺
　　　　　　　（原初は丹羽長秀が開基）
- 教円寺………芦田氏の祈願寺、代々の奥方が帰依した。「経圓寺」とも。
- 乗国寺………芦田氏の祈願寺、結城氏（松平氏）の祈願寺でもある。
- 運正寺………旧浄光院、初代藩主松平秀康の廟所がある。
- 芦田氏墓所…福井市の条例により、芦羽山西墓所に移動した。
- 地蔵堂………大乗院の堂「身欠地蔵」、下屋敷は下地蔵地籍にあった。

図：福井城下の芦田氏関係の遺跡

諱（いみな）	没年	墓所	諱（いみな）	没年	墓所
○光徳（こうとく）	応仁2（1468）	立科光徳寺	⑥敬賢（よしかた）	明和8（1771）	越前總光寺
○光玄（こうげん）	文明9（1477）	立科光徳寺	⑦賢勝（まさかつ）	文化9（1812）	越前總光寺
○孝玄（こうげん）	文明11（1479）	立科光徳寺	⑧賢貞（まささだ）	文化5（1808）	越前總光寺
○義玄（ぎげん）	天文6（1537）	立科光徳寺	⑨賢充（まさみつ）	文化13（1816）	越前總光寺
○信守（のぶもり）	天正3（1575）	立科光徳寺	⑩賢孝（まさたか）	嘉永2（1849）	越前總光寺
○信蕃（のぶしげ）	天正11（1583）	佐久市田口蕃松院	⑪信貫（のぶつら）	明治20（1887）	越前總光寺・康國寺
○康國（やすくに）	天正18（1590）	佐久市春日康國寺	⑫信成（のぶなり）	明治11（1878）	越前總光寺・立科光徳寺
①康眞（やすざね）	承応2（1653）	越前總光寺	○誠貫（しげつら）	明治25（1892）	立科光徳寺
②吉賢（よしまさ）	天和2（1681）	越前總光寺	○信正（のぶまさ）	大正7（1918）	立科光徳寺・康國寺
③賢詮（まさあき）	享保20（1735）	越前總光寺	○壽（ひさし）	昭和3（1957）	立科光徳寺
④賢納（まさのり）	宝暦5（1755）	越前總光寺	○誠之（しげゆき）	昭和59（1984）	立科光徳寺
⑤賢恒（まさつね）	明和7（1770）	越前總光寺	○光正（みつまさ）		〈宗家・現当主〉

- 立科光徳寺には、初代光徳の大四角柱の墓石が最高所に立つ。光徳寺の旧地龍田地籍から発掘された五輪塔が現在の光徳寺の仏舎利殿の脇に移されているが、どれが光玄・孝玄・義玄・信守のものかは判別できない。また、幕末最後の宗家である信成（のぶなり）以降の墓や芦田宗家現当主の光正氏が平成26年に建立された先祖代々の墓（迦陵塔）がある。
- 福井總光寺には戦後まで、芦田氏宗家 12 代の 12 基の大五輪塔があった。（都市計画時に整理され現在は 3 基）
- 藤岡光徳寺には先祖代々の墓所として 1 基にまとめた大五輪塔がある。

図：芦田氏宗家と墓所

終章　人間、芦田（あした）三代

本書で称する**芦田（依田）三代**とは「**芦田下野守信守**～芦田（依田）**右衛門佐信蕃**～松平修理大夫**康國**・松平右衛門大夫**康眞**」を意味する。（信守～信蕃～康國・康眞）。

また、「**天下人**」とは、具体的には豊臣秀吉・秀次、徳川家康・秀忠であるが、ある意味では織田信長、武田信玄・勝頼、北条氏などとも関わって、芦田三代がいかに懸命に生きてきたかを語ろうと試みたつもりである。

それぞれの章や節で、すでに記述解説してきたことではあるが、ここではまとめの意味で整理してみたい。それぞれの歴史的な意義や事蹟ということではなく、一人の「**人間**」としての側面や行動様式や、生きる上での背景になっている人間性（人となり・生き方）が如実に表れている出来事を取り上げてみる。

《芦田三代の「生き方」を表わす事例》

信守

①**豪胆**……信守が幼少の頃、諏訪頼重が海野攻めの帰途に芦田城を蹂躙した時、たった一人城中にいて諏訪軍に対した胆力、豪胆さ。

②**証人**……①の後、しばらくの間、芦田氏の諏訪氏への臣従の証（人質）として諏訪氏のもとに過ごす。

③**忠勇**……武田信玄に臣従し、その忠勇な戦いぶりは信玄の信頼を得る。本拠春日城に腰を落ち着かせる暇もなかった。砥石城の戦い、上田原の戦い、川中島の戦い等々に参戦している。信玄の版図拡大につれて、上野国箕輪城攻めに従軍し、信玄の麾下として武蔵国、駿河国の城主を任されたり、上野国緑野郡浄法寺（城は武蔵国御嶽城）の城主を任されたり、信玄の麾下として武蔵国、駿河国、遠江の国、美濃国へ遠征している。——小田原城攻め、三増峠の戦い、蒲原城の攻城戦と守備、薩埵峠の戦いに従い、信玄の三方ケ原の戦いの時には掬め手の美濃国上村の戦いで戦功を挙げる。信玄亡き後は勝頼から遠江国二俣城の主将としての場を与えられて、粉骨を惜しまず戦いの日々を送った。

④**果敢**……二俣城主として守城戦で、武田勝頼から城を守ることを委ねられた信守は、絶対的な不利な状況のもと、天竜川の対岸の敵の和田ケ島砦を急襲し、成果を上げながらもその時の負傷がもとで、陣中で命を落とした。

信蕃

⑤**証人**……数え年十二歳の時に、信玄への人質として諏訪高島城に預けられ、十七歳頃まで多感な少年時代を過ごす

⑥ **統率力**……父信守が上野国浄法寺（城は武蔵野国御嶽城）を任されていた時、父から命じられて根岸（今の藤岡市内）に築城を始める。また、戦いの時に軍勢を動かす器量がある。

⑦ **歴戦**……父と共に、信玄の駿河・遠江への遠征に従軍し、父信守の力となって活躍する。

⑧ **知勇**……二俣城の籠城戦で、父の病死後、二俣城を託され城主となる。武田勝頼の後詰めのない絶望的な戦いの中でも、知力を尽くして指揮し、兵を鼓舞し、徳川軍の猛攻に敢然と戦う。

⑨ **忠勇**……二俣城主として敵である家康の開城勧告に対しは、主君武田勝頼本人の命令の文書がなければ、開城しないと拒否し、勝頼直接の文書が到来してからはじめて二俣城を明け渡した。その時の城明け渡しの時の処理の仕方が家康をして感銘させた。

⑩ **武勇・義烈**……信蕃は天正七年から天正十年三月まで（一五七九〜八二）、駿河国田中城の主将を務めたが、周囲の武田方の城は落ち、徳川家康の再三の開城説得にも応じなかった。武田氏も滅びの寸前であったが、信蕃は

中で、武田氏の薫陶を受け、信蕃の「将」としての器量が培われた。

頑として自分に任された田中城を守り続けた。武田氏の重臣穴山梅雪が武田を裏切り、もはや武田の滅亡が明らかになって、城を守ることが無意味であることを悟ってはじめて城を明け渡した。家康は自分に臣従するように勧めたが、信蕃は武田氏が滅ぶとはいえ、すぐに徳川へ仕えることははばかれるとして断わり、春日城へ帰った。

⑪ **智謀、誠心誠意**……権謀術数に長けた表裏比興の武将真田昌幸を徳川家康に属させたのは、智謀・誠心誠意の信蕃の説得力による。

⑫ **勇猛果敢**……佐久郡春日郷の奥、三澤小屋に籠もり、そこから出撃して北条軍の兵站（糧道）を断つ。

⑬ **自信**……千曲河畔塩名田の戦いの時、合力に出陣してきた真田昌幸に「戦見物だけしていてもらえばよい」といって、芦田軍だけで岩村田大井氏を破った。この時、両側から敵に槍で突こうとされる場面もあったが、歴戦で得た「大返しの戦法」で敵を敗走させた。

⑭ **公平、気配り**……天正十年十一月、ほぼ佐久を平定した。「追い鳥狩り」の時、譜代家臣と新たに臣従してきた武将とを差別せずに、同等に遇し、褒美を授けるのに「籤引き」（くじびき）をもってした。（「新年の祝賀」の際にも全く同様にした）。

⑮ **即断**……伴野氏が前山城を奪還に来るという情報に即座に

対応し、自ら前山城防衛に向かい敵を討つ。

⑯**過信**……家康からの軍監である柴田康忠をともなって田口城に登り、佐久平一円を眺め、「明日は、まだ残っているあの岩尾城を芦田軍だけで落とすので、（軍監殿は軍を動かさず）ただ御覧あれ」と言う。

康國

⑰**油断**……天正十一年二月の岩尾城攻撃戦で、軍監柴田康忠の忠告や手勢の加勢を拒否して、芦田軍単独で城攻めを敢行した。猛攻により敵の防戦はおさまったかに見えた。信蕃は次弟信幸とともに、堀際で軍を指揮していた時に、敵の狙撃の銃弾に倒れた。佐久郡統一完成を目の前にして、もう一歩のところで命をおとした信蕃の詰めの甘さが悔やまれる。

⑱**証人**……天正十年二月から一年と数カ月間、弟の康眞とともに人質として、時の権力者の間を点々とする。「武田の質（小諸城）→織田の質（森長可の質で小諸城）→滝川一益の質で上州箕輪城→小諸城へ→木曽義昌の質で妻籠城→徳川の質で二俣城」。

⑲**即断**……父信蕃の死後、徳川家康の意を受けた大久保忠世の後見で、佐久を平定し小諸城主となる。小田原合戦の

直前、相木氏と伴野氏が旧地奪還を狙って相木に侵入したとの情報に、即刻出陣し、破っている。

⑳**頑固**……松井田城の攻城戦で、大将自ら先頭に立って康國と康眞は竹把を持って城に迫った。この時は銃弾が康國の陣羽織の裾を貫いた。総大将前田利家は何回も攻め口を退くべきであるとをいってきたが、康國は「およそ攻城の法は一歩も進むことをもってよしとする。我が芦田家には退くという命令は知らない」といって突っぱねた。血気はやる若武者大将であった。ついに豊臣秀吉が自ら与えた軍令によって、やっと退くという頑固さがある。

㉑**知略**……松井田城攻めの途中、いったん、軍事行動は各隊ごとに単独で北条方の城を攻めるということを認めさせている。上州西牧城を芦田軍単独で猛攻の後、投降させ落とした。

㉒**油断**……さらに石倉城を攻めた。城主長根縫殿助が降参したので、本陣の総社の地の「總社神社」で対面した。その時に城中に騒ぎが起き、多くの家来がそちらへ向かって、従者が周りにほとんどいなくなった時に、その場で急に乱心したような縫殿助に斬られて命を落とした。相手の降伏を信じきって、油断していたのである。

康眞

㉓証人……兄康國が佐久へ帰還した後も、徳川家康の元で天正十八年（一五九〇）一月まで、八年間、証人（人質）生活を送る。

㉔律儀、聡明……大久保忠世の二俣城や家康の浜松城での証人生活で、律儀で聡明な福千代丸（康眞）は、家康から気に入られて近侍し、猿楽や鼓などを稽古し家康に褒められる。

㉕武勇……初陣の相木白岩合戦の木次原の戦いで、松平勢（芦田勢）を指揮し、士卒に先んじて自ら進んで攻撃した。

㉖武士の情（なさけ）……右の合戦で、負傷した敵兵にとどめを刺そうとする家来に「汝、疵付いて戦えない相手を討つのか」と戒める。

㉗豪胆、果敢……上州松井田城攻めで、陣羽織の袖を敵の銃弾が貫くという危険を冒して、果敢に攻めた。いざという時に、友軍との軍律違反まじきことにも及ぶ行動をとった。

㉘武勇……石倉城攻めで、兄康國が騙し討ちに遭った時に、駆けつけて刀を振るい、敵を壊滅させる。

㉙情け、思いやり……㉘の時、腕に重傷を負った康眞のため

に寝ずで看病して、自ら亡くなった待医を篤く弔った。

㉚信頼……小田原合戦の津久井城請け取りの六名の武将の中に、本多忠勝らの宿将とともに名を連ねている。家康の信頼が厚いことがここからも分かる。また、その力量を認められ越前福井城の城代家老を任された。

㉛忠烈・頑固……「奥州仕置」の時、（徳川家康の）命令によって、水澤城を攻めた時に、上杉景勝に対して一歩も引かなかった。――豊臣秀次が上杉景勝と大谷吉継を水澤城の備えとして派遣した。景勝は使いをつかわし「関白の命令によって自分は水澤城にやってきた。早く康眞は兵を率いて退くべし」と伝えた。これに対して康眞は「徳川家康公は、はじめから自分をこの水澤城に備えさせた。家康公の下知をまたずして私に兵を退くことはできない」と答えた。景勝は家康にこのことを談判するため、足の速い使いを遣わした。二日後には（家康が滞在していた）岩手澤の本陣に使いの者は到着した。そこで家康が康眞に水澤城退去の命令を下したので、やっと康眞は兵をおさめた。

㉜忠義、豪胆……家康に供奉して聚楽第に入るときに、入れさせまいとする門番を一喝して、家康を守って中へ入る。

㉝好人物……病気のため、家康にお供して秀吉に合うこと

㉞忠烈……秀吉没後、明智光秀が家康の命を狙っているとい
う巷の情報が入り、病床に伏せていた康眞ではあったが、
家康のもとへ警護のために単騎で駆けつけた。その律儀
で忠烈な康眞の行動は家康が大いに認めるところとなっ
た。

㉟短慮……関ヶ原の戦い（一六〇〇）があった年の正月、家
康にしたがって大坂に滞在中、宿舎で家康の旗本小栗三助
某と囲碁の最中のいさかいで、耐え難いことが生じ、斬
り殺してしまった。その結果、藤岡藩三万石は改易・領
地没収となった。

㊱忠烈……大坂冬の陣に際して、主君松平忠直から康眞に出
陣命令がなかったが、いたたまれずに琵琶湖西岸朽木谷
小原まで進軍した時に、「舅の大久保忠隣が最近罪を蒙っ
たので、娘婿にあたる康眞の出陣はならぬ」という藩の
重役の説得も拒否し、さらに進軍しようとした。幕府の
本多正信や藩主松平忠直の「大坂へいかないで大野城で
一揆に備えるべし」の命令で、ようやく引き返した。

がができなかったが、秀吉が家康に康眞の病状を尋ね、自
ら瓜を採って「康眞に与えよ」といって送ってよこした。
家康ばかりでなく秀吉にも、忠勇律儀で信頼できる青年
人名として認識されていた。

㊲忠烈・頑固……福井城二代藩主松平忠直が、幕府によって
豊後へ配流になる際に、幕府から「忠直がもし内室（将軍
秀忠の娘）を伴って豊後へ行こうとするならば、それを
やめさせて内室を江戸へ送るべし」という内密の指示が
高知席（重臣）にあり、それにしたがうという連判状を
出すようにという指示があったが、康眞は、「幕府にも大
恩あるが、主君松平氏にも大恩がある。どちらにも恩が
あるので、判は押せないといって、押さなかった。結果
的には豊後行きに内室が同行する必要がなくなった。そ
こで康眞は、末尾に署名捺印した。（わざと横向きに捺印
したとも）。

㊳豪胆……小栗三助の子が福井まで仇討ちに来て、突然目
の前に表れた瞬間、誰であるかも知らずして「無礼者め
が！」と叱り、睨んで仁王立ちすると、相手はすごすご
とその場を逃げ去った。

㊴文武両道……高野山で謹慎していた康眞が、関ヶ原の戦い
に際して、日光口で会津上杉景勝の押さえとして陣する
結城秀康（のち松平）への預けとなった。越前国へ秀康
移封後は、始めは客臣として、そして「高知席」の重臣
となり、やがて城代家老として重きをなす。

《人間、芦田三代》

芦田三代の共通点は——、

ア　全員が幼少時代に証人（人質）経験がある。

イ　木拠である芦田郷や春日郷に腰を落ち着ける暇もなく転戦したこと。

ウ　その広い行動範囲（行動空間）は、現代の我々からみても想像以上に意外と広かったこと。
さらに、一人の人間としてみる時、「信守～信蕃～康國・康眞」の三代には極似していることが多い。

エ　武略・智略に長けている。

オ　大義名分を重んじ、文武両道を兼ね備えた人物である。

カ　人心掌握に優れ、統率力がある。

キ　忠烈で義を重んじ、主君に対する絶対的な忠誠心がある。

ク　誠実で律儀な性格で、自分以外の人間を大事にする。

ケ　家来や民衆の心に寄り添って、労を厭わず自ら率先垂範して現場に臨むような人柄である。

コ　戦いにばかりでなく、生き方、その人となりに豪胆さがある。

サ　いかなる艱難辛苦にも耐え抜き、知勇を発揮して大きな功績を挙げ、周囲からも認められる。

シ　納得しない時には、たとえ相手が大物であっても簡単に

は従わない頑固一徹さがある。

惜しむらくは——、

ス　幾多の試練を乗り越えてきた自信からか、それが過信から油断となることがある。

セ　いったん味方となった人物を大事にし、信じきってしまう。

ソ　もう一歩のところで、生来の短慮さや油断から、今まで積み上げてきた実績を失ってしまう。

タ　佐久人らしい人のよさ？（詰めの甘さ、抜目のない生き方や柔軟性にやや欠ける？）からか、命を落としたり、それまでの全てを失ったりしている。

康眞の誠実で律儀な性格も行動も、まさに祖父芦田信守、父芦田（依田）信蕃、兄松平康國のそれと極似している。戦いにおける豪胆さ、主君に対する絶対的な忠誠心と、大義名分にそぐわない時には、たとえ相手が大物であっても簡単には従わない頑固一徹さがある。そして、いかなる艱難辛苦にも耐えぬき、智勇を発揮して、大きな功績を上げる。しかし、もう一歩のところで、命を落としたり、それまでの全てを失っている。歴代の芦田（蘆田）・依田氏宗家の当主の生き方は、一人の人間としても、驚嘆と哀愁と共感を覚えざる

を得ない。

芦田下野守〜芦田（依田）信蕃〜松平康國・康眞と続く系譜は、この時点では同じ信州真田氏よりも、ある意味では中央武家社会では通っていたところも十分あった。特に天正十年（一五八二）の時点での信蕃は、家康の甲信制覇に大貢献する力量を発揮し、やがて天下を取る家康の臣下として前途洋々たるものがあった。もし信蕃が豊臣秀吉による天下統一、関ヶ原の戦い、徳川家康による江戸時代まで存命であったならば……と、果てしない想像が広がる。

後を継いで、これも将来を属望されていた康眞の改易により、芦田氏の飛躍は一時頓挫してしまったことは残念としかいいようがない。しかも、その後の生き方から、康眞がいかに文武両道に優れた人物であったかが分かるだけに、大いに悔やまれる抜刀斬殺事件ではあった。天下人徳川家康も、その後の康眞のことを気にかけていた。越前福井では加藤宗月と名乗った康眞は、越前松平氏のもとでその「人間力」を再び発揮していく。彼の生き様は子孫へと受け継がれていく。寛文七年（一六六七）、康眞次男で福井での二代目を継いだ内膳吉賢が、信濃の故地を慕って「蘆田（芦田）」の姓に復す。幕末まで福井藩の高知格として家老職を何人か輩出した芦田氏の歴代の生き方は、いかにも「信守〜信蕃〜康國・康

眞」的であった。

芦田宗家は明治維新後、明治十二年（一八七九）二月中旬に、福井から信州佐久郡芦田村へ帰った。

芦田三代の足跡をみると、戦国時代から近世に至る武人の典型を垣間見ることができる。また、関係ある土地や史跡を巡ると、彼らばかりでなく、それを取り巻く親族や家臣、同僚、主君、天下人、周りの人々、民衆の心情や息遣いに触れることができる気がしてくる。そして、さらに大きなうねりとなって押し寄せる時代の流れ等を考えると、目の前に更なる興味が広がって行く。

図表：康眞以後の芦田家の家紋「蝶王ノ丸」
『芦田系譜』には、「丸ノ上ニ一蝶ヲ描キ下左右ニ王ノ二字ヲ三階菱之画ノ如クニシテ名（ヅ）ケテ蝶王ノ丸ト称ス」とある。

あとがき

　その昔の信州佐久郡における芦田依田氏の事蹟は、北佐久郡・南佐久郡・佐久市域・小諸市域等に多く存在する。

　しかし、地元の佐久人は芦田信蕃の存在すら知らない場合が少なくない。戦国時代が終わろうとしていた時期に、歴史上唯一佐久郡全域を領した芦田氏（依田氏）が存在していたことを認識することが、郷土のアイデンティティーを考える上で大事であることをここでは記しておきたい。また、そのつもりで訪れれば、その事蹟が山梨県のいくつかの市町村・群馬県（藤岡市）・静岡県（藤枝市、旧天竜市）・福井県（福井市、大野市）などには明確に残っていることは注目に価する。のみならず、そのほかに芦田依田氏の行動範囲が新潟県、関東は埼玉県・神奈川県・江戸（東京都）、栃木県、東北地方は福島県・宮城県・岩手県の水沢まで、西は岐阜県・京都・大阪・和歌山県までに及んで、当時の中央政権（天下人）と結びついていたことは驚嘆すべきことではある。

　また、芦田氏もその一部ではあるが、「依田氏」の分布も長野県内ばかりでなく、山梨県・群馬県・静岡県などにおいて顕著である。それぞれの祖先のルーツを大事にしながら歴史を遡って現代を考え、未来に向けての動きが感じられることをも、ここに紹介しておきたい。

　本書では「アシタ・シンバン」として語られることの方が多い芦田（依田）信蕃（ノブシゲ）の事蹟を中心に、父芦田下野守信守、二子である松平康國・康眞の三代に関わる事柄を記述してきた。前著『戦国三代の記』で語らなかった信守の戦歴の詳細や、康眞とそれ以後の福井時代の芦田氏のこと等にも書き及ぶこととなった。シンバン（信蕃）との筆者の最初の出会いから五十八年が経過している。資料や草稿は筆者の二十代後半から七十代までの四十有余年に及ぶ長い年月に幾多の邂逅を経て、少しずつ記述し蓄積してきたものを、整理まとめて編んだものが本書となっている。そのため所々に表現やニュアンスが異なって感じられたとしたら、お許しいただきたい。

631

ただし、筆者の力だけでは出版を実現することができなかったであろう。あらゆる場面で多くの方々にご教示いただいたのはいうまでもないことである。――具体的には、アシタ・シンパン（芦田信蕃）の歴史上の存在を筆者に知らしめて下さった中学校時代の恩師、芦田依田氏に関する本の著者、訪れた図書館で資料を提供して下さった係の方、筆者の視界が開けるきっかけを下さった資料館や歴史館の方、各地の郷土史家の方、訪れた寺院のご住職様、田畑で腰を伸ばして説明して下さった方、現地での不躾な問い合わせに丁寧に応えて下さったゆきずりの方、さらに芦田（依田）氏ゆかりの方々には、とりわけお世話になった。特に『芦田系譜』のコピーを示して下さった芦田光正氏のご支援を抜きにしては、本書の後半は完成できなかった。

また、筆者が教師として長野県内（東信・北信・中信・南信）の学校に勤務した経歴と運命の出会いまでをも含めて、全てのおかげでこの本が完成できたことは真に幸運の賜物であった。

そして、株式会社悠光堂の代表取締役佐藤裕介氏、編集と進行管理を担当して下さった冨永彩花氏、制作を担当して下さった三坂輝氏には、出版にあたって並々ならぬ助言とご足労をいただいた。ここに至るまで関わって下さった全ての方々に、深甚なる感謝の言葉を捧げたい。

なお、まったくの私的趣味から始まった本書の内容は、それぞれの地域の地元の人々にとっては既知のことがほとんどであり、筆者はそれらを把握理解して記述したに過ぎないと自己評価せねばと承知している。先達からみれば足りないところが多々あるかと思う。誤りや修正すべきところ、また、筆者の思いもつかなかった事実など、ご指摘・ご教示いただければ幸甚である。

令和二年（二〇二〇）四月
　　　　――新緑の候
　　　　市村　到

ご協力いただいた方々——順不同、敬称略

・芦田光正（神奈川県）・芦田光代（神奈川県）・土屋武司（北佐久郡立科町）・黒木和美（神奈川県湯河原町）・増田友厚（佐久市田口）・依田武勝（南佐久郡南相木村）・杉本敏憲（福井県大野市）・武者靖治（藤岡市）・坪井俊三（天竜市）・荻原興造（佐久市春日）・依田初雄（高崎市）・長田一幸（大月市）・中倉茂（山梨県旧市川大門町）・中谷良作（旧天竜市）・周防孝堂（旧天竜市）・依田博之（静岡県松崎町）・近藤二郎（静岡県松崎町）・掛川喜四郎（佐久市春日）・小林勇（佐久市春日）

《ご協力いただいた寺院》

・蕃松院（佐久市田口）・光徳寺（立科町芦田）・康國寺（佐久市春日）・光徳寺（群馬県藤岡市）・光徳寺（福井県大野市木ノ本）・總光寺（福井市）・灌渓寺（静岡県藤枝市）・天龍寺（群馬県藤岡市）・天陽寺（群馬県藤岡市）・自成寺（佐久穂町余地）・龍華院（山梨県東八代郡中道町）・正眼院（小諸市八幡）・浄法寺（群馬県藤岡市）・龍雲寺（佐久市岩村田）

《資料館、博物館など》

・長野県立歴史館・上田市立博物館・山梨県立博物館・大野

市歴史博物館・藤枝市郷土博物館・天竜市内山真龍資料館・福井市立郷土歴史博物館

《図書館》

・県立図書館（長野・群馬・山梨・静岡・福井・新潟）・市立図書館（佐久市・小諸市・上田市・松本市・諏訪市／藤岡市・高崎市・前橋市・安中市・富岡市／大月市・塩山市／天竜市・浜松市・藤枝市・富士市・掛川市・御殿場市・沼津市／大野市／新井市・村上市／恵那市／八王子市・青梅市／本庄市・東松山市／仙台市・大崎市・栗原市）・町村立図書館〈長野県〉軽井沢町・御代田町・立科町・望月町・臼田町・富士見町／〈群馬県〉箕輪町・鬼石町・松井田町・上野村・南牧村／〈埼玉県〉神川町・児玉町・寄居町／〈山梨県〉市川大門町・中道町・増穂町・櫛形町・鰍沢町・美郷町／〈静岡県〉蒲原町・由比町・大東町・浅羽町・韮山町／〈岐阜県〉上矢作町・岩村町／〈神奈川県〉愛川町・城山町／〈愛知県〉設楽町・東栄町

参考文献

《執筆に際して、**特にご教示、ご示唆いただいた文献**》

・『もう一人の真田～依田右衛門佐信蕃士の家宝～かたりつがれた御家の由緒～』市川武治（樅）・『武士の家宝～かたりつがれた御家の由緒』平成二十三年度長野県立歴史館春季展・『依田記』成立の背景と由緒書への転換の可能性について」山崎会理（『長野県立歴史館研究紀要第十八号』所収）

《特に参考とした文献》

・『芦田記』（依田記）・『寛政重修諸家譜』・『高白斎記』・『妙法寺記』・『信濃史料』

《長野県》

・『信濃史料』・『長野県史』・『北佐久郡志』・『南佐久郡志』・『立科町誌』・『望月町誌』・『佐久市史』・『臼田町誌』・『御代田町誌』・『佐久町史』・『八千穂町誌』・『南相木村誌』・『南牧村誌』・『北相木村誌』・『南相木村誌』・『北御牧村誌』・『東村誌』・『小諸市誌』・『富士見町誌』・『上田市誌』・『丸子町誌』・『武石村誌』・『諏訪市誌』・『茅野市誌』・『信濃史料叢書』・『武士の家宝～かた

りつがれた御家の由緒』平成二十三年度長野県立歴史館春季展・『依田記』成立の背景と由緒書への転換の可能性について』山崎会理（『長野県立歴史館研究紀要第十八号』所収）・『もう一人の真田～依田右衛門佐信蕃』市川武治（樅）・『信濃史源考』小山愛司・『信濃國岩村田龍雲寺史』・『大田山実録』・『諏訪神使御頭日記』・『神使御頭之日記』・『諏訪史料叢書』・『長野縣町村誌』・『史料綜覧（巻1）』『千曲之真砂（信濃雑記）』瀬下敬忠・『四鄰譚藪（信陽雑志）』吉澤好謙・『小諸砂石抄』・『千曲川之浅瀬』平林富三・『春日城跡（発掘調査）』佐久市教委・『諏訪史蹟要項』諏訪史談会・『図解山城探訪』宮坂武男・『たてしなの地名』立科町教委『町の地名、史跡、伝説』立科町教委・『貞祥寺開山歴代傳文』・『洞源山貞祥寺開基之由』・『蘆田八箇略誌』金子詮寅原著・『北佐久郡石像文化財集成』岡村知彦・『歴史の道調査報告書（大門道）』・『乙事の歴史』・『乙骨太郎左衛門覚書』・『岩尾家譜』・『尾張徳川文書』信濃史料所収・『木曾舊記録』・『龍田遺跡～芦田菩提寺光徳寺跡の調査』立科町教委・『長国寺殿事蹟稿』信濃奇勝録所収・『真田史料集（第二期戦国史料叢書2）』新人物往来社・『シリーズ藩物語 小諸藩』塩川友衛（現代書館）・『武田氏の信濃支配』笹本正治・『南佐久郡古城址調査』信濃教育会南佐久部会・『諏訪十物語』四鄰譚藪所収・『甲越信戦

録写1』（宮尾袈裟信氏蔵）・『定本佐久の城』・『信濃合戦譚』

高橋武児・『信濃武士の決断～信長・秀吉・家康の時代』長

野県立歴史館・『信州佐久郡之内貫之御帳』（佐久郡貫高帳）・

『春日居館跡』佐久市教委・『千曲』東信史学会報

《山梨県》

・『山梨県史』・『甲府市史』・『市川大門町誌』・『中道町史』・『須

玉町史』・『高根町誌』・『増穂町誌』・『鰍沢町誌』・『塩山市史』・

『上九一色村誌』・『大月市史』・『甲斐国史』大日本地理大系

所収・『武田三代記』・『甲州古文書』・『山梨鑑』・『甲州文庫

史料』・『甲陽軍鑑』・『甲陽軍鑑大成』・『武田三代軍記』・『甲

斐志料集成』・『甲斐国志』・『甲斐国社記・寺記』・『誠忠舊家

録（仁）』・『峡中家歴鑑』米山信八・『続峡中家歴鑑』米山信

八・『甲斐国歴代談』・『武田氏の栄光と滅亡』・『新甲斐国志』・

『中道往還』山梨県教委・『高白斎記（甲陽日記）』・『妙法寺

記（勝山記）』・『大月市御所遺跡』山梨県教委・『名城岩殿山

城と小山田氏』・『小山田氏と岩殿山城』鈴木美良・『山梨姓

氏録』山寺和夫・『依田姓の歴史とあゆみ』山梨依田会・『ふ

るさと人名録』山梨新報社・『依田長安一代記』国立史料館

編・『ふるさと・いちかわ』市川中学校PTA著・『山梨史跡

めぐり』山梨日日新聞社・『史談武田落』土屋節堂・『武田史

蹟』土屋節堂・『古府之図』甲府略志所収・『古府中村絵図』・

『貞享三年丙寅年御直圖』

《群馬県》

・『群馬県史』・『藤岡町史』・『芦田町町誌』・『松

井田町誌』・『安中市誌』・『高崎市史』・『新編高崎市史』・『前

橋市史』・『碓氷郡志』・『群馬郡誌』・『箕輪町誌』・『多野藤岡

地方誌』・『群馬県中世史料所在目録』群馬県史編纂室・『群

馬県の中世城館跡』群馬県教委・『上州路～史跡編』・『箕輪

軍記』・『上州箕輪城大正史』・『石倉記』・『松井田落城記』・『松

井田落城書』・『上毛古戦記』山崎一・『上州合戦記』山崎一・

『群馬の古城』山崎一・『続群馬の古城』・『上州の城』上毛新

聞社・『上州故城塁記』上野志料集成所収・『上州治乱記』黒

川真道編・『群馬県古城塁址の研究』・『群馬県史料集』・『上

野国郷帳集成』・『上野名跡誌』・『上州の諸藩』山田武麿編・『上

野人物誌』・『上州の苗字と家紋』・『群馬県小字名索引』明治

十四、地理雑件・『大日本宝鑑上野名蹟図誌』明治三十四・『改

訂関八州古戦録』中丸和伯校注・『群馬県姓氏家系大辞典』・『上

野国寺院明細帳2（群馬郡）』・『上野人物誌』岡部福蔵・『校

注加沢記』萩原進・『上毛伝説雑記』・『依田家譜』長源寺蔵・

『諸家感状録』群馬県史資料編所収・『国初遺言』松井田町誌

所収

《静岡県》

・『静岡県史』・『天竜市史』・『藤枝市史』・『藤枝市史研究』・『富士市史』・『浜北市史』・『浅羽町史』・『蒲原町史』・『由比町誌』・『由比町の歴史』・『由比町史私考』・『蒲原町誌』・『由比町誌（一）』・『駿国雑志』・『駿河記』・『天竜市歴史年表』・『駿河志料』静岡（第二十号）・『図説駿河・伊豆の城』・『図説遠江の城』・地方史推移』大塚勲（地方史静岡第二十六号所収）・『駿藩各所分配姓名録』池沢政太郎編・『壬生の里』天竜市地方史研究会報『静岡県古城めぐり』小和田哲男他・『静岡県の城物語』小和田哲男・『北遠の城』浜松市生涯学習課・『二俣城史』大場亀吉・『遠州高天神記』・『松平記』・『駿河の武田氏』藤枝市郷土博物館特別展・『広報ふじえだ』平成三年・『武田・徳川攻防の1〜4号』・『小川地誌』溝口昇・『ふるさと古城の旅』水野茂・『浜松御在城記』永井随庵・『焼津・藤枝・島田・榛原歴史散歩』杉原元衛・『藤枝・岡部・大井川の寺院』藤枝志太仏教会・『現代語訳田中藩史譚』池田盈進・『伝記依田左二平之生涯』土屋要作・『依田善六翁』廣沢夢人・『静岡県松崎町大沢依田家調査報告書』伊豆学研究会・『蒲原城総合調査報告書』静岡県教委・『浜松の城と合戦〜三方ケ原合戦の検証と遠江の城』

地方紙静岡第二十号・『駿州蒲原城攻め』（信玄公合戦伝図）・『日本戦史』旧陸軍参謀本部編・『三方ケ原の戦い』小和田哲男・『藤枝市郷土博物館資料』

《福井県》

・『福井県史』・『福井市史』・『大野市史』・『大野市史〜地区編』・『福井県大野郡誌（全）』・『足羽町誌』・『松平文庫』・『越藩史略』『片聾記』・『続片聾記』福井郷土叢書・『福井藩史話』・『国事叢記（上）』・『越藩史略』森恒救・『越前人物誌』福井謙三郎・『福井城下之図』正保・正徳年間・『福井市街全図』明治十九年・『済生会病院周辺の歴史』・『上庄のあゆみ』・『越前国若狭地誌叢書』・『福井城下ものがたり』舟沢茂樹・『福井藩史事典』鈴木準道・舟沢茂樹・『若狭墓碑めぐ里』原橋重吉・『福井城跡Ⅳ〜発掘調査報告書』福井市文化財保護センター・『越前福井裔孫家傳』

《岐阜県》

・『岐阜県史』・『上矢作町史』・『岩村町史』・『恵那郡史』・『恵那市史』・『中津川市史』・『山岡町史』・『遠山塚史』・『遠山屋敷』・『遠山来由記』・『あんじゃない』昭和六十二年、第三号、上矢作町・『串原村誌』・『上矢作の石仏』・『木の実那市史』・『遠山塚由來書』・『遠山来由記』・『あんじゃない』昭和六十二年、

峠」服部造酒夫・『美濃國諸旧記』

《新潟県》
・『新潟県史』・『新井市史』・『村上郷土史』・『越佐史料』・『北越軍談』上杉史料集所収・『松隣夜話』上杉史料集所収・『上杉三代日記』・『上杉景勝のすべて』花ケ前盛明・『図解にいがた歴史散歩（新井・中頸城1）』・『上杉史料集』井上鋭夫（新人物往来社）・『甲越軍記・烈戦功記』（歴史図書社）

《埼玉県》
・『埼玉県史』・『本庄市史』・『神川町誌』・『上里町史』・『寄居町史』・『新編武州古文書』・『埼玉の古城址』中田正光・『榊原康政書状寫』埼玉県史所収

《神奈川県》
・『津久井町史』・『城山町誌』・『愛川町郷土誌』愛川町教委・『小田原北条記』江西逸志子原著・『三増合戦史料集成』愛川町教委・『新編相模国風土記稿』・『北条五代記』

《東京都》
・『八王子市史』・『八王子物語』・『青梅市史』・『激戦！八王子城」前川實（揺籃社）・『よみがえる滝山城』（揺籃社）・『青梅歴史物語』・『多摩丘陵の古城址』田中祥彦

《宮城県》
・『宮城県史』・『栗原郡誌』・『栗原町誌』・『古川町史』・『玉造郡誌』・『岩出山町史』・『仙台領内古城・館』仙台宝文堂

《岩手県》
・『水沢市史』・『南部諸城の研究』・『二戸郡・九戸郡古城館

《その他》
・『寛永諸家系圖伝』・『寛政重修諸家譜』・『武徳編年集成』・『武徳大成記』・『當代記』・『信長公記』・『武家事紀』・『戦國遺文』柴辻俊六・黒田基樹編（東京堂出版）・『落穂集』・『依田氏（芦田）の参・遠・駿における事蹟について』天野信直・『戦国期依田芦田氏の考察』柴辻俊六（『信濃』所収）・『武田信玄～知られざる実像』小和田哲男（講談社）・『武田信玄大事典』柴辻俊六・『武田武士の系譜』土橋治重（新人物往来社）・『武田氏の研究』戦国大名論集（吉川弘文館）・『戦国武田氏領の展開』（岩国書院）・『甲州武田家臣団』土橋

治重・『武田家臣の系譜の研究について』服部治則（武田氏研究第十号所収）・『越相同盟と武田氏の武蔵侵攻』柴辻俊六（武田氏研究第二十二号所収）『駒沢史学（三十九・四十号）』駒沢史学会・『群馬県小字名索引』明治十四、地理雑件・『関八州古戦録』中村和伯校注・『関東百城』大多和晃・『家忠日記』・『新編藩翰譜』・『武田・徳川、攻防の推移』大塚勲（地方史静岡第二十六号）・『武田・徳川両氏の攻防と城郭』小川隆司（藤枝市研究第二号）所収）『藩史大事典』中部編・『関東古戦録』槇島昭武原著・『関東百城』大多和晃・『関八州古戦録』槇島昭武・『関東合戦記』伊禮正・『徳川実紀』（『国史大系』38所収）・『竹腰文書抄』（『古書雑類』所収）・『譜牒餘録』・『三河物語』大久保彦左衛門原著・『三河後風土記』（『物語日本史大系』所収）・『家忠日記』（『増補續史料大成』所収）・『國史大辞典』（吉川弘文館）・『家康の臣僚（武将編）』中村孝也（図書刊行会）・『徳川実紀』・『続徳川実紀』『常山紀談』・『系図纂要』・『天正壬午乱』平山優（学研）・（『信濃史料叢書』所収）・『生島足島神社起請文』・『蓮華定院文書』・『北条氏の駿河防衛と諸城』黒田基樹（『武田氏研究』《武田氏研究会》所収）・『戦国武田の城』中田正光（有峰書店新社）・『城郭の見方・調べ方ハンドブック』西ケ谷恭弘（東京堂出版）・『城館調査ハンドブック』千田嘉博・小島道裕・前川要（新人物往来社）・『相木市兵衛依田昌朝と武田信玄』依田武勝（信毎書籍印刷）・『武田騎馬軍団秘史』依田武勝（叢文社）・『定本徳川家康』本多隆成（吉川弘文館）・『詳細図説徳川家康』小和田哲男（新人物往来社）・『浜松の城と合戦』城郭遺産による町づくり協議会（サンライズ出版）・『松平家忠日記』盛本昌弘（角川選書）・『三方ヶ原の戦い』小和田哲男（学研）・『風林火山、信玄の戦いと武田二十四将』（学研）・『歴史探訪武田信玄』（吉川弘文館）・『武田信玄、風林火山の大戦略』（学研）・『武田信玄のすべて』磯貝正義（新人物往来社）・『武田信玄の生涯』（大日本印刷）・『武田信玄を歩く』土橋治重（新人物往来社）・『武田合戦図典』笹間良彦（雄山閣）・『図説日本戦陣作法事典』笹間良彦（柏書房）・『戦国の村を行く』藤木久志（朝日選書）・『土一揆と戦国の城を行く』藤木久志（朝日選書）・『雑兵たちの戦場』藤木久志（朝日新聞社）・『中世武士の城』斎藤慎一（吉川弘文館）・『築城―覇者と天下普請』西ケ谷恭弘（理工学社）・『城と館を掘る・読む』佐藤信・五味文彦（山川出版社）・『日本地名大辞典○○県』・『日本歴史地名体系○○県の地名』平凡社・『角川日本地名大辞典○○県』・『○○県姓氏・家系大辞典』・『日本古代中世人名辞典』・『日本城郭大系・○○県』・『日本地名辞書』吉田東伍・『姓氏家系大辞典』（角川書店）・『○○県の地名』（『日本歴史地名

大系22』角川書店）・『寺院神社大事典』（平凡社）・『古今消息集』（内閣文庫蔵）・『三百藩家臣人名辞典3（福井藩）・『姓氏・地名・家紋総合事典』丹羽基二（新人物往来社）・『国民の歴史〜天下人』岡本良一（文英堂）・『戦国1000人』小和田哲男監修（世界文化社）

著者プロフィール

市村　到（いちむら　いたる）

昭和 23 年（1948）生まれ
昭和 46 年（1971）3 月信州大学教育学部英語科卒業
昭和 46 年〜平成 21 年（2009）3 月まで 38 年間、長野県各地 11 校に勤務する。
小学校・中学校／東信・中信・北信・南信／小規模校・大規模校／市街地・山間地・
僻地／全てを経験したことが何よりの宝。下伊那郡下條小学校長、上田市上田第
一中学校長、佐久市臼田中学校長。
主に英語教育・国語教育に携わる。関東甲信越英語教育学会員。佐久史学会員。
東信史学会員。
現在、農業を営むかたわら冬は山城址調査を趣味としている。
主な著作：「Structual Linguistics and Language Teaching」（Graduation Thesis to
Shinshu University, 1971）、「変形文法の示唆するものを英語教育にいかに取り入
れたか」（「関東甲信越英語教育学会研究紀要」、1978）」、「英語教育覚書〜これか
らの英語教育」（「上高井教育（36 号）」、1980）
「戦国三代の記〜真田昌幸と伍した芦田（依田）信蕃とその一族」（悠光堂、2016）

〒 389-0204 長野県北佐久郡御代田町豊昇 357　　Tel.Fax. 0267-32-4333

戦国三代と天下人
——芦田（依田）氏の軌跡から

2020 年 7 月 1 日　　初版第一刷発行

著　者　　市村 到
発行人　　佐藤 裕介
編集人　　冨永 彩花
発行所　　株式会社 悠光堂
　　　　　〒 104-0045 東京都中央区築地 6-4-5
　　　　　シティスクエア築地 1103
　　　　　電話　03-6264-0523　FAX　03-6264-0524
　　　　　http://youkoodoo.co.jp/
制　作　　三坂輝プロダクション
装　丁　　ash design
印　刷　　明和印刷株式会社

© 2020 Itaru Ichimura ,Printed in Japan
ISBN978-4-909348-28-9　C3021